CN00759762

Yahya Elsaghe
Thomas Mann auf Leinwand und Bildschirm

Yahya Elsaghe

Thomas Mann auf Leinwand und Bildschirm

Zur deutschen Aneignung seines Erzählwerks
in der langen Nachkriegszeit

DE GRUYTER

ISBN 978-3-11-063480-8
e-ISBN (PDF) 978-3-11-063850-9
e-ISBN (EPUB) 978-3-11-063542-3

Library of Congress Control Number: 2019945618

Bibliografische Information der Deutschen Nationalbibliothek
Die Deutsche Nationalbibliothek verzeichnet diese Publikation in der Deutschen
Nationalbibliografie; detaillierte bibliografische Daten sind im Internet über
http://dnb.dnb.de abrufbar.

© 2019 Walter de Gruyter GmbH, Berlin/Boston
Druck und Bindung: CPI books GmbH, Leck
Coverabbildung: Filmstill aus *Die Bekenntnisse des Hochstaplers Felix Krull* (1982; Regie:
Bernhard Sinke)

www.degruyter.com

MIX
Papier aus verantwor-
tungsvollen Quellen
FSC
www.fsc.org   FSC® C083411

Für Katharina Teutsch und Elsa Elsaghe

Inhalt

Abbildungsverzeichnis

https://doi.org/10.1515/9783110638509-204

Einleitung

Welche Rolle spielten die Verfilmungen seiner Romane und Erzählungen bei der Entstehung und Aushärtung der Vorstellungen, die man sich heute gemeinhin von Thomas Mann macht? Inwiefern trugen sie hüben und drüben zur deutschen Selbstvergewisserung bei? Um welchen Preis wurden sie diesem Zweck dienstbar gemacht? Welche Kürzungen, Erweiterungen und Abänderungen wurden dafür in Kauf genommen? Was für wirtschaftliche und politische Interessen waren dabei im Spiel? Und verdiente das, was dabei herauskam, den Namen Verfilmung immer nur in einem allzuwörtlichen, deteriorativen, terminativen Sinn des Präfixes? Entstellten die Filme die verfilmten Texte immer nur und notwendigerweise? Oder ent-stellten sie dieselben zuweilen auch im guten Sinn einer Neuinterpretation, ›Rekonfiguration‹ und ›Aufstörung‹?[1] Deckten sie gelegentlich vielleicht auf, was in der anderweitigen Rezeptionsgeschichte durch ein immer schon mitüberliefertes Vorverständnis dieses Romans oder jener Erzählung bislang verschüttet war? Vermochten sie hin und wieder Einsichten zu eröffnen, die der je zeitgenössischen Thomas-Mann-Forschung noch verschlossen blieben?

Solche und ähnliche Fragen sollen hier erstmals zusammenhängend beantwortet werden. Es ist hierbei nicht einfach bloß darum zu tun, einen Film nach dem anderen mechanisch einem close reading zu unterziehen und ihn mit dem je verfilmten Roman- oder Novellentext abzugleichen. Vielmehr muss ein jeder der exemplarisch herausgegriffenen Filme in den jeweiligen Produktionsbedingungen rekontextualisiert werden. Deshalb darf es jeweils nicht allein um den fertiggestellten Film gehen; sondern Gegenstand des Untersuchungsinteresses sind immer wieder auch, soweit noch erhalten oder erschließbar, die verschiedenen Stadien, die ein Film während seiner Entstehungsgeschichte durchlief. Genauer rekonstruieren lassen sich diese Stadien anhand der überlieferten Dokumente, ganz besonders anhand der Drehbücher und Drehbuchfassungen, der diesen zugrundeliegenden Treatments und Szenarien, aber auch der Verträge, der Korrespondenzen und dergleichen Zeugnisse mehr.

Dabei folgt der Gang der Untersuchung nur in groben Zügen der Chronologie der Verfilmungsgeschichte: frühe versus spätere Nachkriegszeit; Kalter Krieg versus Zeit der deutschen Einheit. Abweichungen von der historisch erwartbaren Reihenfolge ergeben sich aus den anderen Kriterien, die das Frageinteresse sys-

---

1 Vgl. Matthias N. Lorenz, Distant Kinship — Entfernte Verwandtschaft. Joseph Conrads *Heart of Darkness* in der deutschen Literatur von Kafka bis Kracht, Stuttgart: Metzler, 2017 (Schriften zur Weltliteratur / Studies on World Literature, Bd. 5), S. 92, 112 f.

https://doi.org/10.1515/9783110638509-001

tematisch leiten und ihrerseits wieder untereinander mehr oder weniger interferieren können: West versus Ost; Kino versus Fernsehen (eine seit dem Film-Fernseh-Abkommen von 1974 und den ›amphibischen‹,[2] also für beide Distributionsmedien bestimmten Verfilmungsprojekten teilweise obsolet gewordene Opposition). Bei diesem Verfahren kann der geschichtliche Überblick auf das Große und Ganze leicht verloren gehen. Deswegen sei hier zuerst einmal in aller Kürze solch ein Überblick über die Verfilmungsgeschichte Thomas Manns beziehungsweise, soweit nötig, der Gebrüder Mann gegeben:

Die Verfilmungskarriere der Brüder Mann setzte nicht erst mit *Professor Unrat* ein beziehungsweise mit Josef von Sternbergs berühmtem *Blauen Engel* (1930). Vielmehr begann sie schon in der Stummfilmzeit. 1923 kamen *Die* [sic!] *Buddenbrooks* von Gerhard Lamprecht in die Lichtspielhäuser (als Thomas Mann im Übrigen für seine Person an einer Verfilmung von *Tristan und Isolde* mitarbeitete). Das heißt, die Verfilmungsgeschichte der Manns fing mit demselben Roman an, mit dem sie auch ihr Ende fand, ein, wie sich leicht absehen lässt, sicherlich nur vorläufiges Ende. Eine neue Verfilmung der *Bekenntnisse des Hochstaplers Felix Krull* ist mittlerweile schon angekündigt.

Ihr also nur einstweiliges Ende fand diese Geschichte mit Heinrich Breloers amphibischer Verfilmung der *Buddenbrooks* (Kinofassung 2008, Fernsehfassung 2010). Oder ganz genau gesagt fand damit die Geschichte der aufwendig produzierten, weit distribuierten und als solche für das nationale Selbstverständnis relevanten Thomas-Mann-Filme ihr provisorisches Ende.

Eine solche Einschränkung ist in Hinblick auf eine fast zeitgleiche Verfilmung einer abgelegenen Erzählung aus dem Frühwerk angebracht (*Der Kleiderschrank*), die Michael Blume 2009 unter dem Titel *Heiligendamm* vorgelegt hat. Nur kommt dieser Kurzfilm angesichts seiner Produktions- und Distributionsbedingungen wie auch seiner denn sehr spärlichen Rezeption für das Phänomen national-kollektiver Selbstvergewisserung kaum in Betracht, für das paradoxe Phänomen, dass der National*schriftsteller* auch durch den Film zu einem solchen geworden ist.

Unter einem gewissen Vorbehalt darf man demnach sagen, dass Thomas Manns Verfilmungsgeschichte mit dessen erstem Roman beginnt und endet, mit seinem eigentlichen Durchbruchswerk, für das er denn auch den Nobelpreis erhielt. In der Geschichte der deutschen Romanverfilmungen halten die *Budden-*

---

2 Vgl. Heinz-Hermann Meyer, Amphibischer Film, in: Hans Jürgen Wulff (Hg.), Lexikon der Filmbegriffe, Kiel: Christian-Albrechts-Universität, 16. Juli 2011, http://filmlexikon.uni-kiel.de/index.php?action=lexikon&tag=det&id=2341 [Zugriff: 28. Januar 2018].

brooks den Rekord, zusammen mit *Effi Briest*,[3] den *Wahlverwandtschaften*[4] und den *Leiden des jungen Werther*[5] (auch hier mit Blume als vorderhand letztem Verfilmer, wobei das Projekt wegen Finanzierungsproblemen fürs Erste sistiert ist). Das allein schon wäre ein untrügliches Zeichen dafür, dass Manns Aspirationen auf die Position eines Nationalschriftstellers[6] sich erfüllt haben, die er sich jetzt also mit Goethe teilen darf.

Während *Der Blaue Engel* aus den letzten goldenen Jahren oder Monaten der Weimarer Republik bis auf den heutigen Tag fast auf Schritt und Tritt gegenwärtig geblieben ist, und sei es nur im Namen gastronomischer Etablissements,[7] sind *Die Buddenbrooks* von 1923 so gut wie ganz vergessen; und das wohl nicht ganz zu Unrecht. Die Handlung des Romans, wie in vielen unter den erhaltenen Literaturadaptionen der Zwischenkriegszeit,[8] ist »ins Moderne übertragen«[9] und so zur Unkenntlichkeit entstellt. Die Probleme der Firma und des Hauses Buddenbrook, mit einem arbeitswütigen und profitversessenen Oberhaupt an der Spitze, sind hier rein wirtschaftlicher Natur. Sie können sozusagen patre ex machina alle auf einen Schlag gelöst werden. Der reiche Schwiegervater Arnoldsen eilt zu Hilfe und macht alles wieder gut.

---

3 Vgl. Der Schritt vom Wege (R: Gustaf Gründgens, D 1939); Rosen im Herbst (R: Rudolf Jugert, BRD 1955); Effi Briest (R: Wolfgang Luderer, DDR 1970); Fontane Effi Briest […] (R: Rainer Werner Fassbinder, BRD 1974); Effi Briest (R: Hermine Huntgeburth, D 2009).
4 Vgl. Die Wahlverwandtschaften (R: Siegfried Kühn, DDR 1974); Tagebuch (R: Rudolf Thome, BRD 1975); Die Wahlverwandtschaften (R: Claude Chabrol, BRD/F/ČSSR 1981); Tarot (R: Rudolf Thome, BRD 1985); Mitte Ende August (R: Sebastian Schipper, D 2010).
5 Vgl. Werther (R: Max Ophüls, D 1938); Begegnung mit Werther (R: Karl Heinz Stroux, BRD 1949); Die Leiden des jungen Werthers (R: Egon Günther, DDR 1976); Die Leidenschaftlichen. Goethes Werther: Dichtung und Wahrheit (R: Thomas Koerfer, BRD/A/CH 1981); Werther (R: Uwe Janson, D 2008).
6 Vgl. Yahya Elsaghe, Einleitung, in: Thomas Mann, Goethe, hg. v. Yahya Elsaghe und Hanspeter Affolter, Frankfurt a. M.: Fischer, 2019 (Fischer Klassik), S. 7–58, hier S. 8–17.
7 »Zum Blauen Engel«, Bern; »Zum Blauen Engel«, Rüfenach (Schweiz); »Blauer Engel«, Bochum; »Blauer Engel. Music-Café und Bar«, Kiel; »Blauer Engel«, Ludwigsburg; »Blauer Engel«, Aue; »Blauer Engel«, Konstanz; »Blue Angel«, Sydney; »Blue Angel«, Schaffhausen; »Blue Angel«, Mönchengladbach; »Blue Angel Cafe«, Lake Tahoe (CA); »Crêperie L'Ange Bleu«, Yverdonles-Bains (Schweiz); »L'Ange Bleu«, Lausanne; »L'Ange Bleu. Music-Hall«, Gauriaguet (Frankreich); »L'Angelo Azzurro«, Misano Adriatico (Italien); »L'angelo Azzuro«, Mailand; »El Angel Azul«, Merlo (Argentinien); »El Angel Azul«, Madrid; »Angel Azul«, Valencia; »Angel Azul Bakery«, Jersey City (NJ); »Anjo Azul«, Lissabon; »Pousada Anjo Azul«, Campinas (Brasilien).
8 Vgl. Anton Kaes, Film in der Weimarer Republik. Motor der Moderne, in: ders., Wolfgang Jacobsen und Hans Helmut Prinzler (Hgg.), Geschichte des deutschen Films, Stuttgart: Metzler, [2]2004, S. 39–98, hier S. 46.
9 Die Buddenbrooks (R: Gerhard Lamprecht, D 1923), 00:00:06.

Damit kam Lamprechts Film ganz offensichtlich schon zu seiner Zeit einem Bedürfnis des deutschen Publikums entgegen. Diesem unter den damals gegebenen Umständen die fatalistische Verfallsgeschichte zuzumuten, die im *Roman* erzählt wird, schien in *dem* Krisenjahr der Weimarer Republik offenbar nicht ratsam. So gesehen darf man es Lamprecht nicht verargen, wenn er aus Rücksicht auf die Befindlichkeiten seiner Zuschauer und Zuschauerinnen mit dem Gebot der Werktreue in einer Weise brach, wie es unter den deutschen Thomas-Mann-Verfilmungen keine oder allenfalls erst wieder die allerjüngste wagte. Indem er ein defätistisches Verfallsnarrativ umschrieb in eine Geschichte von rein ökonomischer Not, die noch dazu in einem very happy ending von außen gelindert wird — ganz ähnlich wie es im Jahr darauf mit dem hochverschuldeten Deutschland durch den Dawes-Plan geschehen sollte —, gehorchte Lamprecht lediglich einer gut verständlichen Erwartungshaltung seiner Landsleute.[10]

Nach dem verlorenen Krieg, mitten in Wirtschaftskrise und Hyperinflation und bevor Währungsreform und Dawes-Plan auf eine Wendung zum Besseren hoffen ließen, wollte man gerade damals in gerade diesen Film nationale Hoffnung setzen. Er sollte dem deprimierten National- und auch dem gedemütigten Mannesstolz wiederaufhelfen und den Glauben an die internationale Satisfaktionsfähigkeit wenigstens der deutschen Unterhaltungsindustrie restituieren. Das sagt freilich mehr über die Schwere des erlittenen Selbstvertrauensverlusts und über die Dringlichkeit des Bedürfnisses aus, diesen wettzumachen, als dass es die Qualität des tatsächlich eher mediokren Elaborats bezeugte, geschweige denn das Urteilsvermögen der zeitgenössischen Filmkritik. Diese ließ sich zu Elogen hinreißen — »Es ist ein Meisterwerk«[11] —, die besonders auch in puncto sex und gender für sich sprechen. Lamprecht, damals gerade einmal 26 Jahre alt, sei »ein neuer Mann«.[12] Als solcher sei er an den *Buddenbrooks*, »diesem Manneswerk feinfühliger geworden«.[13] Seine Verfilmung, »ohne jene gewollte Internationalisierung, die unsere Filmleute in nur allzu vielen Fällen in Hinblick auf den Auslandsverkauf ihrer Erzeugnisse für notwendig erachten«,[14] sei »ein deutscher Großfilm [...], auf den die Industrie stolz sein«, und nochmals: »mit Recht stolz

---

10 Vgl. Christiane Schönfeld, Die Rezeption im Stummfilm, in: Nicole Mattern und Stefan Neuhaus (Hgg.), Buddenbrooks-Handbuch, Stuttgart: Metzler, 2018, S. 58–63, hier S. 62.
11 Anonymus [Th.], *Die Buddenbrooks*, in: Der Film 36–37, 1923, S. 23.
12 St[efan] Gr[oßmann], Der Buddenbrook-Film, in: Das Tage-Buch 4.36, 8. September 1923, S. 1279.
13 Gr[oßmann], Der Buddenbrook-Film, S. 1279.
14 Anonymus [F. O.], *Buddenbrooks*. Nach dem gleichnamigen Roman von Thomas Mann, in: Neue Illustrierte Filmwoche 10, 1923, S. 148 f., hier S. 149.

sein« könne.[15] Thomas Manns Manneswerk selbst sei »ein urdeutscher Stoff«,[16] und so weiter, und so fort.

Thomas Mann selber befand auch in aller Öffentlichkeit — allerdings erst Jahre später, als solch ein Urteil seine prozentuale Beteiligung am Aufführungs-erfolg[17] nicht mehr gefährdete —, es sei den »Freunden des Buches« mit so einem Erzeugnis kein Gefallen erwiesen worden.[18] Noch sehr viel deutlicher konnte er in seiner Privatkorrespondenz werden. Seine »Seele« wisse »nichts« von dem Film.[19] Offen gab er zu, dass er sich »als Familienvater« allein »um erheblicher wirtschaftlicher Vorteile willen« zu dergleichen hergegeben habe.[20] Diese moch-ten zur damaligen Krisen- und Inflationszeit besonders ins Gewicht fallen. Das Honorar wurde in harten US-Dollars beglichen (wie übrigens auch dasjenige für Thomas Manns Stummfilmtreatment jener *Tristan und Isolde*-Verfilmung,[21] deren Realisierung sich dann wegen der Währungsreform verzögerte und im aufkom-menden Tonfilmzeitalter endgültig zerschlug[22]). Und obendrein sollte durch den »Buddenbrook-Film« der Vertrieb des Romans in Übersee gestützt werden, nach-dem die »Bezahlung« seitens der amerikanischen Agentur »recht schlecht« aus-gefallen war.[23]

Lamprechts Verfilmung, »ehrlich gestanden«, sei »strohdumm[]«.[24] Aus den *Buddenbrooks* sei im Film »ein gleichgültiges Kaufmannsdrama« geworden.[25] Vom Roman sei darin wenig mehr übriggeblieben als »die Personennamen«.[26] Und selbst das noch wäre ein Overstatement, wollte man es pedantisch genau

---

15 Anonymus [Th.], *Die Buddenbrooks*, S. 23.
16 Anonymus [F. O.], *Buddenbrooks*, S. 149. Weitere Belege bei Helga Belach et al. (Hgg.), Das Kino und Thomas Mann. Eine Dokumentation, Berlin: Stiftung Deutsche Kinemathek, 1975, S. 27–30.
17 Vgl. Britta Dittmann, *Buddenbrooks* heute, in: Hans Wißkirchen (Hg.), Die Welt der Budden-brooks, Frankfurt a. M.: Fischer, 2008, S. 187–249, hier S. 210.
18 Thomas Mann, Gesammelte Werke in dreizehn Bänden, Frankfurt a. M.: Fischer, [2]1974, Bd. 10, S. 901.
19 Brief vom 10. Juli 1923 an Carl Helbling. Zitiert wird, wenn nicht anders angegeben, nach Thomas Mann, Große kommentierte Frankfurter Ausgabe. Werke — Briefe — Tagebücher, hg. v. Heinrich Detering et al., Frankfurt a. M.: Fischer, 2002 ff., hier Bd. 22, S. 486.
20 Brief vom 10. Juli 1923 an Carl Helbling, in: Bd. 22, S. 486.
21 Vgl. Viktor Mann, Wir waren fünf. Bildnis der Familie Mann, Konstanz: Südverlag, [2]1964, S. 459–461.
22 Vgl. Viktor Mann, Wir waren fünf, S. 480.
23 Brief vom 20. Februar 1923 an Arthur Schnitzler, in: Bd. 22, S. 467 f., hier S. 467.
24 Brief vom 21. Februar 1923 an Ernst Bertram, in: Bd. 22, S. 468 f., hier S. 468.
25 Mann, Gesammelte Werke, Bd. 10, S. 901.
26 Mann, Gesammelte Werke, Bd. 10, S. 901; vgl. auch den Brief vom 10. Juli 1923 an Carl Helb-ling, in: Bd. 22, S. 486.

nehmen. So ist vom Namen des im Roman adligen und eindeutig katholischen Rivalen, der Thomas Buddenbrooks Ehe stört und gefährdet, René Maria von Throta, nur so viel oder so wenig übriggeblieben, dass keine standesgesellschaftlichen und konfessionellen Animositäten mehr daran erkennbar waren. Der »Renee« — gleich zwei, je der ersten Jubiläumsausgabe des Romans geschuldete Verunstaltungen der Originalorthographie[27] — der »Renee Throta«[28] also der Verfilmung führt weder eine Adelspartikel im Namen, noch trägt er ein typisch katholisches middle name. Diese doppelte Verkürzung spricht Bände. Sie gibt ein ganz bestimmtes Harmonisierungsbedürfnis zu erkennen und vorab natürlich die durch solche Vermeidungsstrategien zugedeckten Verwerfungslinien der alten Konflikte, die das im Nachhinein so gezählte Zweite Reich vexierten und die man eben auch in Thomas Manns Roman wiederfinden kann.[29] Wie also bereits die Verfilmung zu erkennen gibt, gehörten die Gegensätze sowohl zwischen Bürgertum und Adel als auch zwischen Protestantismus und Katholizismus, oder gehörte wenigstens die Erinnerung daran, zu den zentrifugalen Kräften, welche die junge Republik belasteten.

Mit anderen Worten: Bereits der Stummfilm *Die Buddenbrooks*, obwohl schon in den frühen Jahren der Weimarer Republik gedreht, legte eine wesentliche Rezeptionsrichtung der späteren, bundesrepublikanischen *Buddenbrooks*- und Thomas-Mann-Verfilmungen fest. Indem er im Interesse eines republikanischen Gemeingeists die innerdeutschen Spannungen verdeckte, die der verfilmte Text, und sei es auch noch so dezent, zumindest angedeutet hatte,[30] nahm er eine beschwichtigende Tendenz vorweg, wie sie sich später zumindest im westdeutschen Kino und Fernsehen immer wieder durchsetzen sollte.

Schon die erste Thomas-Mann-Verfilmung diente der nationalen Selbstbeweihräucherung oder bot wenigstens Anlass dazu. Das ist für die Rezeptionsgeschichte Thomas Manns symptomatisch. Es war ein Symptom für den Status des langsam, aber sicher zum Nationalschriftsteller aufsteigenden Autors. Dieser im Übrigen hatte solchen Vereinnahmungen gerade seines Erstlingsromans Vorschub geleistet. Schon einem ersten Rezensenten hatte er den »Wink[]« gegeben, die »echt *deutsche[n]* Ingredienzen« und, »bitte, den *deutschen* Charakter des Bu-

---

27 Vgl. Bd. 1.2, S. 105, 383.
28 Lamprecht, Die Buddenbrooks (1923), 00:01:04.
29 Vgl. Yahya Elsaghe, Domi et foris. Provinz und Hauptstadt in Thomas Manns Frühwerk, in: Jahrbuch des Freien Deutschen Hochstifts 2012, S. 239–278, hier S. 250–269; ders., Thomas Manns Katholiken, in: Zeitschrift für Religions- und Geistesgeschichte 53.2, 2001, S. 145–169, hier S. 155–168.
30 Vgl. Yahya Elsaghe, Die imaginäre Nation. Thomas Mann und das ›Deutsche‹, München: Fink, 2000, S. 175–182.

ches« zu »betone[n]«.[31] Und auch in eigener Instanz pflege er die *Buddenbrooks* daheim als »deutsche[s] Hausbuch«,[32] als »sehr deutsches Buch«[33] und dergleichen zu bezeichnen; mochte er vor US-amerikanischem Publikum dann doch auch wieder als ein »Mißverständnis« werten, dass das »deutsche[] Lesepublikum« die *Buddenbrooks* so rezipierte, und dagegen den »internationale[n] oder, sagen wir getrost, allgemein menschliche[n] Zug« an ihnen hervorheben, ihr »Europäische[s]«, ihre »Weltfähigkeit«, kraft derer ihm, Thomas Mann, »der Durchbruch in die Weltliteratur« gelungen sei.[34]

Dieser späteren Äußerungen ungeachtet sollte das in ihnen als solches bezeichnete Missverständnis des deutschen Lesepublikums für die weitere Geschichte der deutschen *Buddenbrooks*- und Thomas-Mann-Verfilmungen prägend bleiben. Prägend blieb das national-selbstidentifikatorische Rezeptionsmoment bis zu deren einstweilen letzter — oder nur ganz streng genommen vorletzter —, Breloers *Buddenbrooks*. Einer ihrer Hauptdarsteller, Armin Mueller-Stahl, gab denn zu Protokoll: »Eine deutschere Geschichte als die *Buddenbrooks*« gebe »es wohl nicht«.[35] Die Neuverfilmung dieser allerdeutschesten Geschichte, und zwar in beiden Fassungen — denn es handelte sich hier ja um einen jener amphibischen, also für ein größtmögliches Publikum produzierten Filme —, wurde immer wieder auch zu guten Sendezeiten und gerne an national- oder kirchenkalendarisch bedeutsamen Daten im Fernsehen ausgestrahlt. Die Premiere der Kinofassung hatte in Gegenwart etlicher Honoratioren stattgefunden, einschließlich selbst des damaligen Bundespräsidenten. Der wiederum nutzte die Gelegenheit prompt zu kollektiv-selbstgratulatorischen Erklärungen über »uns Deutsche« und »unser[] Wesen[]«. »Für uns Deutsche«, ließ er verlauten, »ist dieses Buch immer noch wie ein Spiegel unseres Wesens und unserer Kultur — wenn auch aus einer vergangenen Zeit.«[36]

---

31 Brief vom 26. November 1901 an Otto Grautoff, in: Bd. 21, S. 179 f., hier S. 179; Hervorhebungen des Originals.
32 Bd. 19.1, S. 356.
33 Bd. 19.1, S. 355.
34 Mann, Gesammelte Werke, Bd. 13, S. 141.
35 Gabriele Michel, »Ich bleibe, wie ich bin«. Interview mit Armin Mueller-Stahl, in: epd Film 12, 2008, S. 18–23, hier S. 20.
36 Horst Köhler, Grußwort [...] anlässlich der Welturaufführung des Filmes *Buddenbrooks*. Essen, 16. Dezember 2008, http://www.bundespraesident.de/SharedDocs/Reden/DE/Horst-Koehler/Reden/2008/12/20081216_Rede2.html [Zugriff: 10. September 2018]; Jörg Vogler, Breloers Buddenbrooks uraufgeführt, in: Der Tagesspiegel, 16. Dezember 2008, https://www.tagesspiegel.de/kino-breloers-buddenbrooks-uraufgefuehrt/1397816.html [Zugriff: 10. September 2018].

Die geradezu staatspolitische Vereinnahmbarkeit Thomas Manns und »immer noch« seiner *Buddenbrooks* wurde erwartungsgemäß in der unmittelbaren Nachkriegszeit und im Kalten Krieg besonders brisant. Denn von sich aus hatte Mann für keinen der beiden deutschen Staaten Partei ergriffen. Wie sich vor allem an seiner im Goethe-Jahr 1949 hüben und drüben gehaltenen Rede *Goethe und die Demokratie* beziehungsweise an ihren divergierenden Fassungen[37] zeigen ließe, war er vielmehr darum bemüht und hatte er wohlbedacht dafür vorgesorgt, in beiden Hälften Deutschlands politisch anschließbar zu bleiben. So sollte sein Konterfei denn beispielshalber auch auf die Briefmarken des einen wie des anderen deutschen Staates gelangen.[38]

Allerdings setzte die kinematische Nachkriegsrezeption der Gebrüder Mann mit *Heinrich* Mann ein. Sie begann 1951 und in der DDR, deren Filmindustrie dann beinahe ein Vierteljahrhundert lang, im Sinne fast einer Erbteilung, auf Heinrich Mann abonniert blieb. Damals drehte kein Geringerer als Wolfgang Staudte für den volkseigenen Betrieb DEFA *Der Untertan*; einen Film, der in der Bundesrepublik erst verboten war und dann zunächst in einer zensierten, offenbar auch didaktisch aufbereiteten Form in die Kinos gekommen zu sein scheint.[39] Daneben aber hatte die DEFA auch das Projekt einer gesamtdeutschen *Thomas*-Mann-Verfilmung initiiert. Hinter dieser Initiative stand der dazumal stellvertretende Geschäftsführer des Aufbau-Verlags, Walter Janka (für den sich, nachdem er in einem Schauprozess kaltgestellt worden war, Katia Mann verwenden sollte[40]).

Jankas Wahl, wie nachgerade zu erwarten, war auf das ›deutsche Hausbuch‹ gefallen, als das Thomas Mann die *Buddenbrooks* im Zuge ihres fulminanten Erfolgs ja höchstpersönlich bezeichnet hatte, indem er so der nationalpatriotischen Vereinnahmung des Romans sowohl durch Forschung und Feuilleton als auch durch die produktive Rezeption zuarbeitete; mit der Folge, dass die darin eingelagerten Widerstände zum Beispiel gegen die kleindeutsche Reichseinigung oder gewisse kulturkämpferisch-protestantische Ressentiments die längste Zeit über-

---

37 Vgl. Bd. 19.1, S. 634; Bd. 19.2, S. 713, 721.

38 S. Abb. 1 f.

39 Vgl. Dieter Wolf, *Der Untertan*. Einführung, in: ders. und Klaus-Detlef Haas (Hgg.), Sozialistische Filmkunst. Eine Dokumentation, Berlin: Dietz, 2011 (Rosa-Luxemburg-Stiftung, Manuskripte, Bd. 90), S. 275–277, hier S. 277.

40 Vgl. z. B. Katia Mann und Leonhard Frank, »Wir sind um Janka sehr besorgt …« Briefe von Katia Mann und Leonhard Frank, in: Neue Deutsche Literatur 44.2, 1996, S. 42–61; Ralph Grobmann, Etappen eines Scheiterns. Neue Dokumente zur Inhaftierung Walter Jankas, ebd., S. 61–67.

sehen bleiben konnten.[41] Insofern musste sich eine gesamtdeutsche Verfilmung ausgerechnet dieses einen Romans geradewegs anbieten oder aufdrängen. Von der Idee einer gesamtdeutschen *Buddenbrooks*-Verfilmung war denn auch der Autor selber »sehr angetan«.[42] Sie wurde sogar schon vertraglich besiegelt. Dennoch kam der Film wegen der bundesrepublikanischen Vorbehalte dagegen nicht zustande, also gegen den ausdrücklichen Willen »des Zauberers«, wie Thomas Mann bekanntlich pro domo hieß, und trotz des Wunsches hernach auch seiner Erben: »dass kein Versuch gescheut werde, den Plan des Zauberers seiner Realisierung entgegenzuführen.«[43]

Die Querelen um die erste Nachkriegsverfilmung der *Buddenbrooks* und um die »Sprache«,[44] die sie finden sollte, sind wieder sehr bezeichnend. Bezeichnend sind sie ihrerseits für Thomas Manns sich mehr und mehr festigenden Status als deutscher Nationalschriftsteller. Dieser Status manifestierte sich nicht zuletzt auch in einem Kampf, der im geteilten Deutschland um die Interpretationshoheit über sein Œuvre ausgetragen wurde und den er selber mit ermöglicht hatte, gerade auch mit jenen beiden Fassungen der 1949 in Frankfurt und Weimar gehaltenen Rede zur Feier von Goethes zweihundertstem Geburtstag.[45]

Dem Streit um Thomas Mann lag natürlich die Frage zugrunde, welcher von den beiden deutschen Staaten allein beziehungsweise welcher *auch* das Recht habe, das beste Deutschland und sein Kulturerbe zu repräsentieren. Der Zwist um diesen Vertretungsanspruch erfasste ganz besonders auch die massenmediale Nostrifizierung des Autors. Er lässt sich etwa an den Wochenschauen hüben und drüben studieren[46] oder eben, noch konkreter, an der deutsch-deutschen Konkurrenz um die Verfilmungsrechte an seinem Erzählwerk. Die Verfilmungsge-

---

41 Vgl. Yahya Elsaghe, Lübeck versus Berlin in Thomas Manns *Buddenbrooks*, in: Monatshefte für deutschsprachige Literatur und Kultur 106.1, 2014, S. 17–36; ders., A Map of Misreading. Rasse und Klasse in der Thomas Mann-Rezeption, in: Julian Reidy und Ariane Totzke (Hgg.), Mann_lichkeiten. Kulturelle Repräsentationen und Wissensformen in Texten Thomas Manns, Würzburg: Königshausen & Neumann [im Druck].

42 Anonymus, Bonner Bedenken, in: Der Spiegel, 5. August 1959, S. 46–48, hier S. 46.

43 Erika Mann, Brief vom 12. November 1955 an Hans Abich, Münchner Stadtbibliothek / Monacensia, Signatur EM B 233. Signaturen werden jeweils nur dort angegeben, wo die betreffende Institution darauf bestanden hat.

44 Franz Thedieck, Interview im Fernsehen des Norddeutschen Rundfunks vom 30. Juli 1959, Bundesarchiv Koblenz, Signatur N1174; freundlicher Hinweis von Christoph Brüll, Liège, vom 5. Dezember 2013.

45 Vgl. Bd. 19.1, S. 670–688, 694–697; Bd. 19.2, S. 765–771.

46 Vgl. Stefan Keppler-Tasaki, Thomas Manns Auftritte in deutschen und internationalen Wochenschauen. Zur Filmkarriere eines Schriftstellers, in: Deutsche Vierteljahrsschrift für Literaturwissenschaft und Geistesgeschichte 88.4, 2014, S. 551–574, hier S. 560–562.

schichte Thomas Mann'scher Texte, oder genauer die Geschichte der nach ihnen gedrehten *Ton*filme, geriet von allem Anfang an in den Sog des Kalten Kriegs, seitdem die »DEFA-Brüder[]«, wie Erika Mann sie nicht sehr respektvoll nannte,[47] erst einmal jene Idee eines gemeindeutschen *Buddenbrooks*-Films lanciert hatten. Besonders deutlich, das wird sich gegebenen Orts zeigen, sollten die ideologischen Triebkräfte der Verfilmungsgeschichte noch einmal in den Siebzigerjahren zutage treten, als Thomas Mann zum ersten und einzigen Mal auch in der DDR fürs Kino adaptiert wurde.

Solche Verschleppungen politischer Kontroversen sind den in den Nachkriegsjahrzehnten gedrehten Filmen anzumerken, meist ganz unmittelbar und ohne großen Analyseaufwand, manchmal aber auch erst auf einen zweiten oder dritten Blick. Einerseits lassen sich die ersten Filme, die Verfilmungen zumal der Adenauer-Zeit bündig als Fortsetzung der Politik mit anderen Mitteln charakterisieren. Sie sind beschreibbar als populärkulturelle Verlängerung dessen, was Norbert Frei auf den Nenner »Vergangenheitspolitik« gebracht hat,[48] als er die personellen und strukturellen Konstanten zwischen der Bundesrepublik Deutschland und dem System untersuchte, dessen schlimmes Erbe diese Republik angetreten hatte.[49] So hatten die Regisseure, unter deren Direktion die ersten Thomas-Mann-Verfilmungen der Nachkriegszeit entstanden, samt und sonders noch unter dem Nationalsozialismus Karriere gemacht; eine für das bundesrepublikanische Kino der Fünfzigerjahre überhaupt typische Kontinuität, für die man in den Sechzigern, als diese Situation mit dem aufkommenden Autorenfilm langsam überwunden wurde, das Bonmot vom Spät-Ufa-Stil prägte[50] (wobei sich die Verhältnisse bei der DEFA als der unmittelbaren Nachfolgeinstitution der Ufa nicht sehr viel anders gestalteten[51]).

---

47 Erika Mann, Brief vom 13. April 1958 an Hans Abich, Münchner Stadtbibliothek / Monacensia, Signatur EM B 233.

48 Norbert Frei, Vergangenheitspolitik. Die Anfänge der Bundesrepublik und die NS-Vergangenheit, München: Beck, ²1997.

49 Vgl. Mario Rainer Lepsius, Das Erbe des Nationalsozialismus und die politische Kultur der Nachfolgestaaten des ›Großdeutschen Reichs‹, in: ders., Demokratie in Deutschland. Soziologisch-historische Konstellationsanalysen. Ausgewählte Aufsätze, Göttingen: Vandenhoeck und Ruprecht, 1993 (Kritische Studien zur Geschichtswissenschaft, Bd. 100), S. 229–245, hier S. 232–234.

50 Vgl. Knut Hickethier, Literatur und Film, in: Ludwig Fischer (Hg.), Literatur in der Bundesrepublik Deutschland bis 1967, München und Wien: Hanser, 1986 (Hansers Sozialgeschichte der deutschen Literatur vom 16. Jahrhundert bis zur Gegenwart, Bd. 10), S. 598–610, hier S. 599 f.

51 Vgl. z. B. Klaus Finke, Politik und Film in der DDR, Oldenburg: BIS-Verlag der Carl von Ossietzky Universität, 2007 (Oldenburger Beiträge zur DDR- und DEFA-Forschung, Bd. 8), Bd. 1, S. 412–414.

Bei den Thomas-Mann-, und das heißt den seinerzeit wichtigsten deutschen Literaturverfilmungen verrät sich ein im Frei'schen Sinn vergangenheitspolitisches Interesse besonders deutlich durch eine Abblendung bestimmter historischer Zusammenhänge. Bezeichnend dafür ist die Wahl der verfilmten Texte und bezeichnender noch, welche Texte die längste Zeit unverfilmt blieben. Gemeint sind damit die Werke des Exils, sofern man darunter nur diejenigen Texte rechnet, die im eigentlichen, erzwungenen Exil konzipiert und zumindest zum größeren Teil geschrieben wurden, und also von einem Roman wie dem *Felix Krull* absieht (der denn auch schon drei Jahre nach dem vorläufigen Abschluss des Fragments in die Kinos kam, nachdem sich Thomas Mann spätestens seit 1937 mit der Absicht getragen hatte, dessen ältere Hälfte separatim verfilmen zu lassen[52]). Diese Werke mussten ganz ungeachtet ihres literarischen Ranges, weil sie direkt oder auch nur mittelbar an den Nationalsozialismus oder gar an dessen Rassenpolitik erinnerten, mehr als zwei, ja fast drei Jahrzehnte länger auf ihre Verfilmung warten. Warten mussten sie bis zu einer Zeit, da das potenzielle Publikum nur noch zur kleineren oder nur noch knapp größeren Hälfte aus solchen bestand, welche die Zeiten noch mitgemacht hatten, welche besonders die bundesrepublikanische Film- und Unterhaltungsindustrie den Deutschen vorerst zu vergessen half.

Lotte in Weimar wurde erst 1975 verfilmt, und zwar in der DDR als demjenigen der beiden deutschen Staaten, zu dessen Mitteln der Kontrastbetonung es gehörte, sich so dezidiert von jenen Zeiten zu distanzieren, wie er andererseits die Bundesrepublik in eine ideologische Nähe zu ihnen rückte. Und manch weitere Jahre sollte es dauern, bis in dieser Bundesrepublik das opus potissimum des Exil-, wenn nicht des Gesamtwerks auf die Leinwand fand, der *Doktor Faustus*. Dabei gibt die Art seiner Verfilmung ihrerseits wieder das Problem zu erkennen, das der langen Wartezeit zugrunde lag. Der Nationalsozialismus, obwohl im Erzählrahmen des *Romans* explizit thematisch und implizit in seinen mentalitäts- und kulturgeschichtlichen Voraussetzungen natürlich dessen eigentlicher Gegenstand, kommt im Film, je nach Fassung, nicht oder so gut wie gar nicht mehr vor. Der Krieg erscheint als unabwendbares Verhängnis. Als solches ist er schon ein Vierteljahrhundert im Voraus prophezeibar. Und die Scheußlichkeiten, die in seinem Gefolge stattfanden und auf die der Romanerzähler sehr wohl zu sprechen kommt, werden mit keiner noch so flüchtigen Andeutung berührt.

---

52 Tagebucheintrag vom 21. November 1937, in: Thomas Mann, Tagebücher, hg. v. Peter de Mendelssohn und Inge Jens, Frankfurt a. M.: Fischer, 1977–1995, hier Tagebücher 1937–1939, S. 132 f., hier S. 132.

Fürs Erste aber hielt man sich an Texte, bei deren Verfilmung sich die Frage gar nicht erst stellte, wie man mit den literarischen Reflexen der unmittelbaren Vergangenheit zu verfahren oder gerade nicht zu verfahren habe; deswegen eben, weil die verfilmten Texte lange vor dieser Vergangenheit geschrieben oder — wie die späten Kapitel des *Felix Krull* — konzipiert worden waren. So wurde nach dem Krieg als erster ein den historischen Realitäten besonders weit entrückter Text zur Verfilmung auserkoren. Die Wahl fiel auf ein vom Autor selber so tituliertes »Märchen«,[53] nämlich auf *Königliche Hoheit*, einen eh und je nicht besonders hoch gehandelten Roman, dessen Handlung allein schon räumlich in der politischen Geographie des Deutschen Reichs nicht verortbar wäre. Seine und auch die Handlung des als nächster verfilmten Romans, eben der *Bekenntnisse des Hochstaplers Felix Krull*, wie überhaupt aller in der unmittelbaren und späteren Nachkriegszeit verfilmten Thomas-Mann-Texte, fällt weit vor das Ende des Wilhelminismus. Nicht umsonst gehört die Rolle Wilhelms des *Ersten* zu den frühesten, die der geborene Blender und Hochstapler in seiner Kindheit spielt.[54]

Die story time der verfilmten Texte und damit auch all der ›werkgetreuen‹ Filme gehörte einer längst »versunkene[n] [...] Welt« an,[55] die so weit wie nur möglich von den nachkriegsdeutschen Verhältnissen entfernt war. Das begann sich erst im Lauf der Siebzigerjahre langsam zu ändern. Und erst 2009, mit Blumes Adaption des *Kleiderschranks*, sinnigerweise der bisher letzten Thomas-Mann-Verfilmung, ist die Zeit der Handlung in der deutschen Gegenwart angelangt.

Wo aber in den Texten, die in den früheren Nachkriegsjahren verfilmt wurden, ausnahmsweise dennoch die Kontroversen und Probleme der Nachkriegsgegenwart gewissermaßen vorschatteten, dort hat man solche potenziellen Gegenwartsbezüge schlankerhand beseitigt. Das geschah unter dem Schutz des alltagsmythologischen Gemeinplatzes, dass große Literatur und Tagespolitik nichts miteinander zu schaffen haben. So sind in den frühen Filmen beispielshalber Thomas Manns Anspielungen auf den Klassenkampf bereinigt, wie harmlos und vereinzelt sie auch schon in seinen Texten erfolgt sein mochten.

Blieb noch ein peinliches Restproblem, für das sich aber alsbald eine ebenso bequeme Remedur fand. Die Rollen jüdischer Figuren, wie sie in den Romanen

---

53 Z. B. Brief vom 17. November 1907 an Philipp Witkop, in: Bd. 21, S. 381 f., hier S. 382; Brief vom 28. Januar 1910 an Ernst Bertram, ebd., S. 440–442, hier S. 441; Brief vom 28. April 1944 an Agnes E. Meyer, in: Thomas Mann und Agnes E. Meyer, Briefwechsel 1937–1955, hg. v. Hans Rudolf Vaget, Frankfurt a. M.: Fischer, 1992, S. 556 f., hier S. 557; Mann, Gesammelte Werke, Bd. 11, S. 581; Bd. 14.2, S. 245.

54 Vgl. Bd. 12.1, S. 16.

55 Mann, Gesammelte Werke, Bd. 11, S. 578.

und Erzählungen bis zur Nachkriegszeit immerhin vorkommen, erst auf Schritt und Tritt, zuletzt allerdings mit stark abnehmender Frequenz,[56] wurden kurzerhand entfernt. Oder aber ihre jüdischen Markierungen wurden sukzessive getilgt. So sind sie als Juden nicht mehr dechiffrierbar — von den Antisemitismen des Frühwerks ganz zu schweigen.

Mit solchen schönfärberischen Produktionen behauptete die Bundesrepublik die längste Zeit so etwas wie ein deutsches Verfilmungsmonopol auf den Autor. Dieses war wohl auch der Kaufkraft der Westmark geschuldet. Es erstreckte sich zunächst, seit der Verfilmung von *Königliche Hoheit*, 1953 (schon in Farbe), auf das Kino. 1957 respektive 1959 folgten (je in Schwarz-Weiß) die *Bekenntnisse des Hochstaplers Felix Krull* und nun doch noch, aber eben als rein bundesdeutsches Projekt, die *Buddenbrooks*.

Wie in den Fünfzigern die drei Romane, so kamen in den Sechzigern Jahr für Jahr drei Erzählungen an die Reihe. Mit deren erster begann das informelle Westmonopol auch das Fernsehen zu erfassen. Das ZDF sendete 1963, schon in seinen allerersten Tagen nota bene, eine Adaption oder, in Helmut Kreuzers gern zitiertem Klassifikationsschema,[57] eine »Illustration« des Idylls *Herr und Hund* — auch das sinnigerweise so etwas wie ein Nachkriegswerk, nämlich Thomas Manns erste Publikation nach dem *Ersten* Weltkrieg. Manns *Herr und Hund* weist gerade deshalb auch schon für sein Teil durchaus eskapistische Züge auf, wie man sie vom bundesdeutschen Kino[58] und seinen Thomas-Mann-Verfilmungen nach dem Zweiten Weltkrieg kennt.

Die Verfilmung oder Illustration dieses als solches untertitelten Idylls war sehr wahrscheinlich schon für das berüchtigte Adenauer-Fernsehen produziert worden, die Deutschland-Fernsehen GmbH. Das heißt, sie entstand im Kontext eines Versuchs, das neue Massenmedium von der Bonner Zentrale aus als Wahlkampfmittel und wohl auch im deutsch-deutschen Konflikt zu instrumentalisieren. Nachdem das Verfassungsgericht diesen Versuch unterbunden hatte, wurde

---

56 Vgl. Yahya Elsaghe, »Wie soll man sie nennen?« Thomas Manns Erzählwerk ›nach Auschwitz‹, in: Klaus-Michael Bogdal, Klaus Holz und Matthias N. Lorenz (Hgg.), Literarischer Antisemitismus nach Auschwitz, Stuttgart und Weimar: Metzler, 2007, S. 111–129.

57 Vgl. Helmut Kreuzer, Arten der Literaturadaption, in: Wolfgang Gast (Hg.), Literaturverfilmung, Bamberg: Buchner, 1993 (Themen — Texte — Interpretationen, Bd. 11), S. 27–31, hier S. 27.

58 Vgl. z. B. Anton Kaes, Deutschlandbilder. Die Wiederkehr der Geschichte als Film, München: edition text + kritik, 1987, S. 18–30; Christian Schmitt, Deutsches Waidwerk. Jägermeister und Jagdgemeinschaft im Heimatfilm der 1950er Jahre, in: Katharina Grabbe, Sigrid G. Köhler und Martina Wagner-Egelhaaf (Hgg.), Das Imaginäre der Nation. Zur Persistenz einer politischen Kategorie in Literatur und Film, Bielefeld: transcript, 2012, S. 131–162.

das ZDF ins Leben gerufen; und dass dieses *Herr und Hund* so früh schon auf sein Programm setzte, spricht natürlich für sich.

Ihre eigentliche Hochkonjunktur hatten die Fernsehverfilmungen des Nationalschriftstellers jedoch erst im Jahrzehnt nach Thomas Manns hundertstem Geburtstag, 1975. Dieser wurde auf den beiden bundesdeutschen Fernsehkanälen je mit der Verfilmung einer Novelle begangen, einer ziemlich bekannten und einer sehr marginalen. In der ARD war es der überhaupt älteste erhaltene Erzähltext des Gesamtwerks, *Gefallen*; eine leider, so scheint es, verschollene Produktion. Dem ZDF bot Franz Seitz »zu Manns 100. Geburtstag« *Unordnung und frühes Leid* vergeblich an.[59] (Seine Verfilmung der Erzählung sollte erst 1977 und zunächst als Kinofilm erscheinen.) Dafür kam hier die Erzählung *Tristan* an die Reihe, unter Ausblendung, man errät es, ihrer antisemitischen Spitzen[60] — mochten diese auch so handgreiflich sein, dass sie schon auf dem damaligen Forschungsstand nicht gänzlich ignorierbar waren.[61]

Es folgten Miniserien. Darin wurde erneut auf die schon einmal fürs Kino bearbeiteten Romane zurückgegriffen: 1979 *Buddenbrooks* von Franz Peter Wirth in elf Teilen (ARD), entsprechend den elf Teilen, in die Thomas Mann den Roman zu einem vergleichsweise späten Zeitpunkt gliederte;[62] 1982 *Felix Krull* von Bernhard Sinkel in fünf — sechs geplanten[63] — Teilen (ZDF und ORF); 1984 eine dreiteilige Fernseh-Langversion von Hans W. Geißendörfers amphibisch produziertem Film *Der Zauberberg* (ZDF). Dessen kürzere Fassung war bereits 1982 ins Kino gekommen, zeitgleich mit dem Kinofilm *Doktor Faustus* von Franz Seitz junior (zu unterscheiden von seinem gleichnamigen Vater, der einen nationalsozialistischen Propagandafilm vom Schlimmsten zu verantworten hat).

Seitz junior firmierte auch als Produzent des Geißendörfer'schen *Zauberberg*. Für diese beiden Produktionen wurde er prompt mit dem Bayerischen Filmpreis

---

59 Peter Zander, »Man muss sich auch dem Autor nähern, nicht nur dem Werk«. Ein Gespräch mit Franz Seitz, in: ders., Thomas Mann im Kino, Berlin: Bertz + Fischer, 2005, S. 226–235, hier S. 231.

60 Vgl. Elsaghe, Die imaginäre Nation, S. 90–106; ders., Racial Discourse and Graphology around 1900. Thomas Mann's *Tristan*, in: Germanic Review 80.3, 2005, S. 213–227.

61 Vgl. Wolfdietrich Rasch, Thomas Manns Erzählung *Tristan*, in: William Foerste und Karl Heinz Borck (Hgg.), Festschrift für Josef Trier, Köln und Graz: Böhlau, 1964, S. 430–465, hier S. 459 f.; Jost Hermand, Peter Spinell, in: Modern Language Notes 79.4, 1964, S. 439–447, hier S. 442.

62 Vgl. Yahya Elsaghe, Entstehung und Überlieferung, in: Nicole Mattern und Stefan Neuhaus (Hgg.), Buddenbrooks-Handbuch, Stuttgart: Metzler, 2018, S. 28–38, hier S. 30.

63 Vgl. Dagmar Granzow, Millionen für einen Mann. Mit bisher nicht gekanntem Aufwand ließ das ZDF Thomas Manns *Bekenntnisse des Hochstaplers Felix Krull* verfilmen, in: Der Stern, 21. Januar 1982, S. 134–137, hier S. 134, 137.

geehrt, der »schwärzeste[n]«[64] und nach dem Deutschen Filmpreis am höchsten dotierten Auszeichnung der Bundesrepublik. Seitz, der auch andere Literaturverfilmungen produzierte – so Volker Schlöndorffs *Blechtrommel* (1979) oder dessen überhaupt ersten Film, *Der junge Törless* (1965) –, dominierte die Geschichte insbesondere der westdeutschen Thomas-Mann-Verfilmungen seit den Sechzigerjahren wie kein anderer.

Zu nennen wären hier vor allem die Filme *Tonio Kröger* (1964, schwarz-weiß) und *Wälsungenblut* (1965, in Farbe wie von nun an alle Thomas-Mann-Verfilmungen, wenn man einmal die Schwarz-Weiß-Aufnahmen vernachlässigt, die Seitz und Blume in ihre späteren Produktionen inserieren sollten). Dabei ging es auch bei den Seitz'schen Mann-Produktionen und ihrer öffentlichen Prämierung ähnlich wie in den Zwanzigerjahren um einen Versuch, dem deutschen Selbstwertgefühl via Film aufzuhelfen. So steht es mit etwas anderen Worten in einer Rede, in der Franz Josef Strauß die Ziele einer deutschen »Filmpolitik«definierte und die als *Plädoyer für die Zukunft des deutschen Films* in Auszügen in einer Broschüre zur Feier der Seitz-Produktionen abgedruckt war.[65]

Gebrochen wurde das bundesrepublikanische Doppelmonopol auf deutsche Thomas-Mann-Verfilmungen je nur einmal: im Kino wie erwähnt 1975, wiederum zum »100. Geburtstag und 20. Todestag dieses großen deutschen Dichters«,[66] mit *Lotte in Weimar,* der wie ebenfalls schon gesehen ersten Verfilmung eines Exilwerks; und im Fernsehen, wenn man von der TV-Ausstrahlung des Films *Lotte in Weimar* absieht (am Fernsehen der DDR erstmals ein Jahr nach der Kinopremiere, Mitte Mai 1976), sozusagen in allerletzter noch möglicher Minute, mit einer Verfilmung des *Kleinen Herrn Friedemann.* Deren Fertigstellung und Erstausstrahlung fiel freilich schon hinter die deutsche Wiedervereinigung. Deshalb, wie spä-

---

64 Zander, »Man muss sich auch dem Autor nähern, nicht nur dem Werk«, S. 227.

65 Franz Josef Strauß, Plädoyer für die Zukunft des deutschen Films. Auszüge aus dem Grundsatzreferat vom 19. Januar 1985, in: Bayerisches Staatsministerium für Unterricht und Kultus (Hg.), Der Bayerische Filmpreis '82 '83 '84, München: Olzog, 1985, S. 22 f., hier S. 22.

66 [Erich] Albrecht, z. B. Briefe vom 16. November 1973 an Anonymus (»Genossen«) Kunz; vom 20. Dezember 1973 an Anonymus (»Gen.«) Hellmunth; vom 29. April 1974 an Hanns Anselm Pertson; vom 7. Juni 1974 an Anonymus (»Kollegen«) Mertins; vom 24. Juni 1974 an Anonymus (»Direktor«) Sudan; vom 3. Juli 1974 an Anonymi (»Genossen«) Bethke und (»Genossin«) Dörmann; vom 5. Juli 1974 an Anonymus Garitz, an Anonymus (»Genossen«) Brettschneider und an Anonymus (»Direktor«) Borowski; vom 30. Juli 1974 an Anonymus (»Major«) Schmidt; vom 10. September 1974 an Anonymus (»Genossen«) Nacke; vom 20. August 1974 an Anonymus (»Oberst.lnt.«) Biedermann; vom 24. Oktober 1974 an Jaecki Schwarz; vom 25. Oktober 1974 an Anonyma (»Frau Dr.«) Jensch; Albert Wilkening, Briefe vom 27. Juni 1974 an Rudolf Panka und vom 30. Juli 1974 an Anonymus Seigert, alles Bundesarchiv, Berlin-Lichterfelde.

ter im Einzelnen noch zu begründen, darf man den Film nicht mehr vorbehaltlos den DDR-Produktionen subsumieren.

Bei der also einzigen Thomas-Mann-Verfilmung, die sich eindeutig, voll und ganz der Filmindustrie der DDR zuschlagen lässt, *Lotte in Weimar*, scheint schon nur die Wahl des Vortexts ein differenzierteres Verhältnis zur eigenen Vergangenheit zu implizieren. Denn nicht nur, dass der exilierte Thomas Mann seinem Goethe in *Lotte in Weimar* wenig Schmeichelhaftes über Deutschland und die Deutschen in den Mund legte — was im Film allerdings nur zu einem sehr, sehr kleinen Teil übernommen ist. Von einem halben Hundert Seiten innerem Monolog[67] ließ der Szenarist, Regisseur und Drehbuchautor Egon Günther nur die zwei, drei hierfür vielleicht, mag sein, einschlägigsten Sätze stehen: wie »sie«, die Deutschen, Goethes »Deutschtum« nicht »traun«, es ihm »wie einen Mißbrauch« neiden, und dass er doch »für« sie »stehe«.[68] Im Übrigen nutzte Günther bereits im Szenarium die erstbeste Gelegenheit, den Klassiker an dieser mehr oder minder textgetreu verfilmten Stelle zu vervolkstümeln, ihn auf die Sprechweise des intendierten Arbeiter- und Bauernpublikums zuzubewegen, durch eine bei Thomas Mann sonst so ganz und gar unerwartbare Derbheit: »Auch wenn ihr meine Dichtung beschissen habt, was die Bäuche hergaben.«[69]

Damit aber eben nicht genug. Der Nationaldichter Goethe selber, und bereits diese bereitwillig übernommene Skatologie mag hierher gehören,[70] war in Manns Roman schon demontiert und vom Sockel geholt worden. Oder jedenfalls waren seine problematischen und egomanen, neurotischen bis soziopathischen Züge hier schon vergleichsweise stark überhellt. Dass gerade so ein Roman über den Klassiker gerade in der DDR und gerade damals verfilmt wurde, hatte seine besonderen Gründe. Es geschah, wie an der dafür geeigneten Stelle zu zeigen, im Rahmen einer Neuausrichtung der sogenannten Erbepolitik.

Die erste Thomas-Mann-Verfilmung für das Fernsehen der DDR, *Der kleine Herr Friedemann*, die 1989/90 auf Anregung Eberhard Görners entstand, nach

---

67 Vgl. Dennis F. Mahoney, A Recast Goethe. Günther's *Lotte in Weimar* (1975), in: Eric Rentschler (Hg.), German Film and Literature. Adaptations and Transformations, New York und London: Methuen, 1986, S. 246–259, hier S. 249 f.; Daniela Berghahn, The Re-Evaluation of Goethe and the Classical Tradition in the Films of Egon Günther and Siegfried Kühn, in: Seán Allan und John Sandford (Hgg.), DEFA. East German Cinema 1946–1992, New York und Oxford: Berghahn, 1999, S. 222–244, hier S. 228.
68 Lotte in Weimar (R: Egon Günther, DDR 1975), 01:25:25. Vgl. Egon Günther, Lotte in Weimar. Szenarium nach dem gleichnamigen Roman von Thomas Mann. Fassung vom 30. Oktober 1973, S. 69, Thomas-Mann-Archiv der ETH-Bibliothek, Zürich.
69 Günther, Lotte in Weimar, 01:25:42; ders., Lotte in Weimar. Szenarium, S. 69.
70 Bd. 9.1, S. 290.

dessen Szenarium und unter der Regie Peter Vogels, war wie angedeutet eine der letzten Produktionen des DDR-Fernsehens. Und sie war und blieb zugleich dessen überhaupt einzige Verfilmung eines Thomas Mann'schen Texts — bei nicht weniger als fünf Verfilmungen *Heinrich* Manns.[71] Nach dem Kinofilm *Lotte in Weimar* war sie ein zweiter Anlauf, das bundesdeutsche Verfilmungsmonopol auf *Thomas* Mann zu brechen. Ähnlich wie *Lotte in Weimar* verdient Vogels und Görners *Friedemann*-Film Beachtung und wohl auch Anerkennung als ein Beleg dafür, dass es Alternativen gegeben hätte zu der rundum affirmativen Rezeptionstradition, welche die deutsche Verfilmungsgeschichte Thomas Manns dominierte und bis fast ganz zuletzt dominiert — wenn man wiederum von Blumes Kurzfilm *Heiligendamm* absieht, der, mit augenscheinlich kleinem Budget produziert und schlecht rezipiert, kaum das Fanal für eine neue Art Rezeption gesetzt hat. Wie diese bisher allerjüngste Verfilmung liefert Vogels *Kleiner Herr Friedemann* ein rares Beispiel für eine selbstkritische Aneignung des Autors. Nur zielte die Selbstkritik, prinzipiell oder doch dem Grad nach anders als in *Lotte in Weimar*, nun eindeutig und spezifisch auf die DDR. Zugleich aber reflektiert der Film auch schon deren Ende. Seiner späten Entstehungszeit gemäß scheint er diffuse Ängste oder Ressentiments zu artikulieren, die dieses Ende in den bald einmal so genannten neuen Bundesländern wachrief.

Ohne dem Novellentext eine ihm von Grund auf fremde Botschaft zu unterlegen oder zu unterstellen, nutzten Vogel und Görner dessen Aktualisierung dazu, seinerzeit brisante Probleme zu verhandeln und innerdeutsche Spannungen abzuleiten. Damit gelangen dem *Friedemann*-Film vermutlich dank seiner eigenartigen Entstehungsbedingungen Einblicke in eine Dimension des verfilmten Texts, die so in der extensiven, von Görner zum Teil nachweislich rezipierten Sekundärliteratur nirgends zu finden waren, weder in der westlichen Germanistik noch in derjenigen der DDR; und zwar deswegen, weil Thomas Mann eben, um es zu wiederholen, im Rahmen seiner Rezeption als Nationalschriftsteller oder als Exponent des *nationalen* Erbes vorwiegend als deutscher Autor gelesen wurde, nicht wirklich als norddeutscher, hansestädtischer, evangelischer und so weiter. Die innerdeutschen Bruchlinien und Animositäten, die vor allem seinem Frühwerk sehr wohl eingeschrieben sind — nicht nur, aber ganz besonders den

---

71 Im Schlaraffenland (R: Kurt Jung-Alsen, DDR 1975); Die Verführbaren (R: Helmut Schiemann, DDR 1977); Suturp — eine Liebesgeschichte (R: Gerd Keil, DDR 1981); Die traurige Geschichte von Friedrich dem Großen (R: Alexander Lang, DDR 1983); Varieté (R: Martin Eckermann, DDR 1985).

Buddenbrooks[72] —, mussten deshalb weitgehend verschüttet bleiben, auch und gerade durch die produktive Rezeption. So auch noch zwei Jahrzehnte nach Vogels und Görners *Kleinem Herr Friedemann* in Breloers *Buddenbrooks*.

Ohne dass es im Roman dafür die allergeringste Handhabe gäbe, lässt Breloer die Buddenbrooks selbst in ihren Familienaufzeichnungen an der patriotischen Begeisterung der Gründerjahre teilhaben, obwohl ihre Firma dort, im *Roman*, während und wegen der Deutschen Einigungskriege einen empfindlichen Verlust erleidet. Und auf die Zeit der eigentlichen Reichsgründung fällt im Roman ein Tiefpunkt ihrer Familiengeschichte, das Scheitern von Tony Buddenbrooks »dritte[r] Ehe«,[73] die Inhaftierung eines straffälligen Familienmitglieds, dicht gefolgt vom Tod der Matriarchin Bethsy Buddenbrook und vom Verkauf des Familienstammsitzes, sozusagen, an den Erzrivalen Hermann Hagenström. Aber von solchen Kontrastierungen der national-kollektiven Erfolgs- und der privat-familialen Verfallsgeschichte, denen der Autor nach Ausweis auch schon seiner Entwurfsnotate einige Bedeutung zugemessen haben muss, hat Breloer seinen Film ziemlich konsequent gereinigt — ebenso wie seine Vorgänger *ihre* Verfilmungen des Romans —, um es einem Bundespräsidenten und also dem höchsten Repräsentanten der nationalen Identität so nur desto näher zu legen und desto leichter zu machen, »dieses Buch« für »uns Deutsche« insgesamt zu reklamieren.

Dabei haben oder hätten Regisseure und Drehbuchautoren eben doch auch eine andere Wahl, als einfach nur à la Breloer die blinden Flecken und schwarzen Löcher der wissenschaftlichen Rezeption fortzuschreiben und zu verstetigen. Filmemacher sind mitunter klarsichtiger als die, wie sie Elisabeth Mann einmal beschimpfte, »blöden Germanisten«.[74] Sie sind der Forschung bisweilen weit voraus. Als dankbares Beispiel dafür wird sich in der deutschen Verfilmungsgeschichte schon Vogels und Görners *Friedemann*-Film erweisen, ein noch älteres lieferte außerhalb derselben die nach einhelliger Meinung beste, wenn nicht die einzige gute Thomas-Mann-Verfilmung, deren Einflussmacht sich an den späteren denn immer wieder zeigen wird, am *Friedemann*, an *Lotte in Weimar* oder vielleicht auch an Wirths *Buddenbrooks*:

Luchino Viscontis *Morte a Venezia* (1971) beginnt auf oder mit einem Liniendampfer, auf dem Gustav von Aschenbach in Venedig einläuft, hier seines Zeichens kein Schriftsteller, sondern ein Komponist wie Gustav Mahler, das bekann-

---

72 Vgl. Yahya Elsaghe, Der Roman im Kontext von Leben und Werk, in: Nicole Mattern und Stefan Neuhaus (Hgg.), Buddenbrooks-Handbuch, Stuttgart: Metzler, 2018, S. 15–27, hier S. 17–20.
73 Bd. 1.1, S. 491.
74 Peter Zander, »Das Werk ins Leben zurückbringen«. Ein Gespräch mit Heinrich Breloer, in: ders., Thomas Mann im Kino, Berlin: Bertz + Fischer, 2005, S. 236–245, hier S. 240.

te Modell der Novellenfigur — so dass denn in den Rückblenden des Films auch etliche spezifische Anspielungen auf Mahlers Leben einfließen werden. (Zum Beispiel hat Aschenbach hier zwar, im Unterschied zu den Mahlers nicht zwei Kinder und Töchter, sondern wie in der Novelle nur deren eine — die dort »schon Gattin«[75] ist —; aber diese eine stirbt hier im frühen Kindesalter, genau wie Maria Anna ›Putzi‹ Mahler.) Nebenher und durchaus nicht aufdringlich groß, aber doch gut leserlich kommt gleich auch der Name des Dampfers ins Bild. Wie üblich und nicht weiter verwunderlich[76] trägt das Schiff einen Frauennamen, Esmeralda. Das ist eine Reminiszenz an den zoologischen Decknamen, den Adrian Leverkühn, seinerseits ein ›Tonsetzer‹, der ihn ansteckenden Prostituierten oder ›Hetäre‹ gibt. Dieses bleibt nicht die einzige Anspielung auf Manns berühmten Künstlerroman. Es folgt bald einmal eine Rückblende auf einen Bordellbesuch, wie er auch im Leipzig respektive im Pressburg-Pozsony-Bratislava[77] des *Doktor Faustus* stattfindet (in Seitz' Verfilmung sinnigerweise im »Türkenviertel« von »Sarajewo«[78] [sic!]) oder wie er dort vielmehr gerade *nicht* stattfindet. Denn anders als der blutjunge Leverkühn, der für seinen Teil bisexuell orientiert ist, steckt sich der hier impotente Aschenbach nicht, *könnte* er sich hier gar nicht erst mit Syphilis anstecken; ein dezenter Hinweis schon auf seine wahre sexuelle Orientierung, die den Gealterten[79] im Verlauf der Handlung einholen wird.

Dass die Verfilmung eines gegebenen Texts diesen mit Elementen eines anderen Romans oder einer anderen Novelle kontaminiert, kommt in der Geschichte der Thomas-Mann-Verfilmungen freilich auch sonst vor und wird sich

---

75 Bd. 2.1, S. 515.
76 Vgl. z. B. Sigmund Freud, Gesammelte Werke. Chronologisch geordnet, hg. v. Anna Freud et al., London: Imago, und Frankfurt a. M.: Fischer, 1940–1987 [Nachdruck Frankfurt a. M.: Fischer, 1999], Bd. 11, S. 157, 164; C[arl] G[ustav] Jung, Gesammelte Werke, Bd. 5: Symbole der Wandlung. Analyse des Vorspiels zu einer Schizophrenie, hg. v. Lilly Jung-Merker und Elisabeth Rüf, Solothurn und Düsseldorf: Walter, 1995, S. 312–315; Macrobius, Saturnalia, hg. v. Robert A. Kaster, Bd. 1: Books 1–2, Cambridge (Massachusetts) und London: Harvard University Press, 2011 (Loeb Classical Library, Bd. 510), S. 364 (II, 5.9): »numquam enim nisi navi plena tollo vectorem«; ›ich [eine Frau, die so erklärt, warum ihre Kinder bei ihrem promisken Lebenswandel doch alle ihrem Gatten gleichen] nehme nur dann einen Passagier auf, wenn das Schiff voll ist‹.
77 Vgl. Bd. 10.1, S. 225; Bd. 10.2, S. 427. Zur Verfilmungsgeschichte dieser Lokalisierung vgl. Elsaghe, Die imaginäre Nation, S. 16, 66.
78 Franz Seitz, Doktor Faustus. Lesefassung des Drehbuches, in: Gabriele Seitz (Hg.), *Doktor Faustus*. Ein Film von Franz Seitz nach dem Roman von Thomas Mann, Frankfurt a. M.: Fischer, 1982, S. 31–112, hier S. 57.
79 Zu Päderastie und Ephebophilie als Perversionen des Alters vgl. Arthur Schopenhauer, Die Welt als Wille und Vorstellung, hg. v. Julius Frauenstädt, Bd. 2, Leipzig: Brockhaus, ²1916 (Sämmtliche Werke, Bd. 3), S. 646–649.

im Verlauf der Untersuchung immer wieder einmal zeigen lassen: *Wälsungenblut* mit *Ein Glück*, *Buddenbrooks* mit *Tonio Kröger* oder dem *Kleinen Herrn Friedemann*, *Der kleine Herr Friedemann* wiederum seinerseits mit *Buddenbrooks* und *Tonio Kröger* oder auch mit *Tobias Mindernickel*. Solche Kontaminationen bringen indessen nur noch einmal zum Ausdruck, was auch ein noch so unbedarfter Leser zumal des Frühwerks ohnedies bemerken muss. Sie nutzen letztlich bloß die hohen Redundanzen dieses Frühwerks und die engen Begrenzungen des Themenarsenals, aus dem es sich speist. Dagegen liegt Viscontis Engführung zweier zeitlich und mentalitär weit auseinanderliegender Texte durchaus nicht so nahe. Gerade in ihrer Ausgefallenheit vermag sie aber, wenn man so sagen darf, intuitiv die verborgenen Zusammenhänge des Gesamtwerks zu antizipieren, denen erst eine gendertheoretisch, kulturwissenschaftlich und wissensgeschichtlich informierte Forschung Jahrzehnte später auf die Spur kommen sollte: beispielsweise die Kollusion von Antiurbanismus, Misogynie und Syphilidophobie; die Überblendung von Gynophobie, Orientalismus und innerdeutschen Animositäten; die Konstanz eines ganz bestimmten Ansteckungsnarrativs und die politisch-zeithistorischen Implikationen seiner Itinerarien.[80]

Dem vielversprechenden und besonders interessanten Phänomen, dass die Verfilmungen der Texte von diesen gleichsam mehr wissen können, als in der einschlägigen Sekundärliteratur ihrer Zeit steht, sei zum Schluss noch eine Art Epilog gewidmet. Er gilt der Verfilmung der anderen ›italienischen‹ Novelle Thomas Manns, also eines Texts, in dem der nationalen Selbststilisierung schon deswegen eine sekundäre oder bloß indirekte Funktion zukommt, weil seine Handlung, anders als die der anderen in Deutschland verfilmten Erzählungen und Romane, zur Gänze im Ausland spielt. Die Verfilmung von *Mario und der Zauberer* (1994), über die man ansonsten gewiss geteilter Meinung sein kann und zu Recht auch war, wird sich namentlich in Hinsicht auf die sexuelle Differenz und das Verhältnis der Geschlechter als sehr viel hellhöriger denn die Mann-Forschung ihrer Zeit erweisen; ein Glücksfall, der vermutlich wieder den besonderen Zeitbedingungen geschuldet ist, unter denen der Film entstand und die mit der Entstehungszeit der Novelle in gerade dieser Hinsicht einiges gemeinsam haben. —

---

80 Vgl. Yahya Elsaghe, Zur Sexualisierung des Fremden im *Tod in Venedig*, in: Archiv für das Studium der neueren Sprachen und Literaturen 234, 1997, S. 19–32; ders., Die imaginäre Nation, S. 61 f.; Fabrizio Cambi, *La Morte a Venezia* di Thomas Mann e Luchino Visconti, in: Francesco Bono, Luigi Cimmino und Giorgio Pangaro (Hgg.), *Morte a Venezia*. Thomas Mann / Luchino Visconti. Un Confronto, Soveria Mannelli: Rubbettino, 2014, S. 53–61, hier S. 54–58.

Was allerdings die filmästhetischen Mittel angeht, so ist *Mario und der Zauberer* so unauffällig und bieder wie alle anderen Verfilmungen aus dem Westen Deutschlands, abgesehen vielleicht von Franz Seitz' *Doktor Faustus* und einem nicht realisierten Bild in Hans Geißendörfers *Zauberberg*. In summa erwiesen sich die Verfilmungen aus der DDR als entschieden experimentierfreudiger denn die bundesrepublikanischen, hierin am ehesten noch mit der berühmten *Morte a Venezia* des Italo-Kommunisten Visconti vergleichbar oder eben mit der *Kleiderschrank*-Verfilmung Blumes, dessen Karriere ihrerseits noch in der DDR begonnen hatte. Er war ab 1983 unter anderem auch selbständiger Produzent für das Fernsehen der DDR. Insofern ist es vielleicht kein Zufall, wenn auch in seinem Film, wie in Günthers und Vogels Verfilmungen — oder übrigens schon bei Lamprecht —, der Blick der Kamera auf die Werktätigen und ihre körperliche Arbeit fällt, je gegen die Vorgaben der verfilmten Texte.

Zwar brachen auch die DDR-Verfilmungen nicht geradewegs mit der mimetischen Illusionsästhetik, der die Geschichte nicht nur der Thomas-Mann-Verfilmungen ansonsten sehr weitgehend verhaftet blieb — die drei je ganz oder teilweise außerhalb des deutschen Kulturraumes entstandenen Verfilmungen eines eher wenig rezipierten Spätwerks ausgenommen, der »indische[n] Legende« von den *Vertauschten Köpfen*: Alejandro Jodorowskys pantomimische Adaption schon aus dem Jahr 1957, *La Cravate*; Fernando Birris extrem avantgardistischer Film *Org*, 1979; und Katja Pratschkes »Photofilm«,[81] eine Art verfilmter »Photoroman«,[82] von 2002, *Fremdkörper / Transposed Bodies* (hervorgegangen aus einer Installation an einem ungarischen Haus, mit Photographien von Gusztáv Hámos). Aber die in der DDR und die gewissermaßen aus der DDR oder Ex-DDR heraus entstandenen Mann-Verfilmungen versuchten sich doch hie und da mit einzelnen Verfremdungseffekten von einem reinen Illusionismus zu lösen. So finden sich in der Verfilmung von *Lotte in Weimar* etwa eindeutig anachronistische Anspielungen auf lebensweltliche Realien der DDR (eine ihrer Biermarken oder ihre Automobile, allerdings nicht die damals ›gängigen‹, sondern etwas ältere, weniger hässliche Modelle[83]). Im Film *Der kleine Herr Friedemann* gibt es sowohl under- als auch overacting, mutmaßlich mit Absicht gekünstelte, outriert geschauspielerte Szenen, welche die Illusionarität des Spiels stören, sie in der Tradition des epischen Theaters offenbar stören *sollen*.

---

81 Angelika Stepken, Vorwort, in: Katja Pratschke und Gusztáv Hámos, Fremdkörper. Ein Photoroman / Transposed Bodies. A Photo Novel, Berlin: Vice Versa, 2003, o. P.
82 Katja Pratschke und Gusztáv Hámos, Fremdkörper. Ein Photoroman / Transposed Bodies. A Photo Novel, Berlin: Vice Versa, 2003.
83 S. Abb. 3 f.

Und Blume, wie schon erwähnt, versetzt in *Heiligendamm* die Erzählung vom *Kleiderschrank*, die Thomas Mann Ende des neunzehnten Jahrhunderts geschrieben hatte und deren Handlung er zu dieser seiner Zeit auch hatte spielen lassen, in unsere Gegenwart des einundzwanzigsten Jahrhunderts. So kann er, Blume, die monströse Geschichte des zwanzigsten mitreflektieren. In eins damit stellt er sich einer ethischen Problematik, um welche sich seine Vorgänger allesamt drückten und mit welcher auch deren starke Vorliebe für das Frühwerk zu tun haben dürfte. Dessen erzählte Zeiten kommen ja notgedrungen lange auch nur schon vor die *Weimarer* Republik zu liegen — im Unterschied etwa zum letzten vollendeten und denn auch lange nicht, in Deutschland überhaupt nie verfilmten Text des erzählerischen Gesamtwerks, *Die Betrogene*.

So etwa darf man den Sinn der Modernisierungen ausdeuten, die sich Blumes Film gegen das Gebot der Werktreue leistet und die sich schon darin ankündigen, dass der Filmtitel auf sonst ganz unübliche Weise vom Titel der verfilmten Novelle abweicht: Deutsche Geschichten, und mögen sie auch aus dem neunzehnten Jahrhundert kommen, lassen sich ehrlicherweise nicht mehr so erzählen, als hätte es ein zwanzigstes mit seinen Monstrositäten nie gegeben.

Dagegen gehorchen die allermeisten bundesrepublikanischen Verfilmungen (zu denen *Heiligendamm* ja genau genommen seinerseits mitzählt, aber von der Sozialisation des Regisseurs her doch auch wieder nicht so ganz gehört) dem ungeschriebenen Gesetz der Werktreue. Im Großen und Ganzen verharren sie auch nach wie vor in einer aristotelischen Mimetik. Auch noch so zaghafte Versuche, darüber hinauszugelangen, wurden schlecht honoriert oder scheinen sich angesichts tatsächlicher oder supponierter Publikumserwartungen zerschlagen zu haben. Ein gutes Beispiel dafür ist das klägliche Rezeptionsecho auf *Heiligendamm*. Ein anderes gäbe Hans W. Geißendörfers Verfilmung des *Zauberbergs* her oder genauer gesagt eine eben schon berührte Episode ihrer Entstehungsgeschichte.

Im Lauf der Konzeptions- und Dreharbeiten an diesem Film fand ein Problem verschiedene Lösungen, das sich für die Verfilmungen je länger, desto dringlicher stellte. Gemeint ist damit ein mentalitätsgeschichtlicher Wandel. Dieser betrifft die Lockerung der Standards bei der auch filmischen Darstellung des handfest Sexuellen beziehungsweise den Abstand, in den die allermeisten Texte Thomas Manns dazu geraten mussten. Es handelte sich also um die Dezenz, womit dieser, als ein Autor im Grunde aus dem neunzehnten Jahrhundert, dergleichen die längste Zeit nur zart anzudeuten wagte. Das gilt auch noch und gerade auch für den *Zauberberg* und die darin einzige Liebesnacht. Von der erfahren die Leser und Leserinnen lediglich durch eine direkte Rede. Die Frau sagt zum Mann »leise« und in der Höflichkeitsform: »N'oubliez pas de me rendre mon crayon.«[84]

Die für Manns Generation und sein Herkunftsmilieu selbstverständliche und typische Sexualscheu wird in einem Unterkapitel des *Zauberbergs* denn auch zum Thema, *Ehrbare Verfinsterung* (von Geißendörfer in der Kino-Fassung weggelassen und nur in der längeren Version seiner amphibischen Verfilmung umgesetzt[85]). Sie begann sich allenfalls in den Fünfzigerjahren etwas zu lösen, erst in den allerletzten Nachkriegstexten, im *Erwählten*, in der *Betrogenen* und in den späten Kapiteln des *Felix Krull*. Gleichwohl mochte sie weitgehend der Mentalität noch dieser Fünfzigerjahre entsprechen, wie sie sich eben auch an den Tabus des Kinos und des Fernsehens zeigte. Spätestens seit den Siebzigern aber geriet sie in zunehmenden Gegensatz zu dem, was in Kino und Fernsehen erlaubt war und üblich wurde, wohl auch erwartet wurde. Sex sold. Sexualität sollte mehr oder weniger zu sehen sein, jedenfalls heteronormative Sexualität — ja nicht etwa perverse, wie sie beispielshalber in *Der Kleiderschrank* oder in *Königliche Hoheit* andeutungsweise ins Spiel kommt, um in den Verfilmungen denn prompt retuschiert zu werden. In *Heiligendamm* gibt es keine Spur mehr von periodisch wiederholten Kindsvergewaltigungen; und in der Verfilmung von *Königliche Hoheit* hat die derangierte Gräfin ihren Verstand nicht etwa wegen sadistischer Misshandlungen und Erniedrigungen verloren,[86] sondern angeblich — und nach welchem psychologischen Verursachungsmechanismus auch immer — weil sie einmal so Hunger litt wie im Roman der Lehrer des Protagonisten.

Belege für die neuen Publikumserwartungen oder jedenfalls für den Vorsatz, ihnen entgegenzukommen, finden sich im Lauf der späteren Verfilmungsgeschichte immer wieder, bis in die letzte große Thomas-Mann-Verfilmung. Ein Beispiel aus der Verfilmungsgeschichte der *Bekenntnisse des Hochstaplers Felix Krull*: Die sexualtechnischen Lektionen, welche die Prostituierte Rosza dem noch ziemlich unerfahrenen Krull erteilt, sind in der ersten Verfilmung, 1957, schlankerhand weggelassen. Das geschah mit dem stillschweigenden Einverständnis der ansonsten in Sachen Werktreue sehr empfindlichen Erika Mann. Ein Vierteljahrhundert später jedoch, in der zweiten Verfilmung, die zur selben Zeit ins Fernsehen kam wie *Der Zauberberg* und der *Doktor Faustus* ins Kino, 1982, sind

---

84 Bd. 5.1, S. 520.
85 Hans W. Geißendörfer, Der Zauberberg. Lesefassung des Drehbuchs, in: Gabriele Seitz (Hg.), *Der Zauberberg*. Ein Film von Hans W. Geißendörfer nach dem Roman von Thomas Mann, Frankfurt a. M.: Fischer, 1982, S. 33–157, hier S. 41 f.; Der Zauberberg (R: Hans W. Geißendörfer, BRD 1984, dreiteilige TV-Fassung), Teil 1, 00:13:45.
86 Vgl. Bd. 4.2, S. 223.

die Details der Liebeslektionen ziemlich breit ausgewalzt. Geräusche von der Art der *Ehrbaren Verfinsterung* dringen ins Treppenhaus. Dort vernimmt sie ein Nachbar, gespielt von Loriot, der ganz offensichtlich an Thomas Mann erinnern soll und diesem also einen Pseudo-Cameo-Auftritt verschafft.[87] Der Nachbar gibt sich nun aber durchaus nicht so indigniert wie ein Hans Castorp, den ein unmanierliches Russenpaar in *Ehrbare Verfinsterung* zum Ohrenzeugen seines Beischlafs macht. Vielmehr zeigt er sich interessiert daran, an den »Leibesübungen« der beiden,[88] der einen oder des anderen, teilzunehmen; eine eher plumpe Anspielung natürlich auf Thomas Manns Bisexualität, wie sie dazumal, seit der eben erfolgten Öffnung und Publikation der Tagebücher, ins Diskurszentrum auch der wissenschaftlichen Rezeption rückte.

Oder ein Beispiel aus der letzten großen Verfilmung: In Heinrich Breloers *Buddenbrooks* finden sich gleich zwei Bettszenen.[89] Deren männlichen Part besetzt jeweils Thomas Buddenbrook — ausgerechnet —: erst, wie er mit seiner Geliebten Anna schläft; dann in der Hochzeitsnacht, sinnigerweise zusammengeschnitten mit der traditionsgemäß launig-anzüglichen Tischrede des Brautvaters — wobei die hier pornographisch ausgestellte Erregung der Ehefrau freilich den diskret verhaltenen, aber eigentlich unmissverständlichen Andeutungen des Romantexts[90] und zumal dessen Reminiszenzen an Hans Christian Andersens Schneekönigin widerspricht.[91] Die Gerda des Romans ist frigide.

Der Abstand zwischen den tatsächlichen oder angenommenen Erwartungen des Fernseh- und Kinopublikums auf der einen Seite und der Dezenz des verfilmten Primärtexts auf der anderen wird in der Verfilmung des *Zauberbergs* ebenfalls verringert. »N'oubliez pas de me rendre mon crayon«, sagt die Clawdia Chauchat der Verfilmung weder »leise« noch auf Französisch noch auch in der Höflichkeitsform: »Vergiß nicht, mir den Bleistift zurückzugeben!«[92]

Das Drehbuch hingegen hatte noch vorgesehen, diesen Abstand auf zunächst sehr findige und elegante Weise zu überbrücken. Zunächst nämlich sollte

---

87 Vgl. Peter Zander, Geschaute Erzählung — Thomas Mann im Kino. Von *Buddenbrooks* (1923) bis *Buddenbrooks* (2008), in: Thomas Mann Jahrbuch 23, 2010, S. 105–117, hier S. 106.
88 Bekenntnisse des Hochstaplers Felix Krull (R: Bernhard Sinkel, BRD/A 1982, fünfteiliger TV-Film), Teil 2, 00:39:19.
89 Vgl. Timo Rouget, Die Rezeption im Tonfilm und in anderen Medien, in: Nicole Mattern und Stefan Neuhaus (Hgg.), Buddenbrooks-Handbuch, Stuttgart: Metzler, 2018, S. 63–70, hier S. 68.
90 Vgl. Bd. 1.1, S. 319 f., 332 f., 376 f., 709, 714.
91 Vgl. Michael Maar, Geister und Kunst. Neuigkeiten aus dem Zauberberg, München und Wien: Hanser, 1995, S. 48 f.
92 Geißendörfer, Der Zauberberg. Lesefassung des Drehbuchs, S. 98; Der Zauberberg (R: Hans W. Geißendörfer, BRD 1982), 01:04:06; Geißendörfer, Der Zauberberg (1984), Teil 2, 00:37:56.

Castorps und Chauchats Koitus gewissermaßen deckungslos verfilmt werden, mit Aufnahme selbst der sich ineinanderschiebenden Geschlechtsorgane, ohne indessen im Geringsten pornographisch zu sein und damit der Gesittung des Romans zuwiderlaufen. Solch eine Quadratur des Zirkels gelang dadurch, dass hier eine dazumal bahnbrechend moderne Technologie mit eingespielt wurde, die Röntgenradiologie. Diese ist ja im Romantext selber thematisch. Schon dort dient sie dazu, den Blick auf den menschlichen Körper, besonders auch auf sein Herz und dessen Kontraktionen,[93] wenngleich noch nicht auf seine Sexualorgane zu verfremden.

Im Film nun sollte die »Bewegung unmerklich in ein bewegtes Röntgenbild« übergehen.[94] Nach einer ursprünglichen Fassung des Drehbuchs sollte gezeigt werden, »wie die tierische Masse Herz klopft und wie der Penis schattenhaft in die Schattenhöhle zwischen Oberschenkelknochen und Beckenknochen hineintaucht«.[95] Das war oder wäre eine zweifellos originelle Lösung des Problems gewesen. Sie setzte sich aber nicht durch. Woher die Widerstände dagegen kamen, lässt sich nicht mehr eruieren. (Aktenkundig sind allerdings die generellen Allergien des Produzenten gegen krude Szenen.[96])

In der publizierten »Lesefassung des Drehbuchs«, wo die »Bewegung« noch immer »unmerklich in ein bewegtes Röntgenbild übergeht«, blieb in der Szene »Clawdias Zimmer Innen / Nacht« dann nur noch »die tierische Masse Herz« stehen, die unter dem Röntgenblick der Kamera »klopft«, und »wie sich die von Lippen umgebenen Zähne aufeinanderlegen«.[97] Und in der realisierten Verfilmung, in der Kinoversion wie in der TV-Miniserie, entfällt dieser verfremdende Röntgenblick ganz und gar. Stattdessen wird in den softpornographischen Andeutungen der TV-Version eben dem — oder einem unterstellten — Publikumsgeschmack Genüge getan.[98]

---

93 Vgl. Bd. 5.1, S. 331 f., 720.

94 Geißendörfer, Der Zauberberg. Lesefassung des Drehbuchs, S. 99.

95 Hans W. Geißendörfer, Der Zauberberg. Drehbuch zu einem Spielfilm. Nach dem gleichnamigen Roman von Thomas Mann [o. J.], S. 133, Thomas-Mann-Archiv der ETH-Bibliothek, Zürich.

96 Vgl. Zander, »Man muss sich auch dem Autor nähern, nicht nur dem Werk«, S. 234 f.

97 Geißendörfer, Der Zauberberg. Lesefassung des Drehbuchs, S. 99.

98 Geißendörfer, Der Zauberberg (1982), 01:05:22; ders., Der Zauberberg (1984), Teil 2, 00:39:14.

I Die bundesdeutschen Verfilmungen der Adenauer-Zeit

1 Die Filme der Fünfziger- und Sechzigerjahre und ihre Entstehungsbedingungen

1.1 Thomas Mann und die Vergangenheitspolitik

Die »Vergangenheitspolitik«, der Norbert Frei unter dieser von ihm geprägten Formel an den »Anfänge[n] der Bundesrepublik« nachging, hatte selbstverständlich ihre kulturgeschichtlichen Entsprechungen.[1] Kein Name wäre in diesem Zusammenhang wichtiger als derjenige Thomas Manns. Niemand sonst unter den Repräsentanten der deutschen Kultur eignete sich besser, das Gründungsnarrativ oder, wenn man so will, die Lebenslüge der Bundesrepublik zu beglaubigen. Als prominenter Exulant war er über jeden Zweifel erhaben, mit dem NS-Regime sympathisiert, geschweige denn kollaboriert zu haben. Als US-amerikanischer Staatsbürger, bald mit schweizerischem Wohnsitz, ließ er sich leichter als manch einer, zum Beispiel sein Bruder Heinrich, für das westliche Lager vereinnahmen. Als Nobelpreisträger und international höchstreputierter Autor verkörperte er das Summum der deutschen Kulturnation. Als Angehöriger der Großvätergeneration, etwa gleich alt wie Konrad Adenauer, stand er für die Traditionen eines besseren Deutschland, die weit hinter den Januar 1933 zurückreichten und an die denn die Bundesrepublik anknüpfen konnte oder anzuknüpfen sich wenigstens bemühte.

Das Bedürfnis, solche älteren Traditionen in der Gestalt Thomas Manns von der jüngsten Vergangenheit zu dissoziieren, ließe sich auch und gerade an der wissenschaftlichen Rezeption mustergültig vorführen, wie sie in Westdeutschland und von einem oder dem andern deutschen Germanisten der Kriegergeneration in Übersee betrieben wurde. Weit folgenreicher dürfte aber eben die populärkulturelle Aufbereitung des Autors gewesen sein, die Transposition seines Œuvres ins Massenmedium des Films, genauer, des Tonfilms. (Denn die Verfilmungsgeschichte der *Buddenbrooks* begann ja bereits in der Stummfilmzeit, mit jener, nochmals Zitat Thomas Mann: »na ehrlich gestanden [...] strohdum-

---

1 Vgl. Klaus Kreimeier, Die Ökonomie der Gefühle. Aspekte des westdeutschen Nachkriegsfilms, in: Hilmar Hoffmann und Walter Schobert (Hgg.), Zwischen Gestern und Morgen. Westdeutscher Nachkriegsfilm 1946–1962, Frankfurt a. M.: Deutsches Filmmuseum, 1989, S. 8–28, hier S. 17–24; Hans Karl Rupp, »wo es aufwärts geht, aber nicht vorwärts ...« Politische Kultur, Staatsapparat, Opposition, in: Dieter Bänsch (Hg.), Die fünfziger Jahre. Beiträge zu Politik und Kultur, Tübingen: Narr, 1985 (Deutsche Text-Bibliothek, Bd. 5), S. 27–36, hier S. 31; Theo Schiller, Parteienentwicklung. Die Einebnung der politischen Milieus, ebd., S. 37–48, hier S. 40.

https://doi.org/10.1515/9783110638509-002

me[n]«,[2] aber desto einträglicheren Adaption durch Gerhard Lamprecht.) Die Filme, wie Manfred Flügge ohne polemischen Unterton, aber richtig bemerkt, waren »für die Wiederaneignung des Werkes von Thomas Mann durch die Deutschen wichtig«;[3] wobei das, wenn man das große Publikum im Blick hat, vermutlich noch eine Untertreibung ist. Sie waren für die *Wieder*aneignung vermutlich nicht eben nur wichtig, sondern entscheidend.

In der Ära Adenauer wurde Thomas Mann mit höherer Frequenz verfilmt als je zuvor und auch hernach je wieder. Die Fernsehproduktion von 1963 einmal beiseitegelassen — denn *Herr und Hund* war wie gesagt eher eine »Illustration« oder »Buchillustration«[4] als eine eigentliche Verfilmung, eine Art totalisiertes Voice-Over oder ein Hörbuch mit bewegten, teils auch stillgestellten oder, mit dem Ausdruck des Drehbuchs, »stehenden«[5] Bildern —, dieses »Idyll« also nicht mitgerechnet, wurden in der Adenauer-Zeit je nach Zählung nicht weniger als fünf, sechs Filme »nach [...] Thomas Mann«,[6] »frei nach [...] Thomas Mann«[7] oder »nach Motiven« Thomas Manns realisiert.[8]

Je nachdem, wie man den Zweiteiler *Buddenbrooks* zählt, kamen allein in den Fünfzigerjahren drei oder vier Romanverfilmungen ins Kino. Diese wie dann auch noch der Kinofilm *Tonio Kröger* und das Fernsehspiel *Herr und Hund* wurden allesamt unter einer von Hans Abich und Rolf Thiele neugegründeten Firma produziert, der Filmaufbau GmbH, Göttingen, später München. Für deren Erzeugnisse prägte man auch gleich, wohl aus einem wild entschlossenen Willen zu einem auch filmischen Neuanfang, den überzogenen Stilbegriff ›Göttinger Linie‹.[9]

Um die Aufzählung der auf dieser Linie entstandenen Kinofilme lückenlos zu wiederholen: *Königliche Hoheit* von Harald Braun, 1953; *Felix Krull* von Kurt Hoffmann, 1957 (also nur drei Jahre nach Erscheinen des vollständigen Ersten Teils, *Der Memoiren erster Teil*, wie der Untertitel in penetranter Anlehnung an den an-

---

2 Brief vom 21. Februar 1923 an Ernst Bertram, in: Bd. 22, S. 468.
3 Manfred Flügge, Das Jahrhundert der Manns, Berlin: Aufbau, 2015, S. 170.
4 Peter Zander, Thomas Mann im Kino, S. 137.
5 Erika Mann, Herr und Hund [Drehbuch für einen Fernsehfilm nach der Novelle von Thomas Mann, o. J.], z. B. S. 11 f., Münchner Stadtbibliothek / Monacensia, Signatur EM M 212.
6 Bekenntnisse des Hochstaplers Felix Krull (R: Kurt Hoffmann, BRD 1957), 00:00:37; Königliche Hoheit (R: Harald Braun, BRD 1953), 00:00:24; Buddenbrooks (R: Alfred Weidenmann, BRD 1959, 2 Teile), Teil 1, 00:00:20.
7 Tonio Kröger (R: Rolf Thiele, BRD 1964), 00:00:25.
8 Wälsungenblut (R: Rolf Thiele, BRD 1965), 00:00:07.
9 Peter Zander, »Das Publikum versteht Thomas Mann auch im Kino!« Ein Gespräch mit Hans Abich, in: ders., Thomas Mann im Kino, Berlin: Bertz + Fischer, 2005, S. 217–226, hier S. 218.

deren Nationalschriftsteller[10] und seine beiden *Faust*-Dramen lautete); 1959 *Buddenbrooks* von Alfred Weidenmann (der das wiederum unter Braun begonnene Projekt nach dessen Erkrankung fertigstellte[11]), erst in zwei Hälften, die 1963 zusammengeschnitten nochmals als *ein* Film fürs Kino rezykliert wurden. Nicht lange nach Adenauers Rücktritt und noch zu dessen Lebzeiten folgten, erst wieder durch Filmaufbau und Franz Seitz junior, dann durch Seitz allein produziert, Verfilmungen zweier Erzählungen: *Tonio Kröger*, 1964 (in deutsch-französischer Kooperation); und *Wälsungenblut*, Anfang 1965 (nachdem der Novellentext erst 1958 im vollen Sinn des Verbs publiziert worden war[12]).

Mit den Filmen *Tonio Kröger* und *Wälsungenblut* (die zugleich den endgültigen Wechsel vom Schwarz-Weiß- zum Farbfilm markieren) beginnt in gewisser Hinsicht eine zweite Phase der bundesrepublikanischen Thomas-Mann-Verfilmungen. Eine solche Periodisierung ergibt sich im Wesentlichen aus personellen und institutionsgeschichtlichen Aspekten. Die Regisseure der vorangegangenen drei Verfilmungen, Braun, Hoffmann und Weidenmann (geboren 1901, 1910 und 1916), hatten ihre Sporen noch unter dem Nationalsozialismus verdient. Insofern gaben sie gute Beispiele für die unterhaltungsindustrielle Spielart der von Frei so genannten Vergangenheitspolitik ab, für die Übernahme der alten Eliten, eben auch der kulturellen und vulgärkulturellen, in die neue Bundesrepublik. Dagegen entstanden die beiden vorderhand letzten Verfilmungen, *Tonio Kröger* und *Wälsungenblut*, unter der Leitung eines jüngeren Regisseurs, des als Produzent und Firmengründer eben schon erwähnten Rolf Thiele. Thiele scheint schon für die Verfilmung des *Felix Krull* im Gespräch gewesen zu sein — neben keinen Geringeren als Luchino Visconti, Vittorio De Sica, Max Ophüls, Jules Dassin, Sacha Guitry, Wolfgang Staudte, Gottfried Reinhardt, Leopold ›Lindi‹ Lindtberg, »[v]on den Hollywoodern [...] Bill [sic!] Wilder«[13] (»da Lubitsch« damals schon »tot«

---

10 Vgl. Thomas Sprecher, Felix Krull und Goethe. Thomas Manns *Bekenntnisse* als Parodie auf *Dichtung und Wahrheit*, Bern, Frankfurt a. M. und New York: Lang, 1985 (Europäische Hochschulschriften, Reihe 1, Bd. 841).

11 Vgl. Zander, Thomas Mann im Kino, S. 178.

12 Vgl. Bd. 2.2, S. 323.

13 Erika Mann, Brief vom 16. November 1955 an Hans Abich, Münchner Stadtbibliothek / Monacensia, Signatur EM B 233. Vgl. dies., Briefe vom 6. und 12. September 1955, 24. Februar, 1., 12. und 30. März sowie 2., 9. und 22. Mai 1956 an Hans Abich, Münchner Stadtbibliothek / Monacensia, Signatur EM B 233, sowie vom 1. März und 28. Mai 1956 an Robert Thoeren, Münchner Stadtbibliothek / Monacensia, Signatur EM B 1436.

war[14]), auch Robert Siodmak[15] oder wieder Harald Braun; wobei Erika Mann auf den Regisseur von *Königliche Hoheit* keine großen Stücke hielt. Denn »Harald« sei »halt doch eben ein protestantischer Pfarrerssohn«.[16] »Ceterum censeo: Jeder französische oder auch italienische Regisseur von Rang, der irgend deutsch [sic!] kann« — was insbesondere von Guitry angesichts seiner Inhaftierung wegen Kollaboration »angenommen werden« dürfe,[17] ein später widerlegter Verdacht[18] —, sei »jedem deutschen Spielleiter gleicher Klasse für den ›Krull‹ ohne jedwedes Federlesens vorzuziehen«.[19]

Unter den »deutschen Spielleiter[n]« galt Thiele, Jahrgang 1918, damals als vielversprechendes Nachwuchstalent. In ihn wurden die Hoffnungen auf eine Erneuerung des alten, überalterten deutschen Kinos gesetzt, die dann freilich unter anderen Filmemachern ihre Bahn brechen sollte.[20] Offenbar vermochte »der wackere Rolf«, wie ihn Erika Mann herablassend nannte,[21] die ihm in Sachen Ironie scheint's nicht viel zutraute,[22] dann aber doch nicht an die kommerziellen Erfolge der drei vorangehenden Romanverfilmungen anzuknüpfen.[23] Dabei reflektierten die Misserfolge seiner Filme eine generelle Krise des deutschen Kinos,[24] die erst mit den Regisseuren des ›Neuen Deutschen Films‹[25] überwunden werden sollte,

---

14 Erika Mann, Brief vom 16. November 1955 an Hans Abich.

15 Vgl. Erika Mann, Brief vom 2. und 9. Mai sowie vom 2. Juli 1956 an Hans Abich, Münchner Stadtbibliothek / Monacensia, Signatur EM B 233.

16 Erika Mann, Brief vom 6. September 1955 an Hans Abich.

17 Erika Mann, Brief vom 12. September 1955 an Hans Abich.

18 Vgl. z. B. Jean-Pierre Bertin-Maghit, Le cinéma sous l'occupation. Le monde du cinéma français de 1940 à 1946, Paris: Orban, 1989, S. 230–235; Kathrin Engel, Deutsche Kulturpolitik im besetzten Paris 1940–1944. Film und Theater, München: Oldenbourg, 2003 (Pariser Historische Studien, Bd. 63), S. 14.

19 Erika Mann, Brief vom 12. September 1955 an Hans Abich.

20 Vgl. Hickethier, Literatur und Film, S. 608.

21 Erika Mann, Brief vom 1. März 1956 an Robert Thoeren.

22 Vgl. Erika Mann, Brief vom 6. September 1955 an Hans Abich.

23 Vgl. Erika Mann, Brief vom 18. Februar 1965 an Franz Seitz, Firmenarchiv Seitz GmbH Filmproduktion, München, worin es um Zahlungsverzögerungen bei den Honoraren für *Wälsungenblut* geht (Auslassungen auf Ansuchen der Rechteinhaber): »Es geschieht zum ersten Mal [scil. mit *Tonio Kröger*], dass ein T. M.-Film dem Produzenten kein Glück gebracht hat. Und vielleicht wäre hinzuzufügen, dass das Unglück (wenn ich recht berichtet bin, handelt es sich um ein Defizit von DM [...]) eher auf das Konto des unsinnig teuren Brialy [scil. Jean-Claude Brialy, Hauptdarsteller in *Tonio Kröger*] (er habe, so sagten Sie mir damals, [...] DM gekostet) als auf das Konto T. M. zu buchen sei.«

24 Vgl. Hickethier, Literatur und Film, S. 608.

25 Vgl. Thomas Elsaesser, Der Neue Deutsche Film. Von den Anfängen bis zu den Neunziger Jahren, München: Heyne, 1994.

wie etwa mit Volker Schlöndorff, dessen Filme teilweise ja ebenfalls Seitz produzierte. Nach Thieles *Wälsungenblut* jedenfalls kam es in Deutschland mehr als ein Jahrzehnt zu keinen weiteren Thomas-Mann-Verfilmungen mehr; abgesehen von einem offenbar verschollenen, unter der Regie Ludwig Cremers vom TV-Sender Freies Berlin produzierten *Zauberberg,* der indessen keinerlei Rezeptionsspuren hinterlassen zu haben scheint.

Die deutschen Kinofilme setzten hernach wie schon erwähnt in der anderen Hälfte Deutschlands wieder ein, erst 1975. Damit, um die stehende Formulierung des einschlägigen Briefverkehrs nochmals zu zitieren, sollte »der 100. Geburtstag und 20. Todestag dieses großen deutschen Dichters« begangen werden. Das geschah scheinbar im Windschatten einer ausländischen Produktion und ihres Großerfolgs, Luchino Viscontis *Morte a Venezia* von 1971. Dabei wird noch zu zeigen sein, dass der Anschein teilweise trügt. Das Filmprojekt *Lotte in Weimar* entstand in Wahrheit vor und unabhängig von Viscontis Verfilmung. Es sollte dieser dann aber bei seiner Ausführung offenbar doch verpflichtet sein, ganz besonders was die Film*musik* betrifft.

Was *Morte a Venezia* und *Lotte in Weimar,* als Neueinsätzen der Mann'schen Kinogeschichte, so alles vorausgegangen war, ist seither mehr oder minder in Vergessenheit geraten. An diesen eher — oder mit Ausnahme nur von Hoffmanns *Felix Krull* — vergessenen Filmen wäre nur schon der Standort der Produktionsfirmen bemerkenswert. Bemerkenswert ist anders gesagt der Umstand, dass es sich dabei zunächst um rein bundesrepublikanische oder dann, bei *Tonio Kröger,* der ein Jahr nach dem deutsch-französischen Freundschaftsvertrag,[26] wie gesagt mit französischer Beteiligung gedreht wurde, wenigstens halbwegs um bundesrepublikanische Unternehmungen handelte. Dieser *bundes*deutsche oder westliche Monopolismus, um es zu wiederholen, war so selbstverständlich nicht. Denn die filmische Nachkriegsrezeption der Gebrüder Mann hatte ja in der DDR begonnen, mit Staudtes *Der Untertan;* und die Geschichte der *Thomas*-Mann-Tonverfilmungen hätte eigentlich mit einem gesamtdeutschen Film beginnen sollen oder auch können.

Die sich schon früh abzeichnende Erbteilung der beiden deutschen Staaten vollzog sich, um auch das zu wiederholen, durchaus nicht in Thomas Manns Sinn. Der »Wunsch von Thomas Mann«, hatte dessen Witwe die bundesdeutschen Produzenten wissen lassen, wäre jene »vertraglich« schon einmal »vorge-

---

26 Vgl. z. B. Rolf Aurich und Wolfgang Jacobsen, Theo Lingen. Das Spiel mit der Maske. Biographie, Berlin: Aufbau, 2008, S. 330.

sehene Co-Produktion zwischen West und Ost« gewesen,[27] eine gesamtdeutsche Verfilmung des nach seinem eigenen Dafürhalten »sehr deutsche[n]«, eines »deutsche[n] Hausbuch[s]« geradezu, der *Buddenbrooks*. Denn eine solche, wie erinnerlich, hatte die DEFA ja bereits 1954 angeregt, zur Begehung von Manns achtzigstem Geburtstag;[28] und davon eben muss der Autor »sehr angetan« gewesen sein, als ihn Hans Rodenberg, der damalige Leiter der DEFA, in der Angelegenheit bei Luzern höchstpersönlich traf (wobei er die Verspätung »des östlichen Film-Rodenberg« ebenso notierte wie die Widerspruchslosigkeit, womit dieser seine, Thomas Manns, Forderung von »150 000 Franken [...] zur Kenntnis« nahm[29]). Doch wurde dieses Projekt eben torpediert.[30] Und zwar sabotierte man es von sehr hoher Stelle aus. Hintertrieben wurde es namentlich und wohl nicht ganz zufällig von Franz Thedieck,[31] einem gar nicht unbelasteten, zu Recht umstrittenen Staatssekretär, ironischerweise oder auch nicht, im Bundesministerium für gesamtdeutsche Fragen, nachmals Bundesministerium für innerdeutsche Beziehungen.

Im westdeutschen Fernsehen gab Thedieck Mitte 1959 seine Motive zu Protokoll. Diese lassen etwas von der ideologisch aufgeheizten Atmosphäre der Fünfzigerjahre erkennen, wie sie sich bis in das Gezänk um die Selbstbenennungen der beiden deutschen Staaten niederschlug, etwa in der Verwerfung des Erbanspruchs, den die Bundesrepublik *Deutschland* beziehungsweise die stattdessen so genannte Deutsche Bundesrepublik ›DBR‹ erhob. So hatte Erika Mann schon

---

27 Katia Mann, Brief vom 15. Mai 1958 an die Filmaufbau GmbH, Filminstitut Hannover. Vgl. dies., Briefentwurf vom Juni 1958 an DEFA Studio für Spielfilme z. Hd. Prof. Albert Wilkening, Filminstitut Hannover, Signatur FAB [Filmaufbau GmbH Göttingen] 165 Buddenbrooks. Verträge 3; dies., Brief vom 19. Juni 1958 an Albert Wilkening, Filminstitut Hannover, Signatur FAB 196 Buddenbrooks. Presse.

28 Vgl. Ralf Schenk, Mitten im Kalten Krieg. 1950 bis 1960, in: Filmmuseum Potsdam (Hg.), Das zweite Leben der Filmstadt Babelsberg. DEFA-Spielfilme 1946–1992, Berlin: Henschel, 1994, S. 51–157, hier S. 90; Gert Heine und Paul Schommer, Thomas Mann Chronik, Frankfurt a. M.: Klostermann, 2004, S. 530 f.

29 Tagebucheintrag vom 12. Juli 1954, in: Mann, Tagebücher 1953–1955, S. 247.

30 Vgl. Anonymus, Bonner Bedenken, S. 46. Zur politisch-ideologischen Einflussnahme der bundesrepublikanischen Filmförderung in den Fünfzigerjahren vgl. Zander, Thomas Mann im Kino, S. 168 f.

31 Zu den weiteren Hintergründen vgl. Katia Mann und Erika Mann, Brief vom 19. Juni 1958 an Albert Wilkening, Münchner Stadtbibliothek / Monacensia, Signatur EM B 1529; Erika Mann, Briefe vom 12. November und 6. Dezember 1955, 3. Oktober 1956, 16. April 1957, 28. Januar und 13. April 1958 an Hans Abich, Münchner Stadtbibliothek / Monacensia, Signatur EM B 233, vom 14. Juli 1956 an Hans Abich und Albert Wilkening, Münchner Stadtbibliothek / Monacensia, Signatur EM B 1529, vom 19. Juni, 16. September, 14. Oktober, 29. Oktober, 23. November, 12. Dezember 1958 an Jacob Geis, Münchner Stadtbibliothek / Monacensia, Signatur EM B 616.

Wochen zuvor die »Angriffe« beklagt, »die in der Westpresse gegen die DEFA un-
gerechtfertigter Massen [sic!] erschienen« waren,[32] nachdem sie schon 1957 »eine
solche Verschärfung des politischen Kurses in der D. B. R.« vorhergesehen hatte,
»dass die geplante und vertraglich festgelegte Co-Produktion ein Ding der abso-
luten Unmöglichkeit würde«.[33] Hier also Thedieck im Originalton:

> Herr Abich sprach gelegentlich davon, er wolle zusammen mit der DEFA »die gemeinsame
> deutsche Sprache auf der Leinwand« realisieren. Dazu kann ich nur sagen: Die DEFA hat
> mit ihren Filmwerken bewiesen, daß sie eine Sprache spricht, die die überwiegende Mehr-
> heit des deutschen Volkes ablehnt. Daher sind wir für eine reinliche Scheidung und gegen
> Coproduktion.[34]

1.2 Das Engagement Thomas Manns und seiner Entourage

Trotz der gespannten Beziehungen zum politischen Establishment der Bundesrepublik war Thomas Mann mit den hier gedrehten Verfilmungen seiner Werke so-
lidarisch, soweit er sie oder doch die Arbeiten daran oder die Vorarbeiten dazu
noch erlebte. An den ersten Tonfilmen, was deren Anspruch auf Werktreue oder
gar Kongenialität durchaus zu konsolidieren geeignet war, wollte er sogar oder
soll er zumindest indirekt beteiligt gewesen sein, nämlich über seine Entourage,
namentlich in der Person seiner ältesten Tochter, seiner »Tochter-Adjutantin«.[35]
Im Unterschied zu seiner im Nachhinein auch öffentlichen Distanzierung von
Lamprechts *Die Buddenbrooks* ließ es Thomas Mann an expliziten Solidaritäts-
gesten mit den Nachkriegsverfilmungen seiner Werke nicht fehlen, soweit er dieselben eben noch miterleben durfte. Für den einen Tonfilm, dessen Fertigstellung
noch in seine Lebenszeit fiel, Harald Brauns *Königliche Hoheit*, fand er 1955 in
einer Antwort auf eine Umfrage zum Thema *Film und Roman* erstaunlich freundliche Worte:

---

32 Erika Mann, Brief vom 24. Juni 1959 an die Filmaufbau GmbH, Münchner Stadtbibliothek / Monacensia, Signatur EM B 895.
33 Erika Mann, Brief vom 16. April 1957 an Hans Abich.
34 Franz Thedieck, Interview im Fernsehen des Norddeutschen Rundfunks vom 30. Juli 1959;
freundliche Mitteilung von Christoph Brüll, Liège. Zu den Widerständen gegen Thediecks Haltung auch vom rechten Rand des politischen Spektrums vgl. z. B. den Brief des Abgeordneten
Friedrich Zimmermann vom 2. Mai 1958 an den Minister Ernst Lemmer, Filminstitut Hannover,
Signatur FAB 164 Buddenbrooks. Verträge 2.
35 Tagebucheintrag vom 1. Februar 1948, in: Mann, Tagebücher 1946–1948, S. 218 f., hier S. 219.

> Die technische und künstlerische Entwicklung des Films in den letzten Jahrzehnten ist so
> imposant, daß mein Interesse an ihm beständig wächst und ich mir die Übertragung meiner
> eigenen Erzählwerke auf die Leinwand lebhaft wünsche — vorausgesetzt, daß sie mit so viel
> Liebe und Takt bewerkstelligt wird wie die Verfilmung von ›Königliche Hoheit‹, ein wirklich
> geschmackvolles Schaustück, das das Auge erfreut, die Menge amüsiert und dabei von den
> geistigen Absichten, auch von den Charakteren des Romans gar nicht wenig in die Sphäre
> des Films hinübernimmt.
> Natürlich ist es mir lieb, daß das Buch neben dem Film fortbesteht. Aber ich glaube nicht
> daran, daß ein guter Roman durch die Verfilmung notwendig in Grund und Boden verdor-
> ben werden muß.[36]

Wer sich Brauns Erzeugnis heute ansieht, dessen Takt und Geschmack Thomas
Mann hier dermaßen lobt, kann solch ein Urteil darüber schon etwas befremdlich
finden. Und zwar ergibt sich diese Diskrepanz der Urteile durchaus nicht nur aus
dem zeitlichen Abstand von mittlerweile mehr als einem halben Jahrhundert, der
uns vom damaligen Publikumsgeschmack trennt. Misslungen konnten den Film
durchaus auch schon dessen Zeitgenossen finden. So Jean Améry. Améry erklärte
sich Thomas Manns Lobpreisung des, Hand aufs Herz, »miserablen« Films, indem er die Ernsthaftigkeit solcher nach seinem Dafürhalten bloß »diplomati-
sche[r] Floskeln« anzweifelte;[37] eine Erklärung, der Thomas Mann auch mit dem
Hinweis auf die eigenständige Existenzberechtigung des Buchs »neben dem
Film« Vorschub geleistet haben mag. Denn dass er sich hier und anderwärts so
»[f]reundlich geäußert« hat über die Verfilmung,[38] um deren Rezeptionschancen
damit notwendig zu erhöhen, zahlte sich auch für »das Buch« und seinen Autor
in der Tat aus. Der Roman ging, wie Mann in seinem Tagebuch schrieb, »dank
dem Film reißend ab[]«.[39]

Trotz alledem aber scheint er sein euphorisches Urteil über die Verfilmung
durchaus ernst gemeint zu haben. Für die Annahme des Gegenteils gibt es stich-
feste Anhaltspunkte nicht einmal dort, wo sich alle diplomatischen Rücksicht-
nahmen ganz und gar erübrigt hätten. Sogar im Selbstgespräch der Tagebücher,
die Améry noch längst nicht zugänglich waren, hieß Thomas Mann den Film gut.
Nach der Züricher Premiere, 1953, stieß er sich zwar an den »lose herumschwim-
menden Motivbrocken« »des hübschen, oft etwas blöde-peinlichen Films«, für
den er zu einem sehr norddeutschen und als solches vermutlich sehr starken und

---

36 Mann, Gesammelte Werke, Bd. 10, S. 937.

37 Jean Améry, Thomas Mann und das bewegte Bild, in: ders., Werke, hg. v. Irene Heidelberger-
Leonard, Bd. 5: Aufsätze zur Literatur und zum Film, Stuttgart: Klett-Cotta, 2003, S. 551–567, hier
S. 560.

38 Tagebucheintrag vom 6. Januar 1954, in: Mann, Tagebücher 1953–1955, S. 167.

39 Tagebucheintrag vom 10. Mai 1954, in: Mann, Tagebücher 1953–1955, S. 221.

hochemotionalen Wort griff, »klaterig«,[40] was etwa so viel heißt wie ›schmierig‹, ›erbärmlich‹. Aber bei der niederländischen Premiere, kurz vor seinem Tod, gefiel ihm der Film dann doch »wirklich sehr gut«.[41] »Im Ganzen« fand er ihn bei allem »Peinliche[n]« schon nach einer ersten Sichtung einer technisch noch nicht fertigen Fassung »prächtig, heiter und gemütvoll, auch geschickt, mit den Andeutungen des Gedachten, z. T. sehr gut gespielt«, »selbst Überbein«[42] — eine für heutigen Geschmack wohl besonders beklemmende Darbietung und im Übrigen eine ununterbietbar zynische Besetzung. Denn Überbein, den Mentor des körperlich behinderten Klaus Heinrich, spielte hier Mathias Wieman; und der war ein Jahrzehnt zuvor noch in einem Propagandafilm[43] über und für die euphemistisch so genannte Euthanasie zu sehen gewesen.

Was die Mitwirkungen der *Familie* Thomas Manns betraf, besonders in der Zeit nach dessen Tod, so entsprach die dominante Rolle, die hier zunächst Erika Mann spielte, durchaus einem Willen und den Vorstellungen ihres Vaters; mochte sie auch die Widerstände ihrer beiden noch lebenden Brüder hervorrufen.[44] Solange die Filme noch zu ihren, Erikas, Lebzeiten entstanden, insistierte sie insbesondere darauf, dass sie jeweils »irgendwie eingeschaltet werden muss[te] in der Herstellung des Drehbuchs«[45] — was unfehlbar zu schweren Misshelligkeiten führte.[46] Ihre »Dienste [...], die gering zu schätzen sich gewiss als Irrtum herausstellen würde«, bot Erika Mann »nicht nur als ›Verbindungsoffizier‹ zwischen der Produktion und dem Autor« an — oder drängte sie vielmehr auf —, »sondern auch als genaue Kennerin all seiner Intentionen und alles dessen, was er etwa im Dialogischen gutheissen [sic!] und was verwerfen würde«.[47]

---

40 Tagebucheintrag vom 7. Oktober 1954, in: Mann, Tagebücher 1953–1955, S. 281 f., hier S. 282.

41 Tagebucheintrag vom 8. Juli 1955, in: Mann, Tagebücher 1953–1955, S. 355 f., hier S. 356.

42 Tagebucheintrag vom 19. Dezember 1953, in: Mann, Tagebücher 1953–1955, S. 155 f., hier S. 156.

43 Ich klage an (R: Wolfgang Liebeneiner, D 1941).

44 Vgl. Erika Mann, Briefe vom 14. Juni und 14. Oktober 1958 an Hans Abich, Münchner Stadtbibliothek / Monacensia, Signatur EM B 233.

45 Erika Mann, Brief vom 6. September 1955 an Hans Abich.

46 Vgl. z. B. Erika Mann, Briefe vom 21. Oktober und vom 31. Dezember 1956, vom 7. Januar, 28. Juni und 8. Juli 1957 und vom 1. Mai 1958 an Hans Abich, Münchner Stadtbibliothek / Monacensia, Signatur EM B 233, sowie vom 25. August und 21. Oktober 1959 und vom 3. November 1968 an Alfred Weidenmann, Münchner Stadtbibliothek / Monacensia, Signatur EM B 1506.

47 Erika Mann, Brief vom 17. Mai 1953 an Jochen Huth, Münchner Stadtbibliothek / Monacensia, Signatur EM B 789.

Nicht nur, dass sie an den Drehbüchern mitschrieb und zumal im »Dialog-Vergolden« ihre besondere Kompetenz sah.[48] Die »Dialogvergolderin«[49] übernahm auch selber kleinere Rollen. In den *Buddenbrooks* sprach sie die Partien des Papageien Josephus,[50] der »[m]it der Stimme eines wütenden alten Weibes« zu reden »pflegt[]«.[51] In *Königliche Hoheit*, anlässlich einer ersten Begegnung des Traum- oder Märchenpaars in einem Kinderkrankenhaus, trat sie, je nach Drehbuchversion, als »Schwester« oder »Oberschwester Amalie« auf. Und in den *Bekenntnissen des Hochstaplers Felix Krull* spielte sie eine englische Gouvernante der mannstollen Eleanor Twentyman. Allerdings bestand sie hier darauf, ihren Namen, wie er auch unter den Credits von *Königliche Hoheit* im Zusammenhang nur mit dem Drehbuch, nicht aber mit der gespielten Nebenrolle firmierte, »von der Liste der Darsteller zu streichen«.[52]

Im Vorspann von *Tonio Kröger* und *Buddenbrooks* wurde ihre Koautorschaft am Drehbuch sogar an erster Stelle aufgeführt; worauf sie offenbar großen Wert legte. Denn als bei der Schweizer Premiere des »Alfred Weidenmann-Film[s]« *Buddenbrooks* in Zürich »die Namen der Drehbuch-Autoren«[53] entfielen und als auch der ihre »bis zum Schluss nicht figuriert[e]«,[54] obwohl sie es gewesen sein wollte, die »in der Hauptsache das Drehbuch geschrieben« habe,[55] da war sie angesichts dieser »Unterdrückung« ihres Namens und dieses »flagranten Bruch[s]« ihrer »Autorenrechte« so »fassungslos«, dass sie unverzüglich mit rechtlichen Schritten drohte.[56] In sehr harten Worten beschwerte sie sich über die »Schädigung«, welche ihr »durch Nichtnennung« ihres Namens »erwachsen« sei[57] und die ihr die Freude an der Aufführung »hierzuländli« »totaliter verhagelt« habe: »selbst auf Pöppenrade kann ›es nicht anders gewütet haben‹!«[58]

---

48 Erika Mann, Brief vom 23. Juni 1955 an Jacob Geis, Münchner Stadtbibliothek / Monacensia, Signatur EM B 616. Vgl. Zander, »Das Publikum versteht Thomas Mann auch im Kino!«, S. 221 f.

49 Erika Mann, Brief vom 12. März 1956 an Hans Abich.

50 Vgl. Rouget, Die Rezeption im Tonfilm und in anderen Medien, S. 65.

51 Bd. 1.1, S. 563.

52 Erika Mann, Brief vom 4. April 1957 an Hans Abich, Münchner Stadtbibliothek / Monacensia, Signatur EM B 233.

53 Erika Mann, Brief vom 7. Januar 1960 an Hans Abich, Münchner Stadtbibliothek / Monacensia, Signatur EM B 233.

54 Erika Mann, Brief vom 15. Januar 1960 an Eberhard Krause, Münchner Stadtbibliothek / Monacensia, Signatur EM B 895.

55 Erika Mann, Brief vom 13. Februar 1960 an Eberhard Krause, Münchner Stadtbibliothek / Monacensia, Signatur EM B 895.

56 Erika Mann, Brief vom 7. Januar 1960 an Hans Abich.

57 Erika Mann, Brief vom 13. Februar 1960 an Eberhard Krause.

58 Erika Mann, Brief vom 15. Januar 1960 an Eberhard Krause.

In *Königliche Hoheit* wurde ihre »Mitarbeit«[59] unmittelbar hinter dem ›Bearbeiter‹ (Jochen Huth) und den eigentlichen Drehbuchautoren ausgewiesen (Hans Hömberg und Georg Hurdalek), im *Felix Krull* lange vor dem Drehbuchautor (Robert Thoeren, der tatsächlich das — offenbar verschollene[60] — Exposé verfasst, auch »die Rohfassung« des Buchs zwar »sehr hübsch bewältigt«, aber nach Erika Manns Ansicht während »der Herstellung der finalen Version vielfach komplett versagt« hatte[61]). Dabei scheint der weite Abstand zwischen den beiden Namensnennungen auf einen Vorschlag der Erstgenannten zurückgegangen zu sein.[62] Denn Erika Mann war auch hier wieder der Meinung, sie sei es eigentlich gewesen, die »das Drehbuch ›geschrieben‹« habe; und »für den Fall, dass Thoeren's Robert uns seinen heiligen Namen belässt«, wollte sie »nicht als seine Mitarbeiterin aufgeführt sein«.[63] Als Alternative schlug sie eine Variante vor, bei der sie wiederum an erster Stelle genannt worden wäre: »Oder aber Robili zieht seinen Namen zurück [...]: Drehbuch Erika Mann und Michael Braun, unter Mitarbeit des Regisseurs.«[64] In derselben Weise, also an erster Stelle und vor den anderen Konautoren, wurde ihre Konautorschaft in den beiden folgenden Kinofilmen ausgewiesen, *Buddenbrooks* und *Tonio Kröger*, ebenso wie in der einen Fernseh-Adaptation, die noch in ihre Lebenszeit fiel, *Herr und Hund*: »nach der Erzählung von Thomas Mann schrieben das Drehbuch / Erika Mann / Cas van den Berg«.[65]

1.3 Die Repräsentation des Sexuellen und Erika Manns Einflussnahme darauf

Erika Manns Einfluss auf die Verfilmungen und inwiefern sie diese dabei dem Willen oder den »Intentionen« ihres Vaters unterwarf, lässt sich beispielshalber am Umgang mit einem schon einmal berührten Mentalitätswandel studieren. Sie war es, die über die Anständigkeit der Verfilmungen wachte. Oder zumindest versuchte sie, dieselben vor einer Lockerung der Moralvorstellungen zu bewahren, wie sie sich im Lauf der Fünfziger- und Sechzigerjahre abzuzeichnen begann. Ge-

---

59 Braun, Königliche Hoheit, 00:00:35.
60 Freundliche Auskunft von Peter Stettner, Hannover (Filminstitut), vom 2. Dezember 2014.
61 Erika Mann, Brief vom 31. Dezember 1956 an Hans Abich.
62 Vgl. Erika Mann, Brief vom 4. April 1957 an Hans Abich.
63 Erika Mann, Brief vom 4. April 1957 an Hans Abich.
64 Erika Mann, Brief vom 4. April 1957 an Hans Abich.
65 Herr und Hund (R: Cas van den Berg, BRD 1963, TV-Film), 00:58:02.

meint ist damit natürlich die Repräsentation des Sexuellen beziehungsweise der Verzicht darauf, es unverblümt zu benennen und zu repräsentieren.

Thomas Mann wie gesagt war in dieser Hinsicht ein Autor des neunzehnten Jahrhunderts, stark geprägt auch von dem Milieu seiner Herkunft. Die dadurch gezogenen Anstandsgrenzen des guten Geschmacks verschoben sich freilich auch bei ihm mit der Zeit ein wenig, am weitesten in den Fünfzigerjahren, im *Erwählten*, in der *Betrogenen*, in den späten Kapiteln des *Felix Krull*, deren eines — in die Verfilmung von 1982 denn prompt wieder aufgenommenes — er wohlweislich unterdrückte.[66] Aber stehen ließ er die sadomasochistische Sexszene zwischen Krull und Diane Philibert alias Houpflé, obwohl sie seiner ältesten Tochter entschieden missfiel und dieselbe das »Schwule« daran rügte, ohne dass ihr Vater dem etwas entgegengehalten hätte: »Soit.«[67]

Noch die Verfilmung des *Tonio Kröger*, 1964 »frei nach der Erzählung von Thomas Mann«,[68] in deren Vor- und Abspann Erika Mann ja neben oder vor Ennio Flaiano als Drehbuchautorin mitfiguriert — ein Franz Seitz zufolge so nicht wirklich verdientes Credit[69] —, noch Thieles *Tonio Kröger* also respektiert die entsprechenden Hemmungen des Novellen-Erzählers. Dieser windet sich in Andeutungen dessen, was Tonio Kröger in die »großen Städte[]« und in den »Süden« treibt (»vielleicht war es das Blut seiner Mutter«).[70] Er redet vage von »Wollust« und »Abenteuer[n] des Fleisches«, von »heiße[r] Schuld« auch, an der Tonio »unsäglich« leide.[71] Was genau das besagen soll, ist so schwer zu erraten nicht. Jedenfalls wussten sich die Zeitgenossen der wilhelminischen Prüderie und ihrer Geständnistabus ganz gewiss einen Reim darauf zu machen.

Man braucht dafür nur den Anfang der Novelle zu lesen, das Hans-Hansen-Kapitel. Schnell durchschaut man die schale Offerte, die einem das folgende Inge-Holms-Kapitel bereithält, nämlich in Tonios ausdrücklich so genannter Liebe zu Hans Hansen nur so etwas wie eine Entwicklungs- oder Durchgangshomosexualität zu sehen. Jeder Zeitgenosse also, der lesen konnte, dürfte entziffert haben, wofür die Metonymien ›Großstadt‹ und ›Süden‹ hier stehen. Großstadt, selbstverständlich auch die deutsche Großstadt, meint hier einen der Sozialkontrolle am weitesten entzogenen Raum, in dem am ehesten so etwas wie homose-

---

66 Vgl. Mann, Gesammelte Werke, Bd. 13, S. 19–25.

67 Tagebucheintrag vom 31. Dezember 1951, in: Mann, Tagebücher 1951–1952, S. 156 f., hier S. 157.

68 Thiele, Tonio Kröger, 00:00:25.

69 Vgl. Zander, »Man muss sich auch dem Autor nähern, nicht nur dem Werk«, S. 229.

70 Bd. 2.1, S. 264.

71 Bd. 2.1, S. 264.

xuelle Subkultur gedeihen konnte,[72] das »Großstädtisch-Homosexuelle«.[73] Und in dem Süden, den die deutschen Touristen habituell bereisten, im Italien zum Beispiel auch noch des *Tods in Venedig*, war Homosexualität kein Delikt, wie es das reichsdeutsche Strafrecht so streng ahndete.[74]

Im Film werden die Abenteuer des Fleisches ebenso zart und in gewisser Hinsicht noch viel zarter angedeutet. Solches geschieht in noch weiter gehender Ausgrenzung aller irregulärer Sexualität. Die dezenten Andeutungen des Films sind nämlich nicht mehr auch vor großstädtischen, geschweige denn deutsch-großstädtischen Kulissen situiert, sondern nur noch vor erkennbar nicht-deutschen, südlichen. Wo genau diese stehen, darüber gibt es in der Forschungsliteratur ganz verschiedene Angaben. Ob nun in Ravenna,[75] in Genua[76] oder in der Toskana[77] — Siena,[78] San Gimignano[79] oder Florenz[80] (die Stadt, die in Thomas Manns eigener erotischer Biographie eine gewisse, allerdings eine durchaus salonfähige Rolle spielte[81]) —: Dass es auf jeden Fall nach »Italien« geht, das hat man dann auch noch expressis verbis den späteren Dialogen zu entnehmen.[82]

Auch im Voice-Over wird der sonst wörtlich zitierte Text um den Hinweis auf die Großstadtkultur und -subkultur gekürzt. Das Heikle, Bedenkliche wird nur noch geographisch festgelegt. Die Rede ist eben allein noch vom »Süden«, in den Tonio »vielleicht [...] das Blut seiner Mutter« gezogen habe.[83]

---

72 Vgl. George Lachmann Mosse, Nationalism and Sexuality. Middle-Class Morality and Sexual Norms in Modern Europe, Madison: University of Wisconsin Press, 1985, S. 32 f.; Thomas Nipperdey, Deutsche Geschichte 1866–1918, Bd. 1: Arbeitswelt und Bürgergeist, München: Beck, 1998, S. 105–107.

73 Oswald Spengler, Brief vom 13. Dezember 1913 an Hans Klöres, in: ders., Briefe 1913–1936, hg. v. Anton M. Koktanek, München: Beck, 1963, S. 23–25, hier S. 24.

74 Vgl. z. B. Reinhard Frank (Hg.), Das Strafgesetzbuch für das Deutsche Reich nebst dem Einführungsgesetze, Tübingen: Mohr, [8–10]1912, S. 307 f.

75 Vgl. Matthias Hurst, Erzählsituationen in Literatur und Film. Ein Modell zur vergleichenden Analyse von literarischen Texten und filmischen Adaptionen, Tübingen: Niemeyer, 1996 (Medien in Forschung + Unterricht, Serie A, Bd. 40), S. 175; Zander, Thomas Mann im Kino, S. 86.

76 Vgl. Tobias Kurwinkel, Apollinisches Außenseitertum. Konfigurationen von Thomas Manns »Grundmotiv« in Erzähltexten und Filmadaptionen des Frühwerks, Würzburg: Königshausen & Neumann, 2011 (Epistemata. Würzburger wissenschaftliche Schriften, Reihe Literaturwissenschaft, Bd. 732), S. 120, Anm. 463.

77 Vgl. Kurwinkel, Apollonisches Aussenseitertum, S. 118.

78 Vgl. Kurwinkel, Apollonisches Aussenseitertum, S. 118, 125.

79 Freundlicher Hinweis von Carla Münzel, Bern, vom 22. September 2017.

80 Vgl. Zander, Thomas Mann im Kino, S. 273.

81 Vgl. Bd. 2.2, S. 114; Heine und Schommer, Thomas Mann Chronik, S. 24.

82 Thiele, Tonio Kröger, 00:32:46, 00:35:28, 01:21:44.

83 Thiele, Tonio Kröger, 00:02:34.

Andeutungsweise vorgeführt werden einem die mit Schuldgefühlen besetzten Fleischabenteuer in einer stummen Einstellungsfolge, die sich an den Besuch einer italienischen Oper knüpft, Giuseppe Verdis *Don Carlos*. (Das diesem zugrundeliegende Schiller-Drama, das Lieblingsbuch auch des jungen Thomas Mann,[84] gibt bekanntlich in der Erzählung wie auch in der Verfilmung eine Folie für die homosexuelle Liebe zu Hans Hansen ab.) In den folgenden Einstellungen, mit nach wie vor italienischer Opernmusik unterlegt — erst aus derselben Oper, dann aus der *Forza Del Destino* desselben Komponisten, endlich aus Pietro Mascagnis *Cavalleria Rusticana* —, sieht man den Protagonisten mit einer ihm, scheint es, wildfremden Frau Kontakt aufnehmen,[85] offensichtlich einer Prostituierten (Elisabeth Klettenhauer), die zumindest von fern seiner Mutter gleicht (Anaid Iplicjian).[86] Zu guter Letzt in ihre Wohnung hochgestiegen, sieht er ihr zu, wie sie sich auszieht. Das löst seine »Erinnerungen« aus an »die blonde Inge, Doktor Holms Tochter, der in Lübeck am Markte wohnte«.[87] Nach zehn Minuten Rückblende erwachen Tonio und die Namenlose gemeinsam auf deren Bett, er allerdings immer noch so gut wie ganz angezogen.

Von Homosexualität also keine Spur. Riskiert wird allerhöchstens eine Anspielung auf die im berühmten Kunstgespräch gestellte und auch in die Filmdialoge übernommene Frage: Ob der »Künstler überhaupt ein Mann« sei?[88] »Man frage ›das Weib‹ danach!«[89] (Die rhetorisch gefragte Lisaweta Iwanowna, im Film übrigens als Pierrette kostümiert wie Thomas Manns zukünftige Frau auf einem diesem schon lange ante festum lieben Gemälde Friedrich August von Kaulbachs, scheint so befremdlicher- wie ungehörigerweise weder als ›Weib‹ noch als Künstlerin in Betracht zu kommen, — während doch ihre Namensschwester und -spenderin in Fjodor Dostojewskijs *Schuld und Sühne* alias *Verbrechen und Strafe* ständig schwanger ist.)

Weiter schon wagte sich 1965 der also nur ganz wenig jüngere Film *Wälsungenblut*, italienisch *L'Incesto*[90] (im Unterschied zur wörtlich treuen Übersetzung des Novellentexts, *Sangue Velsungo*[91]), von dessen Drehbuch Seitz ebenfalls be-

---

84 Vgl. Mann, Gesammelte Werke, Bd. 13, S. 56.
85 Zu einer möglichen — gegebenenfalls ziemlich verqueren — Referenz auf Thomas und Katia Manns Biographie vgl. Zander, Thomas Mann im Kino, S. 86.
86 S. Abb. 5 f.
87 Thiele, Tonio Kröger, 00:17:50. Vgl. Bd. 2.1, S. 254.
88 Bd. 2.1, S. 271; Thiele, Tonio Kröger, 00:37:59.
89 Bd. 2.1, S. 271; Thiele, Tonio Kröger, 00:38:04.
90 Internet Movie Database, *Wälsungenblut*, https://www.imdb.com/title/tt0058757/ [Zugriff: 19. Juni 2018]; freundlicher Hinweis von Hanspeter Affolter, Bern, vom 23. September 2017.
91 Thomas Mann, Sangue Velsungo, hg. v. Anna Maria Carpi, Venedig: Marsilio, 1989.

hauptete, dass Erika Mann daran »keine Zeile« geschrieben habe.[92] Im Film, der ja wiederum unter der Regie Rolf Thieles entstand — einem ehedem auf Erotik abonnierten Regisseur[93] —, gibt es eine reichlich suggestive Reitszene à deux, wie sie so in der Novelle nicht vorgesehen ist. (Von solcher Sportlichkeit des Zwillingspaars ist in Thomas Manns Text mit keiner Silbe die Rede — ungeachtet der erwähnten Privat-»Tennis-Plätze[]«[94] —, nur von der stubenhockerischen Schmächtigkeit wenigstens seiner männlichen Hälfte.) An diese Reit- schließt sich eine Freiluftbade- oder besser -duschszene an, in der die Zwillinge miteinander Zärtlichkeiten austauschen[95] und die Erika Mann bezeichnenderweise mit sehr scharfen Ausdrücken kritisierte. Bezeichnend ist die Empörung der Tochter und Sachwalterin eben dafür, dass es hier, bei der Repräsentation des Sexuellen, auch um einen Generationenkonflikt ging.

Einschlägig sind aber auch und gerade schon die harten Worte, die Erika Mann während der *Krull*-Verfilmung fand, sowohl für Robert Thoerens Drehbuch als auch für Kurt Hoffmanns Umsetzungen desselben. Als sie ihre »Einwände« dagegen auflistete, bestand Erika Mann sehr energisch darauf, dass es im »Titelvorspann« »natürlich [...] heissen« »muss« [sic!]: »*frei* nach dem Roman von Thomas Mann«, um so »für *alle* Beteiligten einen gewissen Schutz« zu wahren.[96] Ihre harsche Kritik schloss aber das Eine nicht mit ein, dass »unser Robili«[97] und »unser Meisterregisseur«,[98] wie sie die beiden verächtlich nannte, eine ganze Episode schlankerhand wegfallen ließen.[99]

Wie »untröstlich« Erika Mann über die »finale[] Version« des Drehbuchs auch war, wo der denn auch »richtig gekränkt[e]«[100] Thoeren ihrer schon einmal zitierten Ansicht nach ja »vielfach komplett versagt« hatte, »weil ihm [...] einfach das *Niveau* fehlte«: gerade den »Wegfall der Rosza-Szene« missbilligte sie keineswegs.[101] Als sich nämlich Revisionen der also doch nicht ganz so finalen Version in ihren Augen »als nötig erwiesen« und sie »das Drehbuch [...] zu sehr grossen

---

92 Zander, »Man muss sich auch dem Autor nähern, nicht nur dem Werk«, S. 229.

93 Vgl. Hans Rudolf Vaget, »Wehvolles Erbe«. Richard Wagner in Deutschland. Hitler, Knappertsbusch, Mann, Frankfurt a. M.: Fischer, 2017, S. 397.

94 Bd. 2.1, S. 444.

95 Vgl. Thiele, Wälsungenblut, 00:39:28. S. Abb. 7.

96 Erika Mann, Brief vom 4. April 1957 an Hans Abich; Hervorhebungen des Originals.

97 Erika Mann, Brief vom 4. April 1957 an Hans Abich.

98 Erika Mann, Brief vom 7. Januar 1957 an Hans Abich.

99 Vgl. Erika Mann, Brief vom 31. Dezember 1956 an Hans Abich.

100 Zander, »Das Publikum versteht Thomas Mann auch im Kino!«, S. 222.

101 Erika Mann, Brief vom 31. Dezember 1956 an Hans Abich; Hervorhebung des Originals.

[sic!] Teilen völlig umschrieb«,[102] kam sie durchaus nicht auf diesen Wegfall zurück.[103] Und auch ein Jahrzehnt später scheint sie »froh« darüber gewesen sein, dass es in Sachen Rosza beim Alten blieb, als Weidenmann in einem geplanten *Krull*-Remake die Szene ebenfalls auszulassen gedachte.[104]

Die Gründe für diese seltene Einmütigkeit sind leicht zu supplieren, »Gründe[] [...] des Geschmacks und Taktes«,[105] Rücksichten auf die Sexualmoral der Zeit und Konzessionen an ihre Verklemmtheit. Emendiert wurden dem entsprechend auch skatologische Tabubrüche, wie sie Thoeren im Drehbuch in seinem eigenen »Humor«[106] sehr wohl unterlaufen waren, wenn einer von Krulls Kollegen diesen etwa als »Arschloch« beschimpfen durfte — wenigstens noch nach der älteren Fassung des Drehbuchs, in der jüngeren dann schon nicht mehr.[107] Und unter ihren »Vorschläge[n] zur Rettung des Houpfle-Komplexes« [sic!],[108] mit dessen Realisation Erika Mann besonders unglücklich war — und dessen Schlüpfrigkeit sie ja auch schon ihrem Vater vorgehalten hatte —, findet sich der Rat oder Befehl, den »erste[n] Kuss [...] auf allerhöchstens ein Fünftel seiner Länge zu reduzieren«.[109] Derlei Kürzungsvorschläge passten hübsch zum Part der prüden Gouvernante, den ihre Urheberin sich im Film dann zu spielen gestattete.[110]

---

102 Erika Mann, Brief vom 22. Januar 1957 an Hans Abich, Münchner Stadtbibliothek / Monacensia, Signatur EM B 233.

103 Vgl. Erika Mann, Brief vom 22. Januar 1957 an Hans Abich.

104 Erika Mann, Brief vom 3. November 1968 an Alfred Weidenmann.

105 Erika Mann, Brief vom 22. Januar 1957 an Hans Abich.

106 Zander, »Das Publikum versteht Thomas Mann auch im Kino!«, S. 222.

107 Robert Thoeren, Die Bekenntnisse des Hochstaplers Felix Krull nach dem gleichnamigen Roman von Thomas Mann. Drehbuch [o. J.; ältere Fsg.], S. 16, Filminstitut Hannover, Signatur FAB 134 Bekenntnisse des Hochstaplers Felix Krull. Drehbuch von Robert Thoeren, vs. ders., Die Bekenntnisse des Hochstaplers Felix Krull nach dem gleichnamigen Roman von Thomas Mann. Drehbuch [o. J.; jüngere Fsg.], S. 14, ebd. Signatur FAB 135 Bekenntnisse des Hochstaplers Felix Krull. Drehbuch von Robert Thoeren.

108 Erika Mann, Brief vom 8. März 1957 an Hans Abich, Münchner Stadtbibliothek / Monacensia, Signatur EM B 233; ohne Hervorhebung des Originals.

109 Erika Mann, Brief vom 8. März 1957 an Hans Abich.

110 Vgl. Hoffmann, Bekenntnisse des Hochstaplers Felix Krull (1957), 00:44:51; Zander, Thomas Mann im Kino, S. 180.

2 Die Selektion der verfilmten Texte

2.1 Historische Distanzierung

»Für uns Deutsche ist dieses Buch immer noch wie ein Spiegel unseres Wesens und unserer Kultur — *wenn auch aus einer vergangenen Zeit*«: Die konzessive Einschränkung, mit welcher der deutsche Bundespräsident die selbstgratulatorische Vereinnahmung des am häufigsten verfilmten Thomas-Mann-Texts anlässlich des vorderhand letzten *Buddenbrooks*-Films qualifizierte, ist für eine bestimmte Rezeptionshaltung charakteristisch, welche die bundesdeutschen Thomas-Mann-Verfilmungen eh und je prägte. Aufschlussreich für diese bundesrepublikanische Rezeptionslinie und ihre mentalitätsgeschichtlichen Weiterungen ist schon nur die Wahl der fürs Kino verfilmten Texte, vielleicht selbst die Reihenfolge ihrer Verfilmungen.

Die zuerst verfilmten Texte gehören ins Frühwerk — allesamt oder doch mit nur einer Ausnahme. Diese bilden die späten Kapitel des *Felix Krull*-Fragments, die zweite Hälfte des zweiten und das dritte Buch. Die Genese der betreffenden vierzehn Kapitel war in die historischen Umbrüche verstrickt, mit denen sich die Nachkriegsverfilmungen so schwertaten. Doch kommt diese Verstrickung im Romanfragment nirgends zum Tragen.

Der »vierzigjährig[e]«[1] Erzähler, weil »wenige Jahre«[2] nach der Reichsgründung geboren — das sollte in Anspielung auf den empirischen Autor heißen: »1875«[3] —, erzählte ursprünglich aus einer zwar nahen Zukunft, von der man aber seinerzeit, 1905 und in den unmittelbar folgenden Jahren, dennoch nicht wissen konnte, wie schauerlich sie sich von der Gegenwart unterscheiden würde. Hernach, ab 1914, musste es sehr befremden, wie Felix Krull mit keiner einzigen Silbe den Krieg zu berühren sich erlauben darf, aus dem heraus er annalistisch strenggenommen erzählen soll, »1915«[4] und obendrein aus seinem Zufluchtsort »England«,[5] das hieße jetzt aber als ein enemy alien, der als solcher massiven Schika-

---

1 Bd. 12.1, S. 15.
2 Bd. 12.1, S. 10.
3 Bd. 12.2, S. 249 f.
4 Bd. 12.2, S. 772.
5 Bd. 12.2, S. 771.

https://doi.org/10.1515/9783110638509-003

nen ausgesetzt und sehr wahrscheinlich, weil erst »40«[6] und damit weit unter dem cut-off age von 55, interniert worden wäre.[7]

Von alledem natürlich, da es eben seinerzeit noch nicht antizipierbar war, kein Wort. Zu diesen historischen Unstimmigkeiten kam ein sozusagen psychosoziales Problem. Krulls »extrem individualistische[r], unsoziale[r] Charakter«[8] passte nach Manns eigenem Dafürhalten schlecht in eine Zeit, in der sich selbst der einstmals Unpolitische für das Gemeinwesen der ersten deutschen Republik so stark engagierte, vom Exil ganz zu schweigen. —

Die Handlungen der verfilmten Werke, auch der *Bekenntnisse des Hochstaplers*, fielen also jeweils höchstens *in* oder dann sogar noch *vor* das wilhelminische Kaiserreich. Und dass das so auch noch für die letzten Kapitel des *Krull* zutraf, mit dem Thomas Mann seine Lesetourneen durch den deutschen Sprachraum und zumal durch das Nachkriegsdeutschland bestritt, wird wesentlich zum Rezeptionserfolg dieser letzten literarischen Publikation beigetragen und ihre Verfilmung desto näher gelegt haben. Hier sprach einer wieder »aus der guten alten Zeit, scheinbar direkt aus der Welt von gestern«[9] in die deutsche Gegenwart hinein — so als hätte sich seither nichts allzu Nennenswertes zugetragen und wie in den deutschen und österreichischen Filmen der Nachkriegszeit geradezu üblich.[10]

Es hatte also seine besondere Bewandtnis damit, dass die story times der verfilmten Texte in längst »vergangenen Zeit[en]« lagen, die tunlichst weit genug von den nachkriegsdeutschen Verhältnissen entfernt waren. Handlung und Personal waren je in eine tief prärepublikanische oder präprärepublikanische Zeit versetzt, eine Zeit auch schon vor der *Weimarer* Republik. Und vielleicht gehört in diesen Zusammenhang auch der ungewöhnlich schwere Misserfolg, den dem Novellisten Thomas Mann seine zweitletzte literarische Publikation eintrug, *Die*

---

6 Bd. 12.2, S. 771 f.

7 Vgl. Matthew Stibbe, Enemy Aliens and Internment, in: Ute Daniel et al. (Hgg.), 1914–1918 online. International Encyclopedia of the First World War, Berlin: Freie Universität Berlin, 2014, https://encyclopedia.1914-1918-online.net/article/enemy_aliens_and_internment [Zugriff: 13. Dezember 2017].

8 Brief vom 21. November 1923 an Félix Bertaux, in: Bd. 22, S. 491 f., hier S. 491.

9 Gustav Seibt, Seine Zeit. Selig deutsche Stimme: Der Hörbuch-Verlag präsentiert in einer umfassenden Edition Thomas Manns Schallplatten- und Tonbandaufnahmen, Rundfunklesungen und Radioansprachen, in: Süddeutsche Zeitung, 18. Mai 2015, S. 12.

10 Vgl. Georg Seeßlen, Durch die Heimat und so weiter. Heimatfilme, Schlagerfilme und Ferienfilme der fünfziger Jahre, in: Hilmar Hoffmann und Walter Schobert (Hgg.), Zwischen Gestern und Morgen. Westdeutscher Nachkriegsfilm 1946–1962, Frankfurt a. M.: Deutsches Filmmuseum, 1989, S. 136–161, hier S. 140.

Betrogene, die denn auch erst sehr spät und nur außerhalb des deutschen Sprachraums verfilmt wurde.[11] Denn die Handlung dieser Novelle spielt zwar noch vor dem Zweiten Weltkrieg und der nationalsozialistischen ›Machtübernahme‹, deren Vorgeschichte nirgends in der Novelle zu greifen wäre; und die Erzählung kommt auch ohne proleptische Anspielungen auf das eine oder andere davon aus. Aber möglicherweise erinnerte sie nur schon wegen der zeitlichen und gewissermaßen historisch-kausalen Nähe dazu allzu sehr an das, was es zu vergessen oder zu verdrängen galt — einmal abgesehen von den Tabus, die Thomas Mann hier gleich mehrfach brach und deren nachteilige Wirkungen auf die Rezeption der *Betrogenen* empirisch-literatursoziologisch erhärtet sind.[12]

Die Entfernung von der Vorgeschichte der von Friedrich Meinecke bald einmal so benannten ›deutschen Katastrophe‹[13] wurde in einem Fall unter den frühen Nachkriegsverfilmungen sogar noch gezielt vergrößert, unter Missachtung der sonst so hochgehaltenen Werktreue, will heißen gegen die hier sehr genauen Vorgaben des verfilmten Texts. Gemeint sind Weidenmanns *Buddenbrooks*, genauer gesagt die Art und Weise, wie Weidenmann das Ende der letzten Generation umsetzte; wobei Erika Mann gegen gerade diese »tief bedauerlich[e]« Szene aufs Heftigste »protestiert[e]«.[14] Denn »*wahre* ›Werktreue‹« »*konnte*« darin gar nicht »erzielt werden«.[15] Dem »völlig ungeeigneten Regisseur« sei »das ganze Kinderzeug [...] nun mal nicht« gelegen; und er, »keineswegs bona fide« handelnd und schlechterdings »fälsch[end]«, habe »also kaum die Absicht« gehabt, »eben dieses ›Zeug‹ ernstlich anzugehen«.[16]

Bei seiner angeblich keineswegs gutwilligen Umsetzung des ›Kinderzeugs‹ hatte Weidenmann die Geburt des letzten Buddenbrook um mehr als ein volles Jahrzehnt vorverlegt: vom »15. April 1861«[17] (so der Wortlaut des Romans) aus-

---

11 Le Mirage (R: Jean-Claude Guiguet, F 1992).

12 Vgl. Alan D. Latta, The Reception of Thomas Mann's *Die Betrogene*. Tabus, Prejudices, and Tricks of the Trade, in: Internationales Archiv für Sozialgeschichte der deutschen Literatur 12, 1987, S. 237–272; ders., The Reception of Thomas Mann's *Die Betrogene*. Part 2: The Scholarly Reception, in: Internationales Archiv für Sozialgeschichte der deutschen Literatur 18.1, 1993, S. 123–156.

13 Vgl. Friedrich Meinecke, Die deutsche Katastrophe. Betrachtungen und Erinnerungen, Zürich: Aero, und Wiesbaden: Brockhaus, 1946.

14 Erika Mann, Brief vom 26. Oktober 1959 an Hans Abich, Münchner Stadtbibliothek / Monacensia, Signatur EM B 233.

15 Erika Mann, Brief vom 11. Oktober 1959 an Hans Abich, Münchner Stadtbibliothek / Monacensia, Signatur EM B 233; Hervorhebung des Originals.

16 Erika Mann, Brief vom 26. Oktober 1959 an Hans Abich.

17 Bd. 1.1, S. 575.

drücklich und wiederholtermaßen auf den »18. September 1850«.[18] Und weil Hanno Buddenbrook auch in Weidenmanns Film während der Adoleszenz sterben musste oder nach der Suggestion der Rollenbesetzung eher noch früher — besetzt wurde die Rolle mit einem noch kindlichen, gerade einmal zehnjährigen[19] Jungen —, weil Hanno also auch hier früh sterben musste, reichte die Handlung hier nun höchstens in die Zeit des Dänischen Kriegs. Oder aller-, allerhöchstens rückte sie bis zur Zeit des Deutschen Kriegs vor. Sie gelangte aber auf gar keinen Fall mehr auch nur in die Nähe des Deutsch-Französischen Kriegs und der ihm folgenden Reichsgründung.

Damit erübrigten sich Hinweise auf die militärischen und politischen Erfolge Preußens, die, wie schon angedeutet, in einem dezenten, aber sorgfältigen Arrangement gegenläufig zur Verfallsgeschichte der Buddenbrooks in die Romanhandlung inseriert sind. Und erst recht gab es keine Veranlassung mehr, die Reichsgründung in eine direkte Beziehung zu der Schultyrannis zu setzen, unter der der letzte Buddenbrook so unsäglich leidet und die seine Widerstandskraft gegen die Infektion so sehr unterhöhlt, dass er gewissermaßen an ihr sterben muss. Der Gymnasialterror *kann* sich nun gar nicht mehr als Effekt der »preußisch[en]«[20] Hegemonie gestalten, wie es im Romantext explizit geschieht — und zwar gesuchter- und gewolltermaßen. Denn die neue, ausdrücklich so genannte »Regierung« an dem bis dahin neuhumanistischen und vergleichsweise sehr humanen Gymnasium, in deren Konsequenz erst eine zuvor angeblich noch »fröhliche[]« und »heitere[]«[21] Schule so augenfällig der kollektiven »Unterwerfung unter die herrschende Ideologie«[22] und der Sicherung ihrer Praxis zu dienen beginnt, wird fast auf Jahr und Tag genau datiert — »bald nach dem Jahre einundsiebzig«[23] —; und diese für das alignment von Schule und Staat entscheidende Datierung erfolgte nachweislich gegen die annalistisch-institutionsgeschichtlichen Verhältnisse am Lübecker Katharineum.[24]

---

18 Weidenmann, Buddenbrooks (1959), Teil 2, 00:05:51.

19 Vgl. Film- und Fernsehmuseum Hamburg, Filmstadt Hamburg. Dreharbeiten *Buddenbrooks*, http://www.filmmuseum-hamburg.de/filmstadt-hamburg/ereignisse/ereignisse-071959.html [Zugriff: 8. März 2018]. Zur Kritik an der ganzen Sterbeszene vgl. Erika Mann, Brief vom 25. August 1959 an Alfred Weidenmann.

20 Bd. 1.1, S. 796.

21 Bd. 1.1, S. 796.

22 Louis Althusser, Ideologie und ideologische Staatsapparate. Anmerkungen für eine Untersuchung, in: ders., Ideologie und ideologische Staatsapparate. Aufsätze zur marxistischen Theorie, Hamburg: VSA, 1977 (Positionen), S. 108–153, hier S. 112.

23 Bd. 1.1, S. 796.

24 Vgl. Elsaghe, Domi et foris, S. 260–269.

In den späteren deutschen Verfilmungen des Romans, bei Heinrich Breloer und Franz Peter Wirth, obwohl sie dessen Handlungsende nicht in derselben Weise vordatieren, entfallen Manns kritische Verweise auf die Zeitgeschichte ebenfalls; auch dort, wo Wirth die Beziehung, in der Hannos Tod zu seinem Leiden an der Schule steht, sehr kunstvoll umsetzt: Ein Erzähler (Hans Caninenberg) liest im Voice-Over aus dem Typhus-Kapitel, während auf der Bildspur noch einmal Hannos Leidensweg durchs Schulhaus zu sehen ist, bevor die Sequenz mit einer Aufnahme der Buddenbrook'schen Familiengruft endet, wo sein Name zuunterst auf dem Grabstein bereits eingemeißelt steht (nicht sehr plausiblerweise, aber für das Fernsehpublikum desto leichter lesbar in Antiqua): »JUSTUS JOHANN CASPAR / BUDDENBROOK / GEB. DEN 15. APRIL 1861 ZU LÜBECK / GEST. DEN 30. AUG. 1876 ZU LÜBECK«.[25] Hanno, der im Roman im »Frühjahr 77«[26] sterben muss, stirbt hier also ein Dreivierteljahr früher als dort (dafür jedoch zu einer für die Krankheit typischen Jahreszeit[27]).

Aber obwohl es Wirth mit den Daten also ziemlich genau nimmt, unterbleiben auch hier, wie dann wieder bei Breloer, alle Hinweise auf den Zusammenhang zwischen der Verschlimmerung oder Verpreußung des Schulbetriebs und der Einigung des Deutschen Reichs. Aus den *Buddenbrooks* droht hier wie dort, nicht viel anders als in ihrer allerersten Verfilmung, wieder »ein gleichgültiges Kaufmannsdrama« zu werden. Nur gerade am Ende von Breloers Film, im Moment, da der Fall der Buddenbrooks sein rock bottom erreicht hat, wird in einem allerdings sehr befremdlichen Junctim auf zwei historische Fakten hingewiesen, deren *zweites* (wenn mit »Zollunion« der »Zollverein«[28] oder »Zollverband«[29] gemeint sein soll) ganz am Anfang des Romans und deren erstes, wenn auch nur nebenher, in seinen späten Teilen erwähnt wird: »Der Sieg über Frankreich, die Zollunion!«[30] Davon später mehr.

25 Buddenbrooks (R: Franz Peter Wirth, BRD 1979, elfteiliger TV-Film; im Folgenden nachgewiesen nach der dreiteiligen DVD-Fassung, Arthaus-Edition 2007), Teil 3, 03:19:35.
26 Bd. 1.2, S. 437; vgl. Bd. 1.1, S. 833.
27 Vgl. Katrin Max, Niedergangsdiagnostik. Zur Funktion von Krankheitsmotiven in *Buddenbrooks*, Frankfurt a. M.: Klostermann, 2008 (Thomas-Mann-Studien, Bd. 40), S. 225, Anm. 507.
28 Bd. 1.1, S. 43–45, 396; vgl. Bd. 1.2, S. 247.
29 Bd. 1.1, S. 673.
30 Buddenbrooks (R: Heinrich Breloer, D 2008), 02:16:02; Buddenbrooks (R: Heinrich Breloer, D 2010, zweiteilige TV-Fassung), Teil 2, 01:22:54.

2.2 Eskapismus: Die Fernsehadaption von *Herr und Hund* als Beispiel

Die bundesrepublikanischen Thomas-Mann-Verfilmungen bedienten ein Bedürfnis, das man dem deutschen Publikum fürwahr leicht nachfühlen kann. Sie sollten demselben dabei helfen, die dunkle Zeit zu vergessen, die es teils nur durchgemacht, andernteils aber auch mehr oder weniger mit verschuldet hatte. Nicht umsonst vielleicht begannen sie mit einer Farbproduktion, was sich seinerzeit, wie schon nur die weitere Verfilmungsgeschichte Thomas Manns lehrt, im deutschen Kulturraum noch keineswegs von selbst verstand.[31] (So wurden die drei folgenden Kino-Verfilmungen schon wieder in Schwarz-Weiß gedreht, und bis zum nächsten Farbfilm, *Wälsungenblut*, sollte es noch mehr als ein Jahrzehnt dauern.) Der nostalgisch-eskapistische Zug oder eine gewisse Scheu, die Zeitgeschichte auch nur tangential zu berühren, erstreckt sich nun ebenso auf Manns Fernsehkarriere. Man erkennt ihn auch hier besonders deutlich sowohl an der Wahl des zuallererst adaptierten Texts als auch an der Entstehungsgeschichte seiner Adaption.

Die TV-Geschichte Thomas Mann'scher Texte begann bekanntlich noch in Tagen des Schwarz-Weiß-Fernsehens (die in der Bundesrepublik erst 1967 zu Ende gingen), mit einer »Illustration« des so untertitelten »Idyll[s]« *Herr und Hund*. Regie führte Caspar van den Berg (zuvor Cutter bei Abichs Filmaufbau), der wie erinnerlich zusammen mit Erika Mann auch das Drehbuch verfasst hatte. Diese Adaption war ein in seiner Weise ziemlich gewagtes, denn auch niemals wiederholtes[32] Experiment, das Experiment eben einer »Illustration«, 1962 produziert und in den allerersten Sendetagen des ZDF ausgestrahlt, am 14. April, Ostersonntag, 1963.

Das frühe Sendedatum erklärt sich daraus, dass das Haus Bertelsmann den Film zusammen mit der Filmaufbau GmbH vorproduziert hatte. Produziert wurde ursprünglich vielleicht noch gar nicht schon für das ZDF, sondern noch für das sogenannte Adenauer-Fernsehen, ein Projekt, in dessen Vorfeld die Bertelsmann Fernsehproduktion überhaupt erst etabliert worden war.

Das Adenauer-Fernsehen, unter der Leitung ausgerechnet des Sexologen Ernest Borneman alias Ernst Bornemann,[33] eines Remigranten und »linke[n] Goeb-

---

31 Vgl. Willi Höfig, Der deutsche Heimatfilm 1947–1960, Stuttgart: Enke, 1973, S. 448.
32 Vgl. Zander, Geschaute Erzählung, S. 111.
33 Vgl. Detlef Siegfried, Moderne Lüste. Ernest Borneman. Jazzkritiker, Filmemacher, Sexforscher, Göttingen: Wallstein, 2015, S. 223–259.

bels«[34] (so seine Selbstdefinition der ihm angetragenen Leitungsfunktion), dessen »physischen Ekel«[35] Thomas Manns Texte erregten, — das Adenauer-Fernsehen also oder die Freies Fernsehen GmbH war wie gesagt als Instrument intendiert gewesen, von Bonn aus die gesamte deutsche Bevölkerung via Television direkt zu erreichen, wohl auch um sich so einen Vorteil im bevorstehenden Bundestagswahlkampf zu sichern. Es war indessen 1961 vom Bundesverfassungsgericht unter Berufung auf die föderalistische Regelung des Rundfunks verboten worden; ein Urteil, in dessen Folge das ZDF allererst gegründet wurde.

Solche medienpolitischen Hintergründe sind für das Verständnis der Adaption von *Herr und Hund* nicht ohne Bedeutung. Dass ausgerechnet Thomas Mann als erster deutscher Autor in diesem virtuell gesamtdeutschen Fernsehen paradiert wurde, verrät einmal mehr seinen Status als *der* deutsche Nationalschriftsteller der Nachkriegszeit. Und dass man ausgerechnet das Idyll *Herr und Hund* zum Gegenstand des Adaptionsexperiments wählte, entspricht der auch am bundesdeutschen Kino beobachtbaren Tendenz, diesen Nationalschriftsteller aus der Tagespolitik und ihrem ideologischen Gerangel herauszuhalten. Das Idyll ist als solches schon durch die Gattungskonvention den zeithistorischen Realitäten enthoben.

Ähnlich wie, aber noch weit entschiedener als bei dem Roman *Königliche Hoheit*, der den Stoff für die erste *Kino*-Tonverfilmung eines Thomas Mann'schen Werks abgab, handelt es sich bei dem Idyll *Herr und Hund* um einen wenig rezipierten, vielleicht auch, mag sein, um einen »erstaunlich unterschätzten Text«.[36] Obwohl oder gerade weil noch während des Ersten Weltkriegs entstanden, ist er seinethalben einem heterotopisch-heilen Reservat verschrieben. Nur sehr verhalten, mit einiger gattungskonformer[37] Kosmetik des Wortlauts, nimmt er zwar schon auf seine Abfassungs- und den Hintergrund seiner erzählten Zeit Bezug. Aber das Wort ›Krieg‹ fällt nicht. An nur einer Stelle taucht ein davon abgeleitetes Adjektiv auf, »kriegerisch[]«.[38] Doch auch hierbei handelt es sich bloß um eine Metapher. Der Krieg erscheint oder verschwindet vielmehr darin in einer Übertra-

---

34 Jochen Stöckmann, Ernest Borneman. Sexualität als Motor einer besseren Gesellschaft, in: Deutschlandfunk, 12. April 2015, https://www.youtube.com/watch?v=Bq-QMsxkblg [Zugriff: 15. Dezember 2016]. Vgl. Siegfried, Moderne Lüste, S. 24, 225, 398.

35 Siegfried, Moderne Lüste, S. 40.

36 Eckart Goebel, Jenseits des Unbehagens. »Sublimierung« von Goethe bis Lacan, Bielefeld: transcript, 2009 (Literalität und Liminalität, Bd. 2), S. 187.

37 Vgl. Yahya Elsaghe, Krankheit und Matriarchat. Thomas Manns *Betrogene* im Kontext, Berlin und New York: de Gruyter, 2010 (Quellen und Forschungen zur Literatur- und Kulturgeschichte, Bd. 53 [287]), S. 129 f.

38 Mann, Gesammelte Werke, Bd. 8, S. 591.

gung auf das Tierreich, auf den Jagdhund und Protagonisten, seine »kriegerischen, männlich ursprünglichen Posen«.[39]

Die ohnehin spärlichen und vagen Anspielungen auf den Krieg und alles ›Kriegerische‹, so rar und euphemistisch sie im Text des Idylls schon sind, wurden im Film dann noch komplett beseitigt — oder jedenfalls so gut wie vollständig. Keine Silbe mehr von den »Pioniere[n]« und den »Tritte[n] ihrer schweren Stiefel«, ihrem »Befehlshaber« und ihrer übungsweise gebauten »Pontonbrücke«.[40] Ausgeblendet bleibt gleichfalls die »zeitgemäß[e]« Umstellung oder Erweiterung, von der mit Blick auf den »Tätigkeitsbezirk« der »Lokomotiven«,[41] und das heißt nun eben auch Waffenfabrik J. A. Maffei im Idyllentext, bei aller Beschönigung und wie gewunden auch immer, doch die Rede ist.[42] Und bei der im Film stehengebliebenen[43] Erwähnung eines »Flugzeug[s]«[44] brauchten sich die Fernsehzuschauer von 1963, im angebrochenen Zeitalter schon der zivilen Düsenjetluftfahrt,[45] wenig Schlimmes zu denken: »[...] unter dem feuchtblauen Himmel steuert ein Flugzeug«, sagt die »STIMME« nach dem Drehbuch, »von Osten kommend, ein starr mechanischer Vogel, mit leise an- und abschwellendem Dröhnen, über Land und Fluß hin seine unabhängige Bahn, und« so weiter;[46] genau wie in Thomas Manns Text, wo freilich eine Militärmaschine gemeint sein muss. Eine entsprechende Regieanweisung wurde dann aber nicht umgesetzt: »Durch das Geäst der Bäume sehen wir, wie ein Flugzeug seine Bahn zieht.«[47] Sei es wohlweislich oder sei es auch nur wegen der technischen Schwierigkeiten, die eine Umsetzung mit sich gebracht hätte, auf der Bildspur jedenfalls war der mechanische Vogel unsichtbar. Seine militärische Natur und seine mörderische Bestimmung blieben den Zuschauern so verborgen.

Ebenso wenig Böses wie bei diesem von der Bildfläche verschwundenen Kampfflieger brauchten sich die Zuschauer bei Thomas Manns flüchtiger Andeutung der Sommerzeit zu denken. Diese Andeutung freilich blieb im Drehbuch

---

39 Mann, Gesammelte Werke, Bd. 8, S. 591.

40 Mann, Gesammelte Werke, Bd. 8, S. 530.

41 Mann, Gesammelte Werke, Bd. 8, S. 530.

42 Vgl. Alexander Honold, Vorkriegs-Nachlese mit *Herr und Hund*. Eine Dekonstruktion, in: ders. und Niels Werber (Hgg.), Deconstructing Thomas Mann, Heidelberg: Winter, 2012, S. 43–63, hier S. 55.

43 Vgl. van den Berg, Herr und Hund, 00:06:38.

44 Mann, Gesammelte Werke, Bd. 8, S. 530.

45 Vgl. Wolfgang Behringer und Constance Ott-Koptschalijski, Der Traum vom Fliegen. Zwischen Mythos und Technik, Frankfurt a. M.: Fischer, 1991, S. 449–451.

46 Erika Mann, Herr und Hund. Drehbuch, S. 14 f.

47 Erika Mann, Herr und Hund. Drehbuch, S. 14.

noch ausgespart: »halb acht Uhr im Sinne des Gesetzes«.[48] Da ja explizite Hinweise auf den Weltkrieg einmal samt und sonders entfallen waren, veranlasste jetzt aber nichts mehr dazu, die Uhrzeit und das Gesetz, das sie im dritten Kriegsjahr zum ersten Mal nach vorn verschoben hatte, auf die anfangs in aller idyllischen Unschuld inserierte Jahreszahl zurückzubeziehen, die im Drehbuch freilich ihrerseits noch fehlte: »1917«.[49] Und endlich konnte auch ein ursprünglich übergangener Hinweis auf die in dem Jahr schon sehr schlechte Versorgungslage stehen bleiben, wie ihn Erika Mann eigens wieder ins Drehbuch eingefügt hatte: »Auch sei er [scil. der Hund] unverwöhnt und mässig [sic!] in seinen Bedürfnissen, was heutzutage ja ins Gewicht falle: bisher habe er sich [allein in *Thomas Manns* Text: ›überhaupt[50]] nur mit Kartoffelschalen genährt.«[51]

Zusammengefasst: Wie der Roman *Königliche Hoheit*, so war und ist auch *Herr und Hund*, und zwar in höherem Maß als dieser Roman, einer der wenig gelesenen und beforschten Texte Thomas Manns. Dass die bundesrepublikanische Verfilmungsgeschichte im Kino und im Fernsehen mit ausgerechnet solchen Texten begann, ist an sich schon erklärungsbedürftig. Was die Wahl der verfilmten Texte leitete, waren offensichtlich eher die eskapistischen Bedürfnisse eines intendierten Publikums denn literarische Erwägungen oder literaturkritische Urteile und Mehrheitsmeinungen. Insofern ist es sehr bezeichnend, dass die bundes*republikanische* Verfilmungsgeschichte durchaus nicht mit jenem zum deutschen Hausbuch erhobenen Roman einsetzte, der Thomas Manns Kanonizität begründete, den *Buddenbrooks*, sondern ausgerechnet mit *Königliche Hoheit* (nachdem sich in den vorangehenden drei, vier Jahrzehnten etliche, bis zu sieben oder acht Versuche zerschlagen hatten,[52] diesen zweiten Roman des Autors ins Kino zu bringen). Das heißt, die Kinokarriere Thomas Manns begann in der Bundes*republik* pikanterweise mit dem Roman, mit dem dieser wie in keinem zweiten der *Monarchie* gehuldigt hatte, zu einer Zeit, da er sehr wahrscheinlich mit einer Nobilitierung liebäugelte, wie er sie dann seinem Alter Ego Gustav von Aschenbach zuteilwerden lassen sollte.

---

48 Mann, Gesammelte Werke, Bd. 8, S. 530; bzw. van den Berg, Herr und Hund, 00:06:06: »Es mag halb acht Uhr sein im Sinne des Gesetzes, wenn ich so ausgehe; in Wirklichkeit also halb sieben«.
49 Van den Berg, Herr und Hund, 00:00:54.
50 Mann, Gesammelte Werke, Bd. 8, S. 536.
51 Erika Mann, Herr und Hund. Drehbuch, S. 10.
52 Vgl. Bd. 4.2, S. 218–220.

3 Reflexe des Kalten Kriegs

3.1 Die Nostalgie nach einem unversehrten Deutschland

Königliche Hoheit, auch vom Autor selber nicht besonders wertgeschätzt,[1] war in der anderweitigen Mann-Rezeption wie gesagt nie, auch zu seiner Zeit nicht, zu besonders hohen Ehren gelangt, jedenfalls nicht im deutschsprachigen Raum. Denn der Roman, »A Novel of German Court Life«,[2] den Thomas Mann angeblich schon vor dem Ersten Weltkrieg einer dänischen Produktionsfirma beliebt zu machen versuchte[3] — 1913, das hieße unmittelbar nachdem der dänische Film *Abgründe*[4] einen Meilenstein in der Entwicklung vom Kurz- zum Langfilm gesetzt hatte[5] — und für den man sich in den Dreißigerjahren in London und Hollywood, daselbst auch wieder in den späteren Vierzigerjahren interessierte,[6] wurde als überhaupt erster Text des Autors ins Englische übersetzt.[7] Bis heute ist er zwar nicht als deutsches, aber als englisches Hörbuch sehr wohl erhältlich.

---

1 Vgl. Brief vom 16. Dezember 1909 an Anton Robert Cay Hase, in: Hans Wysling (Hg.), Thomas Mann, München: Heimeran, und Frankfurt a. M.: Fischer, 1975–1981 (Dichter über ihre Dichtungen, Bd. 14/I–III), Bd. 14/I: 1889–1917, S. 249 f.; Brief vom 1. Januar 1910 an Heinrich Mann, ebd., S. 250 f.; Brief vom 11. Januar 1910 an Kurt Martens, ebd., S. 251 f.; Brief vom 28. Januar 1910 an Ernst Bertram, ebd., S. 253; Brief vom 28. März 1910 an Joseph-Emile Dresch, ebd., S. 255; Brief vom 3. April 1918 an Hans Korte, ebd., S. 266; Brief vom 28. April 1944 an Agnes E. Meyer, in: Mann und Meyer, Briefwechsel, S. 556 f.; Brief vom 18. Oktober 1953 an Hans Reisiger, in: Dichter über ihre Dichtungen, Bd. 14/I: 1889–1917, S. 274 f.; Brief vom 12. Dezember 1953 an Claire Goll, ebd., S. 275; Gesammelte Werke, Bd. 13, S. 113 bzw. 118.
2 Thomas Mann, Royal Highness. Translated [...] by A. Cecil Curtis, London: Sidgwick & Jackson, 1916 [Rücken des Schutzumschlags].
3 Zander, Geschaute Erzählung, S. 107 f.; ohne Quellenangabe. Vgl. Brief vom 24. März 1927 an Erich Ebermayer, in: Dichter über ihre Dichtungen, Bd. 14/I: 1889–1917, S. 267 f.
4 Vgl. Corinna Müller, Frühe deutsche Kinematographie. Formale, wirtschaftliche und kulturelle Entwicklungen. 1907–1912, Stuttgart und Weimar: Metzler, 1994, S. 124 f.; freundlicher Hinweis von Hanspeter Affolter, Bern, vom 15. September 2017.
5 Vgl. Wolfgang Jacobsen, Frühgeschichte des deutschen Films. Licht am Ende des Tunnels, in: ders., Anton Kaes und Hans Helmut Prinzler (Hgg.), Geschichte des deutschen Films, Stuttgart: Metzler, ²2004, S. 13–37, hier S. 19, 28 f.
6 Vgl. Bd. 4.2, S. 219.
7 Vgl. Timothy Buck, Thomas Mann 1875–1955. German Novelist, Novella Writer and Essayist, in: Olive Classe (Hg.), Encyclopedia of Literary Translation into English, London und Chicago: Fitzroy Dearborn, 2000, Bd. 2, S. 901–904, hier S. 902; Georg Potempa, Thomas Mann-Bibliographie. Übersetzungen — Interviews, Morsum: Cicero, 1997, S. 941 f.

https://doi.org/10.1515/9783110638509-004

In der deutschen Literaturszene dagegen spielte *Königliche Hoheit* auch während der unmittelbaren Nachkriegszeit gar keine Rolle,[8] anders als etwa der heftig umstrittene *Doktor Faustus* oder sogar *Lotte in Weimar*, das erste Buch Thomas Manns, das im Nachkriegsdeutschland wieder vertrieben wurde.[9] Diese stiefmütterliche Rezeption von *Königliche Hoheit* (auch durch die Wissenschaft[10]) sollte sich freilich gerade wegen der Verfilmung ein wenig ändern.[11] Denn in deren Folge sollten die Verkaufszahlen ja offenbar hochschnellen.

Zwar hatte das Narrativ des Romans seinerzeit, während des westdeutschen Wirtschaftswunders, ein ganz erstaunliches Aktualitätspotenzial erhalten. Auch in *Königliche Hoheit* saniert US-amerikanischer Reichtum eine deutsche Misere. Und den am Film Beteiligten entging diese Analogie zur Gegenwart durchaus nicht. So schrieb Jochen Huth, der das Treatment zu verfassen hatte (oder, den Credits zufolge: die »Bearbeitung«[12] besorgte), in einem Brief an Thomas Mann: Die Anlage des Romans habe »Marshallplanformat«.[13]

Aber dennoch war das vom Autor selbst so genannte »Märchen«[14] schon nur als solches, qua Textsorte und ähnlich wie das Idyll *Herr und Hund*, über die Alltagsrealitäten der Nachkriegszeit noch einmal möglichst weit erhaben. Und erst recht durfte ja nichts an die Kriegszeit gemahnen. Die Inszenierung eines militärischen Aufgebots verträgt es auch hier, dass eine extravagante Amerikanerin das Ritual der Wachablösung ungestraft stören darf. Mochte die Familie Mann an den militärischen Szenen des Films auch Anstoß nehmen und darin eine Huldigung gegenüber dem deutschen Militarismus vermuten[15] — nachdem sie dafür allzu hellhörig geworden sein dürfte durch Brauns »[g]roteske[n] Vorschlag«, ausgerechnet einen Ernst von Salomon mit der Erstellung des Drehbuchs zu betrauen[16] —: Das Kinopublikum, dessen sehr große Mehrheit den Krieg auf die eine

---

8 Vgl. Bd. 4.2, S. 198–201.

9 Vgl. Yahya Elsaghe, Thomas Mann und die kleinen Unterschiede. Zur erzählerischen Imagination des ›Anderen‹, Köln, Weimar und Wien: Böhlau, 2004 (Literatur — Kultur — Geschlecht, Große Reihe, Bd. 27), S. 337.

10 Vgl. Bd. 4.2, S. 199.

11 Vgl. Bd. 4.2, S. 201.

12 Braun, Königliche Hoheit, 00:00:30.

13 Jochen Huth, Brief vom 20. Dezember 1952 an Thomas Mann, Filminstitut Hannover, Signatur FAB 101 Königliche Hoheit. Treatment von Jochen Huth.

14 Brief vom 28. Januar 1910 an Ernst Bertram, in: Dichter über ihre Dichtungen, Bd. 14/I: 1889–1917, S. 253. Vgl. Brief vom 28. April 1944 an Agnes E. Meyer, in: Mann und Meyer, Briefwechsel, S. 556 f., hier S. 557; Mann, Gesammelte Werke, Bd. 11, S. 118.

15 Vgl. die Aktennotiz vom 12. Mai 1954, Filminstitut Hannover, Signatur FAB 99 Königliche Hoheit. Verträge 2.

16 Tagebucheintrag vom 1. Mai 1953, in: Mann, Tagebücher 1953–1955, S. 53–55, hier S. 55.

oder andere Weise mitgemacht hatte,[17] musste sich mitnichten an die Kriegs- beziehungsweise die Vorkriegszeit erinnert fühlen, wie sie ja durchaus den Rahmen
oder Hintergrund anderer, noch lange nicht verfilmter Texte abgegeben hätte,
gerade auch des *Doktor Faustus* oder selbst der *Lotte in Weimar*. Diese beiden Romane sollten denn erst verfilmt werden, als diejenigen, welche die nationalsozialistische Diktatur noch miterlebt hatten, nur noch die Hälfte oder schon weniger
als die Hälfte des potenziellen Kinopublikums stellten.[18]

Auch spielt das Märchen von der *Königlichen Hoheit* zwar auf deutschem,
monarchistisch-deutschem Boden. Aber der liegt auf einem weiter nicht konkre-
tisierbaren Territorium, in einem ansonsten eben märchenhaft-utopischen Großherzogtum.[19] Dieses konnte keine *konkret* nostalgischen Erinnerungen an die
vom Luftkrieg noch verschonten Reichsgebiete und alten Residenzstädte wachrufen.

Solche welt- und realitätsflüchtigen Tendenzen ließen sich allenthalben an
der Verfilmung nicht nur dieses einen Märchen-Romans, sondern an den frühen
Thomas-Mann-Verfilmungen insgesamt nachweisen. Ein Beispiel aus einer frühen Sequenz von Rolf Thieles *Tonio Kröger*, die dem daran bereits als Koprodu-
zent beteiligten Franz Seitz junior im Übrigen sehr gelungen erschienen sein
muss — denn er sollte sie noch ein gutes Jahrzehnt später, 1977, dem »Vorspiel«
seiner eigenen Verfilmung von *Unordnung und frühes Leid* unter dem Titel »Frühes Leid / 1887 / / Erinnerungen an Tonio ...« holus bolus integrieren[20] —:

In den Dialogen der Novelle legt Tonio Kröger, auf seinen exotischen und ihm
dermaßen peinlichen Vornamen angesprochen, das Geständnis ab: Seine Mutter
sei »doch von drüben ...«[21] Seinerzeit, im letzten Drittel oder Viertel des neunzehnten Jahrhunderts, als man in Deutschland auf eine schon lange Geschichte
der Emigration nach den Amerikas zurückblicken durfte, bedeutete »von drüben« etwas ganz anderes, als es in der zweiten Hälfte des zwanzigsten Jahrhunderts meinen konnte. Als der Film gedreht und gezeigt wurde, war die Formel
»drüben« oder »von drüben« im innerdeutschen Sprachgebrauch spätestens vor
drei Jahren, seit dem Bau der Berliner Mauer, zu trauriger Bedeutungsprägnanz
gelangt. Folgerichtig wurde sie im Film dann schlankerhand durch eine unver-

---

17 Vgl. Statistisches Jahrbuch für die Bundesrepublik Deutschland 1964, Stuttgart und Mainz:
Kohlhammer, 1964, S. 44.
18 Vgl. Statistisches Jahrbuch der Deutschen Demokratischen Republik 20, Berlin: Staatsverlag
der Deutschen Demokratischen Republik, 1975, S. 389; Statistisches Jahrbuch 1981 für die Bundesrepublik Deutschland, Stuttgart und Mainz: Kohlhammer, 1981, S. 60.
19 Zu den Affinitäten zum Heimatfilm vgl. Zander, Thomas Mann im Kino, S. 199–206.
20 Unordnung und frühes Leid (R: Franz Seitz, BRD 1977), 00:02:04.
21 Bd. 2.1, S. 252.

fängliche Herkunftsangabe ersetzt und um die Himmelsrichtung präzisiert. Ihre Substitution diente offenbar dem Zweck, das auch noch so geringfügige Risiko zu bannen, dass jemand sich durch den zweideutig gewordenen Wortlaut des Novellendialogs an die bedrückenden Realitäten des Kalten Kriegs und der West-Ost-Teilung Deutschlands hätte erinnert fühlen können: »[...] meine Mutter ist doch aus dem Süden.«[22]

3.2 Die Unterdrückung kapitalismuskritischer Pointen

So oder so ähnlich wurde Thomas Mann, wo immer sie drohte, aus der Gefahr herausgehalten, ihn in den Konflikt der beiden auf deutschem Boden konkurrierenden Ideologien und Wirtschaftssysteme hereinzuziehen. Und erst recht nicht sollte das bundesdeutsche Publikum mitten im Wirtschaftswunder an die Kehrseiten des Kapitalismus erinnert werden. Ein paar Beispiele:

Das Elend des Kinderspitals, das Seine Königliche Hoheit Klaus Heinrich zu sehen bekommt, reicht nicht weiter als bis zu einem Ärmchen, das sich ein kleiner Patient brach, als er der Armut seines Vaters wegen Kinderarbeit leisten musste.[23] Ganz anders und viel drastischer verhielt es sich im Roman beziehungsweise in den Schwabinger Realitäten, die Thomas Mann unbeschönigt in die Fiktion übernommen zu haben scheint und die ihm vermutlich durch seine Frau vertraut gewesen sein werden. (Denn eine »Mann, Frau Katia«, amtierte im Trägerverein des Gisela-Kinderspitals als Vorstandsmitglied.[24]) Im Roman ist an der entsprechenden oder eben gerade nicht ›entsprechenden‹ Stelle von der Schusswunde eines »Knaben« die Rede,[25] wie der Jahresbericht des Gisela-Spitals seinerzeit sogar gleich deren »3« auflistete.[26] Beigebracht habe die Schussverletzung dem Patienten dessen eigener Vater, als »[d]er Mann [...] seine Frau und drei seiner Kinder und sich selbst mit einem Revolver erschoss[]«, aus »Verzweiflung« über »Schande und Not«.[27]

---

22 Thiele, Tonio Kröger, 00:05:44.
23 Vgl. Braun, Königliche Hoheit, 00:32:35.
24 Rechenschafts-Bericht für das Jahr 1906 über die Tätigkeit des Gisela-Kinderspital-Vereins (E. V.) und des Kinderspitals München, München: o. V. u. J., S. 8, 13; Rechenschaftsbericht für das Jahr 1907 über die Tätigkeit des Gisela-Kinderspital-Vereins (E. V.) und des Kinderspitals München, München: o. V. u. J., S. 8, 12.
25 Bd. 4.1, S. 233.
26 Rechenschafts-Bericht für das Jahr 1906, S. 25.
27 Bd. 4.1, S. 233 f.

Der ökonomische Niedergang der Firma Buddenbrook ist bei Weidenmann in eine so gut wie rein private Familiengeschichte umgemodelt, nicht viel anders und nicht *viel* besser als im Stummfilm von 1923. Wurde er dort mir nichts, dir nichts durch ein happy ending ersetzt, um so über die unausweichlichen Verheerungen der damaligen Währungskrise hinwegzutäuschen oder hinwegzutrösten, so sollte er hier den Optimismus der Wirtschaftswunderjahre nicht trüben.[28]

Der Bankrott Engelbert Krulls wird von Hoffmann in der *Felix Krull*-Verfilmung nur sehr flüchtig und vage angedeutet. Sein dadurch bedingter Suizid bleibt mehr oder weniger verschwiegen.[29] Nur ein Aushebungsarzt wird das Wort »Selbstmord« kurz einmal fallenlassen.[30]

Dabei geben die erhaltenen Dokumente deutlich zu erkennen, *wie* im Einzelnen solche Eingriffe, dass sie nämlich erst nach und nach vor sich gingen. Zwei, drei Beispiele aus den beiden Drehbuchfassungen, die sich unter den Vorarbeiten zur Hoffmann'schen *Felix Krull*-Verfilmung erhalten haben:

Darin etwa fehlte nicht immer schon die Rolle eines nunmehr nur einmal proleptisch erwähnten »Direktor [...] Stürzli«,[31] den Thomas Mann noch Sätze sagen lässt wie: »Sind Sie übrigens Sozialist? [...] Sozialisten nämlich können wir in unserem Betrieb ganz und gar nicht brauchen.«[32] Bevor die Rolle des Direktors im mutmaßlich jüngeren Entwurf dann ganz wegfiel und jene Prolepse also zum blinden Motiv erst *wurde*, sollte »Hoteldirektor Stürzli« in der mutmaßlich älteren Fassung des Drehbuchs, nach »ein[em] Bedenken«, immerhin noch, aber auch *nur* noch fragen: »Sind Sie *vielleicht* Sozialist?«[33] Sonst nichts mehr.

Oder die Tirade Bobs, eines »offenbar« englischen Hotelbediensteten in Paris, der im Roman bedauert, dass wegen des Überangebots an Arbeitskräften »an Strike [...] nicht zu denken« sei, der seinem Kollegen Krull rundheraus gesteht, »Anarchist« zu sein — »voilà ce que je suis« —, und der findet, »[m]an sollte diesen ganzen ausbeuterischen Kasten in Asche legen«:[34] Diese terroristische Brandrede wurde ihrerseits nicht mit einem Mal gestrichen; sondern man hat sie Schritt

---

28 Vgl. Zander, Geschaute Erzählung, S. 115; Rouget, Die Rezeption im Tonfilm und in anderen Medien, S. 65 f.

29 Vgl. Zander, Thomas Mann im Kino, S. 74 f.

30 Hoffmann, Bekenntnisse des Hochstaplers Felix Krull (1957), 00:12:45. Vgl. Erika Mann, Brief vom 31. März 1957 an Kurt Hoffmann, Münchner Stadtbibliothek / Monacensia, Signatur EM B 757.

31 Hoffmann, Bekenntnisse des Hochstaplers Felix Krull (1957), 00:17:27.

32 Bd. 12.1, S. 176.

33 Thoeren, Die Bekenntnisse des Hochstaplers Felix Krull nach dem gleichnamigen Roman von Thomas Mann [ältere Fsg.], S. 61; im Original keine Hervorhebung.

34 Bd. 12.1, S. 154.

für Schritt entschärft. Zwar hatte Bob, wie er auch in den Drehbüchern heißt, die Erwähnung arbeitskämpferischer Notwehrmaßnahmen immer schon zu unterlassen, und stünde sie auch im vorgegebenen Modus, also unter Beibehaltung der Negation (»an Strike [...] *nicht* zu denken«). Doch in der einen Version des Drehbuchs sollte Bob wenigstens noch sagen dürfen: »Nächstens sprenge ich [den] ganzen Kasten in die Luft.«[35] Und weiter: »I am Anarchist.«[36] (Sic, ohne Artikel und ›anarchist‹ großgeschrieben — macht gleich zwei germanizistische Schnitzer auf knapp drei englische Wörtchen.)

Nach der anderen Drehbuchversion wäre das Bekenntnis zum Anarchismus schon unterblieben. Was Bob noch sagen darf, wird an der betreffenden Stelle jetzt mit Anglizismen durchsetzt (und das macht die ungewollt fehlerhafte Idiomatik und Orthographie jenes pseudoenglischen Dreiwortsatzes nur desto peinlicher). Bob und sein geradebrechtes Deutsch hätten durch solche Sprachkomik das heimische Publikum nur eben belustigen, allenfalls auch in einem gewissen Überlegenheitsdünkel bestärken sollen. In seinem also schon formal stark persiflierten Part hätte der ehemalige Anarchist jedoch über »this house« noch gesagt: »[...] einer von dieser Tage ich werde ihm bestimmtlich in der Luft sprengen.«[37] Aber im Film, mitten im bundesdeutschen Wirtschaftswunder, entfielen solche Reminiszenzen an den Klassenkampf schließlich zur Gänze.

Oder der im Romantext expresso hoc verbo unanständige Reichtum einer elsässischen Klosettschüsselfabrikantengattin, der freilich auch in den erhaltenen Drehbüchern immer schon mit einem weniger anrüchigen Ursprung versehen wurde: »Impudemment riche«[38] waren die Houpflés schon hier nicht mehr in jenem allzu wörtlichen Sinn des Adverbs. Sie verkörperten nicht mehr gar so förmlich das römisch-kaiserliche Bonmot vom Geld, das nicht stinkt, »non olet«. Ihr Vermögen war keine Allegorie oder Synekdoche mehr für die Indifferenz des Industriekapitalismus gegenüber ästhetischen Codes (wie erst recht gegenüber moralischen Werten). Denn das Geld des elsässischen Kapitalisten, den Bob jedoch nur in der älteren Drehbuchversion bei diesem Reiznamen nennen durfte — »ein verdammter Kapitalist«[39] —, verdankte sich nur noch einer »Gänseleberfabrik«,

---

35 Thoeren, Die Bekenntnisse des Hochstaplers Felix Krull nach dem gleichnamigen Roman von Thomas Mann [ältere Fsg.], S. 62.

36 Thoeren, Die Bekenntnisse des Hochstaplers Felix Krull nach dem gleichnamigen Roman von Thomas Mann [ältere Fsg.], S. 62.

37 Thoeren, Die Bekenntnisse des Hochstaplers Felix Krull nach dem gleichnamigen Roman von Thomas Mann [jüngere Fsg.], S. 43.

38 Bd. 12.1, S. 197.

39 Thoeren, Die Bekenntnisse des Hochstaplers Felix Krull nach dem gleichnamigen Roman von Thomas Mann [ältere Fsg.], S. 85.

der »größte[n] Gänseleberfabrik in Straßburg«;[40] eine Ersetzung, die auch zehn Jahre später noch durchaus angebracht zu sein schien. Denn Alfred Weidenmann, als er 1968 mit einem Remake des *Felix Krull*-Films betraut war — ein bald einmal eingestelltes Projekt —, gedachte sie zu Erika Manns schwerer Verärgerung talis qualis zu übernehmen.[41]

Die neue Quelle des Reichtums, da dieser ja nun von Gänseleber oder Gänseleberpastete herrührte (und Gänsemast zumindest in Frankreich noch kein Thema des Tierschutzes und der Wirtschaftskritik war[42]), foie gras als einigermaßen nationaltypischer Delikatesse, ließ sich jetzt allenfalls noch nationalistisch ausmünzen, im Rahmen einer deutsch-französischen Kontrastbetonung. Ein halbes Jahrzehnt vor dem Elysée-Vertrag über die französisch-deutsche Zusammenarbeit, wie sie unmittelbar nach dessen Unterzeichnung ja auch in Form der *Tonio Kröger*- oder auch der *Törless*-Verfilmung statthaben sollte, mochte hierin zumindest noch von sehr fern die alte ›Erbfeindschaft‹ heraufbeschworen sein. Eine solche Reminiszenz wäre gegebenenfalls durchaus nicht ganz werkfremd. Dergleichen nämlich spielt in den Romantext ebenfalls hinein. So etwa bei Krulls — denn auch sinngemäß, wenngleich weitestgehend in deutscher Übersetzung verfilmtem — Grenzübertritt und seiner hierbei opportunistisch abgelegten Stellungnahme gegen die deutsche Annexion Elsass-Lothringens:

> »Tiens!« sagte er und betrachtete mich näher. »Vous semblez être un drôle de petit bonhomme. Mais vous parlez assez bien. Êtes-vous Français?«
> »Oui et non«, antwortete ich. »A peu près. A moitié — à demi, vous savez. En tout cas, moi, je suis un admirateur passionné de la France et un adversaire irréconciliable de l'annection de l'Alsace-Lorraine!«[43]

---

40 Thoeren, Die Bekenntnisse des Hochstaplers Felix Krull nach dem gleichnamigen Roman von Thomas Mann [ältere Fsg.], S. 85. Wörtlich übernommen in Hoffmann, Bekenntnisse des Hochstaplers Felix Krull (1957), 01:09:45.
41 Vgl. Erika Mann, Brief vom 3. November 1968 an Alfred Weidenmann.
42 Vgl. Anonymus, Frankreich erhebt Stopfleber zum nationalen Kulturerbe, in: Der Spiegel, 18. Oktober 2005, http://www.spiegel.de/wirtschaft/lebensmittelindustrie-frankreich-erhebt-stopfleber-zum-nationalen-kulturerbe-a-380376.html [Zugriff: 6. Juli 2018]; Julius Ludwig Pfeiffer, Das Tierschutzgesetz vom 24. Juli 1972. Die Geschichte des deutschen Tierschutzrechts von 1950 bis 1972, Frankfurt a. M.: Lang, 2004 (Rechtshistorische Reihe, Bd. 294), S. 38, 234, 213, 281.
43 Bd. 12.1, S. 144 f.

ZÖLLNER: Sie sprechen gut Französisch für ein Deutscher. Sind Sie Franzose?

KRULL: Ach, zur Hälfte, Herr Zollinspektor. A demi — à moitié. Und nicht zufällig also bin ich ein passionierter Bewunderer ihres Vaterlandes und ein entschiedener Gegner der Annektion [sic!] Elsass-Lothringens! Vive la France![44]

Die Erinnerung an die deutsch-französische Erbfeindschaft und ihre verheerenden Folgen blieben hier also noch lebendig — auch in der späteren TV-Verfilmung, wo ein Mitreisender von stereotyp deutschem Aussehen Krulls Verrat an seiner, Krulls, Vaterlandsloyalität mit einem »Pfui Teufel!« quittiert[45] —; mochten sie auch auf das Niveau des Heiteren, Belächelbaren herabgemindert sein. Dafür aber blieben dem Kinopublikum sowohl der *Krull*- als auch der anderen Thomas-Mann-Verfilmungen unliebsame Erinnerungen an eine andere Seite der jüngsten Kriegs- und Zeitgeschichte erspart.

---

44 Hoffmann, Bekenntnisse des Hochstaplers Felix Krull (1957), 00:18:51.
45 Sinkel, Bekenntnisse des Hochstaplers Felix Krull (1982), Teil 3, 00:05:12; freundlicher Hinweis von Hanspeter Affolter, Bern, vom 30. Oktober 2017.

4 Das Verschwinden jüdischer Figuren

4.1 Die jüdischen Figuren des Frühwerks

Jedwede Assoziationen mit dem finstersten Kapitel der deutschen Vergangenheit wurden unterbunden. Darin bestand die vergangenheitspolitisch beachtlichste, auch bedenklichste Leistung der bundesrepublikanischen Filmindustrie (oder doch eines ›guten‹ Teils derselben).[1] Das ist umso bemerkenswerter, als solche Assoziationen von den verfilmten Texten her eigentlich recht nahegelegen hätten. Denn in allen seinerzeit fürs Kino aufbereiteten Romanen und Novellen kommen beziehungsweise wären jüdische Figuren vorgekommen:

In *Königliche Hoheit*, abgesehen von einem flüchtig erwähnten Bankdirektor Wolfsmilch[2] und der im Lauf der Konzeptionsgeschichte verunklärten Genealogie der weiblichen Hauptfigur,[3] ist die einzige jüdische Figur ein Doktor Sammet. Dieser Sammet, darf man sagen, ist der interessanteste unter allen Juden in Thomas Manns Romanen und Erzählungen. Denn unter den deutschen Juden seines Gesamtwerks ist Sammet als erster und weithin einziger eine sympathische Figur. Als solche bleibt er vor der antisemitischen Malice früherer Erzähler geschützt.

Der im Text extrem positiv zusammengestellte Merkmalssatz des so fachkompetenten wie altruistisch-gutmütigen Pädiaters ist dem erheblichen Aufwand geschuldet, den Thomas Mann bei der Gestaltung seines Figurenportraits betrieb. Er modellierte es nach einem im Gegenteil kontroversen bis verschrienen Vorbild, einer im München der Zeit stadtbekannten, gerade auch wegen ihrer jüdischen Herkunft angefeindeten Persönlichkeit namens Maurice Hutzler. Hutzlers offenbar auch schwierigen, wenn nicht psychopathischen Züge verlagerte Mann auf eine Kollateralfigur, Raoul Überbein (in der Verfilmung und auch nach seinem eigenen Dafürhalten bereits im »elend[en]« »Drehbuch [...] völlig entleert

---

1 Vgl. Fritz Göttler, Westdeutscher Nachkriegsfilm. Land der Väter, in: Wolfgang Jacobsen, Anton Kaes und Hans Helmut Prinzler (Hgg.), Geschichte des deutschen Films, Stuttgart: Metzler, 2004, S. 167–206, hier S. 171, 190 f.

2 Vgl. Yahya Elsaghe, »Moritz Ausspuckseles«. Zur rechts- und sozialgeschichtlichen Interpretierbarkeit ›jüdischer‹ Namen in Thomas Manns Frühwerk, in: Deutsche Vierteljahrsschrift für Literaturwissenschaft und Geistesgeschichte 85.3, 2011, S. 411–432, hier S. 428. Zu Manns verbürgtem Wissen um die pharmakologischen Bewandtnisse, die es mit der sog. Wolfsmilch hat, s. Gesammelte Werke, Bd. 8, S. 1056, bzw. Notizbücher, hg. v. Hans Wysling und Yvonne Schmidlin, Frankfurt a. M.: Fischer, 1991 f., Bd. 1: Notizbücher 1–6, S. 218.

3 Vgl. Elsaghe, Die imaginäre Nation, S. 321–326.

https://doi.org/10.1515/9783110638509-005

und verpfuscht«[4]). Diese Figur wiederum trägt keinerlei jüdische Markierungen. Dabei ist Thomas Manns Aufspaltung der historischen Person in zwei literarische Figuren Teil und Ausdruck eines Idealisierungs- und Verharmlosungsvorgangs, der insbesondere auch die Fiktionalisierung der Mann'schen Familiengeschichte erfasst und im Rahmen der psychoanalytischen Theorie vom Familienroman der Neurotiker beschrieben werden könnte.[5]

Aber zurück zum Katalog der weit weniger sympathischen jüdischen Figuren in den verfilmten Texten: In den *Buddenbrooks*, neben Wucherjuden, die im Vorfeld eines vermaledeiten Geschäfts mit einem Pöppenrader Gutsbesitzer erwähnt und als »Halsabschneider«[6] tituliert werden, und neben einem »Teufelsbraten«[7] von Rechtsanwalt, der im Strafprozess gegen Hugo Weinschenk-Grünlich-Buddenbrook eine verhängnisvolle Rolle spielt, sind da zum Dritten noch die Hagenströms, die Konkurrenten der eponymen Familie. In *Tonio Kröger* scheint der Rivale wiederum des eponymen Helden Jude zu sein, Erwin Jimmerthal. Und in *Wälsungenblut,* das konnte selbst den treuherzigsten Lesern nicht entgehen, sind das Hauptpersonal und das Milieu tutti quanti jüdisch.

In den *Bekenntnissen des Hochstaplers Felix Krull,* und zwar erwartungsgemäß in der älteren Hälfte des Fragments — denn in den nach dem Nürnberger Prozess geschriebenen Texten Thomas Manns fehlen Juden oder genauer neuzeitlich-assimilierte[8] Juden samt und sonders —, gibt es zum Beispiel einen neuerlich so genannten »Halsabschneider«[9] von Bankier. Dieser jüdische Halsabschneider, dessen explizit jüdische Markierung Erika Mann ihrem Vater »angesichts umgehender Sagen« aus der Nachkriegsauflage denn prompt zu streichen riet,[10] hat Krulls halbe Verwaisung und jähe Deklassierung zu verantworten. Au-

---

4 Tagebucheintrag vom 31. August 1953, in: Mann, Tagebücher 1953–1955, S. 105 f., hier S. 106.
5 Vgl. Yahya Elsaghe, *Königliche Hoheit* als Familienroman, in: Ortrud Gutjahr (Hg.), Thomas Mann, Würzburg: Königshausen & Neumann, 2012 (Freiburger literaturpsychologische Gespräche. Jahrbuch für Literatur und Psychoanalyse, Bd. 31), S. 45–79, hier S. 69–73.
6 Bd. 1.1, S. 499.
7 Bd. 1.1, S. 579.
8 Zur einen Ausnahme eines mittelalterlichen Geldjuden s. Mann, Gesammelte Werke, Bd. 7, S. 85, 115. Vgl. Anna Kinder, Geldströme. Ökonomie im Romanwerk Thomas Manns, Berlin und Boston: de Gruyter, 2013 (Quellen und Forschungen zur Literatur- und Kulturgeschichte, Bd. 76 [310]), S. 103–112. Zu Thomas Manns frühem Wissen um das jüdische Zinsmonopol, seine Hintergründe und Folgen s. Thomas Mann, Collegheft 1894–1895, hg. v. Yvonne Schmidlin und Thomas Sprecher, Frankfurt a. M.: Klostermann, 2001 (Thomas-Mann-Studien, Bd. 24), S. 132.
9 Bd. 12.1, S. 67.
10 Erika Mann, Brief vom 10. Februar 1954 an Thomas Mann, in: Hans Wysling, Narzißmus und illusionäre Existenzform. Zu den *Bekenntnissen des Hochstaplers Felix Krull*, Bern und München: Francke, 1982 (Thomas-Mann-Studien, Bd. 5), S. 522–536, hier S. 528.

ßerdem taucht in der ersten Hälfte der *Bekenntnisse* noch ein Theateragent namens Sally Meerschaum auf (ein hinten und vorne stigmatischer Name[11]), bei dem Krulls Schwester Olympia-Lympchen unterkommt.[12] In dieser älteren Hälfte erscheint denn auch jener Hoteldirektor *Isaak* Stürzli mit vollem Namen, bevor sein signifikanter Vorname, und das allein spricht Bände, in den späten Kapiteln entfällt — wie übrigens auch in einem neusten Erzeugnis der produktiven Thomas-Mann-Rezeption. In Hans Pleschinskis *Königsallee* trägt der Direktor eines Basler Luxushotels eine freilich auch in der Schweiz sehr unübliche Kombination zweier Vornamen, die je nur für sich landestypisch sind, besonders deren zweiter, deutscher: »Jean-Urs Stürzli«.[13]

Sozialhistorisch gesehen ist die vergleichsweise hohe Dichte jüdischer Deutscher in Thomas Manns frühen Texten und sind die antisemitischen Appellstrukturen, die damit fast immer einhergehen, natürlich sehr signifikant. Beides reflektiert die respektable Stellung, die jüdische Deutsche innerhalb des Bürgertums während Manns formativer Jahre zu erlangen vermochten. Genauer gesagt bildet es die Ängste und Ressentiments ab, die dieser Schub einer verbreiteten upward mobility hervorrief. Nicht umsonst erscheinen jüdische Figuren bei Thomas Mann regelmäßig als ökonomische oder auch sexuelle Rivalen und Rivalinnen nicht-jüdischer Deutscher: Hagenströms versus Buddenbrooks;[14] Erwin Jimmerthal versus Tonio Kröger;[15] Detlev Spinell versus Anton Klöterjahn;[16] Siegmund Aarenhold versus Semianonymus von Beckerath;[17] Kunigunde Rosenstiel

---

11 Vgl. Manfred Link, Namen im Werk Thomas Manns. Deutung, Bedeutung, Funktion, Tokio: University of Tokyo Press, 1966 (The Proceedings of the Department of Foreign Languages and Literatures. College of General Education. University of Tokyo, Bd. 14.1), S. 143; Yahya Elsaghe, ›La Rosenstiel‹ and her Ilk: Jewish Names in Thomas Mann, in: Publications of the English Goethe Society 80.1, 2011, S. 53–63, hier S. 60 f.; ders. »Moritz Ausspuckseles«, S. 429 f.

12 Vgl. Bd. 12.1, S. 82, 87.

13 Hans Pleschinski, Königsallee, München: Beck, 2013, S. 314; freundlicher Hinweis von Julian Reidy, Genf, vom 15. Mai 2015.

14 Vgl. Elsaghe, Die imaginäre Nation, S. 188–205; ders., Thomas Mann und die kleinen Unterschiede, S. 185–195; ders., Hagenströms & Co. Judentum und Antisemitismus in Thomas Manns *Buddenbrooks*, in: Der Deutschunterricht 67.2, 2015, S. 40–50.

15 Vgl. Yahya Elsaghe, Exil und Stereotypen. Thomas Manns Schweizer vor und nach der Emigration, in: Thomas Sprecher (Hg.), Thomas Mann und das »Herzasthma des Exils«. (Über-)Lebensformen in der Fremde. Die Davoser Literatur- und Kulturtage 2008, Frankfurt a. M.: Klostermann, 2010 (Thomas-Mann-Studien, Bd. 41), S. 111–132, hier S. 112–115.

16 Vgl. Elsaghe, Die imaginäre Nation, S. 90–106.

17 Vgl. Elsaghe, Apokryphe Juden und apokryphe Antisemitismen in Thomas Manns späterem und spätestem Erzählwerk, in: Stefan Börnchen und Claudia Liebrand (Hgg.), Apokrypher Avantgardismus. Thomas Mann und die Klassische Moderne, München: Fink, 2008, S. 225–242, hier S. 227.

versus Meta Nackedey[18] et ceteri. Insofern, und nur insofern, aber insofern eben doch, gehört Thomas Mann und gehören insbesondere seine frühen Romane und Novellen in die Vor- oder in die Vorvorgeschichte dessen, wofür berüchtigte code words wie Auschwitz, Endlösung oder Wannseekonferenz stehen.

Auch noch so leise Erinnerungen daran, wie gesagt, blieben dem Kinopublikum konsequent erspart. Dadurch wurde das Verdrängte, wenn man es überspitzt und provokant formulieren möchte, auf allegorisch so sinnige wie gespenstische Weise reproduziert. Aus den Verfilmungen waren die jüdischen Figuren von der Bildfläche ebenso verschwunden wie aus der Realität des deutschen Alltags und der deutschen Öffentlichkeit. Oder vielmehr waren sie schrittweise zum Verschwinden gebracht worden. Denn auch hier lässt sich die Sukzessivität ihrer Beseitigung an den erhaltenen Materialien in actu beobachten.

4.2 Doktor Sammet und das »nationale Unterbewusstsein«

Als Probe aufs Exempel dafür kann bereits und gerade die Entstehung des Films *Königliche Hoheit* dienen, der wie gezeigt kaum zufälligerweise ersten Nachkriegsverfilmung. Bei aller realitätsentrückten Märchenhaftigkeit sowohl des Romans als vor allem auch des Films war in dessen früheren Projektstadien anfangs die Figur eines »Dr. Sammet« unter diesem Namen verschiedentlich sehr wohl noch vorgesehen. So in einem ersten Treatment, obgleich auch dessen Verfasser, jener Jochen Huth, sich ausdrücklich vornahm, das »nationale Unterbewusstsein« des deutschen Nachkriegspublikums zu schonen.[19] Nicht nur erweiterte Huth die schon im Roman sozusagen katalysatorische und als solche unverzichtbare Vermittlerrolle des Doktor Sammet, in dessen Institution sich der Roman-Prinz und die Roman-Prinzessin erstmals begegnen, um eine hinzuerfundene Episode, »Tanzgesellschaft«; eine Konzession vermutlich an eine zeitgenössische Faszination für Ballszenen, wie sie auch in Weidenmanns *Buddenbrooks* wieder auf ihre Rechnung kommen sollte. Er sah sogar eine weitgehend wörtliche Übernahme eines Dialogs eigens vor, in dem Thomas Mann den Großherzog des Märchenlands erst nach Sammets Karriereplanung, dann aber auch nach seiner jüdischen Identität und drittens nach den damit verbundenen Diskriminierungserfahrungen fragen lässt. Im Roman lautet der Dialog so:

---

18 Vgl. Elsaghe, Thomas Mann und die kleinen Unterschiede, S. 197 f., 217 f.

19 Jochen Huth, Anmerkungen zum Blueprint *Königliche Hoheit* VI, Seiten 44–56 vom 24. Januar 1953, S. 1, Filminstitut Hannover, Signatur FAB 101, *Königliche Hoheit*. Treatment von Jochen Huth.

»[...] Welchem Spezialgebiet denken Sie sich später zuzuwenden?«

»Den Kinderkrankheiten, Königliche Hoheit. Ich beabsichtige, Kinderarzt zu werden. Ja.«

»Sie sind Jude?« fragte der Großherzog, indem er den Kopf zurückwarf und die Augen zusammenkniff ...

»Ja, Königliche Hoheit.«

»Ah. — Wollen Sie mir noch die Frage beantworten ... Haben Sie Ihre Herkunft je als ein Hindernis auf Ihrem Wege, als Nachteil im beruflichen Wettstreit empfunden? Ich frage als Landesherr, dem die bedingungslose und private, nicht nur amtliche, Geltung des paritätischen Prinzips besonders am Herzen liegt.«

»Jedermann im Großherzogtum«, antwortete Dr. Sammet, »hat das Recht, zu arbeiten.« Aber dann sagte er noch mehr, setzte beschwerlich an, ließ ein paar zögernde Vorlaute vernehmen, indem er auf eine linkisch leidenschaftliche Art seinen Ellenbogen wie einen kurzen Flügel bewegte und fügte mit gedämpfter, aber innerlich eifriger und bedrängter Stimme hinzu: »Kein gleichstellendes Prinzip, wenn ich mir diese Bemerkung erlauben darf, wird je verhindern können, daß sich inmitten des gemeinsamen Lebens Ausnahmen und Sonderformen erhalten, die in einem erhabenen oder anrüchigen Sinne vor der bürgerlichen Norm ausgezeichnet sind. Der Einzelne wird gut tun, nicht nach der Art seiner Sonderstellung zu fragen, sondern in der Auszeichnung das Wesentliche zu sehen und jedenfalls eine außerordentliche Verpflichtung daraus abzuleiten. Man ist gegen die regelrechte und darum bequeme Mehrzahl nicht im Nachteil, sondern im Vorteil, wenn man eine Veranlassung mehr, als sie, zu ungewöhnlichen Leistungen hat. Ja. Ja«, wiederholte Dr. Sammet. Es war die Antwort, die er mit zweimaligem Ja bekräftigte.

»Gut ... nicht übel, sehr bemerkenswert wenigstens«, sagte der Großherzog abwägend. Etwas Vertrautes, aber auch etwas wie eine Ausschreitung schien ihm in Dr. Sammets Worten zu liegen. Er verabschiedete den jungen Mann mit den Worten: »Lieber Doktor, meine Zeit ist gemessen. Ich danke Ihnen. Diese Unterredung — von ihrer peinlichen Veranlassung abgesehen — hat mich sehr befriedigt. Ich mache mir das Vergnügen, Ihnen das Albrechtskreuz dritter Klasse mit der Krone zu verleihen [...].«[20]

Im Treatment wurde an diesem dort selbst expresso verbo »offen[en]«[21] Gespräch über den ganz gewöhnlichen Alltagsrassismus wenig, aber doch eines und das andere abgeändert. Dabei folgten die Abänderungen einer leicht supplierbaren Intention. Eine allzu ›offene‹ Konfrontation des heiklen Themas sollte doch auch wieder vermieden werden.

Das zeigt sich nur schon an der Art, wie der Großherzog die zweite seiner drei Fragen dort formuliert, die Frage nach Sammets Judentum. Im Roman ist diese als solche ja nur durch die Interpunktion und das verbum dicendi der Inquit-Formel ausgewiesen. Ansonsten nimmt sie hier die Gestalt eines Aussagesatzes an:

---

20 Bd. 4.1, S. 33 f.

21 Huth, Anmerkungen zum Blueprint *Königliche Hoheit* VI. Seiten 44–56 vom 24. Januar 1953, S. 3.

»›*Sie sind Jude?*‹ *fragte* der Großherzog, indem er den Kopf zurückwarf und die Augen zusammenkniff ...«

Diese Frage oder Pseudofrage wurde im Treatment nicht mehr so, das heißt nicht mehr rhetorisch gestellt. Vielmehr war sie nun ganz naiv formuliert: »Sind Sie Jude?« *So* gestellt, erweckt die Frage einen, gemessen am Roman, völlig irreführenden Anschein. Es scheint nun, als ob es die im Roman ganz selbstverständlich vorausgesetzte und den Zeitgenossen der nationalsozialistischen Diktatur sicherlich geläufige Option gar nicht gäbe, sich durch bloße Blickdiagnose der ohnehin immer schon feststehenden Antwort darauf selber zu vergewissern, mit dem geschärften Blick eines zusammengekniffenen Auges und aus dem kritischen Abstand, wie ihn der zurückgeworfene Kopf des Betrachters sichert.

Vor allem aber stellte Huth die Reihenfolge der drei Dialogteile um. Er ließ den Großherzog zuerst — und nunmehr eben ernsthaft — nach Sammets Judentum fragen, dann erst nach seinen Zukunftsperspektiven und zuletzt wieder nach der »Geltung« des »gleichstellende[n]« beziehungsweise des »Toleranzprinzips«.[22] Indem so ein vollkommen neues Thema, eben die Karriereplanung des Arztes, das Gespräch über Judentum und Diskriminierung unterbrach, wurde dessen innere Kohärenz ge- oder zerstört. Verschleiert wurde die Folgerichtigkeit, mit der im Romandialog die eine, ernstgemeinte Frage nach Parität und Diskriminierung an die andere, rhetorische, anschließt, an die hier noch aussageförmige Adressierung der ethnischen Identität. Die Frage nach der Geltung des Toleranzprinzips war nunmehr nicht ganz so zwingend auf die jüdische Identität des Gefragten bezogen; desgleichen die zwar »offen[e]«, wenig verharmlosende Antwort, die dieser darauf gab:

»Sind Sie Jude?«
»Ja, Königliche Hoheit.«
»Ah, welchem Spezialgebiet gedenken Sie sich später zuzuwenden?«
»Ich beabsichtige, Kinderarzt zu werden.«
»Ah, wollen Sie mir noch die Frage beantworten: haben Sie Ihre Herkunft je als Hindernis empfunden, als Beeinträchtigung im beruflichen Wettstreit? Ich frage als Landesherr, dem die bedingungslose und private, nicht nur amtliche, Geltung des Toleranzprinzips besonders am Herzen liegt. Sprechen Sie offen!«
Das tut Dr. Sammet auch, etwas linkisch aber den Fall der prinzlichen Beeinträchtigung klar mit der seinigen auf einen thematischen Nenner bringend: »Kein gleichstellendes Prinzip, Königliche Hoheit, wird je verhindern können, daß sich inmitten des gemeinsamen Lebens Ausnahmen und Sonderformen erhalten, die in einem erhabenen oder anrüchigen Sinne vor der bürgerlichen Norm ausgezeichnet sind. Der Einzelne wird gut tun, in dieser

---

22 Jochen Huth, Blueprint *Königliche Hoheit* I vom 25. Dezember 1952, S. 3, Filminstitut Hannover, Signatur FAB 101 *Königliche Hoheit*. Treatment von Jochen Huth.

Auszeichnung das Wesentliche zu sehen. Man ist gegen die Mehrheit im Vorteil, wenn man eine Veranlassung mehr als sie zu ungewöhnlichen Leistungen hat!«
»Ah, gar nicht übel«, meint der Großherzog und macht sich ein Vergnügen daraus, Herrn Dr. Sammet das Albrechtskreuz dritter Klasse mit der Krone zu verleihen.[23]

Auch in dieser abgefälschten oder geschönten Form und Sequenzierung indessen scheint das Gespräch des Großherzogs mit Sammet im Treatment noch allzu »offen!« gewesen zu sein und noch immer zu wenig Rücksicht auf das nationale Unterbewusstsein genommen zu haben. Denn im Drehbuch, das und obwohl es Hans Hömberg und Georg Hurdalek auf der Grundlage von Huths »Bearbeitung« schrieben, nota bene unter Mitwirkung der »Oberaufsichtsdame«[24] Erika Mann, sucht man nach so einem Dialog ganz vergeblich. Aber damit längst nicht genug.

Sammet kommt im Drehbuch als solcher gar nicht mehr vor. Das heißt, er tritt nicht mehr unter diesem seinem typisch jüdischen Textil- und Handelsgutsnamen auf, den sich Thomas Mann von langer Hand vorgemerkt hatte, und zwar explizit als einen jüdisch markierten: »Nachname: Dr. Sammet (jüdisch)«,[25] steht in einem seiner Notizbücher. Dabei wird im Roman selbst mit dem Benennungsprinzip gespielt, das Thomas Mann folglich ganz genau begriffen haben muss, das Prinzip eben, dass gewisse jüdische Namen von einer einst gehandelten Ware abgeleitet sind.[26] »Seide, Atlas und Brokat«, stammelt der moribunde Großherzog, indem er diese anderen — ungleich edleren — Gewebesorten durchprobiert und bevor er nach den assoziierten Seidegeweben endlich auf den richtigen Stoffnamen verfällt:

> Er nannte mehrere Stoffe, Seide, Atlas und Brokat, erwähnte des Prinzen Klaus Heinrich, brauchte einen medizinischen Fachausdruck und ließ etwas von einem Orden, dem Albrechtskreuz dritter Klasse mit der Krone vernehmen. [...] [D]ann wiederholten sich die Stoffbezeichnungen, zu denen sich schließlich, mit stärkerer Stimme, das Wort »Sammet« gesellte. Und da begriff man, daß der Großherzog den Doktor Sammet zur Behandlung heranzuziehen wünschte [...].[27]

Wie leicht verfüg- und durchschaubar das hier greifende Prinzip jüdischer Selbstbenennungen einem deutschen Publikum auch noch der Fünfzigerjahre gewesen

---

23 Huth, Blueprint *Königliche Hoheit* I vom 25. Dezember 1952, S. 3.

24 Frank Roell, Tagebuch. Der deutsche Nachkriegsfilm wird kreativ, in: Jürgen Haase (Hg.), *Mario und der Zauberer*. Das Buch zum Film von Klaus Maria Brandauer, Berlin: Henschel, 1994, S. 109–114, hier S. 110.

25 Mann, Notizbücher, Bd. 2: Notizbücher 7–14, S. 38.

26 Vgl. Dietz Bering, Der Name als Stigma. Antisemitismus im deutschen Alltag 1812–1933, Stuttgart: Klett-Cotta, 1987, S. 402.

27 Bd. 4.1, S. 135 f.

sein muss, zeigt die anderweitige Geschichte der produktiven Rezeption. Gemeint ist damit eines der gleich zwei Hörspiele, die ein Jahr nach dem Film gesendet wurden und womöglich durch dessen Erfolg mit inspiriert waren.[28] Das eine, zweiteilige, entstand unter dem Dach des Hessischen Rundfunks, in einer Bearbeitung von Hartmann Goertz und unter der Regie Ulrich Lauterbachs; und das andere, hier wichtige, war eine deutsch-schweizerische Koproduktion in acht Teilen, bearbeitet von Walther Franke-Ruta, Regie Werner Hausmann. Während von dem einen Hörspiel vorderhand unklar bleibt, ob Thomas Mann es überhaupt zur Kenntnis nahm, steuerte er zum anderen eigens einen selbstverlesenen »Vorspruch« bei[29] — mochte er es ansonsten auch herzlich wenig schätzen.[30] In dieser Hörspielfassung von *Königliche Hoheit* nun machen sich die missgünstigen Höflinge unter allgemeinem Gelächter über »diese[n] Doktor Taffet oder — oder Damast« lustig, der »nicht mal im Adelskalender« stehe: »Dem Namen nach bestimmt nicht!«[31]

Wie Franke-Ruta, dessen Familie selber von antisemitischer Verfolgung betroffen war, das Spiel mit dem »(jüdisch)« markierten Namen aufnahm, so behielt er — wie Goertz — auch den Dialog weitgehend bei, in dem der Großherzog den Doktor auf sein Judentum und seine Diskriminierung anspricht. Der Dialog ist hier noch etwas auffälliger als im Roman und doch wohl bezeichnenderweise beiderseits um Hesitationsvokale, Füllwörter und Verlegenheitspartikel angereichert; bezeichnend natürlich für die Delikatesse des Themas. Der im Roman als Frage wenigstens interpungierte — auch unter Lauterbachs Regie nicht eindeutig als eine solche intonierte — Satz wird nun hier wie dort vollends in Form einer Aussage beibehalten: »Sie sind Jude, Herr Doktor Sammet. Wollen Sie mir eine Frage beantworten?«[32] (Goertz und Lauterbach: »›Hhmm, Sie sind Jude.‹ / ›Ja, Königliche Hoheit.‹«[33]) Und deutlicher als in Goertz' Bearbeitung wird auch noch die Beziehung der antisemitischen Diskriminierung zur Behinderung des neugeborenen Klaus Heinrich herausgestellt und dass das eine wie das andere »der Persönlichkeit förderlich sein kann«:

28 Vgl. Michael Dlugosch, Die mediale Rezeption des Romans *Königliche Hoheit* von Thomas Mann, Berlin: epubli, 2015, S. 180.

29 Mann, Gesammelte Werke, Bd. 11, S. 578–582.

30 Vgl. Bd. 4.2, S. 224 mit Anm. 165.

31 Königliche Hoheit. Hörspiel (R: Werner Hausmann, Südwestfunk / Schweizer Radio DRS 1954), Basel: Merian, 2012, CD 1, Track 3, 00:06:34.

32 Hausmann, Königliche Hoheit. Hörspiel, CD 1, Track 2, 00:07:50.

33 Königliche Hoheit. Hörspiel (R: Ulrich Lauterbach, Hessischer Rundfunk / Südwestfunk / Schweizer Radio DRS 1954), München: Hörverlag, 2002, CD 1, Track 5, 00:05:20.

GROSSHERZOG: Ja, wird es sehr sichtbar sein, sehr auffällig? Wird es die Gesamterscheinung sehr beeinträchtigen?

SAMMET: Viele Leute leben und wirken unter viel schwereren Beeinträchtigungen, Hoheit. Und viele überwinden es und werden stärker dadurch.

GROSSHERZOG: Sie sind Jude, Herr Doktor Sammet. Wollen Sie mir eine Frage beantworten? Haben Sie jemals ihre Herkunft als ein Hindernis, als einen Nachteil im beruflichen Wettstreit empfunden? Ich frage als Ihr Landesherr.

SAMMET: Jedermann im Großherzogtum hat das Recht zu arbeiten — auch ich.

GROSSHERZOG: Das ist selbstverständlich. Ich meine, äh, fühlen Sie sich beeinträchtigt?

SAMMET: Nur insofern, als ich bestrebt sein muss, höhere Leistungen aufzuweisen als äh — als die andern. Es ist auch dies eine Art von Hemmungsbildung — wenn auch anderer Art als die linke Hand des neugeborenen Prinzen. Solches Anderssein kann der Entwicklung der Persönlichkeit sehr förderlich sein.

GROSSHERZOG: Meinen Sie, dass dies auch für den Prinzen gelten kann?

SAMMET: Ich meine es!

GROSSHERZOG: Lieber Doktor, ich danke Ihnen! Diese Unterredung, von ihrer peinlichen Veranlassung abgesehen, hat mich sehr befriedigt. Ich mache mir das Vergnügen, Ihnen das Albrechtskreuz dritter Klasse mit der Krone zu verleihen.[34]

In beiden Hörspielen also, in einem (allerdings vor allem aus heutiger Sicht) vergleichsweise esoterischen Medium, das auch einen erzieherisch-bildenden Auftrag zu erfüllen hatte, blieben die fraglose Feststellung von Sammets Judentum und die Bekräftigung seiner segensreichen Konsequenzen stehen. Und in der schweizerisch-deutschen Koproduktion wurde nicht nur der »(jüdisch)« signifikante Name, sondern selbst das Spiel mit seiner Signifikanz beibehalten.

Im deutschen Film dagegen war die Rolle des Doktor Sammet anonymisiert worden. Sowohl in den Szenen um die Geburt Klaus Heinrichs als auch dort, wo die männliche und die weibliche Hauptfigur anlässlich der Besichtigung eines Kinderkrankenhauses zusammentreffen, wird dem Doktor ein Eigenname vorenthalten. Der ehemalige Sammet figuriert nur mehr als »Arzt« oder »de[r] Arzt«.[35] Dem entsprechend brauchte der im Roman und in Thomas Manns älteren Selbstkommentaren dazu[36] ausdrücklich »unsympathische[] Name[]«[37] auch im Film nicht mehr zu fallen. Und dort, wo der Name in einer Regieanweisung des Drehbuchs dennoch sozusagen noch verschleppt war — »Klaus Heinrich, begleitet von [...] Herrn Dr. Sammet und seine [sic!] Assistenten« —, strich ihn Erika Mann bei ihrer handschriftlichen Korrektur an. Daneben schrieb sie eine leider schwer zu entziffernde Marginalie. Darin bezog sie sich aber mit Sicherheit auf

---

34 Hausmann, Königliche Hoheit. Hörspiel, CD 1, Track 3, 00:06:13.
35 Braun, Königliche Hoheit, 00:03:55.
36 Bd. 15.1, S. 433.
37 Bd. 4.1, S. 125.

die Streichung jenes Dialogs über Antisemitismus und die förderliche Wirkung rassistischer Diskriminierung: »nicht jüdisch, — da in Folge des gestrichenen Anfangs, dies [?] Charakteristikum [?] sinnlos.«[38]

Auch im Medium der Schrift verschonte man das Kinopublikum mit dem offenbar nach wie vor anstößigen Geschlechtsnamen. Denn während sich mit den Vertragsunterlagen eine Besetzungsliste erhalten hat, auf der die Namen der Schauspieler noch einer jeden Rolle zugeordnet sind — so auch »Dr. Sammet … Oskar Dimroth«[39] —, waren unter den Credits nur noch die Schauspielernamen genannt, wie eben »Oskar Dimroth«. Bemerkenswert ist übrigens selbst noch die Verschlimmbesserung dieser Aussparung, der rezente Versuch, das Versäumte der Vollständigkeit halber nachzuholen; mit der Folge, dass der Name zu allerletzt doch so entstellt wurde, dass ihn niemand mehr als typisch jüdischen dechiffrieren könnte. »Oskar Dimroth … Doktor Sammel«, stand bis vor Kurzem sic in der Internet Movie Database[40] (um erst im Zuge der Arbeit an der vorliegenden Studie korrigiert zu werden).

Der Darsteller des Doktor Sammet alias Sammel, sollte man vielleicht hinzufügen, war kein unbeschriebenes Blatt. Oskar Dimroth dürfte der älteren und wie gesagt größeren Hälfte des deutschen Kinopublikums aus der nationalsozialistischen Unterhaltungsfilmindustrie der Kriegszeit in guter Erinnerung geblieben sein. Die Besetzung der Arzt-Rolle konnte somit keinerlei irgendwie jüdisch belastete Konnotationen mit sich führen. Entsprechend schlecht passte sie auf den Steckbrief der *Roman*figur. Weder fiel Dimroths Nase auffallend »flach auf den Schnurrbart«[41] beziehungsweise, später in der Handlungszeit, bei dem gealterten und ergrauten Sammet, auf den Bart ab, den er an Stelle desselben trug; noch auch hatte oder spielte er sonst welche der Besonderheiten, die den jüdischen Mediziner im Roman kennzeichnen und leicht komisch wirken lassen.

---

38 Hans Hömberg und Georg Hurdalek, Königliche Hoheit. Ein Film nach dem gleichnamigen Roman von Thomas Mann [Drehbuch, o. J.], S. 63, Münchner Stadtbibliothek / Monacensia, Signatur EM M 217.

39 *Königliche Hoheit* — Besetzung, Filminstitut Hannover, Signatur FAB 98 Königliche Hoheit. Verträge 1, Kostümauszug, Dispositionen.

40 Internet Movie Database, *Königliche Hoheit*, http://www.imdb.com/title/tt0045980/ [Zugriff: 18. November 2013; archiviert unter: https://web.archive.org/web/20140701094159/http://www.imdb.com/title/tt0045980/].

41 Bd. 4.1, S. 30. Vgl. Elsaghe, Die imaginäre Nation, S. 326–334; ders., Thomas Mann und die kleinen Unterschiede, S. 181–183, 195–200.

4.3 Beseitigung oder Sanierung weiterer jüdischer Rollen und Identitäten

Aus dem Film *Königliche Hoheit* und aus dem makabren Schicksal, das der Figur Sammet bei ihrer kinematischen Aufbereitung widerfuhr, lassen sich jetzt die drei Operationen abstrahieren, durch welche die Nachkriegsverfilmungen insgesamt das deutsche Kinopublikum mit unliebsamen Vergegenwärtigungen der jüdisch-deutschen Geschichte verschonten: durch Streichung oder Verwischung der betreffenden Rollen, gegebenenfalls durch deren Besetzung und endlich durch ihre Umbenennungen.

Erstens also: Entweder wurden jüdische Figuren kurzerhand gestrichen. Oder aber sie waren, wie bei Sammet, nicht mehr als solche, als jüdische, identifizierbar. Ersatzlos entfiel zum Beispiel in den *Bekenntnissen des Hochstaplers Felix Krull* von 1957 die Erwähnung des Agenten Sally Meerschaum oder, in beiden *Krull*-Verfilmungen, die Rolle des jüdischen Halsabschneiders, dessen Judentum ja auch, wenn es nach Erika Mann gegangen wäre, in den Nachkriegsausgaben des Romanfragments mir nichts, dir nichts hätte revoziert werden sollen. Ganz gestrichen wurde in den *Buddenbrooks* ebenso die Rolle der Laura Hagenström (»mit außerordentlich dickem schwarzen Haar«[42]). Dem gemäß brauchte Thomas Buddenbrook seine Schwester auf dem Weg nach Travemünde nicht mehr, und sei es auch noch so leise, für ihre Medisancen zu tadeln. Denn Tony Buddenbrook erhielt nun keine Gelegenheit mehr, gegen Laura Hagenström-Semlingers jüdische Herkunft zu sticheln. Sie konnte sie weder auf ihren *semi*tisch sprechenden Mädchennamen festlegen; noch konnte sie ihr in eins damit einen vorsätzlich falschen Vornamen anhängen. Dessen Wahl erscheint im Nachhinein so unheimlich wie sinnig. Es ist im Roman derselbe Zwangsname, der den deutschen Jüdinnen später einmal unter Androhung längerer Gefängnishaft tatsächlich oktroyiert werden sollte,[43] unter maßgeblicher Mitwirkung des Juristen Hans Globke, nachmals bundesrepublikanischer Staatssekretär wie Franz Thedieck, dessen enger Vertrauter und Adenauers Kanzleramtschef. In den *Buddenbrooks*, Kapitel III.5, finden sich also noch solche, hernach säuberlich retuschierte Antisemitismen:

---

42 Bd. 1.1, S. 66.
43 Zweite Verordnung zur Durchführung des Gesetzes über die Änderung von Familiennamen und Vornamen, vom 17. August 1938, in: Reichsgesetzblatt, Teil I, 1938, S. 1044.

»[...] Dann sind da Möllendorpfs und Kistenmakers, glaube ich, vollzählig, und Hagen-ströms ...«

»Ha! — Natürlich! Wie wäre Sarah Semlinger wohl entbehrlich ...«

»Sie heißt übrigens Laura, mein Kind, man muß gerecht sein.«

»Mit Julchen natürlich ... Julchen *soll* sich diesen Sommer mit August Möllendorpf verlo-ben, und Julchen *wird* es thun! Dann gehören sie doch endgültig dazu! Weißt du, Tom, es ist empörend! Diese hergelaufene Familie ...«

»Ja, lieber Gott ... Strunck & Hagenström machen sich geschäftlich heraus; das ist die Hauptsache ...«

»Selbstverständlich! und man weiß ja auch, wie sie's machen ... Mit den Ellenbogen, weißt du ... ohne jede Coulance und Vornehmheit ... Großvater sagte von Hinrich Hagenström: ›Dem kalbt der Ochse‹, das waren seine Worte ...«

»Ja, ja, ja, das ist nun einerlei. Verdienen wird groß geschrieben. Und was diese Verlobung betrifft, so ist das ein ganz korrektes Geschäft. Julchen wird eine Möllendorpf und August bekommt einen hübschen Posten ...«

»Ach ... du willst mich übrigens ärgern, Tom, das ist alles ... Ich verachte diese Men-schen ...«

Tom fing an zu lachen. »Mein Gott ... man wird sich mit ihnen einrichten müssen, weißt du. Wie Papa neulich sagte: Sie sind die Heraufkommenden ...«[44]

Wo die Rollen deutscher Juden dennoch stehen blieben, waren diese eben als solche, als Juden, nicht mehr erkennbar. Sie wurden nun neutralisiert. Das ge-schah auf ziemlich genau die Art und Weise, wie es Erika Mann ihrem Vater für die Nachkriegsversion jenes jüdischen Bankiers »angesichts umgehender Sagen« vergeblich beliebt zu machen versucht hatte. Dem Zweck solcher Neutralisatio-nen dienten wiederum gezielte Streichungen der patenten Stigmatisierungen in den Figurenreden wie in den Erzählerkommentaren.

So zum Beispiel lässt die Erzählinstanz des *Tonio Kröger*-Films in ihrer sonst und gerade in der gegebenen Szene extensiven voice-over narration ehedem ent-scheidende Informationen weg. Unerwähnt bleibt etwa, dass Erwin Jimmerthal Sohn eines Bankdirektors zu sein hat; ganz abgesehen von der jetzt verharmlos-ten Figurenzeichnung. Der kaum Halbwüchsige hatte jetzt nicht mehr als Wich-tigtuer aufzutreten. (»Ich muß zur Stadt«,[45] »nun muß ich aber wirklich zur

---

44 Bd. 1.1, S. 127 f.; Hervorhebungen des Originals. Vgl. Rolf Thiede, der hier eine Anspielung auf einen »ursprüngliche[n] Vornamen« und eine tatsächliche Namensänderung hineinliest, und die Verkürzung dieser an sich schon forcierten Lektüre in Erwin Riess' Rezension, wo »eine [sic!] Tochter der Hagenströms« schlechtweg »Sara« »heißt«: Rolf Thiede, Stereotypen vom Ju-den. Die frühen Schriften von Heinrich und Thomas Mann. Zum antisemitischen Diskurs der Mo-derne und dem Versuch seiner Überwindung, Berlin: Metropol, 1998 (Dokumente — Texte — Ma-terialien, Bd. 23), S. 91; Erwin Riess, Zum Antisemitismus kein Talent?, in: Konkret 12, 1998, S. 64 f., hier S. 65.
45 Bd. 2.1, S. 251.

Stadt!«[46]) Auch ist er kein Schmarotzer mehr. Denn aus freien Stücken werden ihm die Süßigkeiten nunmehr angeboten, nach denen er in den Novellendialogen so aufdringlich, taktlos und impertinent fragt: »Das sind wohl Fruchtbonbons, die ihr da habt?«[47]

Der Aufnordung der früher eindeutig jüdischen Rollen diente zweitens, wie bei Dimroth schon gesehen, der Cast. Frank Michael Pingel, mit dem der Part des Erwin Jimmerthal besetzt wurde, war weder mit »krummen Beinen« geschlagen, noch konnten sich seine Knopfaugen, als das exakte Gegenteil der »Schlitzaugen«, die den Novellen-Erwin entstellen, je zu »blanke[n] Ritzen« verziehen.[48] Und Wolfgang Wahl, der den prominentesten Rivalen der Buddenbrooks spielte, Hermann Hagenström alias Wagenström — davon gleich noch mehr —, hatte keine auch noch so »wenig platt«[49] auf der Oberlippe liegende Nase. Auch hieß seine Rolle nicht mehr wie im Roman. Denn drittens wie gesagt wurden auch noch die sprechenden Namen der ehemaligen Juden zum Schweigen gebracht.

Die Konkurrenten der Buddenbrooks trugen nicht mehr den Namen *Hagenström*. Diesen kannte Thomas Mann aus dem Lübeck seiner formativen Jahre. Zwei seiner Mitschüler am Katharineum hießen so.[50] Im Roman aber, den Erzfeinden des verdämmernden Buddenbrooks-Geschlechts angehängt, gewinnt der Name eine ganz neue Bedeutsamkeit. Wie leicht abrufbar der mythische Kontext einst gewesen sein muss, aus dem er seine neue Signifikanz bezieht, zeigt sich auch noch Jahrzehnte später. Und zwar erwies sich die selbstverständlich negative Besetzbarkeit des Namens »Hagenström« oder seiner ersten Hälfte bei einer für die Geschichte des deutschen Antisemitismus fatalen Gelegenheit. Gemeint sind die Entstehung der sogenannten Dolchstoßlegende und der Anteil, den Paul von Hindenburg daran hatte, »ein mächtig volkstümlicher deutscher Diener seines Herrn«.[51] Als einen solchen stellte ihn Thomas Mann in den *Betrachtungen eines Unpolitischen* hin, als Inbegriff besten Deutschtums — nicht ohne antisemitische Nebentöne[52] und mit faustdick aufgetragener Panegyrik, die ihm selber bei

---

46 Bd. 2.1, S. 253.

47 Bd. 2.1, S. 251.

48 Bd. 2.1, S. 251.

49 Bd. 1.1, S. 68.

50 Freundlicher Hinweis von Britta Dittmann, Lübeck, vom 31. Januar 2014. Es waren die Söhne des Kaufmanns Julius Hagenström, »Manufactur-, Tuch- u. Modewaaren-Geschäft en gros & en détail, Breitestr.« (Lübeckisches Adreß-Buch 1879, Lübeck: Schmidt & Erdtmann, 1879, S. 102).

51 Bd. 13.1, S. 525.

52 Vgl. Bd. 13.1, S. 527, die sich fast unmittelbar anschließende Bemerkung, dass es die Menschenwürde deutscher Dienstboten verletzt, wenn sie einer »Frau Kommerzienrat Mayer« gehorchen müssen; dazu den staunenswert ahnungslosen oder sich vielleicht auch nur dumm *stel-*

der »demokratische[n] Bearbeitung« seines »undemokratischste[n] Buch[s]«[53] peinlich geworden sein musste.[54] Das lassen die unausgewiesenen[55] Kürzungen desselben unschwer erkennen.

Dieser »Recke[] der Vorzeit«[56] und allerdeutscheste Diener seines inzwischen abgedankten Herrn sollte in folgenschwerer Weise auf das entsprechende Segment des Nibelungenlieds zurückgreifen. Er bediente sich seiner, um die Kriegsniederlage zu glorifizieren und seine eigene Schuld daran zu bemänteln. Um von seiner Mitverantwortung dafür abzulenken oder sie sich wohl auch selber etwas zu verhehlen, langte er tief in die germanische Mythologie und ihre mittelhochdeutsche Überlieferung hinein oder dann doch wenigstens auf deren romantische Aufbereitung durch Richard Wagner. In einer kreuzverkehrten und hanebüchen schiefen, aber wie gesagt sehr wirkungsmächtigen Allegorie verglich er die »ermattete Front« mit Siegfried, der »unter dem hinterlistigen Speer-

---

lenden Kommentar, Bd. 13.2, S. 551, dessen Verfasser hier nicht zum ersten Mal über die antisemitische Bosheit der Bemerkung hinweglas: Hermann Kurzke, Thomas Mann. Das Leben als Kunstwerk, München: Beck, 1999, S. 290 — nur dass man seinem Kommentar (2009) nicht mehr zugute halten darf, dass er es nicht besser hätte wissen können; sind mittlerweile doch hierfür einschlägige Forschungsergebnisse erschienen, z. B. Thiede, Stereotypen vom Juden, S. 55–74, v. a. S. 65; Elsaghe, Thomas Mann und die kleinen Unterschiede, S. 15–17, 203. Vgl. auch Katharina Grätz, »Ach Mutter, warum bist du keine geborene Bleichröder«. Das Jüdische in Fontanes Romanen *L'Adultera* und *Die Poggenpuhls*, in: Philipp Theisohn und Georg Braungart (Hgg.), Philosemitismus. Rhetorik, Poetik, Diskursgeschichte, Paderborn: Fink, 2017, S. 245–265, hier S. 251–258.

53 Arthur Hübscher, Metamorphosen ... Die *Betrachtungen eines Unpolitischen* einst und jetzt, in: Klaus Schröter (Hg.), Thomas Mann im Urteil seiner Zeit. Dokumente 1891–1955, Frankfurt a. M.: Klostermann, ²2000 (Thomas-Mann-Studien, Bd. 22), S. 155–158, hier S. 158. Vgl. Ernst Keller, Der unpolitische Deutsche. Eine Studie zu den *Betrachtungen eines Unpolitischen* von Thomas Mann, Bern und München: Francke, 1965, S. 141–170; Lutz Mackensen, Die Dichter und das Reich, Brüssel: Steenlandt, 1941, S. 161; Bd. 13.1, S. 641–643; dagegen Bd. 13.2, S. 84, eine wahrhaft waghalsige Polemik: »Der 1927 von Arthur Hübscher erhobene Vorwurf [...] ist keineswegs zutreffend, schon deshalb nicht, weil die Kürzungen bereits im Herbst 1921 vorgenommen worden waren, also ein Jahr vor Thomas Manns öffentlichem Bekenntnis zur Weimarer Republik.« Außer diesem aberwitzigen Argument, das Manns ohnedies zweifelhafte und jedenfalls nie restlose Konversion (vgl. z. B. Elsaghe, Krankheit und Matriarchat, S. 263–271, 290–311) auf den Tag und die Stunde genau datieren und obendrein mit ihrer öffentlichen Verlautbarung in eins setzen zu wollen scheint, folgen gegen die Suggestion des Satzes (»schon deshalb«) keine weiteren; ein treffliches Exempel dafür, dass unter Mann-Enthusiasten nicht sein kann, was nicht sein darf, weil sie sich eben mit ihrem Autor auf wissenschaftlich verheerende Weise identifizieren (vgl. dazu die persönlichen Bekenntnisse des Kommentators Bd. 13.2, S. 685).

54 Vgl. Bd. 13.2, S. 86, 549.

55 Vgl. Elsaghe, Die imaginäre Nation, S. 366, Anm. 77.

56 Bd. 15.1, S. 978.

wurf des grimmigen Hagen [...] stürzte«, als er »vergebens [...] versucht[e], aus
dem versiegenden Quell der heimatlichen Kraft neues Leben zu trinken«.[57]

Aus welchen alten oder neueren Quellen auch immer Hindenburgs abstruses
Gleichnis gespeist sein mag: In den *Buddenbrooks* jedenfalls, auf deren inter-
oder transtextuellen Bezüge zum »Nibelungenring[]« ihr Autor selber wiederholtermaßen hinweisen sollte[58] (und selbst auf entstehungsgeschichtliche Analo-
gien zwischen seinem Roman und der Wagner'schen Tetralogie[59]), erhält der Name »Hagenström« seine spezifische Wertigkeit weniger aus dem eigentlichen
Heldenlied als eben, wie das Wort vom ›Nibelungenring‹ schon erahnen lässt,
aus der Anverwandlung des mittelalterlichen Epos durch die Oper Richard Wagners. Die hier entscheidende Differenz zwischen dem eigentlichen Nibelungenlied und dem, was Wagner daraus fabriziert hat, liegt in den Antisemitismen des
Rings. Der Hagen der *Götterdämmerung*, »Halbbruder«[60] Gunthers und Sohn des
Zwergs Alberich, der Mörder Siegfrieds und also der Vernichter der Wälsungen,
ist bei Wagner fast ebenso deutlich zum Juden stilisiert wie sein Vater Alberich,[61]
unbeschadet der positiven Bewertung, die er, Hagen, im nationalistischen Diskurs anderweitig erfahren sollte.[62] Wie nahe solche Assoziationen seinerzeit lagen — oder wie mächtig Wagners Umstilisierung geworden war —, ließ im Übrigen vielleicht auch schon die ältere deutsche Filmgeschichte erkennen. Angesprochen ist damit Fritz Langs *Nibelungen*-Film von 1924. Denn auch Lang wieder
versah den »lüsterne[n] Kauz«[63] Alberich mit stereotyp jüdischen Markierungen

---

57 [Paul] von Hindenburg, Aus meinem Leben, Leipzig: Hirzel, 1920, S. 403.

58 Mann, Gesammelte Werke, Bd. 10, S. 840; Bd. 14.1, S. 74; vgl. Bd. 13.1, S. 98.

59 Vgl. Mann, Gesammelte Werke, Bd. 11, S. 380 f.

60 Thomas Mann, Marginalie zu: Richard Wagner, Sämtliche Schriften und Dichtungen. Volks-
Ausgabe, Leipzig: Breitkopf & Härtel und Siegel, [6]o. J., Bd. 6, S. 230.

61 Vgl. z. B. Thiede, Stereotypen vom Juden, S. 84–88; Rudolf Wellingsbach, Wagner und der
Antisemitismus, in: Laurenz Lütteken (Hg.), Wagner Handbuch, Stuttgart und Weimar: Metzler,
und Kassel: Bärenreiter, 2012, S. 96–101, hier S. 100; David J. Levin, Richard Wagner, Fritz Lang
and the Nibelungen. The Dramaturgy of Disavowal, Princeton: Princeton University Press, 1998,
S. 9, 82 f., 94, 144.

62 Vgl. z. B. Levin, Richard Wagner, Fritz Lang and the Nibelungen, S. 137 f.; John Evert Härd,
Das Nibelungenepos. Wertung und Wirkung von der Romantik bis zur Gegenwart, Tübingen und
Basel: Francke, 1996, S. 183 f.; Klaus von See, Das Nibelungenlied — ein Nationalepos?, in:
Joachim Heinzle und Anneliese Waldschmidt (Hgg.), Die Nibelungen. Ein deutscher Wahn, ein
deutscher Alptraum. Studien und Dokumente zur Rezeption des Nibelungenstoffs im 19. und
20. Jahrhundert, Frankfurt a. M.: Suhrkamp, 1991 (suhrkamp taschenbuch materialien), S. 43–
110, hier S. 88–94.

63 Wagner, Sämtliche Schriften und Dichtungen, Bd. 5, S. 202. Vgl. z. B. Levin, Richard Wagner,
Fritz Lang and the Nibelungen, S. 123–127, 144.

und den Sohn desselben jedenfalls mit stark negativen,[64] wenigstens in der ersten Hälfte, *Siegfried* (alias *Siegfrieds Tod*).[65] Alberich war und bleibt eine antisemitische Reizfigur, die an rassistischer Verwendbarkeit bis heute nichts eingebüßt hat. So konnte man in Rundfunk und Presse noch 2015 im Zusammenhang mit den Personalia der Bayreuther Festspiele hören und lesen, wie der Dirigent Kirill Petrenko — »interessanterweise neben Daniel Barenboim und Iván Fischer der dritte Jude auf dem Berliner Chefsessel«[66] — mit Alberich verglichen wurde, dem »winzigen Gnom, der jüdischen Karikatur«.[67]

Auf den Sohn Alberichs als eine ihrerseits entschieden jüdisch besetzte Gestalt also verweist die erste Komponente des Namens »Hagenström« — während die zweite, das schwedische Suffix ›-ström‹, in ihrer entschiedenen Germanizität allenfalls ironymisch oder im Rahmen der Assimilationsbemühungen oder Verschleierungstechniken interpretierbar ist, auf den sich seinerzeit die antisemitische Obsession zumal mit jüdischen Namen je länger, desto wütender einschoss.[68] Statt eines zur ersten Hälfte dermaßen ungut sprechenden Namens trugen die Konkurrenten der Buddenbrooks im Film nun aber einen ganz harmlosen. Sie hießen jetzt nur noch *W*agenström; ein entweder ganz stummer oder allerhöchstens insofern noch subtil sprechender Name, als er von fern auf den Komponisten der Operntetralogie deutete, vor deren Hintergrund der ersetzte Name einst so stigmatisch war. Dabei freilich scheint sich bei dem ursprünglichen Namen zunächst noch niemand allzu viel Böses gedacht zu haben. Denn in den hier ganz besonders zahlreichen Dokumenten — Exposés, Korrespondenzen,

---

64 Vgl. z. B. Siegfried Kracauer, Von Caligari zu Hitler. Eine psychologische Geschichte des deutschen Films, Frankfurt a. M.: Suhrkamp, 1984 (suhrkamp taschenbuch wissenschaft, Bd. 479), S. 101 f.; Steve Choe, Redemption of Revenge. Die Nibelungen, in: Joe McElhaney (Hg.), A Companion to Fritz Lang, Chichester: Wiley Blackwell, 2015 (Wiley Blackwell Companions to Film Directors, Bd. 12), S. 195–218, hier S. 199; Levin, Richard Wagner, Fritz Lang and the Nibelungen, S. 105, 137.

65 Vgl. Anton Kaes, Shell Shock Cinema. Weimar Culture and the Wounds of War, Princeton und Oxford: Princeton University Press, 2009, S. 161.

66 Manuel Brug, »Ich umarme dieses Orchester«, in: Die Welt, 23. Juni 2015, http://www.welt.de/print/welt_kompakt/kultur/article142898610/Ich-umarme-dieses-Orchester.html [Zugriff: 11. Januar 2018].

67 Sabine Lange, Petrenko vs. Thielemann?, in: NDR Kultur, http://www.ndr.de/kultur/musik/klassik/Petrenko-vs-Thielemann,petrenko102.html, zit. nach: Eleonore Büning, Antisemiten live, in: Frankfurter Allgemeine Zeitung, 26. Juni 2015, http://www.faz.net/aktuell/feuilleton/medien/was-ndr-und-welt-ueber-chefdirigent-kirill-petrenko-sagen-13668140.html [Zugriff: 18. Dezember 2015; der Originalkommentar wurde von der Redaktion des NDR vom Netz genommen].

68 Vgl. Bering, Der Name als Stigma, S. 121–124.

Protokollen, Drehbüchern — lautete der Name nach wie vor »*Ha*genström«,[69] auch in einer von Erika Mann auf deren Protest hin in »intensivste[r]«[70] Kooperation mit Jacob Geis umgearbeiteten Drehbuchfassung (nachdem sie angekündigt oder -gedroht hatte, »das ›Buddenbrooks‹-Drehbuch mutterseelensolo zu schreiben«[71]).

Die Abänderung des Namens muss also in aller-, allerletzter Minute erfolgt sein. Vielleicht geschah das auch aus Gründen des Persönlichkeitsschutzes, aus Rücksicht auf reale Träger des Namens, Nachfahren jener Lübecker Familie, der Thomas Mann den Namen einst abgeschaut hatte.[72] Für diese Erklärung spricht immerhin, dass entsprechende Erwägungen anderwärts in der Verfilmungs- wie auch der Übersetzungsgeschichte Thomas Mann'scher Werke in der Tat aktenkundig sind. Aus demselben Grund, »um libel-Klagen zu vermeiden«, musste etwa in der »internationalen« Version[73] der Hoffmann'schen *Felix Krull*-Verfilmung wie schon in der englischen Übersetzung des Romanfragments[74] die Figur des Lord Kilmarnock umbenannt werden, auf dessen Namen Thomas Mann möglicherweise im Umkreis der Freimaurerei gestoßen war[75] (ein weites Feld und eine

---

69 Heinz Kamnitzer, Konzeption von Thomas Mann: *Buddenbrooks. Verfall einer Familie* vom 15. August 1956, S. 10, Filminstitut Hannover, Signatur FAB 168 Buddenbrooks. Konzeption von Heinz Kamnitzer; Anonymus, Buddenbrooks. Ein Exposé nach dem Roman von Thomas Mann, S. 9, Filminstitut Hannover, Signatur FAB 170 Buddenbrooks. Exposé; Erika Mann und Jacob Geis, Buddenbrooks. Erster Teil. Ein Film nach Motiven des Romans von Thomas Mann. Drehbuch [o. J.], S. 68, Filminstitut Hannover, Signatur FAB 172 Buddenbrooks. Erster Teil. Drehbuch von Erika Mann und Jacob Geis; Erika Mann und Jacob Geis, Buddenbrooks. Zweiter Teil. Ein Film nach Motiven des Romans von Thomas Mann, Drehbuch, 1959, S. 251, Filminstitut Hannover, Signatur FAB 173 Buddenbrooks. Zweiter Teil. Drehbuch von Erika Mann und Jacob Geis; Buddenbrooks. 2. Teil (Kürzungen) vom 25. Juni 1959, S. 1, Filminstitut Hannover, Signatur FAB 196 Presse; Aktennotiz der Filmaufbau GmbH vom 4. Januar 1958, S. 2, Filminstitut Hannover, Signatur FAB 160 Buddenbrooks. Aktennotizen; Vertrag mit Wolfgang Wahl vom 5. Juni 1959, Filminstitut Hannover, Signatur FAB 165 Buddenbrooks. Verträge 3.
70 Erika Mann, Brief vom 16. April 1957 an Hans Abich.
71 Erika Mann, Brief vom 28. Juni 1957 an Hans Abich.
72 Freundlicher Hinweis von Manfred Eickhölter, Lübeck, vom 21. September 2013.
73 Erika Mann, Brief vom 3. November 1968 an Alfred Weidenmann.
74 Vgl. Thomas Mann, Confessions of Felix Krull. Confidence Man. Memoirs Part I. Translated [...] by Denver Lindley, London: Secker & Warburg, 1955, S. 220, 225, 234 f., 237.
75 Vgl. Walter Hess, Geschichte des Rektifizierten Schottischen Ritus, Würzburg: Halbig, 2002 (Schriftenreihe der Forschungsloge Quatuor Coronati Bayreuth, Bd. 41), S. 22 f. Zu Thomas Manns Interesse an der Freimaurerei s. z. B. Udo Benzendörfer, Freimaurerei und Alchemie in Thomas Manns *Der Zauberberg* — ein Quellenfund, in: Archiv für das Studium der neueren Sprachen und Literaturen 222, 1985, S. 112–120; Maria Manuela Nunes, Die Freimaurerei. Untersuchungen zu einem literarischen Motiv bei Heinrich und Thomas Mann, Bonn und Berlin:

längere Geschichte, angefangen bei der Loge, die sich einst im später so genannten Buddenbrookhaus konstituiert hatte[76]). Weil es »einen schottischen Lord Kilmarnock«[77] — oder eigentlich Kirmarnock[78] — tatsächlich gab, musste der Name »eingetauscht« und die Figur »anders benannt« werden.[79] Der ephebophile Homosexuelle heißt in der englischen Übersetzung denn nach dem Rat des vorsichtigen US-Verlegers[80] »Lord *Strathbogie*«,[81] so dann auch im Film (hier von Walter Rilla gespielt, der seinen letzten Auftritt in der Verfilmung von *Unordnung und frühes Leid* haben sollte).

4.4 Franz Seitz' *Wälsungenblut*

4.4.1 Thomas Manns Novelle und ihre Rezeptionsgeschichte

Was auch immer es mit der persönlichkeitsrechtlichen Schonung nota bene nicht-jüdischer Zeitgenossen auf sich haben mochte: Andere Namen jüdischer oder eben ehemals jüdischer Figuren wurden fürs Kino aus völlig eindeutig identifizierbaren Motiven manipuliert, geändert, ersetzt. Die Motive waren, wenn man so will, apologetischer und gerade insofern zynischer Natur.

Die schlimmsten Beispiele hierfür lieferte die von Seitz produzierte Verfilmung von *Wälsungenblut*. Das stand zu erwarten. Denn die wilde Entschlossenheit, alles Jüdische so weit als möglich zu beseitigen und in eins damit jede Erinnerung an den deutschen Antisemitismus zu unterdrücken, auch aller offenen Auseinandersetzung damit zuvorzukommen, musste naturgemäß nirgendwo so unverblümt oder so unverschämt zutage treten wie in der Verfilmung dieser, wie sie Thomas Mann selber titulierte: »Judengeschichte«.[82] Darin stellen deutsche

---

Bouvier, 1992 (Studien zur Literatur der Moderne, Bd. 19); Rainer Scheer und Andrea Seppi, Etikettenschwindel? Die Rolle der Freimaurerei in Thomas Manns *Zauberberg*, in: Hans Wißkirchen (Hg.), »Die Beleuchtung, die auf mich fällt, hat ... oft gewechselt.« Neue Studien zum Werk Thomas Manns, Würzburg: Königshausen & Neumann, 1991, S. 54–84.

76 Vgl. Manfred Eickhölter, Thomas Mann und die Freimaurerei, in: Quatuor Coronati [Jahrbuch] 37, 2000, S. 127–134, hier S. 127.

77 Erika Mann, Brief vom 3. November 1968 an Alfred Weidenmann.

78 Vgl. Bd. 12.2, S. 211.

79 Erika Mann, Brief vom 3. November 1968 an Alfred Weidenmann.

80 Vgl. Bd. 12.2, S. 477 f.

81 Erika Mann, Brief vom 3. November 1968 an Alfred Weidenmann; Hervorhebung des Originals. Vgl. auch Erika Mann, Brief vom 8. Juli 1957 an Hans Abich.

82 Brief vom 20. November 1905 an Heinrich Mann, in: Bd. 21, S. 332–334, hier S. 333.

Juden nun einmal das Hauptpersonal; oder um es genau zu sagen, sind es schwer-, aber neureiche Juden, denen es glückt, sich kraft ihres Reichtums scheinbar ohne Rest an die Mehrheitskultur des wilhelminischen Kaiserreichs zu assimilieren.

Entstanden ist die »Judengeschichte« oder »Tiergarten-Novelle«[83] 1905: nach *Schwere Stunde* und während Thomas Mann Pläne für *Königliche Hoheit* hegte, damals noch im Format einer »Fürsten-Novelle« angelegt,[84] mit deren frühen Konzeptionsstufen die »Tiergarten-Novelle« sich thematisch auch in puncto Zwillingsliebe einmal berührte. Zusammen mit der Fürsten-Novelle, mit *Schwere Stunde* und *Beim Propheten* hätte *Wälsungenblut* ehedem in einem und demselben Viererzyklus erscheinen sollen.[85] Die Publikationsgeschichte der »Judengeschichte« gestaltete sich dann aber viel komplizierter als bei sonst einem Thomas Mann'schen Text.

Die Erstveröffentlichung war für die *Neue Rundschau* zum Januar 1906 vorgesehen. Den schon gedruckten Text zog Mann jedoch im letzten Moment zurück. Das entsprechende Heft der Zeitschrift wurde, ohne sein Wissen auf Kosten seines Schwiegervaters, neu gesetzt. Statt aber eingestampft zu werden, fanden die obsoleten Bögen als Verlagsmakulatur Verwendung. Auf diesem Weg gelangten sie endlich nach außen. So kam es, dass die Novelle unter der Hand doch noch außer Haus zirkulieren konnte, bevor sie 1921, in wirtschaftlich sehr schwerer Zeit also und für ein dem sechsfachen Familienvater desto willkommeneres Honorar von 10 000 Mark,[86] autorisiert, aber doch nur als bibliophiler Privatdruck erschien. Dessen erste und einzige Auflage war auf nicht mehr als 530 Exemplare limitiert. Diese waren erlesen illustriert von keinem Geringeren als Thomas Theodor Heine.[87] Sie kosteten schier unerschwinglich viel. Der Stückpreis betrug je nach Ausstattung bis zu 3000 Mark, und dies nota bene vor der Großen Infla-

---

83 Brief vom 15. Oktober 1905 an Heinrich Mann, in: Bd. 21, S. 326–329, hier S. 329.

84 Brief vom 5. Dezember 1903 an Walter Opitz, in: Bd. 21, S. 250–252, hier S. 251.

85 Vgl. Hans Wysling, *Königliche Hoheit*, in: Helmut Koopmann (Hg.), Thomas-Mann-Handbuch, Stuttgart: Kröner, ²1995, S. 385–396, hier S. 387 [= ders., Ausgewählte Aufsätze 1963–1995, hg. v. Thomas Sprecher und Cornelia Bernini, Frankfurt a. M.: Klostermann, 1996, S. 219–230, hier S. 221].

86 Vgl. Bd. 2.2, S. 322 f.

87 Vgl. z. B. Abb. 8.

tion.[88] Das war zweihundertmal mehr, als man damals für die Neuausgabe der *Buddenbrooks* hätte bezahlen müssen.[89]

Kein Text Thomas Manns wurde je so bibliophil ausgestattet wie *Wälsungenblut*; und keine Erstausgabe aus dem Hause Mann wird heute noch zu dermaßen horrenden Preisen gehandelt, zu bald einmal fünfstelligen Eurobeträgen.[90] Weiteren Publikationen des deutschen Originaltexts wusste der Autor zeitlebens zuvorzukommen.[91] Eine erste Wiederveröffentlichung konnte erst postum erfolgen, 1958, sozusagen bloß um der Vollständigkeit willen. Es geschah nämlich im Rahmen der sogenannten Stockholmer Gesamtausgabe.

Eng mit den distributionsgeschichtlichen Komplikationen hängt eine textkritische Besonderheit zusammen. Hierbei handelt es sich um die weitaus berüchtigtste varia lectio des Gesamtwerks. Ursprünglich hätte die Figurenrede, mit der die Novelle endet, teils jiddisch lauten sollen — der bei Thomas Mann einzige Beleg für diese Nebensprache des Deutschen —: »Nun [...], was wird mit ihm sein? Beganeft haben wir ihn, — den Goy.«[92]

Diesen Satz monierte der Herausgeber der *Neuen Rundschau*, Oscar Bie (der selber einen jüdischen Hintergrund hatte). Daher ersetzte ihn Thomas Mann durch einen rein standarddeutschen Wortlaut, bevor er den Text dann vorerst ganz unterdrückte. Das Ende lautete jetzt: »Nun [...], dankbar soll er uns sein. Er wird ein weniger triviales Dasein führen, von nun an.«[93]

In dieser bereinigten Gestalt erschien der Text dann auch im Privatdruck von 1921. Vergebens hatte Thomas Mann bei seiner Fahnenkorrektur versucht, den ursprünglichen Wortlaut wiederherzustellen. Seine Korrektur blieb zu seinem großem Ärger unberücksichtigt.[94] Zum Zeichen dafür, welch großen Wert er darauf legte, trug er sie zumindest in Ernst Bertrams Widmungsexemplar hand-

---

88 Freundliche Auskunft von Herman Moens, Marbach (Deutsches Literaturarchiv), vom 27. August 2007.

89 Freundliche Auskunft von Wolfgang Kloft, Frankfurt a. M. (Fischer-Verlag), vom 26. Juni 2014.

90 Vgl. Antiquariat Gerhard Zähringer, Zürich, Wälsungenblut. Mit Steindrucken von Th. Th. Heine. Angebot zum Preis von 7322 Euro, https://www.zvab.com/servlet/BookDetailsPL?bi= 1187133350&searchurl=hl%3Don%26tn%3Dw%25E4lsungenblut%2Bmit%2Bsteindrucken%26 sortby%3D20%26an%3Dmann&cm_sp=snippet-_-srp1-_-title1 [Zugriff: 10. Januar 2019].

91 Vgl. Brief vom 23. Februar 1946 an Alan J. Ansen, in: Dichter über ihre Dichtungen, Bd. 14/I: 1889–1917, S. 230; Brief vom 19. März 1948 an Martin Schlappner, ebd.

92 Bd. 2.1, S. 463.

93 Bd. 2.2, S. 341.

94 Vgl. Tagebucheintrag vom 13. April 1921, in: Mann, Tagebücher 1918–1921, S. 504.

schriftlich nach,[95] nachdem der Text eben »verstimmender Weise«[96] in der verharmlosten Form gedruckt worden war, also ohne die jiddischen Ausdrücke »Goy« und »beganeft« (›reingelegt‹, ›beschissen‹). Bei der entschärften Form blieb es dann auch in ausnahmslos allen postumen Drucken, bis erst die Große kommentierte Frankfurter Ausgabe zur ursprünglichen Lesart zurückkehrte.

Um die dramatische Überlieferungsgeschichte der Novelle[97] rankten sich abenteuerliche Legenden. Solchen leistete besonders ein Skandal um die französische Übersetzung von 1931 Vorschub. Diese war die einzige, die — via Verlagsmakulatur — auf dem ursprünglichen Wortlaut des Originals beruhte: »Et bien, crois-tu que nous l'avons roulé, le Goy!«[98]

Thomas Manns anfängliche Unterdrückung der Novelle erfolgte auf Veranlassung des Schwiegervaters, nachdem er zuvor noch auf dessen Jiddischkenntnisse zurückgegriffen hatte, als ihm namentlich für die ursprüngliche Form des Endes ein »besonders starkes« »hebräisches Wort für ›Betrug‹ oder ›Betrügen‹ fehlte«.[99] Dass er *Wälsungenblut* einstweilen in Gänze dem Hausfrieden opfern musste, lag möglicherweise weniger an der antisemitischen Stoßrichtung der »Judengeschichte« als vielmehr an den allzu leicht identifizierbaren Bezügen zu seiner Schwiegerfamilie beziehungsweise den Familienverhältnissen ihrer Berliner[100] Verwandtschaft — soweit es überhaupt sinnvoll oder auch nur zulässig ist, die beiden Empfindlichkeiten auseinanderhalten und das Recht auf Persönlichkeitsschutz hier gegen die Angst vor rassistischen Bloßstellungen der eigenen peer group differenzieren zu wollen.

Vollends entfiele das Motiv dieser Angst und in eins damit die ganze Problematik des Antisemitismus im Übrigen, wenn man sich an die Theorie hielte, die Franz Seitz für seinen Teil zum Besten gab, um die lange hinausgezögerte Publikation der Novelle zu erklären. *Wälsungenblut*, das hätten »die Manns natürlich

---

95 Tagebucheintrag vom 16. April 1921, in: Mann, Tagebücher 1918–1921, S. 505.

96 Tagebucheintrag vom 13. April 1921, in: Mann, Tagebücher 1918–1921, S. 504.

97 Vgl. Yahya Elsaghe, *Wälsungenblut* (1921), in: Andreas Blödorn und Friedhelm Marx (Hgg.), Thomas Mann Handbuch. Leben — Werk — Wirkung, Stuttgart: Metzler, 2015, S. 132–135, hier S. 132; ders., Thomas Mann, *Wälsungenblut*, in: Hartmut Grimm und Melanie Wald-Fuhrmann (Hgg.), Lexikon Schriften über Musik [im Druck].

98 Thomas Mann, Sang réservé, Paris: Grasset, 1931, S. 111.

99 Klaus Pringsheim, Ein Nachtrag zu *Wälsungenblut*, in: Neue Zürcher Zeitung, 17. Dezember 1961, Bl. 4 [2 S.].

100 Vgl. Hans Rudolf Vaget, »Von hoffnungslos anderer Art.« Thomas Manns *Wälsungenblut* im Lichte unserer Erfahrung, in: Manfred Dierks und Ruprecht Wimmer (Hgg.), Thomas Mann und das Judentum. Die Vorträge des Berliner Kolloquiums der Deutschen Thomas Mann-Gesellschaft, Frankfurt a. M.: Klostermann, 2004 (Thomas-Mann-Studien, Bd. 30), S. 35–57, hier S. 53.

nie zugegeben«, sei in Wahrheit »ein einziges Plagiat!«[101] Plagiiert habe Thomas Mann darin Elémir Bourges *Le crépuscule des dieux*. Aber »1925 [sic!], als die Novelle dann doch erschien, war die Lizenzfrist abgelaufen. Das [...] ist meine Version vom Einstampfen der ersten Fassung.«[102]

Welchen Kredit man dieser doch wohl eher abstrusen »Version« auch immer geben mag: So viel ist daran immerhin richtig, dass *Wälsungenblut* ein Text ist, der von intertextuellen oder intermedialen Anspielungen geradezu wimmelt. Das fängt natürlich schon beim Titel an, einem Zitat aus Wagners *Walküre*. Mit dem Ausruf »Wälsungen-Blut!« endet deren erster Aufzug.[103] Dort zieht der Wälsung Siegmund seine Zwillingsschwester Sieglinde »mit wütender Glut« an sich, um mit dieser Wälsungin den Wälsung Siegfried zu zeugen und Hunding zu düpieren, Sieglindes verhassten Gatten.[104]

Dem bei Wagner vorgegebenen Handlungsmuster folgt die Novellenhandlung unverkennbar: Die Zwillinge Siegmund und Sieglind — oder auch gerade heraus »Sieglind*e*«[105] — Aarenhold drohen durch Sieglinds Heirat mit einem Herrn von Beckerath getrennt zu werden (der Name eines tatsächlich existierenden Adelsgeschlechts). Kaum ist von Beckerath aufgetreten, klopft eines der Aarenhold-Geschwister denn prompt das Hunding-Motiv, um ihm damit also die Stelle eines geschädigten Dritten zuzuweisen.

Die weiteren Wagner-Reminiszenzen sind womöglich noch drastischer ausbuchstabiert. Der Inzest, den die Geschwister zuletzt auf einem Eisbärenfell vollziehen, findet nach ihrem Besuch ausgemacht der *Walküre* statt. Er ist durch diese Oper geradezu inspiriert. Darauf weist allein schon das dabei erwähnte Bühnenrequisit des Bärenfells hin (und in seiner filmischen Umsetzung naheliegenderweise die extradiegetische Musik). Die inter- oder transtextuellen Einzelreferenzen auf die *Walküre* beziehungsweise den darin aufbereiteten Mythos von der Zeugung Siegfrieds, *des* deutschen Helden schlechthin,[106] oder doch auf die Einsamkeit der Götter und Halbgötter unter den Menschen, an deren Tabus sie nicht gebunden sind, — das gehört zunächst zum Motivkomplex, den der frühe Thomas Mann in Gestalt diverser »Abseitsgestellte[r]«[107] so gern bearbeitete. Am

---

101 Zander, »Man muss sich auch dem Autor nähern, nicht nur dem Werk«, S. 231.

102 Zander, »Man muss sich auch dem Autor nähern, nicht nur dem Werk«, S. 230 f.

103 Wagner, Sämtliche Schriften und Dichtungen, Bd. 6, S. 22.

104 Wagner, Sämtliche Schriften und Dichtungen, Bd. 6, S. 22.

105 Bd. 2.1, S. 431, 436 f., 440, 444 f., 455, 459; im Original keine Hervorhebung.

106 Vgl. z. B. Herfried Münkler und Wolfgang Storch, Siegfrieden. Politik mit einem deutschen Mythos, Berlin: Rotbuch, 1988.

107 Franz Leppmann, Der neue Thomas Mann, in: Vossische Zeitung, 1. Mai 1921, 4. Beilage: Literarische Umschau, o. P.

wohl prominentesten hatte er das in der Erzählung *Tonio Kröger* getan — ebenfalls unter Reminiszenzen an Wagner und die germanische Mythologie[108] —, deren Verfilmung ja ihrerseits Seitz mitproduzierte und später, als Regisseur von *Unordnung und frühes Leid*, rezyklierte.

Weil Mann hier jedoch, in *Wälsungenblut*, die Hauptrollen mit deutschen Juden besetzte, geriet sein Text unweigerlich auch zu einer Antwort auf die damals brandaktuelle ›Judenfrage‹. Die hier gegebene Antwort lautet dahin, dass Juden »etwas anderes« sind und bleiben;[109] mögen sie sich noch so angestrengt der Mehrheitskultur anzugleichen versuchen und ihren Wagnerianismus noch so enthusiastisch vor sich hertragen. Gerade indem sie sich hier bis zur Selbstverwechslung die germanische Überlieferung aneignen — noch dazu über die Musik, die für Mann und seinesgleichen deutscheste aller Künste, und über einen Komponisten, der sich als »deutsche[n] Geist«, ja als den seinerseits wiederum »deutscheste[n] Mensch[en]« zu titulieren geruhte[110] —, sondern sie sich zugleich durch die Sünde des Inzests ab von der verachteten Gemeinschaft der »Germanen«[111] und »blonden Bürger des Landes«.[112]

Ihre Alterität vermögen sie mit ihrem Wagnerianismus ebenso wenig zu kompensieren wie ihr ungebildeter Emporkömmling von Vater mit seiner dilettantisch-antiquarischen Beflissenheit oder mit dem alteuropäischen Interieur seines Hauses. Auch bleibt ihre Gleichsetzung mit dem Wälsungenpaar zutiefst ironisch: jeunesse isidorée[113] versus germanische Junggötter; Bärenfell als luxuriöser Bettvorleger und als Index nicht mehr archaisch-rauer, sondern nur noch verwöhnt-verweichlichter Lebensformen; ein schmalbrüstiger décadent, gerade »kein Held« und ohne die »Riesenkräfte« des Wagner'schen Siegmund,[114] in ausgerechnet *dessen* Rolle — ganz zu schweigen davon, dass das Medium der jüdischen Selbstidentifikation mit den nordischen Sagengestalten von einem offen antisemitischen Komponisten stammt.

Leitmotive à la Wagner haben dem Erzähler denn immer wieder dazu zu dienen, auf der unhintergehbaren otherness der Aarenholds zu insistieren, den phy-

---

108 Vgl. Bd. 2.2, S. 137.
109 Tagebucheintrag vom 27. Oktober 1945, in: Mann, Tagebücher 1944 – 1.4.1946, S. 269.
110 Richard Wagner, Das braune Buch. Tagebuchaufzeichnungen 1865 bis 1882, Zürich und Freiburg i. Br.: Atlantis, 1975, S. 86.
111 Bd. 2.1, S. 446.
112 Bd. 2.1, S. 443.
113 Vgl. z. B. Marline Otto, Jewish Identities in German Popular Entertainment, Cambridge et al.: Cambridge University Press, 2006, S. 212.
114 Bd. 2.1, S. 443.

sischen »Abzeichen« ihrer »Art«.[115] Zu solchen Körperstereotypen gesellt sich bei den weniger assimilierten Eltern noch stereotypisch jüdisches Benehmen. Beim kurzbeinigen Vater sind es »mauschelnde Hände«:[116] Bei der rundum »unmöglich[en]«[117] Mutter eine Unart, die auch in Freuds genau gleich alter Abhandlung über den *Witz und seine Beziehung zum Unbewußten* als typisch jüdisch erscheint.[118] Sie gibt ihren Aussagen die Form von Fragen, wie es zuletzt, in jener ursprünglichen Lesart des Endes, auch ihr Sohn Siegmund wieder tun wird (um die selbstgestellte Frage auf Jiddisch zu beantworten): »[W]as wird mit ihm sein?«

Dazu kommen weitere stereotype Eigenschaften auch der Geschwister. Bei allem Wagnerianismus und trotz Siegmunds Ausbildung »im Zeichnen und Malen«, die dieser freilich selber nicht ernst nimmt,[119] verrät sich doch ihre Zugehörigkeit zum »Volk des Buches«,[120] wie es Thomas Mann in den Fragmenten zu *Geist und Kunst* nannte. Dahin gehören ihre »Freude am guten Wort«;[121] ihr »tiefer Trieb« zu »dem Wort und dem Geist«;[122] die »scharfe[n] Zunge[n]«, die ihnen »eingeboren[]« sein sollen, wenngleich solche Scharfzüngigkeit andererseits »vielleicht« doch auch nur von einer phylogenetisch erworbenen Disposition zur »Abwehr« herrühren könnte.[123]

Dieses Syndrom von vererbungstheoretischen und kulturalistischen Erklärungen für die jüdische Eigenart, das im zeitgenössischen Diskursfeld durchaus nicht widersprüchlich oder gar stoßend zu wirken brauchte, bestimmt insbesondere Siegmunds Dilettieren als bildender Künstler. So sollen ihn, der sich auch der Literatur nicht vorbehaltlos »hin[]geben«[124] kann und von dem niemand etwas anderes erwartet als eine parasitär unproduktive Existenzweise, hin und wieder doch schwache Anwandlungen von Sehnsucht nach dem »Eigentliche[n]« heimsuchen, um sich aber *wegen* »diese[s] Mangel[s] an fremder Erwartung«

---

115 Bd. 2.1, S. 461 f.

116 Mann, Gesammelte Werke, Bd. 13, S. 461.

117 Bd. 2.1, S. 429.

118 Vgl. Freud, Gesammelte Werke, Bd. 6, S. 50, 123.

119 Bd. 2.1, S. 442.

120 Thomas Mann, Zum Litteratur-Essay, in: Hans Wysling und Paul Scherrer, Quellenkritische Studien zum Werk Thomas Manns, Bern und München: Francke, 1967 (Thomas-Mann-Studien, Bd. 1), S. 152–223, hier S. 157.

121 Bd. 2.1, S. 432.

122 Bd. 2.1, S. 442.

123 Bd. 2.1, S. 432.

124 Bd. 2.1, S. 442.

gleich wieder zu verflüchtigen.[125] Auch so noch reproduziert die Novelle getreulich den Gemeinplatz von der Unberufenheit des Judentums zur Leidenschaft und »zum Kunstschaffen« überhaupt, ganz besonders aber zur Musik und zum Singen, wie er ausgerechnet in Wagner seinen notorischsten Propagator fand[126] und der, unter der Ägide desselben, ebenfalls schon im Titel angerufenen Gewährsmanns, bereits der Novelle *Tristan* zugrunde liegt.[127] (Aus deren Verfilmung, um etwas vorzugreifen, sind die Anleihen beim Arsenal der antisemitischen Topik dann samt und sonders verschwunden.)

Das letzte Wort der »Judengeschichte« ist und bleibt eine unbedingte und unüberwindliche Skepsis gegenüber der Assimilierbarkeit der deutschen Juden. Deren scheinbar so perfekte Akkulturation erweist sich endlich als Maskerade. Nicht zufällig herrscht im — auch orientalisch ausstaffierten[128] — Haus Aarenhold eine »Neigung« zum »Theater« vor,[129] gemäß dem wirkmächtigen Aphorismus in Nietzsches *Fröhlicher Wissenschaft* (mit etlichen Lesespuren Thomas Manns). Darin bekanntlich figurieren »die Juden [...], jenes Volk der Anpassungskunst par excellence«, als »eine welthistorische Veranstaltung zur Züchtung von Schauspielern«, als »eine eigentliche Schauspieler-Brutstätte«.[130]

Der Koitus der Zwillinge, indem er zugleich das Klischee von der jüdischen Inzucht bedient, lässt die jüdisch-deutsche Symbiose zur Scharade verkommen. Noch bevor sie in Form einer ›Mischehe‹ vollzogen werden kann, wird diese ante festum durch einen innerjüdischen Inzest gebrochen. Durch die jüdische ›Blutschande‹,[131] gerade kraft ihres intertextuellen Bezugs zur Zeugung Siegfrieds, bleibt das ›Blut‹ des »gotterwählte[n] Geschlecht[s]«[132] vom deutschen geschieden; mag es hinfort auch, dem alten Adel als Kuckuckskind untergeschoben, einen noch so echtdeutschen Namen tragen.

---

125 Bd. 2.1, S. 443.

126 Richard Wagner, Das Judentum in der Musik, in: ders., Sämtliche Schriften und Dichtungen, Bd. 5, S. 66–85.

127 Vgl. Elsaghe, Racial Discourse and Graphology, S. 221.

128 Vgl. Nina Berman, German Literature on the Middle East. Discourses and Practices, 1000–1989, Ann Arbor: Michigan University Press, 2011 (Social History, Popular Culture, and Politics in Germany), S. 182 f.

129 Bd. 2.1, S. 437.

130 Friedrich Nietzsche, Werke, Abt. 1, Bd. 5: Die fröhliche Wissenschaft, Leipzig: Naumann, ²1899, S. 312; ohne Hervorhebungen des Originals.

131 Vgl. Christina von Braun, Die Blutschande. Wandlungen eines Begriffs. Vom Inzesttabu zu den Rassengesetzen, in: dies., Die schamlose Schönheit des Vergangenen. Zum Verhältnis von Geschlecht und Geschichte, Frankfurt a. M.: Neue Kritik, 1989, S. 81–111.

132 Bd. 2.1, S. 457.

Den unassimilierbaren Kern des jüdischen Wesens offenbart mit greller Unverstelltheit das Ende der ursprünglichen Fassung, deren Unterdrückung Thomas Mann so sehr verärgerte und deren Lesart er eigenhändig restituierte. Dort bringen die jiddischen Vokabeln die Fassade einer sonst übergepflegten Hochsprache schlagartig zum Einsturz. Der Jude zeigt nun sein vermeintlich wahres Gesicht, das jählings durch die Larve seiner makellosen Akkulturiertheit bricht. Nicht umsonst, auch in der »verstimmender Weise« abgemilderten Version des Schlusses, treten »die Merkzeichen seiner Art sehr scharf auf seinem Gesichte hervor«, während er die letzten Worte spricht.[133] Die Bösartigkeit des so Gesagten ratifiziert die raubtierhaft-animalischen Merkmale, die der Autor den *Aaren*holds den ganzen Text hindurch zuteilt, trotz und entgegen ihrer eigenen Attitüde, die Grenze des Menschseins zwischen sich und all die anderen zu verlegen, die ihren hyperkultivierten Standards nicht genügen. (Im Smoking zum Tee kommen »nur die Tiere«[134] – in Heines Illustration sinnigerweise ein Primat.[135]) Einschlägig hierfür sind das Aufstoßen des Vaters, die Raubvogelaugen der einen Tochter, der Handschweiß der einmal mit Hunden verglichenen Zwillinge, Siegmunds starker Bart- und unbezähmbarer Haarwuchs; die Pelzaufschläge seiner Hausjacke; schließlich das Fell als locus delicti oder nur schon die Adresse, »Tiergarten«.[136] Nicht von ungefähr gab diese einst einen Arbeitstitel für die Judengeschichte oder eben Tiergarten-Novelle ab; und nicht umsonst konnte die englische Übersetzerin das Toponym prompt einmal als Appellativ missverstehen: »it is so far from the Ministry to the Zoo –«[137]

Ein Brief an Heinrich Mann, in dem die beiden Arbeitstitel »Tiergarten-Novelle« und »Judengeschichte« fallen, enthält den wohl allerwichtigsten Selbstkommentar zur Funktionsweise der Antisemitismen im Frühwerk der Gebrüder, wie sie besonders an den *Buddenbrooks* oder auch an *Tonio Kröger* schon zu studieren war. Das Programm, das Thomas Mann erst seit und in *Königliche Hoheit* aufgeben sollte, lautet: »Das Wort ›Jude, jüdisch‹ kommt nicht vor.«[138] Dass hier wie eben im Frühwerk überhaupt, das man so gesehen mit *Wälsungenblut* enden lassen darf, jüdische Figuren in aller Regel nicht als solche benannt sind, sondern allein implizit oder indirekt kenntlich gemacht werden, erzeugt eine genau

---

133 Bd. 2.1, S. 463.

134 Bd. 2.1, S. 437.

135 S. Abb. 8.

136 Bd. 2.1, S. 431; vgl. S. 441.

137 Thomas Mann, The Blood of the Walsungs, in: ders., *Death in Venice* and Seven Other Stories. Translated […] by H[elen] T. Lowe-Porter, New York: Vintage Books, 1954, S. 292–319, hier S. 294 vs. S. 301.

138 Brief vom 5. Dezember 1905 an Heinrich Mann, in: Bd. 21, S. 335–338, hier S. 335.

bestimmbare Appellstruktur. Das Spiel, das der Text seinen Lesern dadurch offeriert, lässt sich für *Wälsungenblut* einmal mehr genau so formulieren wie schon für *Buddenbrooks* oder *Tonio Kröger*: Wie und gegebenenfalls woran identifiziert man den Juden unter den Bedingungen seiner so gut wie restlosen Akkulturation? Indem der Text Antworten hierauf immer schon sicherstellt, sucht er letztlich die Diskriminierbarkeit auch noch der anpassungswilligsten Juden zu gewährleisten. Gewährleistet wird sie durch die Redundanzen und Überdeterminiertheit der Körper- sowie der Charakterportraits, aber auch nur schon durch den leicht durchschaubaren Assimilationsnamen, signifikant nicht einfach als Reminiszenz an einen seinerzeit bekannten Magnaten, Eduard Arnhold.[139] Signifikant ist daran zunächst das Andenken an eine alttestamentliche Urfigur, Aaron. Ebenso signifikant oder womöglich noch signifikanter erscheinen indessen die Versuche der Namensträger, solch ein Andenken zu löschen — das Stigma im Sinne Erving Goffmans[140] zu reparieren, um es freilich damit nur zu ersetzen durch das Stigma, ein Stigma loswerden zu wollen —: es durch die typisch deutsche Abschwächung der Nebensilbe zu überschreiben, »Aaren«; durch die typisch germanische Namenskomposition davon abzulenken, »Aaren*hold*«; überdies vielleicht auch noch durch die Ironymie dieses zweiten Kompositionsglieds, »-hold«, die Malice der so Heißenden zu leugnen. Denn hold sind die Aarenholds gerade nicht und niemandem. Am allerwenigsten sind sie es den Deutschen gegenüber oder den »Germanen«, wie sie die echten und reinen Deutschen zum Zeichen ihrer Rassenarroganz spöttisch apostrophieren.[141] Das Deutsche und ›der‹ Deutsche geraten hier vielmehr ins Fadenkreuz der jüdischen Bösartigkeit.

Der wegen alledem heikle, seit der Exil- und Nachkriegszeit zusehends prekär gewordene Status der Novelle zeigt sich rezeptionsgeschichtlich daran, dass die Forschung einen ziemlich weiten Bogen um diese machte. Wenn *Wälsungenblut* dennoch einmal zum Forschungsgegenstand avancierte, dann standen zunächst nicht die Antisemitismen, sondern in der Regel die autobiographischen Aspekte im Zentrum des Frageinteresses oder auch die Teilhabe des Texts an der im Frühwerk ubiquitären Außenseiterproblematik.[142] Hinzu kamen später, leicht

---

139 Vgl. Vaget, »Von hoffnungslos anderer Art.«, S. 53 f.
140 Vgl. Erving Goffman, Stigma. Über Techniken der Bewältigung beschädigter Identität, Frankfurt a. M.: Suhrkamp, ⁹1990 (suhrkamp taschenbuch wissenschaft, Bd. 140), S. 9–15.
141 Vgl. Vaget, »Von hoffnungslos anderer Art.«, S. 42.
142 Vgl. z. B. Hans Wysling, Zur Einführung, in: Thomas Mann und Heinrich Mann, Briefwechsel. 1900–1949, hg. v. Hans Wysling, Frankfurt a. M.: Fischer, 1984, S. V–LXII, hier S. XXXII f. [= ders., Die Brüder Mann. Einführung in den Briefwechsel, in: ders., Ausgewählte Aufsätze 1963–1995, hg. v. Thomas Sprecher und Cornelia Bernini, Frankfurt a. M.: Klostermann, 1996, S. 127–170, hier S. 147]; ders., *Königliche Hoheit*, S. 389 f.

daran anschließbar, auch noch psychoanalytisch informierte Beobachtungen.[143] Meist erst[144] lange nach der Verfilmung, im Vorfeld des cultural turn sodann und erst recht im Gefolge der Postcolonial Studies, wurden einzelne Wissenschaftler, oft aus der Auslandsgermanistik und mit Migrationshintergrund, auf die chauvinistische Stoßrichtung des Texts aufmerksam,[145] während es anderseits nicht an hartnäckigen bis halsbrecherischen Interpretationsmanövern fehlte, diesen, ironia ex machina, gegen jeglichen Verdacht auf Rassismus in Schutz zu nehmen.[146]

Trotz solcher Versuche der Thomas-Mann-Gemeinde, die »Tiergarten-Novelle« doch noch zu retten, lässt der zu Recht skandalisierte Text selbst, aber auch nur schon seine ungewöhnlich spektakuläre Überlieferungsgeschichte keinen, aber auch nicht den allergeringsten Zweifel daran, dass er die antisemitischen Ressentiments seiner Zeit mit seltener Offenheit bediente und dass er deswegen allzu gewagt war: die Ersetzung eben seines besonders anstößigen Schlus-

---

143 Vgl. z. B. Gerhard Kaiser, Thomas Manns *Wälsungenblut* und Richard Wagners *Ring*. Erzählen als kritische Interpretation, in: Thomas Mann Jahrbuch 12, 1999, S. 239–258 [= ders., Spätlese. Beiträge zur Theologie, Literaturwissenschaft und Geistesgeschichte, Tübingen und Basel: Francke, 2008, S. 338–356]; Sabine Richebächer, Regression, Konflikt und Angst in Thomas Manns Erzählung *Wälsungenblut*, in: Thomas Sprecher (Hg.), Liebe und Tod — in Venedig und anderswo. Die Davoser Literaturtage 2004, Frankfurt a. M.: Klostermann, 2005 (Thomas-Mann-Studien, Bd. 33), S. 67–80.

144 Vgl. dagegen schon Pierre-Paul Sagave, Réalité sociale et idéologie religieuse dans les romans de Thomas Mann. *Les Buddenbrook — La Montagne magique — Le Docteur Faustus*, Paris: Les Belles Lettres, 1954 (Publications de la Faculté des Lettres de l'Université de Strasbourg, Bd. 124), S. 38 f.

145 Sander L. Gilman, Jüdischer Selbsthaß. Antisemitismus und die verborgene Sprache der Juden, Frankfurt a. M.: Jüdischer Verlag, 1993, S. 218; Egon Schwarz, Die jüdischen Gestalten in *Doktor Faustus*, in: Thomas Mann Jahrbuch 2, 1989, S. 79–101, hier S. 87 f.; Ruth Klüger, Thomas Manns jüdische Gestalten, in: dies., Katastrophen. Über deutsche Literatur, Göttingen: Wallstein, 1994, S. 39–58, hier S. 50–53; Jacques Darmaun, Thomas Mann et les Juifs, Bern et al.: Lang, 1995 (Collection Contacts, Série III, Etudes et documents, Bd. 27), S. 47–59; ders., Thomas Mann, Deutschland und die Juden, Tübingen: Niemeyer, 2003 (Conditio Judaica. Studien und Quellen zur deutsch-jüdischen Literatur- und Kulturgeschichte, Bd. 40), S. 40–53; Thiede, Stereotypen vom Juden, S. 82–88 [ursprünglich Diss. Johns Hopkins University, 1993]; Elsaghe, Die imaginäre Nation, S. 115–144, 209; ders., Thomas Mann und die kleinen Unterschiede, S. 171–216. Vgl. auch Maxim Biller, Der gebrauchte Jude. Selbstporträt, Frankfurt a. M.: Fischer, 2011, S. 42 f. (Die Magisterarbeit, die der Verfasser hier referiert, wurde bereits 1983 an der Münchener Ludwig-Maximilians-Universität eingereicht und angenommen.)

146 Vgl. z. B. Bernd M. Kraske, Thomas Manns *Wälsungenblut*. Eine antisemitische Novelle?, in: Rudolf Wolff (Hg.), Thomas Mann. Erzählungen und Novellen, Bonn: Bouvier, 1984, S. 42–66 [= ders., Nachdenken über Thomas Mann. Sechs Vorträge, Glinde: Böckel, 1997, S. 47–75, 184 f.]; Vaget, »Von hoffnungslos anderer Art.«, S. 47–57.

ses;[147] die Einstampfung des schon einmal gesetzten Texts in quasi letzter Minute;[148] die anderthalb Jahrzehnte, die der Autor ihn danach zurückhielt; der also erst sehr spät veranstaltete bibliophile Privatdruck mit extrem niedriger Auflage von einigen fünfhundert denn auch alsbald vergriffenen, dazu sündteuren Exemplaren; der Widerstand endlich, den der Autor einer weiteren Publikation zeit seines restlichen Lebens entgegensetzte.[149] So riet er 1951 etwa einem Editor seiner ausgewählten Erzählungen entschieden davon ab, *Wälsungenblut* in die geplante Sammlung mit aufzunehmen. Stattdessen schlug er ihm einen zwei Jahrzehnte jüngeren Text vor, *Unordnung und frühes Leid*,[150] den Seitz gut zehn Jahre später seinerseits verfilmen sollte.

Pikanter oder, wenn man so will, irreführender hätte der Ersetzungsvorschlag nicht ausfallen können. Dieser, anders gesagt, verrät Thomas Manns sehr genaues Wissen um die Problematik des so zu ersetzenden Texts. Er gibt damit etwas wie ein schlechtes Gewissen zu erkennen, einen Wunsch vielleicht auch, das seinerzeit in spätjugendlichem Übermut Ausgefressene wiedergutzumachen.

Zwar geht es wie in *Wälsungenblut* auch in *Unordnung und frühes Leid* um eine jüdische oder zumindest mutmaßlich jüdische und als solche bestens assimilierte Familie. Protagonist ist ein Professor Cornelius, *Abel* Cornelius, wie sein doch wohl einschlägiger Vorname lautet. Cornelius ist gegebenenfalls der nach Doktor Sammet zweite und letzte sympathische unter den deutschen Juden des Gesamtwerks. Schon durch seinen ausgefallenen Vornamen zwar als Jude markiert, aber zugleich auch auf die Position eines gottgefälligen, so arglosen wie beklagenswerten Opfers festgelegt und an das Mitleid des Lesers appellierend, bleibt er aller Häme seitens des Erzählers oder des Autors entzogen. Nicht nur, dass er als offenkundiges Alter Ego des empirischen Autors figurieren darf[151] — wobei Seitz diese Identitätsbeziehung durch die Zusätze und Konkretisationen seiner Verfilmung noch sehr erheblich verstärkte —: Auch der Erzähler identifiziert sich mit dem Protagonisten und zwingt mit allen Mitteln der Kunst seine Leserschaft dazu, sich ihrerseits mit ihm, dem mutmaßlich jüdischen Protagonisten, zu solidarisieren. Er verfügt über eine scheinbar uneingeschränkte Innensicht auf den Protagonisten — und *nur* auf ihn —; und bei seiner konstant inter-

---

147 Vgl. Bd. 2.2, S. 317 f.

148 Vgl. Bd. 2.2, S. 316 f.

149 Vgl. Bd. 2.2, S. 328; Vaget, »Von hoffnungslos anderer Art.«, S. 36 f.

150 Vgl. Brief vom 27. April 1951 an Anders Oesterling [sic!], in: Dichter über ihre Dichtungen, Bd. 14/I: 1889–1917, S. 230 f.

151 Vgl. Friederike Reents, *Unordnung und frühes Leid* (1925), in: Andreas Blödorn und Friedhelm Marx (Hgg.), Thomas Mann Handbuch. Leben — Werk — Wirkung, Stuttgart: Metzler, 2015, S. 135 f., hier S. 135.

nen Fokalisierung nimmt er konsequent dessen Perspektive ein, indem er obendrein durchgängig im Präsens erzählt, simultan zu dem, was Cornelius jeweils gerade denkt und fühlt, erlebt oder wahrnimmt. — All das steht den Antisemitismen der »Judengeschichte« *Wälsungenblut* natürlich diametral gegenüber, zu denen Thomas Mann im Übrigen intra muros, nämlich seinem Bruder Heinrich gegenüber, halb und halb auch stand.[152]

4.4.2 Die Voraussetzungen der Verfilmung und deren Distribution

Zusammengefasst entfaltet sich die antisemitische Appellstruktur der Novelle so: Wie bis zu *Königliche Hoheit* üblich und eben schlechterdings programmatischerweise werden die Juden nicht als solche benannt. Die dennoch oder gerade deswegen mehrfach als solche markierten Juden infiltrieren den germanisch-deutschen Volkskörper; und sie erschleichen sich das deutsche Kulturerbe. Als Wagnerianer eignen sie sich die germanische Mythologie bis zur völligen Selbstidentifikation an. Diese reicht so weit, dass endlich sogar das Tabu eines Geschwisterinzests gebrochen wird. Sie schließt die hierdurch eröffnete Aussicht mit ein, dass das Kind *dieses* Siegmund und *dieser* Sieglinde einen gut- und schon nach Maßgabe seiner archaistischen Schreibung altdeutschen Namen bekommt, »von Beckerath«. Der »gutmütig[e]«,[153] gutherzige, gutwillige Träger dieses deutschen Namens und sein ganzes Geschlecht werden so zu Opfern jüdischer Niedertracht und Überheblichkeit.

Solch ein Plot hatte wie gesagt seinerzeit, um 1900, im Kontext der schon damals unter diesem Schlagwort verhandelten ›Judenfrage‹, seine besondere Aktualität. Er war zumindest nicht ungeeignet, bestimmte Überfremdungsängste, um nicht zu sagen Zwangsvorstellungen wachzurufen oder zu bestärken. Wie jemand aber in der Bundesrepublik der Sechzigerjahre und just zur Zeit der sogenannten Wiedergutmachungspolitik darauf verfallen konnte, ausgerechnet so eine Erzählung zu verfilmen — die Premiere fiel ins selbe Jahr wie die Verabschiedung des Entschädigungs-Schlussgesetzes[154] —, das bleibt vorderhand ein einzi-

---

152 Vgl. Brief vom 17. Januar 1906 an Heinrich Mann, in: Bd. 21, S. 339–344, hier S. 340.
153 Bd. 2.1, S. 438.
154 Vgl. David Musial, Wiedergutmachungs- und Entschädigungsgesetz, in: Torben Fischer und Matthias N. Lorenz (Hgg.), Lexikon der »Vergangenheitsbewältigung« in Deutschland. Debatten- und Diskursgeschichte des Nationalsozialismus nach 1945, Bielefeld: transcript, 2007, S. 58–60, hier S. 59.

ges Rätsel. Was zu dessen Lösung eventuell beitragen könnte, gehört zu den Geheimnissen, die die Verantwortlichen mit sich in ihre Gräber genommen haben.

Ihre erhaltenen Selbstaussagen sind hier völlig unergiebig. Der Hauptverantwortliche, Franz Seitz junior — Initiator, Produzent und Drehbuchautor —, gab zu Protokoll, es sei ihm halt einfach ›eingefallen‹, *Wälsungenblut* zu verfilmen.[155] Viel weiter helfen auch die Zeugnisse Erika Manns nicht, seiner mutmaßlichen Konautorin oder jedenfalls seiner Mitarbeiterin, deren Beteiligung am Drehbuch er später wie erwähnt bestritt. Es sei »keine Zeile von ihr, das Drehbuch« sei »ganz alleine [s]eines«.[156]

Wie groß oder gering ihr Anteil daran auch gewesen sein mag: Erika Mann, trotz ihrer »viertelsjüdischen« Herkunft,[157] wie sie diese im Jargon der rassistischen Anthropologie quantifizierte — um dabei freilich gehörig abzurunden —, hatte vorerst für ihr Teil offenbar keinerlei Vorbehalte gegen das Projekt. Weder der Novellentext selbst noch auch das Vorhaben, ihn zu verfilmen, scheint ihr irgendwie fragwürdig vorgekommen zu sein. Nur hätte sie es »[n]ach wie vor« lieber gesehen, wenn der Film einen anderen Titel getragen hätte, »DIE ZWILLINGE« (»Nach Motiven aus der Erzählung ›Wälsungenblut‹ von Thomas Mann«).[158] Ansonsten aber befand sie, dass dieser »Thomas Mannstoff […] auf Grund seines Gegenstandes auf reizvollste Art skandalisierend und daher attraktiv sei«.[159]

Zu einer befriedigenden Beantwortung der Fragen, die gerade auch solche Behauptungen vom besonderen Reiz der Novelle aufwerfen, trüge vielleicht der bisher unzugängliche Vertragstext bei, der die Veräußerung der Filmrechte regelte und die dafür aufzubringenden Geldbeträge festlegte. Doch leider wurde dem Verfasser keine Autopsie des Vertrags gestattet. Schade!

Vielleicht, wer weiß, waren gerade die Rechte an dieser wenig populären Novelle einfach besonders billig zu bekommen, ebenso wie diejenigen an der etwa gleich alten und womöglich noch abgelegeneren Erzählung *Ein Glück*. Mit dieser hatte Seitz die kurze Novellenhandlung von *Wälsungenblut*, wie er sagte, »aufge-

---

155 Vgl. Zander, »Man muss sich auch dem Autor nähern, nicht nur dem Werk«, S. 228.

156 Zander, »Man muss sich auch dem Autor nähern, nicht nur dem Werk«, S. 229.

157 Erika Mann, Brief von 19. November 1957 an Jacob Geis, Münchner Stadtbibliothek / Monacensia, Signatur EM B 616.

158 Erika Mann, Anmerkungen zu dem Rohdrehbuch *Wälsungenblut*. Anlage eines Briefs an Franz Seitz vom 29. September 1968, Münchner Stadtbibliothek / Monacensia, Signatur EM B 1320.

159 Erika Mann, Brief vom 16. Mai 1964 an Franz Seitz, Münchner Stadtbibliothek / Monacensia, Signatur EM B 1320.

motzt«.[160] Das heißt, er versetzte den Anfang der Verfilmung mit Motiven aus *Ein Glück* (wie übrigens auch mit einer als solche nicht kostenpflichtigen Anekdote, nach der einer eine Wette gewann, indem er nackt, aber mit kleidungsmäßig bemalter Haut durch München ritt[161]); wobei Erika Mann die »Einbeziehung« dieses eher zu Recht vergessenen Frühwerks als besondere »trouvaille« ausdrücklich guthieß.[162] Jedenfalls scheint sich die Firma Seitz damals, nach einem empfindlichen Misserfolg ihrer Beteiligung an der viel teureren *Tonio Kröger*-Produktion — die Gage für den französischen Hauptdarsteller, Jean-Claude Brialy, hatte ihre Verhältnisse weit überstiegen — in einem finanziellen Engpass befunden zu haben.

Doch bleibt dergleichen so lange müßige Spekulation, bis der Zugang zum Vertrag endlich gewährt wird. In der zugänglichen Korrespondenz Erika Manns ist von »DM 40 000«[163] die Rede (plus »DM 10'000« für die »Verwendung von ›Ein Glück‹«[164]); ein Betrag, so hoch wie eine der *Raten* der Rechte an den *Buddenbrooks*,[165] von denen wenigstens sie selber behauptete, sie seien so gering, dass »ein gewiegter und guter Mann« wie ihr »Filmanwalt« »aufrichtig« an ihrem »Verstande« »zweifle« und sie rundheraus »verachte[]«.[166] Die »Kaufsumme« für die Rechte an *Wälsungenblut* stellte für Erika Mann denn »wirklich nichts anderes dar als ein [sic!] Garantiebetrag, und [...] in der Hauptsache zähl[te]« sie auf »die Einnahmen aus der Auswertung«.[167]

Zum Vergleich: Die Rechte der *Buddenbrooks* waren fünf Jahre früher für nicht weniger als 168 750 Schweizer Franken zu haben gewesen,[168] was nach dem damaligen Wechselkurs ungefähr demselben Betrag in D-Mark entsprach. Weitere fünf Jahre früher war Erika Mann bereit, ihren »Preisanspruch« für die Verfilmungsrechte am *Felix Krull* von 30 000 auf 25 000 US-Dollar zu reduzieren — das hätte nach dem entsprechenden Wechselkurs geheißen von circa 126 000 auf gute 100 000 DM —, indem sie immerhin darauf hinwies, dass man ihren »Erhebungen zufolge« für ein Gerhart-Hauptmann-Drama »75 000.— DM«

---

160 Zander, »Man muss sich auch dem Autor nähern, nicht nur dem Werk«, S. 230.
161 Vgl. Zander, Thomas Mann im Kino, S. 92.
162 Erika Mann, Präambel [zu:] Anmerkungen zu dem Rohdrehbuch *Wälsungenblut*.
163 Erika Mann, Brief vom 16. Mai 1964 an Franz Seitz.
164 Erika Mann, Brief vom 15. Juli 1964 an Franz Seitz, Münchner Stadtbibliothek / Monacensia, Signatur EM B 1320.
165 Vgl. Erika Mann, Brief vom 24. Juni 1959 an die Filmaufbau GmbH.
166 Erika Mann, Brief vom 16. Mai 1964 an Franz Seitz.
167 Erika Mann, Brief vom 16. Mai 1964 an Franz Seitz.
168 Vgl. Erika Mann, Brief vom 26. Oktober 1959 an Hans Abich.

bot;[169] der Preis, für den die *Krull*-Rechte dann offenbar auch vergeben wurden.[170] Nach einer Angabe aus derselben Zeit, als sich »Leute von Hollywood« für *Felix Krull* interessierten, habe »der dortige Kaufpreis für einen Roman von T. M. irgendwo zwischen 50 000 und 100 000 $« gelegen,[171] also zwischen 210 000 und 420 000 DM (die Summe, die eine deutsche Produktionsfirma für die Rechte in den späteren Sechzigerjahren dann wirklich bezahlen sollte, »rund 400 000 Mark«[172]).

Sei dem aber, wie ihm wolle, und aus welchen Gründen auch immer die Wahl des Produzenten auf *Wälsungenblut* fiel: Unter der Regie Rolf Thieles und aufgrund eines von Franz Seitz und vielleicht doch auch von Erika Mann geschriebenen Drehbuchs erfuhr die Novelle eine nun wahrhaft erstaunliche Metamorphose. Diese stand unter der von den Erben der Rechte offenbar vertraglich festgelegten »conditio sine qua non«,[173] dass bei einer Verfilmung alle Anspielungen auf das Judentum des Hauptpersonals zu unterbleiben hätten. »[D]ie Familie Aarenhold dürfe nicht als jüdische Familie dargestellt werden, da die Öffentlichkeit dies vielleicht falsch interpretieren könnte.«[174] So steht es in einer zwar nur sekundären Quelle. An deren Verlässlichkeit kann es aber keinerlei vernünftige Zweifel geben. Es handelt sich nämlich um eine Inauguraldissertation, welche die Tochter des Produzenten noch zu dessen Lebzeiten einreichte, knapp anderthalb Jahrzehnte post factum und also gewiss mit voller Kenntnis der Vertragsklauseln.[175] Und was seine studierte Tochter in sicherlich hinreichender Vertrautheit mit den Umständen schrieb, sollte Franz Seitz selber mit denselben Worten, »conditio sine qua non«, in einem Interview wiederholen, das er Peter Zander gewährte: »Das Drehbuch durfte ich nur unter der Prämisse schreiben, dass die Familie nicht jüdisch sein darf. Das war *conditio sine qua non*.«[176]

Dem entspricht auch die Korrespondenz, die dem Vertragsabschluss voranging. Ihr kann man entnehmen, wie »wichtig« die besagte conditio war. So wich-

---

169 Erika Mann, Brief vom 4. Oktober 1955 an Hans Abich, Münchner Stadtbibliothek / Monacensia, Signatur EM B 233.

170 Vgl. Erika Mann, Brief vom 16. November 1955 an Hans Abich.

171 Erika Mann, Brief vom 6. September 1955 an Hans Abich.

172 Granzow, Millionen für einen Mann, S. 134.

173 Gabriele Seitz, Film als Rezeptionsform von Literatur. Zum Problem der Verfilmung von Thomas Manns Erzählungen *Tonio Kröger, Wälsungenblut* und *Der Tod in Venedig*, München: Tuduv, 1979 (Tuduv-Studien, Sprach- und Literaturwissenschaften, Bd. 12), S. 463.

174 Gabriele Seitz, Film als Rezeptionsform von Literatur, S. 463.

175 Vgl. Gabriele Seitz, Film als Rezeptionsform von Literatur, S. 463.

176 Zander, »Man muss sich auch dem Autor nähern, nicht nur dem Werk«, S. 229; Hervorhebung des Originals.

tig war sie, dass es nicht genügte, sich vorab nur mündlich darüber zu verständigen. Vielmehr musste sie eben auf ausdrückliches Drängen Erika Manns auch verbindlich festgeschrieben werden. Es schien ihr, steht in einem Brief an Seitz,

> in diesem Falle wichtig, dass unsere [scil. ihre und Seitz'] mündliche Vereinbarung, dergemäss [sic!] zwar die story sinngetreu nach der Novelle auszuarbeiten ist, aber das Milieu der Erzählung, [sic!] wie auch die Figur des Verlobten [scil. des in der Novelle als einziger erz- und gutdeutschen von Beckerath] grundlegend geändert werden, vertraglich fixiert werde.[177]

Für die Gewagtheit der unter solch einer Vertragsklausel notwendig gewordenen Neukodierung der story mag vielleicht schon bezeichnend sein, dass die Autorschaft des Drehbuchs vertuscht wurde. Seitz, obwohl er unter diesem seinem bürgerlichen Namen für die »Produktion« verantwortlich zeichnete, übernahm für das Drehbuch lediglich unter einem Pseudonym Verantwortung, »Georg Laforet« — ein Ananym des Mädchennamens seiner Mutter, Anni Terofal, das er auch sonst verwandte und dessen Verwendung er in diesem Fall eigens begründete. Er habe nicht gewollt, »dass der Name Seitz so oft genannt wird. Drehbuch Seitz, Produktion Seitz ... Aber bei den ernsthafteren Dingen« — darunter rechnete er offenbar die Filme *Unordnung und frühes Leid* und *Doktor Faustus* — habe er »dann schon [s]einen richtigen Namen verwendet«.[178]

Oder besser gesagt übernahm Georg Laforet mit seinem Pseudonym gerade keine Verantwortung mehr für sein nach eigenem Geständnis weniger ernsthaftes Elaborat. Seine »gewissermassen [sic!] nicht unbefreundet[e]«[179] Mitarbeiterin hingegen, nachdem sie die ersten »Teile des Rohdrehbuches ›Wälsungenblut‹ prinzipiell bejaht und vielfach ausgezeichnet« gefunden, überhaupt »dem geplanten Film« zunächst »ungemein positiv« gegenübergestanden hatte,[180] insistierte später telephonisch und schriftlich darauf, dass ihre Beteiligung in den Peri- und Epitexten des Films verschwiegen bleiben müsse — im Unterschied nota bene zu allen vorhergehenden Fällen. Denn aus den oben schon einmal zitierten Zeugnissen und aus etlichem mehr geht ja hervor, dass Erika Mann ansonsten größten Wert darauf legte, unter den Credits der Filme aufgeführt zu werden, an denen sie irgendwie, und sei es auch noch so flüchtig, beteiligt war. In vier von fünf Fällen kam dieser Name wie gezeigt sogar vor oder über den ihrer

---

177 Erika Mann, Brief vom 16. Mai 1964 an Franz Seitz.
178 Zander, »Man muss sich auch dem Autor nähern, nicht nur dem Werk«, S. 227.
179 Erika Mann, Brief vom 12. Dezember 1967 an Franz Seitz, Münchner Stadtbibliothek / Monacensia, Signatur EM B 1320.
180 Erika Mann, Präambel [zu:] Anmerkungen zu dem Rohdrehbuch *Wälsungenblut*.

jeweiligen Mitautoren zu stehen. Umso merkwürdiger und staunenswerter ist die vorsätzliche Verschweigung ihres Namens im Fall von *Wälsungenblut*, dem letzten Film, an dem sie mitzuwirken noch die Gelegenheit hatte. Die Verfilmungen der Siebzigerjahre sollte sie nicht mehr erleben.

Dafür, dass sie ungenannt blieb, war Erika Mann sogar bereit, nicht unerhebliche Einbußen an ökonomischem Profit zu erleiden. Auch das stand in überaus bemerkenswertem Gegensatz zu ihrem sonstigen Gebaren. Sonst nämlich hatte sie sich immer als äußerst zähe und resolute Geschäftsfrau erwiesen, mit den Worten eines ihrer Verhandlungspartner oder -gegner: »sehr geübt, sehr *tough*«.[181] Sie war »dumpf entschlossen [...], an dem ›Wirtschaftswunder‹ [...] teilzuhaben«,[182] und durchaus nicht gesonnen, ihre eigenen finanziellen Interessen hintanzustellen. Zu diesem Zweck konnte sie grenzwertig brüske Töne anschlagen, in dem Stil: »die überfällige Rate [...] nun wirklich und schleunigst auf den Weg zu bringen«.[183] Im Übrigen ließe sich der Umfang der im Fall von *Wälsungenblut* also ganz unüblicherweise in Kauf genommenen Opfer aufgrund der vorhandenen Korrespondenzen handfest dokumentieren und genau beziffern. Doch wurde dem Verfasser untersagt, leider, deren Inhalt offenzulegen.

Die konkreten Motive, aus denen heraus Erika Mann ihren Namen aus der Vorankündigung und den Credits des Films herauszuhalten wünschte, sind nicht eindeutig zu rekonstruieren. Aus dem Briefwechsel mit Seitz geht lediglich hervor, dass sie diesem ihre Gründe dafür in einem Telephonat kommuniziert haben muss. Auf dieses nahm sie später in einem Brief Bezug, ohne darin den Inhalt dieses Gesprächs zu rekapitulieren.[184] Man ist hier also mehr oder weniger auf reine Mutmaßungen angewiesen.

---

181 Zander, »Das Publikum versteht Thomas Mann auch im Kino!«, S. 221; Hervorhebung des Originals.

182 Erika Mann, Brief vom 24. Februar 1956 an Hans Abich.

183 Erika Mann, Brief vom 14. November 1964 an Franz Seitz, Firmenarchiv Seitz GmbH Filmproduktion, München.

184 Vgl. Erika Mann, Brief vom 14. November 1964 an Franz Seitz (Auslassung auf Ansuchen der Rechteinhaber): »[V]erabredungsgemäss [sic!] teile ich Ihnen nun auch auf diesem Wege mit, dass ich für das Drehbuch ›Wälsungenblut‹ nicht verantwortlich zeichnen kann. Meine Gründe, die völlig gutartiger und keineswegs misstrauischer [sic!] Natur sind, habe ich Ihnen telephonisch schon dargelegt. / Jedenfalls aber wollen Sie davon absehen, in Voranzeigen oder gar im Vorspann meinen Namen zu nennen. Ich verzichte auf die dritte Rate meines Honorars (DM [...]) sowie auf meine vertraglich vereinbarte Beteiligung.« Möglicherweise hatten die besonderen, nur telephonisch kommunizierten »Gründe« mit politischen Friktionen zu tun, die Erika Mann in einem Brief vom 18. Februar 1965 an Franz Seitz andeutete, ebenfalls in unmittelbarem Zusammenhang mit einem (noch ausstehenden) Betrag für die Produktion des Films

Am nächsten läge es, mit ethischen Skrupeln zu spekulieren. Solche könnten Erika Mann endlich doch beschlichen haben angesichts der nonchalanten Art und Weise, die im Novellentext so nachdrücklich gestellte ›Judenfrage‹ aus der Welt zu schaffen — so als hätte es eine solche Frage nie gegeben, geschweige denn die Ungeheuerlichkeit ihrer ›Endlösung‹. Oder aber man hält sich an das Wenige, das in Erika Manns anderweitiger, genau gesagt in ihrer allerdings um Monate älteren Korrespondenz mit dem Regisseur Rolf Thiele steht. Darin geht es im Wesentlichen um ästhetische, auch sexualmoralische Bedenken. Wie bereits einmal angedeutet, stieß sich Erika Mann an einer ganz bestimmten Szene: »Gehen Sie in sich, Meister!«[185] Darin sind die Zwillinge unter einem Wasserfall zärtlich zu Gange,[186] »Aufnahmen« eben von »durch und durch sexueller Natur«.[187] Hiermit werde der Inzest dieser Zwillinge antizipiert oder angebahnt, während er, allein durch »das Walküren-Erlebnis« inspiriert, »bei Thomas Mann die Schlusspointe, den Knalleffekt« bilde, »der durchaus nicht vorauszusehen gewesen war. Die verspielte und ›hochgestochene‹ Art, in der Siegmund und Sieglind miteinander reden und umgehen, mag — *ganz untergrundig* [sic!] — von Eroiik [sic!] nicht frei sein, ist aber völlig frei von vordergründiger Eortik [sic!] oder gar Sexualität.«[188]

4.4.3 Die systematische Beseitigung antisemitischer Motive

Wie dem im Einzelnen auch sei und ob Erika Mann nun ihren Namen deswegen nicht hergeben wollte, weil Thiele die für ihr sittliches Empfinden anstößigen Aufnahmen nicht herausschnitt oder weil sie hinsichtlich des Drehbuchs und der darin strikt eingehaltenen conditio sine qua non endlich doch noch deontologische Bedenken einholten: Nach diesem jetzt also gewissermaßen autorlosen Drehbuch, ohne dass ein einziger Filmrezensent daran Anstoß genommen hätte[189] — auch der Verfasser der allerneusten Monographie zu den Verfilmungen

---

Wälsungenblut: »Kanzler Erhard ist leider durch die israelische Reaktion ›enttäuscht‹ worden. Mit wieviel besserem Recht bin ich es durch Sie.«

185 Erika Mann, Brief vom 30. August 1964 an Rolf Thiele, Münchner Stadtbibliothek / Monacensia, Signatur EM B 1431.

186 S. Abb. 7.

187 Erika Mann, Brief vom 30. August 1964 an Rolf Thiele.

188 Erika Mann, Brief vom 30. August 1964 an Rolf Thiele; Hervorhebung des Originals.

189 Überprüft an den Beständen des Bundesarchivs, Berlin-Lichterfelde, und des Deutschen Rundfunkarchivs, Potsdam-Babelsberg.

des Mann'schen Frühwerks nicht[190] —, wurde die Reflexion der damals, um die Jahrhundertwende, brandaktuellen ›Judenfrage‹ zur vollkommenen Unkenntlichkeit umgeschrieben. Sie wurde zu einer Geschichte von einem ungleich älteren und, wenn man so sagen darf, innerdeutschen Konflikt. Dieser reicht tief ins achtzehnte Jahrhundert, wenn nicht noch weiter zurück. In den Sechzigerjahren des neunzehnten war er längstens schon beigelegt oder entschieden und im Unterschied zur ›Judenfrage‹ und ihrer ›Endlösung‹ ohne Relevanz für die Gegenwart.

Die Attacke der Juden gegen einen adligen und mutmaßlich verarmten Deutschen oder »Germanen«, wie in den Novellendialogen ihre eben schon einmal zitierte Synekdoche für ihn lautet, um so natürlich das rassische, bluterbemäßige Motiv ihrer Aggression desto stärker hervorzutreiben, auch ihre abgründige Verachtung für all die »blonden Bürger des Landes«, — dieses Arrangement wird in der Verfilmung zu einem Anschlag einer adligen Familie auf einen unbescholtenen Angehörigen des deutschen Besitzbürgertums. Von diesem ist denn in einem sonst verbatim übernommenen Dialog unter den ja nun ihrerseits germanischen Adligen nicht mehr als einem »Germanen« die Rede, sondern nur noch als einem süffisant so genannten »Herrn«.[191] An die geräumte Position der jüdischen Emporkömmlinge rutscht damit der deutsche Adel, den die Juden ehedem, in der Novelle, unterwanderten und dessen soziales Kapital sie so zu usurpieren drohten. (Dabei im Übrigen wollte es die Ironie der Geschichte, dass Eduard Arnhold, auf dessen Nachnamen Thomas Mann vermutlich angespielt hatte, einen ihm angebotenen Adelstitel offenbar deswegen ausschlagen sollte, weil er eine Konversion oder wenigstens einen Religionsaustritt zur Voraussetzung gehabt hätte.[192])

Der Adel wechselte bei der Verfilmung demnach vom receiving end ans giving end. Und zwar war es ein kerndeutscher Adel, der so von der Opfer- auf die Täterposition gelangte. Denn obwohl sie ihm »entscheidende[] Wichtigkeit« zumaß, setzte sich Erika Mann mit einem anders lautenden Vorschlag nicht durch, bei dem sie sich vielleicht an der berühmtesten Erzählung ihres Vaters orientierte, *Der Tod in Venedig*. Wie dort dem Polnischen und zumal dem polnischen Adel eine morbid-delikate Rolle zufällt, so »sollten« nach Erika Manns Vorschlag auch im Film *Wälsungenblut* alias *Die Zwillinge* unter den vier Geschwistern respektive Halbgeschwistern wenigstens die (dann doch nicht eponymen) Zwillinge Kinder einer »*polnischen Gräfin*« sein. Sie sollten »nicht nur dank ihrer

---

190 Vgl. Kurwinkel, Apollinisches Außenseitertum, S. 175.

191 Thiele, Wälsungenblut, 00:56:13.

192 Vgl. Michael Dorrmann, Eduard Arnhold (1840–1925). Eine biographische Studie zu Unternehmer- und Mäzenatentum im Deutschen Kaiserreich, Berlin: Akademie Verlag, 2002, S. 87.

aristokratischen Art, sondern auch kraft ihrer Herkunft mütterlicherseits so etwas [...] wie sehr feine, hochgezüchtete *Fremdlinge*« sein: »Der stark slawische Einschlag ersetzt — und muss ersetzen — das jüdische Gepräge, das die Erzählung den Kindern verleiht. Mit der Mutter sollten diese gelegentlich *polnische* Bemerkungen tauschen.«[193] (Und das tun sie im realisierten Film eben nirgends.)

An die Stelle der Anmaßungen seitens der jüdischen nouveaux riches — noch Vater Aarenhold »war ein Wurm gewesen, eine Laus, jawohl«[194] — rückten im Film Adelsdünkel und die Demütigung eines nun seinerseits ziemlich Neureichen aus dem deutschen Bürgertum, eingeführt in der Witzfigur eines, der angezogen-nackt durch die Stadt reitet, nämlich mit einer ihm auf die Haut nur gemalten Uniform. *Dessen* Großvater, hatte *er* nun zu gestehen, sei eine »Laus« gewesen und ein »Wurm«.[195] *Sein* Vater hatte nun immensen Reichtum erlangt, genau so wie in der Novelle Aarenhold senior (und, zumindest teilweise, Rudolf Pringsheim, Katia Manns Großvater väterlicherseits[196]): durch ein Kohlebergwerk und durch eine gute Partie mit der Tochter eines begüterten Händlers. Obendrein sollte sein Vater aber auch noch eine Textilfabrik besitzen; und diese erst, vermöge einer vorteilhaften Uniformstofflieferung, sollte dem Sohn als Offizier den Zugang zu einem bestimmten Regiment eröffnet haben. So erst kam er mit einem Angehörigen des adligen Hauses in Kontakt, Kunz — auch im Novellentext ein schneidiger Rittmeister[197] —; was ihm endlich den Zutritt zu diesem Haus selbst verschaffte, im Nachgang zu einem gewonnenen Spiel, bei dem ihm Graf Kunz attestierte, dass er, ausgerechnet, Bankier hätte werden sollen.

Dieser Vergleich spätestens dürfte einen hellhörig werden lassen. Dass Beckeraths Berufung viel eher das Bankfach als das Militär sein soll, liegt in einer bestimmten und genau bestimmbaren Hinsicht auf der Trajektorie anderer Modifikationen, die hier an der Figur vorgenommen sind. Dazu gehört schon der Umstand, dass nunmehr einer unter *Beckeraths* männlichen Vorfahren als Gewürm und Ungeziefer bezeichnet wird. Vor allem aber gehört die zuletzt genannte Modifikation hierher, dass nämlich der Reichtum der Beckeraths sich nicht mehr nur wie derjenige der Aarenholds dem Bergbau und einer reichen Heirat mit einer

---

193 Erika Mann, Anmerkungen zu dem Rohdrehbuch *Wälsungenblut*; Hervorhebungen des Originals.

194 Bd. 2.1, S. 434.

195 Thiele, Wälsungenblut, 00:32:55.

196 Vgl. Hanno-Walter Kruft, Alfred Pringsheim, Hans Thoma, Thomas Mann. Eine Münchner Konstellation, München: Verlag der Bayerischen Akademie der Wissenschaften, 1993 (Bayerische Akademie der Wissenschaften. Philosophisch-historische Klasse. Abhandlungen, Neue Folge, Heft 107), S. 3 f.

197 Vgl. Bd. 2.1, S. 430.

Händlerstochter verdankt. Sondern zusätzlich, gegen alle Vorgaben des Novellentexts und seines familienbiographischen Substrats, rührt das Vermögen der Beckeraths ja von Textilien her. Diese neu hinzuerfundene Geldquelle, ein Geschäft, das dem Sohn allererst den sonst offenbar undenkbaren Eintritt in ein besonders prestigiöses Regiment ermöglicht hat, ist oder war ziemlich eng mit Judentum und jüdischem Erwerbssinn assoziiert. Man erinnere sich nur etwa an die typischen Stoffnamen, mit denen im Roman *Königliche Hoheit* ebenso gespielt wird wie in dessen einer Hörspielfassung.

Der Film-Beckerath also, nun auch nicht mehr als »Germane« apostrophiert, bekommt jetzt mehrere Merkmale neu zugeteilt, die ihn auf einen dritten und vierten Blick als Juden ausweisen. Die jüdische Identität der »Familie Aarenhold«, nachdem sie dieser vertraglich entzogen werden musste, wurde unversehens auf die »Figur des Verlobten« verschoben. Dazu hat sich Seitz in jenem Interview sogar ganz offen und schamlos bekannt. Er »habe das dann einfach umgedreht und [...] den Brautwerber zu einem Juden« gemacht.[198]

»[E]infach« — das Wort sagt wirklich alles. Indem er den düpierten Brautwerber »einfach [...] zu einem Juden« »machte«, glich Seitz den Plot also dem jener anderen Erzählung an, die er als nächstes verfilmen sollte und für die er seit Jahr und Tag eine ausgesprochene »Vorliebe« hegte.[199] Denn auch in *Unordnung und frühes Leid* bekanntlich besetzt ja ein Jude oder mutmaßlicher Jude die Stelle eines geschädigten Dritten.

»Die Manns« seien mit der »einfach umgedreht[en]« Rollenverteilung »einverstanden« gewesen; »und es geh[e] im Film wirklich auf«.[200] Die eine dieser beiden Aussagen lässt sich nicht mehr überprüfen — es sei denn, man wolle jene brieflichen Andeutungen Erika Manns als Bestätigung derselben werten. Denn immerhin war dort ja von einer grundlegenden Änderung in Hinblick nicht nur auf »das Milieu der Erzählung« die Rede, sondern eben »auch«, wenngleich nur vage, auf »die Figur des Verlobten«.

Was die andere Aussage betrifft, dass »es« im Film wirklich aufgehe, so ist sie eher etwas fadenscheinig. Ein solches Urteil, in seiner großsprecherischen Selbstgefälligkeit nicht wenig charakteristisch für seinen Urheber, könnte man jedenfalls mit guten Gründen anfechten. Man dürfte schon nur daran zweifeln, dass unter der »Million Zuschauer«, die den Film gesehen haben soll — »eine ganze Menge für eine Literaturverfilmung«[201] —, auch nur *einer* gewesen wäre,

---

198 Zander, »Man muss sich auch dem Autor nähern, nicht nur dem Werk«, S. 229.

199 Zander, »Man muss sich auch dem Autor nähern, nicht nur dem Werk«, S. 228.

200 Zander, »Man muss sich auch dem Autor nähern, nicht nur dem Werk«, S. 229.

201 Zander, »Man muss sich auch dem Autor nähern, nicht nur dem Werk«, S. 229.

der »es« bemerkt hätte. Dass der Beckerath des Films »zu einem Juden« mutiert ist, scheint jedenfalls keinem einzigen der Rezensenten aufgefallen oder auch nur eine noch so flüchtige Bemerkung wert gewesen zu sein. Auch den wissenschaftlichen Rezipienten entging »es« offenbar bis auf einen ganz und gar;[202] und diesem einen, Peter Zander, hatte »es« Seitz selber gesagt oder gestanden.

Vorausgesetzt aber, dass ein Kinopublikum der Sechzigerjahre »es« vielleicht doch bemerken *konnte* — weil zu einem beträchtlichen Teil mit dem antisemitischen Stereotypenregister noch vertraut genug —, muss man der Selbsteinschätzung des Autors und Produzenten in gewissem Sinn doch recht geben. In einem gewissen Sinn geht »es« doch »wirklich auf«, wenn hier die jüdische Identität von einer ganzen bösartigen Sippe zu einem genasführten Mann hinüberwechselt. Denn die plotline bewegt sich auch so noch im Rahmen der alten antisemitischen Narrative. Auf Martin Gubsers Terminologie[203] gebracht, wird das Narrativ des gefährlichen Juden, wie es in Manns Novelle neben dem Stereotyp der schönen Jüdin in Reinkultur vorliegt, »einfach« ersetzt durch das Narrativ des von Gubser so genannten lächerlichen Juden. Und dass dieses zur Zeit der ›Wiedergutmachungspolitik‹ für die in jener Vertragsklausel avisierte »Öffentlichkeit« akzeptabler und weniger anstößig war als das Narrativ vom gefährlichen Juden, das lässt sich wohl kaum von der Hand weisen.

Wie dem auch sei: Die Umkodierung des patent antisemitischen Narrativs von den gefährlichen Juden in einen Standes- oder Klassenkonflikt, die offenkundige Verbürgerlichung des (nur bei sehr genauem Hinsehen jüdischen) Opfers wie andererseits die Nobilitierung der Täter — all dies hatte notgedrungen unmittelbare Auswirkungen auf die Namensgebung. Das Opfer verlor im Zuge der Verfilmung sein Adelsprädikat. Es hieß in Drehbuch und Film mit neuem und sprechendem Vornamen »Justus«,[204] ›der Gerechte, Rechtschaffene, Arglose‹, mit Nachnamen aber nicht mehr »*von* Beckerath«. Sein Geschlechtsname schrieb sich jetzt nur noch schlicht und einfach »Beckerath«; eine in den Filmdialogen gewissermaßen ausgewiesene Namensmanipulation. Denn der so Demovierte wurde eigens nach seinem Titel gefragt, und er hatte eigens zu verneinen, einen zu führen (um nach solchem Geständnis selbst des bürgerlichen Ehrentitels eines ›Herrn‹ verlustig zu gehen[205]):

---

202 Vgl. Zander, Thomas Mann im Kino, S. 89.
203 Martin Gubser, Literarischer Antisemitismus. Untersuchungen zu Gustav Freytag und anderen bürgerlichen Schriftstellern des 19. Jahrhunderts, Göttingen: Wallstein, 1998, S. 120–125.
204 Thiele, Wälsungenblut, 00:14:19, 00:15:51.
205 Freundlicher Hinweis von Elias Zimmermann, Bern, vom 21. Dezember 2018.

SIEGMUND: [...] Herr Beckerath? Oder *von* Beckerath?
BECKERATH: Nein.
KUNZ: Also Beckerath [...].[206]

Während der neue Name, »Beckerath«, mit dem älteren also zum größeren, wenn auch nicht zum besseren Teil identisch war, erinnerte derjenige der Täterfamilie im Film allenfalls zur ersten Hälfte noch ganz, ganz vage an denjenigen ihrer literarischen Vorgänger. Die Täter trugen nun den Geschlechtsnamen »Arnstatt« anstatt »Aarenhold«. Und ihr Familienoberhaupt hieß mit wiederum hinzuphantasiertem und gänzlich unverdächtigem Vornamen »Eugen«;[207] was die Abstammung des nunmehr ›gutgeborenen‹ Vaters so auch schon ex praenomine bereinigte.

Der Grafentitel der Arnstatts denotierte auf jeden Fall den Adel ihres Namens. Aber vielleicht führte dieser darüber hinaus auch noch ein durch und durch deutsches Konnotat mit sich. Die alte Stadt nämlich, Arnstadt, von der oder von deren Homophon Franz Seitz zusammen mit oder ohne Erika Mann das offenbar frei erfundene Adelsgeschlecht derer von Arnstatt sich herschreiben ließ, ist aufs Engste mit der wohl berühmtesten und »deutscheste[n]«[208] Dynastie der deutschen Kulturgeschichte überhaupt verbunden. Gemeint sind damit — oder können damit sein — die Bachs.

Deren berühmtester stand als Nationalkomponist geradezu für den »Urtypus freier deutscher Kunst«[209] und »das deutscheste Musikwerk, das sich denken läßt«.[210] Oder in den Worten, die der mit Thomas Mann einst gut befreundete und hernach zu Recht berüchtigte Ernst Bertram 1933 in einer Festrede fand, indem er Johann Sebastian Bach auf die gehabte Weise selbstgratulatorisch ad nationem oder ad gentem vereinnahmte (wobei die antijudaistischen Einschlüsse der Mat-

---

206 Thiele, Wälsungenblut, 00:16:50.
207 Thiele, Wälsungenblut, 00:11:58, 00:32:15.
208 Erich Doflein, Über Bachs »Kunst der Fuge«, in: Musik und Volk 3, 1935/36, S. 67, zit. nach: Martin Geck, »Von deutscher Art und Kunst«? Mit Bachs ›nordischem‹ Kontrapunkt gegen drohenden Kulturverfall, in: ders., B — A — C — H. Essays zu Werk und Wirkung, hg. v. Reinmar Emans, Hildesheim, Zürich und New York: Olms, 2016 (Studien und Materialien zur Musikwissenschaft, Bd. 91), S. 229–253, hier S. 247.
209 Richard Benz, Die Stunde der deutschen Musik. Erstes Buch: Die Stunde des Gesanges, Jena: Diederichs, 1923, S. 71.
210 Doflein, Über Bachs »Kunst der Fuge«, S. 67, zit. nach: Geck, »Von deutscher Art und Kunst«?, S. 247.

thäus-Passion ein Übriges geleistet haben dürften[211]): »Bach steht da in der rechten Mitte seines Volks und Volkstums, und zugleich auf ihrem [sic!] Gipfel.«[212]

Darüber aber weit hinaus gab und gibt die ganze »Sippe Bach«[213] bis in viel spätere Tage[214] ein Schulbeispiel erster Güte ab für ein genetisch-deterministisches Menschenbild, wie es ja auch der Novelle *Wälsungenblut* zugrunde liegt, hier nur eben nicht in bonam, sondern in pessimam partem. Das »musikalische Erbgut der Sippe«[215] Bach war ein gefundenes Fressen insbesondere auch für die rassistische Anthropologie reichsdeutscher Provenienz. Solch eine genealogisch scheinbar evidente »Erbanlage zur Musik«[216] bot sich wie von selbst dazu an, sie eben im Namen »deutschen Volkstum[s]«[217] zu verwenden, gerne auch zur deutsch-französischen Kontrastbetonung.[218]

Es ist also wenig erstaunlich, wenn die deutschen Musikologen zu Franz Seitz' und Erika Manns Lebzeiten in den Bachs die »urgesunde[]« »Kernkraft des deutschen Volkes« verkörpert sahen,[219] »die deutsche Kraft« »der deutschen Muttererde«.[220] Auf einem ganz anderen Blatt freilich stünde die Bedeutung, welche die Bachs und ihr Familienschicksal in Thomas Manns Frühwerk verliehen be-

---

211 Vgl. Eduard Mutschelknauss, Bach-Interpretationen — Nationalsozialismus. Perspektivenwandel in der Rezeption Johann Sebastian Bachs, Frankfurt a. M. et al.: Lang, 2011, S. 346 f.; Karl Hasse, Zu Bachs Matthäuspassion, in: Zeitschrift für Musik 104.6, 1937, S. 672–674, hier 672 f.

212 Ernst Bertram, Johann Sebastian Bach, in: ders., Deutsche Gestalten. Fest- und Gedenkreden, Leipzig: Insel, 1934, S. 9–42, hier S. 11.

213 Josef Müller-Blattau, Johann Sebastian Bach. Leben und Schaffen, Leipzig: Reclam, o. J. [1935] (Musiker-Biographien, Bd. 15), S. 3; ders., Die Sippe Bach. Ein Beitrag zur Vererbung, in: Guido Waldmann (Hg.), Rasse und Musik, Berlin: Vieweg, 1939 (Musikalische Volksforschung, Bd. 3), S. 49–67.

214 Vgl. z. B. Hans Knodel, Linder Biologie. Lehrbuch für die Oberstufe, Stuttgart: Metzler, [18]1977, S. 294.

215 Müller-Blattau, Die Sippe Bach, S. 65.

216 Müller-Blattau, Johann Sebastian Bach, S. 3.

217 Karl Hasse, Johann Sebastian Bach (Dezember 1933), in: ders., Zur Neugestaltung unseres Musiklebens im neuen Deutschland. Ausgewählte Aufsätze, Bd. 2: Von deutschen Meistern, Regensburg: Bosse, 1934 (Von deutscher Musik, Bd. 44), S. 20–45, hier S. 44. Vgl. Christa Brüstle, Bach-Rezeption im Nationalsozialismus. Aspekte und Stationen, in: Michael Heinemann und Hans-Joachim Hinrichsen (Hgg.), Bach und die Nachwelt, Bd. 3: 1900–1950, Laaber: Laaber, 2000, S. 115–156, hier S. 124.

218 Vgl. z. B. Doflein, Über Bachs »Kunst der Fuge«, S. 67, zit. nach: Geck, »Von deutscher Art und Kunst«?, S. 247.

219 Müller-Blattau, Johann Sebastian Bach, S. 3. Vgl. Geck, »Von deutscher Art und Kunst«?, S. 241–249; Mutschelknauss, Bach-Interpretationen — Nationalsozialismus; Brüstle, Bach-Rezeption im Nationalsozialismus, S. 115–156.

220 Hasse, Zu Bachs Matthäuspassion, S. 673.

kommen, zu dem ja auch noch *Wälsungenblut* zählt. Dort nämlich erscheinen die Bachs durchaus nicht tutti quanti als Ausbund deutscher Kraft. Sondern vermittelt vermutlich über einen ehedem berühmten Künstlerroman,[221] der Thomas Mann zumindest dem Namen nach bekannt gewesen sein muss,[222] Albert Emil Brachvogels *Friedemann Bach* (1858), beziehungsweise über eine darwinistische Interpretierbarkeit desselben oder doch der darin erzählten Biographie, bildet die Familiengeschichte der Bachs im Frühwerk eine dezente Folie für das hier immer wieder von neuem durchgespielte Verfallsnarrativ. Johannes Friedemann zum Beispiel, seinerseits sehr musikalisch und Nachkomme einer in freiem Fall befindlichen Familie, trägt nicht umsonst den auffälligen und ausgefallenen Namen des notorisch verkommenen Bach-Sohns.[223] Aber davon erst wieder im Zusammenhang *dieser* frühen Novelle. —

So oder so trägt der Geschlechtsname »Arnstatt« von dem zugrundliegenden oder zumindest assoziierbaren Toponym her ein allerdeutschestes Konnat. Der also nicht eben nur adligen, sondern in eins damit urdeutsch umbenannten Täterfamilie entsprach der Namenspool auch ihres Milieus. Denn selbst noch bei dem Namen, der den einzigen nominatim erwähnten Bekannten der Grafen Arnstatt zugeordnet wird, gaben der Film und sein Drehbuch eine Sensibilität zu erkennen, wie sie der fachzünftigen Thomas-Mann-Rezeption noch Jahrzehnte abgehen sollte. Die Bekannten der Arnstatts hießen nun nicht mehr wie die der Aarenholds, nämlich »Erlanger«. Sie trugen keinen der typisch jüdischen Herkunftsnamen mehr, schon gar keinen, der, je nach Betonung, als nomen agentis auch noch die resolute Raffgier oder Geschäftstüchtigkeit stereotyp jüdischer ›Erlánger‹ zu denunzieren geeignet wäre. Nachdem sie in allen erhaltenen Fassungen des Drehbuchs ihrerseits schon gutdeutsch »Truchseß« geheißen hatten, hießen sie im Film sogar »Donnersmarck«.[224] Damit schienen sie jetzt einem alten

---

221 Vgl. Michael Heinemann, Im Mittelpunkt. Der Thomaskantor. Zum Bach-Bild der zweiten Hälfte des 19. Jahrhunderts, in: ders. und Hans-Joachim Hinrichsen (Hgg.), Bach und die Nachwelt, Bd. 2: 1850–1900, Laaber: Laaber, 1999, S. 393–459, hier S. 428.

222 Vgl. Brief vom 24. Juni 1942 an Margarete Woelfel, Thomas-Mann-Archiv der ETH-Bibliothek, Zürich.

223 In den *Buddenbrooks* (Bd. 1.1, S. 543 f.) markiert Johann Sebastian Bach mit seinem zur Entstehungs- wie zur erzählten Zeit schon unvergleichlichen Prestige zwar nur indirekt die tragische Fallhöhe einer familiären Degeneration. Ein Musiker und Lehrer alter Schule nämlich präsentiert ihn im Hause Buddenbrook als Gegenpol zum dem dekadenten Wagnerianismus, der darin Platz gegriffen hat und dem zumal der jüngste Buddenbrook zu verfallen droht — der »*kleine* Johann«, wie er schon ältesten Entwurfsschema aus der Zeit des *Kleinen Herrn Friedemann* heißt und der so gleich doppelt auf Johannes Friedemann verweist (Bd. 1.2., S. 425; im Original keine Hervorhebung).

224 Thiele, Wälsungenblut, 00:52:19.

und nach wie vor bekannten Fürstengeschlecht anzugehören, Henckel von Donnersmarck, das zu seiner Zeit, zu der bei Thomas Mann erzählten wie zu der im
Film gespielten Zeit, unter die prominentesten des Deutschen Reichs gezählt
wurde.

Dem Vorsatz, das Milieu wenigstens der Täter in *Wälsungenblut* zu arisieren,
gehorchte ganz offensichtlich auch die Besetzung des nun zumindest schon ex
nominibus judenfreien Personals. An dieser könnte man übrigens auch exemplarisch eine Erscheinung studieren, von der soeben bereits einmal die Rede war
(im Zusammenhang mit Walter Rilla und dem von ihm erst in *Felix Krull*, dann in
Unordnung und frühes Leid gespielten Part): Wie nämlich die Thomas-Mann-Verfilmungen, bis heute, ihre eigene Tradition haben und ein System für sich bilden,
mit eigenen Autoreferenzialisierungsoptionen. Denn nicht nur wurden sämtliche
Rollen im Hause Arnstatt mit Schauspielern und Schauspielerinnen besetzt, die
weder physiognomisch noch von ihrer Geschichte oder Karriere her irgendwie jüdisch chargierbar waren — die beiden Hauptrollen mit zwei bisher ganz unbe-
schriebenen Blättern, Elena Nathanael und Michael Maien —; sondern darüber
hinaus war das Casting auf der männlichen Seite sichtlich nicht an den Maßga-
ben des besonders detaillierten Steckbriefs orientiert, den der Novellentext für
den Zwillingsbruder Siegmund liefert beziehungsweise hätte liefern können.
Vielmehr scheint die Besetzung dieser Hauptrolle eben schon durch eine andere,
wenig ältere Thomas-Mann-Verfilmung geleitet gewesen zu sein, eine überaus
erfolgreiche, mit dem Golden Globe und dem höchstdotierten Deutschen Filmpreis ausgezeichnete. Michael Maien in der Rolle des Siegmund Graf Arnstatt
sollte offenbar, angesichts seiner in der Tat frappanten Ähnlichkeit mit diesem
damals berühmten Schauspieler, an den Hauptdarsteller in Hoffmanns Verfilmung der *Bekenntnisse des Hochstaplers Felix Krull* erinnern, Horst Buchholz.[225]
Und nach Ausweis der Rezensionen erinnerte er das Publikum denn auch prompt
an seinen Buchholz,[226] dessen Leistungen, mit dem Bambi-Preis prämiert, die
Krull-Verfilmung sehr wesentlich ihren Erfolg zu verdanken hatte.[227] Buchholz
aber, das verstand sich bei einem Publikumsliebling damals von selbst, wies seinerseits keinerlei Berührungspunkte mit dem Judentum der Aarenholds auf, weder vom Konnotat sozusagen seiner bisherigen Filmrollen her noch auch nur bio-

---

225 S. Abb. 9 f.

226 Vgl. z. B. Erich Kocian, »Wir bleiben literarisch«. Rolf Thiele dreht Thomas Manns *Wälsungenblut*, in: Stuttgarter Zeitung, 1. September 1964, S. 22. Zur Geschichte des Castings der Krull-
Rolle vgl. Erika Mann, Brief vom 8. März 1957 an Hans Abich.

227 Vgl. Britta Dittmann, »Ironie ist nicht zeigbar«. Über die Schwierigkeit, Thomas Manns
Werke zu verfilmen, in: Buddenbrookhaus (Hg.), Das zweite Leben. Thomas Mann 1955–2005.
Das Magazin zur Ausstellung, Lübeck: Schöning, 2005, S. 48–53, hier S. 48 f.

graphisch, ebenso wenig wie Maien selber. Nicht umsonst war er, Buchholz, im Zusammenhang mit einer einmal projektierten Verfilmung des *Zauberbergs* für die Rolle eines gut preußisch[228] heißenden Antisemiten, nämlich des Joachim Ziemßen im Gespräch; einer Verfilmung übrigens, in der auch sonst auf ältere, namentlich auf die Besetzungen des Weidenmann'schen *Buddenbrooks*-Films zurückgegriffen werden sollte: Gustav Knuth, vordem Lotsenkommandant Schwarzkopf, als Hofrat Behrens und als Hans Castorp Hansjörg Felmy,[229] der für seine Darstellung des Thomas Buddenbrook seinerseits den Bambi-Preis für den besten jungen Schauspieler bekommen hatte und mit dessen darin »wahrhaft erstaunliche[r] Leistung« Erika Mann diesen ihren Vorschlag begründete[230] (nachdem sie sich erst gegen eine solche Besetzung des Thomas Buddenbrook zur Wehr gesetzt und stattdessen Karl-Heinz Böhm vorgeschlagen hatte,[231] um endlich »jede Mitarbeit«[232] an dem »viehische[n] [...] ›Filmvorhaben‹«[233] zu verweigern).

---

228 Vgl. Theodor Fontane, Der Stechlin. Roman, hg. v. Klaus-Peter Möller, Berlin: Aufbau, 2001 (Große Brandenburger Ausgabe. Das erzählerische Werk, Bd. 17), S. 10.

229 Erika Mann, Versuch einer Besetzung für den Film *Der Zauberberg*. Anlage eines Briefs vom 9. Januar 1961 an Eberhard Krause, Münchner Stadtbibliothek / Monacensia, Signatur EM B 895.

230 Erika Mann, Brief vom 25. Mai 1960 an Alfred Weidenmann, Münchner Stadtbibliothek / Monacensia, Signatur EM B 1506.

231 Vgl. Erika Mann, Brief vom 26. Mai 1959 an Hans Abich, Münchner Stadtbibliothek / Monacensia, Signatur EM B 233. Vgl. auch Zander, »Das Publikum versteht Thomas Mann auch im Kino!«, S. 220.

232 Erika Mann, Telegramm vom 24. November 1963 an Eberhard Krause, Münchner Stadtbibliothek / Monacensia, Signatur EM B 895. Vgl. dies., Brief vom 11. Oktober 1959 an Hans Abich.

233 Erika Mann, Brief vom 25. Juli 1957 an Jacob Geis, Münchner Stadtbibliothek / Monacensia, Signatur EM B 616.

II Die späteren und spätesten bundesdeutschen Verfilmungen

1 Franz Seitz' *Doktor Faustus*

1.1 *Doktor Faustus* als Exilroman

1.1.1 Thomas Manns Exil- im Verhältnis zum Gesamtwerk

Diejenigen Texte, die Thomas Mann im eigentlichen, erzwungenen Exil konzipierte und zumindest zum größeren Teil schrieb — als er nach Deutschland nicht zurückkehren *konnte*, während er es später aus freien Stücken nicht tat —, die eigentlichen Exilwerke also sollten es in den deutschen Massenmedien der Nachkriegszeit wie gesehen sehr viel schwerer haben als die früheren Romane und Novellen des Autors, der in dieser Zeit, eben schon ab 1953, häufiger verfilmt wurde als irgendein anderer. Sie mussten sehr viel länger warten — mehr als zwei, ja fast drei Jahrzehnte länger —, bis sie auf die deutschen Leinwände gelangten: *Lotte in Weimar* 1975; *Doktor Faustus* in einer ersten Fassung 1982. Diese Präzisierung der Erstfassung ist deswegen nötig, weil die heute auf DVD zirkulierende Version gut zwanzig Minuten kürzer ist als die Kinofassung von 1982 und eine volle Stunde kürzer als die auf der Homepage der Produktionsfirma oder auch auf der Internet Movie Database angezeigte Spielzeit. Dies deckt sich mit einer rezenten Auskunft der Firma[1] und einer gleichlautenden Angabe, die deren Gründer einmal in einem Interview machte:[2] Der Film sei im Fernsehen als Miniserie in drei je knapp einstündigen Teilen ausgestrahlt worden. Offenbar ist demnach von nicht nur zwei, sondern drei Fassungen auszugehen: einer ersten fürs Kino, einer kürzeren auf DVD und eben auch einer noch längeren fürs Fernsehen. Diese aber scheint nicht mehr vorhanden oder zugänglich zu sein.

Wie dem auch sei: Dass der eine wie der andere Exilroman erst verzögert ins Kino fand, ist so schwer zu verstehen nicht. Man hat solche Verzögerungen als Komplement der Popularität zu begreifen, deren sich Manns frühere Texte im Massenmedium Tonfilm erfreuten. Dazu zählen durchaus nicht etwa nur die literaturkritisch und literaturwissenschaftlich besonders beifällig rezipierten. Zur B-Klasse gehörte bekanntlich der zuallererst wie genau die Hälfte der ersten sechs verfilmten Texte: *Königliche Hoheit*, *Wälsungenblut* und, als erste Fernsehproduktion, *Herr und Hund*; neben den hoch rangierten *Bekenntnissen des Hochstaplers Felix Krull*, den *Buddenbrooks* und dem *Tonio Kröger*. Wie gezeigt war allen diesen Texten, bei allen auch qualitativen Unterschieden, eines gemein-

---

1 Freundliche Mitteilung von Anni Seitz, München, vom 3. August 2016.
2 Vgl. Zander, »Man muss sich auch dem Autor nähern, nicht nur dem Werk«, S. 232.

https://doi.org/10.1515/9783110638509-006

sam. Schon aus entstehungsgeschichtlichen Gründen konnten sie nicht an die schlimmen Zeiten erinnern, die zu vergessen die Unterhaltungsindustrie den Deutschen mit allen Mitteln zu helfen hatte.

Solange das deutsche Kino- und später das Fernsehpublikum zu einem großen oder sogar größten Teil aus solchen bestand, von denen man annehmen durfte, dass sie an diese Zeiten nicht erinnert sein wollten, war es nicht ratsam, es mit Thomas Manns Exilwerken zu konfrontieren. Denn diese waren im Exil nicht nur eben entstanden; sondern sie alle, etwa *Das Gesetz*,[3] aber selbst noch eine so abgehobene »Legende« wie *Die vertauschten Köpfe*,[4] reflektieren das Exil auch und machen dessen Bedingungen zum Thema.

Zum Thema machen sie es auf verschiedene Weise, direkt oder mittelbar. Um die Beispiele auf die beiden Exilromane zu beschränken, die endlich doch noch in Deutschland verfilmt werden sollten, *Lotte in Weimar* und *Doktor Faustus*: Ihren unmittelbaren Ausdruck fanden die nunmehr sehr gemischten Gefühle, die Thomas Mann dem Gros seiner Landsleute gegenüber hegte, in den seitenlangen Schimpfreden, die der Goethe von *Lotte in Weimar* über die, ja teils *an* die Deutschen hält; oder an den Stellen, an denen der Erzähler des *Doktor Faustus*, nach innen emigriert, den Volksgenossen die in ihrem Namen und in ihrer Nachbarschaft begangenen Verbrechen vor Augen hält.

Mittelbare Reflexe des Exils finden sich etwa in Form von Umwertungen der deutschen Geschichte, ihrer epochalen Gestalten oder selbst der deutschen Chrono- und Dialekte. Goethes Charakter erscheint in *Lotte in Weimar* bekanntlich als ein zutiefst abgründiger oder besser als ein ›dämonischer‹; eine Lieblingsvokabel vor allem im mündlichen Wortschatz des alten Goethe — ein volles Drittel der Belege findet sich allein in den Gesprächen mit Eckermann[5] —, die der no-

3 Vgl. Stephanie Catani, *Das Gesetz* (1943), in: Andreas Blödorn und Friedhelm Marx (Hgg.), Thomas Mann Handbuch. Leben — Werk — Wirkung, Stuttgart: Metzler, 2015, S. 142–145, hier S. 143; Yahya Elsaghe, »Hebräer?« *Das Gesetz* im Kontext von Thomas Manns Bachofen-Rezeption, in: Thomas Mann Jahrbuch [im Druck].
4 Vgl. Bernd Hamacher, *Die vertauschten Köpfe* (1940), in: Andreas Blödorn und Friedhelm Marx (Hgg.), Thomas Mann Handbuch. Leben — Werk — Wirkung, Stuttgart: Metzler, 2015, S. 140–142, hier S. 141; Yahya Elsaghe, *Die vertauschten Köpfe* und Thomas Manns politische Bachofen-Rezeption, in: ders., Ulrich Boss und Florian Heiniger (Hgg.), Matriarchatsfiktionen. Johann Jakob Bachofen und die deutsche Literatur des 20. Jahrhunderts, Basel: Schwabe, 2018 (Schwabe interdisziplinär, Bd. 11), S. 221–245, hier S. 243–245.
5 Vgl. Akademie der Wissenschaften der DDR, Akademie der Wissenschaften in Göttingen und Heidelberger Akademie der Wissenschaften (Hgg.), Goethe-Wörterbuch, Bd. 2, Stuttgart et al.: Kohlhammer, 1989, Sp. 1057 f., hier Sp. 1057, s. v. ›dämonisch‹.

torisch »dezidirte[] Nichtkrist«[6] vorzugsweise im Sinne des klassisch-altgriechi-
schen ›daimon‹ zu verwenden pflegte, ›Gottheit‹, ›Göttliches‹, also ohne die mit
der Christianisierung erfolgte Umwertung heidnisch-antiker Glaubensinhalte
mit- oder nachzuvollziehen.[7] Thomas Mann aber scheint die Vokabel falsch, nämlich im heute allein landläufigen, einem ungleich negativeren Sinn verstanden
zu haben als Goethe, als er sie in seinen späten Nachkriegsreden über diesen mit
sprunghaft erhöhter Frequenz aufgriff.[8] (Das Buch, das ihn eines Besseren hätte
belehren können, gelangte erst danach in seine Handbibliothek.[9]) Indem er damit eben die dunklen Seiten Goethes charakterisierte, konnte er den Deutschen,
nach all den von ihnen oder in ihrem Namen begangenen Kriegsverbrechen und
Abscheulichkeiten, einen für sie noch anschließbaren Nationaldichter erhalten.
So wies er übrigens jetzt auch, nun plötzlich, nach einem Vierteljahrhundert von
Goethe-Reden und -Essays zum ersten und einzigen Mal, auf Goethes Antisemitismus hin.[10]

Der Nationalmythos, den der Nationaldichter Goethe zu einem solchen durch
seinen *Faust* erst hatte werden lassen,[11] diese »zweite[] Bibel der Nation«, »das
Allerheiligste unseres nationalen Schrifttums«,[12] wird im *Doktor Faustus* in
eine — allerdings prekäre — Beziehung gesetzt zu dem niederträchtigen Pakt, den
die Deutschen als Kollektiv mit dem Bösen in seinen dümmsten und schäbigsten

---

6 Johann Wolfgang von Goethe, Brief vom 29. Juli 1782 an Johann Kaspar Lavater, in: ders.,
Werke, hg. i. A. der Großherzogin Sophie von Sachsen, Weimar: Böhlau, 1887–1919, Abt. IV,
Bd. 6, S. 20–22, hier S. 20. Vgl. Nicholas Boyle, Goethe. Der Dichter in seiner Zeit, München:
Beck, 1995–1999, Bd. 1: 1749–1790, z. B. S. 482–540, Bd. 2: 1790–1803, z. B. S. 226, 334; Bernd
Hamacher, Einführung in das Werk Johann Wolfgang von Goethes, Darmstadt: Wissenschaftli-
che Buchgesellschaft, 2013 (Einführungen Germanistik), S. 48 f.; Ritchie Robertson, Goethe. A
Very Short Introduction, Oxford: Oxford University Press, 2016 (Very Short Introductions),
S. 101–106.
7 Vgl. v. a. Goethe, Werke, Abt. I, Bd. 29, S. 175 f.
8 Vgl. Elsaghe, Einleitung, in: Mann, Goethe, S. 32–40.
9 Vgl. Hans M. Wolff, Goethe in der Periode der *Wahlverwandtschaften* (1802–1809), Bern:
Francke, 1952, hier besonders S. 240 f.; freundlicher Hinweis von Bernd Hamacher † vom 15. September 2015. In Thomas Manns Handexemplar finden sich keinerlei Lesespuren; freundliche
Auskunft von Martina Schönbächler, Zürich, vom 16. März 2018.
10 Vgl. Bd. 19.1, S. 622, mit Heinrich Teweles, Goethe und die Juden, Hamburg: Gente, 1925,
S. 19; dazu Yahya Elsaghe, »Weistu was so schweig.« Thomas Manns Verwertung seiner Lesespuren in Heinrich Teweles' *Goethe und die Juden*, in: Anke Jaspers und Andreas Kilcher (Hgg.),
Randkulturen. Lese- und Gebrauchsspuren in Autorenbibliotheken des 19. und 20. Jahrhunderts, Göttingen: Wallstein [im Druck].
11 Vgl. Herfried Münkler, Die Deutschen und ihre Mythen, Berlin: Rowohlt, 2009, S. 109 f.
12 Franz Dingelstedt, Eine Faust-Trilogie. Dramaturgische Studie. Teil II, in: Deutsche Rundschau 2.7, 1876, S. 382–399, hier S. 383.

Gestalten eingegangen sind. Die deutsche Reformation, die ja in die Lebenszeit des historischen Johann Faust fiel — denn einen solchen muss es auch nach rezentem Forschungstand gegeben haben[13] —, erscheint nunmehr als eine zutiefst unheimliche Veranstaltung. Weder dem Fortschritt der Menschheitsgeschichte noch sonst welchen ex ante aufklärerischen Idealen dient sie noch. Ihr Initiator ist jetzt seinerseits eine dämonische Figur. Und das Neuhochdeutsche von damals wird zur Sprache buchstäblich des Teufels.[14]

Umgekehrt erscheint das, was man behelfsmäßig das Andere des Normaldeutschen nennen könnte, besonders das in nationaler und konfessioneller Hinsicht *nächste* Fremde, namentlich in katholischer und schweizerischer Gestalt, hier in einem nun viel schmeichelhafteren Licht als in den älteren Teilen des Gesamtwerks. Dort hatte es nur zu oft das zu bedienen, was Sigmund Freud als Narzissmus der kleinen Differenzen titulierte.[15] Es diente der Belustigung und somit der Konsolidierung normalreichsdeutscher Überlegenheitsgefühle. So »[d]er Jünger aus der Schweiz«[16] in der »Skizze« *Beim Propheten* oder die grotesken, subalternen, teils sogar im Wortsinn verzwergten Schweizer im *Zauberberg*;[17] der fundamentalistische Katholik in *Gladius Dei* oder ein mutmaßlich an Schweißfüßen leidender Repräsentant der katholischen Kirche in den frühen Kapiteln des *Felix Krull*.[18]

Während die Reformation im *Doktor Faustus* recht eigentlich des Teufels ist, erscheint der Katholizismus hier nun als die ungleich ansprechendere Konfession, auf deren »übernationale[n] Geist« auch der Redner und Essayist Thomas Mann sich »nicht ohne Neid« von exakt dem Moment an besann, als er sich mit der Heraufkunft des Nationalsozialismus und seinem »ethnischen Heidentum[]« öffentlich auseinanderzusetzen begann.[19] Die nach Thomas Manns eigenem Dafürhalten einzig sympathischen Figuren des *Doktor Faustus*, »Frau Schweigestill

---

13 Vgl. Frank Möbus, Friederike Schmidt-Möbus und Gerd Unverfehrt (Hgg.), Faust. Annäherungen an einen Mythos, Göttingen: Wallstein, 1995, passim; Elisabeth Wåghäll Nivre, Historizität, Legende, Mythos. Die Faust-Figur zwischen Faktualität und Fiktionalität, in: Carsten Rohde, Thorsten Valk und Mathias Mayer (Hgg.), Faust-Handbuch. Konstellationen — Diskurse — Medien, Stuttgart: Metzler, 2018, S. 2–11, hier S. 2; Dieter Martin, Literatur, ebd., S. 62–71, hier S. 62.
14 Vgl. Elsaghe, Exil und Stereotypen, S. 130 f.
15 Vgl. Freud, Gesammelte Werke, Bd. 12, S. 169; Bd. 13, S. 111; Bd. 14, S. 473 f.
16 Bd. 2.1, S. 414; vgl. S. 411, 413.
17 Vgl. Elsaghe, Exil und Stereotypen, S. 119–122.
18 Vgl. Elsaghe, Thomas Manns Katholiken, S. 158–163; ders., Thomas Mann und die kleinen Unterschiede, S. 102–114.
19 Mann, Gesammelte Werke, Bd. 11, S. 882.

und Serenus Zeitblom«,[20] sind katholisch. Serenus Zeitblom ist es seinem eigenen Bekunden nach und ohne reservatio mentalis.[21] Und bei Else Schweigestill, als einer oberbayerischen Bauersfrau, kann man es mit gutem Gewissen voraussetzen.

Dabei unterlief Thomas Mann bei seinem Selbstkommentar über die Verteilung seiner Sympathien im Übrigen eine sehr bezeichnende Fehlleistung. Denn bei der Aufzählung jener beiden sympathischsten, weil eben katholischen Figuren vergaß er Leverkühns große Liebe, Marie Godeau aus Nyon, und vor allem die — supplierbar protestantische — Familie Schneidewein. Hierher gehört insbesondere der »sehr gut[]« aussehende pater familias, Johannes Schneidewein, aus »Bauernblut« wie die Schweigestills und die Leverkühns, aber, trotz des so gar nicht hochalemannisch lautenden Geschlechtsnamens, »aus *Berner* Bauernblut«.[22] Und hierher gehört natürlich auch Schneideweins engelhafter Jüngster, Nepomuk Schneidewein. Nepomuk alias Echo, obwohl im ostmitteldeutschen Sprachraum aufgewachsen, soll gegen alle Wahrscheinlichkeiten des Spracherwerbs die Schweizer Vatersprache sprechen, um sie bei Gelegenheit wunderbarerweise ins rein Spätmittelhochdeutsche zurückgleiten zu lassen.[23]

Die positiv besetzten Figuren des *Faustus*-Romans also sind entweder katholisch,[24] oder sie kommen aus der Schweiz. Die Katholiken sind jetzt nicht mehr unreinlich oder lasziv, fanatisiert oder sonstwie widerwärtig. Die Schweizer sind keine Witzfiguren mehr, sondern besonders schöne Menschen, die Germanophonen unter ihnen begabt oder gesegnet mit einer geradezu angelischen, weil dem Vorneuhochdeutschen besonders nahestehenden Sprache. Sie erscheinen als das, was die Deutschen einmal waren und unglücklicherweise nicht mehr sind. Sie bewahren das beste Erbe eines zumal im ›Dritten Reich‹ verlorenen und verhunzten Deutschtums; eine Vorstellung übrigens, die der zunächst einmal nach Zürich exilierte Autor seinerzeit so oder ähnlich auch unter den Autostereotypen seines zeitweiligen Gastlands hatte oder hätte antreffen können.[25]

---

20 Brief vom 7. September 1948 an Agnes E. Meyer, in: Mann und Meyer, Briefwechsel, S. 710 f., hier S. 711.

21 Bd. 10.1, S. 16 f.

22 Bd. 10.1, S. 270; im Original keine Hervorhebung.

23 Vgl. Bd. 10.1, S. 679, 682–684.

24 Zur Vorgeschichte von Thomas Manns prokatholischen Sympathien vgl. Mann, Deutsche Ansprache. Ein Appell an die Vernunft, in: ders., Essays, Bd. 3: Ein Appell an die Vernunft. 1926–1933, hg. v. Hermann Kurzke und Stephan Stachorski, Frankfurt a. M.: Fischer, 1994, S. 259–270, hier S. 270 f.

25 Vgl. z. B. Emil Staiger, Othmar Schoeck. Ansprache bei der Verleihung des Musikpreises der Stadt Zürich (21. November 1943), in: Schweizerische Musikzeitung 84.1, 1944, S. 1–4 [= ders.,

Selbst die Juden und Jüdinnen der Diaspora, bei Freud musterbeispielhafte Aggressionsobjekte für den Differenzgewinn, den Narzissten der kleinen Unterschiede aus dem *etwas* Anderen schlagen, kommen im Exilwerk deutlich weniger schlecht weg als im früheren, vor allem im eigentlichen Frühwerk; mögen sich Spurenreste des in diesem ubiquitär-patenten Antisemitismus, bei allerdings viel erheblicherem Analyseaufwand, auch noch in den Werken des Exils finden.[26] Um aus dem *Doktor Faustus* nur ein kleines, aber vielleicht besonders sprechendes Beispiel für diese Umwertung des Jüdischen zu geben:

Den typischen Spottnamen »Jimmerthal« trägt nun nicht mehr ein krummbeiniger und schlitzäugiger, schmarotzerischer und wichtigtuerischer, kurzum ein zutiefst widerlicher Judenbengel, wie Tonio Krögers Rivale einer war. Sondern »Jimmerthal« heißt nun ein Musikkritiker eines — frei erfundenen — Lübecker Börsencouriers (nachdem ein Leser des *Tonio Kröger* den exilierten Autor darauf aufmerksam gemacht hatte,[27] dass der diesem von seiner Kindheit her geläufige Geschlechtsname[28] in der Lübecker Musikgeschichte vorkommt). *Dieser* Jimmerthal hat gegen die communis opinio der Ignoranten ein waches Sensorium für den Wert von Leverkühns erster öffentlich aufgeführter, das überforderte Publikum »dezimierende[r]«[29] Komposition. Und mit einem Archaismus,[30] wie er eines Schneidewein würdig wäre, lobt er den Komponisten als einen »›gottgeistige[n] Mensch[en]‹«.[31] Der Jimmerthal of late ist also, mit anderen Worten, ein Paradebeispiel für die Aufgeschlossenheit des »jüdischen Geist[s]«.[32] Er verkörpert dessen »hellhörige Empfänglichkeit für das Kommende, Neue«,[33] die

Musik und Dichtung, Zürich: Atlantis, 1947 (Atlantis-Musikbücherei), S. 99–108]; Karl Schmid, Zur kulturellen Lage der deutschen Schweiz. Antrittsvorlesung, Eidgenössische Technische Hochschule, vom 28. Oktober 1944, in: Kultur- und Staatswissenschaftliche Schriften 44, 1945, S. 5–18, hier S. 11 f.; Ursula Amrein, »Los von Berlin!« Die Literatur- und Theaterpolitik der Schweiz und das »Dritte Reich«, Zürich: Chronos, 2004, S. 537–546; dies., Phantasma Moderne. Die literarische Schweiz 1880 bis 1950, Zürich: Chronos, 2007, S. 26.

26 Vgl. z. B. Yahya Elsaghe, Die »kaufmännischen Und-Zeichen« der »Geschäftsmaschine«. Zur Überwindung rassenbiologischer Antisemitismen in Thomas Manns Spätwerk, in: Colloquia Germanica 33.4, 2000, S. 349–365.

27 Vgl. Brief vom 14. Mai 1945 an Stanley Godman, in: Dichter über ihre Dichtungen, Bd. 14/I: 1889–1917, S. 167.

28 Vgl. Lübeckisches Adreß-Buch 1879, S. 155.

29 Bd. 10.1, S. 383.

30 Vgl. Jacob Grimm, Wilhelm Grimm et al., Deutsches Wörterbuch, Leipzig: Hirzel, 1854–1971, Bd. 4, Abt. I, 5. Teil, Sp. 1245 f., s. v. ›gottesgeistig‹.

31 Bd. 10.1, S. 383.

32 Bd. 10.1, S. 414.

33 Bd. 10.1, S. 414.

Serenus Zeitblom im Zusammenhang mit seinem Bekenntnis zum Philosemitismus ins Feld führt.

Auch schon vor dem *Doktor Faustus*, vor beschlossener ›Endlösung‹ und vor
dem ›Ausbruch‹ des Kriegs, aber bereits nach den Nürnberger Gesetzesbeschlüssen und der sogenannten Reichskristallnacht, hat Thomas Mann aufgehört, mit
seinen jüdischen Figuren an den normaldeutschen Narzissmus der kleinen Differenz zu appellieren. Schon in *Lotte in Weimar* stehen Juden nicht mehr für das
Andere. Sondern sie sind hier schon, in Goethes Auslassungen wie dann wieder
in einer Figurenrede auch des *Doktor Faustus*, die Wesensverwandten der Deutschen; ein in *Lotte in Weimar* mehrfach gezogener Vergleich, der hier wie dort mit
einer Drohung verbunden wird. Die Deutschen, wenn sie es mit »ihrem National-
ismus, ihrem Hochmut, ihrer Unvergleichlichkeitspuschel, ihrem Haß auf Ein-
reihung und Gleichstellung« so weitertrieben, würden in ein »wahrhaft jüdisches
Unglück« geraten.[34] Davon und von der Unterdrückung solcher Stellen in der Verfilmung des Romans später mehr.

1.1.2 Die gesamtdeutsche Verfilmungsgeschichte der Exilromane

Die beiden Exilromane, die im Unterschied zum *Joseph*, zum *Erwählten* oder zum
Felix Krull auch im strengsten Sinn als solche gelten dürfen — weil im *erzwungenen* Exil *begonnen* —, *Lotte in Weimar* also und *Doktor Faustus* eigneten sich denkbar schlecht zur nationalen Selbstgratulation, der die deutschen Thomas-Mann-
Verfilmungen von Anfang an, das heißt seit der Stummfilmzeit zu dienen hatten
und bis in die Gegenwart dienen. Jeder Versuch, sie in diesem selbstgefälligen
und selbstgerechten Sinn zu vereinnahmen, hätte zwangsläufig in eine dilemma-
tische Situation geführt: nämlich zwischen Werktreue und einer nicht zuletzt
durch die Verfilmungsgeschichte erzeugten Publikumserwartung entscheiden,
lavieren, vermitteln zu müssen. Insofern ist es nicht weiter erstaunlich, sondern
war es erwartbar und für dieses Dilemma vielmehr symptomatisch, dass es Jahrzehnte dauern sollte, bis ein erster Exilroman verfilmt wurde. Und diese Verfilmung selbst wiederum ist für das Dilemma in gleich vierfacher Weise bezeichnend. Bezeichnend sind erstens der Zeitpunkt, zweitens die Wahl des verfilmten
Texts, drittens der Ort der Verfilmung und viertens die Kürzungen oder Verkürzungen, die dafür in Kauf genommen wurden.

Erstens: Es war 1975. Das war eine Zeit, da eine schon große Minderheit des
heimischen Publikums die Epoche des Nationalsozialismus bereits nicht mehr

---

34 Bd. 10.1, S. 592.

bewusst miterlebt hatte.[35] Gewählt wurde zweitens ausgerechnet derjenige Roman, der mit dieser Epoche vordergründig gar nichts zu tun haben *konnte*, so wenig wie sonst nur noch *Der Erwählte* oder die Josephsromane. Seine erzählte Zeit kommt mehr als ein volles Jahrhundert vor die sogenannte Machtergreifung zu liegen.

Drittens: *Lotte in Weimar* wurde in der DDR verfilmt. Diese nahm für sich bekanntlich in Anspruch, unter den beiden deutschen Staaten die einzig wahre Alternative zu dem Deutschland zu sein, das Thomas Mann aus dem Exil und mit seinen Exilwerken bekämpft hatte und das man in der DDR in die Nähe der Bundesrepublik zu rücken nicht müde wurde, des Folgestaats des Großdeutschen beziehungsweise des Altreichs.[36] Dennoch aber, viertens, und trotz aller Kontrastbetonung, die man in der DDR diesem Staat und seinem »imperialistischen Kulturbetrieb[]«[37] gegenüber pflegte, tat der Drehbuchautor und Regisseur, und zwar mit dem ausdrücklichen Einverständnis der ihm vorgesetzten Bürokratie, auch hier sein Möglichstes, um alle Erinnerungen an das zu unterbinden, was Thomas Mann ins Exil getrieben hatte.

Das gilt, wie en détail noch zu zeigen sein wird, insbesondere auch für die planmäßige Tabuierung des deutschen Antisemitismus. Hier verfährt der Film *Lotte in Weimar*, um dieses Resultat schon vorwegzunehmen, kein bisschen anders als die bundesrepublikanischen Thomas-Mann-Verfilmungen. Er unterscheidet sich hierin weder von dem halben Dutzend, das ihm vorausgegangen war, noch auch von dem ›guten‹ halben Dutzend, das noch folgen sollte. Auszunehmen ist hier wie gesagt allein die allerletzte, *Heiligendamm*, die, als Ausnahme von der Regel, diese doch auch wieder bestätigt, ein Kurzfilm, ganz am Rande der Kulturindustrie entstanden und so gut wie gar nicht wahrgenommen.

Sich von einem gewissen Teil der deutschen Vergangenheit zu entlasten, war also ein gemeindeutsches Bedürfnis und ist bis heute ein allgemeines geblieben. In seinem Rahmen sind die Verkultungen Thomas Manns und neuerdings seiner ganzen Familie, ja selbst ihrer Wohnstätten zu sehen und erst zu verstehen. (Sogar das zeitweilige »Landhaus von Thomas Mann« hat es jüngst auf einen Poststempel des Ferienorts und Ausflugsziels Bad Tölz geschafft.[38]) Dahin gehört im Übrigen auch die bei alledem weitestgehende Aussparung des jüngeren Bruders,

---

35 Vgl. Statistisches Jahrbuch der Deutschen Demokratischen Republik 20, S. 389.

36 Vgl. Lepsius, Demokratie in Deutschland, S. 199 f., 232–234.

37 Dieter Wolf, Stellungnahme zum Szenarium, 22. November 1973, Bundesarchiv, Berlin-Lichterfelde.

38 S. Abb. 11.

Viktor Manns, eines Mitläufers und Mitmachers, dem Exil und Ausbürgerung erspart blieben.[39]

Die Neigung, das finsterste Kapitel der deutschen Zeitgeschichte auszulassen, trieb erwartungsgemäß dort ihre üppigsten, fragwürdigsten und schamlosesten Blüten, wo das dunkle Kapitel in Manns Exilwerk unmittelbar thematisch, also direkt adressiert wird und nicht nur mittelbar wie in Goethes Monolog über einen x-beliebigen Schurken (oder wie in *Das Gesetz* Moses' Fluch auf ihn[40]), dem die Deutschen sich hingeben, oder in seinen Tischgesprächen über mittelalterliche Pogromexzesse; wobei man nicht vergessen sollte, dass *Lotte in Weimar* zu einer Zeit entstand, da jenes Kapitel noch längst nicht zu Ende geschrieben war: der Krieg noch nicht ›ausgebrochen‹, die ›Endlösung‹ noch nicht beschlossen (und deren Ausmaße auch zur Entstehungszeit des *Gesetzes* noch nicht erahnbar). *Unmittelbar* thematisch sind die NS-Diktatur und ihre schlimmen Folgen nur in einem einzigen Text des fiktionalen Œuvres. Und zwar sind sie es in dem nach Ausweis der wissenschaftlichen Rezeptionsgeschichte wichtigsten Exilwerk, dem letzten Text des Exils auch, sofern man dieses in der oben definierten Weise eingrenzt. Nur im *Doktor Faustus* ist, wenn auch nicht die eigentliche Handlung, so doch die fiktive Erzählzeit in dem Zeitintervall situiert, welches, wie der Romanerzähler durchaus schon zu antizipieren vermag, das Nachkriegsdeutschland so nachhaltig vexieren sollte.

1.1.3 »Gegenwartsgeschehen« im *Faustus*-Roman

Die bald so genannte ›deutsche Katastrophe‹ steckt bekanntlich nicht nur den fiktional-erzählzeitlichen Rahmen des Romans ab; sondern in ihr besteht in gewissem Sinn auch der thematische Perspektivpunkt seiner Binnenhandlung. Dieser gewisse oder vielmehr ungewisse Sinn bildet allerdings das punctum saliens des *Doktor Faustus*. Er hat viel zu reden und zu schreiben gegeben. Und er wird sicherlich auch in Zukunft dafür sorgen, dass die Sekundärliteratur weiter und noch weiter anwächst; handelt es sich hier doch um eine nicht nur noch immer unbeantwortete, sondern eine definitiv gar nicht beantwort*bare* und als solche immer neue Interpretationen hervortreibende Frage: In welchem Verhältnis genau steht die genialische Lebens- und Krankengeschichte des teufelsbündlerischen Komponisten Adrian Leverkühn zu dem, was erst nach dessen geistigem

---

39 Vgl. Yahya Elsaghe, [Rezension zu:] Tilmann Lahme, Die Manns. Geschichte einer Familie; und Manfred Flügge, Das Jahrhundert der Manns, in: Arbitrium 35.1, 2017, S. 128–134, hier S. 133.
40 Vgl. Mann, Gesammelte Werke, Bd. 8, S. 875 f.; ebd. Bd. 11, S. 1071 f.

Zusammenbruch im Mai 1930 in, mit und durch Deutschland passieren sollte, unter der »Herrschaft des Abschaums«?[41] Dabei sorgte Thomas Mann sogar noch im Peritext dafür, dass die Leerstelle hier weit genug klaffte, um alle Deutungsoptionen aufrecht zu erhalten. Für den Waschzettel einer tschechischen Übersetzung des Romans formulierte er es so (noch bevor er mit der Arbeit am Original zu Ende gekommen war): »Ein schrecklich deutscher Roman — *beinahe* der Roman Deutschlands, — das sich dem Teufel verschrieb.«[42]

Wie immer man die Frage beantwortet oder ob man sie auch auf sich beruhen lässt: Auf jeden Fall wird entlang von Leverkühns Künstlerbiographie auch die Vorgeschichte des Nationalsozialismus miterzählt. Und auf der Ebene der fiktiven Erzählzeit sind nicht nur die Kriegsereignisse thematisch; sondern Thema sind notgedrungen auch die Verhältnisse unter der nationalsozialistischen Diktatur — und das von allem Anfang an.

Schon bei seiner »Kartenabgabe«[43] erweist sich der Erzähler Zeitblom als ein von diesen Verhältnissen auch ganz persönlich betroffener Deutscher. Das hat mit seiner Distanzierung vom Nationalsozialismus zu tun. Wie es in einer Einfügung des Manuskripts eigens heißt, habe seine »befremdete Stellung zu den vaterländischen Gewalten eine gewisse Leere um« ihn »geschaffen«,[44] auch beruflich und familiär: familiär in Form eines milden Generationenkonflikts mit seinen Söhnen, die »ihrem Führer« »dienen«;[45] beruflich wegen seiner »Resignation vom Lehramte«.[46] Auf diese sei »nicht ohne Einfluß« gewesen, dass er »in der Judenfrage« oder, seit einer anderen Einfügung in die Handschrift: »*gerade* in der Judenfrage und ihrer Behandlung unserem Führer und seinen Paladinen niemals«, seit einer abermaligen Erweiterung der Handschrift: »niemals *voll* habe zustimmen können«.[47]

Auf die Behandlung der Juden wie auch anderer ›Untermenschen‹ und Ausgegrenzter zielen denn endlich auch Zeitbloms letzte Notate über das »Gegenwartsgeschehen«,[48] in denen Thomas Mann die berüchtigten Aufnahmen des befreiten Lagers Buchenwald abrief, wie sie ihm aus dem *Time Magazine* von Ende

---

41 Bd. 10.1, S. 493; ohne Hervorhebung des Originals.
42 Brief vom 5. August 1946 an Pavel Eisner, in: Dichter über ihre Dichtungen, Bd. 14/III: 1944–1955, S. 68 f., hier S. 69; im Original keine Hervorhebung.
43 Bd. 10.1, S. 16.
44 Bd. 10.1, S. 21.
45 Bd. 10.1, S. 21.
46 Bd. 10.1, S. 17.
47 Bd. 10.1, S. 17; im Original keine Hervorhebung. Vgl. Bd. 10.2, S. 183.
48 Bd. 10.1, S. 729.

April 1945[49] bekannt waren und später fester Bestandteil des kollektiven Gedächtnisses werden sollten. Diese Notate laufen ihrerseits wieder auf einen Vergleich von Juden und Deutschen zu, wie ihn bereits der Goethe von *Lotte in Weimar* ausgezogen oder den Deutschen gewissermaßen angedroht hat:

> Unterdessen läßt ein transatlantischer General die Bevölkerung von Weimar vor den Krematorien des dortigen Konzentrationslagers vorbeidefilieren und erklärt sie — soll man sagen: mit Unrecht? — erklärt diese Bürger, die in scheinbaren Ehren ihren Geschäften nachgingen und nichts zu wissen versuchten, obgleich der Wind ihnen den Stank verbrannten Menschenfleisches von dorther in die Nasen blies, — erklärt sie für mitschuldig an den nun bloßgelegten Greueln, auf die er sie zwingt, die Augen zu richten. Mögen sie schauen — ich schaue mit ihnen, ich lasse mich schieben im Geiste von ihren stumpfen oder auch schaudernden Reihen. Der dickwandige Folterkeller, zu dem eine nichtswürdige, von Anbeginn dem Nichts verschworene Herrschaft Deutschland gemacht hatte, ist aufgebrochen, und offen liegt unsere Schmach vor den Augen der Welt, der fremden Kommissionen, denen diese unglaubwürdigen Bilder nun allerorts vorgeführt werden, und die zu Hause berichten: was sie gesehen übertreffe an Scheußlichkeit alles, was menschliche Vorstellungskraft sich ausmalen könne. Ich sage: unsere Schmach. Denn ist es bloße Hypochondrie, sich zu sagen, daß alles Deutschtum, auch der deutsche Geist, der deutsche Gedanke, das deutsche Wort von dieser entehrenden Bloßstellung mitbetroffen und in tiefe Fragwürdigkeit gestürzt worden ist? Ist es krankhafte Zerknirschung, die Frage sich vorzulegen, wie überhaupt noch in Zukunft »Deutschland« in irgend einer seiner Erscheinungen es sich soll herausnehmen dürfen, in menschlichen Angelegenheiten den Mund aufzutun?
> Man nenne es finstere Möglichkeiten der Menschennatur überhaupt, die hier zu Tage kommen, — deutsche Menschen, Zehntausende, Hunderttausende, sind es nun einmal, die verübt haben, wovor die Menschheit schaudert, und was nur immer auf deutsch gelebt hat, steht da als ein Abscheu und als Beispiel des Bösen. Wie wird es sein, einem Volke anzugehören, dessen Geschichte dies gräßliche Mißlingen in sich trug, einem an sich selber irre gewordenen, seelisch angebrannten Volk, das eingestandenermaßen daran verzweifelt, sich selbst zu regieren, und es noch für das Beste hält, zur Kolonie fremder Mächte zu werden; einem Volk, das mit sich selbst eingeschlossen wird leben müssen, wie die Juden des Ghetto, weil ein ringsum furchtbar aufgelaufener Haß ihm nicht erlauben wird, aus seinen Grenzen hervorzukommen, — ein Volk, das sich nicht sehen lassen kann?[50]

Angesichts solch unumwundener Bezüge zum Gegenwartsgeschehen, zum Führer und seinen Paladinen, zur Behandlung der ›Judenfrage‹ und selbst zu den Kremationsöfen des Konzentrationslagers Weimar-Buchenwald, in denen die ›Endlösung‹ industriell vorangetrieben wurde, — angesichts all dessen erscheint die Verfilmungskarriere des Romans oder das Ausbleiben einer solchen desto erklärlicher. Es kann kein Zufall sein, dass es eine ganze Weile brauchte, bis gerade

---

49 Vgl. Bd. 10.2, S. 855.
50 Bd. 10.1, S. 696 f.

dieser Roman — um es zu wiederholen: sicherlich das chef d'œuvre der Exilzeit, wenn nicht gar des Gesamtwerks — ins Massenmedium des Films transponiert wurde.

1.2 Die Beseitigung des Exilcharakters im Film

1.2.1 Die Seitz GmbH und die Geschichte der deutschen Thomas-Mann-Verfilmungen

Die Transposition des *Doktor Faustus* erfolgte erst zu einer Zeit, da auch das bundesdeutsche Publikum — im Durchschnittsvergleich mit der DDR etwas älter — nur noch zu seiner knappen Hälfte etwa aus solchen bestand, welche die von Zeitblom aufgerufene Gegenwart erlebt hatten.[51] Zu dieser Hälfte gehörte indessen auch der Regisseur, Drehbuchautor und Produzent, Franz Seitz junior — zu unterscheiden, wie erwähnt, von seinem gleichnamigen Vater, der 1933 den Propagandafilm *S. A. Mann* [sic!] *Brand* fabriziert hatte, seinerzeit mit dem Prädikat »besonders wertvoll« geehrt und heute mit gutem Grund ein sogenannter Vorbehaltsfilm. Darin, unter anderem, kommt der Katholizismus wie gehabt schlecht weg; und ein Generationenkonflikt von genau der Sorte, wie er das Haus Zeitblom heimsucht, kann zu Gunsten der Jungen und also der nationalsozialistischen Ideologie beigelegt werden. Diese vermag zu guter Letzt alle Mannsbilder zu überzeugen; und deren einem hilft sie obendrein, sich zu ermannen. Es ist nun endlich Manns genug, einen Hausdrachen von Gattin — eine praktizierende Katholikin — in die Schranken einer dienenden Hausfrau zurückzuzwingen.

Selbstverständlich darf niemand den Kindern die Missetaten der Väter anlasten. Dennoch kann einen hier der bestimmte Eindruck beschleichen, dass Seitz Vater und Sohn in einem unguten Sinn repräsentativ sind für eine notorische Art bundesdeutscher Vergangenheitspolitik und für die mentalitären Konstanten, die damit einhergingen. Insofern ist es vielleicht doch auch erwähnenswert, dass es nach dem Krieg der Sohn war, der den letzten Film des Vaters produzierte.[52]

Sei dem, wie ihm wolle: Franz Seitz der Jüngere, Jahrgang 1921 und Träger des Eisernen Kreuzes, war, wie verschiedentlich und zuletzt an *Wälsungenblut* gesehen, in der Geschichte der bundesdeutschen, zumal der von Bayern aus be-

---

51 Vgl. Statistisches Jahrbuch 1982 für die Bundesrepublik Deutschland, Stuttgart und Mainz: Kohlhammer, 1982, S. 59.

52 Vgl. Franz Seitz Filmproduktion, Spielfilme, http://www.franzseitz.de/filme.html [Zugriff: 1. Juni 2017].

triebenen »Filmpolitik«[53] kein unbeschriebenes Blatt. Das gilt besonders für Literaturverfilmungen. Und hier wiederum gilt es ganz besonders für die filmische Aufbereitung von Thomas Manns Erzählwerk, das in der deutschen Nachkriegszeit, um es nochmals zu wiederholen, so häufig verfilmt wurde wie kein zweites der Moderne. Ohne Übertreibung darf man von Seitz jr. sagen, er habe die Geschichte der Thomas-Mann-Verfilmungen seinerzeit schon seit Jahrzehnten maßgeblicher geprägt als jeder andere — weit maßgeblicher auch als zuvor, in den Fünfzigerjahren, Hans Abich mit der Filmaufbau GmbH, der zwar an ebenso vielen Produktionen beteiligt war, insgesamt fünfen. Aber Abich hat an keinem Drehbuch geschrieben und sich, nach Seitz' Dafürhalten »zu weich«,[54] »nie so mit den Dingen befasst«.[55]

Seitz dagegen, für seine eigene ›harte‹, mit einem Kriegsorden versehene Person und seinem unter Kollegen offenbar »fürchterlichen Ruf« gemäß,[56] hatte militärisch klare Hierarchievorstellungen. Regisseure, wenn er diese Funktion in Personalunion nicht gleich selber übernahm — wie beim *Doktor Faustus*, nachdem er Johannes Schaaf kurzerhand entlassen hatte —,[57] waren für ihn bloß »Erfüllungsgehilfe[n] [...] des Produzenten«; »so handhabe« er »das«.[58]

Kraft seines Selbstverständnisses als Literaturverfilmungsspezialist, »der sich« nach seiner eigenen Einschätzung »gut mit Thomas Mann auseinandersetzt[e]«,[59] war er also mit der Seitz GmbH, München, in verschiedenen Funktionen *federführend* an den bis dato meisten bundesdeutschen Thomas-Mann-Verfilmungen beteiligt, sei es nur als Produzent oder sei es auch als Drehbuchautor und Regisseur: nur als Produzent an *Tonio Kröger* und *Der Zauberberg*; auch als Drehbuchautor an *Wälsungenblut*; als Produzent, Drehbuchautor und Regisseur an *Unordnung und frühes Leid* wie dann eben zu guter Letzt auch wieder am *Doktor Faustus*.[60] Dabei erhob Seitz nicht unbescheidene Ansprüche auf Werktreue, wenn nicht auf Kongenialität. Er wollte »möglichst nahe herankommen« an den Autor und dessen Werk.[61] Dieser Zweck heiligte auch die albernsten Mittel. So gab Seitz ohne erkennbare Ironiesignale zu Protokoll, er hätte »den *Faustus* 20 Jahre

---

53 Strauß, Plädoyer für die Zukunft des deutschen Films, S. 22.
54 Zander, »Man muss sich auch dem Autor nähern, nicht nur dem Werk«, S. 232.
55 Zander, »Man muss sich auch dem Autor nähern, nicht nur dem Werk«, S. 229.
56 Zander, »Das Publikum versteht Thomas Mann auch im Kino!«, S. 224.
57 Vgl. Zander, »Man muss sich auch dem Autor nähern, nicht nur dem Werk«, S. 234 f.
58 Zander, »Man muss sich auch dem Autor nähern, nicht nur dem Werk«, S. 234.
59 Zander, »Man muss sich auch dem Autor nähern, nicht nur dem Werk«, S. 226.
60 Vgl. Zander, Thomas Mann im Kino, S. 273, 275–277.
61 Zander, »Man muss sich auch dem Autor nähern, nicht nur dem Werk«, S. 235.

vor dem Film gelesen und danach nie wieder ganz«.[62] Dafür aber, um sich angemessen vorzubereiten, habe er sich bei seinen Partiallektüren durch die *Entstehung des »Doktor Faustus«* inspirieren lassen. »Wenn es da etwa hieß, dass Thomas Mann nach dem Kaffee das 23. Kapitel schrieb, dann habe« er, Seitz, »nach dem Kaffee das 23. Kapitel aufgeschlagen.«[63] Er »habe [s]ich also in die Stimmung versetzt, das Verwertbare selektiert und neu geordnet.«[64] Das offenbar verstand er unter einer ›guten Auseinandersetzung‹ mit dem Autor.

Bei aller also auch sehr stimmungsabhängiger Selektion und Neuordnung des Verwertbaren verfolgten die aus dem Hause Seitz gekommenen Filme aber wie erinnerlich eine genau angebbare Absicht. Sie hatten sich darin bewährt, dem deutschen Filmpublikum seinen Thomas Mann so zu servieren, als hätte es all das nie gegeben, worauf der innere Emigrant Zeitblom wieder und wieder anspielt, wann immer er von der fiktiven Erzählzeit schreibt. Noch mit der Verfilmung von *Wälsungenblut* glaubte Seitz ja, dem Gebot der Werktreue Genüge getan zu haben. »Selbst bei« der »großen Umwandlung, im *Wälsungenblut* keine jüdische Familie darzustellen«, wollten Seitz keine Skrupel oder gar Selbstzweifel beschleichen. Auch hier, so Seitz, »blieb der Film Thomas Mann gerecht«.[65]

1.2.2 Individual- und Künstler- versus Gesellschafts- und Zeitroman

Wie also fast nicht anders zu erwarten, scheute der im Krieg dekorierte Franz Seitz auch bei seiner Verfilmung des *Doktor Faustus* keinen Aufwand, die Hinweise auf die Zeitgeschichte und ihre schändlichsten Aspekte zu sanieren, nachdem er sich im österreichischen Skiurlaub einmal zu dem Unternehmen entschlossen hatte. »Die endgültige Entscheidung« dafür sei »Ostern« gefallen, am »8. April 1979«.[66] Diese ihre doppelte Datierung ist umso verräterischer, als sie so gar nicht stimmen kann. Denn der 8. April fiel 1979 auf gar keinen Osterfeier-, sondern ›nur‹ auf den Palmsonntag.[67] Die heilsgeschichtliche Hochstilisierung des dezisionistischen Akts scheint also gegen die leidigen Tatsachen des Kirchenkalenders gesucht und gewollt zu sein:

---

62 Zander, »Man muss sich auch dem Autor nähern, nicht nur dem Werk«, S. 231.
63 Zander, »Man muss sich auch dem Autor nähern, nicht nur dem Werk«, S. 231.
64 Zander, »Man muss sich auch dem Autor nähern, nicht nur dem Werk«, S. 231.
65 Zander, »Man muss sich auch dem Autor nähern, nicht nur dem Werk«, S. 235.
66 Franz Seitz, Teufelslachen löst Lawinen aus, in: Gabriele Seitz (Hg.), *Doktor Faustus*. Ein Film von Franz Seitz nach dem Roman von Thomas Mann, Frankfurt a. M.: Fischer, 1982, S. 113–131, hier S. 113.
67 Freundlicher Hinweis von Elias Zimmermann, Bern, vom 21. Dezember 2018.

Doktor Faustus. Ferner [scil. der ›Gurgler Ferner‹, ein Gletscher in Südtirol]. Teufelsbegeg-
nung.
Totale. (Ton geflüstert, nah.)
Teufelslachen löst Lawinen aus.
Beurteilung der Lage und Entschluß:
Wird gemacht!
Obergurgl, 8. April 1979.[68]

Was immer mit der Lage und der Beurteilung gemeint sein mag, der er sie mit
dem militärischen Schneid eines ausgezeichneten Kriegers und an einem so
denkwürdigen Tag des Kirchenjahrs unterzogen haben wollte; und unabhängig
davon, ob jeweils einfach nur Ignoranz oder bewusstes Kalkül und Rücksicht auf
das zahlende Publikum mit im Spiel war: So oder so hat Seitz den Spät- und Exil-
werkcharakter des *Faustus*-Romans sehr weitgehend annulliert. Das lassen
schon die Selbstkommentare befürchten, die er abgegeben zu haben scheint, als
ihn der Freistaat Bayern ehrte als »erfolgreichsten deutschen Produzenten«[69] und
»eine der produktivsten Persönlichkeiten im deutschen Film«. Geehrt wurde er
mit dem Bayerischen Filmpreis »für seine hervorragenden Leistungen bei der filmischen Umsetzung« des *Zauberbergs* »und ebenfalls« des *Doktor Faustus*, für
seinen »Mut« auch, »schwierige literarische Vorlagen dem Film zu erschließen«.[70] Zu ihrem handfest-ökonomischen Teil bestand die Ehrung in einem sehr
fetten Preisgeld, nächst dem Deutschen Filmpreis dem höchsten der Bundesrepublik.

Das war in den Achtzigerjahren, nota bene zur Blütezeit des Dekonstruktivis-
mus, als sich der ›Tod des Autors‹ eigentlich schon hätte herumgesprochen haben müssen. In einer Broschüre, die den Film *Doktor Faustus* und den sich daran
bewährenden »Mut« feierte — ein hierin ad nauseam wiederholtes Prädikat —,
stand unter anderem zu lesen:

Eine Schwierigkeit bei jeder Literaturverfilmung ist, den Stoff zu komprimieren, ihn dabei
zu selektieren, ohne ihn aber zu verfälschen. [...] Es ist häufiger diskutiert worden, ob nicht
etwa Arnold Schönberg hinter der Gestalt des Adrian Leverkühn stünde, der Erfinder der
Zwölf-Ton-Musik. Thomas Mann, der in seinem Roman eine Fülle von Andeutungen über
[sic!] Parallelen zwischen Leverkühns Hybris und die [sic!] Hybris des Dritten Reiches gelegt

68 Seitz, Teufelslachen löst Lawinen aus, S. 113.
69 Anonyma [Margarete von Schwarzkopf], Die Preisträger, in: Bayerisches Staatsministerium
für Unterricht und Kultus (Hg.), Der Bayerische Filmpreis '82, '83, '84, München: Olzog, 1985,
S. 8–13, hier S. 8.
70 Anonyma [Margarete von Schwarzkopf], Franz Seitz. Produzentenpreis: *Doktor Faustus* und
Der Zauberberg, in: Bayerisches Staatsministerium für Unterricht und Kultus (Hg.), Der Bayerische Filmpreis '82, '83, '84, S. 26–33, hier S. 26.

hatte, war selbst später immer mehr von der Deutung seines ›Doktor Faustus‹ als speziell deutsche Daseinsverfehlung abgerückt. Er wollte, daß man Leverkühn als Repräsentanten der modernen Kunst überhaupt sähe, seine Musik als Ausfluß jenes satanischen Nihilismus und jener mephistophelischen Amoral, die ihre Schatten sehr deutlich über die moderne Kultur werfen. Seitz wählte als Film-Musik keine Motive Schönbergs, sondern Musik von Benjamin Britten.[71]

Dem Resultat, auf das diese mutmaßlich von Seitz selber eingeblasenen Auslassungen zulaufen, kann man freilich eine gewisse Anerkennung nicht absprechen. In Hinblick auf die Musik muss man ihrem panegyrischen Tenor wohl oder übel beipflichten, sowohl was die source music als auch was die score music betrifft. Sowohl der diegetische Bild- als auch der extradiegetische Fremdton aus dem Œuvre Benjamin Brittens sind hier wirklich klug und geschickt gewählt,[72] wie Rolf Wilhelm im Übrigen sogar dort, wo er nicht auf Britten zurückgriff, die schwierige Aufgabe staunenswert gut meisterte, Leverkühns Kompositionen aus Zeitbloms Beschreibungen selber in konkrete Musik umzusetzen.[73]

Zur Zeit zwar, als er den *Doktor Faustus* schrieb, kannte Mann Benjamin Britten nur dem Namen nach. Er hatte sich Britten, mit dem sein Sohn Golo sogar einmal in einer WG avant la lettre zusammen wohnte, »›wilder‹ vorgestellt«, als er sich dann erweisen sollte, »in der Harmonik überraschend gemäßigt«.[74] Also erst post festum von Ida Herz und einer mit dieser befreundeten Journalistin auf Brittens »sensitive, kluge, originelle Musik« aufmerksam gemacht,[75] musste er selber anerkennen, wie ähnlich sie den im Roman beschriebenen »Musik-Phantasieen« [sic!] sei.[76] Dabei beruhe diese »Verwandtschaft« auf keinem bloßen »Zufall«, sondern auf einer »Coinzidenz, die bestimmt ihre tieferen Gründe in unserer Zeitgenossenschaft hat«.[77] Eines der »Lieder von Britten [...] könnte wohl von Adrian sein«,[78] steht im Tagebuch; und in einem Brief an jene Journalistin,

---

71 [Von Schwarzkopf], Franz Seitz, S. 32.

72 Doktor Faustus (R: Franz Seitz, BRD 1982), 01:12:59, 01:16:10, 01:28:01, 01:46:51. Vgl. Rolf Wilhelm, Musik von Kaisersaschern, in: Gabriele Seitz (Hg.), *Doktor Faustus. Ein Film von Franz Seitz nach dem Roman von Thomas Mann*, Frankfurt a. M.: Fischer, 1982, S. 132–147, hier S. 144–146.

73 Vgl. Wilhelm, Musik von Kaisersaschern, S. 136, 143.

74 Brief vom 10. März 1948 an Heidi Heimann, in: Thomas Mann, Briefe, hg. v. Erika Mann, Bd. 3: 1948–1955 und Nachlese, Frankfurt a. M.: Fischer, 1965, S. 28.

75 Brief vom 10. März 1948 an Heidi Heimann, in: Mann, Briefe, Bd. 3, S. 28.

76 Brief vom 16. Januar 1948 an Ida Herz, Thomas-Mann-Archiv der ETH-Bibliothek, Zürich.

77 Brief vom 16. Januar 1948 an Ida Herz.

78 Tagebucheintrag vom 1. April 1948, in: Mann, Tagebücher 1946–1948, S. 243.

Heidi Heimann: »Jedenfalls könnte Adrian Leverkühn ganz froh sein, einige dieser Stücke [...] gemacht zu haben.«[79]

Kein Zweifel, dieser Satz ratifiziert sozusagen die Werktreue der Filmmusik. Darauf eigens hinzuweisen ließ sich Seitz denn auch nicht nehmen. Seine Tochter habe diese »Trouvaille«, die man freilich auch schon in der ersten Sammlung der Briefe hätte nachlesen können, »im Thomas-Mann-Archiv [...] gefunden«.[80] Hingegen entging Seitz Vater und Tochter offenbar eine Briefstelle, an der die beiden womöglich ihre noch hellere Freude gehabt hätten. Denn Thomas Manns eigene Tochter Monika, eine gescheiterte Musikerin, hatte diesen »vor Kurzem« (das muss heißen Ende 1947 oder Anfang 1948) schon wissen lassen, »daß aus dem *Faustus*-Roman ein vorzüglicher Film gemacht werden könne und daß, wenn er zustande käme, Benjamin Britten die Musik dazu schreiben müsse.«[81]

Die Filmmusik also in allen Ehren. Was aber über den *Faustus*-Roman zuvor im Brustton literarischer Fachmännlichkeit zum Besten gegeben wird, auch abgesehen von den grammatischen und idiomatischen Schnitzern, könnte Zeile für Zeile falscher nicht sein.

Es wurde nie und musste nicht »häufiger diskutiert« werden, »ob nicht etwa Arnold Schönberg hinter der Gestalt des Adrian Leverkühn stünde«. Thomas Mann sah sich genötigt, das Verhältnis zwischen Leverkühn und Schönberg noch innerhalb des Primärtexts oder doch in einem daran engstens angeschlossenen Peritext selber zu klären. Gemeint ist damit die notorische Schlussnotiz,[82] zu der ihn Schönberg alias Hugo Triebsamen mit der Anschuldigung veranlasst hatte, er, Mann, habe sich im *Doktor Faustus* an seinem, Schönbergs, geistigen Eigentum vergriffen.

Ganz und gar falsch ist auch, dass »Thomas Mann [...] selbst später immer mehr von der Deutung seines ›Doktor Faustus‹ als speziell deutsche Daseinsverfehlung abgerückt« sei — wer und was auch immer mit dem Ernst-Niekisch-Zitat von der »Daseinsverfehlung« angesprochen sein soll: die Person des als »Doktor Faustus« bezeichneten Protagonisten, von dem man allerdings schwerlich behaupten kann, dass er seine Berufung zu einem genialen Dasein verfehlt habe; oder die im Roman miterzählte Geschichte und Vorgeschichte des ›Dritten Reichs‹, auf welches Niekisch den Begriff oder die Floskel 1946 in der Tat gemünzt hatte.[83] Aber selbst wenn es stimmte, dass Thomas Mann »immer mehr«

---

79 Brief vom 10. März 1948 an Heidi Heimann, S. 28.

80 Vgl. Zander, »Man muss sich auch dem Autor nähern, nicht nur dem Werk«, S. 235.

81 Brief vom 16. Januar 1948 an Ida Herz.

82 Bd. 10.1, S. 740.

83 Ernst Niekisch, Deutsche Daseinsverfehlung, Berlin: Aufbau, 1946.

von einer solchen Deutung abrückte und dass er den Roman anders gesehen haben »wollte«: Was wäre damit eigentlich gewonnen? Ist die Deutung, die ein Autor seinem Text »später« gibt, im Nachhinein und post factum, in irgendeiner Weise verbindlicher als diejenige, die er ehedem aus geringerem zeitlichen Abstand dazu formulierte? (Man vergleiche hierzu etwa die Schutzbehauptungen eines nach Jahrzehnten abgegebenen Autorkommentars zur angeblich vollkommen harmlosen »story The Blood of the Walsungs«.[84] Davon später.)

Die Abstrusität des ganzen Arguments sowie der Umstand, dass es obendrein auf den tönernen Füßen einer kreuzfalschen Behauptung steht, lässt sehr tief blicken. Sie lässt etwas von der Mühe erkennen, die Seitz d. J. und seine Feiergemeinde mit dem verfilmten Text hatten. Denn es ist hier ja ganz offensichtlich darum zu tun, den Film vor dem Roman und den Roman vor sich selbst, vor seinen eigenen »Andeutungen« in Schutz zu nehmen. Unter Berufung auf angebliche, wenn auch bloß nachträgliche Sinngebungen durch den Autor höchstselbst, die völlig unbelegt bleiben, wird das Romanthema redefiniert: Es gehe im *Doktor Faustus* um die »moderne Kunst überhaupt«, um den »satanischen Nihilismus und die mephistophelische Amoral« derselben, ergo um keine »speziell deutsche Daseinsverfehlung«, ergo nicht um die schlimmen Spezialitäten der deutschen Geschichte und ergo auch nicht wirklich um das ›Dritte Reich‹ und seine fürchterliche Hybris.

Der Zeit- und Gesellschaftsroman, welcher der *Doktor Faustus* qua Exilwerk selbstverständlich *auch* ist, wird damit auf einen reinen Ideen-, Individual-, Künstler- oder kunstphilosophischen Roman heruntergestuft oder ›komprimiert‹. Durch diese Verkürzung hat Seitz den *Doktor Faustus* von seinem Exilcharakter befreit. Denn um Kunst und Künstler, ja selbst um deren Amoral geht es geradeso schon in *Tonio Kröger*, im *Tod in Venedig* oder selbst, wenigstens am Rand, in *Königliche Hoheit* (in der Figur des Dichters Axel Martini, die Braun sich und seinem Publikum in der Verfilmung schenkte).

Seitz hat den späten Roman dem angeglichen, was man von einem Thomas Mann ohnedies und immer schon erwartet hätte. Gegeben war ein solcher Erwartungshorizont besonders dort, wo man Thomas Mann mit dem verwechselte, was zumal die westliche Germanistik aus ihm gemacht hatte in ihrem monomanischen Interesse an »estätischem Gehalt« — so kalauerte seine Tochter Erika[85] —, oder gar mit dem, was von der bundesrepublikanischen Filmindustrie unter dem

---

84 Brief vom 25. Oktober 1940 an Lulla Adler, in: Dichter über ihre Dichtungen, Bd. 14/I: 1889–1917, S. 229 f., hier S. 229. Vgl. auch Bd. 2.2, S. 328.
85 Erika Mann, Brief vom 31. März 1957 an Kurt Hoffmann.

Label Thomas Mann bis dato gerade auch aus dem Hause der Seitz GmbH geliefert worden war.

1.2.3 Katholiken und Schweizer

Eines muss man Seitz also zu Gute halten. Mit seiner Einebnung der spezifischen
Differenzen zwischen Spät- und übrigem Gesamtwerk befand er sich in vielleicht
nicht der allerbesten, aber doch in großer Gesellschaft. Er verstärkte letztlich
bloß eine Stoßrichtung der wissenschaftlichen Rezeption; bestand doch der Ehrgeiz auch manch eines deutschen Thomas-Mann-Forschers, ob daheim oder in
Übersee, vor vielem anderen darin, Konstanzen und Homogeneitäten des Gesamtwerks mehr oder auch weniger scharfsinnig herauszuarbeiten[86] — ein Ansatz, der dadurch natürlich nicht stichhaltiger wird, dass ihn uns der Autor in
seinen späteren und späten Selbstkommentaren selber soufflliert hat[87] und zu
soufflieren vielleicht, wer weiß, seine besonderen Gründe hatte. Denn bei solch
einem voreingenommen-holistischen Blick auf das Gesamtwerk, der wesentlich
vom Profil des Exilautors Mann geprägt war, fiel es umso leichter, gewisse problematische Einschlüsse der frühen und frühesten Texte zu übersehen.

Man darf daher einem blutigen Laien wie Seitz kaum zum Vorwurf machen,
dass ihm beispielshalber für die erwähnten Umwertungen, sei es der Katholiken
oder auch der Schweizer, das gehörige Sensorium fehlte. Der deutsche Katholizismus, wie ihm Mann im *Doktor Faustus* jene besondere, vergleichsweise neue
und ungewöhnlich noble Seite abgewann, kommt in der Verfilmung nicht oder
nur nebenher vor. Zeitbloms katholische Konfession ist aus keinem Wort, keiner
Geste, keinem Requisit ersichtlich. Im Haus Schweigestill hängt nirgends ein Kruzifix. Nur an Else Schweigestills Halskettchen ist in ein paar wenigen, je nur sehr
kurzen Einstellungen ein goldenes Kreuzchen zu sehen.[88] Und ihre Magd erwähnt
einen »Kaplan«, der sich vor dem — natürlich desto unheimlicheren — Hofhund
gefürchtet habe.[89]

---

86 Vgl. z. B. Eckhard Heftrich, »In my beginning is my end«. Vom *Kleinen Herrn Friedemann* und
Buddenbrooks zum *Doktor Faustus*, in: Thomas Mann Jahrbuch 11, 1998, S. 203–215; ders., *Buddenbrooks* – der Jahrhundertroman, in: Manfred Eickhölter und Hans Wißkirchen (Hgg.), *Buddenbrooks*. Neue Blicke in ein altes Buch. Begleitband zur neuen ständigen Ausstellung »Die
Buddenbrooks — ein Jahrhundertroman« im Buddenbrookhaus, Lübeck: Dräger, 2000, S. 10–21,
hier S. 17 f.; auch Wysling, Narzißmus und illusionäre Existenzform, S. 67, 289.
87 Vgl. z. B. Mann, Gesammelte Werke, Bd. 13, S. 135 f.
88 Seitz, Doktor Faustus, 01:01:25, 01:03:09.
89 Seitz, Doktor Faustus, 01:00:08; ders., Doktor Faustus. Drehbuch, S. 73.

Der Teufelsbündler Leverkühn dagegen, an dem und an dessen Antagonismus zu seinem katholischen Freund der Roman die Affinität von Reformation und Nationalsozialismus doch gerade vorzuführen und zu plausibilisieren sucht, scheint bei Seitz zunächst kein geborener Protestant mehr zu sein, sondern ein Konfessionsgenosse Zeitbloms. Das jedenfalls könnte einem eine frühe Szene suggerieren, »Dom zu [sic!] Kaisersaschern (1898)«.[90] Darin fragt ein Mönch (mit österreichischem Akzent) den jungen Adrian: »Willst du beichten?«[91] Hernach einmal ausdrücklich nach seiner Konfession gefragt, bekennt er sich allerdings doch zum Protestantismus.[92]

Hat sich demnach die positive Besetzung des Katholizismus, auf dessen Einzugsgebiet die Seitz GmbH ja operierte, allenfalls in minimen Spuren erhalten, steht es mit der Repräsentation der Schweiz und der Schweizer vollends nicht mehr so wie im Roman. Vielmehr ist die Verfilmung des späten Romans hier vollkommen konform mit den älteren Teilen des Gesamtwerks. Leverkühns Abstecher nach Zürich, wo er im Roman immerhin seine große Liebe kennenlernt, fällt zur Gänze weg. Dem entsprechend gibt es keine Hinweise darauf, dass diese Liebe, Marie Godeau, nicht etwa aus Frankreich, sondern aus der Westschweiz stammt.

Hingegen bleiben die Rollen der Schweiz*er* als solche immerhin stehen, die Rollen zumal des Johannes Schneidewein und seines Jüngsten. Den im Roman »sehr gut[]« aussehenden Vater Schneidewein spielt sogar ein waschechter Deutschschweizer. Es ist zwar kein Berner, aber immerhin doch ein Zürcher. (Dabei vermochte Thomas Mann, obgleich er auf die Berner Herkunft der Familie aus guten Gründen Wert gelegt hat,[93] die beiden ganz verschiedenen Dialekte für sein Teil nicht auseinanderzuhalten. Er ließ den kleinen Schneidewein im Roman denn statt Bern- das ihm vertraute Zürichdeutsch reden.[94])

Gespielt wurde Schneidewein von Michael Gempart. Gempart stellte zur selben Zeit zum Beispiel auch einen der beiden abgerissenen Landstreicher in Samuel Becketts *Warten auf Godot* dar; ein Part, für den man schwerlich nach einem Beau suchen würde. Den Eindruck eines »sehr gut[]« oder auch nur gut aussehenden Mannes hinterlässt dieser Johannes Schneidewein denn keines-

---

90 Seitz, Doktor Faustus. Drehbuch, S. 37.

91 Seitz, Doktor Faustus, 00:11:16; ders., Doktor Faustus. Drehbuch, S. 39.

92 Vgl. Seitz, Doktor Faustus, 00:16:36.

93 Vgl. Yahya Elsaghe, »Gute Augen, [...] gute Rasse«. Zur Aufwertung des Schweizer-Stereotyps in Thomas Manns Spätwerk, in: German Quarterly 74.3, 2001, S. 278–293, hier S. 284–289; ders., Thomas Mann und die kleinen Unterschiede, S. 51–65.

94 Vgl. Elsaghe, Exil und Stereotypen, S. 127; ders., Thomas Mann und die kleinen Unterschiede, S. 52.

wegs — jedenfalls nicht bei der übergroßen Mehrheit der Berner Studentinnen und Studenten, die zu diesem Zweck in geheimer Abstimmung befragt wurden. Vielmehr scheint die Besetzung und die konkrete Realisation der Rolle vom altbekannten Heterostereotyp des betulich-trottelhaften Deutschschweizers geleitet gewesen zu sein. Vater Schneidewein redet hier schlimmer als ein Emil Steinberger auf den bundesdeutschen Kabarettbühnen. Er spricht ein stark übertriebenes Schweizerhochdeutsch, mit eben erkennbar zürcherischer und keinesfalls mit »Berner« Färbung; abgesehen allenfalls davon, dass er seinen »Herr[n] Schwager« in der zweiten Person Plural anredet.[95] Außer diesem Ihrzen aber findet sich unter den paar wenigen Worten, die er sagen darf, kein einziger der Archaismen, die es Leverkühn oder wenigstens dem Erzähler und Philologen Zeitblom im Roman so sehr antun.

Der Faktor des Archaischen, Mittelalterlichen, Vorreformatorischen, der das Schweizerdeutsche vom Neuhochdeutschen im Roman geradezu dem Code von Heil und Verdammnis entlang scheidet, entfällt insbesondere auch bei den Sätzen, die Seitz den Sohn Schneidewins sprechen lässt. In Nepomuk ›Echo‹ Schneidewins direkten Reden fehlen von Beginn weg alle Helvetismen. So sagt der Knabe Echo, in einer Hosen- oder Höschenrolle von einem französischen Mädchen gespielt, das aber ein lupenrein-akzentfreies Hochdeutsch spricht, bei seinem ersten Auftritt brav standarddeutsch »Begegnung«,[96] nicht etwa »Begegnig«.[97] Die paar mittelhochdeutschen Archaismen, die in den Filmdialogen stehenbleiben, »nit«,[98] »swelch«,[99] »Rein« und »erkickt«,[100] sind deshalb auch beim besten Willen nicht mehr motivier- und anschließbar.

Während jedoch solche Unsorgfältigkeiten und die Ahnungslosigkeit, die ihnen zugrunde liegt, insofern wie gesagt verzeihlich sind, als es selbst die fachzünftigen Experten seinerzeit auch noch nicht besser wussten, gibt Seitz' Verfilmung des *Doktor Faustus* in anderer Hinsicht wiederum einen nun wirklich bedenklichen, nein empörenden Mangel an Problembewusstsein zu erkennen. Gemeint sind die Stellen, an denen der Roman auf die Zeitgeschichte verweist. Bei seiner Lagebeurteilung und vor oder nach der soldatisch-schmissig gefällten Entscheidung, »Wird gemacht!«, scheint Seitz keinen einzigen Gedanken daran verschwendet zu haben, wie man *verantwortungsvoll* mit diesen auch für einen

---

95 Seitz, Doktor Faustus, 00:45:50.
96 Seitz, Doktor Faustus, 01:31:11.
97 Bd. 10.1, S. 670.
98 Seitz, Doktor Faustus, 01:36:12.
99 Seitz, Doktor Faustus, 01:33:52.
100 Seitz, Doktor Faustus, 01:33:32.

noch so naiven Leser unübersehbaren Stellen verfahren könnte. Das betrifft nicht den Weltkrieg nur, auch die Voraussetzungen und Folgen desselben, soll heißen den Nationalsozialismus und die in seinem Sinn betriebene Vernichtungspolitik, besonders den Genozid an den europäischen Juden.

1.3 Die Entlastungsstrategien der Verfilmung

1.3.1 Die Repräsentation des Zweiten Weltkriegs und die Viktimisierung der Deutschen

Das einzige Problem, das sich Seitz dem Jüngeren gestellt zu haben scheint und auf das er jedenfalls coram publico zu sprechen kam, war technischer Herkunft. Es bestand in »Thomas Manns eigentümliche[r] Montagetechnik«.[101] Darunter scheint er indessen nur eben das Verhältnis von Rahmenerzählung und Binnen-handlung verstanden zu haben. Gelöst hat er das Problem so:

In Farbe wird die eigentliche Künstlervita gespielt. Sie erstreckt sich annalis-tisch einigermaßen treu zur Vorlage von 1885 bis 1940 — nur mit anderen Mo-natsdaten: Leverkühn soll wie Friedrich Nietzsche,[102] sein überdeutlich erkenn-bares Modell, am »15. Oktober«[103] zur Welt gekommen sein und nicht, wie der Leverkühn des Romans (und dessen Autor), zur Zeit der Lindenblüte. Und aus einer geradeso gut nachvollziehbaren Überlegung heraus muss er im Film zwei Monate früher sterben als im Roman. Im Roman erhält Zeitblom die Nachricht vom Tod seines Freunds am 25. August — Nietzsches Todesdatum — 1940.[104] Im Film jedoch datiert die Einladung zu seinem Begräbnis vom 25. *Juni*. Das war der Tag, an dem der zweite Waffenstillstand von Compiègne in Kraft trat, geschlossen am 22. Juni und als der zweite eigens inszeniert, als Revanche für die Schmach des ersten vom 11. November 1918. So kann der Film-Zeitblom auf seiner Zugs-fahrt zur Bestattung des Verstorbenen den siegreich heimkehrenden Wehr-machtssoldaten begegnen. Hierbei kommt er nicht darum herum, deren Sieges-taumel mitzuerleben.

Den Erzählrahmen hingegen, innerhalb dessen Leverkühns Biographie im Roman von Freising aus erzählt wird — Mai 1942 bis Frühjahr 1945 —, hat Seitz in Form von, je nach Fassung, fünf oder sechs Schwarz-Weiß-Sequenzen umgesetzt.

---

101 Seitz, Teufelslachen löst Lawinen aus, S. 113.
102 Freundlicher Hinweis von Elias Zimmermann, Bern, vom 21. Dezember 2018.
103 Seitz, Doktor Faustus, 00:16:12; ders., Doktor Faustus. Drehbuch, S. 42.
104 Vgl. Bd. 10.1, S. 738.

Diese bestehen zum größten Teil aus historischem Filmmaterial. Gleichwohl ist auf einigen davon auch der Erzähler mit zu sehen.

Die zweite, dritte und, wieder je nach Fassung, fünfte der Schwarz-Weiß-Sequenzen sind im Drehbuch als Einfügungen eigens gekennzeichnet: »Einfügung I (1942)«;[105] »Einfügung II (1942)«;[106] »Einfügung III (1943)«.[107] (»Einfügung III« wird dann in der kürzeren Fassung wegfallen.) Die letzte Schwarz-Weiß-Einstellung, »Ruinenlandschaften«,[108] bildet zugleich das Ende des Films. Die vierte, eine auf »1915« datierte Zukunftsvision, zeigt »Bilder[]« von »der deutschen Niederlage in Stalingrad«.[109] Die erste Szene beziehungsweise die ersten Szenen in Schwarz-Weiß sind Teil des Vorspanns. (In der DVD-Fassung geht diesem in einer Art Ring-Komposition die Farbszene von Leverkühns endlichem Zusammenbruch schon einmal voraus.) Diese Szene oder Szenen sind je nach Fassung unterschiedlich lang: Entweder zeigen sie nur einen »britische[n] Bomberverband«, »*Dürers Kupferstich ›Die Melancholie‹*«[110] und einen deutschen »Kellerraum«; oder aber auch noch, in der Kinofassung (zwischen Bombern und Kupferstich), »Das Schlachtfeld von Charkow 1942«, allem voran — in Farbe — einen Marionettenspieler, der mit einer Faust- und einer Mephistopheles-Puppe den berühmten »Teufelspakt« inszeniert[111] (und an dessen Stelle in der DVD-Fassung also die Antizipation der Schlussszene tritt). — Von der einst vorletzten Schwarz-Weiß-Einfügung (»1943«), die und weil sie in der kürzeren Fassung des Films entfallen würde, erst später noch mehr.

Die Schwarz-Weiß-Sequenzen, einschließlich dieser dann herausgeschnittenen, decken so die fiktive Erzählzeit auch des Romans ziemlich genau ab, von 1942 (im Roman 27. Mai), als der Krieg für Deutschland noch gewinnbar schien, bis Frühjahr 1945, als er verloren wurde oder war. Die ersten Schwarz-Weiß-Szenen, wie aus der im Drehbuch expliziten Datierung des »Schlachtfeld[s] von Charkow« hervorgeht, »1942«, hat man sich zu der Zeit zu denken, da der Zeitblom des Romans zu schreiben beginnt. Denn von den vier in Charkow ausgetragenen Schlachten muss hier die zweite gemeint sein, die Deutschland am 28. Mai 1942 gewann. In dasselbe Jahr 1942 fallen die nächste und übernächste Schwarz-Weiß-Sequenz, die genau datierbare Versenkung von Handelsschiffen auf hoher See (»Einfügung I«) und ein in Brand gebombtes Haus, irgendwo in Zeitbloms

105 Seitz, Doktor Faustus. Drehbuch, S. 41; ohne Hervorhebungen des Originals.
106 Seitz, Doktor Faustus. Drehbuch, S. 55; ohne Hervorhebungen des Originals.
107 Seitz, Doktor Faustus. Drehbuch, S. 95; ohne Hervorhebungen des Originals.
108 Seitz, Doktor Faustus. Drehbuch, S. 112; ohne Hervorhebungen des Originals.
109 Seitz, Doktor Faustus. Drehbuch, S. 78; ohne Hervorhebungen des Originals.
110 Seitz, Doktor Faustus. Drehbuch, S. 31; Hervorhebungen des Originals.
111 Seitz, Doktor Faustus. Drehbuch, S. 31; ohne Hervorhebungen des Originals.

Nachbarschaft (»Einfügung II«). Auf Anfang des nächsten Jahrs, »1943«, ist die vierte Schwarz-Weiß-Sequenz festgelegt, der »Erinnerungsort«[112] Stalingrad; und die letzte Einstellung, »verlassene Ruinenlandschaften«,[113] ist ein still oder eine Photographie wahrscheinlich Berlins[114] und wird daher um April oder Mai 1945 herum zu datieren sein.

Die zeitgeschichtlichen Hinweise nun, die sowohl aus dem Schwarz-Weiß-Rahmen als auch aus der darin in Farbe eingelassenen Lebensgeschichte heraus auf das von Zeitblom so genannte Gegenwartsgeschehen respektive auf dessen unmittelbare Vorgeschichte gegeben werden, sind so ›komprimiert‹ und ›selektiert‹, dass sie nunmehr samt und sonders den Krieg betreffen. Alles andere, was der Erzähler des Romans *auch* an theoretischen wie an mimetischen Sätzen über die Zeitgeschichte mit niederschreibt, fand keinen Eingang in den Film, weder in Farbe noch in Schwarz-Weiß. Ohne offenbar an der Maxime irre zu werden, die Vorlage ja nicht »zu verfälschen«, hat Seitz aus dieser systematisch so gut wie alles entfernt, was an den Nationalsozialismus und den Antisemitismus oder auch nur an die deutschen Juden, geschweige denn an ihre industriell betriebene Ermordung hätte erinnern können.

Innerhalb der in Farbe erzählten beziehungsweise gespielten Zeit der Binnenhandlung gibt es, wie gehabt, keine erkennbar jüdischen Figuren mehr und erst recht keine Antisemiten. Ein Saul Fitelberg, ein Chaim Breisacher oder eine Kunigunde Rosenstiel kommen nicht mehr vor. Solche ›jüdischen‹ Namen finden sich weder im Drehbuch noch in den Filmdialogen noch unter den Credits. Wie gewohnt sind die entsprechenden Rollen kurzerhand gestrichen. Gestrichen wurde auch die Rolle des Antisemiten Gilgen Holzschuher. Rüdiger Schildknapp setzt im Film keine seiner judenfeindlichen Äußerungen mehr ab; und schon gar nicht lässt er sich noch von »jüdischen Verlegersfrauen und Bankiersdamen« aushalten, um so die »tiefgefühlte[] Bewunderung ihrer Rasse für deutsches Herrenblut und lange Beine« skrupellos auszunutzen.[115] Die einzige politische Diskussion, in die sich der jetzt von allem Antisemitismus erlöste Schildknapp verwickeln lässt — und neben einer Hintergrundunterhaltung über das Bayern des gütigen Prinzregenten Luitpold das überhaupt einzige politische Gespräch —, dreht sich um die bayerische Geschichte des neunzehnten Jahrhunderts, um König Ludwig II. und um den Rückhalt, den dieser unter seinem Bayernvolk genoss.

---

112 Vgl. Bernd Ulrich, Stalingrad, in: Etienne François und Hagen Schulze (Hgg.), Deutsche Erinnerungsorte, München: Beck, 2001, Bd. 2, S. 332–348.

113 Seitz, Doktor Faustus. Drehbuch, S. 112; ohne Hervorhebungen des Originals.

114 Freundliche Auskunft von Stig Förster, Bern, vom 22. August 2018.

115 Bd. 10.1, S. 249.

An die nationalsozialistische Ideologie und Herrschaft aber wird mit keiner Silbe und keinem Ausstattungsdetail erinnert. Es gibt weit und breit keine Schlägertrupps, keine SA-Männer (wie sie im Film *Unordnung und frühes Leid*, in Form einer gegen den Vortext eingespielten Wochenschau, einmal ebenso kurz ins Bild kommen wie eine historische Aufnahme des jungen Hitler oder die *Simplicissimus*-Karikatur eines Münchner Nazis,[116] während außerhalb dieses found footage, also in der eigentlichen Filmhandlung, immerhin ein Freicorps erscheinen darf, vom Protagonisten eigens noch kommentiert: »Wüste Zeiten!«[117])

In der heute vertriebenen Version des *Faustus*-Films ist nicht *ein* Hakenkreuz zu sehen oder sozusagen kaum ein halbes und ohnedies nur klitzekleines. Dieses, integriert in das Brustabzeichen einer Wehrmachtsuniform, gerät nur so in den Blick — oder entgeht ihm so vielmehr —, dass es einmal ganz kurz auf einer historischen Schwarz-Weiß-Aufnahme einer vor Stalingrad liegengebliebenen Soldatenleiche erscheint[118] und das andere Mal, in den Farbaufnahmen aus jenem Juni 1942, hinter Blumen bis zur Unkenntlichkeit verstellt bleibt.[119] Selbst unter den Angehörigen der Hitlerjugend, die zuletzt im Hintergrund dieser Aufnahmen sichtbar sind, als Zeitblom auf der Zugfahrt zu Leverkühns Begräbnis wie gesagt dem Jubel der siegreich vom Westfeldzug heimkehrenden Soldaten begegnet, scheint nur ein einziger eine Sturm- oder Kampfbinde zu tragen; und die ist so gedreht, dass man das verpönte Emblem nicht zu Gesicht bekommt (nachdem es zuvor ganz flüchtig durch die Zugsscheibe zu sehen war).[120]

In derselben Weise und mit derselben Unverfrorenheit hat Seitz Erinnerungen an die nationalsozialistische Ideologie sogar aus dem Erzähl*rahmen* entfernt; von der ›Judenfrage‹ und ihrer ›Endlösung‹ ganz zu schweigen. Die kollektive Tragödie, die mit der Künstlerbiographie enggeführt wird, besteht hier — und das ist bemerkenswert genug, um es zu wiederholen — einzig und allein im Krieg. Der Krieg allein wird in den fünf, sechs Schwarz-Weiß-Sequenzen vergegenwärtigt. In der Reihenfolge ihrer Inserierung zeichnen diese das sich nach dem Westfeldzug langsam, aber sicher wendende Kriegsglück der Wehrmacht nach:

Als erstes, um es zu rekapitulieren, war von Anfang an eine Einstellung auf »Das Schlachtfeld von Charkow 1942« geplant (das Jahr wie gesagt, in dem die fiktive Erzählzeit einsetzt) und in der längeren Version des Films auch realisiert, das heißt auf eine historische Episode, in der dieses Glück noch nicht zu schwin-

---

116 Vgl. Seitz, Unordnung und frühes Leid, 00:18:08.
117 Seitz, Unordnung und frühes Leid, 01:16:00.
118 Vgl. Seitz, Doktor Faustus, 01:04:53. S. Abb. 12.
119 Vgl. Seitz, Doktor Faustus, 01:52:33. S. Abb. 13.
120 Vgl. Seitz, Doktor Faustus, 01:52:15 und 01:52:31. S. Abb. 14 f.

den begann: »Getöse der Artillerie und die heulenden Abschüsse einer Werfergruppe. Infanterie stürmt nach vorn. / Dürers Kupferstich ›Die Melancholie‹.«[121] Darauf folgten zur Exposition der Erzählsituation — der Erzähler Zeitblom im Luftschutzkeller — historische Aufnahmen alliierter Fliegerangriffe.

Die erste Hälfte davon wurde in der heute zugänglichen Fassung des Films herausgeschnitten. Beibehalten jedoch blieb die zweite:

> Ein britischer Bomberverband, viermotorige Maschinen vom Typ ›Halifax‹, die Dürers Darstellung gleichsam überfliegen. In einem Kellerraum, dessen Decke mit Pfosten und Balken abgestützt ist, haben ein paar ältere Männer, ein paar Frauen und Kinder Schutz gesucht. Etwas abseits sitzt auf einer Pritsche der sechzigjährige Dr. Serenus Zeitblom. Sein Gesicht spiegelt tiefe Betroffenheit wider. Einschläge in unmittelbarer Nähe bringen die Mauern des Kellers zum Beben.[122]

Folgt »aber« eine Auslassung des ›tief betroffenen‹ Zeitblom, gespielt von Hanns Zischler, einem, wie etwa sein Buch über Franz Kafka zeigen sollte,[123] durchaus klugen Menschen, von dem man gern wüsste, was in ihm vorging, als er solcherlei Unsinn von sich geben musste:

> ... ist aber die Hölle gleichgesetzt mit dem Diesseits unserer Gegenwart, so gehen Nation und Teufel, Faust und Mephisto ineinander über und Jedermann [sic!] kann beides sein oder werden.[124]

Dieser innere Monolog wird am Ende des Films verbis ipsissimis wiederholt werden, zum Zeichen des Tiefsinns, auf den die feierlich geschwurbelte Betise Anspruch erheben zu dürfen meint. Ganz am Ende, um auch das zu wiederholen, erscheint die letzte historische Aufnahme, unterlegt mit Leverkühns Requiem, hier »seiner ersten völlig eigenständigen Schöpfung«,[125] deren Entstehung zuvor zu der wohl wichtigsten Einblendung überleitet — davon sogleich —:

> MONOLOGUE INTÉRIEUR: Ist aber die Hölle gleichgesetzt mit dem Diesseits unserer Gegenwart, so gehen Nation und Teufel, Faust und Mephisto ineinander über und Jedermann [sic!] kann beides sein oder werden ...
> SERENUS (*flüsternd*): Gott sei eurer armen Seele gnädig, mein Freund, mein Vaterland.

---

121 Seitz, Doktor Faustus. Drehbuch, S. 31; ohne Hervorhebungen des Originals.

122 Seitz, Doktor Faustus. Drehbuch, S. 31; ohne Hervorhebungen des Originals.

123 Hanns Zischler, Kafka geht ins Kino, Reinbek b. H.: Rowohlt, 1996.

124 Seitz, Doktor Faustus. Drehbuch, S. 31.

125 Seitz, Doktor Faustus. Drehbuch, S. 72; ohne Hervorhebungen des Originals.

A cappella ertönen die Schlußtakte des Requiems. Schließlich vollkommene Stille. Serenus
Zeitblom vermeint die letzten Bilder des ›Tausendjährigen Reiches‹ zu sehen: verlassene Rui-
nenlandschaften. Darüber erscheinen die —
Titel des Nachspanns.[126]

Jedermann soll »beides sein oder werden« können — oder eigentlich dreierlei —:
Nation und Teufel, Faust und Mephisto. Nach der ersten Rezitation des prätenti-
ösen Blödsinns muss explizit als das Beispiel für solches Jedermannsgeschick der
hochmütige Adrian Leverkühn herhalten, der sich für solch eine Charakterisierung seiner selbst weiß Gott oder weiß der Teufel sehr bedanken würde: »Ich
habe es erlebt: Adrian Leverkühn war mein Freund …«[127] Die hier explizierte Gleichung — Leverkühn gleich jedermann gleich jeder Deutsche — diese Gleichung
läuft auf eine wahrhaft gordische Beantwortung der Fragen hinaus, welche die
Engführung einer elitär-verstiegenen Künstlervita und der massenpsychologi-
schen Fanatisierung eines stupiden und frustrierten Pöbels aufwirft, wie er einem
aus Elaboraten von der Art des *S. A. Manns Brand* unverschämt entgegentritt.

Zugegeben, solch eine simplistische Gleichung nimmt ein Deutungsangebot
auf, das der Romantext *auch* bereithält; mag es der Autor auf jenem Waschzettel
doch »beinahe« auch wieder zurückgenommen haben. Das halb und halb ge-
machte Angebot musste allen gelegen kommen, denen die plane Gleichsetzung
des einen mit dem anderen Teufelspakt zur Nobilitierung ihrer Vergangenheit
oder zur Entlastung davon dienen konnte. *Jeder*mann, und hätte sich sein Pakt
mit dem Bösen in Tat und Wahrheit auch ganz anders ausgewirkt als in genialen
Kunstwerken, sei es in schwerkrimineller Täterschaft oder auch nur in feigem
Mitläufertum, darf sich nun mit der heroischen Figur des Adrian Leverkühn und
der Medikalisierung ihres Schicksals identifizieren.[128] Und da diese Romanfigur
obendrein zusehends christushafte Züge annimmt,[129] impliziert die Identifikation
mit ihr zugleich einen Anspruch auf den Status eines Opfers, und zwar eines ganz
und gar unschuldigen. Insofern erscheint es desto sinniger, wenn Seitz die Konzeption seines Films auf ein Fest datierte, datieren *wollte*, das dem Gedenken an
dieses unschuldige Opfer und dessen Erhöhung dient.

Die Gleichung und ihre Implikation nun, also die Stilisierung der Deutschen
zu einem Volk von Opfern wird in den Schwarz-Weiß-Einschüben des Films konsequent durchgehalten, besonders in dessen heute vertriebener Fassung. Wün-

---

126 Seitz, Doktor Faustus. Drehbuch, S. 112; ohne Hervorhebungen des Originals.
127 Seitz, Doktor Faustus. Drehbuch, S. 31.
128 Vgl. Jennifer Kapczynski, The German Patient. Crisis and Recovery in Postwar Culture, Ann
Arbor: University of Michigan Press, 2008, S. 120, 147–156.
129 Vgl. Bd. 10.1, S. 699 f.; Elsaghe, Thomas Mann und die kleinen Unterschiede, S. 59 f.

schenswert deutlich wird die Viktimisierung der Deutschen schon im ersten dieser Einschübe. Die Realisation der Szene »Kellerraum« weicht nämlich von den Vorgaben des Drehbuchs in minimer, aber dennoch Bände sprechender Weise ab.

Die Zivilisten, die im Luftschutzkeller Zuflucht gesucht haben vor den »in unmittelbarer Nähe« einschlagenden Luftminen oder Brandbomben, werden im Drehbuch, wie vielleicht erinnerlich, in dieser Reihenfolge aufgezählt: ein paar ältere Männer, ein paar Frauen und Kinder, der sechzigjährige Serenus Zeitblom. Im realisierten Film jedoch beginnt die Szene mit einer Einstellung auf zwei liegende Kinder. Diese werden so zärtlich liebkost, wie man nun einmal sein Kind im Wunsch oder zu dem Zweck zudeckt, es zu schützen — eine rührende und hier natürlich, unter dem niedergehenden Bombenteppich, bemitleidenswert hilflose Geste elterlicher Liebe und Fürsorge.[130] Die ersten Deutschen also, die in der DVD-Fassung vorkommen (wenn man von der in Ringkomposition vorangestellten Szene von Leverkühns Zusammenbruch absieht), beziehungsweise die ersten eindeutig identifizierbaren Deutschen, die in der Kinofassung auf der Leinwand erscheinen — denn dort kann man auf dem Schlachtfeld von Charkow deutsche Soldaten immerhin supplieren —, sind geradezu topisch schuldlose Wesen. Als solche appellieren sie notwendig an das Mitgefühl und die Schutzreflexe eines jeden Zuschauers und einer jeden Zuschauerin.

Auch in der nächsten Schwarz-Weiß-Szene, der im Drehbuch mit »Einfügung I (1942)« überschriebenen, wird das deutsche Leiden, das Leiden eines deutschen Knaben, mit dem Krieg zusammengezogen. Das kindliche Leiden wird hier sogar in einen Zusammenhang gerückt, in dem die Kriegsaggression ganz offenkundig von deutscher Seite ausgeht. Adrian Leverkühns vorpubertäres Leiden an seiner Isolation geht nahtlos über in die Repräsentation deutscher U-Boot-Angriffe unter dem berüchtigten Admiral Karl Dönitz:

Rund zehn Minuten nach jener Eröffnung im »Kellerraum« schließt sich eine Jugendepisode an — »1898«[131] —, in der Serenus Zeitblom Tränen in die Augen seines Freunds treten sieht. Adrian rezitiert auch im Roman »melodisch« aus Schuberts *Winterreise* Verse, in denen selbstverständlich sein eigenes »unabwendbare[s] Einsamkeitsverhängnis« zu »höchstem Ausdruck« findet:

Was vermeid' ich denn die Wege, wo die andren Wandrer gehn
[…]
Habe ja doch nichts begangen,
Daß ich Menschen sollte scheu'n —

---

130 Seitz, Doktor Faustus, 00:03:07. S. Abb. 16.
131 Seitz, Doktor Faustus. Drehbuch, S. 41; ohne Hervorhebung des Originals.

[...]
Welch ein törichtes Verlangen,
Treibt mich in die Wüstenei'n?[132]

Im Film nun geht die Einspielung des eigentlichen Schubert-Lieds von einem, der »ja doch nichts begangen« hat, in dessen vier Jahrzehnte spätere Ausstrahlung durch ein »Radiogerät (Volksempfänger Modell 1938)« über.[133] Diese hört Zeitblom in einem Schwarz-Weiß-Einschub am Schreibtisch, bis sie durch eine Sondermeldung unterbrochen wird; eine abrupte Kontrastierung, die einmal mehr die so oft gestellte Frage aufwirft oder die Ratlosigkeit vis-à-vis der Frage evoziert, wie man und ob man überhaupt die Spitzenleistungen der deutschen Klassik und Romantik mit den Vorkommnissen des Zweiten Weltkriegs und seiner Vorgeschichte zusammendenken kann:

> ADRIAN: ... was vermeid' ich denn die Wege, wo die anderen Wanderer gehn ...
> ... habe ja doch nichts begangen, daß ich Menschen sollte scheun ...
> *Serenus blickt um [sic!], sieht, daß Adrian Tränen in den Augen hat.*
> [...]
> *Dr. Serenus Zeitblom sitzt an seinem Schreibtisch [...].*
> LIEDGESANG: ... was vermeid' ich denn die Wege, wo die anderen Wanderer gehn ...
> ... suche mir versteckte Stege auf verschneiten Felsenhöh'n ...
> [...]
> *Eine Sondermeldungsfanfare unterbricht die Übertragung von Schuberts »Winterreise«.*
> NACHRICHTENSPRECHER: Das Oberkommando der Wehrmacht gibt bekannt: Deutsche U-Boote haben im Nordatlantik einen feindlichen Geleitzug angegriffen und dabei vierzehn Schiffe mit neunundsechzigtausendachthundertdreiundneunzig Bruttoregistertonnen versenkt. *Deutsche U-Boote greifen den Konvoi ON 154 an. Detonationen von Torpedos. Ein Volltreffer reißt die Bordwand eines Handelsschiffes auf. Tote schwimmen auf der bewegten See [...]. Die Musiksendung geht weiter.*[134]

Dieser Passus des Drehbuchs wurde im Film weitgehend, aber doch nicht ganz so umgesetzt, wie es dieses Drehbuch vorgegeben hätte. Die Versenkung eines zivilen oder ›Kauffahrtei‹-Schiffs, nach landläufigen Begriffen ein Kriegsverbrechen, nach damaligen Standards immerhin ›nichtig‹ oder ›nicht rechtmäßig‹,[135]

---

132 Bd. 10.1, S. 117 f.

133 Seitz, Doktor Faustus. Drehbuch, S. 41; ohne Hervorhebungen des Originals.

134 Seitz, Doktor Faustus. Drehbuch, S. 41 f.

135 Vgl. Georg Schramm, Das Prisenrecht in seiner neuesten Gestalt, Berlin: Mittler, 1913, S. 509–514; Otto Hirschmann, Das internationale Prisenrecht nach den Beschlüssen der II. Haager Friedens- und der Londoner Seekriegsrechts-Konferenz, München und Berlin: Schweitzer, 1912, S. 120–122; Alexander Freiherr Hold von Ferneck, Die Reform des Seekriegsrechts durch die Londoner Konferenz 1908/09, Berlin, Stuttgart und Leipzig: Kohlhammer, 1914 (Handbuch des

ist zwar zu sehen (eines ägyptischen, und das hieß neutralen Handelsschiffs namens Radames, das kein Teil des Convoy ON 154 war und nicht erst Ende Dezember »1942«[136] versenkt wurde). Jedoch sind die Opfer der deutschen Aggression alle noch am Leben. »Tote schwimmen« hier keine »auf der bewegten See« und *könnten* hier auch gar nicht ins Bild kommen. Denn erstens gab es bei der Versenkung der Radames nur ein einziges Todesopfer. Und auch dieses eine hätte zweitens nicht gefilmt beziehungsweise gezeigt werden dürfen in dem mutmaßlichen Quellenpool, aus dem Seitz hier geschöpft hat, indem er seine fiktionale mit einer dokumentarischen Inszenierungsform mischte.[137] Allem Anschein nach hat sich Seitz nämlich bei den deutschen Wochenschauen bedient,[138] deren propagandistisch-systematische Verharmlosungen des Aggressionskriegs und seiner grässlichen Folgen hier gewissermaßen komplizenhaft fortgesetzt sind.[139]

Auf die also vergleichsweise harmlosen, im Sinn der deutschen Propaganda programmatisch sanitarisierten Filmaufnahmen von den mörderischen Konsequenzen eines U-Boot-Angriffs (wie er übrigens einen Schwiegersohn Thomas Manns das Leben kostete) folgt »schattenrißartig die Marionette des Mephistopheles«[140] — allerdings wieder nur in der Kino-, nicht in der DVD-Fassung. Die sich durch das Drehbuch und eine längere Fassung des Films ziehende Motivreihe des Marionettenspiels, hier vielleicht in besonders enger Anlehnung an Fritz Murnaus *Faust* — »schattenrißartig« —, wurde in der heute allein zugänglichen Version des Films bis auf eine einzige, desto verwirrendere Einstellung[141] preisgegeben. Davon gleich noch mehr.

Nach der Schwarz-Weiß-Aufnahme der getroffenen Radames und ihrer schiffbrüchigen, aber lebendigen Passagiere geht es gleich mit der auch im Drehbuch vorgeschriebenen Erinnerung Zeitbloms weiter, hier realisiert als neuerli-

Völkerrechts, Bd. 4, Abt. 3), S. 160–171; Kurt Eisenträger, Geschichte des Seekriegsrechts, in: Karl Strupp (Hg.), Wörterbuch des Völkerrechts und der Diplomatie, Bd. 2, Berlin und Leipzig: de Gruyter, 1925, S. 508–513, hier S. 512 f.

136 Seitz, Doktor Faustus. Drehbuch, S. 41.

137 Vgl. Gertrud Koch, Nachstellungen — Film und historischer Moment, in: Eva Hohenberger und Judith Keilbach (Hgg.), Die Gegenwart der Vergangenheit. Dokumentarfilm, Fernsehen und Geschichte, Berlin: Vorwerk 8, 2003 (Texte zum Dokumentarfilm, Bd. 9), S. 216–229, hier S. 219.

138 Vgl. Lotte Klimitschek, Das Spiel der Ebenen, in: Gabriele Seitz (Hg.), *Doktor Faustus*. Ein Film von Franz Seitz nach dem Roman von Thomas Mann, S. 152–157, hier S. 155.

139 Vgl. Kracauer, Von Caligari zu Hitler, S. 323, 356–362.

140 Seitz, Doktor Faustus. Drehbuch, S. 42; ohne Hervorhebung des Originals.

141 Vgl. Seitz, Doktor Faustus, 00:29:11.

che Rückblende auf den nun vollends weinenden Adrian von 1898. Danach springt die Filmhandlung auf die Zeit seiner Immatrikulation, »1905«.[142]

Nach einer weiteren Viertelstunde folgt »Einfügung II (1942)«, in der Chronologie der gespielten Zeit zwischen »1906«[143] und »1907«.[144] Zeitblom hat soeben den Brief angezündet, den ihm Leverkühn im Roman »sofort« zu vernichten nur — und eben vergeblich — befiehlt,[145] weil er ihm darin von seinem fatalen Bordellbesuch berichtet hat. Hinter der Flamme des verbrennenden Papiers sieht man eine Teufelsmarionette um ein Feuer tanzen. Hier also die eine Stelle, wo zum einzigen Mal das Marionettenspiel der Drehbuch- und der Kinofassung auch auf DVD beibehalten ist: »Mephistopheles als tanzende Marionette. Feuerstramen gehen von ihm aus«.[146] Diese Szene wird über das tertium comparationis des Feuers an die folgende Schwarz-Weiß-Aufnahme angeschlossen. Denn »Einfügung II« zeigt zunächst die aus einem Fenster schlagenden Flammen eines in Brand gebombten Wohnhauses. In dem offensichtlich nur *pseudo*historischen Schwarz-Weiß-Material kommt auch Zeitblom ins Bild.[147] Er kommentiert dieses aus dem off mit einem weiteren seiner unsäglichen monologues intérieurs. Darin orakelt er über ›den‹ Deutschen. Der erscheint auch in Zeitbloms Ruminationen zu guter Letzt wieder als potenziell ewiges Opfer oder doch als *Objekt* der Gefahr. Der Deutsche sei »bedroht«. So jedenfalls im Drehbuch. Bedroht sind er oder seine »Durchbruchsbegierde [...] von neurotischer Verstrickung und stillem Satanismus«[148] — Zitatfetzen aus einer Rede, die der ergriffene Zeitblom im Roman anlässlich des *Ersten* Weltkriegs zum Besten gibt und über die sich sein genialer Freund zum Leidwesen des enthusiasmierten Redners »bis zum Kränkenden« lustig macht.[149] Dann (auch im realisierten Film) wird er in seiner »Durchbruchsbegierde« obendrein noch mit »Puppe«, »Schmetterling« und »Hetaera esmeralda ...« verglichen; mag dieser exotische Tiername im Roman auch für eine dezidiert un- oder nichtdeutsche Frau reserviert bleiben:[150]

---

142 Seitz, Doktor Faustus. Drehbuch, S. 42; ohne Hervorhebungen des Originals.

143 Seitz, Doktor Faustus. Drehbuch, S. 45–54.

144 Seitz, Doktor Faustus. Drehbuch, S. 55–62.

145 Bd. 10.1, S. 211; ohne Hervorhebung des Originals.

146 Seitz, Doktor Faustus. Drehbuch, S. 55; ohne Hervorhebungen des Originals.

147 Seitz, Doktor Faustus, 00:29:34.

148 Seitz, Doktor Faustus. Drehbuch, S. 55.

149 Bd. 10.1, S. 449 f.; freundlicher Hinweis von Elias Zimmermann, Bern, vom 21. Dezember 2018.

150 Vgl. Elsaghe, Die imaginäre Nation, S. 21, 62–70.

Ein brennendes Mietshaus. Männer des zivilen Luftschutzes versuchen, der Flammen Herr zu werden. Die Bewohner sind dabei, eilig ein paar Habseligkeiten zu retten. Während die Sirenen Entwarnung heulen, kommt Dr. Serenus Zeitblom die Straße herauf, bleibt angesichts der vergeblichen Löscharbeiten stehen, sinnt nach.
ZEITBLOM (MONOLOGUE INTÉRIEUR): Der Deutsche liebt das Schicksal, wenn es nur eines ist, und sei es der Untergang, unersättlich seine Durchbruchsbegierde, bedroht von neurotischer Verstrickung und stillem Satanismus. Wie kommt man ins Freie? Wie sprengt man die Puppe und wird zum Schmetterling? Hetaera esmeralda ...[151]

Die nächste und in der heute zirkulierenden Fassung des Films vorletzte Schwarz-Weiß-Einblendung, nach einer guten Stunde Spielzeit und neuerlich unter Verwendung nun wieder authentisch-historischen Filmmaterials, ist in eine fortlaufende Szene integriert, »Abtszimmer (1915)«.[152] Diese endet mit der Konzeption jenes Requiems, wie sie dem Roman-Leverkühn freilich, in seiner zynischen Indifferenz dem Krieg gegenüber,[153] kaum in den Sinn kommen dürfte. In der score music tritt dafür Brittens *War Requiem* ein, das heißt eine britischen Kriegsopfern gewidmete Komposition, die Thomas Mann mit jenen eines Leverkühn würdigen »Stücke[n]« gar nicht meinen konnte, weil sie erst Jahre nach seinem Tod entstehen sollte, 1962:

Ein mit Eisblumen bedecktes Fenster. In die kristallischen Niederschläge ist das magische Quadrat
816
357
492
eingeritzt.
Adrian schmilzt mit dem Handballen die Ziffer Fünf heraus, löscht sie. Dann fährt er mit dem Zeigefinger von der Eins zur Neun, von der Neun zur Vier, von der Vier zur Drei, und bildet so eine Verbindungslinie.
ADRIAN: ... eins ... neun ... vier ... drei ...
In den Vegetatives vorgaukelnden Phantasmagorien erscheint nunmehr, sie allmählich überwuchernd, die Wirklichkeit der deutschen Niederlage in Stalingrad, an deren Ende sich der elende, riesige Gefangenenzug durch die russische Schneewüste schleppt.
Gleichzeitig mit diesen Bildern nimmt Adrian Leverkühns Requiem in seiner Phantasie endgültig Gestalt an.[154]

---

151 Seitz, Doktor Faustus. Drehbuch, S. 55.
152 Seitz, Doktor Faustus. Drehbuch, S. 78; ohne Hervorhebungen des Originals. Vgl. Seitz, Doktor Faustus, 01:04:07.
153 Vgl. Bd. 10.1, S. 447–450.
154 Seitz, Doktor Faustus. Drehbuch, S. 78.

Leverkühn ist hier nicht nur ein genialer Komponist, dem seine Werke in seiner Phantasie gleich endgültig zufallen. Er mutiert auch noch zum Seher und Propheten. Er erhält divinatorische Fähigkeiten. In einer numerologischen Spekulation, die er mit dem magischen Quadrat anstellt, wie es im Roman über Dürers *Melencolia I* vorgegeben ist, sieht er ein Vierteljahrhundert weit in die Zukunft. Schon im Winter 1915, also in den ersten, für Deutschland ja noch siegreichen Monaten des Ersten Weltkriegs, hat er eine Vision von einer entscheidenden Schlacht des Zweiten, deren Datum er im Film auch noch auszubuchstabieren hat: »eintausendneunhundertdreiundvierzig«.[155] Zu einer Zeit, da der kollektive Pakt der Deutschen mit dem Bösen noch längst nicht geschlossen war und für jemanden ohne hellseherische Begabung auch beim besten Willen nicht absehbar gewesen wäre, erscheint der Anfang vom Ende des Zweiten Weltkriegs wie dieser selbst als etwas unabwendbar Verhängtes.

In einer Art alltagsmythologischer Verschiebung wird der von Deutschen geplante und angezettelte Krieg in entscheidender Weise umstilisiert. Stilisiert wird er zu etwas Metaphysischem, das ein erhabenes Fatum, allem menschlichen Zugriff entzogen, eh und je beschlossen hat. Den Fluchtpunkt dieser Verschiebung hat man leicht identifiziert. Denn angesichts eines solchen Verhängnisses erübrigen sich alle weiteren Erörterungen von Schuld und Verantwortung.

Um die Bilanz zu ziehen: Der Zweite Weltkrieg wird in je größeren Intervallen eingeblendet. Drei der (in der heute zugänglichen Fassung) fünf realisierten Schwarz-Weiß-Szenen zeigen den Luftkrieg gegen die deutschen Städte. Dazwischen eingelagert, ebenfalls mit Verwendung historischen Filmmaterials, erscheinen eine Episode aus dem See- und eine aus dem Landkrieg. Deren eine, erste, gilt einem taktischen Sieg der Wehrmacht und die andere *der* strategischen Niederlage derselben, Stalingrad.

Summa summarum geraten hier zum größeren Teil die Deutschen, gerät die deutsche Zivilbevölkerung ans receiving end des Kriegs. Dabei ergab sich dieses Mehrheitsverhältnis erst im Lauf der Verfilmungs- beziehungsweise der Distributionsgeschichte. Nach dem Drehbuch und in der Langversion zeigt das allererste Bild des Films ja wie gesehen historisches Material aus einer eigentlichen Schlachtszene: »Infanterie stürmt nach vorn.« Wessen Infanterie auch immer nach vorn stürmen sollte — in Charkow schwankte das Kriegsglück hin und her, aber in der Realisation des Films und dem mutmaßlichen Quellenreservoir gemäß scheint es doch die deutsche Infanterie zu sein —: Es wäre hier jedenfalls einmal mehr eine rein militärische Auseinandersetzung gezeigt worden und ge-

---

155 Seitz, Doktor Faustus, 01:04:36.

wissermaßen einmal weniger das Leid, das der Krieg über die deutsche Zivilbevölkerung brachte.

Die ›deutsche Katastrophe‹ wird reduziert auf den Krieg und seine hier hauptsächlich oder — was die in personis sichtbaren Zivilisten betrifft — ausschließlich deutschen Opfer. Sie allein erhalten ein Gesicht. Dabei bleibt der Krieg, zumindest in der heute verfügbaren Version des Films, konsequent von seinen ideologischen Voraussetzungen isoliert, obwohl deren Geschichte oder Vorgeschichte in Manns Roman des Langen und Breiten miterzählt wird.

1.3.2 Die Aussparung des Nationalsozialismus und der Shoah

Der Weltkrieg und das Leiden der deutschen Zivilbevölkerung erscheinen, um es zu wiederholen, als ein abgründig-grundloses Schicksal. Die einzige im Film bereitgehaltene Erklärung dafür wäre metaphysischer Natur. Schuld an allem hat allenfalls der gute alte Teufel, wie er leitmotivisch, und wenigstens ein Mal auch in der DVD-Fassung, in Form eines Puppentheaters eingespielt wird. Mit dem Teufelspakt oder seiner kindergerechten Repräsentation en miniature beginnen Drehbuch und Kinofassung denn auch.

Dieser Teufel darf im Film indessen nicht nur als Theaterpuppe, sondern auch höchstpersönlich auftreten. Wie gesagt war die »Begegnung mit dem Leibhaftigen« sogar die von Seitz so genannte »Initialzündung«[156] des ganzen Filmprojekts, auf deren Ort sie denn festgelegt blieb. Im Film nämlich, der sich hier sowohl in der Kino- wie in der DVD-Fassung treu ans Drehbuch hält, verbringt Leverkühn die Vorkriegsjahre oder -monate[157] weder in Rom noch in Palestrina, sondern in Salzburg und in Obergurgl; eine nicht ganz unsinnige Ersetzung der Romanvorgaben.

Denn die deutsch-österreichische Grenze wird in Thomas Manns Erzählwerk, so im *Tod in Venedig*,[158] tatsächlich auf ähnliche Weise chargiert wie die Differenz von Germania und Romania etwa in *Tonio Kröger*,[159] an dessen Verfilmung Seitz ja seinerseits beteiligt war, in einer pikanterweise deutsch-französischen Koproduktion — pikant deswegen, weil kaum ein Erzählwerk Thomas Manns deutlichere Spitzen gegen die Romania und zumal gegen alles Französische enthält als eben *Tonio Kröger*. Den mutmaßlichen Halbfranzosen oder jedenfalls stark fran-

---

156 Seitz, Teufelslachen löst Lawinen aus, S. 113.

157 Vgl. Elsaghe, Krankheit und Matriarchat, S. 291 f.

158 Vgl. Elsaghe, Die imaginäre Nation, S. 27–60.

159 Vgl. Elsaghe, Die imaginäre Nation, S. 82 f.

kophilen François Knaack, den Theo Lingen in der Verfilmung denn mit penetrantem Akzent als Vollfranzosen spielt, darf Tonio schlechtweg als »Affe[n]« bezeichnen,[160] der genau zeitgenössischen Briefstelle entsprechend, wo der Autor von »Affen und andere[n] Südländer[n]«[161] witzeln zu sollen glaubte, oder auch gemäß einer Arbeitsnotiz zur Erzählung: »Der *Tier*blick der Südländer ... Diese Romanen haben kein Gewissen in den Augen!«[162]

Aber zurück nach Österreich: Im Hochgebirge bei Obergurgl, am Ort eben jener angeblich osterlichen Initialzündung nun ist es, wo Seitz den teufelsbündlerischen Tonsetzer dem Leibhaftigen begegnen und ihn übrigens gleichwohl, aus dem unbelesenen Zuschauer unerfindlichen Gründen, Italienisch reden lässt. In der Szene »Eishöhle (1911)« rezitiert Leverkühn einen Dante-Vers aus dem Motto des *Faustus*-Romans, einen Musenanruf aus dem *Inferno*, der als solcher dort, im Roman, nur dem Erzähler oder dem Autor, nicht aber dem Protagonisten zugeordnet werden kann: »O Muse, o alto ingenio [sic, in Thomas Manns Romanmotto dafür richtig: ›ingegno‹], or m'aiutate!«[163]

Der Teufel hingegen redet bei Seitz Deutsch, allerdings kein Frühneuhoch- oder, wie es Thomas Mann regelmäßig nannte, Reformationsdeutsch. Er redet keinen Chronolekt, sondern eine regionale Varietät, nämlich mit österreichischem Akzent. Mit einem solchen artikuliert ein österreichischer Schauspieler, André Heller, den Part des leibhaftigen Teufels hier bei Obergurgl wie anderwärts die Sprechtexte der diversen kaschiert-diabolischen Figuren.[164] (Als da sind der »Dienstmann«,[165] die »Zatzenmutter«,[166] Privatdozent Schleppfuß und jener Mönch aus dem nunmehr scheint's katholischen Kaisersaschern.) Diese Figuren allesamt mit österreichischem Timbre sprechen zu lassen, hat freilich seinen guten Sinn — teils schon wegen des neu gewählten Orts der »Teufelsbegegnung«, andernteils wegen jener spezifischen Besetzung Österreichs in Manns Gesamtwerk, die sich seinerzeit zwar noch nicht einmal unter den akademischen Spezialisten herumgesprochen hatte, aber deren kollektiv-mentalitären Voraussetzungen Seitz sehr wohl geteilt haben kann.

In Österreich also tritt der von einem Österreicher dargestellte Leibhaftige auf. Und zwar tritt er als buchstäblich Leibhaftiger auf, das heißt ohne die wahrnehmungsphysio- oder -pathologischen Vorbehalte, unter denen sein Erschei-

---

160 Bd. 2.1, S. 257.

161 Brief vom 5. Dezember 1903 an Heinrich Mann, in: Bd. 21, S. 239–250, hier S. 248.

162 Bd. 2.2, S. 201; Hervorhebung des Originals.

163 Seitz, Doktor Faustus, 00:52:43; ders., Doktor Faustus. Drehbuch, S. 69. Vgl. Bd. 10.1, S. 9.

164 Vgl. Elsaghe, Die imaginäre Nation, S. 16, 70.

165 Bd. 10.1, S. 205, 207.

166 Bd. 10.1, S. 209.

nen im Palestrina des Romans, in den Fiebergesichten des Romanprotagonisten steht. Den Teufel von Obergurgl scheint es in Tat und Wahrheit zu geben — oder doch nur mit der Einschränkung, dass die filmische Realisation der Höhlenszene einiges aufbietet, um eine gewisse Traumhaftigkeit derselben anzudeuten.

In welcher Gestalt *die Deutschen* mit dem Bösen *ihren* Pakt eingingen, bleibt dagegen unklar oder doch verschwiegen — jedenfalls in der heute zugänglichen Fassung des Films. In dieser sind weit und breit noch nicht einmal mittlere oder untere Parteichargen zu sehen. Das ist freilich so leicht verschmerzbar wie die endlich fast restlosen Kürzungen des Puppenteufels, inklusive der Paktszene en miniature, mit der die Kinofassung bekanntlich treu nach dem Drehbuch beginnt.

Denn ganz genau genommen kann noch nicht einmal der Teufel oder jedenfalls nicht sein Pakt mit den Deutschen für den Krieg verantwortlich sein. Leverkühn sieht dessen entscheidende Schlacht und Niederlage ja schon »1915« voraus. Schon fast zwei Jahrzehnte bevor die Deutschen ihren Teufelspakt zu schließen die Gelegenheit hatten, sind nationalsozialistische Machtergreifung, Krieg und alles, was damit zusammenhängt, ein längst beschlossenes Schicksal.

Die ideologiegeschichtlichen Bedingungen der deutschen Kriegs- und Vernichtungspolitik bleiben in den eingeschobenen Schwarz-Weiß-Szenen der heute zirkulierten Filmversion so tief im Dunkeln wie in der eigentlichen, in Farbe erzählten Handlung. Dieses Fazit jedoch ergab sich in solcher Eindeutigkeit erst durch den Schneide- respektive den Distributionsprozess. Erst in dessen Verlauf fiel die Erinnerung an die deutsche Aggressionspolitik und deren Agenten so vollständig weg.

Denn wie schon angedeutet war ursprünglich eine weitere, hierfür ganz genau einschlägige Einfügung von historischem Bildmaterial vorgesehen und sogar einmal realisiert worden. Darin wurde der Nationalsozialismus, zum ersten und einzigen Mal zwar, aber eben doch zu einem Gegenstand des Films. In dessen heute auf DVD vertriebener Version fehlt diese »Einfügung III« wieder. Doch in zumindest einer, und zwar einer sehr prominenten Rezension der *Kino*fassung wird sie eigens erwähnt, im *Spiegel* von 1982,[167] und auch fünf Jahre später wieder in einer Fernsehvorschau[168] — sei es, weil damals die (beziehungsweise eine) längere Fassung des Films ausgestrahlt wurde; sei es, dass der Verfasser der Vorschau, dessen Kritik etliche Monita der *Spiegel*-Rezension aufnimmt, sich hier

---

167 Rolf Becker, Auf Teufel komm raus. *Doktor Faustus*. Spielfilm nach Thomas Mann von Franz Seitz, in: Der Spiegel, 13. September 1982, S. 213, 215.

168 Vgl. Anonymus, Diese Woche im Fernsehen. *Dr. Faustus*, in: Der Spiegel, 13. April 1987, S. 274.

einfach an diese gehalten hat; oder sei es auch, dass ihm das Drehbuch vorlag. Denn wenigstens eine »Lesefassung« desselben kam zeitgleich mit dem Film, 1982, als Fischer-Taschenbuch, also in sehr leicht zugänglicher Form auf den Medienmarkt.

Wie auch immer: Nach dem Drehbuch und in der Kinofassung des Films gibt es eine »Einfügung III (1943)«. Sie kommt einige Einstellungen hinter die Einblendung der Niederlage zu stehen, welche die Wehrmacht am 2. Februar 1943 in Stalingrad erlitt. Genau gesagt findet sie sich unmittelbar bevor Nepomuk Schneidewein zu Leverkühn kommt und gleich nach Ines Roddes Trambahnmord an Rudi Schwerdtfeger, dem Leverkühn laut Drehbuch »elbisch[]«[169] verbunden ist (und dessen Affaire mit Ines, was eher einleuchtet als das Wort von der »elbische[n] Verbundenheit«,[170] im Film vor Franz Stucks *Die Sünde* angebahnt wird[171]): »Adrian [...] mit herabhängenden Armen am [...] Flügel. [...] Unendlich traurig [...].«[172]

Wie die ebenfalls weggefallenen Marionettenaufführungen des Puppentheaters ein Spiel im Spiel gewesen wäre, so lief auch diese »Einfügung III« auf eine mise en abîme hinaus. Sie war Kino im Kino. Durch die zugrunde gelegte Rezeptionssituation — ein Massenmedium — war sie symmetrisch auf die erste der drei als solche überschriebenen und römisch nummerierten Einfügungen bezogen. Denn »Einfügung I« beruht ja auf dem Requisit eines »Volksempfänger[s]«, aus dem erst Schubert und dann eine Sondermeldungsfanfare erklingt, woraufhin das soeben Verlautbarte auch auf der Bildspur sichtbar gemacht wird. Wie dort erst das Radio, so gab hier eben das Kino das tertiäre Medium der mise en abîme ab. Über dieses wurde hier ganz besonders zwanglos zu dem historischen Filmmaterial übergeleitet:

Zeitblom sitzt im Kino. Auf der Leinwand die Kundgebung im Berliner Sportpalast am 18. Februar 1943.
GOEBBELS: Ich frage euch: wollt ihr den totalen Krieg?
Im Taumel des Selbstvergessens schreit die Menge frenetisch:
Ja!!
GOEBBELS: Wollt ihr ihn, wenn nötig, totaler und radikaler, als wir ihn uns heute überhaupt [sic, ohne: »erst«] vorstellen können?
Und wieder brüllen die Verführten:
Ja!!

---

169 Seitz, Doktor Faustus. Drehbuch, S. 82; ohne Hervorhebung des Originals.
170 Seitz, Doktor Faustus. Drehbuch, S. 82; ohne Hervorhebungen des Originals.
171 Vgl. Seitz, Doktor Faustus, 01:05:46; freundlicher Hinweis von Hanspeter Affolter, Bern, vom 11. Oktober 2017.
172 Seitz, Doktor Faustus. Drehbuch, S. 95; ohne Hervorhebungen des Originals.

Tosende Treuebekundungen, dann wird das Deutschlandlied angestimmt.
Zeitblom (Monologue Intérieur): ... wir sind verloren ... von Dämonen umschlungen stürzen wir in die Tiefe ... verloren unsere Sache und Seele, unser Glaube, unsere Geschichte ... verloren ... verloren ...[173]

Dem Drehbuch gemäß enthielt die Kinoversion der Romanverfilmung also noch eine Einfügung von found footage, einer berühmt-berüchtigten Wochenschauaufnahme. Berühmt und zuvor propagandistisch eingesetzt wurde die Aufnahme bekanntlich als Zeugnis (oder vermeintliches Zeugnis) für die wild entschlossene Bereitschaft »des ganzen deutschen Volkes im besten Sinne des Wortes«[174] zum totalen und immer noch totaleren Krieg (obwohl »diese Gemeinschaft, die in diesem Augenblick die ganze Nation repräsentierte«,[175] in Wahrheit handverlesen und durchaus nicht repräsentativ war[176]). Die Einfügung führte damit einen besonders verrufenen unter jenen »Paladinen« in full action und die (angeblich) kriegsbegeisterte »Menge« der Deutschen vor. Die allerdings soll den Handlungsbeschreibungen zufolge aus Selbstvergessenen bestanden haben, gewissermaßen aus Hypnotisierten à la *Mario und der Zauberer*, und also aus lauter Opfern, aus ausdrücklich so genannten »Verführten«.

Selbst der Nebentext des Drehbuchs partizipiert so an einer Selbstviktimisierung der Deutschen, wie sie natürlich wieder genau auf die Isotopieebene von Teufel und faustisch-deutscher Seele zu liegen kommt. Dem entsprechend kommentiert der Redetext zur gefilmten Szene diese denn auch alsogleich als einen Höllensturz. In seinem inneren Monolog, mit gebührend hochgeschraubter Rhetorik — Gemination, anderen Wiederholungsfiguren und selbst Stabreimen (»*verloren ... [...] verloren unsere Sache und Seele, unser Glaube, unsere Geschichte ... verloren ... verloren ...*«) —, mit allen Mitteln der Kunst also stilisiert Zeitblom den obendrein auch noch leicht schleppfüßigen Verführer zu einem der »Dämonen«, die »uns« umschlingen und in die Tiefe stürzen.

In der mise en abîme des Kinos im Kino wurde demnach sogar ein als Zeugnis für die deutsche Kollektivverantwortung bekanntes Filmdokument wieder ohne Rest in ein Narrativ eingespeist, das die Deutschen zu Opfern einer Verführung macht und sie insofern moralisch gerade wieder entlastet. Die Verführungsopfer,

---

173 Seitz, Doktor Faustus. Drehbuch, S. 95.
174 Die Deutsche Wochenschau Nr. 651 (24. Februar 1943), 00:01:37.
175 Die Deutsche Wochenschau Nr. 651 (24. Februar 1943), 00:02:14.
176 Vgl. Joseph Goebbels, Tagebucheinträge vom 13. Februar 1943, in: ders., Tagebücher, hg. v. Ralf Georg Reuth, Bd. 5: 1943–1945, München: Piper, ³2003, S. 1895–1897, hier S. 1896; vom 19. Februar 1943, ebd., S. 1898–1900, hier S. 1898, Anm. 34; Peter Longerich, Joseph Goebbels. Biografie, München: Siedler, 2010, S. 551.

als die sie der Nebentext ausweist, erscheinen obendrein nur noch mittelbar, nämlich in einer Beobachtung nurmehr zweiter Ordnung. Durch das besondere Arrangement der mise en abîme erscheinen sie durchaus nicht mehr als repräsentativer Teil des deutschen Volks. Vielmehr werden sie in der öffentlichen Darbietung der Kino-Wochenschau von einem anderen Teil desselben beobachtet, von einem der passiven Stillen im Lande, wie eben auch der gute Zeitblom deren einer ist, der nach Meinung des Autors bekanntlich einzig sympathische Mann unter den Figuren des *Doktor Faustus*.

Aber selbst auf solche Weise in das Viktimisierungsnarrativ eingelesen, wurde »Einfügung III« zu guter Letzt doch noch herausgeschnitten, wann genau und wieso genau auch immer, ob aus reinem Kürzungszwang oder weil sie, auch so noch, Teile des deutschen Kollektivgewissens unangenehm hätte berühren können. Ihre endliche Tilgung bedarf keines langen Kommentars. Ihre dadurch dokumentierte Verzichtbarkeit liefert einen besonders drastischen Beleg für die Art Vergangenheitsbewältigung, die die Firma Seitz mit beschränkter Haftung in dem preisgekrönten Film betrieb, die aber in der deutschen Verfilmungsgeschichte und ihrem Bemühen, das »nationale Unterbewusstsein« nicht zu verstören, eine längere Tradition hat.

Die gestrichene Einfügung der Sportpalastrede ist indessen gerade auch in Hinblick auf das Gros des anderweitigen Filmmaterials bemerkenswert, das sich in den kollektiven Erinnerungen an die hier repräsentierte Zeit bis heute sedimentiert hat. Der Erzähler zwar erwähnt namentlich Goebbels, geschweige denn dessen Reden, nirgends im Roman. Aber er nimmt hier, im Roman, dennoch auf ein historisches Ereignis sehr wohl Bezug, das nicht weniger notorisch ist als das Gebrüll vom totalen Krieg. Denn es wurde ebenfalls in Filmaufnahmen festgehalten; und diese sind im kollektiven Gedächtnis ebenso leicht abrufbar geblieben wie die der Sportpalastrede. Es hätte sich also sehr leicht tale quale integrieren lassen in eine Verfilmung, die von Anfang bis Ende immer wieder auf historisches Bildmaterial zurückgreift. Gemeint sind jene »unglaubwürdigen Bilder«, die filmischen und photographischen Dokumentationen jener Episode, auf die sich Zeitblom gegen Ende des Romans in zwei ausführlichen Absätzen bezieht, jene notorischen Aufnahmen von den Bewohnern und Bewohnerinnen Weimars, denen es der »transatlantische[] General« George S. Patton nicht ersparte, sich dem Anblick und den Gerüchen des Lagers Weimar-Buchenwald auszusetzen und sie so mit ihrer kollektiven Mitschuld zu konfrontieren.

Davon aber bei Seitz kein Wort, weder im Film noch im Drehbuch, an dem, wie sein Verfasser sich rühmte, selbst Golo Mann »keine einzige Zeile« zu beanstanden hatte[177] — wie genau oder wie flüchtig auch immer dieser es gelesen haben mochte. Kein Wort von den Konzentrationslagern und den Gräueln, die Zeitblom im Roman durchaus nicht beschweigt. Seitz, der seine Bearbeitung des Romans a limine einem genuin christlichen, wenn nicht antijudaistischen Narrativ integrierte, indem er den Entschluss dazu wie gesehen und nicht ganz akkurat just auf das Osterfest festlegte, belässt die deutsche Verantwortung ganz im Vagen — sofern von Verantwortung überhaupt noch die Rede sein kann, wenn ein Stalingrad schon 1915 über die Deutschen verhängt war. Indem der Film eine Rezeptionsofferte aufnimmt, wie sie der Roman mit seiner Engführung von deutscher Geschichte und individueller Künstlerbiographie zugegebenermaßen schon für solche verfügbar hielt, die sie anzunehmen ihre Gründe hatten, werden die deutschen Verbrechen aufgeschönt oder ganz zum Verschwinden gebracht, während sie der Romanerzähler immerhin bei diesem und ähnlichen Namen nennt. Sie werden im Film, soweit überhaupt angesprochen, geadelt als unwillkürliche Folge eines Pakts mit irgendeinem metaphysisch abstrakten Bösen oder am liebsten gleich mit dessen kindermärchenhafter Personifikation, der alten Teufelspuppe des Puppentheaters. Jedenfalls schließen die Deutschen ihn nicht mit ihrem »Führer« und, wenigstens in der heute zirkulierenden Fassung des Films, auch nicht *mehr* mit einem seiner Paladine.

Auf solche Art und Weise also hat sich der Chef und Gründer der Seitz GmbH hier dem Anspruch gestellt, den man aus Anlass seiner Auszeichnung, vermutlich mit seinen eigenen Worten,[178] so vollmundig formulierte: »zu komprimieren, [...] zu selektieren, *ohne* [...] zu verfälschen«. Dabei hat er die Leere des hehren Anspruchs in derselben Feierbroschüre gleich selber mit einem bemühten Bonmot und mehr noch mit einer Fehlleistung verraten, die ihm bei dessen angestrengter Formulierung unterlief. »Der tote Autor« habe »den Vorteil, daß er sich [...] gegen die Produzenten [...] nicht wehren kann.«[179] (Die in dieser Form unsinnige Aussage ist wohl kontaminiert aus: ›Der tote Autor hat den Vorteil, dass er sich nicht zu wehren *braucht*‹; und ›*die Produzenten* haben den Vorteil, dass er sich nicht wehren *kann*.‹)

Die sehr wohl und ganz konsequent betriebene ›Verfälschung‹ des Romans hat sich finanziell für Seitz wie gesagt ausgezahlt, im sehr sechsstelligen Betrag des Bayerischen Filmpreises, »vielleicht der schwärzeste Preis der Welt«, wobei sich Seitz etwas darauf zugutehielt, auch »den absolut rotesten Preis der Welt« bekommen zu haben, »den Preis des Sowjetischen Schriftstellerverbandes — vor

---

177 Zander, »Man muss sich auch dem Autor nähern, nicht nur dem Werk«, S. 229.
178 Vgl. Zander, »Man muss sich auch dem Autor nähern, nicht nur dem Werk«, S. 231.
179 [Von Schwarzkopf], Franz Seitz, S. 27.

der Perestroika!«[180] Worin genau die Qualitäten des Films bestehen sollen, für die sein Produzent vom Freistaat Bayern mit den Mitteln deutscher Steuerzahler belohnt wurde, das geht aus der Laudatio nicht hervor. Dort ist nur eben von »Mut« und »Engagement« die Rede.[181] Und zumindest dies Zweite wird dem rührigen, »produktivsten« Thomas-Mann-Verfilmer kein noch so Böswilliger absprechen wollen. Das Produkt selbst jedenfalls, das denn vor der professionellen Filmkritik keine Gnade gefunden zu haben scheint,[182] ist wenig preiswürdig. Das darf man bei aller Vorsicht sagen, die bei Werturteilen natürlich geboten bleibt. Was Seitz seinem Zeitblom so alles an Schwachsinn in den Mund zu legen sich nicht entblödet hat, das ist von den altväterischen, aber gediegenen und niemals ganz so dümmlichen Reflexionen des gekonnt ironisierten[183] *Roman*erzählers mitunter sehr, sehr weit entfernt, dessen gepflegte, leicht archaisierende Sprache in der Feierbroschüre obendrein, zum Zeichen stupender Halb- oder Viertelbildung, mit »Humanistendeutsch«[184] verwechselt wird — wobei unklar bleibt, auf wen dieser weitere Schnitzer zurückgeht und ob man ihn zu den vielen Stilblüten des Geehrten zählen darf. (Dieser, aller humanistischen Gymnasialbildung zum Trotz, die er vor sich herzutragen pflegte — ein verfilmtes Buch verwandle »sich […] hin zu einem *aliud*«[185] —, scheint beispielshalber »dem Drehbuchautoren« für einen schulgerechten Dativ gehalten und vergessen oder nie gewusst zu haben, was ein Konjunktiv ist und was Relativsätze sind.[186])

Wer sich das Elaborat aus dem Hause Seitz sine ira et studio ansieht, den muss schon der Verdacht beschleichen, dass bei der Prämierung wiederum andere als filmästhetische Erwägungen im Spiel waren. Nicht ganz zufällig gilt das Jahr, in dem der prämierte Film ins Kino kam, als Stichdatum für einen Rechts-

---

180 Zander, »Man muss sich auch dem Autor nähern, nicht nur dem Werk«, S. 227.

181 [Von Schwarzkopf], Franz Seitz, S. 26.

182 Vgl. Becker, Auf Teufel komm raus, S. 213, 215; Ruprecht Skasa-Weiß, Verbildert, entgeistert. Frank [sic!] Seitz macht einen Film »nach« Thomas Manns Roman *Doktor Faustus*, in: Stuttgarter Zeitung, 18. September 1982, S. 37; Wolfram Schütte, Dr. Fäustchen. Franz Seitz richtet Thomas Manns späten Roman zu, in: Frankfurter Rundschau, 23. September 1982, S. 20; Karena Niehoff, Geschmackvoll, zuweilen spannend. Franz Seitz' Film *Doktor Faustus* nach dem Roman von Thomas Mann, in: Der Tagesspiegel, 6. Oktober 1982, S. 4. Zu weiteren Rezensionen vgl. Zander, Thomas Mann im Kino, S. 290.

183 Vgl. Elsaghe, Thomas Mann und die kleinen Unterschiede, S. 117–120, 132.

184 [Von Schwarzkopf], Franz Seitz, S. 32.

185 Zander, »Man muss sich auch dem Autor nähern, nicht nur dem Werk«, S. 226; Hervorhebung des Originals.

186 Zander, »Man muss sich auch dem Autor nähern, nicht nur dem Werk«, S. 229: »Wir haben, aus Jux, immer in Konjunktiv- und Relativsätzen mit einander gesprochen, etwa: ›Ich stehe nicht an, zu behaupten, dass Sie sicher damit einverstanden sein werden.‹«

ruck der deutschen Bundespolitik. Die staatliche Auszeichnung eines solchen Films wird nicht zuletzt, wenn nicht vor allem anderen damit zu tun gehabt haben, wie Seitz die Interessen einer gewissen Vergangenheits- und »Filmpolitik« bediente. Belohnt und so überschwänglich gelobt wurde er offenbar dafür, dass er Thomas Mann ganz bestimmten Publikumserwartungen anbequemte, und das hieß in diesem Fall eben den spezifischen Exilcharakter des verfilmten Texts zu neutralisieren.

2 Die Fernsehverfilmungen der Siebziger- und Achtzigerjahre

Franz Seitz und seine Firma, so darf man summarisch sagen, prägten die Geschichte der bundesdeutschen Thomas-Mann-Verfilmungen wie niemand sonst. Vor allem waren sie charakteristisch für die Konstanz schönfärberischer Tendenzen. Vergangenheit, das hieß in der Verfilmung des *Doktor Faustus* nur noch so viel wie Weltkrieg. Und Weltkrieg hieß so viel oder so wenig wie Stalingrad und Bombenkrieg gegen deutsche Zivilisten. Die Deutschen waren hier wie dort die Leidtragenden. Und das Leid, das über sie kam, war von langer Hand und unabänderlich über sie verhängt.

Aber bereits mit der Verfilmung von *Wälsungenblut* war Seitz eine Quadratur des Kreises gelungen, wie sie die Thomas-Mann-*Forscher* zu bewerkstelligen immer nur *versuchten*. Der Film *Wälsungenblut* schaffte tatsächlich, was der Vertrag zwischen dem Produzenten und der Erbengemeinschaft vorgesehen hatte. Er entlastete die berüchtigte Novelle von jedem Verdacht auf antisemitische Aggressionen. Sogar *dieser* Thomas Mann erschien nunmehr säuberlich geschieden von der deutsch-jüdischen Geschichte des zwanzigsten Jahrhunderts.

Das alles, q. e. d., war Teil und Ausdruck einer eben auch kulturindustriell betriebenen Vergangenheitspolitik. Wie schon die Verfilmung des *Doktor Faustus* zeigt, die darin vorgenommene Dissoziation von Weltkrieg und Shoah, mit der Seitz fast zwei Jahrzehnte später wenigstens bei der staatlichen Filmförderung reüssierte, wäre es falsch, fahrlässig und auch nicht wenig selbstgerecht, in den Beschönigungen der Filme aus der Adenauer-Zeit bloß ein historisches und als solches überwundenes Phänomen sehen zu wollen, das allein mit den besonderen Sachzwängen der unmittelbaren Nachkriegszeit zu tun hätte. Das Gegenteil ist wahr. Die weitere Verfilmungsgeschichte Thomas Manns, sowohl im Kino als vor allem auch im Fernsehen, liegt gerade in dieser besonders heiklen Hinsicht ziemlich genau auf der Trajektorie der ersten Nachkriegsadaptionen. Die späteren Sechzigerjahre und was sich unter Stichworten wie ›Achtundsechzig‹ oder ›Kiesinger-Ohrfeige‹ mit ihnen an Versuchen verbindet, aus der Schwammdrüber-Mentalität der Ära Adenauer hinauszugelangen, haben in der bundesdeutschen Filmgeschichte Thomas Manns keine tieferen Spuren hinterlassen; ebenso wenig wie die Vereinigung von 1990 in den deutschen Verfilmungen seither dazu geführt hätte, dem Autor und seinen zeitgeschichtlichen Verstrickungen gegenüber eine unbefangenere oder, wenn man will, ehrlichere Haltung einzunehmen.

https://doi.org/10.1515/9783110638509-007

Geringfügige Ausnahme von der Regel bilden hier zwei Filme, Franz Seitz' *Unordnung und frühes Leid* und der seinerseits von Seitz produzierte *Zauberberg* Hans W. Geißendörfers, die freilich beide nur unter Vorbehalt unter die Fernsehspiele zu subsumieren sind. Denn die Produktion des einen, *Unordnung und frühes Leid*, seines »eigene[n] Lieblingsobjekt[s]«,[1] hatte Seitz dem ZDF »zu Manns 100. Geburtstag« vergeblich angeboten, bevor der Sender »den fertigen« und 1977 schon ins Kino gekommenen »Film dann aber doch« kaufen sollte.[2] (Ihm die Rechte für beides abzutreten sei Katia Mann ganz unverzüglich bereit gewesen, mit den vielleicht authentischen, vielleicht aber auch im Wissen um ihre jüdische Herkunft kolportierten Worten: »dann kriegen wir doch mehr Geld.«[3]) Und Hans W. Geißendörfers *Zauberberg* ist wie gesagt eine, und zwar die erste im Sinn des Film-Fernsehabkommens amphibische Mann-Verfilmung. Ebenfalls von der Seitz GmbH produziert — nachdem sich eine Produktion durch die Filmaufbau GmbH, nach einem von Erika Mann und Jan Lustig geschriebenen Drehbuch, zerschlagen hatte[4] —, kam sie 1982 mit knapp zweieinhalb Stunden Laufzeit zunächst ins Kino und erst 1984, eine gute halbe Stunde länger, als Dreiteiler wiederum ins ZDF.

2.1 Franz Seitz' *Unordnung und frühes Leid*

Die Erzählung *Unordnung und frühes Leid*, unmittelbar nach dem *Zauberberg* entstanden und sozusagen zur Selbstfeier des Autors — Samuel Fischer bestellte den Text für eine Thomas Manns fünfzigstem Geburtstag gewidmete Jubiläumsnummer der *Neuen Rundschau*[5] —, ist eine literarische Auseinandersetzung mit der Weimarer Republik. Es ist die erste und für lange Zeit letzte des Gesamtwerks. Denn zum Zeichen seiner lieben Not und Mühe, die er mit Republikanismus und Demokratie zeit seines Lebens hatte, sollte Thomas Mann die ersten anderthalb Jahrzehnte der Zwischenkriegszeit erst wieder im Rückblick und in seinen spätesten Werken wieder zu einem literarischen Thema machen, im *Doktor Faustus* und in *Die Betrogene*.

---

1 Zander, »Das Publikum versteht Thomas Mann auch im Kino!«, S. 224.
2 Zander, »Man muss sich auch dem Autor nähern, nicht nur dem Werk«, S. 231 f.
3 Zander, »Man muss sich auch dem Autor nähern, nicht nur dem Werk«, S. 229.
4 Vgl. Zander, »Das Publikum versteht Thomas Mann auch im Kino!«, S. 224 f.
5 Vgl. z. B. Brief vom 4. Februar 1925 an Ernst Bertram, in: Bd. 23.1, S. 129–131, hier S. 130; Brief vom 20. April 1925 an Oskar A. H. Schmitz, ebd., S. 147 f., hier S. 147.

Obwohl nach der Währungsreform und in den ›Goldenen Jahren‹ der Republik geschrieben, präsentiert die vergleichsweise also sehr frühe Erzählung von der Unordnung und vom frühen Leid diese Republik zur Zeit ihrer wirtschaftlich schlimmsten Tage, der Hyperinflation. Die ökonomische Unordnung bildet hier die Folie für Verwerfungen viel weiter reichender Natur. Zu diesen irreversiblen, sozusagen irreparablen Phänomenen gehören die Annullation der standes- oder klassengesellschaftlichen Etikette und der Bekleidungscodes, die neuen Formen und tertiären Medien[6] der Musik- und der Tanzkultur und vor allem die nachhaltige Schleifung der Geschlechternormen. Deren Verwirrung wird von nun an, wenn auch von der Forschung kaum erst bemerkt,[7] Thomas Manns Romane und Erzählungen zu vexieren nicht mehr aufhören, ganz besonders *Die Betrogene* und den *Doktor Faustus*;[8] wobei in dessen Verfilmung davon ebenso wenig zu sehen ist wie von jenen Verschiebungen in der Bewertung des Eigenen und des Anderen oder wenigstens des nächsten Fremden, der Schweizer und der Katholiken.

Unordnung und frühes Leid und der zur selben Zeit entstandene Brief *Über die Ehe* sind Dokumente eines vorderhand bloß konstatierten und vom Autor nicht weiter prozessierbaren Problems. (Zur endlich gefundenen Art und Weise seiner Bearbeitung später mehr.) Dabei kann man Franz Seitz den Vorwurf nicht machen, dass er bei seiner Verfilmung der »Inflationsgeschichte«[9] darin für deren gender troubles so unempfänglich gewesen sei wie beim *Doktor Faustus*. Vielmehr hat es Seitz hier verstanden, die im Text gegebenen Signale noch zu verstärken. Zwei Beispiele dafür.

Erstens: Der im Text nur eben homosexuell effeminierte, zum Beispiel geschminkte Schauspieler Iwan Herzl spielt nun, im Film, nicht mehr nur den Don Carlos,[10] eine auf den ersten Blick eher unverdächtige Rolle. Denn deren sexuelle, homosexuelle Brisanz erschlösse sich einem erst vom *Tonio Kröger* her, dessen Verfilmung Seitz hier wie gesagt in Form eines Selbstzitats ja eigens aufruft — nur dass er dort Verdis Adaption des Schiller'schen Dramas, wie ebenfalls schon ge-

---

6 Vgl. Yahya Elsaghe, Das Grammophon des Fabrikanten Bullinger im Kontext des Gesamtwerks, in: Heinrich Detering et al. (Hgg.), Thomas Manns *Doktor Faustus* — Neue Ansichten, neue Einsichten, Frankfurt a. M.: Klostermann, 2013 (Thomas-Mann-Studien, Bd. 46), S. 167–192, hier S. 174–179.

7 Vgl. z. B. Elsaghe, Das Grammophon des Fabrikanten Bullinger im Kontext des Gesamtwerks, S. 179–182.

8 Vgl. z. B. Elsaghe, Das Grammophon des Fabrikanten Bullinger im Kontext des Gesamtwerks, S. 182–192; ders., Krankheit und Matriarchat, S. 30–45, 270–305.

9 Brief vom 3. März 1926 an Hans Heinrich Borcherdt, in: Dichter über ihre Dichtungen, Bd. 14/II: 1918–1943, S. 63.

10 Vgl. Mann, Gesammelte Werke, Bd. 8, S. 638 f.

zeigt, einem rein heterosexuellen Skript integriert hatte. Nicht mehr nur den Don Carlos also stellt der anmaßlich so genannte »Hofschauspieler« dar;[11] sondern er spielt auch noch eine weibliche und als solche besonders skandalträchtige Rolle, Frank Wedekinds Lulu.[12]

Die Leerstelle, zweitens, die sich in Manns Text dort öffnet, wo die Zigaretten der jungen Männer nach einer »in Flor stehenden Kino-Diva« benannt sind,[13] wird im Film auf eine hier hübsch passende Weise und vermutlich genau im Sinn des Autors geschlossen.[14] Gefüllt wird sie nämlich mit der Marke »Asta Nielsen«.[15] Die Schauspielerin dieses Namens war in der damals jüngsten Filmgeschichte, im ersten interkontinentalen Erfolg einer deutschen Zwischenkriegsproduktion, ihrerseits in einer Hosenrolle zu sehen gewesen, nämlich als Hamlet. Und wenig später, in ihrem letzten Stummfilm, *Das gefährliche Alter*, der übrigens ganz frappant an Manns *Betrogene* erinnert, sollte sie dann noch eine ältere Frau spielen, welche die Gendernormen des Sexualverhaltens durchbricht, indem sie einen viel jüngeren Mann begehrt und ihr Begehren mit demselben auch auszuleben wagt (dargestellt von Walter Rilla, der ja seinerseits wieder in der Verfilmung von *Unordnung und frühes Leid* mitwirkte).

Seitz also scheint Mitte der Siebzigerjahre, zeitgleich zum Beispiel mit Günter Grassens *Butt*, sehr wohl eine Sensibilität für die Problematisierung der Geschlechterrollen entwickelt zu haben, wie sie in Manns Erzählung verhandelt werden. Es handelt sich hier um ein Rezeptionsphänomen, das sich in noch viel höherem Grad an der Verfilmung von Manns nächster Novelle wird ausmachen lassen, *Mario und der Zauberer*. Eine je bestimmte Befindlichkeit der Produktionszeit kann die Drehbuchautoren und Regisseure hellhörig werden lassen für gewisse Sinnschichten von Texten, die aus einem mentalitär in der bestimmten Hinsicht ähnlichen oder vergleichbaren Klima heraus entstanden.

Nicht nur aber, dass Seitz die gender troubles des verfilmten Texts im Sinne der eigenen Gegenwart noch zuspitzt. Bei aller hier ganz augenfällig gesuchten Werktreue[16] imprägniert die Verfilmung den verfilmten Text auch mit einer historischen Dimension, die diesem Text notwendig noch fremd war. Gleich zu Anfang wird dessen Titel in zwei Kinoeinspielungen umgesetzt: Für das frühe Leid, hier

---

11 Mann, Gesammelte Werke, Bd. 8, S. 638.

12 Vgl. Seitz, Unordnung und frühes Leid, 00:27:28, mit Mann, Gesammelte Werke, Bd. 8, S. 620; freundlicher Hinweis von Hanspeter Affolter, Bern, vom 4. August 2016.

13 Mann, Gesammelte Werke, Bd. 8, S. 619.

14 Freundliche Auskunft von Hanspeter Affolter, Bern, vom 23. April 2019.

15 Seitz, Unordnung und frühes Leid, 00:23:24; freundlicher Hinweis von Hanspeter Affolter, Bern, vom 4. August 2016.

16 Vgl. Zander, »Man muss sich auch dem Autor nähern, nicht nur dem Werk«, S. 226.

das Liebesleid nicht eines kleinen, aber frühreifen Mädchens, sondern eines im Text des betreffenden Frühwerks »Vierzehnjährigen«[17] (gespielt vom damals exakt so alten Mathieu Carrière, der seinerzeit auch noch tatsächlich das Lübecker Katharineum besuchte), steht eine Szene aus der ihrerseits ›frühen‹ Verfilmung des *Tonio Kröger*; ein schon mehrfach erwähntes Selbstzitat — wie übrigens auch das Casting von *Unordnung und frühes Leid* auf frühere Verfilmungen verweist: Walter Rilla, ehemals der in *Felix Krull* unglücklich, aber mit Fassung verliebte Lord Strathbogie alias Kilmarnock, spielt nun die Rolle eines ob der pubertären Obszönitäten indignierten Trambahnfahrgasts. Und Ruth Leuwerik, ehemals und angeblich — nach einem offenbar ungedeckten Gerücht — zu Thomas Manns Wohlgefallen[18] die Märchenbraut aus *Königliche Hoheit*, stellt nun sinniger- und konsequenterweise die Ehefrau des Protagonisten und die Mutter seiner vielen Kinder dar.

Die Unordnung jedoch, die in Manns Text ökonomische, sexuelle, musikalische, bekleidungskulturelle und dergleichen Weiterungen mehr hat, aber mit Sicherheit keine politischen — wie er sie dann in jener nächsten, der ›italienischen‹ Novelle *Mario und der Zauberer* zum Thema machen sollte —, dieser also zunächst im engen Verständnis keineswegs politischen Unordnung verlieh Seitz hier einen Sinn, der Mann seinerzeit, in den ›Goldenen Jahren‹, noch fern lag und vielleicht auch noch fern liegen *musste*. Eingespielt wird nach den »Erinnerungen an Tonio ...« nämlich unter dem Insert »Unordnung ...« auch eine Wochenschau (»1923«, genau genommen Anfang September 1923), wie Seitzens Zeitblom später im Kino eine sehen sollte. Darin ist wie schon einmal erwähnt der junge Hitler zu sehen, wie er der Enthüllung eines Freicorps-Ehrenmals beiwohnt. Der Film im Film — wie auch ein SA-Trupp oder jene *Simplicissimus*-Karikatur des Münchner Nazis, der sich ein »Judenpogrom« herbeiwünscht und einen »Diktator« — weist so auf die fatalen Ereignisse voraus, welche eine ihrer frühen Ursachen in der ökonomischen Unordnung vom Herbst 1923 hatten, in dem die Handlung spielt, vermutlich Anfang November (denn das Semester, das in München damals im November begann, ist schon in full swing[19]). Seitz glaubte sie sogar präzise auf eine Woche vor die Währungsreform und die Ausgabe der sogenann-

---

17 Bd. 2.1, S. 244.

18 Vgl. Hans Helmut Prinzler, Eine bewundernswerte Frau, in: Peter Mänz und Nils Warnecke (Hgg.), Die ideale Frau. Ruth Leuwerik und das Kino der fünfziger Jahre, Berlin: Henschel, 2004, S. 7 f., hier S. 7 (leider ohne Quellennachweis), vs. Bd. 4.2, S. 223 f.; Brief vom 1. Januar 1954 an Hans Reisiger, in: Dichter über ihre Dichtungen, Bd. 14/I: 1889–1917, S. 275; Brief vom 25. Januar 1954 an Richard Braungart, ebd., S. 276.

19 Vgl. Elsaghe, Das Grammophon des Fabrikanten Bullinger im Kontext des Gesamtwerks, S. 175.

ten Rentenmark datieren zu können und unmittelbar vor den Hitler-Putsch vom 9. November: »Die Novelle spielt ja am 7. und 8. November 1923«.[20] Und diese Zweitägigkeit sei der Grund dafür gewesen, dass er, Seitz, mit seinem Film beim ZDF nicht durchgekommen sei: »der zuständige Redakteur meinte zur Begründung, Novellen spielen ja prinzipiell nur an einem Tag«;[21] ein Prinzip, über das sich Seitz zwar zu Recht mokiert, dem aber ausgerechnet die Novelle *Unordnung und frühes Leid* durchaus entspricht. An gleich zwei Novembertagen spielt nicht diese, sondern bloß ihre Verfilmung durch Seitz — eine natürlich nicht unverfängliche Verwechslung und Fehlleistung.

Durch den forcierten zeitgeschichtlichen Bezug auf die nahe Zukunft des Nationalsozialismus und auf den unmittelbar bevorstehenden Putschversuch desselben verhält sich der Film *Unordnung und frühes Leid* ganz anders zu den Vorgaben seines Texts als die etwas jüngere Verfilmung des *Doktor Faustus*, nämlich genau umgekehrt. Während dort, im Film *Doktor Faustus*, die Hinweise des Romantexts auf den Nationalsozialismus sukzessive beseitigt wurden, sind entsprechende Referenzen hier, in *Unordnung und frühes Leid*, gegen den verfilmten Novellentext eingeführt. Dessen produktive Rezeption reflektiert so das zeitliche Intervall und das historische Mehrwissen, das sie von ihm trennt; eine Form der Aktualisierung, durch die sich, wie schon angedeutet, auch die bisher letzte Thomas-Mann-Verfilmung auszeichnen und die sie in ihrer Radikalität von allen anderen oder jedenfalls allen deutschen unterscheiden wird. Wie an dieser Verfilmung, Michael Blumes *Heiligendamm*, noch zu zeigen sein wird, bezieht sich ihre Reflexion des Abstands zum verfilmten Vortext ganz besonders auf denjenigen Aspekt, den die anderen Verfilmungen, wie teils schon vorgeführt und andernteils noch darzulegen, so weit als irgend nur möglich aussparen. Blume, um so viel schon vorwegzunehmen, bedenkt in seiner Aktualisierung das Schicksal der deutschen Juden mit, wie sie eben bei Thomas Mann gar nicht selten zum Thema wurden, auch und gerade in den verfilmten Texten, um aus deren Verfilmungen ziemlich spurlos zu verschwinden.

Das gilt so nicht ganz für *Unordnung und frühes Leid*. Jedenfalls trifft es für die Figur nicht wirklich zu, welche die Ordnung der Geschlechter mit ihrem make-up (jedenfalls in der Erzählung) wie durch ihre stark sexualisierte Theaterrolle am dreistesten durcheinanderbringt und die Geschlechteranarchie gewissermaßen ins bildungsbürgerliche Haus einschleppt, so dass sie dessen Kinder damit infiziert. Die Jewishness des ›Hofschauspielers‹ Iwan ›Wanja‹ Herzl, gespielt von einem eher unscheinbaren, hier auch nicht erkennbar geschminkten

---

20 Zander, »Man muss sich auch dem Autor nähern, nicht nur dem Werk«, S. 231.
21 Zander, »Man muss sich auch dem Autor nähern, nicht nur dem Werk«, S. 231.

Michael Schwarzmaier, wird zwar nicht hervorgekehrt. Aber Herzl wird in den Dialogen doch auch mit seinem vom Zionismus her natürlich stark chargierten Nachnamen angesprochen. Eine von den frühen Filmen her erwartbare Ersetzung oder Abänderung des Namens bleibt aus.

Bei seinem Namen wird auch der Protagonist genannt, *Abel* Cornelius. Dabei bildet dieser auffällige und in seiner Auffälligkeit hier besonders einschlägige Vorname schon in Manns Text den einzigen, allerdings sehr gewichtigen Hinweis auf eine jüdische Identität des Professor Cornelius; und deswegen kann man es weder Seitz noch auch nur der Forschung[22] zum Vorwurf machen, dass sie den Hinweis übersehen haben. Demgemäß füllt Seitz die Unbestimmtheitsstellen im Hause Cornelius bei seiner Verfilmung in einer Weise, die von einer entsprechenden Vermutung wegführen muss; und zwar, sehr bemerkenswerterweise, noch viel weiter weg, als es die vielen auto- beziehungsweise familienbiographischen Reminiszenzen der Mann'schen Erzählung eigentlich nahelegten, und obwohl Seitz diese Reminiszenzen ansonsten noch erheblich verstärkt hat.

Die Filmhandlung hat sich an der damaligen Wohnadresse der Manns abzuspielen, »Poschingerstrasse [sic!] 1«.[23] Und dem Professor — ein Titel, der Thomas Mann sehr bald einmal ehrenhalber verliehen werden sollte, so bald, dass dieser davon schon wissen konnte —, Abel Cornelius also sind etliche Stellen aus den *Betrachtungen eines Unpolitischen* oder auch aus der Rede *Von Deutscher Republik* in den Mund gelegt. Sogar die Verfasserschaft eines Buchs mit dem Titel *Gedanken im Kriege* wird ihm zugeschrieben beziehungsweise von seinem Studenten suaviter in modo vorgehalten. Aber die Gattin des Professor Cornelius, in Manns Text nicht von ungefähr anonym — trotz aller hier um sich greifenden Frauenemanzipation —, erhält einen germanischen, in gewissem Sinn den *ger*manischsten aller weiblichen Vornamen, *Ger*da. Der frei hinzuerfundene Vorname, ultragermanisch, wie er ist, lenkt vom mutmaßlich jüdischen Milieu der Handlung ab, mit dem Thomas Manns Erzähler, neuerdings,[24] dermaßen entschieden sympathisiert, dass er mit der Figur des Protagonisten wie schon gezeigt

---

22 Vgl. z. B. Ritchie Robertson, [Rezension zu:] Andreas Blödorn und Friedhelm Marx (Hgg.), Thomas Mann Handbuch. Leben — Werk — Wirkung, in: German Quarterly 89.3, 2016, S. 375–377, hier S. 377.

23 Franz Seitz, Unordnung und frühes Leid. Nach der Erzählung von Thomas Mann, [o. J.], S. 5, Thomas-Mann-Archiv der ETH-Bibliothek, Zürich. Zur »unappetitliche[n]« Geschichte der Adresse vgl. Wolfgang Frühwald, Eine Kindheit in München. Die Familie Mann und das Genre der Inflationsliteratur, in: Andreas Kablitz und Ulrich Schulz-Buschhaus (Hgg.), Literarhistorische Begegnungen. Festschrift für Bernhard König, Tübingen: Narr, 1993, S. 43–56, hier S. 48 mit Anm. 20.

24 Vgl. z. B. Elsaghe, Thomas Mann und die kleinen Unterschiede, S. 181.

beinahe zusammenfällt. Zu solch einer Ablenkungsstrategie hätte es auch nach Ausweis der weiteren produktiven Rezeptionsgeschichte sehr wohl Alternativen gegeben. So sollten Klaus Maria Brandauer und Burt Weinshanker bei ihrer Verfilmung eines ebenso stark auto- oder familienbiographischen Texts, *Mario und der Zauberer*, der in diesem ebenfalls namenlosen Frau einen typisch jüdischen Vornamen geben, wie ihn die gut assimilierte Katia Mann, geborene Pringsheim gerade nicht getragen hatte: Rachel.

2.2 Hans W. Geißendörfers *Zauberberg*

Die Erzählung *Unordnung und frühes Leid*, vom Krisenjahr 1923 handelnd, in dem auch der Radauantisemitismus deutliche Konturen annahm,[25] scheint also in Sachen Judentum und Antisemitismus in zwei verschiedene Erwartungshorizonte zu passen. In der Figur des Iwan Herzl kann sie bestimmte Ressentiments bedienen respektive — wie textintern beim Protagonisten — gegebenenfalls so etwas wie jüdischen Selbsthass, um es auf den Titel von Theodor Lessings wenig jüngerem Buch zu bringen.[26] Die mutmaßlich ebenfalls jüdische Figur des Abel Cornelius indessen, die dieser Vorname ja schon auf die Position eines schuldlosen Opfers festlegt und in deren Leid sich der Erzähler, wie bereits vorgeführt, so eindeutig und ausschließlich hineinfühlt, appelliert an Sympathie und Mitleid.

Dieselbe Ambivalenz eignet dem jüdischen Personal des *Zauberbergs*. Die Disparität dieses Personals reflektiert die jahrzehntelange Entstehungsgeschichte des Romans.[27] Noch vor dem Ersten Weltkrieg begonnen und nach jenem Krisenjahr 1923 abgeschlossen, verschleppt er einerseits gewisse Antisemitismen des Frühwerks, um zuletzt, andererseits, aber schon eine klarsichtige Analyse der antisemitischen Ressentiments zu liefern.

Das geschieht im vorletzten Unterkapitel, *Die große Gereiztheit*. Dort entlarvt die Erzählerinstanz den Judenhass eines Wutbürgers namens Wiedemann als last resort für das Selbstwertgefühl eines Kranken und zu kurz Gekommenen. Objekt seines Hasses, der endlich zu einem ›tierischen‹, brachialen Zweikampf führt, ist ein Patient mit dem »schmutzige[n]« Namen Sonnenschein.[28] An diesem freilich

25 Vgl. z. B. Cornelia Hecht, Deutsche Juden und Antisemitismus in der Weimarer Republik, Bonn: Dietz, 2003 (Politik- und Gesellschaftsgeschichte, Bd. 62), S. 163–186.

26 Theodor Lessing, Der jüdische Selbsthaß, Berlin: Jüdischer Verlag, 1930.

27 Vgl. Yahya Elsaghe, »Edhin Krokowski aus Linde bei Pinne, Provinz Posen«. Judentum und Antisemitismus im *Zauberberg* und seiner Vorgeschichte, in: Monatshefte für deutschsprachige Literatur und Kultur 101.1, 2009, S. 56–72.

28 Bd. 5.1, S. 1038.

gibt es für einen antisemitischen Spürgeist wie Wiedemann rein gar nichts auszuwittern, »der Fall war klar«.[29]

Diese Gereiztheit hat Geißendörfer denn auch in beide Versionen seiner Verfilmung mit aufgenommen — mit der Besonderheit freilich, dass der Antisemit
des Films ein altruistisch-positives Merkmal erhält, von dem im Roman nirgends
die Rede ist. Denn als ein Russe namens Popow einen epileptischen Anfall erleidet, ist es im Film ausgemacht Herr Wiedemann, der Hilfe holt[30] (während es im
Roman neben dem Sanatoriumspersonal nur »einige[] junge[], handfeste[] Tafelgenossen«[31] sind). Indessen hat sich Geißendörfer offensichtlich bemüht, die Rollen der Kontrahenten besonders authentisch zu besetzen. Die Rolle des notorischen Opfers von Wiedemanns Hass spielt nämlich kein Geringerer als Buddy
Elias. Buddy Elias war ein Cousin und der letzte Verwandte Anne Franks, der
diese noch persönlich gekannt hatte; eine in den Angaben der Internet Movie
Database die längste Zeit untergegangene Akkuratesse. Denn ihnen zufolge sollte
Elias, zynischerweise, die Rolle des Antisemiten Wiedemann spielen (über deren
Besetzung sich der Abspann und heute auch die Database ausschweigt).[32]

Auch bei Leo ›Leib‹ Naphta, dem neben Nathan dem Weisen berühmtesten
Juden des deutschen Literaturkanons, ist der Fall klar. Nach dem als Jude bekannten und angefeindeten Georg Lukács modelliert, weist sein Merkmalssatz etliche Elemente aus dem antisemitischen Stereotypenarsenal auf: sein »ätzend[]«
hässliches Äußeres — gebogene Nase, dicke Brille, schmächtige Figur —;[33] seine
»scharf[e]«[34] Intelligenz; sein ›Juda-Jesuitismus‹;[35] seine Faszination für Blut und
Grausamkeit, psychologisch motiviert über seine kindheitsgeschichtliche Prägung durch den Beruf seines Vaters, eines Schochet — wobei die scheinbar detailtreue Beschreibung des Schächtungsrituals allerdings ihrerseits wieder mehr
antisemitischen Klischeevorstellungen als den zeitgenössischen Realien folgt.[36]

---

29 Bd. 5.1, S. 1038.

30 Geißendörfer, Der Zauberberg (1982), 00:33:56; ders., Der Zauberberg (1984), Teil 1, 01:38:43.

31 Bd. 5.1, S. 454.

32 Vgl. Internet Movie Database, *Der Zauberberg*, http://www.imdb.com/title/tt0084946/full
credits?ref_=tt_cl_sm#cast [Zugriff: 1. August 2017; korrigiert im Zuge dieser Studie; archiviert
unter: https://www.imdb.com/title/tt0084946/fullcredits?ref_=tt_cl_sm]; freundliche Hinweise
von Hanspeter Affolter, Bern, vom 4. August 2016.

33 Bd. 5.1, S. 562.

34 Bd. 5.1, S. 562 f.; vgl. S. 566, 603 f., 609, 667, 702, 704, 719, 813, 856, 879, 888, 892, 1076.

35 Vgl. Bd. 5.1, S. 667 f.

36 Vgl. Franka Marquardt, Judentum und Jesuitenorden in Thomas Manns *Zauberberg*. Zur
Funktion der ›Fehler‹ in der Darstellung des jüdischen Jesuiten Leib-Leo Naphta, in: Deutsche
Vierteljahrsschrift für Literaturwissenschaft und Geistesgeschichte 81.2, 2007, S. 257–281, hier
S. 259–264.

Der Erzähler und die Figuren nennen den Fall Naphta denn gleich beim Namen. Besonders deutlich, aber auch besonders abfällig tut das der »brav[e]« Joachim Ziemßen, ohne dass ihn sein offen zur Schau getragener Antisemitismus die Sympathien des Erzählers, geschweige denn der Figuren kostete. »Der Kleine« missfällt ihm. Dazu genügt ihm schon eine bloße Blickdiagnose der »Judennase« und der »miekrig[en]« Figur, wie sie »immer nur die Semiten« haben.[37]

Anders als bei den Juden des Frühwerks, aber ähnlich wie in *Königliche Hoheit* und bei Doktor Sammet wird also aus der Identität Naphtas kein, wenn auch noch so leicht zu lüftendes Geheimnis gemacht. Doch im Unterschied zu Sammet wie zu den früheren jüdischen Figuren ist Naphta für den Verlauf der Handlung viel zu wichtig, als dass man seine Rolle schlankerhand streichen dürfte oder auch nur ihren Namen verschweigen könnte. Zwar ließ sich der Dialog über den hässlichen und »zweifelhafte[n]«[38] Juden Naphta unterdrücken; was wenigstens in der einen, kürzeren Fassung der Verfilmung prompt geschah wie auch wieder in einem Hörspiel von 2000[39] und in Hörbuchlesungen von 1983 und 1995 (wo jeweils auch Naphtas auf dessen »Rasse[]« zugespitztes Körperportrait fehlt).[40] Aus der Kinofassung ist Joachim Ziemßens Antisemitismus damit spurlos wegretuschiert. Er muss Seitz und Geißendörfer also als eines der am leichtesten verzichtbaren Elemente des Romans beziehungsweise seiner längeren TV-Verfilmung erschienen sein.

Grundsätzlich jedoch führt nichts an Naphta und seinem Judentum vorbei. Zu wichtig ist die Figur für den Fortgang der Romanhandlung und für Bildung und Entwicklung ihres Protagonisten. In dieser Situation gedachte Geißendörfer den Stier gewissermaßen bei den Hörnern zu packen. Wie bei der Figur jenes Sonnenschein hatte er offenbar vor, »die Rolle Naphtas von einem semitischen Schauspieler darstellen zu lassen«.[41] Zuletzt besetzte Geißendörfer die Rolle dann aber doch ganz anders. Den Naphta spielte nun Charles Aznavour.

Auf den ersten Blick lässt sich diese Besetzung leicht motivieren. Denn Aznavour brachte aus seiner Schauspielerkarriere sozusagen schon ein entsprechen-

---

37 Bd. 5.1, S. 582.

38 Bd. 5.1, S. 582.

39 Der Zauberberg. Hörspiel (R: Ulrich Lampen, Bayerischer Rundfunk / Hörspiel und Medienkunst 2000), München: Hörspielverlag, 2003.

40 Der Zauberberg. Hörbuch. Gelesen von Gert Westphal (R: Hanjo Kesting, Norddeutscher Rundfunk 1983/1995), Berlin: Universal Music, 1996.

41 Iris Bellinghausen, Umsetzung eines intellektuellen Diskurses in Bilder am Beispiel des Naphta-Komplexes in Hans W. Geißendörfers Film *Der Zauberberg* nach dem gleichnamigen Roman von Thomas Mann, München, 1985 [Manuskript], S. 85, Thomas-Mann-Archiv der ETH-Bibliothek, Zürich.

des Konnotat ganz frisch mit. Ein paar wenige Jahre zuvor, 1979, hatte er in einer sehr erfolgreichen, ja mit einem Oscar ausgezeichneten Literaturverfilmung eine jüdische Figur gespielt. Gemeint ist Volker Schlöndorffs *Blechtrommel*, die nota bene ihrerseits von Franz Seitz produziert worden war. (Und aus dem Personal der Seitz'schen Literatur-Verfilmungen rekrutierte Geißendörfer mit Margot Hielscher die Darstellerin der strohdummen und dummdreisten Frau Stöhr, ehemals, in *Wälsungenblut*, Gräfin Isabella Arnstatt alias Frau Aarenhold, eine zumindest in der Novelle ihrerseits einfältige und dabei anmaßliche Person.)

In der *Blechtrommel* hatte Aznavour den jüdischen Spielzeughändler Sigismund Markus dargestellt. Sigismund Markus aber ist eine besonders sympathische Figur. Es braucht schon den äußerst geschärften Blick einer Ruth Klüger oder eines Sander Gilman, um unter ihrem Merkmalssatz die alten, antisemitischen Muster aufzudecken.[42] Insofern war die Besetzung der Rolle mit gerade diesem Schauspieler sehr geschickt. Denn Aznavour war zweifelsohne ein Sympathieträger des deutsch-französisch-schweizerischen show business. Dazu kam, dass seine Herkunft sich in zumindest einer Hinsicht mit der jüdischen vergleichen ließ.

Shahnourh Varinag Aznavourian war Franzose armenischer Abstammung. Er stammte also für sein Teil aus einer einst aufs Schlimmste verfolgten Minderheit. Die Armenier haben ihrerseits einen Genozid erlitten, und dieser gab vielleicht sogar das Vorbild ab für die nationalsozialistische Vernichtungspolitik. (Die Authentizität des betreffenden Satzes aus einer am 22. August 1939 auf dem Obersalzberg abgesonderten Führerrede scheint nach wie vor strittig zu sein: »Wer redet heute noch von der Vernichtung der Armenier?«[43]) Nur war Aznavour eben weder Jude noch auch nur Semit; sondern als Armenier hatte er eine gewissermaßen urchristlichste Genealogie. Die armenische Kirche ist die älteste der Welt.[44] In dieser Hinsicht blieb die Besetzung also doch auch wieder hinter jenem Anspruch zurück, die Rolle mit einem sozusagen so authentisch »semitischen Schauspieler« zu besetzen wie diejenige des Sonnenschein.

---

42 Vgl. Ruth K. Angress [nachmals Klüger], A »Jewish Problem« in German Postwar Fiction, in: Modern Judaism 5, 1985, S. 215–233, hier S. 222 f.; Sander L. Gilman, Rasse, Sexualität und Seuche. Stereotype aus der Innenwelt der westlichen Kultur, Reinbek b. H.: Rowohlt, 1992 (rowohlts enzyklopädie), S. 256 f.

43 Richard Albrecht, »Wer redet heute noch von der Vernichtung der Armenier?« Kommentierte Wiederveröffentlichung der Erstpublikation von Adolf Hitlers Geheimrede am 22. August 1939, in: Zeitschrift für Weltgeschichte 9.2, 2008, S. 115–132, hier S. 127; vgl. S. 116.

44 Vgl. Robert Pierce Casey, Armenien. Im Altertum, in: Kurt Galling et al. (Hgg.), Die Religion in Geschichte und Gegenwart. Handwörterbuch für Theologie und Religionswissenschaft, Tübingen: Mohr, ³1957 (UTB für Wissenschaft, Große Reihe), Bd. 1, S. 610 f., hier S. 610.

Die endliche Besetzung ist damit so verfehlt wie geglückt: verfehlt nach Maßgabe des Vorsatzes, die Rolle mit einem waschechten Semiten zu besetzen; geglückt in Hinblick auf die Notwendigkeit, sich vom deutschen Antisemitismus zu
distanzieren. Mit dem Sympathievorschuss, den der Schauspieler als Person und
von seinen früheren Rollen her mit sich führte, hat es Geißendörfer zuwege gebracht, die antisemitischen Energien zu unterbinden, aus denen der Roman-
Naphta sich speist und an die er wiederum appelliert. Einen und denselben beliebten Schauspieler den Spielzeughändler der *Blechtrommel* und den Naphta
des *Zauberberg* spielen zu lassen, hatte also notwendig Folgen für den antizipier-
baren Sympathiewert dieses Film-Naphta.

Als Publikumsliebling und als ehemaliger Sigismund Markus wäre Aznavour
denkbar ungeeignet, die unsympathischen Züge zu verkörpern, die Thomas
Mann *seinem* Naphta verliehen hat. Schon allein durch die Besetzung und die
damit unweigerlich verbundene Sympathielenkung wird diese Figur also gewissermaßen geschönt. Ihre Alterität wird besonders in der Kinofassung nur noch
dezent angedeutet, in einem elliptischen Satz Lodovico Settembrinis (wobei dessen hier etwas ungenaue Verwendung des Konversionsbegriffs auf das Konto bereits des Romanerzählers geht[45]): »Ein zum Katholizismus konvertierter Jude, [...]
Bruder des Jesuitenordens.«[46]

Mehr oder weniger einschlägig ist hier wohl auch Naphtas Sprache. Denn
gegen den Erzählertext und gegen die Dialogpartien des Romans lässt Geißendörfer seinen Naphta mit diffusem Akzent sprechen. Bei diesem aber, etwa beim
stark ausgeprägten Zäpfchen-R, kann man nicht so recht entscheiden, ob es der
französische des Schauspielers ist oder ob es ein jiddischer der Figur sein soll.
(Im Zweifelsfall, jedenfalls bei den leichten Diphthongierungen von Typus ›Befehl‹–»Befejl«, wohl eher ein moderat jiddischer.)

Der Prozess, an dessen Ende die Naphta-Figur von potenziell anstößigen Antisemitismen weitgehend freigehalten werden konnte, lässt sich bis in die Ausstattung des Films beziehungsweise an deren Geschichte studieren. Nach dem
Drehbuch nämlich hätte in »Naphtas Wohnung« nicht nur »eine gotische Pietà«
stehen sollen,[47] wie sie der Romantext vorgäbe.[48] Sondern gegen dessen Vorgaben hätte die Ausstattung an jene widerwärtig-drastischen Kindheitseindrücke

45 Vgl. Bd. 5.1, S. 669.
46 Geißendörfer, Der Zauberberg. Lesefassung des Drehbuchs, S. 110. Vgl. ders., Der Zauberberg
(1982), 01:17:13; ders., Der Zauberberg (1984), Teil 2, 00:57:46.
47 Geißendörfer, Der Zauberberg. Lesefassung des Drehbuchs, S. 106; ohne Hervorhebungen
des Originals.
48 Vgl. Bd. 5.1, S. 592, 595 f., 616.

Naphtas erinnern sollen: »Dann entdecken wir die Darstellung eines jüdischen rituellen Schlachtfestes, auf der wiederum das Blut des geschlachteten Tieres den Schwerpunkt des Gemäldes bildet.«[49]

Ursprünglich also hätte Naphtas Wohnung schon von Anfang an auf seine jüdische Herkunft verweisen sollen. Und zwar hätten das eine Gemälde und sein »Schwerpunkt« eben auf einen Aspekt dieser Herkunft gewiesen, der im Roman eine besonders abstoßende Repräsentation erfährt; mochte der extrem hohe Grad der Abstoßung hier wie gesagt auch auf Kosten der Faktentreue gehen. Für das unbelesene Publikum sicherlich kaum zu entziffern, wäre das Ausstattungsdetail eine Konzession an den kundigen Zuschauer gewesen. Der »Schwerpunkt des Gemäldes« hätte einen Wink auf die blutrünstige Gesinnung gegeben, die Naphta im Roman nun einmal zur Schau zu stellen hat.

Doch auch dieses Zugeständnis an den Antisemitismus des Romantexts unterblieb im realisierten Film. In der vorgesehenen Form wäre es freilich auch nicht zu realisieren gewesen. Denn eine authentische »Darstellung eines jüdischen rituellen Schlachtfestes«, wie sie das Drehbuch vorsieht, kann es gar nicht geben. Dessen Präsuppositionen sind hier ein weiteres Zeugnis für die Ignoranz und Übergriffigkeit der Vorstellungen, die Geißendörfer und seinesgleichen vom Judentum haben und, schlimmer noch, ventilieren. Schlachtfeste, geschweigen denn rituelle, gibt es im Judentum nicht.

Die im Drehbuch trotzdem vorausgesetzte Darstellbarkeit eines solchen Fests verdankt sich einer Konfabulation, einer so oder so nicht unbedenklichen. Denn entweder hat Geißendörfer hier bloß heimisch-deutsches Brauchtum in seine Imagination jüdischer Riten gewissermaßen eingeschleppt. Oder aber seine Imagination derselben speist sich aus dem Arsenal antijudaistischer und antisemitischer Gemeinplätze. Die Vorstellung nämlich, dass die Juden das allmähliche Ausbluten eines Tiers eigens feiern, und das auch noch in Form einer rituell integrierten Festivität, liegt doch wohl in Reichweite der ja auch vom Erzähler des *Zauberbergs* bedienten Aversionen, die just gegen diese Schlachtpraxis nach wie vor bestehen. (Beispielshalber zielte die allererste unter den Eidgenössischen Volksinitiativen auf ein Schächtungsverbot, wie es heute gerade auch in der Bundesrepublik wieder in die Debatte getragen wird.)

Welche mehr oder eben weniger harmlose Bewandtnis auch immer es damit aber haben mag — ein Gemälde eines jüdischen Schlachtfests war nun einmal schwer aufzutreiben. Hingegen hätten sich Darstellungen einer einfachen Schächtung allenfalls schon finden lassen. Dennoch wird auf den Bildern, die

---

49 Geißendörfer, Der Zauberberg. Lesefassung des Drehbuchs, S. 106; ohne Hervorhebungen des Originals.

nunmehr an Stelle des nicht realisierbaren Sujets ›jüdisches Schlachtfest‹ in Naphtas Wohnung herumhängen, kein Tropfen Blut mehr vergossen. Drei davon werden in einer Kamerafahrt eigens fixiert, die, mit leichtem Schwenk nach oben, bei der Pietà beginnt und bei einer Vitrine endet (bestückt mit Kristallvase und Porzellanfigürchen).[50] Hinsichtlich des Jüdischen oder auch Jüdisch-Rituellen sind vermutlich alle drei Bilder signifikant, wenn auch mit unterschiedlicher Deutlichkeit.

Dargestellt sind zuerst ein Junge, zuletzt eine Menschengruppe, dazwischen ein weiß- und langbärtiger Greis. Dessen Portrait, schätzungsweise aus der gespielten Zeit oder ihrer unmittelbaren Vergangenheit, erstes Jahrzehnt des zwanzigsten Jahrhunderts oder zweite Hälfte des neunzehnten,[51] zeigt ihn mit einer krempenlosen Kopfbedeckung, wahrscheinlich einer Kippah — das lässt sich bei der schlechten Ausleuchtung mit letzter Sicherheit nicht feststellen —; und jedenfalls vermutet eine Spezialistin für jüdische Studien in ihm einen osteuropäischen Rabbiner.[52] Der zuerst gezeigte Junge dagegen ist ganz eindeutig jüdisch. Ausgestattet mit Schal (›Tallit‹) und Gebetsriemen (›Tfillin‹), liest er im Stehen einen wohl sakralen Text, Thora oder Talmud.[53] Von diesem, wie man wohl anzunehmen hat, zukünftigen Schriftgelehrten durch einen Wandteller getrennt, dessen Sujet mit bloßem Auge beim allerbesten Willen nicht zu erraten ist, und unmittelbar neben dem Portraitgemälde jenes mutmaßlichen Rabbiners hängt das womöglich noch schlechter ausgeleuchtete Gruppenbild. Zu sehen sind darauf Menschen beiderlei Geschlechts und verschiedenen Alters, die von links nach rechts durch eine nicht besonders üppige Landschaft ziehen, die Männer wiederum bärtig und mit kippah-artigen Kopfbedeckungen. Der offenbar älteste, jedenfalls einzig weißbärtige, erhebt eine Hand und sein Gesicht gegen den Himmel.[54] Man hat es hier also möglicherweise mit einer Episode aus dem Exodus zu tun. Vielleicht mit dem Zug durch die Wüste, unmittelbar bevor es Manna regnet? Solch eine biblische Urszene gewaltloser Nahrungsbeschaffung könnte sich natürlich von Schlachtfest und Schächtung stärker nicht unterscheiden, wie sie ursprünglich vorgesehen waren — die psychologische Frage einmal beiseite gelassen, die sich auch so noch bei den drei Bildern des Films nicht weniger stellt als bei dem einen Gemälde des Drehbuchs. Denn Naphta ist ja ein Assimilant und

---

50 Vgl. Geißendörfer, Der Zauberberg (1982), 01:12:42; ders., Der Zauberberg (1984), Teil 2, 00:51:54.

51 S. Abb. 17.

52 Naomi Lubrich (Jüdisches Museum der Schweiz, Basel), E-Mail vom 21. Oktober 2016 an den Verfasser.

53 S. Abb. 18.

54 S. Abb. 19.

zelotischer Katholik. Das zeigt auch noch das Film-Interieur seiner Wohnung, seine Pietà und sein unverfänglich bürgerlicher Vitrinenschmuck. Und was in aller Welt könnte so einen dazu bewegen, seine elende Herkunft aus dem Ostjudentum in solcher Weise zu kultivieren, vor sich herzutragen und buchstäblich auszustellen?

2.3 Herbert Ballmanns und Wolfgang Patzschkes *Tristan*

Geißendörfers *Zauberberg*, eine aufwendige 20-Millionen-Mark-Produktion, der die Kritik »eine gewisse Gelungenheit« zugestand,[55] ist wohl im Rahmen einer kleinen Thomas-Mann-Renaissance zu sehen. Deren Beginn lässt sich auf das Jahr 1975 datieren. Damals, zwanzig Jahre nach seinem Tod, durften Manns Tagebücher geöffnet werden. Obwohl »[w]ithout any literary value«, wie er selber auf das siglierte Paket schrieb,[56] brachten die Tagebücher seit ihrer Publikation neue Bewegungen in die Forschung. Diese strahlten bis in die Verfilmungen ab. So in den anfangs erwähnten Anzüglichkeiten der zweiten *Krull*-Verfilmung (während Adrian *Leverkühns* Bisexualität in Seitz' Film säuberlich übergangen wird, es sei denn, man habe wenigstens im Nebentext des Drehbuchs jenes kryptische Wort von der »elbische[n] Verbundenheit« Adrians und Rudi Schwerdtfegers in solchem Sinn und gleich als — gegebenenfalls nicht oder schlecht umgesetzte — Spielanweisung zu verstehen).

Vor allem aber fiel in den Juni des Jahres '75 natürlich Thomas Manns hundertster Geburtstag. Dieser wurde wie erwähnt auf den beiden öffentlich-rechtlichen Fernsehkanälen der Bundesrepublik mit zwei für diesen Anlass produzierten Filmen begangen. In der ARD geschah das mit einer offenbar verschollenen Verfilmung des überhaupt ältesten unter den erhaltenen Erzähltexten des Autors, der Erzählung *Gefallen* (1894). Im ZDF gedachte man des Nationalautors mit einer Verfilmung der mehr oder weniger kanonischen *Tristan*-Novelle (1903), die zeitgleich übrigens auch für das ungarische Fernsehen verfilmt wurde.[57]

Die eine wie die andere Wahl ist erklärungsbedürftig, nicht unbedingt *nur*, aber ganz besonders in der hier leitenden Hinsicht. Denn beide Texte enthalten faustdicke Antisemitismen. Während man bei der verlorenen ARD-Produktion,

---

55 Rolf Becker, Moribunde Gesellschaft. *Der Zauberberg.* Spielfilm von Hans W. Geißendörfer nach dem Roman von Thomas Mann, in: Der Spiegel, 22. Februar 1982, S. 201, 204 f., hier S. 201.
56 Peter de Mendelssohn, Vorbemerkungen des Herausgebers, in: Mann, Tagebücher 1933–1934, S. V–XXII, hier S. XIII.
57 Trisztán (R: Miklós Szinetár, H 1975) [offenbar verschollen].

vorderhand zumindest, über Mutmaßungen nicht hinausgelangt und sich allenfalls fragen darf, was zur Wahl ausgerechnet einer so abgelegenen Erzählung wie *Gefallen* führte — etwa wieder ein entsprechend tiefer Preis für die Verfilmungsrechte? —, weist Herbert Ballmanns und Wolfgang Patzschkes ZDF-*Tristan* von Neuem all die Techniken auf, welche die Behandlung jüdischer Merkmale und antisemitischer Markierungen in den früheren Verfilmungen, man kann wohl schlecht sagen: auszeichnete.

In der Novelle *Tristan*, nur wenig älter als *Wälsungenblut* und nur wenig jünger als *Buddenbrooks*, wird die hier wie dort ausgelegte Versuchsanordnung ein weiteres Mal durchgespielt, das Spiel eben, das da heißt: Wer erkennt den Juden unter den Bedingungen seiner virtuell vollkommenen Assimilation? Und woran erkennen wir ihn gegebenenfalls? Man hat ihn hier vor allem an seinem Namen zu erkennen und seiner geographischen Herkunft, seinem Geburtsort (er stammt wie Naphta aus Galizien);[58] an seinem Äußeren, seiner Nase etwa oder seinen Füßen;[59] an seiner Neurasthenie und seiner diese vergeblich verbergenden Hand- oder, besser und graphologisch genau, Fassadenschrift;[60] an seiner halbbatzigen Männlichkeit, seiner Feigheit und seiner mutmaßlichen Impotenz; aber auch, jenen antisemitischen ›Argumenten‹ Wagners entsprechend, der ja wie in *Wälsungenblut* schon mit dem Novellentitel aufgerufen ist, an seinem nur angemaßten Künstlertum und seiner in Wahrheit gleichsam obstipierten Schriftstellerei — mag er sich noch so gerne als einer stilisieren, dem die Worte mit Heftigkeit nur so zufliegen, indem sie sich mit genialischer Naturgewalt ihre Bahn brechen.[61] Solche Merkmale und Markierungen stigmatisieren den sie Tragenden entweder direkt oder aber eben wieder, wie in *Wälsungenblut*, mit dem Stigma, ein Stigma loswerden zu wollen. In der Verfilmung wurden sie wieder allesamt eskamotiert, obwohl sie im Novellentext dick genug aufgetragen sind, um selbst von der deutschen Thomas-Mann-Forschung bereits der Sechzigerjahre nicht gänzlich übersehen zu werden.[62]

Im Übrigen ist vielleicht auch in diesem Zusammenhang wieder eine Referenz des einen Films auf einen anderen zu beobachten, diesmal auf die damals schon zehn Jahre alte Verfilmung just der Novelle *Wälsungenblut*. Wie deren Verfilmung durch das Casting der männlichen Hauptrolle an den Erfolg der älteren

---

58 Vgl. Bd. 2.1, S. 321, 324, 330, mit Elsaghe, Racial Discourse and Graphology; ders., Thomas Mann und die kleinen Unterschiede, S. 170.

59 Vgl. Bd. 2.1, S. 327, 331, 335, 342, 348.

60 Vgl. Bd. 2.1, S. 358, 363, 365.

61 Vgl. Bd. 2.1, S. 358.

62 Vgl. Rasch, Thomas Manns Erzählung *Tristan*, S. 459 f.; Hermand, Peter Spinell, S. 442.

Verfilmung des *Felix Krull* gewissermaßen anzuknüpfen versuchte, so scheint sie nun selber zum *Objekt* einer solchen intramedialen Referenz von Film zu Film geworden zu sein. Durch seinen Cast könnte der Film *Tristan* jedenfalls auf diese nächstältere unter den deutschen Thomas-Mann-Verfilmungen Bezug nehmen. Die Rolle Detlev Spinells nämlich, den als Juden zu entlarven die Appellstruktur der Novelle[63] so insistent auffordert, — diese männliche Hauptrolle wurde mit demselben Gerd Baltus besetzt, der in *Wälsungenblut* ausgerechnet den Justus Beckerath alias von Beckerath gespielt hatte.

Diese Besetzung hat etwas geradezu verstörend Sinniges. Denn wie erinnerlich hat Seitz bei seiner filmischen Umsetzung der Novelle *Wälsungenblut* den Spieß »einfach umgedreht« und seinen Justus Beckerath »zu einem Juden« gemacht; mochte das nun sehen, wer konnte und wollte. Insofern, was also die *Verfilmung* von *Wälsungenblut* betrifft, entspricht die Besetzung mit Baltus ganz genau der wahren Identität, mit der *Thomas Manns* Detlev Spinell in der *Tristan*-Novelle geschlagen ist und deren Stigma er bis in seine Fassadenschrift zu vertuschen sucht[64] — so dass sie nach Ausweis auch der Forschungsliteratur fast so leicht ignoriert werden konnte wie diejenige des Seitz'schen Beckerath.

In der *Novelle* indessen ist von Beckerath durch und durch »Germane«. Als dort einziger bleibt er über jeden Zweifel erhaben, irgendwie jüdisch zu sein. Insofern, von *diesem* Konnotat her, liegt die Besetzung der Spinell-Rolle auf der Trajektorie einer Tendenz, das Thema Judentum und Antisemitismus aus der Verfilmung des *Tristan* herauszuhalten. In dieser, wie schon gesagt, sind alle Hinweise beseitigt, die es einem im Novellentext nahelegen oder jedenfalls einem zeitgenössischen Publikum nahelegten, Spinell unfehlbar als Juden zu identifizieren. Der ganze Aufwand zum Beispiel, den der Erzähler zu wiederholten Malen um Spinells so lange ausgesparten und hinausgezögerten Nachnamen betreibt — »Namen irgend eines Minerals oder Edelsteines«,[65] »Name wie der eines Edelgesteines«[66] —, wird dem Zuschauer vorenthalten. Stehen geblieben ist nur die Frage, die die Deuteragonistin dem seinerseits nicht mehr als Juden dechiffrierbaren Anstaltsleiter explizit nach diesem Namen und implizit nach dessen Herkunft stellt:

---

63 Vgl. Elsaghe, Die imaginäre Nation, S. 90–106.; ders., Thomas Mann und die kleinen Unterschiede, S. 155–180; ders., Racial Discourse and Graphology.
64 Vgl. Elsaghe, Thomas Mann und die kleinen Unterschiede, S. 155–180; ders., Racial Discourse and Graphology.
65 Bd. 2.1, S. 321.
66 Bd. 2.1, S. 324.

> GABRIELE KLÖTERJAHN: Herr Doktor!
> DR. LEANDER: Ja?
> GABRIELE KLÖTERJAHN: Wie heißt der Herr, der mir gegenüber saß? Spinelli?
> DR. LEANDER: Der da?
> GABRIELE KLÖTERJAHN: Ich habe den Namen nicht verstanden.
> DR. LEANDER: Herr Spinell. Nicht Spinelli. Ist kein Italiener, sondern aus Lemberg
> gebürtig, so viel ich weiß.[67]

Mit dem Wortlaut des *Novellen*dialogs abgeglichen, erweist sich Leanders Antwort auf Gabriele Klöterjahns Frage nach Spinells Herkunft im Film als beinahe, aber *nur* beinahe identisch. Dieser Wortlaut wurde ganz leicht, aber doch um eine alles entscheidende Partikel gekürzt. Entscheidend ist die Partikel insofern, als sie im Novellendialog die regionale Herkunft des Namensträgers entwertet:

> »Wie heißt der Herr?« fragte sie ... »Spinelli? Ich habe den Namen nicht verstanden.«
> »Spinell ... nicht Spinelli, gnädige Frau. Nein, er ist kein Italiener, sondern bloß aus Lemberg gebürtig, soviel ich weiß ...«
> »Was sagen Sie? Er ist Schriftsteller? Oder was?« fragte Herr Klöterjahn [...].
> »Ja, ich weiß nicht, — er schreibt ...« antwortete Doktor Leander. »Er hat, glaube ich, ein Buch veröffentlicht, eine Art Roman, ich weiß wirklich nicht ...«
> Dieses wiederholte »Ich weiß nicht« deutete an, daß Doktor Leander keine großen Stücke auf den Schriftsteller hielt und jede Verantwortung für ihn ablehnte.[68]

Um das Missverständnis einer italienisch-romanischen Herkunft Spinell-Spinellis zu beseitigen — wie es sich freilich bis in die jüngste Literatur zu halten vermag[69] —, hatte Leander in der Novelle also nicht nur eben »aus Lemberg« zu sagen, sondern noch: »*bloß* aus Lemberg gebürtig«. Mit der Partikel »bloß« gab er einen ganz bestimmten Typus von jüdischem Selbsthass zu erkennen. (Die Vorgeschichte dieses Begriffs reicht just in die Zeit der Novelle zurück.[70]) Leanders Verhältnis zu Spinell ist bestimmt durch den Hass eines erfolgreich angepassten auf den noch nicht gleichermaßen arrivierten Juden, der eben erst aus dem Osten zugezogen ist. Für einen dorther Gebürtigen, kommentiert der Erzähler ausdrücklich und vor diesem Hintergrund nunmehr ganz unmissverständlich, will Leander keine »Verantwortung« übernehmen. All das steckt in dem einen Wörtchen »bloß«; und all das geht mit seiner Streichung im Fernsehdialog verloren.

---

67 Tristan (R: Herbert Ballmann, BRD 1975, TV-Film), 00:18:33.
68 Bd. 2.1, S. 330.
69 Vgl. Flügge, Das Jahrhundert der Manns, S. 401.
70 Vgl. Gilman, Jüdischer Selbsthaß, S. 42 mit Anm. 1, S. 210–239.

2.4 Franz Peter Wirths *Buddenbrooks*

Eine ganze Reihe von weiteren Belegen für die Zähigkeit und die Fortsetzung der kulturell betriebenen Vergangenheitspolitik lieferte die spätere Kino- und Fernsehkarriere der *Buddenbrooks*. So die elfteilige Serie, die Franz Peter Wirth 1979 für die ARD erstellte und die übrigens ihrerseits wieder ein gutes Beispiel abgäbe für eine Systemreferenz via Casting. Denn Ruth Leuwerik, durch ihre Hauptrolle in *Königliche Hoheit* mit berühmt geworden, spielte hier, ein Vierteljahrhundert später, die Rolle der Bethsy Buddenbrook. Zuvor war sie zusammen mit dem männlichen Hauptdarsteller von *Königliche Hoheit*, Dieter Borsche, bereits für Weidenmanns *Buddenbrooks* im Gespräch gewesen;[71] und wie soeben gesehen, hatte sie schon zwei Jahre zuvor, 1977, in Franz Seitz' Kinofilm *Unordnung und frühes Leid*, die Rolle einer allmählich etwas in die Jahre gekommenen Gattin und Mutter übernommen, der bei Thomas Mann halb namenlosen Frau »Gerda« Cornelius.

Wirths Serialisierung der elf Romanteile wurde mit sehr großem Aufwand gedreht. Es war die bis dahin kostspieligste Produktion des Senders.[72] Die Investition, nahezu dreizehn Millionen D-Mark,[73] zahlte sich aus, auch für den Verlag und die Erbengemeinschaft der Rechteinhaber. Die Einschaltquote war hoch;[74] die Produktion wurde zwölf Mal verkauft;[75] der Roman, für diesen Anlass in einer Sonderausgabe neu aufgelegt,[76] ging in der unmittelbaren Folge innerhalb von ein paar wenigen Wochen rund 250 000 Mal über den Ladentisch.[77]

Wie viele oder wie wenige unter den verkauften Exemplaren dann auch wirklich gelesen wurden, darüber gibt es keine Erhebungen. Die erhobenen Zahlen aber sprechen für sich. Die landläufigen Vorstellungen von den *Buddenbrooks* werden die längste Zeit so maßgeblich von Wirths Serie mitgeprägt gewesen sein wie heute wohl wieder durch Breloers amphibische Verfilmung.

Die elfteilige Serie dauert insgesamt elf Stunden. Das ist ein Vielfaches der Spielzeit, die alle anderen deutschen wie auch die internationalen Verfilmungen des Romans beanspruchen. Eine verlorene *Buddenbrooks*-Serie der BBC füllte nur

---

71 Vgl. Erika Mann, Brief vom 14. Mai 1956 an Hans Abich, Münchner Stadtbibliothek / Monacensia, Signatur EM B 233.
72 Vgl. Dittmann, *Buddenbrooks* heute, S. 216.
73 Vgl. Dittmann, *Buddenbrooks* heute, S. 216.
74 Vgl. Rouget, Die Rezeption im Tonfilm und in anderen Medien, S. 66.
75 Vgl. Dittmann, *Buddenbrooks* heute, S. 216, 219.
76 Vgl. Georg Potempa, Thomas Mann-Bibliographie. Das Werk, Morsum: Cicero, 1992, S. 87.
77 Vgl. Dittmann, *Buddenbrooks* heute, S. 220.

etwas mehr als fünf Stunden,[78] die italienische,[79] die aufgrund der BBC-Drehbücher erstellt wurde,[80] ungefähr sieben, ein sowjetisches Fernsehspiel, etwas mehr als zwei.[81] Lamprechts Stummfilm dauert in der neu restaurierten Form 84 Minuten;[82] Weidenmanns Zweiteiler 99 und 107, macht insgesamt 206 Minuten; der Kinofilm Breloers, der sich dieses Geschwindigkeitsrekords unter den Tonfilmen denn auch rühmte,[83] aber dafür auch besonders harte Kritik einstecken musste — wegen »des viel zu hohen Erzähltempos«, wie es der Verfasser des entsprechenden Handbuch-Beitrags auf einer Seite gleich zweimal rügen muss[84] — 145 Minuten (der TV-Zweiteiler 72 plus 78).

Mit anderen Worten: Wirth musste ungleich weniger »selektieren« und »komprimieren« als seine Vorgänger und erst recht als sein Nachfolger. Er konnte den Roman über weite Strecken sozusagen eins zu eins umsetzen, Teil für Teil, Kapitel für Kapitel; was man ihm einesteils als Werktreue hoch anrechnete, andernteils aber auch als ›filmisches Nachgeplapper‹[85] oder »prächtig photographierte Langeweile« verargte.[86]

Angesichts des spürbar tieferen Kürzungsdrucks fällt es vielleicht umso schwerer ins Gewicht, wenn Wirth gleichwohl alles Jüdische und Antisemitische beseitigt hat, gerade auch in den Dialogen, obwohl er diese sonst zu fast neunzig Prozent[87] Wort für Wort aus dem Romantext übernahm. So fehlt eine Erwähnung des jüdischen Rechtsanwalts Breslauer aus Berlin — of all places[88] —, jenes »Teufelsbraten[s]«[89] von Verteidiger, ebenso wie in Weidenmanns früherer Verfilmung. Und dort, wo im Roman Thomas Buddenbrook die »Halsabschneider«, in deren »Händen« »ein nicht kleiner Teil der Landleute« sei, ausdrücklich mit Ju-

---

78 Vgl. Dittmann, *Buddenbrooks* heute, S. 220.

79 I Buddenbrook (R: Edmo Fenoglio, I 1971).

80 Vgl. Simone Costagli, Piccolo schermo antico. Il teleromanzo *I Buddenbrook*, in: ders. und Matteo Galli (Hgg.), Un'affinità elettiva. Le trasposizioni cinematografiche tra Germania e Italia, Roma: Istituto Italiano di Studi Germanici, 2016, S. 97–106, hier S. 99 f.

81 Vgl. Rouget, Die Rezeption im Tonfilm und in anderen Medien, S. 63.

82 Vgl. Schönfeld, Die Rezeption im Stummfilm, S. 58.

83 Rüdiger Suchsland, »Die Firma wird zu einer dritten Person, die in einem Zimmer haust«. Interview mit Heinrich Breloer, artechock, http://www.artechock.de/film/text/interview/b/breloer_heinrich_2008.htm [Zugriff: 15. Dezember 2017].

84 Rouget, Die Rezeption im Tonfilm und in anderen Medien, S. 68.

85 Vgl. Klaus Umbach, Sippe auf der Kriechspur, in: Der Spiegel, 15. Oktober 1979, S. 255, 258, hier S. 258.

86 Dittmann, *Buddenbrooks* heute, S. 218 (leider ohne Quellennachweis).

87 Vgl. Rouget, Die Rezeption im Tonfilm und in anderen Medien, S. 66.

88 Vgl. Elsaghe, Domi et foris, S. 254–257.

89 Bd. 1.1, S. 579.

den gleichsetzt — »in den Händen von Juden«[90] —, da ist in den Filmdialogen der ARD-Serie nur eben noch von »Halsabschneider[n]« und nicht weiter qualifizierten »Wucherer[n]« die Rede.[91]

Die Hagenströms lässt Wirth fast nur als Kinder auftreten. Hernach tauchen sie in personis kaum mehr auf.[92] Häufiger schon fallen ihre Namen noch in den Dialogen. In der einen heiklen Hinsicht, die hier zu interessieren hat, sind diese Dialoge jedoch gründlich bereinigt. Besonders aufschlussreich für ihre Sanierung ist erwartungsgemäß wieder jener Wortwechsel, in dem Tony Buddenbrook während der Kutschenfahrt nach Travemünde über »Sarah Semlinger« herzieht, um von ihrem Bruder wie ein unartiges Kind zurechtgewiesen zu werden.[93] Daraus ist in Wirths Verfilmung folgendes Zwiegespräch geworden:

TONY: Ich bin noch nie so froh gewesen, nach Travemünde zu kommen. Ich wollte, ich könnte ein gewisses Paar goldgelber Favoris [scil. die Erinnerung an den Hamburger Bendix Grünlich und seinen Heiratsantrag] noch einige Meilen weiter zurücklassen.

THOMAS: Ja, Tony, was das betrifft: Im Kurgarten wimmelt es von Hamburgern.

TONY: Um die Kurgesellschaft werde ich mich durchaus nicht bekümmern.

THOMAS: Du lässt dir doch manches entgehn, wenn du nicht ein bisschen mittust. Die Möllendorpfs und Kistenmakers sind glaube ich vollzählig da. Natürlich Peter Döhlmann ... und auch die Hagenströms.

TONY: Julchen Hagenström soll sich in diesem Sommer mit August Möllendorpf verloben. Und Julchen wird es tun. Dann gehören sie doch endgültig dazu, diese hergelaufene Familie.

THOMAS: Ja, lieber Gott, Hagenström macht sich geschäftlich heraus.

TONY: Ich verachte diese Menschen.

THOMAS: Mein Gott, man wird sich mit ihnen einrichten müssen, weißt du. Wie Papa neulich sagte: Sie sind die Heraufkommenden.

TONY: Ach Tom, ich will es einfach vergessen.[94]

Keine Silbe also von »Sarah Semlinger« und von der Zurechtweisung, dass man gerecht sein müsse und dass die *geborene* Semlinger »übrigens Laura« heiße.[95] Stattdessen verachtet Tony »diese Menschen« einfach nur, ohne zu spezifizieren, weshalb. Ganz anders als im Roman, wo sie mit ihrem Bruder bei dem Thema

---

90 Bd. 1.1, S. 499.

91 Wirth, Buddenbrooks (1979), Teil 2, 03:06:07.

92 Vgl. Wirth, Buddenbrooks (1979), Teil 1, 01:29:33, 01:30:54; ders., Buddenbrooks (1979), Teil 3, 01:51:29.

93 Bd. 1.1, S. 127.

94 Wirth, Buddenbrooks (1979), Teil 1, 01:18:00.

95 Bd. 1.1, S. 127.

bleibt, verlässt sie dieses abrupt, um wieder auf den unwillkommenen Freier Bendix Grünlich zurückzukommen. Sie möchte »es einfach vergessen«. Punkt. Wer sich dennoch fragt, wieso sie die Hagenströms so sehr verachten muss, dem bietet der so entstellte Dialog nur *eine* Handhabe, die Leer- oder Unbestimmtheitsstelle notdürftig zu füllen. Tony Buddenbrooks Verachtung für »diese Menschen« wird dann irgendwie und nur eben damit zu tun haben, dass »diese hergelaufene Familie« sich »geschäftlich« und heiratspolitisch endgültig zu etablieren im Begriff ist und deshalb eben zu den »Heraufkommenden« zählt. Dass die Verächtlichkeit der Parvenus irgendetwas mit ethnischer Differenz zusammenhängen dürfte, darauf könnte selbst ein gewitzter Zuschauer auch bei bestem oder bösestem Willen nicht mehr kommen.

3 Heinrich Breloers *Buddenbrooks*

3.1 Zur Produktions-, Rezeptions- und Vorgeschichte der letzten Großverfilmung

Was sich in puncto Judentum und Antisemitismus an Wirths Fernsehserie wie schon an Weidenmanns Zweiteiler beobachten lässt, gilt mutatis mutandis auch für Breloers *Buddenbrooks*, die Ende 2008 ins Kino und, wie vom Film-Fernseh-Abkommen vorgesehen, zwei Jahre später ins Fernsehen kamen, in einer um etwa dreißig Minuten längeren und leicht modifizierten Version. Es war eine sehr teure Produktion — für die Ausstattung erhielt sie ihrerseits den Bayerischen Filmpreis —, und trotz aller zünftiger Kritik[1] offenbar auch eine ziemlich erfolgreiche. Die Produktionskosten beliefen sich auf mehr als sechzehn Millionen Euro,[2] ein Mehrfaches des Üblichen.[3] Weit mehr als eine Million Zuschauer und Zuschauerinnen sahen sich den Film allein in den deutschen Kinos an.[4] Die Einschaltquote der ersten Fernsehausstrahlung betrug immerhin rund anderthalb Millionen.[5]

Die meisten dieser Zahlen sprechen wieder für sich. In Hinblick auf die Macht, die er über die landläufigen Vorstellungen von den *Buddenbrooks* erlangte, konnte es Breloer durchaus mit Wirth aufnehmen (mit dessen Verfilmung seine eigene im Übrigen gewisse Ähnlichkeiten aufzuweisen scheint[6]). Nicht zufällig erschien im Vorfeld der Kinopremiere eine Buchpublikation mit dem Titel *Die Welt der Buddenbrooks*. Es handelt sich hierbei nämlich um ein wohlkalku-

---

1 Vgl. Rouget, Die Rezeption im Tonfilm und in anderen Medien, S. 68 f.

2 Vgl. Nikolaus von Festenberg, Es bleibt in der Familie. Heinrich Breloers *Buddenbrooks* ist die vierte Verfilmung von Thomas Manns deutschem Jahrhundertroman, in: Der Spiegel, 15. Dezember 2008, S. 148–150, hier S. 150.

3 Vgl. Peter Zander, Den *Buddenbrooks* kommt die Finanzkrise recht, in: Die Welt online, https://www.welt.de/kultur/article2892665/Den-Buddenbrooks-kommt-die-Finanzkrise-recht. html [Zugriff: 10. November 2016].

4 Vgl. FFA-Filmförderungsanstalt, FFA-info. Aktuelle Informationen aus der Filmwirtschaft, Ausgabe 1/10, 11. Februar 2010, S. 12, http://www.ffa.de/index.php?page=-filmhitli-sten&lan guage=&typ=7&jahr=2009&&st=80 [Zugriff: 31. März 2014].

5 Vgl. Anonymus, Quotenflop für die *Buddenbrooks*. *Bauer sucht Frau* liegt weiter vorn, in: Der Spiegel online, 28. Dezember 2008, http://www.spiegel.de/kultur/tv/quotenflop-fuer-die-bud-denbrooks-bauer-sucht-frau-liegt-weiter-vorn-a-736856.html [Zugriff: 25. Febuar 2019].

6 Vgl. Wirth, Buddenbrooks (1979), Teil 3, 03:19:18, mit Breloer, Buddenbrooks (2008), 00:55:45; ders., Buddenbrooks (2010), Teil 1, 01:11:26; freundlicher Hinweis von Hanspeter Affolter, Bern, vom 3. November 2017.

https://doi.org/10.1515/9783110638509-008

liertes Zitat einer Artikelreihe, die seinerzeit die Ausstrahlung der Wirth'schen Serie begleitet hatte.[7]

Wie prägend Breloers Film für die allgemeinen Vorstellungen ist, die man sich heutzutage vom verfilmten Roman macht, zeigt seine weitere Ausstrahlungsgeschichte. So wurde und wird er in der einen oder anderen Fassung immer wieder, oft auch zur besten Sendezeit, im Fernsehen ausgestrahlt: Weihnachten 2010, Heiligabend 2012, am 25. und 26. Dezember 2013, in der Vorweihnachtszeit 2015, in den ersten Januartagen des Jahres 2017. 2014 wurde er ausgerechnet am Tag der Deutschen Einheit, wiederum zur allerbesten Sendezeit, dem deutschen Fernsehpublikum angeboten. Schon das allein gibt deutlich genug zu erkennen, welche Rolle dem Autor und zumal diesem seinem ersten Roman bei der bundesdeutschen Selbstvergewisserung nach wie vor zukommt. Nicht umsonst ließ sich der damalige Bundespräsident 2008, als er die Kinopremiere der Breloer'schen *Buddenbrooks* mit seiner Gegenwart beehrte, zu jenem Bekenntnis vom Buch als Spiegel unseres deutschen Wesens hinreißen.

Bereits zuvor, 2001, als auch hundert Jahre *Buddenbrooks* begangen wurden, hatte sich Breloer dem deutschen Publikum als Experte in Sachen Mann empfohlen. Als ein solcher profilierte er sich erst mit einem vergleichsweise wenig wahrgenommenen Film über Klaus Mann, *Treffpunkt im Unendlichen* (1983), dann aber mit einem vielbeachteten, zu einem »nationale[n] Ereignis«,[8] ja »Großereignis«[9] hochgejubelten Fernsehdreiteiler, gedreht im Jahrzehnt nach der deutschen Wiedervereinigung und zur Hauptsendezeit ausgestrahlt: *Die Manns. Ein Jahrhundertroman* — ein aus der Thomas-Mann-Rezeption bezogener und deshalb ambitionierter Untertitel. Denn im Umkreis der Feierlichkeiten zu Thomas Manns 125. Geburtstag und zum hundertjährigen Jubiläum der *Buddenbrooks* war das Prädikat »Jahrhundertroman« auf diese gemünzt worden;[10] wobei den Anspruch desselben zumindest die eine der in Breloers Gefolge erschienenen Familienbiographien übernimmt, *Das Jahrhundert der Manns*[11] (während die andere gleich den Haupttitel der Breloer'schen Miniserie übernimmt: *Die Manns. Geschichte einer Familie*[12]). Auf Breloers Doku-Drama — ein von diesem verworfener Begriff für

7 Vgl. Dittmann, *Buddenbrooks* heute, S. 217 f.
8 Marcel Reich-Ranicki, Thomas Mann. Ein nationales Ereignis. Heinrich Breloers Fernsehfilm bedeutet Thomas Manns endgültige Heimkehr, in: Frankfurter Allgemeine Zeitung, 10. Dezember 2001, S. 43.
9 Tilmann Lahme, Die Manns. Geschichte einer Familie, Frankfurt a. M.: Fischer, 2015, S. 419.
10 Vgl. Heftrich, *Buddenbrooks* — der Jahrhundertroman.
11 Flügge, Das Jahrhundert der Manns.
12 Lahme, Die Manns.

seine »Offene Form«[13] — weist im Übrigen wiederum auch schon das Casting seiner *Buddenbrooks*-Verfilmung selbstreferenziell zurück. Denn ein und derselbe Schauspieler spielte hier wie dort die respektive eine Hauptrolle. Den ›Jean‹ Buddenbrook wie den Thomas Mann der Doku*fiktion* stellte Armin Mueller-Stahl dar, der sich sogar in aller Öffentlichkeit auch persönlich mit Thomas Mann identifizierte. So in einem seiner, Mueller-Stahls, Person gewidmeten Film Eberhard Görners, der für sein Teil, wie sich noch zeigen wird, an mehr als einer Thomas-Mann-Verfilmung mitwirkte. In Görners Film sagt Mueller-Stahl, es gebe »merkwürdige Berührungspunkte« zwischen Thomas Manns und seinem eigenen Leben; und er, Mueller-Stahl, könne ihm, Mann, »sehr gut« nachfühlen — »auch mit seinen ganzen Eitelkeiten«.[14]

In seiner TV-Fassung findet auch Breloers *Buddenbrooks*-Film am Ende gleichsam zum Genre der Dokufiktion zurück. Dort gibt es zuletzt eine historische Aufnahme, vor Einstellungen auf die leergeräumten Zimmer des Hauses Buddenbrook (oder des spektakulär aufwendigen Nachbaus desselben im Studio Köln), man weiß nicht mehr: Sind die Buddenbrooks ausgezogen? Oder sollen die Filmstudiokulissen jetzt als solche sichtbar werden? Vor diesem Verfremdungseffekt und der Verzitterung gleichsam des Fiktionalitätscharakters erscheinen in der Fernsehfassung, und eben nur in ihr, etwa zehn Sekunden aus einem historischen Schwarz-Weiß-Film.[15] Diese sind tales quales aus dem dritten und letzten Teil der *Manns* übernommen.[16] Die historische Szene, offenbar aus einer Dokumentation von Thomas Manns letztem Besuch in Lübeck hereinkopiert, 1955, zeigt den Autor des Romans und seine Frau im hohen Alter vor dem realen Haus seiner Kindheit, Lübeck, Mengstraße 4, dem nach dem Krieg wieder so genannten Buddenbrookhaus. Alles ist wieder ziemlich intakt, im Erdgeschoss sogar ein kleines Geschäft[17] — so als hätte es Krieg, Luftkrieg und zumal die verheerenden Bombardements Lübecks[18] durch die Alliierten nie gegeben, in denen auch das

---

13 Zander, »Das Werk ins Leben zurückbringen«, S. 236.

14 Armin Mueller-Stahl. Das Leben ist kein Film (R: Eberhard Goerner, D 2001), 00:02:12.

15 Vgl. Breloer, Buddenbrooks (2010), Teil 2, 01:26:07.

16 Freundlicher Hinweis von Carla Münzel, Bern, vom 19. September 2016.

17 S. Abb. 20.

18 Vgl. Friedrich Reck-Malleczewen, Tagebuch eines Verzweifelten, Frankfurt a. M.: Eichborn, 1994 (Die Andere Bibliothek), S. 177 f., mit Horst Boog, Der anglo-amerikanische strategische Luftkrieg über Europa und die deutsche Luftverteidigung, in: Militärgeschichtliches Forschungsamt (Hg.), Das Deutsche Reich und der Zweite Weltkrieg, Bd. 6: Der Globale Krieg. Die Ausweitung zum Weltkrieg und der Wechsel der Initiative 1931–1943, Stuttgart: Deutsche Verlagsanstalt, 1990, S. 429–565, hier S. 513.

Buddenbrookhaus, damals hoffnungslos anachronistisch[19] in ›Wullenwewer-haus‹ umbenannt, sehr beträchtlichen Schaden nahm.

Diese Form von Elliptik, mit der die schlimmste Epoche der deutschen Zeit-geschichte retuschiert wird, ist symptomatisch auch für *Die Manns*. Auch *Die Manns* sind ein Zeugnis für eine ganz bestimmte Geschichtsvergessenheit der Re-zeptionsgemeinde. Das zeigt sich etwa schon daran, wie hier das schwarze Schaf vorkommt beziehungsweise wie es hier *nicht* vorkommt: Viktor Mann, der denn auch anderwärts, aber genau zeitgleich mit Breloers Dokudrama einer damnatio memoriae anheimfiel. In dem Monumentalkompendium der *Deutschen Erinne-rungsorte*, 2001, im Kapitel *Die Familie Mann* — dem einzigen seiner Art, keine andere Familie ist hier so verewigt —, wird ›Vikko‹ keiner auch noch so flüchtigen Erwähnung gewürdigt.[20]

In *Die Manns* übergeht Breloer den Mitläufer und Mitmacher so weitgehend, wie die Familienbiographien es tun, die im Windschatten dieser Miniserie ent-standen. Viktor Mann wird im gesprochenen Text des Films nirgends mit einer Verwandtschaftsbezeichnung bedacht, weder als Bruder der Geschwister Mann-Bruhns bezeichnet noch als Onkel der Geschwister Mann-Pringsheim. Sein Name fällt nur ein einziges Mal. Der ihn darstellende Schauspieler erhält nur zwei kurze Auftritte: den einen beim Tod der Mutter, dessen Nachricht der jüngste Bruder den beiden älteren überbringt; den andern gleich darauf bei einer *Zauberberg*-Lesung pro domo, der er am äußersten Bildrand beiwohnt. Dabei ist der erste Auftritt, ob nun zufällig oder als dezenter Fingerzeig für die paar wenigen Einge-weihten, mit Heinrich Manns Klage über den ewigen Untertanen enggeführt. Des-sen »Typ« habe »sich nicht verbraucht, noch lange nicht abgenutzt ...« — Intrat Viktor Mann.[21]

Vor allem aber fallen die beiden Auftritte und die eine namentliche Nennung Viktor Manns weit vor den watershed moment, in dem die Wege des einen und der anderen beiden Brüder für immer auseinandergehen würden. Auf der Ordi-nate sozusagen der Spielzeit kommen sie in die erste halbe Stunde des ersten Teils zu liegen. Auf der Abszisse der gespielten Zeit sind sie aufs Jahr 1923 datier-bar (Julia Manns Todesjahr) oder kurz danach. (Der *Zauberberg* erschien 1924 im Druck, bei der Lesung fällt Schnee, und man darf diese also auf den Winter 1923/24 datieren.)

---

19 Mann, Gesammelte Werke, Bd. 11, S. 1035.

20 Vgl. Irmela von der Lühe, Die Familie Mann, in: Etienne François und Hagen Schulze (Hgg.), Deutsche Erinnerungsorte, München: Beck, 2001, Bd. 1, S. 254–271.

21 Die Manns. Ein Jahrhundertroman (R: Heinrich Breloer, D 2001, dreiteiliger TV-Film), Teil 1, 00:22:53; freundlicher Hinweis von Carla Münzel, Bern, vom 19. September 2016.

Das nun aber heißt auch, dass die gespielte Zeit der *Manns* verhältnismäßig spät erst einsetzt. Damit wiederum ist das wesentliche Problem der gefilmten Familienbiographie bezeichnet. Oder bezeichnet ist damit vielmehr das hauptsächliche Verfahren, das Problem erzählerisch zu beseitigen, welches der Installierung eines säkularen Nationalmythos hier im Weg steht.

Durch die Eingrenzung der in den *Manns* gespielten Zeit, trotz des im Untertitel vollmundig gegebenen Versprechens, einen *Jahrhundert*roman zu erzählen, schenkt Breloer sich und den Zuschauern das erste Viertel des Jahrhunderts fast ohne Rest. Diese Beschränkung erscheint erst einmal unumgänglich und gut motiviert. Da waren zunächst die äußeren Zwänge. Die Verantwortlichen des Senders scheinen darauf bestanden zu haben, dass der ursprüngliche Fünfteiler auf vier und endlich auf nur noch drei Teile zusammengeschnitten würde. Ursprünglich hätte es immerhin »1912« beginnen sollen, »mit dem *Tod in Venedig* und Manns Verliebtheit in Wladyslav Moes alias Tadzio«[22] (das hieße eigentlich ein Jahr früher, 1911, als Thomas Mann freilich auch schon ein gestandener Familienvater und der längst etablierte Großschriftsteller war, als den er sich in Gustav Aschenbach alias von Aschenbach selbst portraitierte).

Dass die gespielte Zeit nun *noch* später, mehr als ein Jahrzehnt später einsetzt, ließe sich auch technisch-dramaturgisch gut nachvollziehen. Breloer nämlich hat in seine Dokufiktion Interviews mit Zeugen inseriert, welche die je dargestellte Zeit noch miterlebten. Den eigentlichen roten Faden des Films bilden — oder bilden *jetzt* — die Auskünfte einer nunmehr »zentrale[n] Erzählerfigur«.[23] Gemeint ist Elisabeth Mann Borgeses. Elisabeth Mann war das zweitjüngste unter den Kindern Katia und Thomas Manns. Parteiischer Vater, der er war, liebte dieser sie unter allen seinen Töchtern und Söhnen am meisten. Er widmete ihr bekanntlich ein eigenes, sicherlich nicht sein stärkstes, um nicht zu sagen sein peinlichstes Werk, den *Gesang vom Kindchen*.[24]

Das Kindchen und Lieblingskind, Jahrgang 1918, war lange Jahre *nach* dem *Tod in Venedig* und Thomas Manns Verliebtheit in Wladyslav Moes zur Welt gekommen. Zur Zeit der Dreharbeiten war es als einziges der sechs Geschwister noch am Leben. Elisabeth Manns Lebensdaten oder ihr memory span legen so — oder legen *nun* — notgedrungen auch die Zeitspanne fest, die der Film umfasst. Sie bilden die Grenzen dessen, was filmisch repräsentiert werden darf. Und vor

---

22 Zander, »Das Werk ins Leben zurückbringen«, S. 242; Hervorhebung des Originals.

23 Heinrich Breloer und Horst Königstein, Die Manns. Ein Jahrhundertroman, Frankfurt a. M.: Fischer, 2001, S. 446.

24 Vgl. Frank Schirrmacher, *Gesang vom Kindchen*. Um einen Thomas Mann von innen bittend: Breloers Film, in: Frankfurter Allgemeine Zeitung, 17. Dezember 2001, S. 41.

allem geben sie das Kriterium dafür ab, was alles *nicht, noch* nicht in den Bereich des Repräsentierbaren fallen kann.

Dabei scheinen die Restriktionen, die Elisabeth Manns Beteiligung, ihre leading role sozusagen mit sich brachte, durchaus nicht einfach nur annalistisch-chronologischer Natur gewesen zu sein. So hat sie, hernach zum »Liebling der Deutschen« aufsteigend,[25] diese Beteiligung an nicht unproblematische Bedingungen geknüpft. Breloer musste offenbar die Sicht der Dinge unterdrücken, die Golo Manns Schwiegertochter auf dessen und auf das Leben und Sterben seiner Schwester Monika hatte,[26] des Omega-Tiers der Familie. Dabei sind die haarsträubenden Demütigungen dieser »Familienidiot[in]«[27] durch Eltern und Geschwister, samt der Verwüstung, die sie im Selbstwertgefühl des permanent erniedrigten Kindes hinterlassen mussten, in den *Manns* ebenfalls kein Thema.

Aber auch abgesehen von solchem Zensurdruck und also allein schon in Hinblick auf die erzählte beziehungsweise die gespielte Zeit hat die leitende und dominante Rolle Elisabeth Manns bedenkliche Konsequenzen. Die Ausrichtung auf Elisabeth Mann und das von ihr noch oder schon Erinnerte legt ja den Beginn der spielbaren Zeit auf einen ziemlich späten Moment fest. Die gespielte Zeit der *Manns* setzt nicht vor der Hyperinflation ein. Das ginge unmissverständlich bereits aus einer dicht geschlossenen Reihe von Reminiszenzen an die Erzählung *Unordnung und frühes Leid* hervor, die ja in der Tat stark auto- oder familienbiographische Züge aufweist — so stark, dass Klaus Mann, als ein darin unvorteilhaft Portraitierter, sie geradewegs als »Novellenverbrechen« titulierte.[28] Den Handlungsort und die erzählte Zeit[29] des Novellenverbrechens wie des Filmbeginns zeigt darüber hinaus aber auch noch ein erstes Insert an: »München 1923«[30] (bevor ein weiteres sogar den Titel dieses Novellenverbrechens Wort für Wort aufruft: »UNORDNUNG / UND FRÜHES LEID«[31]).

Die Familiensaga, mit anderen Worten, beginnt im Fernsehen zu einer Zeit, da Thomas Mann, der jetzt überzeugte Demokrat oder wenigstens überzeugt sich gebende Vernunftrepublikaner, sehr bald einmal fünfzig Jahre alt war. Und wenn

---

25 Lahme, Die Manns, S. 420.

26 Vgl. Lahme, Die Manns, S. 420.

27 Zander, »Das Werk ins Leben zurückbringen«, S. 240.

28 Klaus Mann, Brief vom 17. Mai 1925 an Erika Mann, zit. nach: Fredric Kroll und Klaus Täubert, 1906–1927. Unordnung und früher Ruhm, Hamburg: Männerschwarm, 2006 (Klaus-Mann-Schriftenreihe, Bd. 2), S. 122.

29 Vgl. zur Feindatierung Elsaghe, Das Grammophon des Fabrikanten Bullinger im Kontext des Gesamtwerks, S. 167–192, hier S. 174 f.

30 Breloer, Die Manns, Teil 1, 00:04:26.

31 Breloer, Die Manns, Teil 1, 00:09:00.

man dafür die Verleihung des Nobelpreises als Kriterium ansetzt, näherte er sich bereits einem ersten Kulminationspunkt seiner Karriere. Das beinahe halbe Jahrhundert, das all dem vorangegangen war, entfällt zur Gänze.

Unerzählt bleiben in *Die Manns* damit insbesondere die drei Jahrzehnte produktiven Lebens, während derer Thomas Mann seinen Ruhm begründete und ohne die seine hier nachgespielte Rolle als öffentliche Autoritätsperson undenkbar gewesen wäre. So wurde ihm denn der Nobelpreis ausdrücklich für die *Buddenbrooks* verliehen,[32] obwohl damals zum Beispiel auch schon der *Zauberberg* vorgelegen hätte,[33] selbst in der beziehungsweise in einer ersten englischen Übersetzung.[34] Und obgleich außerhalb der gespielten Zeit entstanden, sollen sich ausgerechnet die *Buddenbrooks*, eben als das mit dem Autornamen »Mann« am unzertrennlichsten verbundene Buch, nach und wegen der Erstausstrahlung der *Manns* 50 000 Mal verkauft haben. (Wie Breloer wissen will, wurde das Buch an »junge Menschen« verkauft, denen man das Lesen »auf dem Gymnasium abtrainiert« habe;[35] was nichts Geringeres impliziert als den Anspruch, dass das Fernsehen der Schule und dem Gymnasium das Recht streitig zu machen sich anmaßen darf, die primäre Institution der Literaturvermittlung zu sein.)

Ausgeblendet hat Breloer in seinem Familienportrait so unter anderem oder vor allem die langen Jahre, in denen Thomas Mann ›unpolitischen‹ und antidemokratischen Überzeugungen huldigte, geprägt von entschieden monarchistisch-rechtslastigen Inklinationen. (Nur gerade auf den dadurch bedingten Bruderzwist mit Heinrich Mann wird in einer knappen Andeutung seiner Schwägerin[36] und in einem Gespräch der wieder versöhnten Gebrüder einmal kurz angespielt.[37]) Diese Ausblendungstechnik machte unmittelbar Schule. Sie findet sich wieder in den Familienbiographien, die im Zuge der Breloer'schen *Manns* in Mode gekommen sind. Gleich zwei kamen in einem und demselben Jahr auf den Buchmarkt.

---

32 Vgl. Fredrik Böök, 1929 Nobel Prize in Literature Presentation Speech, in: Matthew J. Bruccoli und Richard Layman (Hgg.), Nobel Prize Laureates in Literature, Part 3: Lagerkvist–Pontoppidan, Detroit et al.: Thomson Gale, 2007 (Dictionary of Literary Biography, Bd. 331), S. 143 f., hier S. 144.

33 Zu den Hintergründen vgl. Günther Schwarberg, Es war einmal ein Zauberberg. Thomas Mann in Davos — Eine Spurensuche, Göttingen: Steidl, 2001, S. 188 f.

34 Thomas Mann, The Magic Mountain. Translated [...] by H[elen] T. Lowe-Porter, London: Secker and Warburg, 1927.

35 Zander, »Das Werk ins Leben zurückbringen«, S. 237; vgl. daselbst das unidentifizierte Schiller-Zitat: »Man braucht auch viel — wie sagt das Thomas Mann? — den ›Segen von oben‹.«

36 Vgl. Breloer, Die Manns, Teil 1, 00:16:48.

37 Vgl. Breloer, Die Manns, Teil 1, 00:17:37.

Tilmann Lahmes *Die Manns. Geschichte einer Familie* beginnt erst im Jahr 1922, zu der Zeit, da Thomas Mann seinen republikanischen U-turn vollführte (den die Kritikerprominenz vor dem deutschen Fernsehpublikum nach wie vor als fraglos »glaubwürdig« hinstellt[38]). Und wie Lahme stellt Manfred Flügge in *Das Jahrhundert der Manns* die antisemitischen Äußerungen Thomas Manns im Umkreis der nationalsozialistischen ›Machtergreifung‹ als erratische Entgleisungen dar, motiviert oder gar entschuldbar durch den Stress des beginnenden Exils[39] — also nicht etwa als Rückfall, sondern so, als hätten sie gar keine Vorgeschichte.[40]

Die Jahr für Jahr aufs Neue dokumentierte Verkultung der Familie Mann und neuerdings sogar der Immobilien,[41] die sie bewohnte und von denen, nach James George Frazers Klassifikation des primitiven Denkens, so etwas wie »contagious magic«[42] auszugehen scheint, kann man denn auch wohl nicht anders verstehen denn als Arbeit am Mythos oder eben als Mitarbeit an einem Erinnerungsort.[43] Der Mythos, im vereinigten Deutschland vielleicht besonders nötig oder besonders nützlich, ist der vom anderen, besseren, guten Deutschland oder, so der Titel eines Exilwerks von Erika und Klaus Mann, *The Other Germany* — mochte Thomas Mann selber die Zwei-Deutschland-These, die diesem Mythos oder dieser Lebenslüge zugrunde liegt, auch noch so vehement ablehnen.[44]

Von seinen Verstrickungen in den normaldeutschen und seinerzeit völlig salonfähigen Antisemitismus des Kaiserreichs wird Thomas Mann auch in Breloers

---

38 Ursula März, in: Das Literarische Quartett (ZDF), 6. November 2015, 00:31:44.

39 Vgl. Flügge, Das Jahrhundert der Manns, S. 193 f.

40 Vgl. Elsaghe, [Rezension zu:] Lahme und Flügge, S. 133 f.

41 Vgl. Aaron Estermann und Maximilian Rück, Das Haus der Familie Mann. Ein Rundgang zwischen Literatur und Wirklichkeit, Würzburg: Königshausen & Neumann, 2016; Anonymus, Vor dem Abriss gerettet. Bundesrepublik kauft Thomas Manns Exilvilla, in: Frankfurter Allgemeine Zeitung, 18. November 2016, http://www.faz.net/aktuell/feuilleton/buecher/themen/vor-dem-abriss-gerettet-bundesrepublik-kauft-thomas-manns-exilvilla-14533515.html [Zugriff: 3. Februar 2017]; Anonymus, Stätte des Dialogs. Deutschland kauft Thomas-Mann-Villa in Kalifornien, in: Die Zeit online, 18. November 2016, http://www.zeit.de/news/2016-11/18/literatur-deutschland-kauft-thomas-mann-villa-in-kalifornien-18123005 [Zugriff: 3. Februar 2017]; Peter Richter und Andrian Kreye, Bundesrepublik kauft Thomas-Mann-Villa in Los Angeles, in: Süddeutsche Zeitung, 18. November 2016, http://www.sueddeutsche.de/kultur/thomas-mann-bundesrepublik-kauft-thomas-mann-villa-in-los-angeles-1.3254025 [Zugriff: 3. Februar 2017].

42 James George Frazer, The Golden Bough. A Study in Magic and Religion, New York: Macmillan, 1922, S. 37.

43 Vgl. Elsaghe, [Rezension zu:] Lahme und Flügge, S. 133 f.

44 Vgl. Hans Rudolf Vaget, Thomas Mann, der Amerikaner. Leben und Werk im amerikanischen Exil 1938–1952, Frankfurt a. M.: Fischer, 2011, S. 479–483.

später Dokufiktion noch ebenso säuberlich freigehalten wie schon in den ersten Nachkriegsverfilmungen seines Œuvres. Die Macht und das Beharrungsvermögen der Tradition, die solche Verfilmungen mittlerweile bilden, sind für Breloer und seine *Buddenbrooks* auch ganz ausdrücklich bezeugt. Breloer gab öffentlich zu Protokoll, Weidenmanns *Buddenbrooks* seien ein für ihn formatives Kinoerlebnis gewesen.[45] Mit *den* deutschen Jungstars der Zeit besetzt (Liselotte Pulver als Tony, Hansjörg Felmy als Thomas), hätten sie für ihn den Status und die Funktion einer »Initiation« gehabt.[46] Ja, sie hätten ihn allererst »zum Buch« gebracht.[47]

Hierher gehört neben etlichem anderen[48] vielleicht auch schon die besondere Form, welche die, wie gesagt, um eine halbe Stunde längere Fernsehfassung seines Films annahm. Denn anders als Hans Geißendörfers *Zauberberg*, der ebenfalls als amphibische Produktion, also in zwei Fassungen erschien, im Fernsehen aber als *drei*teilige Miniserie gesendet wurde, besteht die TV-Fassung der Breloer'schen *Buddenbrooks* aus nur zwei Teilen. In zwei separaten Teilen kamen aber ursprünglich eben auch Weidenmanns *Buddenbrooks* ins Kino, bevor sie später auf einen einzigen Film zusammengeschnitten wurden. Dabei liegt die Zäsur zwischen dem ersten und zweiten Teil in Breloers Fernseh-*Buddenbrooks* an derselben Stelle wie diejenige zwischen Weidenmanns beiden Kinofilmen, nämlich bei der Hochzeitsreise Thomas Buddenbrooks und Gerdas, geborener Arnoldsen.

In Hinblick auf einen direkten Rezeptionszusammenhang, das heißt auf Breloers unmittelbare Abhängigkeit von Weidenmanns Verfilmung, ist diese Konvergenz umso bemerkenswerter, als der Romantext oder dessen Editionsgeschichte[49] eine solche Bruchstelle *gerade nicht* nahelegte. Denn ursprünglich erschien der Roman seinerseits in zwei Hälften, *musste* zum Leidwesen des Verlegers in dieser desto kostspieligeren Weise erscheinen — nachdem Samuel Fischer sogar eine drei-, ja vierbändige Edition erwogen oder befürchtet hatte[50] und bevor

---

45 Vgl. Martin Ebel, Aufstieg und Zerfall der Buddenbrooks, in: Tages-Anzeiger, 20. Dezember 2008, S. 45.

46 Vgl. Zander, Den *Buddenbrooks* kommt die Finanzkrise recht.

47 Heinrich Breloer, Thomas Manns *Buddenbrooks*. Ein Filmbuch von Heinrich Breloer. Mit Auszügen aus dem Drehbuch von Heinrich Breloer und Horst Königstein. Mit Standfotografien von Stefan Falke, Frankfurt a. M.: Fischer, 2008, S. 7.

48 Vgl. Rouget, Die Rezeption im Tonfilm und in anderen Medien, S. 68.

49 Vgl. Elsaghe, Entstehung und Überlieferung, S. 33 f.

50 Vgl. Samuel Fischer, Brief vom 4. Februar 1901 an Thomas Mann, in: ders. und Hedwig Fischer, Briefwechsel mit Autoren, hg. v. Dierk Rodewald und Corinna Fiedler, Frankfurt a. M.:

er sich 1902 zu einer »wohlfeilen« Dünndruckausgabe in einem Band entschloss, in deren Gestalt oder durch deren Verbilligung der Roman dann »vom Erfolg ergriffen« werden sollte.[51] Bei der Drucklegung aber der noch zweibändigen Ausgabe konzedierte er dem jungen Autor das Entscheidungsrecht über »die Einteilung, wo der erste Band zu schliessen« [sic!] und wo demzufolge der zweite zu beginnen »hat«.[52] Sie sei »ja übrigens durch das Buch selbst gegeben«;[53] was immer Fischer damit meinen mochte: den Handlungsinhalt der einzelnen Teile oder bloß deren rein materiell-quantitative Proportionierung.

In der zweibändigen Erstausgabe des Romans nun, deren Aufteilung also der Verfasser selber allem Anschein nicht eben nur autorisiert, sondern festgelegt hatte,[54] endet der erste Band mit Tony Buddenbrooks zweitem Ehefiasko; und der zweite beginnt folglich mit der Geburt Hanno Buddenbrooks: »›*Geh' zum Deifi, Saulud'r, dreckkats!*‹ / So schloß Toni Buddenbrooks zweite Ehe.« — »Taufe … Taufe in der Breitenstraße!«[55] Dabei entspricht die sich daraus ergebende Kontrastierung — böses Ende des einen versus heiterer Anfang des anderen Bands — gar nicht zufällig einem durchgängigen Kompositionsprinzip des Romans, das sich von den ältesten Konzeptionsstufen an abzeichnete: Folgen doch bereits auf dem ältesten Übersichtsschema auf das »Geschäftsjubiläum« der Firma unmittelbar »Prozeß und Verhaftung« eines Familienmitglieds[56] oder im detailliert ausgestalteten Roman schon das Ende des Ersten und der Anfang des Zweiten Teils in dieser Weise aufeinander, die, hier wieder gegenläufig zur Verfallsbewegung, sozusagen falsche Hoffnungen auf deren Umkehrbarkeit weckt oder nährt (Mitternacht versus Morgen, All- versus Sonntag, Oktober versus April, schlechtes versus gutes Wetter, Streitigkeit mit dem verstoßenen Erstgeborenen versus Vermehrung der Familie durch die Geburt einer letzten Tochter).

Die also nicht unbedacht gewählte Bruchstelle der Roman-Erstausgabe wäre geeignet gewesen, einem findigen Regisseur eine sinnige Vorgabe dafür zu liefern, wie er die Zäsur einer ihrerseits zweiteiligen Verfilmung hätte arrangieren können. Diese Offerte nahm Breloer nicht wahr. Vielmehr legte er die Zäsur so wie vor ihm schon Weidenmann. Vermutlich, q. e. d., zeigt sich hieran einmal

---

Fischer, 1989, S. 397; ders., Brief vom 23. März 1901 an Thomas Mann, ebd., S. 398 f., hier S. 399; ders., Brief vom 1. April 1901, ebd., S. 399.

51 Mann, Gesammelte Werke, Bd. 11, S. 383.

52 Fischer, Brief vom 1. April 1901 an Thomas Mann.

53 Fischer, Brief vom 1. April 1901 an Thomas Mann.

54 Vgl. Samuel Fischer, Brief vom 17. April 1901 an Thomas Mann, in: ders. und Hedwig Fischer, Briefwechsel mit Autoren, S. 400.

55 Bd. 1.1, S. 433 f.

56 Bd. 1.2, S. 425.

mehr, dass in der Verfilmungsgeschichte Mann'scher Texte eine Art Eigengesetzlichkeit aufkommt. Die je vorgängigen Verfilmungen scheinen bei der produktiven Rezeption schwerer ins Gewicht fallen zu können als die Vorgaben der verfilmten Texte. Davon andernorts noch etwas mehr.

3.2 Die Ummodelung der Familienrivalität zwischen den Buddenbrooks und den Hagenströms

3.2.1 Die Beseitigung jüdischer Markierungen und antisemitischer Spitzen

Breloers Prägung durch Weidenmanns Zweiteiler, wenn nicht seine regelrechte Einflussangst vor ihm,[57] zeigt sich nicht zuletzt wieder an der Behandlung der nach wie vor heiklen Frage, auf welche Art und Weise mit den judenfeindlichen Spitzen des Romans umzugehen sei, mit den Antisemitismen sowohl seiner Figurenreden als aber auch seiner Erzählerstimme. Denn auch der Erzähler der *Buddenbrooks* ist Antisemit. Die so gerne vorgebrachte und gläubig immer weiter herumgereichte Schutzbehauptung, er rede mitnichten in eigener Instanz, vielmehr unter interner Fokalisation,[58] wo immer es um die Hagenströms, ihre Anmaßungen und ihre Bösartigkeit gehe, ließe sich an etlichen, keineswegs bloß ›theoretischen‹, sondern eindeutig ›mimetischen‹ Sätzen widerlegen; dann etwa, wenn der Erzähler von einem Hagenström eigens sagt, dass er einen Konsul Buddenbrook »durchaus nicht« grüßt.[59]

Was die filmische Behandlung von Judentum und Antisemitismus angeht, setzte »Weidenmänne« (wie ihn Erika Mann mit notorischer Herablassung nannte[60]) die Standards. An diese durfte man sich hinfort mit dem offenbar besten Gewissen halten. So ist in Breloers Filmdialogen wieder nur noch von irgendwel-

---

57 Vgl. Harold Bloom, The Anxiety of Influence. A Theory of Poetry, London et al.: Oxford University Press, 1975.

58 Vgl. z. B. Manfred Jurgensen, Die Erzählperspektive, in: Ken Moulden und Gero von Wilpert (Hgg.), Buddenbrooks-Handbuch, Stuttgart: Kröner, 1988, S. 109–127, hier S. 126 (zu den anderweitigen Mängeln vgl. Ruprecht Wimmer, [Rezension zu:] Ken Moulden und Gero von Wilpert [Hgg.], Buddenbrooks-Handbuch, in: Thomas Mann Jahrbuch 2, 1989, S. 183–187, hier S. 184–186); Hans Wißkirchen, »Er wird wachsen mit der Zeit ...« Zur Aktualität des *Buddenbrooks*-Romans, in: Thomas Mann Jahrbuch 21, 2008, S. 101–112, hier S. 109; Julia Schöll, Einführung in das Werk Thomas Manns, Darmstadt: Wissenschaftliche Buchgesellschaft, 2012, S. 70.

59 Bd. 1.1, S. 201.

60 Erika Mann, Brief vom 30. September 1959 an Eberhard Krause, Münchner Stadtbibliothek / Monacensia, Signatur EM B 895.

chen, nicht weiter qualifizierten und schon gar nicht jüdischen »Halsabschneider[n]« die Rede, wo im Roman Thomas Buddenbrook dieselben oder die eben
auch nicht mehr selben »Halsabschneider« wie gesagt ausdrücklich mit »Juden«
gleichsetzt, in deren »Netz« und »Hände[]« »ein nicht kleiner Teil der Landleute«
geraten sei.[61]

Weitere, besonders erhellende Beispiele dafür, wie die Selbstbespiegelung
des deutschen Wesens auch in Breloers *Buddenbrooks* noch von unliebsamen
Eintrübungen bewahrt bleiben sollte, liefern die Retuschen, die hier an der Familie Hagenström vorgenommen wurden. Die jüdischen Markierungen ihrer Mitglieder sind vollständig gelöscht. Oder, ganz genau genommen, sind sie es doch
so gut wie vollständig, mit allerhöchstens einer Ausnahme. Und gegebenenfalls
belegt diese, dass Breloer solche Markierungen sehr wohl wahrnahm und dass er
folglich ganz genau wusste, was er tat, als er alle übrigen tilgte — wobei er zu
diesen Tilgungen in einem Leserbrief nochmals ausdrücklich stand, nachdem sie
in einem Zeitungsartikel des Verfassers thematisch geworden waren.[62] Auch
schon zuvor »fand« er »es richtig«, das Judentum der Hagenströms immerhin
»nicht [...] zu betonen«.[63]

Von Belang ist hier die Schauspielerin, mit der Breloer in der zweiten Hagen-
ström-Generation, unter den ja auch im Roman unterschiedlich prominenten Geschwistern, wenigstens den Part des erwachsenen Julchen Hagenström besetzte
(bei sehr gut gecasteter Ähnlichkeit mit dem *Kind* Julchen in der gleich noch zu
besprechenden pre-title sequence). Dabei handelt es sich fast um eine Statistin-
nenrolle, die denn in Weidenmanns Film, obwohl sie von Erika Mann »nicht un-
schlau eingefädelt und ein Stückchen weit durchs Nadelöhr geführt, [...] weniger
vergessen, als sehenden Auges vernachlässigt« wurde,[64] nämlich zuletzt überhaupt nicht mehr vorkam. Diese marginale Rolle also des hier besonders hämischen Julchen besetzte Breloer mit einer US-amerikanisch-israelischen Schauspielerin, Ariella Hirshfeld. Hirshfeld aber wird in der Öffentlichkeit als »jüdische

---

61 Bd. 1.1, S. 499.
62 Vgl. Heinrich Breloer, Antisemitismus in den *Buddenbrooks*, in: Neue Zürcher Zeitung, 6. Dezember 2013, S. 20 [Leserbrief zu: Yahya Elsaghe, Thomas Mann im Nachkriegskino. Wie dem
deutschen Publikum unliebsame Erinnerungen erspart blieben, in: Neue Zürcher Zeitung,
30. November 2013, S. 61 f.].
63 Heinrich Breloer, Mit dem Kopf in den Wolken. Interview, in: Newsletter. Brancheninformationsdienst der Filmstiftung Nordrhein-Westfalen 7, 2008, S. 16 f., hier S. 17.
64 Erika Mann, Brief vom 21. November 1957 an Jacob Geis, Münchner Stadtbibliothek / Monacensia, Signatur EM B 616.

Künstlerin[]«[65] gehandelt; und auch ihr Äußeres, wie es gerade auch in Breloers opulentem Begleitband zum Film vorgeführt wird,[66] wäre nicht ungeeignet, den klischierten Vorstellungen von der idealtypisch jüdischen Frauenphysiognomie einigermaßen entgegenzukommen.[67]

Was immer es mit dieser einen Besetzung aber auf sich haben mag oder auch nicht auf sich hat: Ansonsten sind alle, aber auch wirklich alle Hinweise auf die jüdische Identität der Hagenströms kassiert; nicht viel anders als bei Franz Peter Wirth. Von dem verfänglichen Kutschendialog zwischen Bruder und Schwester, dessen prekären Teil Wirth wie gesehen zur Gänze ausgelassen hat, ist in Breloers Verfilmung nur etwas von seiner zweiten Hälfte, also der Zurechtweisung der Schwester durch den Bruder stehengeblieben. So verkürzt, ist die Zurechtweisung als eine solche nicht mehr erkennbar. Und was Breloer davon stehen lässt, hat er auch noch aus seinem ursprünglichen Dialogzusammenhang herausgebrochen, teils anderen Figuren in den Mund gelegt und in einen ganz anderen Kontext gestellt. Das Gespräch, das diesen Kontext bildet, ist auf die nächstältere Generation der Buddenbrooks verschoben und aus der Intimität der Buddenbrook'schen Kutsche in einen halböffentlichen Raum verlegt. Es hat nun in einem Ballsaal stattzufinden, und zwar schon in der Eröffnungssequenz, die übrigens von Reverenzen vor Weidenmann und von Reminiszenzen an seine Verfilmung geradezu wimmelt. Ja, sie gerät fast schon zu einem Remake derselben.

3.2.2 Die Zitate der Ballszene

Schon in Weidenmanns *Buddenbrooks* gibt es eine große Ballsequenz. Sie findet sich mitten in der zweiten Hälfte des Zweiteilers. Dort begegnet der nun zwar nicht sehr glücklich, aber doch reich verheiratete Thomas Buddenbrook seiner ersten Liebe wieder, dem Blumenmädchen Anna. Zuletzt läuft die Szene in eine Reihe längerer Tanzeinstellungen aus, »valse viennoise«,[68] zu diesem Zweck von einem Werner Eisbrenner unter dem Titel »Chrysanthemen-Ball« komponiert.

Unterbrochen wird diese Sequenz nur einmal von einem Kurzdialog zwischen Sesemi Weichbrodt und Hermann »Wagenström«. Dieser, nachdem es Erika Mann »wünschenswert« gefunden hatte, dass er »auch im ersten Teil wie-

---

65 Vgl. Anonymus, Stiftung Zurückgeben fördert jüdische Künstlerinnen, http://www.hagalil.com/archiv/2006/03/stiftung-zurueckgeben.htm [Zugriff: 13. März 2018].
66 Vgl. Breloer, Thomas Manns *Buddenbrooks*, S. 79, 85, 256 f.
67 S. Abb. 21.
68 Vgl. Weidenmann, Buddenbrooks (1959), Teil 2, 00:23:54.

derholt genannt und quasi ›an die Wand gemalt‹ werde«,[69] tritt denn erst im zweiten Teil der Verfilmung massiv in Erscheinung. Doch schon zuvor profiliert er sich zum Beispiel in Travemünde Tony Buddenbrook gegenüber als Reiter und Sportler auf Kosten ihres Bruders Thomas,[70] indem er sehr sinnigerweise gegen diesen mit derselben Häme stichelt wie Erwin Jimmerthal gegen den unsportlichen Tonio Kröger.[71] In der Ballszene der zweiten Filmhälfte nimmt Wagenströms Impertinenz solche Gestalt an:

SESEMI WEICHBRODT:	Na, na, nicht so grimmig. Sie kommen auch noch dran.
HERMANN WAGENSTRÖM:	Ja, ich komme auch noch dran. Man wird ja sehen, wer den längeren Atem hat, Buddenbrook oder ich.
SESEMI WEICHBRODT:	Im Augenblick sieht man nur, dass die beiden [scil. Thomas und Gerda Buddenbrook] bezaubernd zusammen tanzen.[72]

Wagenströms Grimmigkeit und sein hier so offen hervorbrechender Hass auf Thomas Buddenbrook rühren von dem Dialog her, der dem ansonsten wortlos abgetanzten Wiener Walzer unmittelbar vorangeht. Nachdem er mit allerhand hämischen Bemerkungen über den abwesenden Christian in die intime Gesprächsrunde der Buddenbrooks hereingeplatzt ist, fordert Wagenström Gerda zum Tanz auf, die vorher einmal ausdrücklich so genannte »Königin des Festes«.[73] Tatsächlich trägt sie ein kronenähnliches Diadem[74] — als weit und breit Einzige unter den länger in den Blick kommenden Tänzerinnen —, mit dem sie auch auf dem Werbeplakat[75] für die zusammengeschnittene Fassung von 1963 und noch heute auf der Hülle der DVD posiert.[76] Die Königin des Fests aber schlägt dem Bittsteller den Tanz ab:

HERMANN WAGENSTRÖM:	Ä ..., wenn ich ... Darf ich Sie um den nächsten Tanz bitten?
GERDA BUDDENBROOK:	Nein, leider, diesen Tanz hab' ich Thomas versprochen.[77]

Auf diese Szene nun nimmt Breloer in seiner Eröffnungssequenz verschiedentlich Bezug, obgleich dieselbe naturgemäß in ein ganz anderes, viel früheres Segment

---

69 Erika Mann, Brief vom 30. März 1956 an Jacob Geis, Münchner Stadtbibliothek / Monacensia, Signatur EM B 616.

70 Vgl. Weidenmann, Buddenbrooks (1959), Teil 1, 00:24:21.

71 Vgl. Bd. 2.1, S. 251.

72 Weidenmann, Buddenbrooks (1959), Teil 2, 00:25:20.

73 Weidenmann, Buddenbrooks (1959), Teil 2, 00:23:00.

74 S. Abb. 22 f.

75 S. Abb. 24.

76 S. Abb. 25.

77 Weidenmann, Buddenbrooks (1959), Teil 2, 00:24:47.

der erzählten beziehungsweise gespielten Zeit gehört als Weidenmanns Ballszenen, die, wie gesagt, erst in der zweiten Hälfte seiner zweiteiligen Verfilmung
vorkommen. Auch bei Breloer wird Walzer gespielt und getanzt, Frédéric Chopin,
Joseph Lanner, Léo Delibes. Auch hier begegnen sich Anna und Thomas — oder
vielmehr meiden sie sich, weil sie hier nämlich ein heimliches Liebespaar sind,
noch sind. Das verraten einem ihre Blickwechsel in einer längeren und einer kurzen Folge von Schuss-Gegenschuss-Einstellungen wie dann auch ein dezentes
und wirklich hübsches Detail. Als Annas Interaktion mit ein paar jungen Männern und ›Suitiers‹ in gemeinplätzig-anzügliche Anspielungen auf die Verkäuf-
lichkeit nicht nur ihrer Blumen mündet, steht Thomas verstimmt oder doch ver-
steinert im Hintergrund, nun erst und jetzt plötzlich mit einer roten Rose im
Knopfloch, deren Geruch drei Szenen später seinem Bruder eigens noch Anlass
für eine zweideutige Bemerkung gibt.[78] Mit der Blume ist ein Fetisch aufgenommen, von dem die Leser und Leserinnen des Romans aus dem Liebesdialog am
Ende des Dritten Teils Kenntnis erhalten und dessen erotische Bedeutung durch
die Symbolik der Farbe und der Blumenart gegenüber dem Romantext noch bekräftigt wird: »Weißt du noch ...«, »vor 1 ½ Jahren?« — »... Ich kaufte eine Nelke
und steckte sie ins Knopfloch ... Ich habe sie noch ...«[79]

Und für alle Zuschauer und Zuschauerinnen im Kino oder vor dem Fernseher,
die es immer noch nicht kapiert haben, gibt es unmittelbar nach dem Ball, davon
getrennt nur durch einen establishing shot auf die Stadt im Mondlicht, eine post-
koitale Bettszene samt entsprechendem Bettgeflüster, das jenen Liebesdialog des
dritten Romanteils umsetzt: »Wie an unserem ersten Abend, weißt du, als wir
[...].«[80] Dabei besteht ein oder sogar der hauptsächliche Unterschied zwischen der
Kino- und der etwas längeren Fernsehfassung in der Repräsentation dieses Lie-
besverhältnisses. In der Fernsehfassung wird es ausgewalzt, mit handfesten Lie-
besszenen im Blumenladen oder in einem Kutschenverschlag, deren expliziteste,
beinahe softpornographische auf anspielungsreiche Art mit dem letzten Walzer
eines Tanzpaars aus der Lübecker High Society zusammengeschnitten ist — davon gleich noch mehr —: Tony Buddenbrook und Hermann Hagenström.

Hermann Hagenström wird zwar auch in Breloers Ballsequenz zugunsten
von Thomas Buddenbrook abgewiesen. Abgewiesen wird er hier jedoch nicht von
der »Königin« Gerda Buddenbrook-Arnoldsen — denn Thomas ist ja eben noch
Junggeselle —; sondern einen Korb erhält er nun von Thomas Buddenbrooks
Schwester, keiner Königin, aber einer »Prinzessin« immerhin und nicht ohne eine

---

78 Vgl. Breloer, Buddenbrooks (2008), 00:09:26; ders., Buddenbrooks (2010), Teil 1, 00:10:29.
79 Bd. 1.1, S. 183.
80 Breloer, Buddenbrooks (2008), 00:08:45.

gewisse Folgerichtigkeit. (Sie ist ja ihrerseits noch ledig.) Nicht nur attestiert ihr Hagenström senior von Vater zu Vater bei dieser Gelegenheit, wenn auch mit einiger Süffisanz, dass sie, die hier ihrerseits als einzige einen kronenartigen Blumenkranz im Haar trägt,[81] sich als Prinzessin wenigstens aufführe: »Das Fräulein Tochter spielt ja schon wieder Prinzessin von Lübeck!«[82] So seltsamerweise allerdings nur in der ansonsten kürzeren Kinoversion, nicht aber im Fernsehzweiteiler, obgleich diesem eine Zusammenfassung des ersten Teils vorangeht, die mit einer hier genau einschlägigen Fehlleistung beginnt. Diese ist für die Pseudofeudalismen des Milieus insofern signifikant, als sie insinuiert, dass die Familie der so angesprochenen Prinzessin über die ganze Stadt herrsche: »Lübeck, *Stammsitz* der Familie Buddenbrook.«[83]

Auch der abgewiesene Hermann Hagenström selber — und nicht nur er[84] — wird Tony in Breloers Verfilmung mehrfach, rundheraus und ohne erkennbar ironischen Vorbehalt als Prinzessin titulieren, um ihr oder auch Dritten gegenüber damit jeweils seine Verehrung für sie und seine Achtung vor ihr zu verstehen zu geben. Erst, in einer Appendix der Ballsequenz, apostrophiert er sie im Vokativ als »Prinzessin!«[85] Dann, ganz am Ende des Films, in einer Erinnerung an diese Appendix, wird er das Wort wieder als Prädikatsnomen auf sie münzen: »Sie waren die Prinzessin an diesem Abend.«[86] Und zwischen diesen beiden Stellen am Anfang und am Ende des Films, im Zusammenhang mit ihrer ersten Ehe und deren Scheitern, sagt er Dritten gegenüber einmal: »Unsere Prinzessin verkauft an einen Mitgiftjäger.«[87]

Dabei erfolgt Hermann Hagenströms Abweisung durch die Prinzessin des Abends sozusagen proaktiv, noch bevor er sie überhaupt zu einem Tanz auffordern konnte. Vorerst hat er ihr nur ihren Fächer aufgehoben und zurückgereicht, den sie hat fallen lassen; eine habitualisierte und als solche zweideutige, suggestive, man darf deshalb sagen: Geste. Es ist oder könnte eine weibliche Geste gewollter Kontaktanbahnung sein, wie sie sich gerade auch beim frühen Thomas Mann finden ließe. Als solche erscheint sie in der Verfilmung des *Tonio Kröger*,[88]

---

81 S. Abb. 26.

82 Breloer, Buddenbrooks (2008), 00:03:49.

83 Breloer, Buddenbrooks (2010), Teil 2, 00:00:01; im Original keine Hervorhebung.

84 Vgl. dazu die Figur Stefan Kistenmaker, Breloer, Buddenbrooks (2008), 01:12:02; ders., Buddenbrooks (2010), Teil 2, 00:09:17: »unsere Prinzessin«.

85 Breloer, Buddenbrooks (2008), 00:06:52; ders., Buddenbrooks (2010), Teil 1, 00:08:22.

86 Breloer, Buddenbrooks (2008), 02:16:51; ders., Buddenbrooks (2010), Teil 2, 01:23:42.

87 Breloer, Buddenbrooks (2008), 00:51:44; ders., Buddenbrooks (2010), Teil 1, 01:05:09.

88 Vgl. Thiele, Tonio Kröger, 00:12:30.

im *Kleinen Herrn Friedemann*[89] wie dann auch wieder in *dessen* Verfilmung[90] — die übrigens die Breloer'schen *Buddenbrooks* gewissermaßen kontaminiert haben könnte. Wenn etwa — wiederum nur in deren Kinofassung — Julchen Hagenström über Gerda und Thomas Buddenbrook den Klatsch ventiliert: »vier Jahre verheiratet und noch immer kein Kind«,[91] dann findet sich ein genaues Äquivalent dieser faktisch zwar richtigen Aussage weder im Roman noch im Text der *Friedemann*-Novelle, sehr wohl jedoch im *Friedemann*-Film, wo die entsprechenden Worte ihrerseits einer Hagenström Heißenden in den Mund gelegt sind: »Vier Jahre sind sie verheiratet, meine Lieben! Vier Jahre! Und noch immer kinderlos.«[92]

Doch zurück zur Fächergeste der *Buddenbrooks*-Verfilmung: Ihrer Zweideutigkeit entspricht der weitere Verlauf des Filmdialogs, den Tony mit Hermann wieder von sich aus aufnimmt, nachdem dieser sich mit seiner eigenen Schwester Julchen auf die Tanzfläche begeben hat:

TONY: O! Alle Tänze vergeben.

HERMANN HAGENSTRÖM: Ich habe noch gar nicht gefragt.

HINRICH HAGENSTRÖM: Das Fräulein Tochter spielt ja schon wieder Prinzessin von Lübeck!

›JEAN‹ BUDDENBROOK: Hinrich Hagenström, du bist und bleibst 'n ollen Stänker [das S von »S-tänker« ›koronal-dental-alveolar‹ gesprochen, wie ausnahmsweise auch in »Hagens-tröm«].

THOMAS: Der [in der TV-Fassung: »Hagenström, der«] erste Tanz gehört heute dem Bruder.

Tanz: Frédéric Chopins ›Grande valse brillante‹. Die Tanz- und Geschwisterpaare Buddenbrook und Hagenström berühren sich flüchtig.

TONY
zu Hermann Hagenström
hinüber: Mein Vater sagt, die Hagenströms machen's immer so.

HERMANN HAGENSTRÖM: Wie machen wir das?

TONY: Mit den Ellenbogen.

---

89 Vgl. Bd. 2.1, S. 101.

90 Eberhard Görner, Der kleine Herr Friedemann. Filmszenarium [o. J.], S. 85 f., Bundesarchiv, Berlin-Lichterfelde; Peter Vogel und Günter Haubold, Der kleine Herr Friedemann. Nach der gleichnamigen Erzählung von Thomas Mann. Drehbuch [o. J.], S. 104, Thomas-Mann-Archiv der ETH-Bibliothek, Zürich; Der kleine Herr Friedemann (R: Peter Vogel, D 1991, TV-Film), 01:01:15.

91 Breloer, Buddenbrooks (2008), 01:21:28; freundlicher Hinweis von Martina Schönbächler, Zürich, vom 19. Juli 2016.

92 Vogel, Der kleine Herr Friedemann, 00:45:34.

Abseits der Tanzfläche:

BETHSY BUDDENBROOK: Sie sind tüchtig, die Hagenströms. Man muss gerecht bleiben.

›JEAN‹ BUDDENBROOK: Ja, sie sind die Heraufkommenden.[93]

So frei und so schlecht erfunden wie etwa die zum Fremdschämen peinlichen Dialoge in Weidenmanns Ballsequenzen sind diese Gespräche zugestandenermaßen nicht. Ganz offenkundig halten sie sich über weite Textstrecken eng an die direkten Reden des Romans. Nur werden diese hier eben in einen ganz anderen Zusammenhang gesetzt. So etwa Konsul ›Jean‹ Buddenbrooks Entgegnung auf Hinrich Hagenström. Dass dieser ein »Stänker!« sei, stand tatsächlich im Roman: »Ein oller Stänker«[94] im Sinn von oder als Haplologie für Stänkerer (und wohl kaum in Anspielung auf den berüchtigten ›Judengestank‹, foetor iudaicus;[95] jedenfalls haben die Redakteure des Grimm'schen Wörterbuchs, 1919, die für sie noch zeitnahe Stelle unter jener unverfänglicheren Bedeutung rubriziert[96]). Nur sagte ihm das dort keiner ins Gesicht, schon gar nicht mit kollegial duzender Nonchalance. Vielmehr redete so nur privatim im Schoße der Seinen Johann Buddenbrook der Ältere, dessen Generation bei Breloer überhaupt nicht mehr oder — was nämlich Lebrecht Kröger betrifft — nur noch am Rand vorkommt. Sein Sohn ›Jean‹ war ursprünglich also ein mutmaßlicher Adressat, nicht der Sender der Äußerung. Und Anlass zu dieser Medisance gab ihm nicht etwa eine süffisante Bemerkung über das gezierte Benehmen Tonys oder sonst einer oder eines Buddenbrook; sondern die Veranlassung dazu bestand in der schweren Konkurrenz, die der Stänker Hinrich Hagenström für die Familie und das Haus Buddenbrook in politicis und oeconomicis darstellte:

[...] Herr Hagenström, dessen Familie noch nicht lange am Orte ansässig war, hatte eine junge Frankfurterin geheiratet, eine Dame mit außerordentlich dickem schwarzen Haar und den größten Billanten der Stadt an den Ohren, die übrigens Semlinger hieß. Herr Hagenström, welcher Teilhaber einer Exportfirma — Strunck & Hagenström — war, entwickelte in städtischen Angelegenheiten viel Eifer und Ehrgeiz, hatte jedoch bei Leuten mit strengeren Traditionen, den Möllendorpfs, Langhals' und Buddenbrooks, mit seiner Heirat einiges Befremden erregt und war, davon abgesehen, trotz seiner Rührigkeit als Mitglied von Ausschüssen, Kollegien, Verwaltungsräten und dergleichen nicht sonderlich beliebt. Er schien es darauf abgesehen zu haben, den Angehörigen der alteingesessenen Familien bei jeder Gelegenheit zu opponieren, ihre Meinungen auf schlaue Weise zu widerlegen, die seine dagegen durchzusetzen und sich als weit tüchtiger und unentbehrlicher zu erweisen,

---

93 Breloer, Buddenbrooks (2008), 00:03:46. Vgl. ders., Buddenbrooks (2010), Teil 1, 00:05:06.

94 Bd. 1.1, S. 67.

95 Vgl. Thiede, Stereotypen vom Juden, S. 96.

96 Vgl. Grimm, Deutsches Wörterbuch, Bd. 10, Abt. II, 1. Teil, Sp. 832–834, hier Sp. 834, s. v. ›Stänker‹.

als sie. Konsul Buddenbrook sagte von ihm: »Hinrich Hagenström ist aufdringlich mit seinen Schwierigkeiten ... Er muß es geradezu auf mich persönlich abgesehen haben; wo er kann, behindert er mich ... Heute gab es eine Scene in der Sitzung der Central-Armen-Deputation, vor ein paar Tagen im Finanz-Departement ...« Und Johann Buddenbrook fügte hinzu: »Ein oller Stänker!« — Ein anderes Mal kamen Vater und Sohn zornig und deprimiert zu Tische ... Was passiert sei? Ach, nichts ... Eine große Lieferung Roggen nach Holland sei ihnen verloren gegangen; Strunck & Hagenström hätten sie ihnen vor der Nase weggeschnappt; ein Fuchs, dieser Hinrich Hagenström ...«[97]

Was der Erzähler hier zum ersten und einzigen Mal so offen ausspricht oder auch nur, wenngleich unmissverständlich andeutet, indem er »übrigens« noch den scheinbar nebensächlichen Mädchennamen der Frau Hagenström mit einfließen lässt, »*Sem*linger« — das alles bildet natürlich den Hintergrund und die Voraussetzung für das Verständnis jenes Gesprächs, das Tony und Thomas Buddenbrook auf der Fahrt nach Travemünde führen. Auf dieses greift Breloer in seiner Eröffnungssequenz gleich dreifach zurück. Dass die Hagenströms »die Heraufkommenden ...« sein sollen, sagt dort, im Roman, zwar Thomas und wiederum nicht sein Vater, ›Jean‹ Buddenbrook; aber er sagt es doch, indem er diesen zitiert: »Wie Papa neulich sagte: Sie sind die Heraufkommenden ...«[98] Und auch die Anspielungen auf die »Ellenbogen«, mit denen »'s« die Hagenströms machen sollen, bleibt derselben Sprecherin zugeteilt wie im Kutschengespräch der Geschwister. Nur erscheint der Satz oder die Ellipse »Mit den Ellenbogen, weißt du ...« bei Breloer wieder in einem ganz anderen Interaktionszusammenhang. Wieder wird eine innerfamiliär-gehässige Bemerkung über die abwesenden Konkurrenten nunmehr deren einem direkt und offen ins Gesicht gesagt, und das wie gezeigt im Rahmen eines neckisch-zweideutigen Flirts.

Vollends pervertiert erscheint aber der Satz, mit dem Thomas Buddenbrook im Roman seine Schwester für ihre ungeniert antisemitische Ausfälligkeit tadelte: »Sie heißt übrigens Laura, mein Kind, man muß gerecht sein.«[99] Von dem Satz blieb nur die zweite Hälfte stehen; und diese steht nun in einem ganz anderen Kontext. Die stehengebliebene Satzhälfte, »Man muss gerecht bleiben«, bildet keine Entgegnung auf eine antisemitische Ausfälligkeit und rassistische Verunglimpfung mehr, sondern einen Selbstkommentar zu einer den Hagenströms gegenüber anerkennenden bis wohlwollenden Äußerung; und darauf wiederum antwortet jenes Wort von den »Heraufkommenden« im Sinn einer Bestätigung und zum Zweck einer Bekräftigung: »Ja. Sie sind die Heraufkommenden.«

---

97 Bd. 1.1, S. 66 f.
98 Bd. 1.1, S. 128.
99 Bd. 1.1, S. 127.

»Sie sind tüchtig, die Hagenströms«, anerkennt also *Bethsy* Buddenbrook im Ballsaal ihrem *Mann* gegenüber, um dem eben hinzuzufügen: »Man muss gerecht bleiben.« Das ungenaue Zitat des Verbs, »gerecht *bleiben*« statt »sein«, kann einen dabei geradezu zynisch anmuten. Zynisch erscheint es angesichts der hier vorgenommenen Ummodelung oder Neukodierung der vorgeblich mit schöner Konstanz geübten Gerechtigkeit. Gerechtigkeit lassen die Buddenbrooks seniores den Hagenströms hier in Breloers Film bei einer Gelegenheit widerfahren, da eine Generation weiter unten sich zwischen den beiden verfeindeten Familien eine Beziehung anbahnen zu wollen scheint, für die man *so* im Roman keine, aber auch wirklich gar keine Anhaltspunkte fände. Die Worte »Man muss gerecht bleiben« werden am Rand einer Tanzfläche gesprochen, auf der Tony Buddenbrook und Hermann Hagenström eben miteinander zu schäkern beginnen – in einer Szene übrigens, die Breloer in der zweiteiligen Fernsehfassung wichtig genug war, um einen Ausschnitt daraus zu wiederholen, sie nämlich in einem recap des ersten Teils dem zweiten voranzustellen.

3.2.3 Tony Buddenbrook und Hermann Hagenström als versagtes Liebespaar

Gespielt werden Tony Buddenbrook und Hermann Hagenström in Breloers Film von Jessica Schwarz und Fedja van Huêt. Schwarz und van Huêt bilden hier kein ganz so ungleiches Paar, wie es die von ihnen gespielten Figuren im Roman wären: Sie, nicht weiter verwunderlich, eine unbestrittene Schönheit, wenngleich, nomen est omen, keine Blondine – so dass auch der stereotype Farbkontrast zum dunklen Julchen Hagenström alias Ariella Hirshfeld entfällt –; auch er aber, und hierin liegt das Besondere oder besteht allein schon ein empfindlicher Verstoß gegen die Vorgaben des Romantexts, von durchaus ansprechendem Äußeren.

Nach Breloers eigener Meinung und Absicht sieht sein Hermann Hagenström sogar »einfach unverschämt«, das Wort sagt alles: »unverschämt gut aus«.[100] So auch das Resultat einer nicht-repräsentativen Umfrage unter 28 Probanden und – mehrheitlich – Probandinnen. Sie ergab, dass der von van Huêt gespielte Hermann Hagenström entschieden »nicht hässlich« wirkt, sondern »ganz im Gegenteil!« eher »attraktiv« oder »adrett«. Allenfalls ist er ein klein wenig dicklich, während im Verlauf des *Romans* der »Freßsack«[101] Hermann Hagenström fetter und fetter wird. Endlich wird er hier »so außerordentlich fett«, »daß nicht nur sein Kinn, sondern sein ganzes Untergesicht doppelt« ist, »was der [...] Vollbart

---

100 Breloer, Mit dem Kopf in den Wolken, S. 16.
101 Bd. 1.1, S. 456.

nicht verhüllt[], ja, daß die geschorene Haut seiner Schädeldecke bei gewissen Bewegungen der Stirn und der Augenbrauen dicke Falten« wirft.[102] (Man halte solche Beschreibungen des Erzählers wieder mit jener Schutzbehauptung von dessen interner Fokalisation von allem und jedem zusammen, was er an Abfälligkeiten über die Hagenströms verlauten lässt.)

Das Casting der beiden Rollen, weil es den körperästhetischen Abstand verkleinert oder einebnet, der die beiden *Roman*figuren eh und je trennt, entspricht natürlich genau der Tanz- und all den anderen Filmszenen, in denen es zwischen Hermann und Tony erotisch knistert. In solchen Szenen macht sich der Film sozusagen zum Erfüllungsgehilfen männlicher Wunschphantasien, die im Roman ganz einseitig bleiben. Denn nicht, dass im Roman den Interaktionen zwischen dem älteren Sohn der Hagenströms und der älteren Tochter der Buddenbrooks sexuelle Energien gänzlich abgingen. Sie sind durchaus auch dort im Spiel. Nur gehorcht das Spiel dort anderen Regeln. Und diese sind aus dem Repertoire ›chimärisch‹-antisemitischer[103] Wahnvorstellungen nur allzu bekannt. Die Rivalität zwischen der neu zugezogenen, »hergelaufene[n] Familie …« und den alteingesessenen Patriziern, die Aspiration der einen auch auf das soziale Kapital der anderen findet im Roman ihre persönlich-libidinöse Entsprechung in einem ganz und gar unerwiderten Interesse, das Hermann Hagenström von Kindheit an auf die zeitlebens ›arisch‹-blonde Tony Buddenbrook oder vielmehr gegen ihren Körper richtet:

> Tony blieb [...] stehen, um auf [...] Julchen Hagenström zu warten [...]. Dies war ein Kind mit etwas zu hohen Schultern und großen, blanken, schwarzen Augen [...]. Ihr Vater, Herr Hagenström, [...] war [...] nicht sonderlich beliebt. [...]

---

102 Bd. 1.1, S. 662.

103 Vgl. Mark H. Gelber, Das Judendeutsch in der deutschen Literatur. Einige Beispiele von den frühesten Lexika bis Gustav Freytag und Thomas Mann, in: Stéphane Moses und Albrecht Schöne (Hgg.), Juden in der deutschen Literatur. Ein deutsch-israelisches Symposium, Frankfurt a. M.: Suhrkamp, 1986 (suhrkamp taschenbuch materialien), S. 162–178, hier S. 167 f.; Thiede, Stereotypen vom Juden, S. 93; Gubser, Literarischer Antisemitismus, S. 123–125; Christina von Braun, Zur Bedeutung der Sexualbilder im rassistischen Antisemitismus, in: Inge Stephan, Sabine Schilling und Sigrid Weigel (Hgg.), Jüdische Kultur und Weiblichkeit in der Moderne, Köln, Weimar und Wien: Böhlau, 1994 (Literatur — Kultur — Geschlecht, Große Reihe, Bd. 2), S. 23–49, hier S. 28; dies., »Blut und Blutschande«. Zur Bedeutung des Blutes in der antisemitischen Denkwelt, in: Julius H. Schoeps und Joachim Schlör (Hgg.), Antisemitismus. Vorurteile und Mythen, München und Zürich: Piper, 1995, S. 81–95, hier S. 89; Karin Stögner, Antisemitismus und Sexismus. Historisch-gesellschaftliche Konstellationen, Baden-Baden: Nomos, 2014 (Interdisziplinäre Antisemitismusforschung, Bd. 3), S. 95.

Manchmal ging Julchens Bruder Hermann, ein paar Jahre älter als sie, gleichzeitig zur Schule. [...] Hermann war blond, aber seine Nase lag ein wenig platt auf der Oberlippe. Auch schmatzte er beständig mit den Lippen, denn er atmete nur durch den Mund.

[...] Das Interessante an ihm aber war, daß er als zweites Frühstück zur Schule nicht Brot mitnahm, sondern Citronensemmel: ein weiches, ovales Milchgebäck, das Korinthen ent-hielt, und das er sich zum Überfluß mit Zungenwurst oder Gänsebrust belegte ... Dies war so sein Geschmack.

Für Tony Buddenbrook war das etwas Neues. Citronensemmel mit Gänsebrust, — übrigens mußte es gut schmecken! Und wenn er sie in seine Blechbüchse blicken ließ, so verriet sie den Wunsch, ein Stück zu probieren. Eines Morgens sagte Hermann:

»Ich kann nichts entbehren, Tony, aber morgen werde ich ein Stück mehr mitbringen, und das soll für dich sein, wenn du mir etwas dafür wiedergeben willst.«

Nun, am nächsten Morgen trat Tony in die Allee hinaus und wartete fünf Minuten, ohne daß Julchen gekommen wäre. Sie wartete noch eine Minute, und dann kam Hermann allein; er schwenkte seine Frühstücksdose am Riemen hin und her und schmatzte leise.

»Na«, sagte er, »hier ist eine Citronensemmel mit Gänsebrust; es ist nicht einmal Fett daran, — das pure Fleisch ... Was giebst du mir dafür?«

»Ja, — einen Schilling vielleicht?« fragte Tony. Sie standen mitten in der Allee.

»Einen Schilling ...«, wiederholte Hermann; dann schluckte er hinunter und sagte:

»Nein, ich will etwas anderes haben.«

»Was denn?« fragte Tony; sie war bereit, alles Mögliche für den Leckerbissen zu geben ...

»Einen Kuß!« rief Hermann Hagenström, schlang beide Arme um Tony und küßte blind-lings darauf los, ohne ihr Gesicht zu berühren, denn sie hielt mit ungeheurer Gelenkigkeit den Kopf zurück, stemmte die linke Hand mit der Büchermappe gegen seine Brust und klatschte mit der rechten drei oder viermal aus allen Kräften in sein Gesicht ... Er taumelte zurück; aber im selben Augenblick fuhr hinter einem Baume Schwester Julchen wie ein schwarzes Teufelchen hervor, warf sich, zischend vor Wut, auf Tony, riß ihr den Hut vom Kopf und zerkratzte ihr die Wangen aufs jämmerlichste ...[104]

Von jung auf nimmt Hermanns Begehren die Gestalt versuchter Prostitutionsge-schäfte und virtueller Vergewaltigungen an. Als Schuljunge versucht er Tony mit dem angenommenen Gegenwert eines »Schilling[s]« zu ködern, »einem recht wi-derlichen Frühstücksbrot«,[105] »das er sich zum Überfluß mit Zungenwurst oder Gänsebrust belegte ...«; wobei die Erzählinstanz hier die Emphase der werktypi-schen[106] Auslassungspunkte mit ihrem an sich überflüssigen Kommentar sogar noch verdoppelt — vielleicht auch weil Fleisch und Milchgebäck eine offenkun-dig ›trejfe‹, nicht-koschere Kombination bilden[107] —: »Dies war so sein Ge-schmack.« Solche Art Geschmack oder Geschmacklosigkeit, »Citronensemmeln

---

104 Bd. 1.1, S. 66–69.
105 Bd. 1.1, S. 665.
106 Vgl. z. B. Elsaghe, Racial Discourse and Graphology, S. 213 f., 224 f.; ders., Thomas Mann und die kleinen Unterschiede, S. 144, 180, 190, 292.
107 Freundlicher Hinweis von Julia Spahr, Bern, vom 16. September 2014.

mit Trüffelwurst und [...] Straßburger Gänseleberpastete«,[108] wird Hermann denn auch als Erwachsenem bleiben, wenn er »gleich morgens mit Gänseleberpastete beginn[t]«;[109] eine schon in den Notizen vorgemerkte Gewohnheit,[110] welche ihm förmlich in sein »Gänseleberpastetengesicht« geschrieben stehen soll,[111] das der von ihm Begehrten im Roman so überaus widerwärtig ist.

So gesehen erscheint es im Übrigen auch durchaus sinnig und stimmig, wenn die Straßburger Gänseleberpastete in dem *Felix Krull* wiederkehrt, den Hoffmann für die Filmaufbau-GmbH drehte. Dort wie erinnerlich erscheint Straßburger Gänseleberpastete als Quelle eines nach der territorialen Faktenlage der Nachkriegszeit wieder französischen Fabrikantenreichtums. Auch dort diente sie einer Markierung und Abwertung von Alterität. Und in derselben Funktion sollte Straßburger Gänseleberpastete dann auch in jenem Remake der Hoffmann'schen Verfilmung wiederkehren, das Alfred Weidenmann um 1968 herum geplant zu haben scheint. Wie aus Erika Manns schon einmal erwähnter Stellungnahme zu seinem (leider nicht mehr auffindbaren) Treatment hervorgeht, muss er beabsichtigt haben, hier der Version der ersten Verfilmung und nicht etwa des Romans zu folgen: »Warum [...] haben Sie [scil. Weidenmann] zur ›Filmaufbau‹-Version von dem Gänseleberfabrikanten gegriffen und es nicht, wie T. M., mit dem Closett-Schüsselfabrikanten gehalten? Wäre doch viel drastischer und weniger konventionell!«[112]

Aber um zu *Hagenströms* Straßburger Gänseleberpastete und seinem Gänseleberpastetengesicht zurückzukehren: An die »Leckereien«[113] jener Urszene wird er Tony, geschiedene Permaneder, geschiedene Grünlich, folgerichtig erinnern, wenn seine Kauf- und Penetrationswünsche endlich doch noch in Erfüllung gehen dürfen. Er erfüllt sie sich in symbolisch sublimierter und dennoch gewissermaßen auch buchstäblicher Form. Zum Zeichen seiner raubtierhaften Animalität in einen »fußlangen, dicken und schweren Pelz[]«[114] gekleidet, erwirbt dieser Sohn eines »Fuchs[es]« den Stammsitz gleichsam der Buddenbrooks (um diese von Breloer so falsch wie verräterisch für die ganze Stadt verwandte Feudalmetapher wenigstens für die eine Immobilie zu wagen). Bei der Gelegenheit kommt er der seit je Begehrten »unanständig und unerträglich nahe ...«:

---

108 Bd. 1.1, S. 662.
109 Bd. 1.1, S. 382; vgl. ebf. S. 449 f.
110 Vgl. Bd. 1.2, S. 257.
111 Bd. 1.1, S. 482.
112 Erika Mann, Brief vom 3. November 1968 an Alfred Weidenmann.
113 Bd. 1.1, S. 665.
114 Bd. 1.1, S. 662.

»Wie ist es, gnädige Frau«, sagte er ... »Mir scheint, wir haben früher schon einmal Geschäfte mit einander [sic!] gemacht? Damals handelte es sich freilich nur ... um was noch gleich? Leckereien, Zuckerwerk, wie? ... Und jetzt um ein ganzes Haus ...«

»Ich erinnere mich nicht«, sagte Frau Permaneder und steifte ihren Hals noch mehr, denn sein Gesicht war ihr unanständig und unerträglich nahe ...

»Sie erinnern sich nicht?«

»Nein, ich weiß, ehrlich gesagt, nichts von Zuckerwerk. Mir schwebt etwas vor von Citronensemmeln mit fetter Wurst belegt ... einem recht widerlichen Frühstücksbrot ... Ich weiß nicht, ob es mir oder Ihnen gehörte ... Wir waren Kinder damals ... Aber das mit dem Hause heute ist ja ganz und gar Sache des Herrn Gosch ...«[115]

Die notorischen Übergriffigkeiten des oral wie genital begehrlichen Romanjuden hat Breloer in ein ganz anderes Narrativ transkribiert. Dieses setzt schon in jener Eröffnungssequenz ein, in der dort *beiderseitigen* ›flirtation‹: in Tonys mutmaßlich koketter Fächer-Geste; in seiner galanten Aufnahme derselben, die sie wiederum als weitergehende Avance versteht oder missversteht, offenbar missverstehen *will*: »O! Alle Tänze vergeben.« Dabei bestätigt seine Parade dieser Abfuhr, in ihrer Galanterie neuerlich diametral von der Bärbeißigkeit jenes Hermann Wagenström entfernt, doch auch wieder die Richtigkeit ihrer Antizipation oder Erwartung: »Ich habe noch gar nicht gefragt«, »*noch*«. Er hatte es also ganz selbstverständlich noch vor.

Vor allem aber hat Breloers Ballszene, wie bereits einmal angedeutet, eine Appendix. Hinter einem Fächer hervorschauend, wie er zuvor im Flirtgeplänkel der beiden quasi zum corpus delicti fetischisiert wurde, und mit wiederum vollendeter Courtoisie, die ihn so gründlich wie möglich von Weidenmanns raubeinigem Wagenström und dessen Frustrationsintoleranz unterscheidet, umgeht oder überwindet Hermann Hagenström die erst in tadelloser Haltung hingenommene Absage — »Alle Tänze vergeben«. Am Ende des Balls arrangiert er noch einen weiteren Walzer hinzu, den *Paradies Soirée Walzer* Joseph Lanners (dessen »leichtfertige[s] Zeug«[116] in Thomas Manns Spätwerk übrigens in einem ziemlich zwielichtigen Zusammenhang genannt und gespielt, abgespielt, nämlich technisch reproduziert wird[117]):

HERMANN HAGENSTRÖM: Prinzessin, darf ich bitten?
TONY: Wenn das Orchester zurückkommt? Ich glaube nicht, dass wir zwei alleine ...
HERMANN HAGENSTRÖM: Und eine Geige!

---

115 Bd. 1.1, S. 665 f.
116 Bd. 10.1, S. 597.
117 Vgl. Elsaghe, Das Grammophon des Fabrikanten Bullinger im Kontext des Gesamtwerks, S. 169–171.

TONY: Hermann Hagenström!
HERMANN HAGENSTRÖM: Soll ich die Bratschen auch noch zurückholen?[118]

»Hermann Hagenström!« macht der so galant Umworbenen hier offenbar doch gehörigen Eindruck. Erst von einem Stehgeiger, dann von einem vierköpfigen Streicherensemble begleitet, walzen die beiden acht längere Einstellungen hindurch, weit länger als sonst ein Paar in der ganzen Eröffnungssequenz. Beide lächeln sie selig dabei (und bemerken den hier erstmals auftauchenden Bösewicht Grünlich nicht, der sie bedrohlich beäugt).

Der Nachdruck, der allein schon durch die Länge der Einstellungen auf diese zu liegen kommt, wird dann ganz am Ende des Films gewissermaßen eingelöst. Anlass dazu gibt jenes finale Immobiliengeschäft. Der Käufer, vom Makler geradewegs als Cäsar apostrophiert — eine Position, auf die im Roman, wenn einer, dann Thomas Buddenbrook aspiriert[119] —, dieser imperiale Käufer also geriert sich bei dem Immobilienhandel ganz anders als im betreffenden Romankapitel. Als er nämlich die wiederholt so titulierte »Perle«[120] von Haus besichtigt und dabei in der Schwebe lässt, ob er mit dem hier, anders als im Roman,[121] auch elliptisch verwandten Prädikat »Perle« nur dieses Haus oder auch dessen Erbin meint, benimmt er sich durchaus respektvoll. Er tritt Tony keineswegs zu nahe. Keineswegs erinnert er sie an irgendwelche Schulwegepisoden oder andere Kindereien, von Widerlichkeiten, Leckereien und sonstigen Anzüglichkeiten ganz zu schweigen. Vielmehr ruft er ihr und sich selber unter einem Kompliment (»Prinzessin«) eben jenen Tanz in Erinnerung, mit dem die Eingangssequenz endete und bei dem sie so bedeutsam lange verharrte. Danach oder dabei geht die Dialogszene in eine, und zwar in die letzte der Rückblenden des Films über, mittels derer Breloer offenbar Manns Leitmotivtechnik umzusetzen sich entschied. Diese letzte Rückblende besteht in einem nostalgischen Flashback just einer jener Walzereinstellungen, die nun, wenn man den Namen der Lanner'schen Komposition ein bisschen strapaziert, zu so etwas wie einer wehmütigen Erinnerung an ein verlorenes Paradies gerinnt:

118 Breloer, Buddenbrooks (2008), 00:06:54; ders., Buddenbrooks (2010), Teil 1, 00:08:23.
119 Vgl. Bd. 1.1, S. 302, Bd. 1.2, S. 310 f., mit Plutarch, Fünf Doppelbiographien. Griechisch und deutsch. Übersetzt von Konrat Ziegler und Walter Wuhrmann, hg. v. Manfred Fuhrmann und Konrat Ziegler, Zürich: Artemis, und München: Winkler, 1994 (Sammlung Tusculum), Bd. 1: Alexandros und Caesar [...], S. 218 (11.4).
120 Breloer, Buddenbrooks (2008), 02:17:23; ders., Buddenbrooks (2010), Teil 2, 01:24:13.
121 Vgl. Bd. 1.1, S. 665.

HERMANN HAGENSTRÖM:	Ein schöner Bau … Und schon dieses Zimmer …
TONY:	… ist so groß wie ein Ballsaal. Da können Sie tanzen.
HERMANN HAGENSTRÖM:	Ja, ich erinnere mich an den Ball noch vor Ihrer Hochzeit.
TONY:	Ist ja lange her.
HERMANN HAGENSTRÖM:	Ja. Sie waren die Prinzessin an diesem Abend.
TONY:	Und Sie haben mir immerhin die Musik zurückgeholt. Das war doch sehr schön.

Rückblende.[122]

Auf die Rückblende, mit fade-out der zuvor diegetischen Tanzmusik, die also ein Stückchen weit in die eigentliche Handlungssituation hinübergetragen wird, folgt dann noch Hermanns tadellos galanter Handkuss und ein Einstellungspaar — Großaufnahme der beiden Gesichter im Schuss-Gegenschuss-Verfahren —, für solche, die es immer noch nicht wahrhaben wollen, dass es die beiden halt eh und je unwiderstehlich zueinander hinzog. Einem diese Attraktion und ihre Gegenseitigkeit zu suggerieren, scheut Breloers Film von seinem Anfang bis zu seinem Ende keinen Aufwand. Daher eben hier die Abblende der Tanzmusik. Durch die Tonblende extradiegetisch geworden, versinnlicht diese, wie lebhaft gegenwärtig den beiden das ehedem miteinander Erlebte über all die Jahrzehnte nach wie vor sein muss. Weder haben sie es vergessen, noch können sie verwinden, dass unerfüllt blieb, was es ihnen einst zu verheißen schien; eine Verheißung, die in der TV-Fassung gewissermaßen Fleisch und Blut wird. Denn dort, am Schluss der Eröffnungssequenz, wird jene ausführliche Tanzszene der beiden collagiert mit dem Koitus von Thomas Buddenbrook und seiner Geliebten Anna, später verheirateter Iwersen, also mit einer sexuell erfüllten, wenn freilich auch ihrerseits verhinderten Liebe.

3.2.4 Die pre-title sequence

Tony Buddenbrook und Hermann Hagenström als versagtes Paar: Dieses Narrativ setzt noch vor dem eigentlichen Anfang des Films ein. Denn der Ball- und Eröffnungssequenz geht eine hier wieder genau einschlägige pre-title sequence voraus. Darin wird jene Kindheitsepisode des zweiten Romanteils aufgegriffen, an die Hermann Hagenström anlässlich seines demütigenden Immobilienerwerbs im elften Romanteil Tony auf so takt- und geschmacklose Art und Weise erinnern wird.

---

122 Breloer, Buddenbrooks (2008), 02:16:32; ders., Buddenbrooks (2010), Teil 2, 01:23:23.

Die Kindheitsepisode des Romans erhält bei Breloer ihrerseits wieder eine von Grund auf neue Gestalt und eine ganz andere Botschaft. Voran geht ihr ein kindliches Leiterwagenrennen, das vielleicht durch das Kapitel I.1 inspiriert ist, wo Tony während der Katechismusübung wiederholt die Phantasie überkommt, wie sie »im Winter auf dem kleinen Handschlitten mit den Brüdern den ›Jerusalemsberg‹ hinunterf[ährt]«;[123] ein phantasiertes Vergnügen also vom Typus ›vertige‹, ohne dass hier das Prinzip ›agon‹ oder ›compétition‹ auch nur ansatzweise schon im ›Spiel‹ wäre.[124] In der Verfilmung jedoch nimmt die Fahrt oder eben das Rennen der Kinder die Rivalität der Familien Buddenbrook und Hagenström vorweg. In dieser Funktion wird es später im Film denn einmal als Rückblende eigens wieder eingespielt. In der zweiten Hälfte nämlich des Kino-, beziehungsweise im zweiten Teil des Fernsehfilms, anlässlich eines Kutschenrennens, das sich Thomas Buddenbrook und Hermann Hagenström auf der Strecke Lübeck-Pöppenrade liefern, wird dieselbe Leiterwagenszene erneut eingeblendet.

In der pre-title sequence ordnen schon die allerersten Schuss-Gegenschuss-Aufnahmen der Kindergesichter Tony und Hermann einander zu. Und ebenso bleibt das Ende der Sequenz, die auch die Charakterzüge der jetzt noch bei weitem minderjährigen Familienmitglieder antizipiert, wiederum dem Paar vorbehalten, zu dem Tony und Hermann im Film einerseits immer schon bestimmt sind und das sie andererseits doch nie werden dürfen, tragischerweise.

Nach kindlich getriebenem Unfug fliehen die zwei Hagenström- und die drei Buddenbrook-Geschwister vor den Gendarmen. Christian läuft anspielungsreich in Richtung »Bühneneingang / Theater«[125] — um auf diesem Weg in die voyeuristisch ausgekostete Nähe halbnackter, sich lasziv bewegender Frauen zu geraten. Dagegen kommen sich Tony und Hermann in einem gemeinsamen Versteck in aller Heimlichkeit gegenseitig sehr nahe; eine Szene, deren eine Dialogzeile — »Hermann Hagenström!« — am Ende der eigentlichen Eröffnungssequenz wörtlich wiederkehren wird. Denn dort entgegnet die »Prinzessin« ja auf die Courtoisie ihres Verehrers wiederum mit »Hermann Hagenström!« Und zwar kann die Dialogzeile nur um den Preis der Unwahrscheinlichkeit *wieder*kehren, dass bei der ersten Gelegenheit ein Kind das andere mit Vor- und Zunamen anredet (mag das den Unbelesenen unter den Zuschauern damit auch erleichtern, den Bezug der pre-title sequence zum ausgewachsenen Personal des eigentlichen Films nachzuvollziehen):

---

123 Bd. 1.1., S. 9; vgl. S. 13.
124 Vgl. Roger Caillois, Les jeux et les hommes. Le masque et le vertige. Édition revue et augmentée 1967, Paris: Gallimard, 1991 (Collection Folio / Essais), S. 161–251.
125 Breloer, Buddenbrooks (2008), 00:01:57; ders., Buddenbrooks (2010), Teil 1, 00:01:25.

TONY: Mach schon!
HERMANN: Zuerst einen Kuss!
TONY: Hermann Hagenström![126]

Seinen Wunsch, auf den Tony mit seinem befremdlicherweise vollen Namen, man kann schlecht sagen: antwortet oder auch nur reagiert — wie später eben auf seine extravagante Aufforderung zu einem hinzuarrangierten Walzer —, diesen Wunsch erfüllt sich Hermann im gemeinsamen Versteck dann doch noch selbsttätig. Dabei benimmt er sich allerdings wieder anders als im entsprechenden oder gerade nicht entsprechenden Romankapitel. Er nähert sich Tony auf jungenhaftschüchterne, keusch-verhaltene, auf rührend-unschuldige Art, selbstverständlich auch ohne die Assistenz einer ›teuflisch‹ hinterhältigen und giftig zischenden Schwester. So stößt er denn auch auf keine allzu heftige Gegenwehr bei der hier tatsächlich Geküssten (während im Roman Hermanns mit allen Mitteln und mit schwesterlicher Hilfe betriebene Nötigungsversuche ja trotz alledem vergeblich bleiben). In anständigem Abstand vor ihr stehend, muss sich Hermann gut und gerne fünfundvierzig Grad vorbeugen, ziemlich gemächlich auch, um Tony züchtiglich und wenig heftig zu küssen. Und die ebenso wenig Perplexe ihrerseits braucht entschieden mehr als nur eine Schrecksekunde, um ihm in dieser Heimlichkeit dafür eine nicht besonders energische Ohrfeige zu verpassen an Stelle der drei »oder« vier, die sie ihm dem Romantext zufolge »auf offener Straße«[127] rechtshändig und »aus allen Kräften in sein Gesicht ...« »klatscht[]« und deren eine ihr hinfort zu seiner Kennung dienen wird: »Hermann mit den Citronensemmeln und der Ohrfeige«.[128] Auch sieht die Tony des Films den nur einmal und nur verhalten Geohrfeigten ruhig oder vielleicht, wenn man so will, sogar liebevoll und jedenfalls ohne irgendwie agitierte Mimik an.

3.2.5 Die Verdoppelung der versagten Liebe

Hermann Hagenströms im Roman einseitiges Begehren, kurz und gut, wird in Breloers Film je länger, desto deutlicher erwidert. Er und Tony Buddenbrook sind oder wären nun das Traumpaar schlechthin. Das zeigt sich zum Beispiel und ausgerechnet auf einer Kutschenfahrt, die Tony mit Alois Permaneder unternimmt, nämlich an der Stelle des Ausflugs nach Schwartau und zum Gasthof Riesen-

---

126 Breloer, Buddenbrooks (2008), 00:02:28; ders., Buddenbrooks (2010), Teil 1, 00:01:55.
127 Bd. 1.1, S. 658; vgl. auch S. 68.
128 Bd. 1.1, S. 260.

busch, wo es im Kapitel VI.6, in der genauen Mitte des Romans,[129] zu einer latent-feindseligen, passiv-aggressiven Konfrontation der Buddenbrooks mit dem mächtig gewachsenen Clan Hagenström-Huneus-Möllendorpf kommt.[130] Dieser speist bereits eine Etage höher als die Buddenbrooks und ihr Münchener Gast.

Als die Film-Tony, geschiedene Grünlich, sich mit ihrem Verlobten in spe darüber unterhält, was man im Leben hätte anders machen können oder sollen, erscheint Hermann Hagenström, auffallend rot gewandt, als Ehemann und Familienvater am Straßenrand. Er grüßt sie aufs ehrerbietigste.[131] Keine Spur mehr von Missgunst, Schadenfreude und Sippenrivalität.

Als der passende, aber dennoch versagte Mann für die stattdessen in ihren zwei, drei Ehen unglücklich gewordene Tony verdoppelt Hermann Hagenström eine eigentlich schon einmal vergebene Funktion. Dadurch kommt er nunmehr mit einer ganz anders angelegten Romanfigur in eine paradigmatische Äquivalenzbeziehung zu stehen. Er rückt in eine Position auf, die im Roman ein Morten Schwarzkopf besetzt hält und auf die dieser dort sozusagen das Monopol hat, wenn sich Tony zeitlebens an ihn erinnert und seine einstigen Sprüche und Losungen nachbetet. (Und dass sie es in Weidenmanns Verfilmung nie tat, war für Erika Mann ein weiterer Stein des Anstoßes, den sie an deren Drehbuch nahm.[132])

Nicht umsonst gilt auch schon diesem Morten Schwarzkopf, seinem und Tonys Travemünder Kuss, eine der sentimentalen Rückblenden der zweiten Filmhälfte, deren letzte wie gesehen Tonys und Hagenströms Walzertanz gewidmet sein wird. Nur hat die Versagung *dieser*, der Liebe Tonys zu *Morten,* vom Roman her ihre besonderen, nämlich sozioökonomischen Gründe. Aus rassenbiologischer Sicht jedoch spräche gar nichts dagegen. Das bei Schwarzkopf noch gegebene Problem der Mesalliance entfiele bei Hermann Hagenström, wenigstens in seiner wirtschaftlichen und klassengesellschaftlichen Form.

Den Klassen- oder Standesunterschied, dessentwegen Tonys und Mortens Verliebtheit nicht toleriert wird, adressiert dieser selber, indem er jenes im Film ebenfalls Hermann wie zuvor schon Hinrich Hagenström in den Mund gelegte Wort ausspricht, »Prinzessin« beziehungsweise »Prinzeß«. Auch daran wird sich

---

129 Vgl. Elsaghe, Die imaginäre Nation, S. 197.

130 Bd. 1.1, S. 381–383. Zur Modernität und Klassenspezifität der hier praktizierten Heirats- bzw. Verlobungspolitik vgl. David Warren Sabean, Kinship and Class Dynamics in Nineteenth-Century Europe, in: ders., Simon Teuscher und Jon Mathieu (Hgg.), Kinship in Europe. Approaches to Long-Term Development (1300–1900), New York und Oxford: Berghahn, 2007, S. 301–313, hier S. 305, 310–312.

131 Vgl. Breloer, Buddenbrooks (2008), 01:10:23; ders., Buddenbrooks (2010), Teil 2, 00:07:24. S. Abb. 27 f.

132 Vgl. Erika Mann, Brief vom 16. April 1957 an Hans Abich.

Tony Buddenbrook im Roman ein Leben lang verbatim erinnern:[133] »Sie [scil. Tony Buddenbrook] haben Sympathie für die Adligen ... soll ich Ihnen sagen warum? Weil Sie selbst eine Adlige sind! Ja-ha, haben Sie das noch nicht gewußt? ... Ihr Vater ist ein großer Herr, und Sie sind eine Prinzeß.«[134] Ursprünglich hätte er sie einmal sogar darauf hinweisen sollen, dass »es den Namen B. [scil. ›Buddenbrook‹, ›Buttenbroock‹[135] oder ›Buddenbrock‹[136]] als Adelsnamen giebt«;[137] ein auch quellenphilologisch bedeutsamer Hinweis. Denn den Namen »Buddenbrook« hatte Thomas Mann sehr wahrscheinlich aus einem berühmten und damals druckfrischen Roman Theodor Fontanes, *Effi Briest*, den er kurz vor der ersten Konzeption seines eigenen Romans beifällig gelesen hatte.[138] Dort taucht der Name »Buddenbrook« tatsächlich im adligen Milieu auf, als Geschlechtsname eines Duellsekundanten,[139] zwar ohne ein Adelsprädikat, das hier aber wohl wegen seiner Redundanz ausgelassen beziehungsweise supliert werden darf; scheint Fontane den Namen doch einem historischen Adelsgeschlecht abgenommen zu haben. So erwähnt er im *Krieg gegen Frankreich* eine Division »Buddenbrock«, benannt nach einem Generalleutnant Gustav von Buddenbrock.[140]

Bei Hagenström aber, wie gesagt, entfällt das Moment der Standesgleich- oder -ungleichheit. Insofern übertrifft er oder sticht er im Film den von Erika Mann einmal so genannten »Mortenbubi«[141] gewissermaßen aus. Hagenström gehört eben demselben Großkaufmannsmilieu an wie die von ihm und Schwarz- kopf gemeinsam Begehrte; und dadurch wird diese andere, neue verbotene Liebe vollends auf das Niveau des Tragödienplots von Romeo und Julia gehoben. Oder

---

133 Vgl. Bd. 1.1, S. 425.

134 Bd. 1.1, S. 151.

135 Vgl. z. B. Bd. 1.2, S. 458 f.; Paul Scherrer, Aus Thomas Manns Vorarbeiten zu den *Buddenbrooks*. Zur Chronologie des Romans, in: ders. und Hans Wysling, Quellenkritische Studien zum Werk Thomas Manns, Bern und München: Francke, 1967 (Thomas-Mann-Studien, Bd. 1), S. 7–22, 325–328, hier S. 7, 9.

136 Vgl. Hans-Werner Nieschmidt, Die Eigennamen, in: Ken Moulden und Gero von Wilpert (Hgg.), Buddenbrooks-Handbuch, Stuttgart: Kröner, 1988, S. 57–61, hier S. 58.

137 Mann, Notizbücher, Bd. 1, S. 139.

138 Brief vom 17. Februar 1896 an Otto Grautoff, in: Bd. 21, S. 70–74, hier S. 73. Vgl. Brief vom 30. August 1910 an Maximilian Harden, in: Bd. 21, S. 459–461, hier S. 459.

139 Theodor Fontane, Effi Briest. Roman, hg. v. Christine Hehle, Berlin: Aufbau, 1998 (Große Brandenburger Ausgabe. Das erzählerische Werk, Bd. 15), S. 283, 285, 287.

140 Theodor Fontane, Der Krieg gegen Frankreich 1870–1871, Bd. 1: Der Krieg gegen das Kaiserreich. Bis Gravelotte, 18. August 1870, Zürich: Manesse, 1985, S. 273; freundlicher Hinweis von Hanspeter Affolter, Bern, vom 2. September 2016.

141 Erika Mann, Brief vom 28. Dezember 1956 an Jacob Geis, Münchner Stadtbibliothek / Monacensia, Signatur EM B 616.

jedenfalls suggeriert der Film nun, dass Tony Buddenbrooks Leben sehr wohl auch glücklich hätte verlaufen können, und zwar selbst in den Grenzen ihres Herkunftsmilieus (dessen rigid endogame Heiratsregeln damit auch nicht mehr gar so sehr in Frage gestellt sind); eine Botschaft, die natürlich keiner Prüfung auf ihre Werk- oder Ideentreue standhielte. Sie widerspricht geradewegs dem und widerruft geradezu das Verfallstheorem,[142] das den Roman von der ersten bis zur letzten Seite bestimmt und ein integraler Teil seiner allerältesten Konzeptionsstufen war. Seine Verfilmung unterläuft so den Anspruch auf historische Akkuratesse, den sie bis in die Details der Ausstattung erheben zu wollen scheint. Sie wird hier unversehens zu einem Dokument dafür, wie fremd der Roman einer meritokratischen Mentalität von heute geworden ist und bleiben muss und wie deshalb seine Botschaft verfälscht werden muss, um ihn weiterhin als deutsches Hausbuch zu nostrifizieren.

Das alles ist so pikant wie der Umstand, dass es just ein Hagenström zu sein hat, den einem der Film sozusagen als *noch* besseren Schwarzkopf offeriert. Denn Schwarzkopf nimmt unter dem Romanpersonal, wenn man es ethnisch auffächert, eine Extremposition ein. Seine im Roman definierten Personalien — Enkel eines »halbe[n] Norweger[s]«,[143] »außerordentlich heller Teint«, »so blond *wie möglich*«[144] — widerlegen die appellativische Bedeutung seines Geschlechtsnamens. Sie weisen den so Heißenden als Hypergermanen aus. Dem entsprechend wurde seine Rolle jeweils mit stereotyp teutonisch wirkenden Schauspielern besetzt: 1959 mit Horst Janson (in einem Kriegsfilm *Murphy's War* auch ein deutscher U-Boot-Kapitän[145]); 1979 mit Rainer Goernemann (der danach im Dokudrama *Die Wehrmacht* wiederum einen deutschen Militär spielen sollte[146]); 2008 mit Alexander Fehling (in Quentin Tarantinos *Inglourious Basterds* ein Oberfeldwebel Wilhelm[147]).

Als Ultragermane stand Morten Schwarzkopf im Roman hergelaufenen Semiten wie den Hagenströms diametral gegenüber. In Breloers Film aber wird aus diesem Antagonismus so etwas wie eine nordgermanische Ebenbürtigkeit, zwischen einem, der norwegische Vorfahren hat, und einem, der einen skandina-

---

142 Vgl. Ortrud Gutjahr, Doppelte Buchhaltung in der Familien-Firma. Thomas Manns *Buddenbrooks* in der Bühnenfassung John von Düffels mit einem Blick auf Heinrich Breloers Verfilmung, in: Franziska Schößler und Christine Bähr (Hgg.), Ökonomie im Theater der Gegenwart. Ästhetik, Produktion, Institution, Bielefeld: transcript, 2009, S. 279–297, hier S. 294 f.
143 Bd. 1.1, S. 141.
144 Bd. 1.1, S. 132; im Original keine Hervorhebungen.
145 Murphy's War (R: Peter Yates, GB/USA 1971).
146 Die Wehrmacht — Eine Bilanz (R: Ingo Helm et al., D 2007, fünfteiliger TV-Film).
147 Inglourious Basterds (R: Quentin Tarantino, USA/D 2009).

visch klingenden Namen trägt. Nunmehr kommt unversehens die zweite, im Roman nur ironymisch oder allenfalls auch assimilationstaktisch interpretierbare Komponente (»-ström«) dieses andernteils einst so ungut sprechenden Namens zum Tragen, mit dem beziehungsweise mit dessen erster Hälfte (»Hagen«) die Feinde der Buddenbrooks im Roman noch förmlich geschlagen waren. Zum Tragen kommt jetzt jenes nordschwedische und also seinerseits extrem germanische Namenssuffix der Hagen*ströms*, dessen Anlaut freilich in den erhaltenen Tonverfilmungen allermeistens palatalisiert gesprochen, also bis auf vereinzelte Ausnahmen gewissermaßen eingedeutscht wird: ›Hagenschtröm‹ (beziehungsweise ›Wagenschtröm‹); mit Ausnahme von plattdeutsch-soziolektal gelispelten Arbeiterzitaten und von ›Jean‹ Buddenbrooks niederdeutsch tingierter Replik auf den ›Stänker‹ Hagenström: »Wagens-tröm«; »Hinrich Hagens-tröm, du bist [...] n' ollen S-tänker!« (Die Flexionsform des Adjektivs, »ollen«, ist bei Hochdeutsch auf niederdeutschem Substrat durchaus passend.[148])

Mit der versagten Liebe zwischen dem erstgeborenen Hagenström und der älteren Tochter der Buddenbrooks wird Tonys unglücklicher biographie érotique im Film noch eine weitere Episode draufgesetzt; wie hier zum Beispiel auch die Trennung von ihrem zweiten Ehemann allein über den Liebesschmerz der betrogenen Ehefrau motiviert ist. Hingegen verbirgt sich dahinter im Roman hauptsächlich das Heimweh nach der Vaterstadt und letztlich also eine innerdeutsche Animosität, deren Repräsentation sich zur Zelebration eines Tags der Deutschen *Einheit* schlecht geeignet hätte: »Tony«, bekommt sie von ihrem Bruder ins Gesicht gesagt, »du machst mir nichts weiß [sic!]. [...] Es ist gar nicht der Mann. Es ist die Stadt. [...] Sei aufrichtig!«[149] Und aufrichtig entgegnet sie: »Da hast du recht, Thomas!«[150]

Vor allem aber sind nunmehr die antisemitischen Animositäten, welche die *Buddenbrooks* wie Thomas Manns Frühwerk überhaupt suaviter in modo zu schüren halfen, überschrieben durch die sentimentale Trauer um eine weitere große Liebe, die nicht gelebt werden durfte. Einen gewissen Tiefsinn, zugegeben, kann man solch einer alternate history nicht ganz absprechen,[151] und sei es auch nur in Hinblick auf den späteren und späten Thomas Mann. Man braucht sie nur neben die Suada eines Saul Fitelberg im *Doktor Faustus* oder neben Goethes

---

148 Freundlicher Hinweis von Reinhard Goltz, Bremen (Institut für Niederdeutsche Sprache), vom 17. November 2016.

149 Bd. 1.1, S. 423.

150 Bd. 1.1, S. 423.

151 Vgl. Dietz Bering, War Luther Antisemit? Das deutsch-jüdische Verhältnis als Tragödie der Nähe, Berlin: Berlin University Press, 2014, S. 14 f., 168–173.

Tischgespräche in *Lotte in Weimar* zu halten. Dort konstatiert Fitelberg zwischen Deutschen und Juden so etwas wie eine innere Bestimmung der einen für die anderen.[152] Und auch hier schon, in *Lotte in Weimar*, macht kein Geringerer als der Nationaldichter höchstselbst eine »allerwunderlichste Verwandtschaft« zwischen den beiden »Völkern« aus;[153] wobei solche »völkerpsychologischen Aperçus«[154] durchaus nicht erfunden sind,[155] in der DEFA-Verfilmung aber dennoch nur teilweise übernommen wurden (so etwa das Verhältnis der »Deutschen« wie der »Juden« zu ihren »Propheten«[156]).

Unbeschadet solcher tieferen Sinndimensionen und ihrer Berührungen mit dem Spätwerk des Autors (wie eben auch mit gewissen überlieferten Vorstellungen des historischen Goethe[157]) ist die reale Vorgeschichte der jüdischen und der deutschen Katastrophe durch die verscherzte Liebe zwischen einer Buddenbrook und einem Hagenström wie in den Thomas-Mann-Verfilmungen insgesamt bis auf den letzten Erinnerungsrest verleugnet oder verdrängt. Wie erfolgreich und nachhaltig solche Verdrängungsleistungen sind und wie leicht die antisemitischen Appelle des Romans aus einem so mit verfestigten Erwartungshorizont herausfallen können, zeigt sich ohne Weiteres bis in die Gegenwart, auch noch in der jüngsten Rezeptionsgeschichte der *Buddenbrooks*, sowohl der feuilletonistischen als aber auch der wissenschaftlichen.

Zum hundertjährigen Jubiläum ihrer Erstpublikation beispielshalber erschien im *Spiegel* ein Beitrag, dessen Vorspann Blicke hinter die »populäre[] Fassade« der *Buddenbrooks* und auf ihre wenig »gemütlich[en]« Seiten versprach.[158] Im Folgenden aber figurieren die Hagenströms doch einfach als »Emporkömmlinge (›das Geschmeiß‹)«.[159] Die rassistischen Untertöne des Schimpfworts aus dem Arsenal der antisemitischen Hassrhetorik, das hier nur eben naiv zitiert wird, sind dabei kein Thema. Und von jüdischen Teufelsbraten oder jüdischen Halsabschneidern erst recht kein Wort.

Kein Wort davon auch noch 2013, als in der *Frankfurter Allgemeinen Zeitung* unter dem Eindruck der sogenannten Schuldenkrise ein langer und groß aufgemachter Artikel über »Buddenbrooks Lehre« erschien, der obendrein auch noch

---

152 Vgl. Bd. 10.1, S. 591 f.
153 Bd. 9.1, S. 411.
154 Bd. 9.1, S. 411.
155 Vgl. Teweles, Goethe und die Juden, S. 28.
156 Bd. 9.1, S. 397; Günther, Lotte in Weimar, 01:40:00.
157 Vgl. Bd. 9.2, S. 736.
158 Elke Schmitter, Die blauen Schatten der Depression, in: Der Spiegel, 17. Dezember 2001, S. 184 f., hier S. 184.
159 Schmitter, Die blauen Schatten der Depression, S. 184.

»eine Warnung bis heute« zu enthalten versprach.[160] Solchen Versprechungen zum Trotz durfte es der Verfasser sich leisten, von der Feindschaft der Hagenströms zu erzählen, ohne deren jüdische Stigmata mit auch nur einer Silbe zu streifen, geschweige denn die antisemitischen Implikationen des ganzen Konkurrenznarrativs anzusprechen. Keine Silbe von diesen Stigmata und diesen Implikationen endlich noch selbst in den jüngsten Standardwerken der Thomas-Mann-Forschung und der *Buddenbrooks*-Philologie. Im *Thomas Mann Handbuch* von 2015 sucht man sub voce *Buddenbrooks* ganz vergebens danach.[161] Und während hier die Rassismen des Romans wenigstens unter dem Beitrag *Judentum* Erwähnung finden,[162] war ein solches oder ähnliches Lemma für das *Buddenbrooks-Handbuch* von 2018[163] ursprünglich gar nicht erst vorgesehen, um dann allerdings unter dem Obertitel *Religion* doch noch aufgenommen zu werden; und von dem entsprechenden Teilkapitel[164] darf man nun ohne Einschränkung sagen, dass er, ganz auf der Höhe des schwer überblickbaren Forschungsstands, zu den Glanzleistungen des Bands gehört.

---

160 Stephan Finsterbusch, Ein Mann von Welt und Geld, in: Frankfurter Allgemeine Zeitung, 3. Juli 2013, Beilage: Die 100 größten Unternehmen, S. U10.
161 Vgl. Andreas Blödorn, *Buddenbrooks* (1901), in: ders. und Friedhelm Marx (Hgg.), Thomas Mann Handbuch. Leben — Werk — Wirkung, Stuttgart: Metzler, 2015, S. 13–25.
162 Vgl. Yahya Elsaghe, Judentum, in: Andreas Blödorn und Friedhelm Marx (Hgg.), Thomas Mann Handbuch. Leben — Werk — Wirkung, Stuttgart: Metzler, 2015, S. 246–248.
163 Stefan Neuhaus und Nicole Mattern, Buddenbrooks-Handbuch [Konzept], Attachment zu: Stefan Neuhaus, E-Mail vom 13. Juli 2017 an den Verfasser.
164 Franziska Schößler, Judentum, in: Nicole Mattern und Stefan Neuhaus (Hgg.), Buddenbrooks-Handbuch, Stuttgart: Metzler, 2018, S. 203–208.

4 Bernhard Sinkels *Bekenntnisse des Hochstaplers Felix Krull*

4.1 Die Wiederkehr des Verdrängten in späteren Verfilmungen

Kollektive Verdrängungen, wie sie sich an den Thomas-Mann-Verfilmungen, der Filmförderung und »Filmpolitik« à la Franz Josef Strauß oder bis heute auch in der Tagespresse und selbst der Forschungsliteratur beobachten lassen, haben den unerwünschten, aber erwartbaren Effekt, dass das Verdrängte wiederkehren muss, in mutierter Form und an versetzter Stelle. Die besten Belege hierfür lieferte 1982 Bernhard Sinkel mit seiner TV-Verfilmung des *Felix Krull*. Aber auch danach lässt sich dergleichen finden.

Zum Beispiel in der vorderhand jüngsten Verfilmung der *Buddenbrooks*: Wie gezeigt hat Breloer dort den Antisemitismus der Figuren und die jüdischen Figurenmarkierungen seitens des Autors restlos beseitigt — oder diese doch bis auf einen kleinsten, ganz leicht übersehbaren Rest im Casting einer sehr peripheren Nebenfigur reduziert —: die jüdischen Markierungen vor allem der Hagenström-Semlingers und die Antisemitismen vor allem Tony, aber auch Thomas Buddenbrooks. In der selben Generation der Familie nun, aber an einem anders gearteten Mitglied derselben, dem im Roman namentlich keinerlei antisemitische Äußerungen in den Mund gelegt sind und eine entsprechende Gesinnung unmöglich nachzuweisen wäre, — an Christian Buddenbrook also oder genau gesagt in dessen identity kit lässt der Film ein Stück Alltagsantisemitismus wiederkehren. Es taucht hier wiederholt in Form eines Accessoires auf, das obendrein an einer Dialogstelle, im Unterschied zu den Romandialogen, eigens zum Thema einer beinahe schon tätlichen Auseinandersetzung zwischen den sich überwerfenden Brüdern wird. Thematisch wird es allerdings allein wegen seiner Ausgefallenheit, ›Albernheit‹, die der ältere dem jüngeren Bruder verweist, ohne sich an irgendwelchen unanständig-diskriminatorischen Weiterungen zu stoßen oder solche auch nur zu benennen: »Und hör endlich auf, mit diesem albernen Stock herumzulaufen!«[1]

Der alberne Stock ersetzt im Film einen Gebrauchsartikel, mit dem es im Roman eine andere Bewandtnis hat. Mit der Ersetzung wird ein gewisser Alltagssexismus oder auch -antikatholizismus durch alltäglichen Spaßantisemitismus überschrieben. Statt eines exotischen »gelben Stock[s]« nämlich, »der ›von drü-

---

1 Breloer, Buddenbrooks (2008), 01:16:14; ders., Buddenbrooks (2010), Teil 2, 00:13:38.

https://doi.org/10.1515/9783110638509-009

ben‹ stammt[] und dessen Kopf die [...] geschnitzte Büste einer Nonne darstellt[]«,[2] die hernach leitmotivisch-mehrfach wiedererwähnte »Nonnenbüste«,[3]
paradiert der Film-Christian einen Stockknauf aus Metall und mit einem Sujet
ganz anderer Provenienz. Der Knauf stellt jetzt einen männlichen Kopf dar, die
Nase karikaturesk überdimensioniert[4] — welcher Teufel auch immer Breloer oder
seine Requisiteure hier geritten haben mag und wie auch immer sie gerade darauf
verfallen sein mochten. (Die Assoziationen der Schandfarbe Gelb werden es doch
wohl nicht gewesen sein?)

Denn dass es sich bei dem Scherzartikel um die Karikatur eines Juden handelt, ist umso wahrscheinlicher, als so geformte Stockknäufe und -krücken[5]
durchaus nicht den Raritätswert besaßen, den der im Roman aus Südamerika
mitgebrachte Gehstock offenbar beanspruchen darf. Sondern dergleichen Uten-
silien (aus Holz, Metall oder Knochen) scheinen unter Witzbolden oder vielleicht
auch seriöseren Herren einmal einigermaßen verbreitet gewesen zu sein[6] und ihren Besitzern den Genuss verschafft zu haben, ›den‹ Juden tagtäglich zu demüti-
gen, indem sie sich nach Belieben auf dem Ebenbild seiner Schädeldecke, seiner
Kippah und besonders seiner Judennase mit vollem Gewicht abzustützen geruh-
ten.

Das trifft immerhin für die Zeit zu, in der die *Buddenbrooks* entstanden,
wenngleich vermutlich noch nicht für die Jahrzehnte, von denen sie erzählen,
geschweige denn für die 1850er Jahre, in denen Christian seinen Gehstock »drüben« erworben oder bekommen haben müsste — so dass man der aufwendigen
und preisgekrönten Ausstattung des Breloer'schen Films zu allem Übel auch
noch einen fahrlässigen Anachronismus vorzuwerfen hätte. Die ›Judenstöcke‹ jedenfalls aus der Sammlung des Jüdischen Museums Wien, die in einem Katalog
des Jüdischen Museums Berlin abgebildet sind — ein knappes Dutzend und von
teils frappanter Familienähnlichkeit mit dem Ausstattungsrequisit der Verfilmung —, werden hier allesamt ein halbes Jahrhundert später datiert, »ca. 1900«.[7]

---

2 Bd. 1.1, S. 347.
3 Bd. 1.1, S. 443, 494.
4 S. Abb. 29.
5 S. Abb. 30.
6 Vgl. Sander L. Gilman, Der jüdische Körper. Gedanken zum physischen Anderssein der Juden,
in: Jüdisches Museum der Stadt Wien (Hg.), Die Macht der Bilder. Antisemitische Vorurteile und
Mythen, Wien: Picus, 1995, S. 168–179, hier S. 170; freundlicher Hinweis von Hanspeter Affolter,
Bern, vom 3. November 2017.
7 Jüdisches Museum Berlin und Jüdisches Museum Wien (Hgg.), typisch! Klischees von Juden
und Anderen, Berlin: Nicolai, 2008, S. 98–101.

Ein anderes, freilich weit weniger triftiges Beispiel, um etwas vorzugreifen, findet sich in der Verfilmung des *Kleinen Herrn Friedemann*, also in der überhaupt einzigen Thomas-Mann-Verfilmung des DDR-Fernsehens, obwohl — oder gerade weil? — Juden und Jüdinnen in dieser Novelle gar keine Rolle spielen. An diesem Befund ändert auch ein ex post suspekter Name nichts, »Hagenström«, den Thomas Mann in der *Friedemann*-Novelle bereits ein erstes Mal testete und einer kleinstädtisch verklatschten »Frau Rechtsanwalt Hagenström«[8] anhängte. Wie verdächtig er einem von den *Buddenbrooks* her auch vorkommen mag, wo ihn ja *die* jüdische oder »jüdisch versippt[e]«[9] Familie trägt, darunter auch ein verheirateter »Rechtsgelehrter«:[10] im *Kleinen Herrn Friedemann* scheint der Name erst und allein durch die Missgunst und Malice der so heißenden Person motivierbar zu sein. Erst in einem zweiten oder dritten Schritt, als ihn Thomas Mann im Roman zusammen mit anderen Namen und Titeln rezyklierte — Henriette, Friederike, Pfiffi;[11] »Oberstleutnant und Bezirkskommandant[] Herr[] von Rinnlingen«[12] — und dafür nota bene einen älteren, ganz unmittelbar signifikanten eintauschte, »Kohn«,[13] scheint er den perfiden Anklang an den *Ring des Nibelungen* genutzt zu haben, um ihn zum ethnischen Stigma seiner nunmehrigen Träger in Beziehung zu setzen.

Dennoch — oder eben gerade deswegen — wurde in der Verfilmung der Novelle ein »Bild« hinzuerfunden, das hier eventuell einschlägig sein könnte, »Markt am Rathaus — Lübeck«: Ein Koffer der eben angekommenen Gerda von Rinnlingen fällt von der Kutsche und springt auf. Auf die Straße fällt aus dem gestürzten Koffer für alle desto Neugierigeren unverschämt sichtbar die aufreizende Damenwäsche der aus der Hauptstadt hergezogenen Adligen, um so einmal mehr die Differenz zu markieren zwischen provinzieller Züchtigkeit und großstädtischer oder auch adliger Laszivität. Unter den Gaffern und Gafferinnen nun (es sind stark mehrheitlich Frauen) findet sich ein Statist, angesichts dessen man sich des Eindrucks schlecht erwehren kann, dass seine Physiognomie, seine Behaarung und sein ganzer Habitus die Aufforderung enthalte, ihn als Juden zu dechiffrieren.[14] Das jedenfalls ist das Ergebnis zweier nicht-repräsentativer Umfragen, die der Verfasser unter seiner Hörerschaft durchführte, die aber vielleicht

---

8 Bd. 2.1, S. 95.
9 Schwarz, Die jüdischen Gestalten in *Doktor Faustus*, S. 87.
10 Bd. 1.1, S. 260; vgl. S. 382, 450.
11 Vgl. Bd. 1.1, S. 80, 178, 261, 372 f., 437, 464, 489, 496, 583, 765, 772, 834.
12 Bd. 1.1, S. 690.
13 Vgl. Bd. 1.2, S. 257.
14 Vgl. Vogel, Der kleine Herr Friedemann, 00:29:47. S. Abb. 31.

auch nur zu erkennen geben, wie tief eingefleischt unser aller Klischeevorstellungen nach wie vor sind.

4.2 Jüdische Markierungen in Sinkels Fernsehverfilmung

Was immer mit solch einer Einführung eines jüdisch markierten Marktplatzkomparsen im *Kleinen Herrn Friedemann* intendiert oder gewonnen wäre und was immer sich Breloer oder die Requisite dabei dachten oder dabei auch nicht bedachten, als sie Christian Buddenbrook mit einem Flanierstock ausstatteten, dessen Knauf den Schädel eines lächerlichen Juden darstellt:[15] Das hier ziemlich sichere und dort immerhin mutmaßliche ›Aufpoppen‹ einer im Text keineswegs vorgesehenen Judenfigur, gerade auch in seiner Marginalität — hier unter den Requisiten, dort unter den Komparsen —, ist beziehungsweise wäre in der neueren Geschichte der Thomas-Mann-Verfilmungen kein Einzelfall. Besonders ergiebige Beispiele für das Phänomen finden sich wie schon vorweggenommen in der fünfteiligen Verfilmung der *Bekenntnisse des Hochstaplers Felix Krull*, die Bernhard Sinkel ins Zweite Deutsche Fernsehen und den Österreichischen Rundfunk brachte, im selben Jahr, als Seitz' *Doktor Faustus* ins Kino kam und als der wichtigste Erbe Adenauers an die Macht gelangte. Solche Zeitgenossenschaft, gerade auch als Abstand zur ersten Verfilmung des *Krull*-Romans, wie sie ja die unmittelbare Nachkriegszeit reflektiert, ist der Miniserie durchaus anzusehen. Beispielsweise ließe sich daran unschwer ausmachen, dass der Kalte Krieg, dessen Ende denn auch in die Amtszeit des neuen Bundeskanzlers fallen sollte, schon damals am Abebben oder in gewissem Sinn schon gewonnen und vorbei war. Der Anarchist darf in dieser Verfilmung des Romans, in den Achtzigerjahren, seine terroristischen Anschlagspläne in extenso ausphantasieren und sein ideologisches Bekenntnis in ebenso lupenreinem Deutsch ablegen, ohne dass es also wie vor einem Vierteljahrhundert noch, in den Vorstufen zu Kurt Hoffmanns Film, ins Komische verfremdet oder sonst wie auf Distanz gebracht würde:

> Freuen Sie sich nicht auf den Schlafsaal [im Roman: »Dortoir«] Nummer vier! Er ist sehr schlecht. Wir sind alle sehr schlecht untergebracht. Auch die Verpflegung ist sehr schlecht. Nur die Bezahlung ist noch schlechter [im Roman: »Auch die Verpflegung ist schlecht, sowie die Bezahlung«]. Aber an Streik [im Roman: »Strike«] ist nicht zu denken. Zu viele sind bereit, an unsere Stelle zu treten. Man sollte diesen ganzen ausbeuterischen Kasten in

---

15 Vgl. Gubser, Literarischer Antisemitismus, S. 120–123.

Asche legen oder in die Luft jagen [im Roman: »Man sollte diesen ganzen ausbeuterischen Kasten in Asche legen«]. Ich bin Anarchist, müssen Sie wissen. Voilà c'est que je suis![16]

Ein wenig verfremdet immerhin werden dafür die Reden jenes Hoteldirektors Stürzli. Denn dessen Suissitude ist hier ungleich stärker herausgestrichen als im Roman — von Hoffmanns Film ganz zu schweigen —, um damit das bundesdeutsche und österreichische Publikum desto wohlfeiler zum Lachen zu bringen. Der Schweizer Stürzli (den als solchen wie gesehen auch heutzutage noch ein Hans Pleschinski zusätzlich markiert, wenn er ihm in einer sehr unüblichen Kombination einen französischen und einen typisch deutschschweizerischen Vornamen anhängen zu sollen glaubt, »Jean-Urs«) darf in seiner Varietät des Deutschen nun wieder ungehindert über die Sozialisten wettern; übrigens in Zentralschweizer Dialekt, während sein Geschlechtsname, weil dem berühmten trade mark einer Zürcher Schokolade-Dynastie nachgebildet, Sprüngli,[17] eigentlich am ehesten auf diese Thomas Mann ja ohnehin sehr vertraute Stadt wiese, wo Krulls Hotelkarriere ehedem einmal hätte situiert sein sollen:[18]

STÜRZLI:	Oder sind Sie öppe Sozialischt? [Oder sind Sie etwa Sozialist?]
FELIX KRULL:	Niemals. [Sic!]
STÜRZLI:	Sozialischte chönnd mir hie nit bruuche. [Sozialisten können wir hier nicht gebrauchen.][19]

Doch wie nachgerade zu erraten, sind auch hier wieder die jüdischen Figuren verschwunden, die in den älteren Kapiteln des Romans auftauchen. Nicht nur, dass der nunmehr auftretende Hoteldirektor als Jude vollends unkenntlich geworden ist — und dafür eben seine Schweizer Identität ungleich stärker hervorgehoben als im Romanfragment —; auch der Halsabschneider, der Krulls Verarmung und halbe Verwaisung mit zu verantworten hat, fehlt hier, nicht anders als in Hoffmanns Film.

Umso bemerkenswerter sind nun aber die Verwandlungen, die andere Chargen erfahren haben. Sie betreffen die Portraits zweier Figuren, über die Krull mit der Halb- und Unterwelt in Berührung kommt, indem er selber eindeutig straffäl-

---

16 Sinkel, Bekenntnisse des Hochstaplers Felix Krull (1982), Teil 3, 00:11:11; Bd. 12.1, S. 154.

17 Vgl. Reinhard Pabst, Thomas Mann im Hotel. Kleines ABC literarischer Adressen, in: Cordula Seger et al. (Hgg.), Grand Hotel. Bühne der Literatur, München: Dölling und Galitz, 2007, S. 71–87, hier S. 86.

18 Vgl. Mann, Notizbücher, Bd. 2, S. 184.

19 Sinkel, Bekenntnisse des Hochstaplers Felix Krull (1982), Teil 3, 00:25:47.

lig wird[20] beziehungsweise nachdem er es schon geworden ist: eine Prostituierte, deren Liebhaber, Liebesschüler und Zuhälter Krull in den Frankfurter Kapiteln wird; und ein Pariser Hehler, bei dem er seine erste größere Diebesbeute in das Startkapital seiner Hochstaplerkarriere ummünzt und dessen also handlungstragende Rolle, anders als die der Frankfurter Prostituierten, in einer filmischen Nacherzählung nicht ohne Weiteres gestrichen werden kann.

4.2.1 Die Frankfurter Prostituierte Rosza

Die Prostituierte, Rosza, soll »aus Ungarn gebürtig« sein, über Wien nach Frankfurt gelangt und ansonsten von »ungewissester Herkunft«.[21] Mit solch einer ungewissen, aber jedenfalls nicht deutschen Herkunft hat es hier eine besondere Bewandtnis. Denn wie fast immer in Thomas Manns Erzählwerk, zum Beispiel im *Tod in Venedig*, im *Zauberberg*, in den Josephsromanen oder noch in seiner letzten Novelle, *Die Betrogene*, entsteht das sexuelle Begehren auch hier aus einem Kollaps der symbolischen Ordnung oder ist es damit zumindest gleichursprünglich.[22]

Die erotische Ekstase geht auch bei Felix und Rosza mit einem Versagen der logisch fungiblen Rede einher und mit einem Versiegen insbesondere der deutschen Sprache. Es ließe sich hier sogar an den erhaltenen Entstehungs- und Überlieferungszeugen im Einzelnen und textgenetisch konkret nachweisen, dass und wie die sexuelle Begegnung gezielt auf das Moment des Sprachverlusts hin profiliert wurde. Die Prostituierte war zuerst nur »wortkarg«.[23] Sie sprach erst einfach »mit ausländischem Tonfall«,[24] dann »gebrochenen Tonfalles«.[25] Endlich aber kann sie »eigentlich überhaupt kein Deutsch« mehr; und »ihre Worte« entgleiten nun »sonderbar ins Unsinnige«.[26]

Von einem sonderbaren Entgleiten der Sprache »ins Unsinnige« hat der Erzähler eines Romans natürlich leicht reden, solange er es und weil er es ja mit keinem Zitat in direkter Figurenrede exemplifizieren muss. Für die Dialoge eines Drehbuchs jedoch kann oder könnte es zumindest eine besondere Herausforde-

---

20 Vgl. den ›Zuhälterparagraphen‹ in: Hans Rüdorff, Strafgesetzbuch für das Deutsche Reich, Berlin: Guttentag, [22]1907, S. 165 f. (§ 181a).
21 Bd. 12.1, S. 137.
22 Vgl. Elsaghe, Die imaginäre Nation, S. 54–58, 271–275.
23 Bd. 12.2, S. 380.
24 Bd. 12.2, S. 380.
25 Bd. 12.1, S. 135.
26 Bd. 12.1, S. 136.

rung darstellen; auch und gerade wenn ihre Autoren und Autorinnen wie eine Erika Mann dem Postulat einer rigoros-»wahre[n] Werktreue«[27] verpflichtet sind. Bei der ersten Verfilmung des Romans, da hier die Episode tutta quanta entfiel, brauchten Robert Thoeren, Kurt Hoffmann et alii diese Herausforderung dennoch gar nicht erst anzunehmen.

In der *Felix Krull*-Verfilmung nun aber, deren Buch Bernhard Sinkel und Alf Brustellin wiederum »nach dem Roman von Thomas Mann« für das Deutsche Fernsehen und den Österreichischen Rundfunk schrieben — ursprünglich wie Thoeren et al. mit einer Fortsetzung über das im Roman-Fragment Erzählte hinaus — und die erstmals wie gesagt 1982 ausgestrahlt, dann verschiedentlich wiederholt wurde, hat das Problem der ins Unsinnige entgleitenden Sprache eine sehr bemerkenswerte Lösung gefunden. Diese ist so abwegig, wie sie andererseits auch wieder nahe liegt und auf ihre Weise einleuchten kann. Sinkel lässt die Prostituierte weder ›Unsinn‹ noch auch nur mit ungarischem oder Wiener Akzent reden. Er lässt sie schlechtweg Jiddisch sprechen. Oder genau gesagt legt er ihr ein Pseudojiddisch in den Mund — und zwar durchaus nicht faute de mieux oder aus eigener Ignoranz. Denn nach Einschätzung einer Spezialistin muss die Rolle von jemandem geschrieben sein, der oder die Jiddisch sehr wohl konnte. Doch sind die meisten Sätze syntaktisch so auf das Standarddeutsche zubewegt, dass sie ein allein mit diesem vertrautes Publikum noch verstehen wird.[28]

Die Prostituierte redet also in einem hybriden Idiom, meistens Normaldeutsch mit jiddischen Vokabeln. Ihre hybride Sprache ist als solche eindeutig an ein Publikum adressiert, das vom Jiddischen nur noch die heute landläufigen, sehr vagen Vorstellungen hat. Sie ist darauf berechnet, dass die Jiddisch Sprechenden oder wenigstens Verstehenden eine quantité négligeable geworden sind. Daher darf den Part der Prostituierten denn auch eine Schauspielerin spielen und sprechen, bei der ein des Jiddisch kundiges Publikum merkt, merken *würde*, dass sie Jiddisch gar nicht kann und dass sie deutscher Muttersprache ist.[29] (Es handelt sich um eine Deutsch-Griechin, Despina Pajanou, die kurz zuvor, 1978, in der dreiteiligen Joseph-Roth-Verfilmung *Hiob* schon die Jüdin Mirjam gespielt hatte.)

Die nun also durch ihre Sprache als Jüdin markierte Hure respektive die sie darstellende Schauspielerin redet in ihrem Pseudoidiom zu ihrem Liebhaber oder Liebesschüler Krull, und zwar ante coitum. Das hat den willkommenen, ja offen-

---

27 Erika Mann, Brief vom 11. Oktober 1959 an Hans Abich; ohne Hervorhebung und Interpunktion des Originals.
28 Freundliche Auskunft von Shifra Kuperman, Basel, vom 18. August 2016.
29 Freundliche Auskunft von Shifra Kuperman, Basel, vom 18. August 2016.

bar immer schon intendierten Effekt, dass die anatomischen und sexualtechnischen Details der Rede zwar den Erwachsenen hinlänglich genau supplierbar sind, während sie andererseits jedoch dem im Schutzalter befindlichen Teil des Fernsehpublikums vorenthalten bleiben. Jedenfalls gab Sinkel in einem Interview zu verstehen, er habe gerade deswegen das Jiddische gewählt, weil es eine Sprache sei, »hinter der« man »alles verstecken kann«;[30] ohne unnötige Gedanken oder Skrupel an die Frage zu verschwenden, wo solche Geheimsprachenqualität eigentlich herrührt und warum man in Deutschland und Österreich auf Muttersprachler des Jiddischen so gar keine Rücksicht mehr zu nehmen braucht. Im Übrigen ging Sinkels Rechnung nicht ganz auf. Denn auch so noch sollten die Verantwortlichen die betreffende Folge seiner Verfilmung aus der prime time, die sie den anderen vieren gewährten, ins Spätabendprogramm verschieben.

> Was bist du schejin. Du darfst mir nisch machen kein Agnesnefisch. Mit dir darf man wirklich ni in Bett? Ich bin völlig meschugge auf dich. Kusch mich auf mein Pupik, auf meine Plejtzeß. Welche [unverständlich], welcher Genuss! Lass mich sejn deine Peligesch, du sollst sejn main Lusche. [Unverständlich] was für ein Glick. Ich will sejn eine Chonte. Was hast du für a schejne Tocheß, was für ein schejnem Arsch. [Unverständlich], was bist du schejn. Das Moil, di Eigelech, di Fingerlech. Schmus mir was von Liebe, oder weißt noch gor nisch? [Unverständlich] was du brauchst, is a Siesse wie Rosza, die dir alles lernt von der Liebe. Du darfst nix bezahlen. A sa Panim, a sa Kassle. Greif mich am Tocheß, greif mich unter die [unverständlich]. Lascht mich [unverständlich]. Bist a Bajsche, bist a [unverständlich]?[31]

> Wie schön bist du. Du darfst mir keinen Ärger machen. Darf man wirklich nicht mit dir ins Bett? Ich bin ganz verrückt nach dir. Küss mich auf meinen Nabel, auf meine Schultern. Was für ein [unverständlich], was für ein Genuss! Lass mich deine Konkubine sein, du sollst mein Zuhälter sein.[32] [Unverständlich], was für ein Glück. Ich will eine Hure sein. Du hast so einen schönen Hintern, so einen schönen Arsch [unverständlich], du bist so schön. Der Mund, die Äuglein, die Fingerchen. Rede mir von der Liebe, oder weißt du noch gar nichts? [Unverständlich] was du brauchst, ist eine Süße wie Rosza, die dich alles über die Liebe lehrt. Du brauchst nichts zu bezahlen. So ein Gesicht, so ein Rücken [?]. Packe mich beim Hintern, pack mir unter die [unverständlich]. Liebkose mich [unverständlich]. Bist du ein Schüchterner, bist du ein [unverständlich]?[33]

So also hat Sinkel das Problem gelöst, eine ins Unsinnige entgleitende Sprache konkret zu realisieren. Abwegig ist seine Lösung natürlich insofern, als man vom Jiddischen, als einer großen Nebensprache des Deutschen, doch wohl schwerlich

---

30 Granzow, Millionen für einen Mann, S. 134.
31 Sinkel, Bekenntnisse des Hochstaplers Felix Krull (1982), Teil 2, 00:09:31.
32 Freundliche Konjektur von Elias Zimmermann, Bern, vom 21. Dezember 2018.
33 Übersetzung von Sylvia Dym, Zürich, vom 23. September 2016; modifiziert.

behaupten kann, dass es »*überhaupt* kein Deutsch« sei. Nahe liegt sie andererseits deshalb, weil das Jiddische für das deutsche und österreichische Fernsehpublikum der Achtzigerjahre offensichtlich nicht mehr anschließbar und wirklich vollkommen fremd geworden war. Es war in der Nachkriegszeit durchaus geeignet, das schlechthin Andere alles Deutschen zu repräsentieren. Das zeigt sich nicht zuletzt an der inakkuraten, stark stilisierten Form, in der es hier abgerufen wird, ohne dass noch mit solchen gerechnet werden müsste, die es besser wissen könnten.

Hinzu kommt vielleicht noch, dass eine jüdische Identität der Prostituierten gewissermaßen auf dem Vektor der wenigen topographischen Informationen liegt, die man über deren Lebenslauf erhält: ihre Herkunft aus dem europäischen Osten; ihre Assoziation mit Wien als einem Zielort der jüdischen Migration nach Westen; ihre Situierung in Frankfurt als derjenigen deutschen Stadt, die schon in den *Buddenbrooks* so ›jüdisch‹ konnotiert war wie keine andere, nicht einmal Berlin.[34] Aus Frankfurt stammten ja jene »Semlingers«;[35] und zwar gegen die Vorgaben der historisch-biographischen Verhältnisse. Denn Anna Emilie Fehling, geborene Oppenheimer, die in der Lübecker Familie Fehling die Stelle der Sarah Semlinger alias Laura Hagenström besetzte, war gebürtige Hamburgerin,[36] so wie Tony Buddenbrooks Unglück in der möglicherweise[37] jüdischen Gestalt eines Bendix Grünlich aus Hamburg kommt. So verhält es sich jedenfalls jetzt, in der Publikationsfassung des Texts. Ehedem aber, als er noch anders hieß, nämlich »Conradi« — eine vermutbare Namensflucht aus dem ›jüdischsten‹ aller Geschlechtsnamen, den auch die Hagenströms einmal tragen sollten, »Kohn«, — ehedem also sollte Grünlich alias Conradi vermutlich seinerseits aus Frankfurt kommen.[38] Und obendrein hatte Thomas Mann eigens den Vorsatz gefasst, die Frankfurter Herkunft durch eine konstante Antonomasie zu emphatisieren: »Statt Conradis immer ›Die Frankfurter‹«, lautet eine Notiz.[39]

Solche jüdischen Besetzungen der Stadt Frankfurt finden sich in Thomas Manns Generation allenthalben wieder. In *Heinrich* Manns *Untertan* gibt ein Jude mit dem Herkunftsnamen »Frankfurter« die Hassfigur eines eingefleischten Anti-

---

34 Vgl. Elsaghe, Lübeck versus Berlin in Thomas Manns *Buddenbrooks*, S. 21–24.

35 Bd. 1.2, S. 466. Vgl. Elsaghe, Thomas Mann und die kleinen Unterschiede, S. 187, 203–205.

36 Vgl. Bd. 1.2, S. 645; Elsaghe, Hagenströms & Co., S. 45.

37 Vgl. Yahya Elsaghe, »Herr und Frau X. Beliebig«? Zur Funktion der Vornamensinitiale bei Thomas Mann, in: German Life and Letters, New Series 52.1, 1999, S. 58–67, hier S. 59 f.

38 Vgl. z. B. Elsaghe, Thomas Mann und die kleinen Unterschiede, S. 203.

39 Scherrer, Aus Thomas Manns Vorarbeiten zu den *Buddenbrooks*, S. 325, Anm. 5.

semiten ab.[40] Hermann Hesse, als er sich 1946 für den ihm verliehenen Goethe-Preis bedankte, rechtfertigte seine Annahme desselben damit, dass es die »jüdisch kultivierte[] Stadt Frankfurt« war, die ihn ihm verlieh, und nicht das Deutschland, von dem er sich nach wie vor gefälligst zu distanzieren wünschte.[41] (Pikanterweise sah man noch Jahre später von einer Verleihung desselben Preises an Albert Einstein offenbar mit der Begründung ab, dass er Jude sei[42] — um ihn dann endlich Thomas Mann zuzusprechen.)

Die also allgemeine Konnotiertheit Frankfurts als einer jüdischen oder jüdisch kultivierten Stadt hatte ihre besonderen Gründe in der Geschichte der Stadt,[43] die hierin allenfalls noch mit Mainz vergleichbar war. (Dorther stammt der jüdische Bankier, der Engelbert Krull in den Freitod treibt; und dorthin hätte viel später in den Vorarbeiten zum *Doktor Faustus* auch noch der Name eines jüdischen Protofaschisten zeigen sollen, Schalom Mainzer alias Chaim Breisacher.[44]) Dabei scheint diese jüdische Konnotierung der Stadt Frankfurt sich bis in die Ära Kohl gehalten zu haben, auf deren Anfang Sinkels Verfilmung ja fiel. So bemäntelte ein christlich-demokratischer Ex-Schatzmeister die Herkunft geheimer Spenden an die Partei des neuen Bundeskanzlers, indem er sie als »Vermächtnisse« nicht irgendwelcher, sondern ausgemacht von *Frankfurter* Juden auszugeben versuchte.[45]

Die jüdische Konnotation der Stadt, in der die Prostituierte ihr Gewerbe betreibt, passt nun sehr genau zu diesem Gewerbe selbst. Denn Rosza — ein antise-

---

40 Heinrich Mann, Der Untertan, Berlin: Aufbau, 1951 (Ausgewählte Werke in Einzelausgaben, Bd. 4), S. 51 f.

41 Hermann Hesse, Danksagung und moralisierende Betrachtung, in: ders., Sämtliche Werke, hg. v. Volker Michels, Bd. 14: Betrachtungen und Berichte II; 1927–1961, Frankfurt a. M.: Suhrkamp, 2003, S. 474–477, hier S. 475. Zu den Hintergründen von Hesses resoluter Distanznahme vgl. Lutz Dittrich, Dem Schwert folgt die Zeitung, in: ders. (Hg.), Zwischen den Fronten. Der Glasperlenspieler Hermann Hesse, Berlin: Literaturhaus Berlin, 2017 (Texte aus dem Literaturhaus Berlin, Bd. 18), S. 70–82, hier S. 80 f.

42 Hanna Leitgeb, Der ausgezeichnete Autor. Städtische Literaturpreise und Kulturpolitik in Deutschland 1926–1971, Berlin und New York: de Gruyter, 1994 (European Culture. Studies in Literature and the Arts, Bd. 4), S. 272; freundlicher Hinweis von Hanspeter Affolter, Bern, vom 5. Juni 2019.

43 Vgl. Hannah Arendt, Elemente und Ursprünge totaler Herrschaft. Antisemitismus, Imperialismus, Totalitarismus, München und Zürich: Piper, ⁶1998, S. 80.

44 Vgl. Bd. 10.2, S. 614.

45 St. Bachmann, Fluch des Geldes. Der wundersame Reichtum der CDU in Hessen — Eine Chronik des Finanzskandals, in: Die Zeit online, 20. Januar 2000, http://www.zeit.de/2000/04/2 00004.chronik.hessen_.xml [Zugriff: 11. Januar 2018].

mitisch chargierter Name[46] — entspricht einer gängigen Form, die das Stereotyp der schönen Jüdin[47] Ende des neunzehnten Jahrhunderts annahm. Das Stereotyp der jüdischen Prostituierten, der Jüdin als gewissermaßen geborener Dirne, und die antisemitische Energie, aus der es sich speiste, lässt sich besonders gut gerade für die Zeit dokumentieren, in der sich Krull und Rosza kennenlernen, und für das Land, aus dem es Rosza unmittelbar ins Deutsche Reich verschlagen hat.[48] 1892 wollte ein niederösterreichischer Abgeordneter etwa beobachtet haben, dass an den »letzten jüdischen Feiertagen [...] die Straßen leer waren«; und darin sah er den »Beweis« dafür, »daß die Jüdinnen das größte Contingent zu [sic!] den Prostituirten [sic!] stellen«.[49] Wenig später sodann, 1897, heißt es in einer Denkschrift des Auswärtigen Amtes zuhanden des deutschen Reichskanzlers, dass jüdische Prostituierte »aus [...] Oesterreich« oder auch aus »Ungarn«, woher Rosza ja »gebürtig« sein soll, »bereits von Jugend auf der Unzucht ergeben [...] und als Opfer nicht mehr zu bezeichnen« seien.[50] Aber auch noch Klaus Mann erweckt in seiner Autobiographie den Eindruck, dass es unter »den Berliner Huren« vornehmlich »fesche Jüdinnen mit einladend feuchtem Blick« gegeben habe.[51]

4.2.2 Der Pariser Hehler Pierre Jean-Pierre alias Jean Pierre alias Blumenberg

Ähnlich wie die Metamorphose der Prostituierten Rosza zu einer Jüdin lässt sich die Freiheit motivieren, die sich Sinkel bei der anderen Figur der zweiten Romanhälfte herausnahm, obwohl oder gerade weil Thomas Mann darin, um es zu wiederholen, keine Juden mehr auftreten ließ (abgesehen nur vom Hoteldirektor »p.p. Stürzli«.[52] Bei diesem, weil ja schon in der ersten Hälfte des Fragments ein-

---

46 Vgl. Dietz Bering, E-Mail vom 20. August 2013 an den Verfasser und freundliche Auskunft vom 26. Januar 2014.

47 Vgl. Gabriele Kohlbauer-Fritz, »La belle juive« und die »schöne Schickse«, in: dies., Sander L. Gilman und Robert Jütte (Hgg.), »Der schejne Jid«. Das Bild des »jüdischen Körpers« in Mythos und Ritual, Wien: Picus, 1998, S. 109–121, hier S. 109; Florian Krobb, Die schöne Jüdin. Jüdische Frauengestalten in der deutschsprachigen Erzählliteratur vom 17. Jahrhundert bis zum Ersten Weltkrieg, Tübingen: Niemeyer, 1993 (Conditio Judaica, Bd. 4).

48 Vgl. Klaus Hödl, Die Pathologisierung des jüdischen Körpers. Antisemitismus, Geschlecht und Medizin im Fin de Siècle, Wien: Picus, 1997, S. 191.

49 Albert von Deréger, Die Thätigkeit der Antisemiten im Landtage, in: Freies Blatt 26, 1892, S. 2 f., hier S. 3.

50 Anonymus, Eine amtliche Denkschrift über den Mädchenhandel, in: Mittheilungen aus dem Verein zur Abwehr des Antisemitismus 7.14, 1897, S. 106–108, hier S. 107.

51 Klaus Mann, Der Wendepunkt. Ein Lebensbericht, [Frankfurt a. M.:] Fischer, 1952, S. 134 f.

52 Bd. 12.1, S. 86.

geführt, hatte er gewissermaßen keine andere Wahl. Immerhin erließ er ihm in
der zweiten, praetermissis praemittendis, wenigstens den stigmatischen Vornamen, »Isaak«.[53]) Über den Uhrmacher und Hehler, dem Krull seine erste namhafte
Diebesbeute verkauft, gelangt dieser wie gesagt an die finanziellen Mittel, die
ihm seine weitere Karriere ermöglichen. Sie strafen so das brave Sprichwort Lügen, dass unrecht Gut nicht gedeihe. Indessen kommt dieses tröstliche Diktum in
den Verfilmungen, kraft ihrer gegenüber der Moralität von Kapital und Kapitalismus noch entschieden versöhnlicheren Haltung, Schritt für Schritt wieder zu seinem Recht; ob sich hierin nun nur eine ihnen gemeinsame Mentalität verrät oder
sogar die Abhängigkeit des einen von dem anderen Film. — In der Autodiegese
Felix Krulls nimmt das Ganze diese Gestalt an:

> Auch an der Grenzstation, wo wir alle mit unserem Gepäck den Zug zu verlassen hatten, bei
> der Zollrevision oder Douane also, fühlte ich mich sehr heiter, leicht und reinen Herzens,
> da wirklich mein Köfferchen nichts enthielt, was ich vor den Augen der Visitatoren hätte
> verbergen müssen [...].
> »Bonsoir, monsieur le commissaire!« begrüßte ich den Zöllner, indem ich mit einem gewis-
> sen dumpfen Singen auf der dritten Silbe des Wortes »commissaire« verweilte. »Je suis tout
> à fait à votre disposition avec tout ce que je possède. Voyez en moi un jeune homme très
> honnête, profondément dévoué à la loi et qui n'a absolument rien à déclarer. Je vous assure,
> que vous n'avez jamais examiné une pièce de bagage plus innocente.« [...]
> Und während ich noch unter Danksagungen mein bißchen Unterzeug zusammenraffte,
> machte er schon sein Kreidezeichen auf den noch offenen Deckel meines Handkoffers. Bei
> meinem raschen Wiedereinpacken jedoch wollte es das Ungefähr, daß dieses Stück etwas
> von der Unschuld verlor, die ich ihm mit Recht nachgerühmt hatte, da eine Kleinigkeit mehr
> darin einging, als vordem darin gewesen war. Neben mir nämlich an der mit Blech bedeck-
> ten Schranke und Gepäckbank, hinter der die Revisoren ihres Amtes walteten, unterhielt
> eine Dame mittleren Alters im Nerzmantel und in einem mit Reiherfedern garnierten glok-
> kenförmigen Sammethut, über ihren offenstehenden großen Koffer hinweg, einen ziemlich
> erregten Disput mit dem sie kontrollierenden Beamten, der offenbar über eines ihrer Besitz-
> tümer, irgendwelche Spitzen, die er in Händen hielt, anderer Meinung war als sie. Von ih-
> rem schönen Reisegut, unter welchem der Mann die strittigen Spitzen hervorgezogen, lag
> mehreres bis zur Vermengung nahe bei meinem eigenen, am allernächsten ein sehr nach
> Preziosen aussehendes Saffiankästchen, beinahe von Würfelgestalt, und unversehens glitt
> dasselbe, während mein Freund mir sein Vidi-Zeichen erteilte, mit in mein Köfferchen. Das
> war mehr ein Geschehen als ein Tun, und es geschah ganz unter der Hand, nebenbei und

53 Bd. 12.1, S. 83. Vgl. Elsaghe, Thomas Mann und die kleinen Unterschiede, S. 15; ders., Apokryphe Juden und apokryphe Antisemitismen in Thomas Manns späterem und spätestem Erzählwerk, S. 237–239.

heiter mit unterlaufend, als Produkt, sozusagen, der guten Laune, die mein beredtes Wohl-
verhältnis zu den Autoritäten des Landes mir erregte.[54]

Beide Verfilmungen nehmen Krulls euphemistische Umschreibungen und
scheinheilige Bemäntelungen seines begangenen Delikts buchstäblich beim
Wort und verstoßen damit gegen Sinn und Geist des Romantexts: Allein »das Ungefähr« habe es gewollt, dass sein Gepäckstück »etwas von der Unschuld verlor,
die« er ihm dem Zollbeamten gegenüber soeben noch »mit Recht nachgerühmt
hatte, da eine Kleinigkeit mehr darin einging, als vordem darin gewesen war«. Es
sei »mehr ein Geschehen als ein Tun« gewesen, »und es geschah ganz unter der
Hand, nebenbei und heiter mit unterlaufend, als Produkt, sozusagen, der guten
Laune«.

Krulls Bekenntnisse sind hier ironisch. Das eigens festzustellen ist überflüs-
sig oder wäre es vielmehr, wenn nämlich die Verfilmungen das Ironische gerade
hier nicht mehr oder minder vollständig verkannt hätten. Dabei ließe sich die
sonst so oft und so gerne berufene Ironie Thomas Manns, mit der man selbst einen Text wie *Wälsungenblut* zu retten versuchte, wohl nirgends mit derselben
Leichtigkeit gegen den methodisch-rigoristischen Einwand verteidigen, dass es
letztlich unmöglich sei, die Trope der Ironie bei literarischen qua schriftlich überlieferten Texten mit letzter Sicherheit zu identifizieren, das heißt ohne Rekurs auf
Gestik, Mimik, Intonation und dergleichen, kurz auf parasprachliche, paralingu-
istische oder nonverbale Signale.

Nun will es der Zufall jedoch, dass solche Signale ausgemacht für diesen einen Fall konserviert sind. Denn wie schon einmal erwähnt, waren die *Bekenntnisse des Hochstaplers Felix Krull* fester Bestandteil des Programms, mit dem der
späte Thomas Mann seine Autorlesungen zu bestreiten pflegte. Diese wurden aufgenommen. Zu den Aufnahmen gehört auch eine Lesung des Kapitels II.7, Hamburg, 8. Juni 1953.[55] In dem erhaltenen Tondokument, mit andern Worten, hört
man Thomas Mann just die Diebstahlepisode vorlesen. Und Manns Intonation
oder auch das Gelächter seines Publikums lässt keinen Zweifel daran, wie er
Krulls Erzählung hier aufgefasst haben wollte.

Diese also auch noch dokumentierte Autorintention ging in der Verfilmungsgeschichte verloren. Sein Grundkapital verdankt Krull im einen wie dann erst
recht im anderen Film keinem Delikt mehr, sondern nur noch einem Geschenk
des Zufalls. Das Schmuckkästchen rutscht bei der Gepäckkontrolle versehentlich

---

54 Bd. 12.1, S. 143–146.

55 Holger Pils, Thomas Manns »geneigte Leser«. Die Publikationsgeschichte und populäre Rezeption der *Bekenntnisse des Hochstaplers Felix Krull*. 1911–1955, Heidelberg: Winter, 2012,
S. 583.

unter die Habseligkeiten des umso anständigeren Helden. Krull begeht hier keinen so eindeutigen Diebstahl mehr wie im Roman.

In beiden Verfilmungen nimmt das Ungefähr die Gestalt des Zollbeamten an. In der ersten nötigt dieser dem sich anbiedernden Krull das Kästchen mehr oder weniger auf, das übrigens in beiden Verfilmungen nicht mehr annähernd würfelförmig, sondern flach ist und so, ›platterdings‹ zum bloßen plot device verkommen, auch seinen ikonischen Bezug zu Glück und Glückspiel einbüßt[56] — von seiner ›urreligiösen‹ Bedeutungsträchtigkeit ganz zu schweigen[57] —: »À vous, Monsieur?« Worauf der Angeredete, kein Dieb mehr, aber doch noch ein Lügner, die Antwort gibt: »Jawohl, Herr Oberzollinspektor ... Ein Erbstück meiner französischen Großmutter.«[58]

In der zweiten Verfilmung legt der Zöllner das Kästchen einfach zu den ausgepackten Habseligkeiten Krulls, der das zwar bemerkt, aber noch nicht einmal zu lügen braucht, um zu behalten, was ihm das Ungefähr zugespielt hat. Krulls Beute, wenn man sie überhaupt noch so nennen darf, ist in der zweiten Verfilmung also in noch geringerem Maße unrecht Gut als in der ersten. Die eine Verfilmung, anders gesagt, greift auf und radikalisiert, womit schon die erste gegen die Vorgaben des Romantexts verstieß, indem sie diesen beim Wort nahm und sich damit über die Ironie und Euphemistik seines Erzählers hinwegsetzte; sei es aus Naivität und völliger Ignoranz oder auch in der bewussten Absicht, den kriminellen Charakter aufzuschönen, der dem gutdeutschen Protagonisten des Romans nun einmal eignet und als der dieser die Gerechtigkeit der Besitzverhältnisse leibhaftig in Zweifel zieht.

Die Verfilmungsgeschichte des Kästchendiebstals bildet damit ein weiteres Beispiel für das, was sich soeben anhand von Weidenmanns und Breloers *Buddenbrooks* wie zuvor an Thieles *Wälsungenblut* und Hoffmanns *Felix Krull* nachweisen ließ. Die Verfilmungsgeschichte Thomas Mann'scher Texte hat ihre eigenen Traditionen. Und diese können mitunter auch mit den Postulaten der Werktreue kollidieren.

Zum Gedeihen bringt der Krull der einen wie der anderen Verfilmung sein nicht mehr gar so widerrechtlich erbeutetes Gut, indem er den Inhalt des Kästchens wie im Roman zu einem Hehler trägt. Bei diesem bekanntlich lässt er ihn

---

56 Vgl. Yahya Elsaghe, Herrenzimmer versus Frauen-Zimmer. Felix Krulls Schaufensterstudium und das Schmuckkästchen der Diane Houpflé, in: Andrea Bartl und Franziska Bergmann (Hgg.), Dinge im Werk Thomas Manns, Paderborn: Fink, 2019 (inter|media, Bd. 11), S. 283–306, hier S. 295 f.

57 Vgl. Elsaghe, Herrenzimmer versus Frauen-Zimmer, S. 297–303.

58 Hoffmann, Bekenntnisse des Hochstaplers Felix Krull (1957), 00:19:12.

sich in das Grundkapital seiner Hochstaplerkarriere ausmünzen. An den Pariser Uhrmacher und Hehler, dessen Identität er bald einmal annehmen wird wie zuvor und hernach manch andere auch, gerät Krull über einen Kollegen aus »Agram«,[59] heute Zagreb, den er im »Dortoir Nummer vier« kennenlernt,[60] noch bevor er seinem Dienst als Liftboy zugeteilt wird. Vorderhand auf dem unteren Teil eines der vier Kajütenbetten sitzend — beziehen wird er dann ein »Oberbett«[61] —, mustert er seine Diebesbeute. Dabei wird er in einer Beobachtung zweiter Ordnung von einem anderen belauscht, ertappt und überrascht. Beobachtet wird er eben von jenem Kollegen aus dem damals habsburg-österreichischen Kroatien, Stanko mit Namen, einer im Deutschen natürlich sehr ungünstig konnotierten Kurzform von Stanislav. Stanko oder ›Schtanko‹ laboriert an einer Grippe. Den anrüchigen Assoziationen seines Vornamens gemäß leidet er unter »dreckige[n] Kopfschmerzen«[62] — ein für Thomas Manns hygienische Kodierung der östlichen Fremde[63] nicht ganz unbedeutendes Detail. (Man erinnere sich nur an den Namen des Russen Popow.)

Dieses Detail hatte indessen in Hoffmanns Verfilmung zu entfallen; hat Stanko hier doch bloß seinen »freien Tag«.[64] In Sinkels Serie sind es immerhin, aber lediglich doch nur »gemeine Kopfschmerzen«, die Stanko, an »Influenza« leidend, so sehr zusetzen, dass er nicht arbeiten kann.[65] Über seinen olfaktorisch ungut sprechenden Vornamen hinaus wird er dabei nicht weiter als fremd markiert, geschweige denn, dass seine weiteren Merkmale ins Assoziationsfeld dieses ›dreckigen‹ Vornamens gerieten.

Gegen Beteiligung am Erlös verrät Stanko seinem kriminellen Kollegen tags darauf die Adresse des Hehlers, jedoch noch nicht dessen Namen:

> »Quatre-vingt-douze, Rue de l'Échelle au Ciel.«
> »Quatre-vingt-douze, Rue de ...«
> »Échelle au Ciel. Kannst du nicht hören?«
> »Was für ein ausgefallener Name!«
> »Wenn sie doch seit Hunderten von Jahren so heißt? Nimm den Namen als gutes Omen! Es ist eine sehr würdige kleine Straße, nur etwas weit, irgendwo hinter der Cimetière de Montmartre. Du hilfst dir am besten nach Sacré-Cœur hinauf, was ein klares Ziel ist, gehst durch

---

59 Bd. 12.1, S. 159.
60 Bd. 12.1, S. 154; vgl. S. 180, 264.
61 Bd. 12.1, S. 159 f., 195.
62 Bd. 12.1, S. 159.
63 Vgl. Elsaghe, Die imaginäre Nation, S. 39–60.
64 Hoffmann, Bekenntnisse des Hochstaplers Felix Krull (1957), 00:22:32; freundlicher Hinweis von Markus Ried, Augsburg, vom 2. Juli 2015.
65 Sinkel, Bekenntnisse des Hochstaplers Felix Krull (1982), Teil 3, 00:14:47.

den Jardin zwischen Kirche und Friedhof und verfolgst die Rue Damrémont in der Richtung auf den Boulevard Ney. Bevor die Damrémont auf die Championnet stößt, geht ein Sträßchen nach links, Rue des Vierges prudentes, und von der zweigt deine Échelle ab. Du kannst im Grunde nicht fehlen.«

»Wie heißt der Mann?«

»Einerlei. Er nennt sich Uhrmacher und ist es auch unter anderm.«[66]

Der Name »Échelle au Ciel« ist frei oder doch auch wieder nicht ganz so frei erfunden. Mit der ›Himmelsleiter‹ verweist er selbstverständlich auf ein Auserwähltheitssymbol, nota bene ein Symbol ursprünglich *jüdischer* Auserwähltheit. Dieses ursprünglich jüdische Symbol aber, als »*deine* Échelle«, wird jetzt in Krulls Gestalt schlankerhand einem katholisch-christlichen Helden überschrieben, der hier denn auch nicht von ungefähr »im Grunde nicht fehlen« kann.

Der symbolische Mehrwert des Straßennamens ist überdeutlich herausgekehrt. Nicht weniger als dreimal wird dieser im Folgenden noch wiederholt; und nach den Drehbüchern zur älteren Verfilmung sollte seine Bedeutsamkeit übrigens sogar eigens expliziert werden: »94 rue de l'Echelle au Ciel ... Himmelsleiterstrasse heisst [sic!] das ... [...] ... zu den Höhn ...«[67] Die Symbolik der Auserwählung und Glückskindschaft, auf die wohl auch die vielfache Wiederholung der Glückszahl »No. 4« weist,[68] vor allem aber die nachträglich korrigierte Hausnummer »Quatre-vingt-*douze*« — ältere Lesarten der Handschrift: »Quatre-vingt dix, rue du Croissant«; »Rue du Croissant, quatre-vingt dix« —,[69] wird mit fast schon penetranter Deutlichkeit emphatisiert: durch die Auslassung erst der halben und die Repetition dann der ganzen Adresse; durch den Vertikalismus der ihr entsprechenden Wegbeschreibung (»*Mont*martre«, »hinauf«); durch ihre Kohärenz mit dem Kontext der Hochstapler- und Aufsteigerkarriere (Krulls Wechsel aufs »*Ober*bett«, seiner Beförderung zum Bediener eines ›Lifts‹ oder ›*Auf*zugs‹); und natürlich vollends durch den ausdrücklichen Hinweis auf die ›Ausgefallenheit‹ und die ›ominöse‹ Interpretierbarkeit des Straßennamens. Zusätzlich beschwert wird dessen Aufstiegs- und Erwählungssymbolik dadurch, dass die Aufmerksamkeit eines darauf sensibilisierten Rezipienten durch keinen anderen Namen diffundiert oder abgelenkt wird. Denn der Eigenname des Hehlers bleibt ja vorerst eigens unterdrückt.

---

66 Bd. 12.1, S. 166 f.

67 Freundliche Mitteilung von Peter Stettner, Hannover (Filminstitut), vom 4. Juni 2015.

68 Bd. 12.1, S. 180. Vgl. Hanns Bächtold-Stäubli (Hg.), Handwörterbuch des deutschen Aberglaubens, Berlin und Leipzig: de Gruyter, 1927–1942 [Nachdruck: Berlin und New York: de Gruyter, 1987], Bd. 4, Sp. 1447–1458, hier Sp. 1448 f., s. v. ›Klee‹.

69 Bd. 12.2, S. 402.

Diesen apostrophiert Krull im Roman schon vor seiner persönlichen Begegnung mit ihm als einen »Halsabschneider«.[70] Aus Anlass der ersten Begegnung sodann gibt er ein kurz gehaltenes Portrait seines, selbstverständlich des Uhrmachers, »leider [...] unerfreuliche[n]« Äußeren[71] (das später noch durch den Anblick »all seiner schadhaften Zahnstummel« komplettiert wird[72]): »hageres Männchen mit aufrechtstehendem gelbgrauem Haar und jener Art von Backen, die viel zu hoch, gleich unter den Augen ansetzen und den Teil des Gesichtes, wo eigentlich die Backen sich runden sollten, fahl überhängen.«[73] Während des »Markten[s]«[74] geraten diese »seine[] mißschaffenen Backen«[75] vor »Gier«[76] ins »Zittern«[77] und »Beben«.[78] Und vor »Begierde«[79] kann er auch das »Glitzern seiner Augen« und das »Schmatzen seiner Lippen nicht ganz verbergen«.[80]

In solchem »Markten« mit dem »Halsabschneider« besteht die eigentliche Szene, die »lange« dauert, »wohl drei *Viertel*stunden« — wieder die Glückszahl — »oder« sogar noch »darüber«,[81] und bald einmal sechs Seiten Erzählzeit füllt. Der physisch widerwärtige »Uhrmacher« versucht den so ungemein sympathischen Helden unermüdlich zu übervorteilen, wenn auch ohne oder mit endlich nur sehr mäßigem Erfolg. Dennoch, versteht sich, verfällt er ihm und seiner Liebenswürdigkeit wie alle Männer und Frauen, selbst der egoistisch-halunkische Stanko. Der tritt ihm endlich tausend Francs von seinem Beuteanteil ab, während allerdings die Uhrkette, die ihm der »verliebt[e]« Uhrmacher »schenk[t]« — in Hoffmanns Verfilmung eine ganze Uhr —, »rein gar nichts wert« ist.[82] Das quittiert der Hochstapler, indem er »spaßeshalber« eben endlich noch die Identität dieses Uhrmachers annimmt.[83]

Denn nach getätigtem Geschäft im »Kaufhaus ›Printemps‹«[84] frisch eingekleidet, lässt er seine abgetragenen Sachen, die er mit dem erlösten Geld gleich

---

70 Bd. 12.1, S. 166.
71 Bd. 12.1, S. 182.
72 Bd. 12.1, S. 188.
73 Bd. 12.1, S. 182.
74 Bd. 12.1, S. 189.
75 Bd. 12.1, S. 184.
76 Bd. 12.1, S. 186.
77 Bd. 12.1, S. 186.
78 Bd. 12.1, S. 183 f.
79 Bd. 12.1, S. 183.
80 Bd. 12.1, S. 185.
81 Bd. 12.1, S. 189; im Original keine Hervorhebung.
82 Bd. 12.1, S. 190.
83 Bd. 12.1, S. 191.
84 Bd. 12.1, S. 190.

durch neue ersetzt hat, nicht an seine wahre Adresse schicken, sondern an die Anschrift des Hehlers: »Pierre Jean-Pierre, quatre-vingt-douze, Rue de l'Échelle au Ciel«[85] (in einem Drehbuch der älteren, Hoffmann'schen Verfilmung, vielleicht aufgrund einer Kontamination mit »*Quatre*-vingt«, »Vierundneunzig«[86]). Diese Selbstidentifikation, mag sie ansonsten auch noch so ironisch sein, dürfte auch mit den guten Omina zu tun haben, die aus der fälschlich angegebenen Domiziladresse sprechen und die nachweislich gesucht und gewollt sind; stand doch, wie schon erwähnt, im Manuskript erst ein anderer, seinerseits ad bonam partem sprechender, das ›zunehmende‹ Glück anzeigender Straßenname, »Rue du Croissant«, und an Stelle der einen Glückzahl ›Zwölf‹ ein anderer numerus perfectus, »Quatre-vingt-*dix*«.[87] Hinzu kommt vermutlich die Gottgefälligkeit der biblischen Anspielungen, wie sie hier, vor allem seit der Korrektur des Manuskripts, zusammenfinden. Da ist einerseits eben die Himmelsleiter, die noch dazu von einer »Rue des Vierges prudentes« abzweigt. Andererseits sind im Namen des Hehlers Christi Lieblings- und der kirchengeschichtlich wichtigste Jünger vereint, der darin ja gleich redupliziert auftaucht, »Pierre Jean-Pierre«.

Pierre Jean-Pierre, der im älteren Film nur noch schlecht und recht »Jean Pierre«[88] heißen sollte, ist mutmaßlich Katholik wie alle, deren Identität der ja selber bekennend katholische Held, heute würde man sagen: ein Kulturkatholik, im Lauf des Romans mit handfesten Konsequenzen sich aneignet. Supplierbar katholisch ist der Belgier Louis Marquis de Venosta, an dessen Stelle Krull auf Weltreise geht. Und Katholik war schon Engelbert Krull, in dessen angemaßtem Namen Felix seine Schulabsenzen entschuldigt hatte und der sogar als Selbstmörder ein katholisches Begräbnis bekommt;[89] ein Zusammenhang, in dem Krull die Gelegenheit erhält, sein Bekenntnis zum Kulturkatholizismus abzulegen.

Jean-Pierres Nachname weist, um es zu wiederholen, zur ersten Hälfte auf den mutmaßlichen Lieblingsjünger Christi, zur zweiten Hälfte auf den ›Felsen‹

---

85 Bd. 12.1, S. 191.

86 Thoeren, Die Bekenntnisse des Hochstaplers Felix Krull nach dem gleichnamigen Roman von Thomas Mann [ältere Fsg.], S. 69.

87 Zur Zahlensymbolik z. B. auch der anderen Pariser Kapitel vgl. Elsaghe, Krankheit und Matriarchat, S. 142; ders., Hoc signo felix. Religion und ›Urreligion‹ in den *Bekenntnissen des Hochstaplers Felix Krull*, in: Niklaus Peter und Thomas Sprecher (Hgg.), Der ungläubige Thomas. Zur Religion in Thomas Manns Romanen, Frankfurt a. M.: Klostermann, 2012 (Thomas-Mann-Studien, Bd. 45), S. 117–148, hier S. 121, 125, 129 f., 138 f., 144; Julian Reidy, Raum und Interieurs in Thomas Manns Erzählwerk. Materielle Kultur zwischen ›Welthäusern‹ und ›Urdingen‹, Berlin und Boston: de Gruyter, 2018, S. 258 f.

88 Hoffmann, Bekenntnisse des Hochstaplers Felix Krull (1957), 00:28:00.

89 Vgl. Bd. 12.1, S. 73–76.

Petrus. Diese zweite Namenshälfte, um auch das zu wiederholen, ist identisch mit dem Vornamen des Hehlers. »Einerlei« ist dessen Name insofern in der Tat und im wahrsten Sinne des Wortes. Er bildet eine doppelte Reverenz vor dem ›Felsen‹, auf den die katholische Kirche gegründet ist. »Einerlei« sind Vor- und Nachname hier also auch deshalb, weil sie beide ein katholisches Christentum konnotieren. Sie passen damit genau in die Isotopieebene, welche die sakralen Ortsnamen in Stankos Wegbeschreibung schon »klar« vorgeben: »Kirche« und ›Heiliges Herz‹ Jesu, der »Mont*martre*« und die »Vierges prudentes«.

Dieser letzte einschlägige Name, neben der »Échelle au Ciel« der einzige frei erfundene,[90] entbehrt im hier gegebenen Rezeptionszusammenhang nicht der Pikanterie. Denn wie fast schon zu erwarten, gibt es eine antijudaistische Allegorese des darin anzitierten Matthäus-Gleichnisses.[91] Sie geht auf keinen Geringeren als den Heiligen Hieronymus zurück und ist vor allem im Repertoire der Kirchenornamentik gegenwärtig geblieben. Der Kirchenvater bezog die »decem virgines« gleich ›auf die ganze Menschheit‹. In der kirchenväterlichen Auslegung »ad omne hominum genus« stehen die klugen und die törichten Jungfrauen für die beiden Hälften, »duo[] popul[i]«, in welche die Menschheit mit der Ankunft Jesu Christi zerfällt, »christianorum et Iudaeorum«: »tam ecclesiasticos quam Iudaeos atque hereticos«.[92] Die Klugen sind die Christen, die Törichten die Juden und Ketzer.

Außer seinem mutmaßlichen Katholizismus und seiner ominösen Adresse prädestiniert den Hehler aber eben herzlich wenig zu dem Spaß, den sich der seinerseits katholische Hochstapler mit ihm erlaubt, indem er postalisch seine Identität annimmt. Denn seinem Namen und seiner Adresse zum Trotz ist Pierre Jean-Pierre wie gesehen eine widerwärtige Erscheinung und ein schlechter Charakter, habgierig, verschlagen und selbst in seiner Verliebtheit noch geizig. Die Uhrkette, die er Krull zu guter Letzt doch noch umsonst gibt, ist ja »rein gar nichts wert«. Dagegen schenkte ihm »Jean Pierre« in der früheren Verfilmung wie erinnerlich eine ganze Uhr. Und obendrein, so stand es im älteren Drehbuch, »klebt[e]« er ›ihm schließlich‹ auch noch »einen schmatzenden Kuß auf jede Wange«.[93]

---

90 Vgl. Elsaghe, Hoc signo felix, S. 121.

91 Vgl. Ulrich Luz, Das Evangelium nach Matthäus. 3. Teilband. Mt. 18–25, Zürich und Düsseldorf: Benziger, und Neukirchen-Vluyn: Neukirchener Verlag, 1997, S. 483.

92 Hieronymus, Commentariorum in Matheum Libri IV, hg. v. Damien Hurst und Marcus Adriaen, Turnhout: Brepols, 1969 (Corpus Christianorum, Series Latina, Bd. 77), S. 235 f.

93 Thoeren, Die Bekenntnisse des Hochstaplers Felix Krull nach dem gleichnamigen Roman von Thomas Mann [ältere Fsg.], S. 73.

Ausgerechnet dieser Halsabschneider nun, wie ihn Krull ja seinerseits einmal nennt, hat in der TV-Verfilmung eine ganz andere Identität erhalten. Diese scheint es jetzt a limine zu verbieten, dass Krull sie auch nur »spaßeshalber« annähme. Die neue Identität, samt ihrer nunmehr säuberlichen Disjunktion von der Person des Hochstaplers, geht schon aus der erweiterten Nennung der jetzt modifizierten Adresse hervor. Darin ist im Übrigen selbst noch die Glückszahl revoziert, die der französischen Hausnummer ehedem einbeschrieben war: »Schicken Sie bitte meine alten Kleider *an einen gewissen Herrn* Jean-Pierre *Blumenberg*, Rue de l'Échelle au Ciel, *Drei*undneunzig.«[94] Dabei geht *diese* Rue de l'Échelle au Ciel zu allem Überfluss auch nicht mehr von einer Straße der klugen Jungfrauen ab, wie sie in der Allegorese der hiermit abgerufenen Matthäus-Perikope den Gegensatz der Christenheit zum Judentum versinnbildlichen.

Dem nun von den gutchristlichen »Vierges prudentes« dissoziierten Hehler gab Sinkel also einen Nachnamen, der zu solcher Dissoziation sehr genau passt: »Jean-Pierre *Blumenberg*«. Nicht von ungefähr firmiert der Name »Blumenberg« auch schon im Frühwerk der Gebrüder Mann einmal,[95] nämlich, versteht sich, als typisch jüdischer Wunschname.[96] Dieser spezifischen Besetztheit des neuen Namens haben auch noch der Aufzug und der Habitus des jetzt so Heißenden zu entsprechen. Während seine Kleidung im Roman samt und sonders unter die Unbestimmtheitsstellen fiel, lässt ihm Sinkel eine Kippah aufsetzen.[97] Dazu vereindeutigt er die Habgier und den Geiz des Hehlers bis auf den allerletzten Rest einer menschlich-sympathischen Geste. Das homosexuelle Begehren wird hier von keiner auch noch so schäbigen Gabe begleitet. Blumenberg berührt den Helden zum Schluss nur an der Wange, nachdem er ihm gestanden hat: »du gefällst mir überhaupt«[98] — während Jean Pierres großzügige Verliebtheit oder verliebte Großzügigkeit im Film von 1957 ja noch verstärkt wurde, von der schäbigen Kette zu einer kompletten Uhr aufgewertet, begleitet von zwei schmatzenden Küssen. Der jetzt jüdische Geizhals aber, dem prominentesten unter den antisemitischen Cha-

---

94 Sinkel, Bekenntnisse des Hochstaplers Felix Krull (1982), Teil 3, 00:31:03; im Original keine Hervorhebungen.

95 Heinrich Mann, Professor Unrat, Berlin: Aufbau, 1951 (Ausgewählte Werke in Einzelausgaben, hg. v. Alfred Kantorowicz, Bd. 1), S. 421 f. Vgl. Elsaghe, Thomas Mann und die kleinen Unterschiede, S. 201; ders., »Donnersmarck« und »Blumenberg«. Verschwinden und Wiederkehr jüdischer Charaktere in der Geschichte der Thomas Mann-Verfilmungen, in: KulturPoetik 5.1, 2005, S. 65–80, hier S. 77–79.

96 Vgl. Bering, Der Name als Stigma, S. 403.

97 S. Abb. 32.

98 Sinkel, Bekenntnisse des Hochstaplers Felix Krull (1982), Teil 3, 00:30:16.

raktersterotypen entsprechend, schenkt Krull nun rein gar nichts mehr, weder Uhr noch Uhrkette, und sei sie noch so wertlos.

Wie schon bei der nicht indefinit sinnlosen, sondern nun artifiziell jiddischen Sprache der Prostituierten hat der Film bei aller eklatanten ›Freiheit‹, die sich Sinkel dem Romantext gegenüber herausnimmt, hier, und hier ganz besonders, doch auch wieder sein Sinniges und Stimmiges. Denn schon der Pierre Jean-Pierre des Romantexts, neben die stereotyp jüdischen Gestalten Thomas Manns und natürlich nicht nur Thomas Manns gehalten, teilt mit diesen auffallend viele Merkmale. Er schmatzt mit den Lippen wie Hermann Hagenström. Er ist hässlich wie Moritz Hagenström oder Erwin Jimmerthal, mindestens die Hälfte der Aarenholds oder wie im *Zauberberg* Leo ›Leib‹ Naphta. Er ist sparsam sogar noch in der Verliebtheit, geschäftstüchtig und raffgierig wie die Hagenströms oder wie M. Blüthenzweig in *Gladius Dei*; geht bei diesem doch die Geldgier gleichfalls in das ›Reale‹ und die Reflexe des Naturkörpers ein, nämlich in den animalisch feinen Spürsinn seiner Nase, die mit demselben hinterhältigen understatement[99] wie etwa diejenige Hermann Hagenströms »*ein wenig* platt auf der Oberlippe« liegt und die »Kauffähigkeit« seiner Kundschaft auszuwittern vermag.[100] Und den Titel »Halsabschneider«, mit dem ihn Krull von allem Anfang an bedenkt, teilt Pierre Jean-Pierre ja mit jenem jüdischen Bankier, der seinen, Krulls, Vater ins Grab brachte, oder auch mit jenen »Juden«, denen in den *Buddenbrooks* »ein nicht kleiner Teil der Landleute« in die Hände fällt.

Die charakterologische Profilierung oder auch Verflachung der Hehler-Figur, ihre Umbenennung und die damit konforme Konkretisation ihrer vestimentären Unbestimmtheitsstellen zeugen von der Zählebigkeit einmal eingefleischter Antisemitismen. Sie verraten etwas von der zwanghaften Wiederkehr auch des kollektiv Verdrängten. In diesem einen Fall lässt sich die Kollektivität solcher Prozesse sogar sehr genau belegen, die Leichtigkeit auch, mit der dergleichen stabile Assoziationskonglomerate jederzeit wieder abrufbar sind.

Dass Sinkel bloß *kollektiven* Phantasmen aufsaß, als er dem Pariser Hehler gegen die Vorgaben des Romans eine ausgerechnet jüdische Identität verpasste, scheint selbst noch und leider auch die Forschungsgeschichte zu verraten. Der Lizenz nämlich, aus einem im Text als solcher unverdächtigen Katholiken einen Fernsehjuden zu machen, scheint genau eine Fehlleistung und Fehllesung in der überhaupt jüngsten Monographie zum Thema »Thomas Mann [...] and the Jewish Question« zu entsprechen. Auch ihrem Verfasser, Todd Kontje, genügten die

---

99 Vgl. Elsaghe, Thomas Mann und die kleinen Unterschiede, S. 183–195.
100 Bd. 2.1, S. 233; im Original keine Hervorhebung.

Merkmale der Habgier und der ›dubiosen Moralität‹, um den »clockmaker Jean-Pierre« kurzerhand unter die »possibly Jewish characters« zu verbuchen.[101]

Obwohl Kontje seine Erwägung dieser ›possibility‹ nicht weiter ausweist, weder im Fließtext noch im Anmerkungsapparat, kann es sich hierbei indessen auch bloß um die Fortschreibung eines älteren Irrtums handeln; zumal dergleichen unausgewiesene Übernahmen wenigstens in der Thomas-Mann-Forschung nach wie vor keinen Seltenheitswert haben.[102] Denn schon Mitte der Neunzigerjahre, in seinem Buch *Thomas Mann et les Juifs*, dessen deutsche Version 2003 erschien, hatte Jacques Darmaun mit einer jüdischen Identität des Hehlers spekuliert. Der Geiz (»ladrerie«) und das ganze Erscheinungsbild des dürftigen Männleins (»apparence de ›petit bonhomme chétif‹«) seien die allerdings ›einzigen Indizien‹, die auf eine allfällig jüdische Identität hinweisen könnten.[103] Dabei wertete Darmaun die immerhin konstatierte Verhaltenheit dieser angeblichen Hinweise als Zeichen dafür, dass sich der Romanautor hier mit unmissverständlichen Zuschreibungen vergleichsweise sehr zurückhalte: »Manifestement Thomas Mann atténue toute connotation juive trop directe.«[104]

Vielleicht also hat Kontje bei seiner Interpretation des clockmaker nur eben Darmaun rezipiert und ist er einer Fehlleistung desselben aufgesessen. Aber selbst wenn es sich bei seiner irrigen Mutmaßung bloß um einen Fehler aus zweiter Hand handeln sollte, verlöre dieser damit natürlich gar nichts von seiner hier interessierenden Signifikanz. Ganz im Gegenteil. Denn zu fragen wäre ja noch immer: wieso schon Darmaun auf die Idee kam, im »horloger Pierre Jean-Pierre«, und sei es auch noch so tentativ und vorsichtig, aber eben doch »un personnage juif« zu vermuten;[105] weshalb eine solche Vermutung einen germanistisch-fachmännischen Leser seiner Monographie sogleich zu überzeugen vermochte; oder warum gegebenenfalls gleich zwei Thomas-Mann-Forscher unabhängig voneinander auf eine solche Vermutung verfallen konnten — wobei in diesem zweiten Fall die These von der Kollektivität der hier spielenden Stereotypien sogar doppelt und dreifach erhärtet wäre.

---

101 Todd Curtis Kontje, Thomas Mann's World. Empire, Race and the Jewish Question, Ann Arbor: University of Michigan Press, 2011, S. 176.
102 Vgl. Elsaghe, Krankheit und Matriarchat, S. 275 f., Anm. 312.
103 Darmaun, Thomas Mann et les Juifs, S. 324. Vgl. ders., Thomas Mann, Deutschland und die Juden, S. 294.
104 Darmaun, Thomas Mann et les Juifs, S. 324. Vgl. ders., Thomas Mann, Deutschland und die Juden, S. 294.
105 Darmaun, Thomas Mann et les Juifs, S. 324. Vgl. ders., Thomas Mann, Deutschland und die Juden, S. 294.

Freilich steht die Aussagekraft der so oder so schlagenden Koinzidenz von produktiver und wissenschaftlicher Romanrezeption unter einem gewissen Vorbehalt. Dieser hat mit den chronologischen Verhältnissen zu tun. Er ergibt sich daraus, dass die Verfilmung älter ist als die beiden germanistischen Publikationen. Diese können nicht nur untereinander in einem Abhängigkeitsverhältnis stehen, sondern selbstverständlich je auch zur produktiven Romanrezeption. Der Evidenzwert der beobachteten Koinzidenzen sinkt folglich in dem Maß, als man damit rechnen muss und jedenfalls nicht ausschließen darf, dass diese produktive Rezeption hier den Erwartungshorizont der wissenschaftlichen Forschung immer schon mit festlegte, dass also auch professionelle Leser immer schon der Trivialkultur des Fernsehens und des Unterhaltungskinos ausgesetzt sind. Dadurch wäre gegebenenfalls einmal mehr erwiesen, dass die Verfilmungen der Texte mächtiger werden können als diese selbst und dass man also gut daran tut, sie ernster zu nehmen, als sie es an und für sich vielleicht verdienten.

Ob die literaturwissenschaftliche Fehllesung der Hehlerfigur nun aber spontan erfolgte oder ob sie nur die Wirkungsmacht der Sinkel'schen Verfilmung und überhaupt des Fernsehens dokumentiert: Deren Manipulationen jedenfalls und der gleichsinnige Irrtum der wissenschaftlichen Rezipienten, problematisch, wie sie sind, entbehren doch nicht einer gewissen Kongenialität und Intuition. Ihre Plausibilität verrät schon der Umstand, dass dieselbe Umdeutung an gleich drei Stellen auftaucht; gleichgültig, ob sie je spontan sich einstellte oder ob hier so etwas wie eine Traditionsbildung vorliegt. Wie weit sie sich hier auch von den Vorgaben des Spätwerks entfernen, in welches das verfilmte Kapitel ja gehört, so nahe kommen sie gewissen Zügen des Gesamtwerks. Mit demselben Recht, mit dem man sich über die Freiheit empören kann, mit der sich Sinkel über die Vorgaben des Texts hinwegsetzt und auf das alte Arsenal der antisemitischen Stereotype zurückfällt, darf man sich andererseits auch fragen, warum er diese Freiheit hier überhaupt so sehr strapazieren musste. Warum, anders und nur leicht überspitzt gefragt, trägt die Figur, die auf der Skala der Lesersympathien zuunterst zu liegen kommt — tiefer noch als der ansteckend kranke, mit einem so unvorteilhaft sprechenden Namen geschlagene Ostmensch aus Agram —, weshalb also trägt eine solche Figur nicht schon bei Thomas Mann einen Namen wie ›Blumenberg‹? Wieso sollte erst Sinkel hier eine Gelegenheit zur antisemitischen Stereotypisierung wahrnehmen, wie sie sich Thomas Mann sonst, so etwa bei jenem anderen »Halsabschneider« des Romanfragments, nicht entgehen ließ? Und weshalb vermochte Sinkels Wahrnahme dieser Gelegenheit gegebenenfalls einen oder vielleicht auch gleich zwei einschlägig spezialisierte Thomas-Mann-Leser zu überzeugen, deren erster zumindest beim Personal des *Felix Krull* auch die ganz eindeutig jüdischen Figuren nur sehr zurückhaltend identifizierte oder sogar ganz übersah? Denn im selben Absatz, in dem er mit einer jüdischen Identität des Uhrmachers wenigstens rechnet, und sozusagen im selben Atemzug mit der Konzession ihrer Wahrscheinlichkeit schloss Darmaun von vornherein beispielsweise die Möglichkeit aus,[106] dass ein Kölner Theateragent namens »Sally Meerschaum«[107] oder auch nur Isaak Stürzli Juden sein könnten. Dabei ist gerade dieser Meerschaum, bei dem Krulls Schwester unterkommt (und der in Sinkels Verfilmung ihr Geliebter zu sein scheint[108]), mit eigentlich faustdick aufgetragenen Markierungen versehen: sein Metier, seine regionale Herkunft und vor allem sein hinten und vorne signifikanter Name.[109] ›Salomon‹ war ein seinerzeit oft abgewählter Vorname;[110] und »Meerschaum« — wie auch »Spinell«[111] — fällt unter die typische Kategorie der ›mineralischen‹ Nachnamen.[112]

Warum also musste der Uhrmacher zum Juden erst *werden*, gemacht werden? Eine Antwort darauf lässt sich vielleicht geben, wenn man die verschiedenen jüdischen Figuren in Thomas Manns Gesamtwerk entstehungschronologisch noch einmal etwas genauer differenziert, als es mit dem Hinweis auf ihre besondere Kumulation im Frühwerk getan ist. Die Figur des Hehlers Pierre Jean-Pierre wie auch die der Prostituierten Rosza gehören ja in die späten Kapitel des Fragments, dessen Entstehung sich über ein halbes Jahrhundert erstreckte. Und zu dieser späten Zeit *können* bei Thomas Mann Figuren wie der Pariser Hehler oder die Frankfurter Prostituierte eben gar nicht mehr jüdisch markiert sein; im Unterschied zu den frühen Kapiteln, in denen jener Sally Meerschaum vorkommt, der Direktor Stürzli noch mit verräterischem Vornamen »Isaak« heißt und ein Jude und Halsabschneider den Tod von Krulls Vater zu verantworten hat.

Wie mehrfach schon angedeutet, weist die Verteilung der jüdischen Figuren über Thomas Manns Gesamtwerk ein bedrückend klares und gespenstisch sinni-

---

106 Darmaun, Thomas Mann et les Juifs, S. 323 f.; ders., Thomas Mann und die Juden, S. 293. Vgl. Elsaghe, Thomas Mann und die kleinen Unterschiede, S. 13–19; zu Felix Schimmelpreester, der in der Tat keine jüdischen Markierungen trägt, das blindwütige Aufspüren von »possibly Jewish characters« bei Kontje, Thomas Mann's World, S. 176 (zu anderen Fahrlässigkeiten dieser Art Yahya Elsaghe, [Rezension zu:] Todd Kontje, Thomas Mann's World. Empire, Race and the Jewish Question, in: Monatshefte für deutschsprachige Literatur und Kultur 104.1, 2012, S. 142–144).
107 Bd. 12.1, S. 82.
108 Sinkel, Bekenntnisse des Hochstaplers Felix Krull (1982), Teil 2, 00:04:39. S. Abb. 33.
109 Vgl. Link, Namen im Werk Thomas Manns, S. 143; Elsaghe, ›La Rosenstiel‹ and her Ilk, S. 60 f.; ders., »Moritz Ausspuckseles«, S. 428 f.
110 Vgl. Bering, Der Name als Stigma, S. 238.
111 Vgl. Elsaghe, Die imaginäre Nation, S. 96 f.; ders., Thomas Mann und die kleinen Unterschiede, S. 170; ders., Racial Discourse and Graphology, S. 219.
112 Vgl. Konrad Krause, Die jüdische Namenswelt, Essen: Essener Verlagsanstalt, 1943, S. 73 f.

ges Muster auf. Das letzte Portrait einer jüdisch-deutschen Figur, Kunigunde Rosenstiel, schrieb Thomas Mann kurz vor Eröffnung der Nürnberger Prozesse.[113] Danach sind Juden aus seinem Erzählwerk ganz und gar verschwunden, genauer gesagt die Juden der Neuzeit und mit Ausnahme namentlich des *Erwählten*, eines daselbst erwähnten »Wucherer[s] [...] Timon«.[114]

Insofern kann man selbst den Verfilmungen der frühen Texte gerade dort, wo sie deren jüdische Figuren unkenntlich zu machen oder schlechtweg zu beseitigen geruhen, eine gewisse Werktreue nicht ganz absprechen, eine Treue zum Geist besonders des Spät- und insofern auch des Gesamtwerks, als dieses im Lauf seiner Rezeptionsgeschichte eben selbst zu seinen frühen Teilen unweigerlich ins Licht oder in den Schatten dessen geriet, was der spätere Thomas Mann an humanen und humanistischen Werten verkörperte. Nicht umsonst war Erika Mann, die mit den »Intentionen« ihres Vaters so vertraut sein wollte wie nur eine, an den Verfilmungen beteiligt, soweit sie noch zu ihren Lebzeiten entstanden. Die so hilflosen wie ungewollt vielsagenden Eliminationen des Jüdischen im Film reproduzieren und verlängern eine Tendenz, die in Thomas Manns Gesamtwerk selber schon angelegt ist, wo die Frequenz jüdischer Figuren plötzlich abnimmt. Darüber hinaus deckt sich die filmische Verleugnung alles Antisemitischen auch genau mit den späten Versuchen des Exilierten, die Antisemitismen seines Frühwerks sogar dann noch zu vertuschen, wenn sie ausnahmsweise so ganz offen am Tag liegen wie in *Wälsungenblut*. Mochte er sich nach dem Krieg auch dagegen verwahren, dem jüdischen Halsabschneider von Bankier im *Felix Krull* sein Judentum zu erlassen, wie es ihm »angesichts umgehender Sagen« seine Tochter nahegelegt hatte,[115] so antwortete er doch einer amerikanischen Leserin, welche die »Judengeschichte« zu Gesicht bekommen hatte und dadurch offenbar verunsichert war, Lulla Adler mit Namen, mitten im Krieg, im kalifornischen Exil und Jahre noch bevor er die US-Staatsbürgerschaft erhielt — und deswegen wäre es billig, sich über sein diplomatisches Abwiegeln und Abwinken und die Unhaltbarkeit seiner hier renitent aufgestellten Behauptung zu mokieren —:

---

113 Vgl. Elsaghe, Racial Discourse and Graphology, S. 220.
114 Mann, Gesammelte Werke, Bd. 7, S. 115; vgl. S. 85; Kinder, Geldströme, S. 111, Anm. 49.
115 Erika Mann, Brief vom 10. Februar 1954 an Thomas Mann, S. 528.

The story The Blood of the Walsungs must not be thought of in terms of present day condi-
tions. It was written thirty-five years ago, when antisemitism was rare in Germany and when
a Jewish setting for a story had no particular significance. [...] Certainly the story contained
in it no deliberate impugning of any race or people, and for anyone to arrive at such a con-
clusion is quite erroneous.[116]

---

116 Brief vom 29. Oktober 1940 an Lulla Adler, in: Dichter über ihre Dichtungen, Bd. 14/I: 1889–
1917, S. 229 f.; vgl. Bd. 14/III: 1944–1955, S. 603.

5 Michael Blumes *Heiligendamm*

5.1 Präliminarien

Während bis zur letzten großen Thomas-Mann-Produktion alle Hinweise auf Jüdisches und erst recht auf Antisemitisches aus den verfilmten Texten retuschiert wurden, selbst aus *Wälsungenblut*, kehrt das solchermaßen Verdrängte doch auch auf bedenkliche Weise wieder; bedenklich insofern, als die jüdischen Figuren, wo sie im Film ohne Not wiederauftauchen, mit den leider erwartbaren Stereotypen versehen sind, die dadurch mit scheinbar bestem Gewissen einfach fortgeschrieben werden. Immerhin hat diese Regel zu guter Letzt doch noch eine Ausnahme erfahren. Diese, wenn auch sehr späte Ausnahme bildet die bislang überhaupt jüngste Verfilmung, *Heiligendamm*, »[n]ach der Erzählung *Der Kleiderschrank* von Thomas Mann«,[1] gedreht von Michael Blume. Blume, Jahrgang 1960, ist denn bezeichnenderweise der vorderhand jüngste unter allen deutschen Verfilmern Thomas Mann'scher Romane und Erzählungen.

Allerdings bestätigt die Ausnahme von der Regel diese in gewisser Hinsicht doch auch. Denn Blumes 2009 erschienener Kurzfilm ist in gar keiner Weise repräsentativ, weder für den Publikumsgeschmack noch für die Mentalität der Produzenten, Investoren und Verbreitungsinstitutionen. Er entspricht nicht der »aktuellen Programmstruktur« der Rundfunkanstalten, wo die Verantwortlichen schwere Zweifel hegten, ob so ein Film daselbst »sein Publikum [...] finden würde«.[2] Preise, im Unterschied selbst zu einem Film wie *Doktor Faustus*, blieben ihm versagt. Und es spricht für sich, wenn er nunmehr als »Bonusfilm« im Windschatten eines Elaborats vertrieben wird,[3] Klaus Maria Brandauers *Mario und der Zauberer*, das, mit einem stolzen Produktionsbudget von 15 bis 22 Millionen DM erstellt,[4] nach ziemlich einhelliger Meinung der Kritik sub omni canone rangiert. (Um für seinen Neuvertrieb gegen dieses einmütige Urteil doch auch noch ein

---

1 Heiligendamm (R: Michael Blume, D 2009), 00:13:13.
2 Isabelle Stüssi (Schweizer Radio und Fernsehen, Zürich), E-Mail vom 21. September 2015 an Michael Blume; mit freundlicher Erlaubnis des Empfängers.
3 Mario und der Zauberer. Frei nach der Erzählung von Thomas Mann (R: Klaus Maria Brandauer, AT/F/D 1994; Filmjuwelen-Edition 2018).
4 Vgl. Roland Mörchen, *Mario und der Zauberer*. Das Booklet zum Film, Walluf: Filmjuwelen, 2018, o. P.

https://doi.org/10.1515/9783110638509-010

beifälliges Votum ins Feld führen zu können,[5] musste man auf die »Schüler-Arbeitshilfe« eines Katholischen Filmwerks zurück- und hinabgreifen.[6])

Heiligendamm hatte allein an den Rändern der Kulturindustrie entstehen dürfen, mit offenbar sehr bescheidenen Mitteln. Das glaubt man dem Film bedauerlicherweise auch nur zu ›gut‹ anmerken zu können. Ein Mikrophon hängt einmal ins Bild.[7] Die Tonqualität ist bisweilen so kläglich, dass man zumindest einen, und zwar auch noch einen besonders wichtigen Dialog rein akustisch kaum mehr verstehen kann. Das alles senkt noch einmal die Selektionschancen des Films auf dem ›Markt‹, soweit es einen solchen für diese Art Kurzfilm überhaupt gibt.

Solche Randständigkeit, wie man sie dem Film also durchaus anzusehen und anzu*hören* meint, ist zu einem guten Teil allerdings auch gesucht und gewollt. Gewollt ist zumindest die für heutige Verhältnisse ungewohnt dürftige Bildqualität. Der Film, »auf konventionellem 16mm-Filmmaterial gedreht«, hat »diesen Look« nach Blumes eigener Auskunft »absichtlich«.[8]

In dieser Absicht gibt sich eine wohltuende Distanz zum Mainstream der Verfilmungsgeschichte zu erkennen. Dazu gehört vielleicht schon die Wahl eines so abgelegenen Vortexts, für den die Rechte naturgemäß günstig zu haben waren. Sie kosteten vergleichsweise sehr wenig, fürs Erste nur fünfhundert Euro.[9] Das war ein Vielfaches weniger als etwa der Preis für die Rechte an einem »Jahrhundertroman« wie den *Buddenbrooks*, die in Breloers Version soeben in den Kinos angelaufen waren, als Blume seinen Film fertigstellte (und die er in dieser Version seinerzeit noch nicht gesehen hatte, während er diejenige Weidenmanns sehr wohl kannte[10]).

Thomas Manns relativ wenig erfolgreiche Erzählung, im Erstdruck noch mit einem Untertitel versehen: *Der Kleiderschrank. Eine Geschichte voller Räthsel*, entstand im November 1898.[11] Obwohl der Autor damals ein noch ziemlich unbeschriebenes Blatt war, durfte sie 1899 in der *Neuen Deutschen Rundschau* erscheinen, wie die Literaturzeitschrift des Fischer-Verlags damals noch hieß. Dann wurde sie wieder, ab jetzt ohne Untertitel, in den zweiten Novellenzyklus des jun-

---

5 Vgl. Mörchen, *Mario und der Zauberer*, o. P.
6 Vgl. Benedikt Hellenkemper, *Mario und der Zauberer*. Arbeitshilfe, Frankfurt a. M.: Katholisches Filmwerk, 2012, hier S. 11.
7 Vgl. Blume, Heiligendamm, 00:09:12; freundlicher Hinweis von Hanspeter Affolter, Bern, vom 10. November 2017. S. Abb. 34.
8 Michael Blume, E-Mail vom 6. November 2017 an den Verfasser.
9 Michael Blume, E-Mail vom 7. November 2015 an den Verfasser.
10 Michael Blume, telephonische Auskunft vom 5. November 2015.
11 Vgl. Mann, Notizbücher, Bd. 1, S. 142.

gen Autors aufgenommen, der sich damals eben auf dem literarischen Feld durchsetzte: *Tristan* (1903), wiederum bei S. Fischer. Wieder einmal hatte sich der literarische Spürsinn des Verlegers langsam, aber sicher bewährt. Seine Investition in den Jungautor begann sich nunmehr reich und immer reicher auszuzahlen. Und die Verdienste, die er sich um dessen Œuvre erwarb, hat Blume als erster und einziger unter allen Thomas-Mann-Verfilmern in seinem Film eigens mit gewürdigt. Aber davon später.

5.2 *Der Kleiderschrank*

Die Zeit der Handlung bleibt in Manns Erzählung weitestgehend unbestimmt oder verschwiegen. Oder vielmehr wird sie einem geradezu ostentativ vorenthalten. Schon damit zwingt einem ein extradiegetischer, aber intern fokalisierender Erzähler die Perspektive des Protagonisten auf. Dieser habe »sich der Gewohnheit entschlagen, zu wissen, den wievielten Tag des Monats oder auch nur, welchen Monat, ja sogar welche Jahreszahl man schrieb«.[12]

Ansonsten ist die Zeit der Handlung oder besser des Geschehens allein der Jahres- und Tageszeit nach festgelegt, nur ganz vage und selbst widersprüchlich. »Es ist gewissermaßen Herbst«[13] (wie in den Novembertagen, an denen Mann den Text niederschrieb[14]); aber auch das eben nur »gewissermaßen« und nur insofern, als der Erzähler damit einmal mehr bloß wiedergibt, was der Protagonist ›denkt‹.[15] Derselbe weiß zu wiederholten Malen noch nicht einmal, was die »Dämmerung [...] bedeutet[]«, ob »Morgen oder Abend«;[16] bis einen der obendrein freilich äußerst unzuverlässige Erzähler zu guter Letzt darüber aufklärt, dass es weder Abend noch Morgen, sondern ein »Nachmittag[]« gewesen sein soll, an dem das Erzählte eingesetzt oder sich abgespielt habe.[17]

Dennoch lässt sich die Handlung ungefähr auf die Zeit datieren, da die *Geschichte voller Räthsel* entstand. Handhabe dazu bieten etwa technologiegeschichtlich fixierbare Details. Hierher gehören zum Beispiel die bereits gut ausgebaute Eisenbahninfrastruktur oder eine Antiklimax der aufgeführten Beleuch-

---

12 Bd. 2.1, S. 195.
13 Bd. 2.1, S. 195.
14 Vgl. Mann, Notizbücher, Bd. 1, S. 142.
15 Bd. 2.1, S. 195.
16 Bd. 2.1, S. 195.
17 Bd. 2.1, S. 203.

tungstechnologien (»elektrische[] Bogenlampen«, »Gaslaternen«, »Petroleumlamp*en*«, »Petroleumlamp*e*«, »Kerze«[18]).

In der also grossissimo modo um die Jahrhundertwende spielenden Erzählung geht es, das nahm ja schon der ursprüngliche Untertitel einmal vorweg, um eine rätselhafte Geschichte, der man mit dem Code von Fiktion und Realität nicht mehr beikommen kann. Wie etwa beim Teufelsgespräch des *Doktor Faustus* oder bei der Kutschenfahrt am Ende von *Lotte in Weimar* verweigert sie eine eindeutige Antwort auf die Frage: Haben die Leser das Erzählte beim Nennwort zu nehmen, oder müssen sie es nicht vielmehr als Binnenfiktion oder -phantasie verstehen?

Wie in jenen beiden Romanen legt der Text seiner Leserschaft freilich die eine der beiden denkbaren Interpretationen viel näher: dass nämlich das Erzählte keine ›sich ereignete Begebenheit‹, sondern ein Traum oder die eidetische Phantasie einer Figur ist, hier eines »Alleinreisende[n]« namens Albrecht van der Qualen. Van der Qualen findet sich zumindest anfangs in derselben oder einer ähnlichen, sozusagen ortlosen Situation vor wie Lotte in der Kutsche: »In einem Coupé erster Klasse«;[19] wobei ja schon das Wort beziehungsweise seine Bedeutungsgeschichte zu erkennen gibt, dass das »Coupé« der ersten Klasse nichts anderes als eine moderne Variante des Kutschenkastens war, dessen »so gut wie unveränderte Übernahme«.[20]

Bereits im ersten Absatz der Geschichte voller Rätsel fällt das einschlägige Modewort der Epoche: »Nerven«.[21] Es ruft oder rief jedenfalls zu seiner Zeit unweigerlich den damals landläufigen Diskurs über die Eisenbahnneurasthenie auf.[22] Der Zugspassagier gehört indessen nicht einfach nur zu den vielen Neuras-

---

18 Bd. 2.1, S. 196–201; im Originial keine Hervorhebung; freundlicher Hinweis von Hanspeter Affolter, Bern, vom 4. Oktober 2014.

19 Bd. 2.1, S. 193.

20 Wolfgang Schivelbusch, Geschichte der Eisenbahnreise. Zur Industrialisierung von Raum und Zeit im 19. Jahrhundert, München und Wien: Hanser, 1977 (Hanser Anthropologie), S. 69.

21 Bd. 2.1, S. 193.

22 Vgl. z. B. Esther Fischer-Homberger, Die Büchse der Pandora. Der mythische Hintergrund der Eisenbahnkrankheiten des 19. Jahrhunderts, in: Sudhoffs Archiv 56, 1972, S. 297–317, hier S. 308–314; Peter Glasner, Entgleisungen im deutschen Kaiserreich. *Das Eisenbahnunglück* von Thomas Mann, in: Christian Kassung (Hg.), Die Unordnung der Dinge. Eine Wissens- und Mediengeschichte des Unfalls, Bielefeld: transcript, 2009, S. 185–220, hier S. 203; Ralph Harrington, The Neuroses of the Railway, in: History Today 44.7, 1994, S. 15–21; Joachim Radkau, Das Zeitalter der Nervosität. Deutschland zwischen Bismarck und Hitler, München und Wien: Hanser, 1998, S. 222–224; Thomas Rütten, Thomas Mann und das Krankheitsstigma der Moderne. Das Eisenbahnunglück von 1906 und *Das Eisenbahnunglück* von 1909, Düsseldorf: Böttger, 2013 (Schriften des Ortsvereins BonnKöln der Deutschen Thomas Mann-Gesellschaft e. V., Bd. 8), S. 8–10; Schivelbusch, Geschichte der Eisenbahnreise, S. 106–113, 121–134.

thenikern seiner Zeit. Wie die Erzählerinstanz einen gleich danach wissen lässt, steht es sehr viel ernster um ihn. Obwohl von durchaus nicht weit vorgerücktem oder sogar noch von so jugendlichem Alter wie damals der Autor — »zwischen fünfundzwanzig und [...] Ende der Dreißiger«[23] —, ist er todkrank. Insofern hat man keine andere Wahl, als das nun Folgende als febrile Tagtraum- oder Halbschlafsphantasie eines Moribunden zu lesen. Oder jedenfalls scheint man eine andere Wahl nur so lange zu haben, bis der Erzähler zuletzt eine solche Lektüre auch noch eigens ratifiziert, indem er nach einer Reihe von rhetorischen »Wer weiß«-Fragen seine eigene Unzuverlässigkeit mit einer ›stehenden‹ Redewendung des Protagonisten mehr oder weniger offen zugibt:

> Wer weiß auch nur, ob überhaupt Albrecht van der Qualen an jenem Nachmittage wirklich erwachte und sich in die unbekannte Stadt begab; ob er nicht vielmehr schlafend in seinem Coupé erster Klasse verblieb und von dem Schnellzuge Berlin-Rom mit ungeheurer Geschwindigkeit über alle Berge getragen ward? Wer unter uns möchte sich unterfangen, eine Antwort auf diese Frage mit Bestimmtheit und auf seine Verantwortung hin zu vertreten? Das ist ganz ungewiß. »Alles muß in der Luft stehen ...«[24]

Irgendwo auf van der Qualens Reise »nach Florenz«,[25] aber jedenfalls noch auf deutschem Boden, vielleicht in Norddeutschland,[26] hält der »Schnellzug Berlin–Rom« an.[27] Van der Qualen erwacht; sieht sich in der »mittelgroße[n] Bahnhofshalle« um; beobachtet dort insbesondere eine »große und dicke Dame« dabei, wie sie, sichtlich transpirierend, eine »centnerschwere Reisetasche« »schleppt[]«,[28] »einem Käfer« gleich, »der auf den Rücken gefallen ist«.[29] (Franz Kafka war, wie man weiß und wie auch Thomas Mann wusste,[30] ein begeisterter Leser desselben.[31]) Schließlich steigt er aus. Er geht durch die Stadt, deren Namen

---

23 Bd. 2.1, S. 194.
24 Bd. 2.1, S. 203.
25 Bd. 2.1, S. 195.
26 Vgl. Bd. 2.1, S. 195.
27 Bd. 2.1, S. 193. Interpunktion nach dem Erstdruck: Thomas Mann, Der Kleiderschrank. Eine Geschichte voller Räthsel, in: Neue Deutsche Rundschau (Freie Bühne) 10.6, 1899, S. 660–665, hier S. 660.
28 Bd. 2.1, S. 193.
29 Bd. 2.1, S. 194.
30 Vgl. Mann, Gesammelte Werke, Bd. 10, S. 772 f.
31 Vgl. z. B. Franz Kafka, Brief vom Herbst 1904 an Max Brod, in: ders., Briefe 1900–1912, hg. v. Hans-Gerd Koch, Frankfurt a. M.: Fischer, 1999 (Schriften — Tagebücher — Briefe. Kritische Ausgabe), S. 41 f.; ders., Brief vom 13. Oktober 1917 an Max Brod, in: ders., Briefe 1914–1917, hg. v. Hans-Gerd Koch, Frankfurt a. M.: Fischer, 2005 (Schriften — Tagebücher — Briefe. Kritische Ausgabe), S. 346 f., hier S. 346. Zu möglichen (oder auch unmöglichen) intertextuellen Bezügen vgl.

er »möglicherweise« auf der »erleuchteten Tafel« der Station gesehen hat, ohne aber auch nur »das Bild eines Buchstabens« zu entziffern.[32] In einem abgelegenen Haus nimmt er sich zwei Zimmer. Und in deren einem endlich steht der eponyme Kleiderschrank, auffallend passgenau in einer Türnische und ohne feste Rückwand (wie ein Möbel in Thomas Manns Schwabinger Absteige, über das sich dieser zu amüsieren pflegte[33]).

In dem ominösen Schrank erscheint später »eine Gestalt«.[34] Sie changiert seltsam zwischen Mädchen, Erwachsener und Kindfrau, ein »ganz nackt[es]« Mädchen mit »langen [...] Haare[n] [...] auf ihren Kinderschultern«[35] — wohl eine Reminiszenz an Hans Christian Andersens kleine Seejungfrau[36] und in eins damit auch an das Leiden sexuell ›abnormal‹ orientierter Menschen[37] —: »›Soll ich erzählen ...?‹ [...] ›Erzähle ...‹«[38]

Was sie zu erzählen hat, ist eine unglückliche Liebesgeschichte, »oftmals« in Versen, »die sich auf so unvergleichlich leichte und süße Art reim[]en, wie es uns hie und da in Fiebernächten im Halbschlaf geschieht«.[39] (Der Vergleich provoziert natürlich wieder dazu, schon hier an der Zuverlässigkeit des Erzählers zu zweifeln und das Erzählte allein in die Imagination eines schwerkranken Träumers oder Eidetikers zu verlegen.) »Aber es ging nicht gut aus. Das Ende [...] so traurig, wie wenn [...] das Eine dem Anderen ein breites Messer [...] in den Körper stößt, und zwar aus guten Gründen.«[40]

Dieter Franke, Studentenfutter. Fontanesöhne Thomas Mann und Kafka zur Textefolge angestiftet, Nordstedt: Books on Demand, 2009, S. 110, 112–115.

32 Bd. 2.1, S. 195.

33 Vgl. Viktor Mann, Wir waren fünf, S. 156.

34 Bd. 2.1, S. 201. Zu dem Versuch, das grammatische Genus der »Gestalt« (des freilich genau danach, näher an den femininen Personalpronomina, auch so genannten »Wesen[s]«) hier in Gegensatz zum natürlichen Geschlecht zu bringen, einem biologisch männlichen ›sex‹, i. e. auch diese Erzählung als eine weitere Bearbeitung homosexuellen Begehrens zu lesen, vgl. Franziska Bergmann, Poetik der Unbestimmtheit. Eine *queer*-theoretische Lektüre von Thomas Manns Erzählung *Der Kleiderschrank. Eine Geschichte voller Rätsel*, in: Stefan Börnchen, Georg Mein und Gary Schmidt (Hgg.), Thomas Mann. Neue kulturwissenschaftliche Lektüren, München: Fink, 2012, S. 81–93, hier S. 87–89.

35 Bd. 2.1, S. 201.

36 Vgl. Hans Christian Andersen, Die kleine Seejungfrau, in: ders., Gesammelte Märchen. Zweiter Theil, Leipzig: Carl B. Lorck, 1847 (Gesammelte Werke, Bd. 13), S. 72–106, hier S. 73, 76, 95 f., 99.

37 Vgl. Maar, Geister und Kunst, S. 102, 293 f., Anm. 29.

38 Bd. 2.1, S. 202.

39 Bd. 2.1, S. 202.

40 Bd. 2.1, S. 202.

Dergleichen »traurige Geschichten, ohne Trost«,[41] erzählt das »Wesen«[42] aus dem Kleiderschrank dem Protagonisten »allabendlich«,[43] bis er sich vergisst, wie es in euphemistischer Umschreibung heißt — »und sie wehrt[] ihm nicht«.[44] Weil sie altersmäßig zwischen Voll- und Minderjährigkeit schillert und da ihr in ihrer Duldungsstarre Einwilligungsfähigkeit im juristischen Sinn zweifelsfrei weder zu- noch abgesprochen werden kann,[45] bleibt in der Schwebe — oder, mit jener »etwas dunkle[n] Redewendung«[46] van der Qualens: steht in der Luft —, ob es sich bei den Übergriffigkeiten des Manns sensu brutali um eigentliche Vergewaltigungen handelt. Nach einem jeden Übergriff immerhin dauert es eine ganze Weile, bis das Mädchen wiederkehrt.

5.3 Autoreferenzielle Hinweise auf Literaturverfilmungen und den verfilmten Text

Die erzählte Handlung, den Gesetzen der Alltagsontologie enthoben, gehorcht also einer geheimnisvollen Assoziationslogik à la E. T. A. Hoffmann, dessen Name zu allem Überfluss denn auch noch zu fallen hat: »wie ein Alb, wie eine Figur von Hoffmann«.[47] Auf die prekär und durchlässig gewordene Grenze zwischen Realität und Phantasie, die auch wieder im Chronotopos der Schwelle (besonders des Stadttors[48]) oder natürlich in der permeablen Schrankwand[49] zwischen dem einen und dem anderen Zimmer versinnlicht ist — auf all dergleichen spielt Blume vielleicht schon mit dem Titel seines Films oder immerhin mit der zweiten Hälfte des Namens »Heiligendamm« an. Dieser freilich bezeichnet auch einen realen Ort. In gewisser, wenn auch irritierender oder irreführender Weise — davon gleich mehr — schließt der sprechende Ortsname die Leerstelle,

---

41 Bd. 2.1, S. 203.

42 Bd. 2.1, S. 201.

43 Bd. 2.1, S. 203.

44 Bd. 2.1, S. 203.

45 Vgl. Karl Binding und Joh. Nagler, Das Strafgesetzbuch für das Deutsche Reich. Vom 26. Februar 1876. Mit seinen Abänderungen. Ausgabe zum akademischen Gebrauche, Leipzig: Engelmann, 1905, S. 53.

46 Bd. 2.1, S. 195.

47 Bd. 2.1, S. 198.

48 Vgl. Bd. 2.1, S. 196.

49 Vgl. Claudia Lieb und Arno Meteling, E. T. A. Hoffmann und Thomas Mann. Das Vermächtnis des *Don Juan*, in: E. T. A. Hoffmann-Jahrbuch 11, 2013, S. 34–59, hier S. 54.

die jene unentzifferte Tafel der folglich unbekannten »Station« offenhält.[50] Nicht umsonst ist unmittelbar vor dem Abspann des sonst in Farbe gedrehten Films ein Schwarz-Weiß-Bild einer Stationstafel mit der Frakturaufschrift »Heiligendamm« zu sehen — genau genommen eine ›groteske‹ Vereinfachung der Fraktur, wie sie in den Dreißigerjahren beliebt war und im kollektiven Bewusstsein als ›Schaftstiefelfraktur‹ oder ›Schaftstiefelgrotesk‹ eng mit dem Nationalsozialismus verbunden ist —, unterlegt mit den letzten Worten der verfilmten Erzählung: »Das ist ganz ungewiss. ›Alles muss in der Luft stehen …‹«[51]

Der suggestive Filmtitel und Ortsname taucht naturgemäß schon auf der Titelkarte auf. Er erscheint hier zwar in Antiqua, aber auch an dieser Stelle in anachronistischer Gestalt, nämlich in Form einer Schwarz-Weiß-Schrift mit Schlagschatten und in Bodoni Poster Compressed, einer Type aus der Weimarer Republik.[52] Auch sonst gibt Blume, der sich übrigens mit Gedanken an eine komplett »schwarzweiße Version« seines Films trägt,[53] etliche autoreferenzielle Hinweise auf das gewählte Medium und dessen Geschichte. Hierzu zählen eine in den Abspann gesetzte Widmung »Für Rainer Werner Fassbinder«; eine aufdringlich klare Hommage an Volker Schlöndorffs berühmte Günter-Grass-Verfilmung — ein kleiner Junge, der unentwegt auf eine Blechtrommel schlägt —; oder eine weit dezentere Anspielung auf den Altmeister des Rätselhaften und Unheimlichen, Alfred Hitchcock, namentlich auf dessen Psychothriller *Suspicion* (1941) oder noch genauer gesagt eine Reminiszenz an ein famoses Dingmotiv. Gemeint ist ein Glas mit Milch darin. In Blumes Film nämlich trägt ein Hotel-Concierge als ständiges Requisit ein solches Glas Milch vor sich her oder mit sich herum; ein red herring, dessen dramaturgische Verzichtbarkeit desto nachdrücklicher auf die anderweitige Bedeutung des blinden Motivs verweist.

Dabei hat der Verweis auf gerade diesen Hitchcock-Film einen Grund, der sich leichter erschließt als die Reminiszenz an *Die Blechtrommel*. Denn wie im *Kleiderschrank* und im Unterschied zum zugrundeliegenden Roman, *Before the Fact* von Francis Iles alias Anthony Berkeley Cox, setzt die unheimliche Handlung dort wie öfter bei Hitchcock ebenfalls auf einer Zugfahrt und ebenfalls in einem Abteil erster Klasse ein.[54] Und vor allem geht es in *Suspicion* ebenfalls, wieder im Unterschied zu *Before the Fact* und wie in anderen Hitchcock-Filmen, um

50 Bd. 2.1, S. 195.

51 Blume, Heiligendamm, 00:12:55. Vgl. Bd. 2.1, S. 203.

52 S. Abb. 35.

53 Michael Blume, E-Mail vom 6. November 2017 an den Verfasser.

54 S. Abb. 36.

die Übermächtigkeit von Phantasien oder Halluzinationen (bei denen jenes Milchglas eine zentrale Stelle besetzt).

Weitere Autoreferenzen zielen speziell auf die textuelle Grundlage des Films und in eins damit auf das Genre der Literaturverfilmung, zu dem ja auch Hitchcocks *Suspicion*, Schlöndorffs *Blechtrommel* und etliche unter Fassbinders opera magna gehören. Sie beziehen sich auf das hier verfilmte Stück Literatur oder doch auf dessen Autor. Zu Beginn des Films fällt der Blick auf den verfilmten Text in dessen schierer Physikalität, nämlich auf das gelbe Cover eines stark zerlesenen Taschenbuchs: »Thomas Mann / Die Erzählungen / Fischer«.[55] Der Verlagsname wird zuletzt wiederkehren — oder sozusagen zuallerletzt, nämlich nachdem der Film eigentlich schon geendet hat, mit jener Schwarz-Weiß-Aufnahme des Stationsschilds »Heiligendamm« (davor eine Zugsfahrt in Farbe, auch sie bereits unterlegt mit jenen letzten Worten des Erzählers). Nach dem eigentlichen Filmende also folgt noch, wieder in Schwarz-Weiß, ein sogenannter stinger, das heißt eine Post-Credits-Szene; und diese, auf dem Jüdischen Friedhof Berlin-Weißensee gedreht, zeigt in einer Einstellung erst halbnah-frontal das Familiengrab der Verlegerfamilie Fischer als Ganzes, dann in einer Nahaufnahme das linke Viertel desselben, die Grabsteintafel des auf dem Taschenbuch-Cover mit angeführten Verlegers, Samuel ›S.‹ Fischers.

Am Ende wird also einem legendären Verleger Ehre erwiesen und gewissermaßen gedankt, der sich um die Distribution dieses und anderer, ja beinahe aller Texte Thomas Manns verdient gemacht hat. Am Anfang des Films oder sogar noch vor dessen Anfang, in einer pre-title sequence, genau gesagt zwischen der Einblendung des Regisseur- beziehungsweise Produzentennamens (»Ein Film von Michael Blume«) und dem opening title samt opening credit, wird dagegen der Autor der »Erzählungen« und des verfilmten Textes selber zum Thema. Thematisch wird er in Form einer Internetrecherche. Diese für unsere Gegenwart so charakteristische Recherche hat auf der Terrasse oder im Garten eines Hotels oder Restaurants statt. (Nach der Liste der Danksagungen käme dafür das Berliner »Hotel Bogota« in Frage, jedenfalls viel eher als das »Hotel Neptun in Warnemünde« — mit allen Komplikationen, die das für das Itinerar und die Chronologie der Handlung mit sich bringt. Davon erst später.)

---

55 S. Abb. 37.

BEDIENUNG:	*(bringt ein Glas, mutmaßlich Orangensaft)* Guten Tag, [...] Ihr Saft.
A. VAN DER QUALEN:	Vielen Dank. *(Liest vom Laptop aus einer Website halblaut vor sich hin:)* Obwohl er sich bereits 1921 öffentlich zu seiner Feindschaft gegen den »Hakenkreuz-Unfug« bekennt [...], hält Thomas Mann jedoch bis 1936 größeren Abstand zu NS-kritischen Äußerungen, die »diese Tiere«, wie es im Tagebuch heißt, reizen könnten. Erst danach, und vor allem nach der Übersiedlung in die USA, beginnt sein beherztes Engagement gegen die Diktatur.[56]

Trotz solcher und vieler anderer Verfremdungseffekte werden die Elemente der Mann'schen Erzählung deutlich erkennbar aufgenommen. Aus diesem liest auch eine Erzählerin aus dem off immer wieder vor. Nur sind solche Elemente im Filmspiel denn wieder mehr oder weniger deutlich in die Gegenwart der Produktion transponiert, wie schon die Beleuchtungs-, Kommunikations- und Transporttechnologien zeigen: elektrisches Zimmer- neben Kerzenlicht, Computer neben Telephonzelle und Drehscheibentelephon, ein moderner Lastkraftwagen neben einer Dampflokomotive. Doch auch die Dampfeisenbahn, in der eine Passageuse eine Zeitung mit einer bedrückend aktuellen Schlagzeile liest — »Ist unsere Erde noch zu retten?«, darunter eine Farbphotographie bedrohter Eisbären[57] —, auch diese an sich, rein technologiegeschichtlich, atavistische Eisenbahn kann man allein schon anhand der hierhin situierten Leseszene mühelos als eine zeitgenössische identifizieren. Sie zieht heute noch die Mecklenburgische Bäderbahn zwischen Bad Doberan und dem Ostseebad Kühlungsborn, auf welcher Strecke realiter der Ort Heiligendamm liegt.

5.4 Die Modifikation des Personals

Indessen sind die Vorgaben des Texts nicht einfach nur in unsere Gegenwart geholt; sondern sie werden auch erweitert und auf mitunter verstörende Art und Weise verändert, wie denn bereits *Suspicion* zu den Filmen gehört, die ihre literarische Vorlage ins Gegenteil zu verkehren scheinen.[58] Die Hauptrolle besetzt in *Heiligendamm* kein noch ziemlich oder noch sehr junger Albrecht, sondern eine schon ältere »A.« van der Qualen. Offenbar ist diese »A.« ebenfalls krank. Wäh-

---

56 Blume, Heiligendamm, 00:00:32.

57 Blume, Heiligendamm, 00:02:55.

58 Vgl. Patrick Faubert, The Role and Presence of Authorship in *Suspicion*, in: Mark Osteen (Hg.), Hitchcock and Adaptation. On the Page and Screen, Lanham: Rowan & Littlefield, 2014, S. 41–57, hier S. 46–51; Rick Worland, Before and after the Fact. Writing and Reading Hitchcock's *Suspicion*, in: Cinema Journal 41.4, 2002, S. 3–26, hier S. 5–7, 13–19.

rend aus dem off die Stelle aus oder nach Thomas Manns Text verlesen wird, dass »ihr« (statt »ihm«) die »Ärzte [...] in ernstem und offenem Gespräch [...] nicht mehr viele Monate gegeben« haben,[59] inhaliert sie erstmals irgendein Medikament, vermutlich ein Asthmaspray.[60] Im Übrigen reist sie durchaus nicht »erster Klasse«, wie es sie im ›Molli‹, der Bahn Doberan–Kühlungsborn, Erbe eines Arbeiter- und Bauernstaats, gar nicht gäbe.

Gespielt wird »A.« von einer Lieblingsschauspielerin Rainer Werner Fassbinders und einem Star des Neuen Deutschen Films, von der damals bald einmal siebzigjährigen Hanna Schygulla, der auch die Off-Erzählungen in den Mund gelegt sind. Dieser Protagonist*in*, die also mit der Erzähler*in* gewissermaßen zusammenfällt, gehört jene Taschenbuchausgabe der »Erzählungen«; und sie ist es, die ganz zu Anfang, von einer schwarzen Kellnerin bedient, dem Autor dieser Erzählungen mit ihrem Laptop-Computer auf einer (übrigens bis vor Kurzem authentifizierbaren) Website nachrecherchiert: Wie er sich zwar schon früh gegen die Nationalsozialisten und ihren »Hakenkreuz-Unfug« ausgesprochen, aber mit seinem öffentlichen Engagement gegen »diese Tiere« lange zugewartet habe. Die Website bedient somit nur zum einen Teil den Topos von Thomas Mann als dem besseren Deutschen, jenes Narrativ, das dem gegenwärtigen Publikumsinteresse am Autor und den Seinen zugrunde liegt. Zum anderen jedoch kann die Website eine leise Kritik an Manns erst weniger couragiertem, wenn nicht duckmäuserischem Verhalten mit implizieren. Nicht umsonst ist in der doppelten Rahmung des Computerbildschirms auf der site *Thomas Mann im Exil* deutlich ein entsprechender Zwischentitel entzifferbar: »Von zögerlichem Taktieren zu beherztem Engagement«.[61]

Im Zuge eines weiteren Geschlechtertauschs bekommt »A.« ihr Fremdenzimmer von einem etwas älteren, aber stattlichen Mann gezeigt. Es ist jener Milchglasträger — und nicht etwa eine epitheto constante »alte Dame« wie im Text: eine »große, magere Dame, alt und lang«, mit zwar schönen Händen, aber »eingefallene[m] Vogelgesicht« und einem »ziemlich [a]bscheuliche[n]« Hautgeschwür auf der Stirn (»ein Stück Ausschlag [...], ein moosartiges Gewächs«).[62] Auch betrachtet die für ihr Teil alte, aber keinesfalls morbid eingefallene oder gar widerwärtig wirkende Protagonistin anfangs am Bahnsteig, anders als in der Er-

---

59 Blume, Heiligendamm, 00:02:18. Vgl. Bd. 2.1, S. 194.
60 Blume, Heiligendamm, 00:02:20.
61 Gunnar Kaiser, Thomas Mann im Exil. Von zögerlichem Taktieren zu beherztem Engagement — die Entwicklung von Thomas Manns Einstellung zum Nationalsozialismus, http://www. exil-club.de/dyn/411.asp?Aid=65&Avalidate=494915187&cache=48313 [Zugriff: 17. November 2015].
62 Bd. 2.1, S. 198 f.

zählung, keine große und dicke, auch keine erkennbar schwitzende Dame dabei, wie sie sich mit ihrem Gepäck abmüht. Sondern es ist hier eine untadelig schlanke und keineswegs unansehnliche Frau. Nichts an ihr könnte an ein Ungeziefer von der Art des verwandelten Gregor Samsa erinnern — oder doch nur noch die Worte der Off-Erzählerin, die gleichwohl ganz unbeirrt aus Thomas Manns Erzählung übernommen sind, so dass der stur mit verlesene Käfer-Vergleich, die daraus resultierende Divergenz von Text und Bild, den guten Willen auch eines wohlmeinenden Publikums schon strapazieren kann — es sei denn, man vermute hier einen gesuchten Verfremdungseffekt à la Brecht, wie man ihn etwa aus der *Effi Briest* Rainer Werner Fassbinders kennt, dem Blume seinen Film ja auch gewidmet hat.

Die stattliche Frau auf dem Bahnsteig erweist sich als identisch mit einer Kellnerin in einem — hier und heute existierenden — Lokal, in dem die A. später in Berlin einkehrt. Und von der Kellnerin wiederum, weil sie unter ihrer Berufsschürze ein unverwechselbar rotgemustertes Kleid trägt, muss man annehmen, dass man ihren Körper oder Rücktorso schon einmal gesehen hat. Denn gleich am Anfang des Films, noch vor dem opening title, sieht man in einem teaser oder cold open eine genau so gewandete Frau von hinten, wie sie ins Meer läuft. (Eine Anspielung vielleicht auf das Ende von Luchino Viscontis *Tod in Venedig*?)

Welchen Reim auch immer oder ob man sich überhaupt noch einen Reim machen will auf das seltsame Wiedergängertum des Gaststättenpersonals: Während jedenfalls das »erleuchtete[] Restaurant«, in dem Albrecht van der Qualen üppig diniert,[63] anonym bleibt, heißt die Wirtschaft, wo A. ein vergleichsweise frugales Mittagessen einnimmt, mit sprechendem Namen »Zur letzten Instanz«. (Nach Ausweis des Drehbuchs sollte so ursprünglich auch der Titel des Films lauten, *Die letzte Instanz*.) Die Frage nach der Bewandtnis dieses Namens, die A. an die Kellnerin richtet, beantwortet diese noch beiläufig. »Nee«, er habe, glaube sie, nichts mit der Friedhofsnähe zu tun, sondern vermutlich mit dem nahe gelegenen »Gerichtsgebäude oder so«.[64] Nachdem die Kellnerin der Gästin jedoch deren in der Letzten Instanz zurückgelassene Taschenbuchausgabe der Mann'schen Erzählungen nachgetragen hat, kommt es zu einem kurzen, aber eindringlichen Blickwechsel zwischen den Frauen. Zurück im Hotelzimmer, schreibt A. der Dunkeläugigen — »an das Mädchen mit dem roten Kleid« — zum Dank für die erwiesene Freundlichkeit eine Karte: »Danke für Deine Aufmerksamkeit. Das gelbe Buch und Deine dunklen Augen begleiten mich.«[65] Und dieselbe Person ist es

---

63 Bd. 2.1, S. 200.
64 Blume, Heiligendamm, 00:08:26.
65 Blume, Heiligendamm, 00:09:30.

endlich auch, die A. aus dem mysteriösen Kleiderschrank (beziehungsweise erst aus dessen Spiegelbild) splitternackt entgegensieht und endlich daraus hervortritt. Es ist allerdings eine ausgewachsene, reife Frau und nicht oder nur cum grano salis das »Mädchen«, als das sie A. in ihrer Post eben noch adressierte, und erst recht kein kinderschultriges Mädchen wie bei Thomas Mann:

FRAU IM SCHRANK:	Soll ich dir erzählen ...?
A. VAN DER QUALEN:	Erzähl[e?] ...
OFF-STIMME:	Sie erzählte ... erzählte mit leiser Stimme.
FRAU IM SCHRANK / OFF-STIMME (*versetzt*):	Zwei gingen über das Heideland, und ihr Haupt lag auf seiner Schulter. Aber es ging nicht gut aus. Das Ende war so traurig, wie wenn zwei sich unauflöslich umschlungen halten und, während ihre Lippen aufeinander liegen, das Eine dem Anderen ein breites Messer oberhalb des Gürtels in den Körper stößt. So fing es an. Aber es ging nicht gut aus.[66]

Das ist alles, und dabei bleibt es. Zu handfest sexuellen Annäherungen kommt es nicht; geschweige denn, dass sich A. der anderen gegenüber ›vergäße‹, der ihre Körperkräfte augenscheinlich gar nicht gewachsen wären. Die skandalträchtigen oder, wie es im einschlägigen Paragraphen des zeitgenössischen Strafgesetzbuchs geheißen hätte, »unzüchtige[n] Handlungen«, die Albrecht van der Qualen weniger »an einer Frauensperson« »vornimmt«[67] denn an einem eher kindlichen »Wesen«, sind nunmehr also entschärft und verharmlost. Seine potenziell päderastischen Übergriffe werden umgeschrieben in dezente Andeutungen eines lesbischen Begehrens zwischen zwei Erwachsenen: einer älteren bis alten und einer zwar deutlich jüngeren, aber eben ganz bestimmt volljährigen Frau. Die deren Part hier darstellt, die Schauspielerin Zoe Hutmacher, war damals schon Anfang dreißig und ist ohnedies nicht der Typ femme-enfant.

Das erwachsen-lesbische Begehren besiegelt ein habitualisierter Bindungszauber. Dessen Medium ist ein Siegelring (während Albrecht van der Qualen um den Hals nur ein »Medaillon« trägt[68]). Den Ring, den sie bisher selber trug — schon in einer Einstellung der ersten Minute, gefolgt von mehreren Detailaufnahmen[69] —, steckt A. der jüngeren Frau an,[70] bevor man ihn dann wieder, rätselhafterweise, in jenem allerletzten Schwarz-Weiß-Bild auf dem Jüdischen Friedhof

---

66 Blume, Heiligendamm, 00:11:26.
67 Binding und Nagler, Das Strafgesetzbuch für das Deutsche Reich, S. 52.
68 Bd. 2.1, S. 194.
69 Vgl. Blume, Heiligendamm, 00:00:53, 00:08:39, 00:12:00, 00:12:10, 00:14:12. S. Abb. 38–41.
70 S. Abb. 42.

vor Fischers Familiengrab liegen sieht.[71] Damit, mit diesem konkreten Ort, ist die wohl wichtigste der Abänderungen berührt, die Blume an den Koordinaten des Mann'schen Texts vorgenommen hat.

5.5 Die Konkretisation des Handlungsorts

Während der »fremde[] Ort« des Geschehens bei Thomas Mann vage bleibt, nur eben in einer »unbekannte[n] Stadt«[72] irgendwo in Deutschland oder Norddeutschland situiert ist (mit Reminiszenzen vor allem an Lübeck[73] und München-Schwabing[74]), darf man doch das eine mit Bestimmtheit ausschließen: dass es sich auch »in Berlin«[75] abspielen könnte. Denn Berlin hat der Schnellzug der Erzählung mit Sicherheit schon hinter sich gelassen; und keine der topographischen Angaben und Andeutungen passt denn auf diese Stadt — eine für Thomas Manns Gesamt-, insbesondere für das Frühwerk bezeichnende Aussparung oder Ignorierung des reichsdeutschen Machtzentrums.[76] Ganz anders in *Heiligendamm*. Obwohl die Off-Erzählung auch hier einigermaßen obstinat am Wortlaut der *Geschichte voller Räthsel* festhält — »ein fremder Ort«,[77] aber immerhin keine »unbekannte Stadt« —, ist die Identität des Orts nicht mehr ganz so rätselhaft, die Stadt niemandem unbekannt und den wenigsten fremd. Es lässt sich hier geographisch konkret und bis auf den Stadtteil genau bestimmen, wo sich das Haus und das Zimmer befindet, in dem der ominöse Kleiderschrank steht. Mit derselben Sicherheit, mit der wenigstens diese eine Stadt und Metropole als Schauplatz der Mann'schen Erzählung ausscheidet — soweit von Sicherheit im phantastischen Genre überhaupt die Rede sein kann —, gibt in *Heiligendamm* den Suggestionen dieses Titels zum Trotz ausgerechnet Berlin den Ort ab, an dem die Handlung des Films hauptsächlich spielt und an dem dieser denn auch produziert wurde. Darauf weisen namentliche Nennungen nicht nur der Stadt, sondern auch ihrer Lokalitäten, des Lokals »Zur letzten Instanz« oder vor allen des legendären Hotels Bogota — so auch auf dem Briefkopf jenes thank you note —, be-

---

71 S. Abb. 43.

72 Bd. 2.1, S. 195.

73 Vgl. Claudia Lieb, *Der Kleiderschrank* (1899), in: Andreas Blödorn und Friedhelm Marx (Hgg.), Thomas Mann Handbuch. Leben — Werk — Wirkung, Stuttgart: Metzler, 2015, S. 99–101, hier S. 100.

74 Vgl. Viktor Mann, Wir waren fünf, S. 156; Mann, Gesammelte Werke, Bd. 11, S. 104 f.

75 Bd. 2.1, S. 194.

76 Vgl. Elsaghe, Domi et foris, S. 253, 275 f.

77 Blume, Heiligendamm, 00:04:30. Vgl. Bd. 2.1, S. 195.

nannt nach dem Exilort seines nachmaligen Besitzers.[78] Wenige Jahre nach der Fertigstellung des Films insolvent, genau gesagt der Gentrifizierung bestimmter Berliner Stadtviertel zum Opfer gefallen, sponserte sein Betreiber den Film;[79] und sein Personal spielte darin mit (jene schwarze »Bedienung« und ursprünglich auch einmal eine im fertiggestellten Film dann entfallene »Dame auf der Treppe mit der Milch auf dem Tablett«[80]).

Der Name des Charlottenburger Hotels fällt in jenem leider kaum noch verständlichen Dialog: Auf der Bahnfahrt lässt A. van der Qualen eine Karte fallen. Eine Mitreisende hebt sie auf. Es ist mutmaßlich eine Lateinamerikanerin (gespielt von Alicia Bustamente, einer Kubanerin). Auf eine lateinamerikanische Herkunft deuten zumindest ihr Äußeres, der spanische Akzent, mit dem sie (sehr gutes) Deutsch spricht,[81] und der Anlass, aus dem sich zwischen den beiden Frauen eine kurze Reisekonversation entspinnt. Diese beginnt mit einer Verwechslung des Hotels mit der südamerikanischen Metropole, deren Namen es trägt:

FRAU IM ZUG:	*(hebt eine Karte auf)* Kennen Sie Bogota?
A. VAN DER QUALEN:	Nein, das ist ein Hotel in Berlin, da war ich gerade … »Sie schlafen …«
FRAU IM ZUG:	*(liest laut ab)* »… Sie schlafen in heiligen Räumen …« Aha [Haha?].
A. VAN DER QUALEN:	Ja.
FRAU IM ZUG:	»… Helmut Newton.«
A. VAN DER QUALEN:	Kennen Sie Helmut Newton?
FRAU IM ZUG:	Aber natürlich! Der Photograph, nein?[82]

Dass die Protagonistin hier behauptet, soeben, wie Albrecht van der Qualen, aus Berlin zu kommen, obgleich sie dort, anders als dieser, auch wieder aussteigen wird, gehört zu den Rätseln *dieser*, also der *verfilmten* Geschichte — ganz zu schweigen von dem als solcher blinden Ortsnamen Heiligendamm, von dem unklar bleibt, wie man ihn in solch einem Handlungsitinerar unterzubringen habe. Oder handelt es sich vielleicht um plot inversion oder auch bloß um eine achronologische Anordnung, eine Figur oder Montage vom Typus hysteron proteron? (Gegen diese bequeme Auflösung des Rätsels spricht allerdings A.s Schmuck. Sie

---

78 Vgl. Matthew Tempest, Bogota Hotel. Final Checkout at Berlin's Historic Hotel, in: The Telegraph, 29. November 2013, https://www.telegraph.co.uk/news/worldnews/europe/germany/10484531/Bogota-Hotel-final-checkout-at-Berlins-historic-hotel.html [Zugriff: 2. Februar 2018].
79 Joachim Rissmann, E-Mail vom 20. Januar 2017 an den Verfasser.
80 Michael Blume, E-Mail vom 12. Februar 2016 an den Verfasser.
81 Freundliche Auskünfte von Yvette Bürki, Bern, vom 21. Oktober und 1. November 2017.
82 Blume, Heiligendamm, 00:03:16.

trägt den Ring noch, den sie nach solch einer rationalistischen, kausal-logischen Lösung bereits verschenkt haben müsste.[83])

Ob aber filmrhetorisch, film-essayistisch aufzulösen oder nicht: Dass die Bahnfahrt von Berlin nach Berlin zu führen scheint, bildet zunächst eine stoßende Ungereimtheit. Diese als solche verleiht dem Handlungsort besonderen Nachdruck, der Stadt sowohl wie dem Hotel. Dessen Geschichte, in der wiederum Helmut Newton auftaucht, wird eigens einmal zum Thema. Vor der erst einen Spalt breit geöffneten Tür zu A.s Zimmer weiß der Concierge aus der Vergangenheit desselben das hier zu erzählen:

> CONCIERGE: Hier war früher einmal die Wohnung von der berühmten Photographin Yva. Die lebte hier bis zum Jahre 1942. [Dann?] wurde sie von den Nazis ermordet. Und im Jahre 1936, da kam der Helmut Newton zu ihr als Lehrling. Ja. Und der hat dann hinterher gesagt: »Das waren die zwei schönsten Jahre meines Lebens.«[84]

5.6 Die Ortswahl und das Motiv des Siegelrings

Die Erzählung des Concierges hat die selbe oder eine ähnliche Funktion wie der Stolperstein, der heute an der betreffenden Adresse eingepflastert ist, um an die einst berühmte Charlottenburgerin und ihr empörendes Schicksal zu erinnern: »HIER WOHNTE / ELSE ›YVA‹ NEULÄNDER-SIMON / JG. 1900 / DEPORTIERT 1942 / ERMORDET IN / MAJDANEK«. Mit Jahreszahlen wie »1936« oder vor allem »1942« ist nun eine historische Periode aufgerufen, die der Autor des *Kleiderschranks* zwar noch miterleben musste — daher auch jene Website am Anfang des Films —, von der er aber unmöglich etwas ahnen konnte, als er am Ende des neunzehnten Jahrhunderts seine *Geschichte voller Räthsel* schrieb. Es sollte noch ein ›gutes‹ Vierteljahrhundert dauern, bis Vernichtungsphantasien zu zirkulieren begannen, wie sie an der Wannseekonferenz von 1942 bürokratisch umgesetzt wurden — mochte der Antisemitismus als solcher schon zur Zeit des *Kleiderschranks*, wie an etlichen anderen Beispielen des Thomas Mann'schen Frühwerks gesehen, auch noch so weit verbreitet gewesen sein.

Doch zählt ausgerechnet *Der Kleiderschrank* zu den wenigen Texten dieses Frühwerks, in denen Juden, man darf sagen: ausnahmsweise, nirgends vorkommen. Es wäre gerade hier also ein sehr Leichtes, ja nach den Normen der Werktreue geradezu geboten gewesen, jede Anspielung auf Judentum und Shoah zu unterlassen. Einem solchen Gebot widersetzt sich Blumes Film wiederholt und

---

83 Freundlicher Hinweis von Hanspeter Affolter, Bern, vom 10. November 2017.
84 Blume, Heiligendamm, 00:04:54.

zuweilen mit schlechterdings penetrantem Gestus. Zwar kommen auch hier keine eindeutig als solche markierten Juden vor. Oder jedenfalls treten keine solchen auf. Jedoch sind die Abwesenden sozusagen gerade als solche präsent.

Blume setzt die Geschichte des zwanzigsten Jahrhunderts und in eins damit die Faktizität der Shoah oder doch deren unmittelbare Vorgeschichte von Anfang an voraus. Noch vor dem opening credit (»Hanna Schygulla«) lässt er Thomas Manns antinazistisches Engagement vom Bildschirm eines Rechners ablesen. Dann greift er ein Einzelschicksal einer ermordeten Jüdin heraus. Und bei toten Juden endet sein Film auch. Denn der stinger, auf den als solchen eine desto schwerere Emphase zu liegen kommt, zeigt ja einen jüdischen Friedhof; und seinen endgültigen Schluss findet der Film wie gesehen mit einer Einstellung auf das Ehrengrab Samuel Fischers (beziehungsweise den Siegelring davor), der den Nationalschriftsteller Thomas Mann in gewissem Sinn erst mit ermöglichte. Anders gesagt endet er mit einer Auflehnung gegen das Vergessen. Er schließt mit so etwas wie einer Mahnung, auch den Beitrag der deutschen Juden zur Kulturgeschichte ihres Lands im Gedächtnis zu behalten.

Der Siegelring obendrein, den man endlich vor Fischers Grab liegen sieht, stellt zwar, genau besehen, keinen Davidstern dar; sondern er zeigt einen Drudenfuß, ein Pentagramm oder hier vielleicht besser, weil ihm ausgerechnet der Buchstabe oder die Initiale »A«, also van der Qualens Behelfsvorname fünffach einbeschrieben ist: ein Pentalpha.[85] Das Pentalpha, in seiner hohen Affinität zur Magie — noch im Abspann des *Doktor Faustus*, obwohl es dort gegen die Konventionalisierung seiner negativen Besetzung auf zwei Spitzen steht, figuriert es als Kryptogramm für den Leibhaftigen: »[Pentagramm, Spitze nach oben] ... André Heller«[86] —, das Pentalpha also verweist zunächst natürlich auf die Mysteriosität des alltagsontologisch unfassbaren Geschehens. Unbeschadet seiner magischen Besetztheit ist es jedoch auch geeignet, assoziativ *das* jüdisch-zionistische Symbol par excellence zu evozieren.

Nahe läge eine solche Assoziation nicht zuletzt aus symbolgeschichtlichen Gründen. Denn Hexagramm und Pentagramm, auch mit denselben Namen belegbar — Davidschild, Siegel Salomos und ähnlichen[87] —, haben sich in der Semiotik des esoterischen Wissens erst vergleichsweise spät gegeneinander ausdifferen-

---

85 Vgl. Manfred Lurker, Pentagramm, in: ders. (Hg.), Wörterbuch der Symbolik, Stuttgart: Kröner, [5]1991 (Kröners Taschenausgabe, Bd. 464), S. 560 f.
86 S. Abb. 44.
87 Gershom Scholem, Das Davidschild. Geschichte eines Symbols, Berlin: Jüdischer Verlag, 2010, S. 18 f., 26.

ziert.[88] Bis tief in die Neuzeit[89] konnte das Pentagramm seinerseits für das Judentum stehen.[90]

Und vice versa kann das Hexagramm in der heutigen Populärkultur die
Funktion eines rein magischen Arkanzeichens annehmen, ohne dass dabei irgendwelche jüdischen Konnotationen eine Rolle spielten. Um statt des *Da Vinci
Code* und seiner Verfilmung[91] nur ein besonders liebenswürdiges Beispiel dafür
zu geben, aus einem Kinderbuch, *10 kleine Burggespenster gingen auf die Reise*
(2016),[92] das als solches natürlich das Bilderarsenal der nächsten Generation mit
prägt und es wie andere Kinderliteratur nicht erst von heute[93] offenkundig kon-
traphobisch darauf abgesehen hat, die üblichen Gegenstände kindlicher Ur-
ängste zu verniedlichen. Einschlägig ist darin eine Episode, in der die nurmehr
sieben Burggespenster »eine Hexe« treffen und bereits das vierte ausscheidet
(»da warens [sic!] nur noch sechse«).[94] In der Illustration der Episode steht das
betroffene Gespenstchen, in ein Ferkel verwandelt wie die von Kirke verhexten
Gefährten des Odysseus, im Zentrum eines auf den Boden gemalten Zeichens.
Dieses aber eben stellt nicht das eigentlich erwartbare Penta-, sondern eindeutig
ein Hexagramm dar,[95] wie es natürlich ungleich leichter zu konstruieren und zu
zeichnen ist oder wie immer sonst man die Verwechslung werten will, die der
Illustratorin, geboren 1972, hier unterlaufen zu sein scheint: als Symptom einer
bedenklichen Geschichtsvergessenheit oder als ermutigendes Indiz dafür, dass
das ehedem als Judenstern so stark angstbesetzte Symbol die Macht seiner Besetzung auch unter Deutschen eingebüßt hat. —

Aber zurück zum *Penta*gramm und seiner Verwendung in Blumes Essayfilm:
Sehr leicht kann die ältere Bedeutung des Zeichens, seine jüdische Assoziiertheit
hier schon wegen der Stellen wiederbelebt werden, an denen es jeweils erscheint.
Denn zuletzt erscheint es ja vor einer jüdischen Grabstätte. Und zuvor befand es
sich am Finger jener nackten und in ihrer Nacktheit schutzlos-verletzlichen Frau,
in der man die Wiedergängerin einer ermordeten Jüdin sehen kann, nein muss:

---

88 Freundlicher Hinweis von Joanna Nowotny, Zürich, vom 19. April 2016.

89 Scholem, Das Davidschild, S. 35.

90 Scholem, Das Davidschild, S. 45 f.

91 Vgl. Dan Brown, The Da Vinci Code, New York: Doubleday, 2003; The Da Vinci Code (R: Ron
Howard, USA 2006); freundlicher Hinweis von Elias Zimmermann, Bern, vom 21. Dezember 2018.

92 Susanne Göhlich, 10 kleine Burggespenster gingen auf die Reise, Zürich: Orell Füssli, 2016
(Orell Füssli Kinderbuch).

93 Vgl. Axel Scheffler und Julia Donaldson, Zogg, Weinheim: Beltz & Gelberg, °2018 [engl. Original 2010].

94 Göhlich, 10 kleine Burggespenster gingen auf die Reise, o. P.

95 S. Abb. 45.

In Gestalt der tieftraurigen und untröstlichen Binnenerzählerin oder jedenfalls des Fremdenzimmers, in dem das Gehäuse des Kleiderschranks steht, werden Judentum und Shoah ganz explizit zu einem Thema des Films. Das Zimmer, das A. van der Qualen zu beziehen im Begriff steht, habe, so erfährt sie, früher einmal die Photographin Yva bewohnt, das heißt, mit bürgerlichem Namen, wie ihn auch jener Stolperstein verzeichnet, Else Ernestine Neuländer-Simon, bis sie 1942 hier im Gebäude des erst später so heißenden Hotel Bogota verhaftet, dann deportiert und schließlich in Majdanek ermordet wurde. Dabei, der phantastischen Assoziationslogik schon der Erzählung entsprechend (oder etwa doch als Folge eines hysteron proteron oder dergleichen?), ist diese Erinnerung während der Bahnfahrt bereits dezent ›angebahnt‹. Angebahnt wird sie durch die vorgängige namentliche Erwähnung des Hotels, durch das Zitat eines es rühmenden Werbeslogans und durch die Nennung des Urhebers, der eben in seinem Slogan beziehungsweise einem zum Slogan verfestigten Dictum verspricht, dass man hierorts in »heiligen Räumen« schlafe; eine — übrigens wiederum authentische[96] — Formulierung, die der Filmtitel »Heiligendamm« natürlich mit aufnimmt. Hier soll dieser Verfasser ja, Helmut Newton alias Helmut Neustädter, während der glücklichsten Zeit seines Lebens von Yva gelernt und profitiert haben, um hernach seinerseits ein weltberühmter Photograph zu werden und einen weiteren jüdischen Beitrag zur deutschen, wenn auch nur noch zur exildeutschen Kultur zu leisten.

5.7 Die Wiederkehr des Verdrängten out of the closet

Das Zimmer mit dem unheimlichen Schrank darin erhält in *Heiligendamm* also ein besonderes Schicksal. Es bekommt sowohl biographisch-private Bedeutsamkeit als aber auch nationalhistorische Relevanz. Dadurch wird Thomas Manns frühe *Geschichte voller Räthsel* mit einem ganz und gar neuen Sinn imprägniert. Beckmesserisch genau genommen ist es natürlich ein völlig anachronistischer Sinn. Als Thomas Mann den *Kleiderschrank* schrieb und erstmals publizierte, war Else Neuländer, »JG. 1900«, noch nicht einmal geboren.

Das Spukhafte, Unheimliche, das man im Text der *Geschichte voller Räthsel* unbeschadet seiner hoffmannschen Provenienz doch wohl allein und ohne Rest auf die finale Krankheit eines einzelnen Protagonisten zurückzuführen hat, ist in *Heiligendamm* kurzgeschlossen mit dem, was gerade auch nach Ausweis der vorangegangenen Verfilmungsgeschichte Thomas Manns kollektiv bislang beson-

---

96 Vgl. Tempest, Bogota Hotel.

ders gründlich verdrängt wurde. Der Spuk wird jetzt in direkte Beziehung gesetzt zur Vergangenheit des Lands, in dem die Handlung der Erzählung so oder so spielt, und der Stadt, in der sie, die *Erzählung*, indessen auf gar keinen Fall situiert sein kann. In der weiblichen Gestalt, die in Schrank und Zimmer spukt, kehrt das Verdrängte buchstäblich out of the closet wieder.

Gerade weil sie erheblich älter ist als das Mädchen der Mann'schen Erzählung, dürfen oder müssen die Zuschauerinnen und Zuschauer in der Spukgestalt des Hotelzimmers und seines Kleiderschranks die untote Yva vermuten. Die Schauspielerin, die das Schrankgespenst darstellt, steht im selben Lebensalter wie Yva zur Zeit ihrer Deportation. Auch sieht sie ihr nicht ganz unähnlich.[97]

Als Yvas Wiedergängerin hat die aus dem closet gekommene Gestalt allen guten Grund, traurige und trostlose Geschichten zu erzählen. Nicht umsonst wiederholt die gespenstische Binnenerzählerin des Films beziehungsweise die deren Binnenerzählung paraphrasierende Off-Stimme den Satz vom bösen Ausgang der erzählten Geschichte, indem sie deren »Ende« damit nicht nur einleitet, sondern gegen die Vorgaben des Mann'schen Texts, auch wieder beschließt: »Aber es ging nicht gut aus. Das Ende war so traurig [...]. So fing es an. Aber es ging nicht gut aus.«[98]

Judentum und Shoah tauchen bei Blume also in einem Kontext auf, in dem man nicht mit ihnen rechnen dürfte und in den sie nach Maßgabe der verfilmten Erzählung nie und nimmer gehörten. Dieses Paradox läuft zweifelsohne auf einen schweren Verstoß gegen alles und jedes hinaus, was man auch von der Tonfilmgeschichte Thomas Manns her erwarten müsste, weil es eben das gerade in dieser sonst exhibitiv hochgehaltene Gebot der Werktreue verletzt; wobei solche Werktreue wie gezeigt just bei der Repräsentation von Judentum und Antisemitismus ihre Grenzen zu finden pflegt.

In den Verfilmungen Thomas Mann'scher Texte, erst recht in den deutschen, entsprechend aufwendigen und teuren, kommen schon nur chronotopische Transpositionen in die Gegenwart der jeweiligen Filmproduktion so gut wie nirgends vor, abgesehen von der allerersten, dem Stummfilm von 1923,[99] der die Handlung der *Buddenbrooks* »in die Gegenwart verlegt« hat, ohne dass ihm diese »eine Aenderung« seinerzeit angekreidet worden wäre.[100] Nur gerade eine französische Verfilmung der *Betrogenen* (*Le Mirage*), eine US-amerikanische Adaption des *Tods in Venedig* und eine deutsch-ungarische der *Vertauschten Köpfe*

---

97 S. Abb. 46 f.

98 Blume, Heiligendamm, 00:11:45.

99 Vgl. Dittmann, *Buddenbrooks* heute, S. 208–210.

100 Anonymus [F. O.], *Buddenbrooks*, S. 148.

wagen es, die Handlung zu versetzen: aus dem Düsseldorf der mittleren 20er Jahre an den Genfersee etwa der späten Achtzigerjahre;[101] aus dem Venedig der Vorkriegszeit in das *Venice* der südkalifornischen Neunzigerjahre;[102] aus dem Alten Indien in unsere eigene oder die Lebenswelt ungefähr der Produktionszeit[103] (während man sich in Fernando Birris avantgardistischer Verfilmung der »indische[n] Legende«, *Org*, 1979, in eine postatomar-ortlose Zukunft katapultiert sieht[104]).

Auch abgesehen davon, dass sich bei den Ausstattungsmitteln erkleckliche Einsparungen erzielen lassen, wenn man einen historischen Text auf die Gegenwart der Dreharbeiten hin adaptiert, versteht sich die ehrfürchtige Scheu vor Aktualisierungen literarisch vorgegebener Handlungsparameter eigentlich gerade bei diesem einen Autor durchaus nicht von selbst. Denn Thomas Mann selber war beteiligt an einem Projekt, einen allerältesten Text der europäischen Literaturgeschichte in die damalige Gegenwart zu verschieben, in den Zweiten Weltkrieg. Er hatte nämlich im Sinn, »die Rückkehr des Odysseus zu modernisieren«.[105] In einem *Ulysses*-Projekt, das es ihm sehr angetan haben muss und das sich trotz seinem energischen Einsatz dafür endlich doch zerschlagen sollte, wäre es darum gegangen, »die heroische Leistung des Griechenvolks in diesem Krieg dar[zu]-stellen«,[106] namentlich unter dem Terror der deutschen Besatzung.

Solche Modernisierungen, da sie natürlich auf dem Axiom beruhen, dass große Literatur im Grunde zeitlos gültig sei und allen Epochen das Ihre zu sagen habe, hätten sich eigentlich auch bei einem modernen Klassiker wie Thomas Mann anbieten können, ja aufdrängen müssen. Wenn die Filmindustrie davor dennoch zurückscheute, dann ist das wohl einmal mehr bezeichnend für den sakrosankten Status des Autors und für das Bedürfnis nach einer museal-konservativen Pflege seines Erbes, die, um es zu wiederholen, regelmäßig nur dort auf ihre Grenzen stößt, wo es um Juden und Antisemitismus geht. Insofern ist es möglicherweise auch aufschlussreich, welchen Texten eine Modernisierung wie die von Thomas Mann einst selbst intendierte mehrheitlich zuteil wurde: *Die Betro-*

---

101 Guiguet, Le Mirage.

102 Death in Venice, CA (R: P. David Ebersole, USA 1994).

103 Fremdkörper / Transposed Bodies (R: Katja Pratschke, D 2002). Vgl. Irmela Marei Krüger-Fürhoff, Verpflanzungsgebiete. Wissenskulturen und Poetik der Transplantation, München: Fink, 2012 (Trajekte), S. 251–259.

104 Org (R: Fernando Birri, I/ARG 1979). Vgl. David Steinitz, Grrr und Zohommm. Terence Hill trifft Thomas Mann. Der Experimentalfilm *Org*, in: Süddeutsche Zeitung, 19. März 2017, S. 11.

105 Brief vom 18. August 1942 an Agnes E. Meyer, in: Mann und Meyer, Briefwechsel, S. 425–427, hier S. 427.

106 Brief vom 18. August 1942 an Agnes E. Meyer, S. 426.

gene und *Die Vertauschten Köpfe* oder eben *Der Kleiderschrank* — drei eher marginale und jedenfalls nicht kanonisierte Erzählungen (in denen übrigens keine jüdischen Figuren vorkommen, wenigstens, um es mit der *Betrogenen* genau zu nehmen, in ihrer publizierten Fassung[107]).

Indem Blume den *Kleiderschrank* vom Ende des neunzehnten ins Berlin des einundzwanzigsten Jahrhundert verschiebt, erhebt oder löst er seinerseits jenen ›klassischen‹ Anspruch ein, dass der verfilmte Text auch hic et nunc relevant bleibe. Dieser Anspruch geht hier mit einer Reflexion dessen einher, was unsere Gegenwart von der Entstehungs- und Handlungszeit der Erzählung trennt. Daher die Hinweise auf den bundesdeutschen Multikulturalismus und Multiethnizismus: die schwarze Bedienung am Anfang, die ohne erkennbaren Akzent Deutsch spricht (und den closing credits zufolge von einer Frau mit sehr deutschem Geschlechtsnamen gespielt wird, Tracy Ostermann); die mutmaßliche Südamerikanerin im Zug, die sich so erstaunlich gut und mit dem Gestus vollkommener Selbstverständlichkeit in der deutschen Kulturgeschichte auskennt: »Aber natürlich!«

Und daher auch die Vertauschung der Geschlechterpositionen, die Revokation misogyner Stereotypen und die Veränderung der in Manns Text vorgegebenen Lebensalter: das weibliche Gendering der fiktiven Autorinstanz im off; die jetzt *weibliche* Hauptfigur; das nunmehr *weibliche*, das Begehren obendrein einer *alten* Frau, die als solche, aber entgegen einer ja gerade auch im *Kleiderschrank* bedienten Topik, weder »eingefallen[]« noch »[a]bscheulich[]« noch sonst wie abstoßend aussieht; die Kunstwürdigkeit, ja Tragödienfähigkeit ihrer lesbischen Orientierung; ein *Mann* reifen Alters in der subalternen Position dessen, der A. zu bedienen hat; und andererseits vielleicht auch die Tabuierung einer im phantastischen Text phantasmatisch ausgelebten Perversion, einer nach wie vor besonders schweren, der Päderastie, die nunmehr noch nicht einmal in febrilen Traumgesichten vorkommen zu dürfen scheint.

Von Bedeutung sind hier aber vor allem die verstreuten, doch konsequenten Reminiszenzen an die deutsche Geschichte des zwanzigsten Jahrhunderts und die Insistenz, mit der die Bilder und Dialoge nach Berlin zeigen, auf Berlin als den Ort, der in dieser katastrophischen Geschichte die fatalste Rolle spielte. Es versteht sich von selbst, welche Bewandtnis es mit all den forcierten Hinweisen auf die Geschichte Deutschlands und Berlins hat, von Thomas Manns Opposition gegen den »Hakenkreuz-Unfug« und »diese Tiere« über die Erwähnung des Mordes an einer Berliner Jüdin und das Angebot, in der entblößten Binnenerzählerin eine Revenante dieses Opfers zu erkennen, bis zur post-credits scene auf dem Jüdi-

---

107 Vgl. Elsaghe, »Wie soll man sie nennen?«, S. 114.

schen Friedhof in Weißensee. All das kommt einem Eingeständnis der moralischen Unmöglichkeit gleich, nach 1945 eine deutsche »Geschichte«, und komme sie aus dem neunzehnten Jahrhundert, so zu erzählen, als hätte es das zwanzigste nie gegeben — das heißt ohne zeithistorischen Bezug zum Schicksal des deutschen wie des europäischen Judentums. Nach solch einem Bekenntnis sucht man paradoxalerweise ausgerechnet in denjenigen Verfilmungen vergeblich, in denen es eigentlich viel angebrachter wäre, weil die verfilmten Texte eben auch oder sogar, im Fall von *Wälsungenblut,* vor allem anderen von deutschen Juden handeln. So fehlen Reflexionen dieser Art wie gezeigt auch in Franz Seitz' Verfilmung des *Doktor Faustus* samt allen jüdischen oder auch antisemitisch gesinnten Figuren darin — Rabbi Carlebach, Chaim Breisacher, Saul Fitelberg, Kunigunde Rosenstiel, die rassistischen Absonderungen eines Rüdiger Schildknapp oder eines Gilgen Holzschuher. Und das alles, obwohl gerade der *Faustus*-Roman wie kein zweiter des Autors die Geschichtszäsur zum Thema hat, die in *Heiligendamm* gleich am Anfang durch *das* Speichermedium schlechthin scharfgestellt wird — den Computer und das Internet —, und obwohl er so zum Ausdruck bringt, was Luther an einer von Thomas Mann seinerzeit angestrichenen und mit Ausrufezeichen markierten Briefstelle diesem ganz offensichtlich aus tiefstem Herzen sprach: »Deutschland ist gewesen und wird nie wieder werden, was es war.«[108]

---

108 Martin Luther, Briefe, hg. v. Reinhard Buchwald, Leipzig: Insel, 1909, Bd. 2, S. 181.

III **Die Thomas-Mann-Verfilmungen der DDR, der ›Wende‹-Zeit und der frühen Neunzigerjahre**

1 Egon Günthers *Lotte in Weimar*

1.1 Präliminarien

1.1.1 DDR- versus westliche Verfilmungen

Um eine Zwischenbilanz zu ziehen und dabei von den Rändern der Experimentalfilmszene einmal abzusehen, über die Michael Blumes *Heiligendamm* niemals hinausgelangte: Was die bundesdeutsche Behandlung der schon zur Zeit des frühen Thomas Mann so genannten Judenfrage angeht, muss man leider feststellen, dass an den späteren Verfilmungen keinerlei nennenswerte Fortschritte auszumachen sind. Soweit sie an das große Kino- und Fernsehpublikum adressiert sind, lassen sie sich alle, um eine provokative Pointierung zu wagen, als Wiederholung der ›Endlösung‹ in aestheticis bezeichnen; insofern eben, als sie die in den Texten ehedem vorhandenen Juden schlechterdings eliminieren — während *Heiligendamm* genau umgekehrt das deutsche Judentum in eine Geschichte einführt, in der es ursprünglich gar nicht vorkam.

Wenn man, über die Ausnahmeerscheinung dieses Kurzfilms hinaus, der deutschen Kino- und Fernsehgeschichte der späteren Jahre in Sachen Thomas Mann à tout prix etwas Gutes abgewinnen wollte, müsste man sich nach anderen Filmen umsehen und erst einmal über die Ostgrenze der alten Bundesrepublik blicken. Um so etwas wie einen Durchbruch zu einem weniger falschen Bewusstsein auszumachen oder wenigstens Aspekte, unter denen die Filme den Erwartungshorizont der Thomas-Mann-Leser allenfalls erweiterten oder sogar den Stand der Forschung überholten, hätte man sich zunächst wohl eher an die beiden Filme zu halten, mit denen die Kulturinstitutionen der DDR das informelle Westmonopol auf Thomas-Mann-Verfilmungen brachen und deren ersten Blume übrigens, für sein Teil in der DDR sozialisiert, seinerzeit interessiert zur Kenntnis genommen hatte.[1]

Diese erste Thomas-Mann-Produktion der DDR, Egon Günthers Kinofilm *Lotte in Weimar*, war 1975 »zum 100. Geburtstag des Dichters«[2] in die Kinos gekommen. Rezeptions- und verfilmungsgeschichtlich heißt das: zeitgleich mit den aus demselben Anlass entstandenen Fernsehproduktionen des westdeutschen Fernsehens und nachdem die bundesrepublikanische Filmindustrie für ein gan-

---

1 Michael Blume, telephonische Auskunft vom 5. November 2015.
2 Dieter Wolf (Hauptdramaturg), Stellungnahme zum Szenarium, 22. November 1973, Bundesarchiv Berlin-Lichterfelde.

https://doi.org/10.1515/9783110638509-011

zes Jahrzehnt den Geschmack am Autor verloren hatte. Die zweite Produktion, eine weithin übersehene Fernsehverfilmung des *Kleinen Herrn Friedemann*, verdient hier schon nur aus entstehungschronologischen Gründen ganz besondere Beachtung. Ihre Entstehung fiel nämlich in ein historisch turbulentes Zeitintervall. Dieses reichte von der ersten Hälfte 1988 bis zum Anfang des Jahres 1991.

Über die ästhetische Qualität auch dieser beiden Produktionen, die durchaus ihre ermüdenden Längen haben und heute schon absehbar schlechte Aussichten, den test of time zu bestehen, darf man so geteilter Meinung sein wie über *Heiligendamm*; und dass sie zu ihrer Zeit wie in der späteren Forschung wenig Aufmerksamkeit fanden, konnte nur im Fall von *Lotte in Weimar* mit äußeren Faktoren wie dem Kalten Krieg und der westlichen Forschungsdominanz zu tun haben. Denn die Entstehungszeit des *Friedemann*-Films ist ja gerade deswegen so beachtenswert, weil sie das, so schien es damals und für ein paar Jahre, definitive Ende dieses Kalten Kriegs umfasste. Jedenfalls sind beide Filme aber Belege dafür, dass es zu der assertorischen Rezeptionsweise, die in der bundesdeutschen Verfilmungsgeschichte Thomas Manns vorherrscht, durchaus Alternativen gibt. Wie sonst nur noch *Heiligendamm* liefern sie seltene Beispiele für eine nicht einfach affirmative Rezeption des Autors. Diese dient auch selbstkritischen Zwecken statt immer bloß autogratulatorischen.

Das ergibt sich im ersten Fall, bei *Lotte in Weimar*, fast schon zwangsläufig aus dem gewählten Roman. *Lotte in Weimar* nimmt im Gesamtwerk eine sehr besondere Stellung ein. Es ist das untypischste, modernste Werk des Autors oder eigentlich sein einzig moderner Roman.[3] Dessen Verfilmung hatte denn im Westen bezeichnenderweise nie zur Diskussion gestanden — in auffälligem Unterschied selbst zu sehr viel weiter abgelegenen und ungleich schwerer verfilmbaren Texten. So erwog man offenbar schon in den Fünfzigerjahren Kinoverfilmungen des *Erwählten* oder der Josephsromane.[4] In den Sechzigerjahren gelangte das österreichische Fernsehen sodann mit dem Plan an die Erben, die »indische Legende« *Die Vertauschten Köpfe* zu verfilmen,[5] eine schon in den zeitgenössischen Rezensionen wenig euphorisch aufgenommene[6] und bis heute kaum beforschte Erzählung, deren sich sonst, wiederum sehr bezeichnenderweise, nur die internationale Kurz- und elitär-avantgardistische Experimentalfilmkultur annahm. In

---

3 Vgl. Hayden White, Introduction, in: Thomas Mann, Lotte in Weimar. The Beloved Returns, Berkeley: University of California Press, 1990, S. v–xi, hier S. v.

4 Vgl. Zander, »Das Publikum versteht Thomas Mann auch im Kino!«, S. 220.

5 Vgl. Erika Mann, Brief vom 11. September 1967 an Hans Abich, Münchner Stadtbibliothek / Monacensia, Signatur EM B 233.

6 Vgl. Hans Rudolf Vaget, Thomas Mann — Kommentar zu sämtlichen Erzählungen, München: Winkler, 1984, S. 260–270.

den Fünfzigerjahren hatte Alejandro Jodorowsky ihn ja in Form einer sehr freien Adaption als Pantomime umgesetzt,[7] Ende der Siebziger Fernando Birri in seinem apokalyptischen Film *Org*, 2002 Katja Pratschke in ihrem »Photofilm«[8] *Fremdkörper / Transposed Bodies*. Und 1996 verfilmten Dany Roland und Bia Lessa in Brasilien endlich doch noch den *Erwählten* alias *Crede-mi*.[9]

1.1.2 Zu den entstehungs- und ideengeschichtlichen Voraussetzungen des Romans

Während die bundesrepublikanische und die westliche Filmindustrie also um *Lotte in Weimar* einen weiten Bogen machte, fiel bei der ersten, genauer der ersten *realisierten* Thomas-Mann-Verfilmung der DDR — und der ersten Verfilmung eines Exilwerks überhaupt — die Wahl zielsicher auf just diesen Roman. Das war und ist leicht nachvollziehbar. Da sind zunächst die literarischen Besonderheiten des Texts, seine komisch-dramatischen Qualitäten, die seine Verfilmung besonders nahelegen und erleichtern; hatte Thomas Mann in der betreffenden Episode aus Goethes Biographie doch ursprünglich einen »Novellen- *oder Theaterstoff*« gesehen,[10] den er also nicht nur quantitativ schmaler zu konzipieren gedachte (wie er ausnahmslos *alle* seine Romane,[11] mit Ausnahme vielleicht der *Budden-*

---

7 La Cravate (R: Alejandro Jodorowsky, I/ARG 1979).
8 Stepken, Vorwort.
9 Crede-mi (R: Bia Lessa und Dany Roland, BRA 1996).
10 Tagebucheintrag vom 19. November 1933, in: Mann, Tagebücher 1933–1934, S. 250 f., hier S. 251; im Original keine Hervorhebung.
11 *Königliche Hoheit* als »Fürsten-Novelle«: Briefe vom 5. Dezember 1903 an Walter Opitz, in: Bd. 21, S. 250–252, hier S. 251; vom 14. April 1905 an Philipp Witkop, in: Thomas Mann, Selbstkommentare: *Königliche Hoheit* und *Bekenntnisse des Hochstaplers Felix Krull*, hg. v. Hans Wysling, Frankfurt a. M.: Fischer, 1989 (Informationen und Materialien zur Literatur), S. 7; vom 3. September 1905 an Ida Boy-Ed, in: Bd. 21, S. 322–324, hier S. 323. *Der Zauberberg* als »Davoser Novelle«: Briefe vom 24. Juli 1913 an Ernst Bertram, in: Bd. 21, S. 526 f., hier S. 527; vom 9. September 1913 an Hans von Hülsen, in: Bd. 21, S. 528 f. hier S. 529; vom 10. Juni 1914 an dens., in: Bd. 22, S. 33. Vgl. Mann, Notizbücher, Bd. 2, S. 40, 186 f. *Doktor Faustus* als »Künstler-Novelle«: Brief vom 21. Februar 1942 an Agnes E. Meyer, in: Mann und Meyer, Briefwechsel, S. 373 f., hier S. 374; vom 10. Oktober 1947 an dies., ebd., S. 683–687, hier S. 687. *Joseph und seine Brüder* als »Novelle«: Gespräch mit Oskar Maurus Fontana vom 11. Juni 1926, in: Dichter über ihre Dichtungen, Bd. 14/II: 1918–1943, S. 92 f., hier S. 92. *Der Erwählte* als »Legenden-Novelle«: Brief vom 10. Oktober 1947 an Agnes E. Meyer, in: Mann und Meyer, Briefwechsel, S. 683–687, hier S. 687. *Bekenntnisse des Felix Krull* als immerhin »größere[] Erzählung«: Brief vom 10. Januar 1910 an Heinrich Mann, in: Dichter über ihre Dichtungen, Bd. 14/I: 1889–1917, S. 297.

brooks,[12] erst als Novellen begann). Sondern eben auch qualitativ erwog er den Stoff in einem anderen Genre zu bearbeiten und sich damit den zäh gehegten Wunsch doch noch zu erfüllen, ein »aufführbares«[13] Drama zu schreiben, nachdem sich die nicht umsonst kaum je gegebene *Fiorenza* als bühnenuntauglich erwiesen hatte und bevor er es mit der Fragment gebliebenen Komödie *Luthers Hochzeit* nochmals vergeblich versuchen sollte.

Gewisse Züge einer ursprünglich dramatischen Konzeption hat der Roman denn auch bewahrt. Nicht zufällig pflegte ihn der Autor noch post festum als »Komödie«,[14] »Lustspiel«[15] oder »dialogisierte Monographie«[16] zu bezeichnen. Die direkten Reden beanspruchen ein Vielfaches mehr an erzählter oder eben virtuell gespielter Zeit als die Erzählerstimme. Für die theatralen Qualitäten des Romans, wie sie in solcher Dialogizität aufgehoben sind, spricht schon nur die Geschichte seiner produktiven Rezeptionen, die seiner Verfilmung vorausgingen und folgten: die vom Autor ausdrücklich gebilligte Dramatisierung durch Hans ›Nebel‹ Feist, 1950, einen ehemaligen Gönner und Liebhaber Klaus Manns;[17] und ein Hörspiel des Schweizer Rundfunks, 1996.

Das respektlose, bitterböse Bild, das Thomas Mann in seinem komödienhaften Roman vom deutschen Nationalschriftsteller Goethe entwirft, um sich über eine bierernst-ergebene Verkultung desselben lustig zu machen, ist im Rahmen der deutschen Ideengeschichte zu sehen. Es lässt sich erst vor dem Hintergrund eines Paradigmenwechsels in der damals rezenten Goethe-Forschung wirklich verstehen. Goethe war für die Kenner spätestens seit den Zwanzigerjahren nicht mehr der, zu dem ihn die nationalen Bildungsinstitutionen im Lauf des neun-

---

12 Vgl. Brief vom 20. August 1897 an Otto Grautoff, in: Bd. 21, S. 96–99, hier S. 99; Hans Wysling, *Buddenbrooks*, in: Helmut Koopmann (Hg.), Thomas-Mann-Handbuch, Stuttgart: Kröner, ²1995, S. 363–384, hier S. 363 f. [= ders., Ausgewählte Aufsätze 1963–1995, hg. v. Thomas Sprecher und Cornelia Bernini, Frankfurt a. M.: Klostermann, 1996, S. 197–217, hier S. 198]; Elsaghe, Entstehung und Überlieferung, S. 29 f.

13 Brief vom 10. März 1955 an Hans Reisiger, in: Mann, Briefe, Bd. 3, S. 383; Brief vom 16. März 1955 an Agnes E. Meyer, in: Mann und Meyer, Briefwechsel, S. 799 f., hier S. 800.

14 Briefe vom 21. Januar 1940 an Hermann Kesten, in: Dichter über ihre Dichtungen, Bd. 14/II: 1918–1943, S. 482; vom 2. Februar 1940 an Ernst Benedikt, ebd., S. 483 f., hier S. 483.

15 Brief vom 1. Januar 1954 an Hans Franck, in: Hans Bürgin und Hans-Otto Mayer (Hgg.), Die Briefe Thomas Manns. Regesten und Register, Bd. 4: Die Briefe von 1951 bis 1955 und Nachträge, Frankfurt a. M.: Fischer, 1987, S. 269.

16 Brief vom 3. März 1940 an Heinrich Mann, in: Thomas Mann und Heinrich Mann, Briefwechsel. 1900–1949, hg. v. Hans Wysling, Frankfurt a. M.: Fischer, 1984, S. 279–281, hier S. 280; Thomas Mann, Selbstkommentare: *Lotte in Weimar*, hg. v. Hans Wysling, Frankfurt a. M.: Fischer, 1996 (Informationen und Materialien zur Literatur), S. 50.

17 Vgl. Lahme, Die Manns, S. 33.

zehnten Jahrhunderts aufgebaut hatten. Er stand nicht mehr unbedingt für eine einzige genialische Aufgipfelung vitaler Energien. Er galt nicht mehr einfach als das Kraftgenie, dessen Liebschaften »bildungsobligatorisch«[18] waren und dessen größtes Kunstwerk sein Leben. So will es ein Topos der älteren, hagiographischen Goethe-Literatur, der auf Richard M. Meyers *Goethe* von 1895 zurückgeht, einen dreibändigen Beitrag zu einer Reihe *Geisteshelden*,[19] und der sich sehr wohl auch noch in der neuesten Goethe-Literatur halten oder darin wiederkehren kann. Das verrät bereits die Titelei von Rüdiger Safranskis Bestseller von 2013: *Goethe. Kunstwerk des Lebens*; ein Untertitel, der mutatis mutandis, aber nur paulo mutandis, auch über der jüngsten Thomas-Mann-Biographie steht — zum untrüglichen Zeichen dafür, dass Thomas Manns Aspiration auf die Goethe-Nachfolge[20] tatsächlich in Erfüllung gehen sollte: *Thomas Mann. Das Leben als Kunstwerk*.

Nach dem Ersten Weltkrieg aber, und das spricht Bände über die mit der Kriegsniederlage erlittene Demütigung des deutschen Nationalstolzes, wurde auch Goethe von einer allgemeinen Tendenz erfasst, die einer ihrer Exponenten oder Initiatoren, Emil Ludwig, auf den Nenner »Entgötterung der Helden« brachte.[21] Im Zuge dieser Tendenz wurden die Helden und Geisteshelden wo nicht demontiert, so doch auf menschlich-allzumenschliche Maße redimensioniert. *Geschichte eines Menschen* lautet der Untertitel von Ludwigs ihrerseits dreibändiger Goethe-Biographie.[22] In diesen neuen Dimensionen konnte man auch und vor allem einen Goethe nun neu lesen und ganz anders bewerten.

Für Thomas Mann, weil er dafür von langer Hand vorbereitet war und sich die theoretischen Voraussetzungen dafür bereits gründlich angeeignet hatte, erwiesen sich hier die psychoanalytischen Ansätze als besonders ergiebig. Am allerwichtigsten war unter diesen ein Versuch, dessen Publikation sinnigerweise just ins Jahr der Nobelpreisverleihung fiel, als Thomas Manns eigene Karriere

---

18 Bd. 19.1, S. 336.

19 Vgl. Richard M. Meyer, Goethe, Berlin: Hofmann, 1895 (Geisteshelden, Bd. 13–15).

20 Vgl. Peter von Matt, Zur Psychologie des deutschen Nationalschriftstellers. Die paradigmatische Bedeutung der Hinrichtung und Verklärung Goethes durch Thomas Mann, in: Sebastian Goeppert (Hg.), Perspektiven psychoanalytischer Literaturkritik, Freiburg i. Br.: Rombach, 1978 (Rombach Hochschul Paperback, Bd. 92), S. 82–100; Elsaghe, Thomas Mann und die kleinen Unterschiede, S. 309–337.

21 Emil Ludwig, Historie und Dichtung, in: Die Neue Rundschau 40.1, 1929, S. 358–381, hier S. 378. Zu Thomas Manns Rezeption dieses Beitrags vgl. Hinrich Siefken, Thomas Mann. Goethe — »Ideal der Deutschheit«. Wiederholte Spiegelungen 1893–1949, München: Fink, 1981, S. 139 f.

22 Emil Ludwig, Goethe. Geschichte eines Menschen, Stuttgart und Berlin: Cotta'sche Buchhandlung Nachfolger, 1920.

also einen Zenit erreichte, gegenläufig eben zum hier vorgenommenen de-bunking Goethes: *Goethe. Sexus und Eros* von Felix A. Theilhaber.[23] Es handelt sich dabei um eine erste großangelegte und gut fundierte Psychoanalyse Goethes und seines Œuvres. Sie nimmt sehr vieles von dem vorweg, womit Kurt R. Eissler in den Sechzigern, im deutschen Sprachraum erst in den Achtzigerjahren Furore machte;[24] wobei die Frage vorderhand ungeklärt bleibt, ob Eissler, der Theilhaber nirgends zitiert, weder in den Anmerkungen noch in der Bibliographie, diesen gelesen hat.[25]

Die nachhaltige Wirkung, die Teilhabers Studie auch auf Thomas Mann ge-habt haben muss, verrät sich nicht nur in den dichten und teilweise ungewöhn-lich energischen Lesespuren in dessen Handexemplar,[26] sondern vielleicht mehr noch ex negativo oder a silentio. Denn über die Bedeutung, die Theilhabers Buch für ihn bekommen haben *musste*, ganz besonders für *Lotte in Weimar*, schwieg sich Mann beharrlich aus. Und zwar verschwieg er sie selbst dort, wo er gerade-wegs auf die Inspirationsquellen dieses Romans angesprochen wurde und wo er darüber scheinbar bereitwillige, nestorisch ausführliche, aber eben auch irrefüh-rende Auskünfte gab.[27]

Dass Theilhabers Beitrag zur Modifikation, ja Revolutionierung des Goethe-Bilds im zwanzigsten Jahrhundert so vollkommen in Vergessenheit geraten konnte, spricht natürlich für sich. Dergleichen gehört in ein düsteres Kapitel der deutsch-jüdischen Geschichte. Oder es *erinnert* zumindest an die systematische Expropriation längst nicht nur materiellen Eigentums. Als Teil und Ausdruck ei-ner damnatio memoriae passt es wohl nicht ganz zufällig zur Auslöschung jüdi-scher Figuren, die an den Thomas-Mann-Verfilmungen bisher zu beobachten war.

1.1.3 Der Exilcharakter und die Rezeptionsgeschichte des Romans

In der zuvor leitenden Hinsicht auf Judentum und Shoah freilich kann weder Tho-mas Manns Goethe-Roman ernsthafter in Betracht kommen noch auch seine *Frie-*

---

23 Felix A. Theilhaber, Goethe. Sexus und Eros, Berlin-Grunewald: Horen, 1929.

24 Vgl. Kurt R. Eissler, Goethe. A Psychoanalytic Study. 1775–1786, Detroit: Wayne State Uni-versity Press, 1963; ders., Goethe. Eine psychoanalytische Studie. 1775–1786, Basel: Stroemfeld, und Frankfurt a. M.: Roter Stern, 1983–1985.

25 Vgl. Elsaghe, Thomas Mann und die kleinen Unterschiede, S. 320; ders., Thomas Manns Goe-the-Essays, in: Düsseldorfer Beiträge zur Thomas Mann-Forschung [im Druck].

26 Vgl. Elsaghe, Thomas Mann und die kleinen Unterschiede, S. 316.

27 Vgl. Elsaghe, Thomas Mann und die kleinen Unterschiede, S. 316.

demann-Novelle, wie gesagt der zweite und letzte in der DDR verfilmte Text des Autors. Oder wenigstens können die beiden Texte in dieser Hinsicht nicht *unmittelbar* einschlägig sein. Denn hier wie dort kommen Juden und Jüdinnen gar nicht erst vor. Oder jedenfalls treten sie zur je erzählten Zeit nicht auf. *Der kleine Herr Friedemann* ist wie *Der Kleiderschrank* eine Novelle, in der, mit Blick auf das Frühwerk möchte man wieder sagen: ausnahmsweise, das Judentum überhaupt keine Rolle spielt. An diesem Befund, um es zu wiederholen, ändert auch ein erst im Nachhinein suspekter Name nichts, »Hagenström«, den Thomas Mann hier wie gesehen ein erstes Mal erprobte und einer kleinstädtisch verklatschten »Frau Rechtsanwalt Hagenström« gab — wie verdächtig er einem von den *Buddenbrooks* her auch vorkommen mag.

Eine Verfilmung der also immer schon ›judenfreien‹ *Friedemann*-Novelle *kann* unter dem zuletzt leitenden Gesichtspunkt folglich gar nicht von Belang sein oder allenfalls, wie gezeigt, nur mittelbar. In Betracht käme sie möglicherweise, um auch das zu wiederholen, in Hinblick auf jene Frage, die probeweise an die Geschichte der *Buddenbrooks*- und vor allem der *Felix Krull*-Verfilmungen gestellt wurde: Ob nämlich das in den Thomas-Mann-Filmen Verdrängte wiederkehren muss und wie es darin gegebenenfalls wiederkehrt.

Etwas anders verhält es sich mit *Lotte in Weimar*. Hierin nahm Thomas Mann bekanntlich indirekt, aber unmissverständlich und energisch Stellung zu dem, was sich im Deutschland der späteren Dreißigerjahre abspielte. Insofern nimmt *Lotte in Weimar* innerhalb des Mann'schen Gesamtwerks eine sehr besondere Stelle ein. Der Roman ist gewissermaßen der erste Text des Spätwerks, sofern man dieses im oben definierten Sinn mit dem Exil beginnen lässt und dabei vom Abschluss der Josephstetralogie absieht, deren Entstehungsgeschichte ja tief in die Weimarer Republik zurückreicht. Mit diesem Status des Texts als eines dezidierten Exilwerks geht deutlich — wenn auch nicht so deutlich wie im *Doktor Faustus* — ein nun auffällig gebrocheneres Verhältnis zur deutschen Vergangenheit und zu ihren kulturellen Repräsentanten einher; was eben auch erklärt, warum *Lotte in Weimar* trotz aller formalen Affinität zu Drama und Film so lange warten musste, um verfilmt zu werden, mehr als zwei Jahrzehnte länger denn ein vom literaturkritischen Standpunkt aus sicherlich nicht ebenbürtiger Roman wie *Königliche Hoheit*, vom *Doktor Faustus* ganz zu schweigen, bei dem es beinahe drei Jahrzehnte brauchen sollte, bis man sich an eine Verfilmung wagte.

Der exilierte Thomas Mann lässt seinen Goethe in *Lotte in Weimar* wie schon angedeutet über Deutschland und die Deutschen herziehen. Er akzentuiert Goethes prekäres Verhältnis zu seinen Landsleuten stärker, als er es in der benutzten

Literatur oder auch nur bei Nietzsche hätte betont finden können.[28] Das geschieht ganz besonders in dem großen inneren, teilweise auch halblaut gemurmelten Monolog des Siebenten Kapitels — so dass sich denn sein Diener an gut passender Stelle angesprochen fühlt, auch im Film.[29] Der große Monolog, der nicht weniger als ein halbes Hundert Seiten füllt,[30] ist über weite Strecken eine Schimpfrede auf die Deutschen und eine Fehdeerklärung an sie. Rezeptionsgeschichtlich wichtig wurde hier vor allem ein Passus, der so unverhohlen wie kein zweiter auf die Entstehungszeit des Romans anspielt und der gerade wegen seiner ganz offensichtlich intendierten Aktualisierbarkeit einmal besondere Berühmtheit erlangen sollte. Berühmt machte ihn der britische Chief Prosecutor bei den Nürnberger Prozessen, Hartley William Shawcross, als er zwei Passagen aus *Lotte in Weimar* mehr oder minder wörtlich in sein Schlussplädoyer übernahm, im festen, wenn eben auch irrigen Glauben, hier die authentischen und als solche geradezu divinatorischen, »prophetische[n]«[31] Worte Goethes zu verlesen — eine für Thomas Mann natürlich sehr schmeichelhafte Verwechslung.[32] Erst Thomas Manns Originalstellen; dann Shawcross' Wiedergabe derselben als der Worte, von denen er glaubte, dass sie Goethe vor »vielen Jahren [...] vom deutschen Volk« gesagt hätte — einschließlich »jene[r] anderen Worte von Goethe« (aber in Wirklichkeit wieder von Thomas Mann), von denen der Redner hoffte, dass sie »nicht allein [...] für das deutsche Volk, sondern für die gesamte Menschheit« »zur Tat werden« würden, einer Aufforderung, wie die Deutschen sein *sollten* —:

> Daß sie den Reiz der Wahrheit nicht kennen, ist zu beklagen, — daß ihnen Dunst und Rausch und all berserkerisches Unmaß so teuer, ist widerwärtig, — daß sie sich jedem verzückten Schurken gläubig hingeben, der ihr Niedrigstes aufruft, sie in ihren Lastern bestärkt und sie lehrt, Nationalität als Isolierung und Roheit zu begreifen [...], ist miserabel.[33]
> [...]

---

28 Vgl. Elsaghe, Einleitung, in: Mann, Goethe, S. 11 f., 28.

29 Vgl. Bd. 9.1, S. 328; Günther, Lotte in Weimar, 01:25:46.

30 Bd. 9.1, S. 283–335. Vgl. Zander, Thomas Mann im Kino, S. 211.

31 Hartley Shawcross, Plädoyer vom Samstag, 27. Juli 1946, in: Internationaler Militärgerichtshof Nürnberg (Hg.), Der Prozess gegen die Hauptkriegsverbrecher vor dem internationalen Militärgerichtshof. Nürnberg 14. November 1945 – 1. Oktober 1946, Bd. 19: Verhandlungsniederschriften 19. Juli 1946 – 29. Juli 1946, Nürnberg: o. V., 1948 [Nachdruck: o. O.: Reichenbach, 1994], S. 534–594, hier S. 592.

32 Vgl. Bd. 9.2, S. 169–172; Brief vom 4. Oktober 1946 an Viktor Mann, in: Dichter über ihre Dichtungen, 14/II: 1918–1943, S. 509 f.; Brief vom 20. Oktober 1946 an die Redaktion des German American, ebd., S. 511 f.; Brief vom 1. November 1946 an Anna Jacobson, ebd., S. 512 f.; Tagebucheintrag vom 16. August 1946, in: Mann, Tagebücher 1946–1948, S. 30; Brief vom 17. August 1946 an den britischen Botschafter in Washington, ebd., S. 868 f.

33 Bd. 9.1, S. 327.

So solltens die Deutschen halten [...]. Welt-empfangend und welt-beschenkend, die Herzen weit offen jeder fruchtbaren Bewunderung, groß durch Verstand und Liebe, durch Mittlertum, durch Geist [...] so sollten sie sein, und das ist ihre Bestimmung [...].[34]

[...]

[...] das Schicksal wird sie schlagen, weil sie sich selbst verrieten und nicht sein wollten, was sie sind [...].[35]

»Das Schicksal wird sie schlagen, weil sie sich selbst verrieten und nicht sein wollten, was sie sind. Daß sie den Reiz der Wahrheit nicht kennen, ist zu beklagen, daß ihnen Dunst und Rauch [statt: ›Rausch‹] und berserkerisches Unmaß so teuer ist, ist widerwärtig. Daß sie sich jedem verrückten [statt: ›verzückten‹] Schurken gläubig hingeben, der ihr Niedrigstes aufruft, sie in ihren Lastern bestärkt und sie lehrt, Nationalität als Isolierung und Roheit zu begreifen, ist miserabel.«

[...]

»So sollten es die Deutschen halten ... weltempfangend und weltbeschenkend, die Herzen offen jeder fruchtbaren Bewunderung, groß durch Verstand und Liebe, durch Mittlertum und Geist — so sollten sie sein, das ist ihre Bestimmung.«[36]

In der Art und Weise, wie Egon Günther mit solchen heiklen, für die Deutschen wenig schmeichelhaften Stellen des Romans verfuhr, unterscheidet der Film *Lotte in Weimar* sich kaum von den bundesrepublikanischen Thomas-Mann-Verfilmungen. Davon im Einzelnen gleich mehr. Bei aller Distanz, die Günthers Film und auch die andere in der DDR projektierte Thomas-Mann-Verfilmung ansonsten zu den bundesrepublikanischen Aneignungen suchen und wahren, weisen sie doch eine unübersehbare Affinität zu wenigstens einem der im Westen, aber außerhalb Deutschlands gedrehten Filme auf. Das gilt in besonderem Maß für den Film *Lotte in Weimar*.

1.1.4 Luchino Viscontis *Morte a Venezia* und die Thomas-Mann-Verfilmungen der DDR

Wer sich Günthers Film ansieht und wer sich vor allem dessen Musik anhört, kann sich eines ganz bestimmten Verdachts nicht erwehren, dessen Schwere auch an der Forschungsliteratur dokumentierbar wäre. Man muss nämlich den Eindruck gewinnen, dass die DEFA sich hier plagiatorisch in den Windschatten der erfolgreichsten Thomas-Mann-Verfilmung aller Zeiten zu begeben versuchte: *Morte a Venezia*, gedreht immerhin von einem bekennenden Kommunisten, Lu-

---

34 Bd. 9.1, S. 334.
35 Bd. 9.1, S. 335.
36 Shawcross, Plädoyer vom Samstag, 27. Juli 1946, S. 592 f.

chino Visconti, übrigens schon Erika Manns Wunschregisseur,[37] seitdem sie vermutlich durch ihre Schwester Elisabeth Mann Borgese auf den Mailänder Großerfolg seines Sprechballets oder teatro coreografico *Mario e il Mago* (1956) aufmerksam geworden war. *Morte a Venezia* ist nach wohl einhelliger Meinung eine besonders kluge, ja die beste, nein die einzig wirklich gute Thomas-Mann-Verfilmung, wie gesagt und bezeichnenderweise eine außerdeutsche Produktion. Bei dieser gab es die Zwänge nationaler Selbstvergewisserung nicht, wie sie sich an den deutschen Verfilmungen von Anbeginn beobachten lassen. Dem entsprechend kam die heftigste Kritik an Viscontis Adaption von deutscher Seite.[38]

Um einmal von *Heiligendamm* abzusehen, wo prominente Einstellungen gegen die Vorgaben des *Kleiderschranks* ihrerseits ans Meer versetzt sind — eine ja schon im Titel angezeigte Verlegung —, könnte man die Wirkungsmächtigkeit von *Morte a Venezia* selbst noch an der weiteren Filmgeschichte der ›eigentlichen‹ DDR leicht nachweisen, und zwar gerade in der späteren Verfilmungsgeschichte Thomas Manns, an Peter Vogels fast zwei Jahrzehnte jüngerer Verfilmung des *Kleinen Herrn Friedemann*. Zum Beispiel ließe sich so eine Filmszene erklären, in welcher der kleine Herr Friedemann die von ihm so leidenschaftlich Begehrte wiederum am Strand beobachtet[39] — also ganz wie Aschenbach seinen Tadzio —, während von einem solchen Badestrand, geschweige denn von einer entsprechenden Badeszene, im Novellentext so wenig die Rede ist wie im *Kleiderschrank*.

Ein anderes Beispiel: Es gibt in *Morte a Venezia* eine über von Aschenbachs Phantasien fokalisierte Großaufnahme, die im *Friedemann*-Film geradezu als Zitat und gleich viermal aufgegriffen wird. In *Morte a Venezia* zeigt die etwa sechs Sekunden lange Großaufnahme das beleuchtete Gesicht des begehrten Jungen, erst leicht seitlich, dann, nach einer entsprechend leichten Drehung, frontal, mit im Wind wehenden Haaren und, der ganzen Urlaubsszenerie entsprechend, vor blauem Himmel.[40] In der Verfilmung des *Kleinen Herrn Friedemann* nun, während eines in der Novelle vorgegebenen Opernbesuchs, bei dem es zu einer für Friedemann verheerenden Zweitbegegnung mit der femme fatale kommt, gibt es, wieder über die Phantasie des Begehrenden fokalisiert, vier frontale Großaufnahmen, drei bis sieben Sekunden lang. In diesen wird das beleuchtete Gesicht der

---

37 Vgl. Erika Mann, Briefe vom 24. Februar, 1. und 12. März 1956 an Hans Abich und vom 1. März 1956 an Robert Thoeren.

38 Vgl. Klaus Pringsheim, Protest gegen *Tod in Venedig*. Der Schwager hält nicht viel davon, in: Abendzeitung (München), 20./21. November 1971; zit. bei Zander, Thomas Mann im Kino, S. 96, 257, Anm. 63.

39 S. Abb. 48 f.

40 S. Abb. 50 f.

Begehrten mit leicht wehendem Haar gezeigt; diesmal vor schwarzem Hintergrund.[41] Das mag wiederum der konkreten Situation geschuldet sein, der während der Opernaufführung abgedunkelten Theaterloge, vielleicht auch der Fatalität der im Film besonders fühllosen und grausamen Frau, der Friedemann in dieser eigens verhängnisvoll nummerierten und selbst noch im Szenarium durch die Interpunktion emphatisierten Loge begegnet, »— Loge dreizehn —«.[42]

Was indessen die Verfilmung von *Lotte in Weimar* betrifft, resultiert der spontane Eindruck ihrer Abhängigkeit von *Morte a Venezia* nicht auf solche Art und Weise aus dem, was man im Film gezeigt bekommt. Er ergibt sich nicht aus der Bildspur; sondern die Suggestion dieser Abhängigkeit ist eben, wie bereits angedeutet, ein Effekt der Film*musik*. Sowohl der nicht-diegetischen als teilweise auch der diegetischen Musik kommt in *Morte a Venezia* bekanntlich eine ganz besondere Wichtigkeit zu. Visconti hat aus dem Schriftsteller Gustav von Aschenbach ja einen Komponisten gemacht, *wieder* den Komponisten gemacht, der in der Entstehungsgeschichte der Novelle eine entscheidende Rolle spielte. Denn wie man nur schon aus Manns Selbstkommentaren weiß, wurde diese Novelle angeregt oder mitinspiriert durch den Tod Gustav Mahlers und dessen »fürstliches Sterben«,[43] das in die Tage fiel, da Thomas Mann im Bäderhotel auf dem Lido für sein Teil eine ephebophile Anfechtung erdulden musste und der Choleraepidemie von Venedig gerade noch entgehen konnte.[44] Aus also sehr guten, inneren Gründen wählte Visconti die Filmmusik aus Mahlers Œuvre. Und zwar fiel seine Wahl auf die Dritte und vor allem auf die Fünfte Symphonie und hier wiederum ganz besonders auf das Adagietto, den vierten Satz. Diese Wahl erst verhalf dem Film zu einer Wirkmächtigkeit, der man sich schwer entziehen kann, und trug damit vermutlich nicht wenig zu dessen Kassenerfolg bei. Insofern ist es nicht weiter verwunderlich, wenn sie spätere Thomas-Mann-Verfilmungen inspiriert hat. Das scheint etwa auch noch für die Filmmusik zu gelten, die Jürgen Knieper zu Hans Geißendörfers *Zauberberg* schrieb.[45]

---

41 S. Abb. 52 f.

42 Bd. 2.1, S. 99; Görner, Der kleine Herr Friedemann. Filmszenarium, S. 80; Vogel und Haubold, Der kleine Herr Friedemann. Drehbuch, S. 102.

43 Mann, Gesammelte Werke, Bd. 13, S. 149; Brief vom 18. März 1921 an Wolfgang Born, in: Mann, Briefe, Bd. 1, S. 184–186, hier S. 185.

44 Vgl. Thomas Rütten, Die Cholera und Thomas Manns *Der Tod in Venedig*, in: Thomas Sprecher (Hg.), Liebe und Tod — in Venedig und anderswo. Die Davoser Literaturtage 2004, Frankfurt a. M.: Klostermann, 2005 (Thomas-Mann-Studien, Bd. 33), S. 125–170, hier S. 131–166.

45 Vgl. Rolf G. Renner, Verfilmungen der Werke von Thomas Mann. Erste Filmische Umsetzungen. *Buddenbrooks, Königliche Hoheit, Tonio Kröger* und *Wälsungenblut*, in: Helmut Koopmann (Hg.), Thomas-Mann-Handbuch, Stuttgart: Kröner, ²1995, S. 799–822, hier S. 813.

Um nun auch *Lotte in Weimar* musikalisch zu unter-›malen‹, haben die rührigen Verantwortlichen von der DEFA, so macht es den Anschein, im Fundus der Mahler-Symphonien einfach eins weitergezählt. Der Film beginnt schon mit vergleichsweise heiteren Takten aus dem ersten Satz der Sechsten Symphonie. Dabei handelt es sich aber natürlich, ganz anders als in *Morte a Venezia* — und anders auch als bei Kniepers Reminiszenzen an die unvollendete Zehnte —, um einen groben Anachronismus. Zwischen Mahlers Sechster Symphonie (1903/04) und der erzählten beziehungsweise gespielten Zeit aus Goethes und Charlotte Kestners Leben (1816) liegt beinahe ein volles Jahrhundert.

Der Verdacht, dass hier ein bewährtes Mittel schlankerhand kopiert, nein opportunistisch plagiiert wurde, lässt sich schwer von der Hand weisen. Vielleicht ist die Filmmusik von *Lotte in Weimar* wirklich nichts anderes als unoriginelle Effekthascherei. Mit etwas besserem Willen freilich kann man ihr auch etwas mehr abgewinnen. So hat Dennis F. Mahoney beobachtet, dass Goethes innerer Monolog und dessen sublime Erotik[46] unterbrochen wird von einer Einstellung auf Charlotte vor dem Haus am Frauenplan. Er hat sich weiter gefragt, warum ausgerechnet diese Einstellung mit Mahlers Sechster unterlegt ist. Darauf fand Mahoney eine kluge Antwort, auch wenn sie dem Film möglicherweise etwas zu viel zutraut. Die hier eingespielte Musik, gutwillig interpretiert, passt hübsch zum vollzogenen Szenenwechsel. Denn gespielt wird hier das sogenannte »›Alma‹-Thema«, soll heißen Alma-Mahler-Thema[47] der Sechsten Symphonie; und von dieser weiß man, dass Mahler sie als Liebeserklärung an seine Frau geschrieben hat.[48] Mahoney deutet das wenn vielleicht nicht restlos überzeugend, so doch sehr geistreich und gescheit als musikalische Materialisation von Charlottes hernach gründlich enttäuschtem Wunsch, selber die ganz große Liebe des großen Mannes zu sein oder doch einmal gewesen zu sein.[49]

---

46 Vgl. Elsaghe, Thomas Mann und die kleinen Unterschiede, S. 320 f.

47 Vgl. Peter Gülke, VI. Symphonie in A-Moll (Tragische), in: Renate Ulm (Hg.), Gustav Mahlers Symphonien. Entstehung — Deutung — Wirkung, Kassel: Bärenreiter, o. J. [2004], S. 174–203, hier S. 175–179.

48 Vgl. Alma Mahler, Gustav Mahler. Erinnerungen und Briefe, Amsterdam: de Lange, 1940, S. 90.

49 Mahoney, A Recast Goethe, S. 250, 255 f.

1.2 Zur Entstehungsgeschichte der Verfilmung

1.2.1 Das entstehungsgeschichtliche Verhältnis zu *Morte a Venezia*

Wie ein Vergleich von *Morte a Venezia* mit Günthers *Lotte in Weimar* ergeben hat, ist ein direkter Zusammenhang zwischen der einen und der anderen Filmmusik sehr wahrscheinlich. Er wäre indessen auch dann denkbar, wenn man grundsätzlich anerkennen wollte, dass das eigentliche Filmprojekt unabhängig von Viscontis Erfolg initiiert wurde. Die Abhängigkeit wäre dann also sekundärer Natur. Sie beschränkte sich eben allein auf die Film*musik* von *Lotte in Weimar*. Für diese Möglichkeit spricht manches.

Das erste für die Wahl der Filmmusik einschlägige Zeugnis, das sich unter den Aktenstößen der DEFA finden lässt, sind Abklärungen der Rechte an einer bestimmten Einspielung der Sechsten Mahler-Symphonie, ihres ersten und dritten Satzes. Die entsprechenden Schreiben datieren vom Oktober, November und Dezember 1974.[50]

Damals war Viscontis Film schon berühmt, ohne freilich in die Kinos der DDR gelangt zu sein. Wie aber wiederum aus den Akten hervorgeht, hatte man ihn in Babelsberg vermutlich noch im Jahr 1973 sehr wohl autopsiert. Am 21. November dieses Jahrs nämlich hatte der Produktionsleiter Erich Albrecht bei der »Endfertigung« um eine »Ansichtskopie[]« des »Film[s]: ›Tod in Venedig‹« nachgesucht, und zwar ausdrücklich »zur Vorbereitung des Spielfilms ›Lotte in Weimar‹«.[51]

Damit darf als gesichert gelten, dass zumindest die Film*musik* in Günthers *Lotte in Weimar* unmittelbar von Viscontis *Tod in Venedig* eingegeben war. Der Eindruck aber, den die Tonspur von *Lotte in Weimar* so aufdringlich nahelegt, dass der im Mai 1975 in Cannes präsentierte Film eben als ganzer von Viscontis vier Jahre jüngerem Großerfolg angeregt und motiviert ist, der zuvor ja an denselben Filmfestspielen prämiert worden war, — dieser Eindruck trügt. Er lässt sich anhand der Aktenlage eindeutig widerlegen.

---

50 [Erich] Albrecht, Brief vom 28. Oktober 1974 an VEB Deutsche Schallplatten; ders., Brief vom 3. Dezember 1974 an Anonyma (»Oberreferentin AWA Anstalt zur Wahrung der Aufführungsrechte auf dem Gebiete der Musik«) Thies; Anonyma Thies, Brief vom 9. Dezember 1974 an [Erich] Albrecht; Lieferschein vom 19. November 1974, alles Bundesarchiv, Berlin-Lichterfelde.
51 [Erich] Albrecht, Mitteilung vom 21. November 1973 an die Endfertigung, Bundesarchiv, Berlin-Lichterfelde. Mit gleicher Post und zum selben Zweck wurde übrigens noch ein weiterer Film bestellt: Reminiscences of a Journey to Lithuania (R: Jonas Mekas, USA 1972). Ob die Autopsie auch dieses Films in der Verfilmung von *Lotte in Weimar* Spuren hinterlassen hat — und gegebenenfalls: welche —, das ist eine noch offene bzw. noch gar nie gestellte Frage.

Das Szenarium für *Lotte in Weimar*, »1. Fass.v.30.10.73«, und das Drehbuch dazu, »1.Fass.v.10.4.74«, sind zwar entschieden jünger als Viscontis Film, dessen Welturaufführung am 1. März 1971 in London stattgefunden hatte. Aber das erste erhaltene Dokument, das die Absicht einer DEFA-Verfilmung von *Lotte in Weimar* bezeugt, ist beinahe gleichalt. Es handelt sich dabei um ein Schreiben Walter Jankas an Albert Wilkening, Hauptdirektor des Filmstudios Babelsberg. Dieses Schreiben datiert vom 30. April 1971. Das war zwar schon zwei Monate nach der Londoner Uraufführung von *Death in Venice*, aber eben noch bevor der Film im Mai desselben Jahres durch das Festival de Cannes zum Welterfolg wurde.

Janka, aus der Versenkung aufgetaucht, nun wieder als Dramaturg bei der DEFA tätig und spiritus rector des *Lotte in Weimar*-Projekts, unternahm in demselben Frühjahr und in derselben Angelegenheit eine Dienstreise nach Zürich.[52] Darüber legte er intern am 3. Juni ausführliche Rechenschaft ab, das heißt einen Tag vor der bundesdeutschen Uraufführung von *Morte a Venezia*. Zweck der Reise war es, sich bei den Rechteinhabern zu möglichst kulanten Konditionen um die Verfilmungsrechte an *Lotte in Weimar* zu bemühen, »in Anwesenheit«[53] der schon hochbetagten Katia oder »Frau Thomas Mann«,[54] »hauptsächlich« aber bei »Ihrem [sic!] Sohn Professor Golo Mann«,[55] der seine »sehr herzliche Zustimmung zu dem Drehbuch«[56] geäußert haben soll — nachdem »[d]ie filmliterarische Vorlage mit Katja Mann und anderen Familienmitgliedern beraten und abgestimmt« worden war[57] — und den Janka in seinem »Bericht« in ein ideologisch sehr günstiges Licht zu rücken nicht versäumte: »[...] übrigens äußerte er [scil. Golo Mann] interessante politische Ansichten [...].«[58]

Dazu gehörten nach Jankas Zeugnis seine Sympathien für die DDR und seine Erbitterung über die »westdeutschen Universitäten«,[59] während die persönlich-allzupersönlichen Hintergründe seines Grolls wohlweislich unerwähnt blieben.

---

52 Vgl. Walter Janka, Brief vom 10. Mai 1971 an Johannes von Günther, zit. nach: Eberhard Köstler (Hg.), »Irgendwann werde ich wieder verlegen«. Walter Janka an Johannes von Günther. Eine kleine Geschichte der DDR in Briefen (Katalog 164A), https://www.autographen.org/fileadmin /user_upload/3_Kataloge/Katalog164A_Janka.pdf [Zugriff: 15. August 2018].
53 Egon Günther, Brief vom 18. Juni 1974 an Anonymus (»Koll.«) Kuschke (»Leiter der Abt. für Auslandsbeziehungen«), Bundesarchiv, Berlin-Lichterfelde.
54 Vgl. Inge und Walter Jens, Frau Thomas Mann. Das Leben der Katharina Pringsheim, Reinbek b. H.: Rowohlt, ³2003, S. 12, 157 f.
55 Günther, Brief vom 18. Juni 1974 an Anonymus (»Koll.«) Kuschke.
56 Günther, Brief vom 18. Juni 1974 an Anonymus (»Koll.«) Kuschke.
57 Albrecht, Brief vom 20. Dezember 1973 an Anonymus (»Gen.«) Hellmunth.
58 Walter Janka, Bericht über die Reise nach Zürich, 3. Juni 1971, Bundesarchiv, Berlin-Lichterfelde.
59 Janka, Bericht über die Reise nach Zürich, 3. Juni 1971.

Denn Golo Mann hatte 1963 vergeblich versucht, von der Technischen Universität Stuttgart auf einen Lehrstuhl an der Johann Wolfgang Goethe-Universität in Frankfurt am Main zu wechseln; was Theodor W. Adorno und Max Horkheimer offenbar zu hintertreiben wussten.[60] Ideologisch-politische Inklinationen, wie sie ihm Janka attestierte, fielen dabei allerdings gar nicht ins Gewicht. Vielmehr, so will es ein sich hartnäckig haltendes Gerücht, soll neben einem flottierten Verdacht auf antisemitische Gesinnung ein Hinweis auf die homosexuelle Orientierung des Kandidaten eine Rolle gespielt oder sogar den Ausschlag gegeben haben.[61]

Sollte Golo Mann in der Folge solcher Ereignisse tatsächlich mit der DDR sympathisiert haben, wie von Janka rapportiert, so wäre eine solche Parteinahme ein weiterer U-turn in einer intellektuellen oder auch nur bekenntnisideologischen Biographie, in der es an Richtungswechseln auch sonst nicht fehlte. In den Sechzigerjahren hatte Golo Mann Willy Brandt unterstützt. In der zweiten Hälfte der Siebziger aber, nachdem er an deren Anfang noch mit der DDR poussiert haben soll, würde er dann den baden-württembergischen Ministerpräsidenten und ehemaligen Marinerichter Hans Filbinger in Schutz nehmen[62] oder sich für die Kanzlerkandidatur eines Franz Josef Strauß engagieren; ein Engagement übrigens, das gar nicht übel mit jener freilich selbstpromotorischen Aussage über Golo Mann und das Drehbuch der *Doktor Faustus*-Verfilmung zusammenpasst. Deren Produzent wusste ja zu vermelden, der Erbe habe Zeile für Zeile gutgeheißen, was er, Franz Seitz, am Ende der Dekade zumal auch in politischer Hinsicht aus dem Roman seines Vaters zu machen sich anschickte und was in dem von Strauß regierten Freistaat denn prompt auch fürstlich prämiert werden sollte.

Aber zurück zur anderen Verfilmung eines Exilromans, *Lotte in Weimar*: Der aus realsozialistischer Perspektive also noch scheinbar so ganz unverdächtige Golo Mann zeigte sich hier durchaus aufgeschlossen. Die »delikate Frage«[63] der Filmrechte beziehungsweise ihrer Finanzierung ließ sich leicht lösen. Das von Janka unterbreitete Angebot, »50'000« (ohne Währungsangabe), wollten die Erben wegen Steuerverpflichtungen nur eben auf »62'000« erhöht haben, während

---

60 Vgl. Tilmann Lahme, Golo Mann. Biographie, Frankfurt a. M.: Fischer, ³2009, S. 287–307.
61 Vgl. Joachim Fest, Begegnungen. Über nahe und ferne Freunde, Reinbek b. H.: Rowohlt, 2004, S. 226 f.
62 Vgl. Lahme, Golo Mann, S. 395.
63 Dieter Wolf, *Lotte in Weimar*. Einführung, in: ders. und Klaus-Detlef Haas (Hgg.), Sozialistische Filmkunst. Eine Dokumentation, Berlin: Dietz, 2011 (Rosa-Luxemburg-Stiftung, Manuskripte, Bd. 90), S. 105–108, hier S. 105.

»im Westen [...] 300'000 die Norm« gewesen seien[64] (was sich ja mit den bisher eruierten und angeführten Beträgen deckt).

All diese Daten schon lassen eine Inspiration durch Viscontis Film nicht sehr plausibel erscheinen. Denn dieser wurde ja erst etwas später berühmt. Seine Berühmtheit datiert wie gesagt vom Mai 1971, als er in Cannes mit einem Sonderpreis zum fünfundzwanzigjährigen Bestehen der Festspiele ausgezeichnet wurde (und nicht mit der Goldenen Palme, weil er, seit der Londoner Premiere, gegen die dafür erforderliche Bedingung verstieß, zuvor nicht oder nur in seinem Herkunftsland gezeigt worden zu sein).[65]

Die Vermutung einer Abhängigkeit des einen vom anderen Filmprojekt kann man indessen auch stringent und restlos falsifizieren. Denn der Zufall wollte es, dass Jankas Züricher Aufenthalt in die Zeit der Schweizer Erstaufführung von *Morte a Venezia* fiel. Trotz erheblicher Schwierigkeiten – das Spesengeld reichte noch nicht einmal für die öffentlichen Verkehrsmittel, das Blumengeschenk für das Thomas-Mann-Archiv musste noch in Ostberlin besorgt werden – ließ sich Janka die Gelegenheit nicht entgehen, sich über seine Beziehungen zu Warner Bros. eine Karte zu beschaffen und an der Premiere teilzunehmen. In seinem Bericht beurteilte er Viscontis Film und seine Eignung für das heimische Publikum sehr skeptisch. Er brachte hierfür gewisse homophobe Ressentiments in Anschlag, wie sie dann übrigens wieder bei der Verfilmung des *Kleinen Herrn Friedemanns* ins Spiel kommen würden – davon gegebenen Orts mehr –:

> Dieser Film [scil. *Morte a Venezia*] wird für die DDR schon nur wegen des Themas nicht in Betracht kommen. Knabenliebe – auch kunstverpackt – ist kein Filmthema für unser Publikum. Ganz sicher sind wir schon heute, daß unser Film [scil. *Lotte in Weimar*] ein thematisch weit größeres und künstlerisch wertvolleres Ereignis werden wird als dieser Visconti [sic!] Film. [...] Dieser Film von Visconti hat unser filmisches Selbstbewußtsein enorm gefestigt.[66]

Dass die eigentliche Entstehung des Films *Lotte in Weimar* dann doch sehr wohl unter den Einfluss Viscontis und sozusagen als Parallelaktion in den Sog der Sensation geraten konnte, die er in der ersten Hälfte des Jahrs 1971 gemacht hatte, schließen die weiteren Daten durchaus nicht aus. Das Szenarium ist in einer »Fassung vom 30. Oktober 1973« erhalten, das Drehbuch in der »Fassung vom 18. April 1974«. Termini für allfällige Überarbeitungen sind der 15. Januar 1974, als in Zürich längere Beratungen über das Szenarium stattfanden, und der

---

64 Janka, Bericht über die Reise nach Zürich.
65 Vgl. Gabriele Seitz, Film als Rezeptionsform von Literatur, S. 568.
66 Janka, Bericht über die Reise nach Zürich.

18. Juni 1974, als Günther vermelden konnte, es gebe »[k]einerlei Bedenken von Seiten des Hauses Thomas Mann« gegen das Drehbuch.[67] Laut einer Direktive musste der Film Anfang März 1975 abgegeben werden. Die staatliche Zulassungsvorführung erfolgte am 17. April desselben Jahres.

1.2.2 Das Casting der Hauptrollen

Das Vorhaben, *Lotte in Weimar* zu verfilmen, datiert also spätestens aus dem Jahr 1971, mit dem 30. April als terminus a quo; und zwar wurde das Projekt, q. e. d., zunächst ganz und gar unabhängig von Viscontis Erfolgsfilm initiiert und hernach im »enorm gefestigt[en]« Vertrauen noch vorangetrieben, diesen überbieten zu können; wobei von dem »filmische[n] Selbstbewußtsein« auch die Teilnahme an ausgerechnet dem Filmfestival zeugt, das *Morte a Venezia* so berühmt machte und wo *Lotte in Weimar* nach unzähligen, nicht zuletzt auch technischelementaren Schwierigkeiten (etwa mit dem minderwertigen Filmmaterial, von Anschlussfehlern ganz zu schweigen[68]) am 15. Mai 1975 uraufgeführt wurde — um freilich hoffnungslos durchzufallen. Nur gerade in der DDR, wo die Verantwortlichen sich oder anderen weismachten, dass die »Resonanz [...] auch im gesamten Ausland außerordentlich stark« gewesen sei,[69] erhielt der Film ein Gütesiegel, das Prädikat »besonders wertvoll«.[70] Auch wurde er, wie zu erwarten, im Organ *Neues Deutschland* überschwänglich gelobt,[71] während ihn die westliche Presse mit, so scheint es, nur einer Ausnahme[72] unisono verriss.[73] Die »Resonanz« im

---

67 Günther, Brief vom 18. Juni 1974 an Anonymus (»Koll.«) Kuschke; ders., Drehbuchbesprechung vom 18. Juni 1974, Bundesarchiv, Berlin-Lichterfelde.
68 Vgl. z. B. Günther, Lotte in Weimar, 01:51:13 (den Wechsel des Brotmessers in Lottes Hand); freundlicher Hinweis von Hanspeter Affolter, Bern, vom 22. November 2017.
69 Albert Wilkening, Brief vom 21. Oktober 1975 an Hans Starke, Bundesarchiv, Berlin-Lichterfelde.
70 Hermann Herlinghaus, Brief vom 12. November 1975 an Hans Starke (Stellvertreter des Ministers für Kultur und Leiter der Hauptverwaltung Film), Bundesarchiv, Berlin-Lichterfelde.
71 Horst Knietzsch, Buchenswerter Besuch im Haus am Frauenplan, in: Neues Deutschland, 9. Juni 1975, S. 4.
72 Vgl. Bodo Fründt, Goethe und die Alte. DDR-Produktion zum Thomas-Mann-Jahr, in: Kölner Stadt-Anzeiger, 1. November 1975, S. 38.
73 Vgl. Volker Baer, Thomas Mann verfilmt — verfehlt, in: Der Tagesspiegel, 15. November 1975, S. 4; Anonymus, DDR-Film. Personenkult mit Popanz-Goethe, in: Der Spiegel, 3. November 1975, S. 172–175; Peter Jansen, Thomas Mann und der Film. Der Film und Thomas Mann, in: Neue Zürcher Zeitung, 13. Juni 1975, S. 77; Wolf Donner, Deutsch-deutscher Personenkult, in: Die Zeit, 31. Oktober 1975, S. 44.

›Inland‹, unter den Cineasten der DDR, lässt sich nicht mehr objektiv eruieren. Nach anekdotischer Evidenz, die der Verfasser seinerzeit vor Ort gewann, wurde der Film dort sehr wohl als ein größeres Kulturereignis wahrgenommen; so etwa auch, wie bereits erwähnt, von Michael Blume, in dessen formative Jahre dieses Ereignis fiel.[74]

Der Film war offenbar von Beginn des Projekts an mit der Ambition verbunden, die Kulturindustrie der DDR damit international zu profilieren. Nicht umsonst wurde er eben, als überhaupt erster Film der DDR,[75] an den Filmfestspielen von Cannes, also im westlich-kapitalistischen Wirtschaftsraum ins Rennen geschickt. Die Außenhandelsabteilung der DEFA hatte seine Einreichung ausdrücklich deswegen befürwortet, weil sie »die Wirksamkeit« des Films »nicht nur für sozialistische, sondern auch für kapitalistische Länder auslandsinformatorisch und kommerziell hoch« veranschlagte.[76] Die in den Film gesetzte Erwartung, sich damit auf dem internationalen und zumal dem Parkett des Westens durchzusetzen, zeigt sich bereits an seiner Besetzung oder vielmehr an deren Vorgeschichte:

Was die eigentliche oder jedenfalls die weibliche Hauptrolle betrifft, mit deren Darstellerin die opening credits nach Titel und Crew denn auch beginnen — »Es spielen / / Lilli Palmer [...]« —, stand die Besetzung freilich von Anfang an fest. Diese darf man schon als eine außerordentlich geglückte bezeichnen. Geglückt ist sie auch und vor allem in Hinblick auf ihre gleich noch zu diskutierenden Implikationen in politicis. Gerade durch diese Besetzung gelang es jenen alten, von Staatssekretär Thedieck zu Fall gebrachten Plan eines wenn nicht gesamtdeutschen, so doch eines den Eisernen Vorhang überspielenden oder unterlaufenden Thomas-Mann-Films in gewisser Weise doch noch zu realisieren.

Lilli Palmer, geborene Lilli Marie Peiser, war eine unter den Nationalsozialisten ausgebürgerte Deutsche gewesen. Sie hatte einen jüdischen Familienhintergrund. Als der Film projektiert und gedreht wurde, war sie in der Schweiz wohnhaft. Doch besaß sie die britische Staatsangehörigkeit. Man glaubte in der DDR teils allerdings auch, sie sei Schweizerin geworden[77] und als solche wenigstens de iure über den Code der offiziellen Blockbildung erhaben. (Ihrer wahren Nationalität entsprechend sind die anglophoben Spitzen in der Zeichnung der Roman-Figur Rose Cuzzle — im Roman eine Irin, deren ›Vorbild‹ aber US-amerikanischer

---

74 Michael Blume, telephonische Auskunft vom 5. November 2015.

75 Vgl. Daniela Berghahn, Hollywood behind the Wall. The Cinema of East Germany, Manchester: Manchester University Press, 2005, S. 118.

76 Anonymus [unleserliche Unterschrift], Brief vom 18. März 1975, Bundesarchiv, Berlin-Lichterfelde.

77 Vgl. z. B. Albert Wilkening, Brief an H. Hetterle (Intendant) vom 16. September 1971; ders., Notiz für die Sicherheitsorgane vom 20. Mai 1974, beides Bundesarchiv, Berlin-Lichterfelde.

Herkunft gewesen sein soll[78] — auf eine Angelsächsin abgelenkt, die aus dem nunmehrigen Gebiet des Nordatlantischen Bündnisses stammt. Rose Cuzzle hat im Film mit ihrem albern outrierten Akzent Engländerin zu sein.)

Spätestens seit ihren Hollywood-Rollen aus den Vierzigerjahren galt Lilli Palmer zwar als internationaler Filmstar. Trotz ihrem internationalen Renommee und dessen US-amerikanischem Ursprung war sie aber eben nicht allzu eng mit dem ›Westen‹ assoziiert. Schon gar nicht musste man sie mit der Bundesrepublik identifizieren. Und selbstverständlich war sie allein durch ihre Familien- und Migrationsgeschichte aufs Reinlichste erst recht vom Nationalsozialismus dissoziiert.

Dabei brauchten die Verantwortlichen, die zunächst an eine Besetzung aus dem nationalen Talentpool gedacht hatten — an eine Mathilde Danegger —, sich gar nicht besonders um Palmer zu bemühen. Denn kaum hatte diese von dem Verfilmungsprojekt Wind bekommen, ließ sie, schon im August 1971, ihre Agentin sondieren.[79] Selbst das in solchen Fällen notorische Problem der erwartbaren Honorarforderungen, das die Suche nach dem männlichen Hauptdarsteller denn auch wirklich sehr erschweren sollte, ließ sich hier überraschend leicht lösen. Nachdem Palmer erst »150'000« gefordert hatte, kam es zu einer »schnelle[n] Verständigung«.[80] Palmer gab sich mit 30 000 Mark zufrieden, 27 000 DM und 3 000 DDR-Mark.[81]

Solche Kulanz verrät natürlich Palmers sehr ernsthaftes Interesse an der Rolle. Von Anfang an war klar, »an der Gage dürfe und werde es nicht scheitern«.[82] Das erläuterte Egon Günther, nach einem Telephonat mit der Schauspielerin, dem Minister für Kultur durch einen kruden Chiasmus so: »[S]ie [scil. Palmer] habe für viel Geld schon so viel Scheiße gespielt, warum nicht etwas Gutes für wenig.«[83]

---

78 Vgl. Bd. 9.2, S. 216 f.; Werner Frizen, *Lotte in Weimar*, in: Herbert Lehnert und Eva Wessel (Hgg.), A Companion to the Works of Thomas Mann, Rochester: Camden, 2004 (Studies in German Literature, Linguistics, and Culture), S. 181–202, hier S. 184.

79 Stefanija Jovanovic, Brief vom 18. August 1971 an Albert Wilkening, Bundesarchiv, Berlin-Lichterfelde. Vgl. Albert Wilkening, Brief vom 4. Oktober 1971 an Stefanija Jovanovic, ebd.

80 Albert Wilkening, Brief vom 4. Dezember 1974 an Hans Starke, Bundesarchiv, Berlin-Lichterfelde.

81 [Erich] Albrecht, Brief vom 3. Dezember 1974 an Albert Wilkening, Bundesarchiv, Berlin-Lichterfelde.

82 Egon Günther, Brief vom 22. April 1974 an Hans-Joachim »Jochen« Hoffmann, Bundesarchiv, Berlin-Lichterfelde.

83 Günther, Brief vom 22. April 1974 an Hans-Joachim »Jochen« Hoffmann.

Doch sollte die erst so vielversprechende Zusammenarbeit mit schweren Verstimmungen des Stars enden. Diese hatten mit den für Palmer schwer erträglichen Produktionsbedingungen zu tun,[84] vor allem aber mit dem Ort der Premiere. Die Wahl desselben wurde gleich wieder zum deutsch-deutschen Politikum. Palmer wünschte sich eine Doppelpremiere in der DDR und in der Bundesrepublik — hier allerdings ausdrücklich nicht in West-Berlin, Bonn oder an sonst einem politisch relevanten Ort, sondern in Lübeck;[85] weswegen schon 1974 von einem »Studio Hamburg« in Sachen Lübecker Premiere mit der DEFA Fühlung genommen worden war.[86] Gegen den ausdrücklichen Wunsch Palmers, die der statthabenden Erstaufführung denn demonstrativ fernblieb, war dann aber nur eine einzige »Premiere des Films [...] vorgesehen«, in Berlin Ost, »für den 6. Juni d. J. [1975], zum 100. Geburtstag von Thomas Mann«.[87] Tags darauf fand in Weimar dann noch eine Wiederholung statt, im Rahmen der Tausendjahrfeierlichkeiten der Stadt.

Die Besetzung indessen der männlichen oder kurzum »die Besetzung der Hauptrolle dieses Films — Goethe« gestaltete sich ungleich schwieriger. Als »eklatantes Problem« wird sie auch in den Akten geführt.[88] Den Part Goethes sollte endlich Martin Hellberg spielen (zuletzt als Filmregisseur bekannt, dann für etliche Jahre in der Versenkung verschwunden). Diese Wahl sollte sich dann zwar als Glücksfall sondergleichen erweisen, vergleichbar allenfalls mit der Besetzung einer Nebenrolle, Katharina Thalbach in der Rolle der Ottilie von Pogwisch, verheirateter von Goethe. Wie der Romantext eine Wesensverwandtschaft Charlotte Kestners und Ottilies von Pogwisch postuliert,[89] so sehen sich Thalbach und Palmer in diesen beiden Rollen tatsächlich ähnlich genug, um die postulierte Verwandtschaft optisch zu versinnlichen oder gleichsam nach außen zu kehren;[90] und prompt sollte Thalbach denn auch die Hauptrolle der noch jungen Lotte übernehmen, als Egon Günther nahezu zeitgleich *Die Leiden des jungen Werthers*

---

84 Vgl. z. B. Donner, Deutsch-deutscher Personenkult, S. 44; Peter Behrend und Hanno Pittner, Lilli Palmer, der getäuschte Star, in: Welt am Sonntag, 15. Juni 1975, S. 6.

85 Lilli Palmer, Brief vom 10. April 1975 an Albert Wilkening, Bundesarchiv, Berlin-Lichterfelde.

86 Walter Pröhl und H. C. Schöndienst (Studio Hamburg), Brief vom 5. August 1974 an Albert Wilkening, Bundesarchiv, Berlin-Lichterfelde.

87 Albert Wilkening, Brief vom 9. April 1975 an Lilli Palmer, Bundesarchiv, Berlin Lichterfelde. Vgl. ders., Brief vom 8. August 1975 an dies., ebd.; Aktennotiz [betr.] DEFA Außenhandelsstelle vom 5. Juni 1972, ebd.

88 [Erich] Albrecht, Vorbereitung des Spielfilms *Lotte in Weimar* vom 29. Januar 1974 an Anonymus (»Gen.«) Golde (»Direktor für Produktion«), Bundesarchiv, Berlin-Lichterfelde.

89 Vgl. Bd. 9.1, S. 223, 276 f.; Bd. 9.2, S. 420 f.

90 S. Abb. 54 f.

verfilmte[91] und sich dabei auch anderweitige Reminiszenzen an seine *Lotte in Weimar* erlaubte.[92]

Aber wie frappant Martin Hellberg mit den braunen Kontaktlinsen, die er dafür trug, dem älteren Goethe auch gleichen mochte[93] — bei einzelnen Einstellungen auf ihn wie übrigens auch auf Lilli Palmer lassen sich sogar die konkreten Portraitgemälde einwandfrei identifizieren, an die sich Ausstattung und Regie zur Inszenierung Goethes respektive Charlotte Kestners getreulich gehalten haben müssen[94] —: seine Besetzung war eben doch nur eine Notlösung. »Für ›Goethe‹ standen im Laufe der Zeit für eine Besetzung zur Diskussion: [Vittorio] De Sica, Prof. [Wolfgang] Heintz [sic!], [Fred] Düren, [Wolf] Kayser [sic!], [Manfred] Krug, Basler,[95] [Will] Quadflieg, [Bernhard] Wicki und [Max] von Sydow.«[96] — Dabei war Manfred Krug, Jahrgang 1937, mit dem man sogar schon Probeaufnahmen gemacht hatte,[97] seinerzeit erst Mitte dreißig und hätte sich für die Rolle eines greisen Dichterfürsten entsprechend schlecht geeignet; eine Schwierigkeit, der Günther make-up-artistisch beizukommen hoffte, bevor er das »Maskenexperiment leider aufgeben« musste, weil unter den Schichten »viel und kunstvoll aufgetragene[r] Schminke« immer wieder »ein unzerstörbares, [...] straffes Jungmännergesicht« zum Vorschein kam.[98]

Zunächst hatte man also mit an ost- und an bundesdeutsche Schauspieler gedacht, so übrigens auch an Hans Ohloff, Hans Schweikart oder offenbar selbst an Bernhard-Viktor Christoph Carl von Bülow alias Loriot (der wie schon einmal erwähnt in Sinkels *Krull*-Verfilmung tatsächlich eine Nebenrolle übernehmen sollte). Jedoch scheint sich das Interesse an Loriot dann an dessen Honorarforderung zerschlagen zu haben. »[M]it dem Schauspieler Will Quadflieg« wurden nach Ausweis der bei Westreisen besonders penibel geführten Akten »wegen der Besetzung der Rolle ›Goethe‹ im Spielfilm ›Lotte in Weimar‹« sogar konkrete Ver-

---

91 Günther, Die Leiden des jungen Werthers; freundlicher Hinweis von Carla Münzel, Bern, vom 14. September 2017.

92 Vgl. z. B. die Jeremiade »Er ist fort!«: Günther, Lotte in Weimar, 00:22:32; ders., Die Leiden des jungen Werthers (1976), 00:48:53.

93 S. Abb. 56 f.

94 Vgl. Andreas Blödorn, *Lotte in Weimar*. Von der ›imitatio‹ zur Inszenierung Goethes in der DEFA-Verfilmung von 1975, Vortrag, gehalten am 9. Juni 2018 in Zürich.

95 Welcher Schauspieler dieses Nachnamens gemeint war, lässt sich nicht mehr zweifelsfrei eruieren.

96 [Erich] Albrecht, Schlußbericht *Lotte in Weimar*, o. D., Bundesarchiv, Berlin-Lichterfelde.

97 Vgl. Anonymus Zander (»Besetzungsbüro«), [Besetzungsliste für] Probeaufnahmen vom 14. Januar 1974, Bundesarchiv, Berlin-Lichterfelde.

98 Egon Günther, Brief vom 26. Juni 1974 an Manfred Krug, Bundesarchiv, Berlin-Lichterfelde.

handlungen aufgenommen.[99] Warum dieselben nicht weiter gediehen, geht aus diesen Akten leider nicht mehr hervor. Vielleicht gab das Veto des zuständigen Ministers dazu den Ausschlag: »kein Westdeutscher«.[100]

Solange es aber kein Westdeutscher war, hatte der Minister für eine Besetzung mit einem »Westschauspieler«[101] durchaus offene Ohren. »Die nötigen Mittel stehen dafür bereit.«[102] So zeichnete sich zusehends eine Präferenz für eine »Westbesetzung«[103] noch immer aus dem, Hauptsache, außerdeutschen Ausland ab. Gedacht war dabei erst an einen Schweizer, Bernhard Wicki. Auch »mit dem Schauspieler Bernhard Wicki« wurden »wegen der Besetzung der Rolle ›Goethe‹ im Spielfilm ›Lotte in Weimar‹« nachweislich Verhandlungen geführt.[104] Als »erforderlich[e]« Besetzung hatte man dann aber bald einmal einen Skandinavier im Auge, »einen international bekannten Schauspieler, der Deutsch spricht«,[105] »den schwedischen Schauspieler Max von Sydow«,[106] dem übrigens das Äußere einer anderen Romanfigur des modernen deutschen Literaturkanons nachempfunden ist, Max Frischs Walter Faber.[107] Mit von Sydow wurden denn ein oder sogar zwei Mal persönliche Verhandlungen geführt.[108]

Dass die Wahl auf von Sydow fiel, hatte leicht supplierbare Ursachen. Denn, so das Argument, das Günther dem Minister gegenüber ins Feld führte, wenn »ein Schwede und eine Engländerin, eingedenk des jahrelangen Verleumdens unseres Staates, plötzlich bei uns spielen«, bedeute das »einen großen Gewinn« an

---

99 Albert Wilkening, Direktive vom 14. März 1974, Bundesarchiv, Berlin-Lichterfelde.

100 Albrecht, Schlußbericht *Lotte in Weimar*.

101 Albrecht, Schlußbericht *Lotte in Weimar*.

102 Albrecht, Schlußbericht *Lotte in Weimar*.

103 Albrecht, Schlußbericht *Lotte in Weimar*.

104 Albert Wilkening, Direktive vom 21. März 1974, Bundesarchiv, Berlin-Lichterfelde.

105 Albert Wilkening, Direktive vom 6. Februar 1974, Bundesarchiv, Berlin-Lichterfelde.

106 [Helmut] Diller, Brief vom 26. April 1974 an [Hans-Joachim] Hoffmann (Minister für Kultur), Bundesarchiv, Berlin-Lichterfelde.

107 Vgl. Urs Jenny und Hellmuth Karasek, »Wem wird man schon fehlen?« *Homo Faber*-Regisseur Volker Schlöndorff über seinen Film und seine Begegnungen mit Max Frisch, in: Der Spiegel, 18. März 1991, S. 236–251, hier S. 245; Volker Schlöndorff, »Das ist der Sinn der Elegie«. Wie die Verfilmung des *Homo Faber* entstand. Gespräche mit Max Frisch — bis zum Tod des Dichters, in: Theater 1991. Das Jahrbuch der Zeitschrift *Theater heute*, 1991, S. 10–23, hier S. 19; Yahya Elsaghe, Max Frisch und das zweite Gebot. Relektüren von *Andorra* und *Homo faber*, Bielefeld: Aisthesis, 2014 (Figurationen des Anderen, Bd. 3), S. 180.

108 Wilkening, Direktive vom 6. Februar 1974; Egon Günther, Mitteilung an Anonymus Kuschke (»Abt. für Auslandsbeziehungen«), o. D., Bundesarchiv, Berlin-Lichterfelde. Wilkenings Direktive bezieht sich auf »4 Tage« im Zeitraum »1.3.–31.3.«, Günthers Mitteilung auf den »22.–25. April«. Entweder wurde die im Februar genehmigte Reise vom März auf den April verschoben, oder aber Günther besuchte von Sydow mehr als ein Mal.

internationalem Prestige.[109] Einen weiteren, besonderen Hintergrund für die Vorliebe für einen ausgerechnet schwedischen Schauspieler bildeten sicherlich die eh und je relativ guten Beziehungen der DDR zu gerade diesem Teil des ›NSW‹ (des nichtsozialistischen Wirtschaftsgebiets), der dem Nordatlantischen Bündnis denn bis heute nicht angehört. Man denke nur schon an die Volvo-Karossen der DDR-Granden. Und in der Tat zeigte sich auch von Sydow zunächst »vom Objekt sehr angetan.«[110] Anlässlich eines persönlichen Verhandlungsgesprächs soll er »sein außerordentliches Interesse an dem Stoff und auch zur Arbeit in einem sozialistischen Land zum Ausdruck gebracht« haben.[111] Nur lagen auch seine Honorarvorstellungen wieder einmal viel zu hoch. Sie bewegten sich, so die ernüchternde Mitteilung des Leiters der »HA Kulturpolitische Arbeit mit dem Film« an den zuständigen Staatssekretär, zwischen zwei sehr sechsstelligen Summen in harter Westwährung.[112] Der Höchstansatz einer Tagesgage in der DDR lag bei tausend Ost-Mark.

Für diesen Preis gewann man zu guter Letzt ›nur‹ einen Schauspieler aus der DDR, eben Martin Hellberg. Hellberg, den man zu diesem Zweck erst wieder aus der Kaltstellung hervorgeholt hatte, war eine offenbar sehr selbstbewusste Persönlichkeit, mit der Günther denn auch aneinandergeraten sollte. Mindestens ein Mal führten die »heftige[n] Auseinandersetzungen« über die »schauspielerische Konzeption« der Rolle zum »Abbruch der Dreharbeiten«.[113]

Aber zunächst einmal, wenn es denn schon ein Schauspieler aus den eigenen Reihen sein sollte, war eine Besetzung mit Wolf Kaiser oder Wolfgang Heinz erwogen worden. Obwohl man über die schon rein physiognomische Geglücktheit der endgültigen Besetzung wirklich nur staunen kann, von Hellbergs schauspielerischer Leistung ganz zu schweigen, ergab sich die Besetzung also eher als Verlegenheitslösung; mag sie nun auch noch so sinnig erscheinen und zu noch so gescheiten Interpretationen verleiten.

Dass die beiden Deutschen, die sich auf der fiktionalen Ebene nach gut vier Jahrzehnten wiederbegegnen und vor langem ein potenzielles Paar waren, ohne doch zueinander zu finden, — dass diese beiden also von zwei Deutschen gespielt wurden, die faktisch aus den beiden Hälften des seit Jahrzehnten geteilten Kontinents kamen; oder dass die Besucherin von ›drüben‹, von einer Westlerin gespielt, sich über den und die Weimarer und die dortigen Verhältnisse sehr wun-

---

109 Günther, Brief vom 22. April 1974 an Hans-Joachim »Jochen« Hoffmann.

110 Günther, Mitteilung an Anonymus Kuschke.

111 Diller, Brief vom 26. April 1974 an [Hans-Joachim] Hoffmann.

112 Rainer Otto, Brief vom 24. April 1974 an Kurt Löffler, Bundesarchiv, Berlin-Lichterfelde.

113 Tagesbericht Nr. 24 vom 17. September 1974, Bundesarchiv, Berlin-Lichterfelde.

dern muss — eine für Westdeutsche auf Verwandtenbesuch seinerzeit in anderer Form leicht replizierbare Erfahrung —: All diese Sinnigkeiten sind letztlich Resultate eines glücklichen Zufalls. Dieser allerdings sollte vermutlich für die spätere Verfilmungsgeschichte seine produktiven Folgen haben, namentlich für die Verfilmung des *Kleinen Herrn Friedemann*. Oder jedenfalls sollte ein Ost-West-Casting derselben Art dort wiederkehren. Denn auch dort wird ein ungleiches und als solches unmögliches Paar von zweien gespielt werden, die aus den beiden Hälften des geteilten Deutschlands kommen, mit demselben Gendering von Ost und West und mit ziemlich subtilen Implikationen. Aber auch davon erst gegebenen Orts mehr.

1.2.3 Zu den zeitgeschichtlichen und kulturpolitischen Hintergründen der Verfilmung

Das Casting der *Lotte in Weimar*-Verfilmung folgte von Anfang an auch oder sogar vor allem politischen Erwägungen, wie sie ja schon in jener Äußerung Günthers ganz offen eingestanden sind, »eingedenk des jahrelangen Verleumden unseres Staates«. Solche Rücksichtsnahmen auf die Verleumdung oder Ächtung »unseres Staates« und die Bemühungen der DEFA, gleich beide Hauptrollen des Films mit internationalen Stars zu besetzen, oder dann auch der Wagemut, diesen in Cannes ins Rennen zu schicken, sind vor einem zeitgeschichtlichen Hintergrund zu sehen und zu verstehen. Die Realisation des Films fiel nämlich in eine für die Geschichte der DDR nicht unwichtige Phase. 1971, als Janka das Projekt lancierte, war die DDR international als Staat noch nicht anerkannt. Noch nicht einmal der Güter- und Personenverkehr zwischen den beiden deutschen Staaten war bisher vertraglich klar geregelt worden. 1975 aber, als der Film uraufgeführt wurde, war der sogenannte Grundlagenvertrag schon in Kraft.

Der Film entstand also zu einer Zeit, da sich die DDR diplomatisch-politisch zu etablieren versuchte, mit insgesamt gutem Erfolg. Seine Entstehung fiel in ein Intervall, in dem es ihr tatsächlich gelang, sich international zu profilieren. Hinzu kamen innen- und kulturpolitische Veränderungen. Als Stichdatum darf das Jahr 1971 gelten, in dem Walter Ulbricht seinen Rücktritt erklärte und Willy Brandt für seine Entspannungspolitik den Friedensnobelpreis erhielt. Das Klima zwischen den beiden deutschen Staaten hatte sich unter der neuen, sozialliberalen Bundesregierung und mit der Machtübernahme Erich Honeckers zu verändern begonnen. Mit dieser und mit der Zäsur, die sie markierte, waren unter den Medien-

und Kulturschaffenden der DDR bestimmte Erwartungen verbunden.[114] Denn Ende 1971 hielt Honecker eine Rede, in der es in einem allerdings konditionalen Satzgefüge hieß — und unter dem leichten Vorbehalt eines bloß persönlich-subjektiven »Erachtens« —:

> Wenn man von der festen Position des Sozialismus ausgeht, kann es meines Erachtens auf dem Gebiet von Kunst und Literatur keine Tabus geben. Das betrifft sowohl die Frage der inhaltlichen Gestaltung als auch die des Stils [...].[115]

Nach dieser Inklusion auch der »Frage [...] des Stils«, einem Seitenhieb wohl auf Ulbrichts reaktionäre Widerstände gegen den ›Formalismus‹, glaubte Honecker dann aber doch noch hinzufügen zu müssen: »Das bedeutet keine Konzession an Anschauungen, die unserer Ideologie fremd sind.«[116] Damit war natürlich, wie bereits mit dem Konditionalsatz von der festen Position des Sozialismus, eben doch auch schon wieder ein Tabu installiert. Dessen Unverbrüchlichkeit wurde im Jahr darauf, am sechsten Plenum der SED, eigens noch einmal bekräftigt. Bekräftigt und zementiert wurde das Tabu vom höchsten Kulturfunktionär des Landes, Kurt Hager.

Hager glaubte noch einmal in aller Deutlichkeit »jede Konzession an bürgerliche Ideologien und imperialistische Kulturauffassungen« ausschließen zu sollen.[117] Dennoch weckte auch Hagers Rede gewisse Hoffnungen. Diese erfüllten sich zumindest zum Teil denn auch. Sie betrafen den Umgang mit der Tradition oder, im seinerzeit üblichen Jargon, mit dem ›NKE‹, dem nationalen Kulturerbe, also auch mit der deutschen Klassik und insbesondere mit dem Werk und der Person Goethes.

Die bisher gültige Devise hatte darin bestanden, Goethe kurzerhand als bürgerlichen Revolutionär für den Sozialismus zu vereinnahmen.[118] Nun aber plädierte Hager für eine »*kritische* Aneignung« des Kulturerbes, Goethe notgedrun-

---

114 Vgl. z. B. Anke Fiedler, Medienlenkung in der DDR, Köln, Weimar und Wien: Böhlau, 2014 (Zeithistorische Studien, Bd. 52), S. 280–285.

115 Erich Honecker, Zu aktuellen Fragen bei der Verwirklichung der Beschlüsse des VIII. Parteitages. Aus dem Schlußwort auf der 4. Tagung des Zentralkomitees der SED. 17. Dezember 1971, in: ders., Reden und Aufsätze, Berlin: Dietz, 1975, Bd. 1, S. 393–430, hier S. 427.

116 Honecker, Aus dem Schlusswort auf der 4. Tagung des Zentralkomitees der SED, S. 428.

117 Kurt Hager, Zu Fragen der Kulturpolitik der SED. Referat auf der 6. Tagung des ZK der SED. 6. Juli 1972, in: ders., Beiträge zur Kulturpolitik. Reden und Aufsätze, Bd. 1: 1972 bis 1981, Berlin: Dietz, 1987, S. 7–77, hier S. 36.

118 Vgl. Karl Robert Mandelkow, Goethe in Deutschland. Rezeptionsgeschichte eines Klassikers, Bd. 2, München: Beck, 1989, S. 190–192.

gen miteingeschlossen.[119] Wie sich dieses Plädoyer in der Zensurpraxis respektive in einer Lockerung derselben auswirkte, hat Peter Zander gerade in Hinblick auf die produktive Goethe-Rezeption an einem überaus triftigen Beispiel aufgezeigt.[120] Noch im selben Jahr, in dem Hager die »kritische Aneignung« beschworen hatte, konnten *Die neuen Leiden des jungen W.* von Ulrich Plenzdorf erscheinen, mit dem bekannten, nachgerade fulminanten Erfolg. Dabei war das wenig ehrfürchtige Buch oder jedenfalls die Idee dazu deutlich älter, fast um ein halbes Jahrzehnt. In Form eines Filmscripts lag sie schon 1968 vor. Damals aber konnte sie eben noch nicht realisiert werden. Erst durch Hagers Parole von der »kritische[n] Auseinandersetzung« und mit der Freigabe sozusagen des nationalen Erbes, auf die sie hinauslief, wurde es möglich oder erlaubt, Goethe in solcher Weise vom Sockel herabsteigen zu lassen, wie es in Plenzdorfs Roman geschieht.

In diesem Kontext eines entspannteren Verhältnisses zum NKE gehört nun auch das Projekt der ersten Thomas-Mann-Verfilmung in der DDR, wie erwähnt der ersten Verfilmung eines Mann'schen Exilwerks überhaupt. Dass man sich ausgerechnet *Lotte in Weimar* vornahm, erwies sich als eine im gegebenen Zusammenhang sehr gelungene Wahl. Nicht nur lag der hauptsächliche Drehort, Weimar eben, sozusagen vor der Haustür der DEFA; womit gewissermaßen immer schon augenfällig wurde, welche der beiden ungleichen Hälften Deutschlands zur Verwaltung und Pflege des humanistisch-nationalen Kulturerbes die berufenere war. Darüber weit hinaus musste es der Verfilmung gerade von *Lotte in Weimar* zwangsläufig gleich um eine doppelte Auseinandersetzung mit diesem nationalen Kulturerbe gehen. Es ging um die Aneignung erstens Goethes und zweitens Thomas Manns. Dabei hatte Thomas Mann einen einigermaßen respektlosen und bei aller Respektlosigkeit in seiner Weise doch auch wieder ehrerbietigen Umgang mit Goethe bereits vorexerziert; in einer Weise, die sich, wie von der

---

119 Hager, Zu Fragen der Kulturpolitik der SED, S. 59; im Original keine Hervorhebung.
120 Vgl. Zander, Thomas Mann im Kino, S. 206–212.

DDR-Germanistik unfehlbar und schon früh bemerkt,[121] leicht an die differenzierte Bewertung Goethes durch Friedrich Engels[122] anschließen ließ.

So ließ Mann seinen Goethe erst im eigentlichen Sinn des Verbs gar nicht auftreten; sondern er führte ihn im Liegen vor. Zunächst paradierte er ihn oder sein Geschlechtsteil in »hohen Prächten«, »die sich«, dem Szenarium und Drehbuch nach, »unter der Steppdecke« wenigstens »leicht abzeichne[]n« sollten[123] — bevor solch ein noch so leichthin unter die Gürtellinie geworfener Blick im realisierten Film dann doch entfiel. Die Anspielung auf Goethes morgendliche Erektion blieb auf die Worte der Tonspur, auf Goethes inneren Monolog beschränkt. Und dieser, weil nicht von Goethes respektive Hellbergs eigener, sondern durch die Männerstimme des voice-over-Erzählers gesprochen, brauchte sich zunächst noch gar nicht zwingend als intimes Selbstgespräch auszunehmen. Vielmehr mochte er sich erst einmal wie eine Ansprache von der Art anhören, in der derselbe Erzähler am Anfang des Films die devoten Verse des Roman-Mottos an Goethe richtet: *»Dein Leben daure lang, / Dein Reich beständig!«*[124]

Innerhalb einer entsprechenden Kommunikationssituation wäre es natürlich unvorstellbar oder die gröbste Impertinenz, unter die Gürtellinie des Angesprochenen zu zeigen. Die Rede der Erzählerstimme aber in anderer Weise aufzufassen und also nach Maßgabe des Romantexts richtig zu verstehen, als ein Soliloquium Goethes, konnte einem Kinopublikum, das mit diesem Text nicht vertraut war, eigentlich gar nicht erst in den Sinn kommen. Die ohnedies gewundenen, um nicht zu sagen steifen Worte, die schon im Roman Goethes Selbstbeobachtung seines Körpers eher andeuten als benennen, mussten in der schwundstufi-

---

121 Vgl. z. B. Heinz Lüdecke, Thomas Manns dialektisches Goethe-Bild, in: Aufbau 10, 1952, S. 941–945, hier S. 942. Zur positiven Wertung des *Lotte*-Romans in der DDR-Germanistik vgl. z. B. Hans Dahlke, Geschichtsroman und Literaturkritik im Exil, Berlin und Weimar: Aufbau, 1976, S. 345–356; Eike Middell, Ein Goetheroman, ein Deutschlandroman. Thomas Mann: *Lotte in Weimar*, in: Sigrid Bock und Manfred Hahn (Hgg.), Erfahrung Exil. Antifaschistische Romane 1933–1945. Analysen, Berlin und Weimar: Aufbau, [2]1981, S. 178–203; Tamás Lichtmann, Thesen zu Thomas Manns Roman *Lotte in Weimar*, in: Germanistisches Jahrbuch DDR-UVR, 1986, S. 89–101.

122 Vgl. Friedrich Engels, Deutscher Sozialismus in Versen und Prosa, in: ders. und Karl Marx, Werke, hg. v. Institut für Marxismus-Leninismus beim ZK der SED, Bd. 4, Berlin: Dietz, 1959, S. 207–247, hier S. 231–233.

123 Egon Günther, Lotte in Weimar. Drehbuch. Fassung vom 18. April 1974, S. 134, Bundesarchiv, Berlin-Lichterfelde; ders., Lotte in Weimar. Szenarium, S. 63.

124 Bd. 9.1, S. 9; Hervorhebung des Originals.

gen Realisation des Films für ein so beschaffenes Publikum fast zwangsläufig unverständlich bleiben: »Wie, in gewaltigem Zustande? In hohen Prächten?«[125]

1.3 Die politischen Tendenzen des Films

1.3.1 Die ideologischen Direktiven

Ein Wagnis à la Plenzdorf war bei einer Adaption des Thomas Mann'schen Goethe also von vornherein geschützt durch den verfilmten Text und das Renommee seines Verfassers. Die Demontage des einen Nationalschriftstellers war durch die Autorität des anderen immer schon gedeckt. Thomas Manns Roman, vor dem oben skizzierten Hintergrund eines Paradigmenwechsels in der Goethe-Forschung, lud selbst schon zu einer unbefangenen Aneignung des Erbes ein, wie er, der Roman, dann im Film wiederum seinerseits einer solchen unterzogen werden sollte, wenn auch in etwas engeren Grenzen. Diese wurden von hoher Stelle abgesteckt. Sie betrafen vor allem Thomas Manns bildungsbürgerliche Indifferenz gegenüber dem Proletariat und der zu Manns Zeit so genannten sozialen Frage.

Entsprechende Weisungen sind schwarz auf weiß erhalten geblieben. Sie stehen in den Protokollen oder Rekapitulationen der Gespräche, die im zuständigen Ministerium geführt wurden: »[I]n Anbetracht der fortschreitenden Versuche des Imperialismus in der BRD, humanistische Traditionen des deutschen Volkes für seine Interessen umzufunktionieren«, sei nunmehr »ein eindeutig marxistisch-leninistisches Bild der deutschen Klassik, insbesondere Goethes, zu geben«.[126] Und in einer DEFA-internen Debatte über das Filmprojekt, in einer Aktennotiz aufgezeichnet, formulierte man ausdrücklich die konkrete Umsetzung solcher politischen Leitlinien:

> Goethe nicht als der unnahbare Dichterfürst, sondern als Mensch seiner Zeit, nicht undurchschaubar und fern, gegen ein Elite- und Geniebild. Die Beziehung zum Volk. Über den Roman hinaus soll in sparsamen Andeutungen der vierte Stand, der Hinterhof des »Elephanten« [scil. des Hotels, in dem Charlotte Kestner-Buff absteigt] ins Bild gerückt werden. Zur stilistischen Intention: Volkstümlicher als der Roman, [...] dialektische differenzierte Sicht auf die Befreiungskriege soll erhalten bleiben. Sie hat einen deutlichen antifaschisti-

---

125 Günther, Lotte in Weimar, 01:24:31. Vgl. Bd. 9.1, S. 283. Zur Textgestalt und zur lectio difficilior, »Prachten«, vgl. Elsaghe, Thomas Mann und die kleinen Unterschiede, S. 24, Anm. 23.
126 Bernd Bittighöfer, Aktennotiz vom 21. Januar 1974 über das Gespräch beim Stellvertreter des Ministeriums und Leiter der HV Film, (»Gen.«) Günter Klein, Bundesarchiv, Berlin-Lichterfelde.

schen Aspekt aus der Entstehungszeit des Romans, d.h. eine antinationalistische, antichauvinistische Spitze.

Notwendigkeit, Wirkungszeit und gegenwärtige Situation im Zusammenhang damit zu beachten. Besonders die Versuche, das Bürgertum als Träger der »Kulturnation« zu etablieren. Veränderte Linie der imperialistischen Propaganda: Orientierung auf liberale Traditionen und Versuche einer eigenen Erbepolitik.

Die Problematik der Befreiungskriege ist vorsichtig zu behandeln, die Möglichkeit der Anknüpfung an ihre progressiven Seiten muß erhalten bleiben.[127]

Wie aus solchen Akteneinträgen ersichtlich und wie besonders auch im Zusammenhang mit Judentum und Antisemitismus gleich wieder zu zeigen, lassen sich die konkreten, insbesondere die ideologischen Intentionen bei den in der DDR entstandenen Filmen ungleich leichter identifizieren als bei den bundesdeutschen Produktionen. Während man bei diesen oft genug auf mehr oder auch weniger plausible Vermutungen angewiesen bleibt, um ideologische Motive zu identifizieren, die obendrein vielleicht noch unterhalb der Bewusstseinsschwelle lagen und liegen, sind die politischen Absichten der DDR-Filmindustrie im bürokratischen Schriftverkehr zu einem sehr großen Teil, wenn nicht sogar zur Gänze klipp und klar ausbuchstabiert. So spricht aus den erhaltenen Aktenbergen zur Entstehung der Verfilmung von *Lotte in Weimar* immer wieder das Bedürfnis oder auch die Erwartung, sich von der Bundesrepublik abzugrenzen. Für seinen Besuch bei Lilli Palmer im Sommer 1974 beispielsweise erhielt der »Dienstreisende[]« Egon Günther von seinem Vorgesetzten Wilkening die Direktive, die bei entsprechenden Gelegenheiten stereotyp mit den immer gleichen Worten ausgegeben wurde:

> Während des Besuchs hat der Vertreter der DDR unsere Haltung und unsere Standpunkte zur Frage der europäischen Sicherheit, [sic!] sowie die Rolle der sozialistischen Kulturpolitik der DDR offensiv zu erläutern und allen von der BRD ausgehenden Versuchen, eine »Gesamtdeutsche Kultur« zu deklarieren, entgegenzutreten.[128]

Ein weiteres Beispiel aus der internen Kommunikation: In einer Stellungnahme zu Günthers Szenarium wies Dieter Wolf, der Hauptdramaturg der DEFA, eigens auf eine »Reihe von kulturpolitischen Gründen« hin, aus denen »die Verfilmung des Romans« »zum 100. Geburtstag des Dichters« »in Angriff genommen« wer-

---

127 Dieter Wolf, Aktennotiz im Auftrag des Stellvertreters des Ministers für Kultur und Leiters der HV Film, Genosse Günter Klein, über ein Gespräch am 16.1.74 über die Regiekonzeption *Lotte in Weimar*, 28. Januar 1974, Bundesarchiv, Berlin-Lichterfelde.
128 Albert Wilkening, Direktive vom 29. April 1974, Bundesarchiv, Berlin-Lichterfelde. Vgl. ders., Direktiven z. B. vom 8. Januar 1973, vom 14. März und 18. September 1974, ebd.

den sollte.[129] Politisch chargiert war dabei vermutlich schon die angestaubte Wortwahl — »Dichter« —, wie sie seit dem Ende des Kalten Kriegs und in eins damit einer DDR-spezifischen Sprachregelung vollends obsolet geworden ist. Was jedenfalls die Titulierungen Thomas Manns betrifft, ließe sich derselbe weihevolle Sprachgebrauch im Kulturbetrieb und Bildungswesen der DDR auch anderweitig beobachten, etwa an der Germanistenprosa oder an den Lehrplänen der Schulen. Im Kontext gerade der deutsch-deutschen Rezeptionsgeschichte von *Lotte in Weimar* hat Werner Frizen denn auch gemutmaßt, dass der Archaismus der Wortwahl hier »pointiert gegen die westliche Abwertung Thomas Manns als eines ›Schriftstellers‹« gerichtet gewesen sei.[130]

Wenn man sich anschicke, aus just diesem Roman des demnach wohl nicht ganz zufällig so titulierten »Dichters« einen Film zu machen, dann wolle man hiermit, schrieb Wolf, »einen bedeutsamen Beitrag leisten, um dem historisch überlebten Alleinanspruch des imperialistischen Kulturbetriebs auf bestimmte Teile des Erbes zu begegnen und den Mißbrauch der gemeinsamen Vergangenheit für die Fiktion der Einheit von Sprache, Kultur und Nation entgegenzutreten«.[131] So also der Hauptdramaturg; und so dann auch wieder sein Vorgesetzter, der Hauptdirektor Wilkening,[132] der die betreffenden Formulierungen zwei Jahre später wortwörtlich übernahm. Folgt eine Berufung auf die bei Thomas Mann und durch *Lotte in Weimar* selber vorgegebene Unbefangenheit der Aneignungsweise:

> Wir sehen diese Verpflichtung um so mehr, als der Roman selbst die liebevoll-kritische Auseinandersetzung [...] mit dem klassischen bürgerlichen Humanismus und seiner widerspruchsvollen, doch größten Erscheinung — Goethe — zum Gegenstande hat.[133]

Indessen solle doch »jede aktualisierende oder aber auch historisierende Interpretation vermieden« und der »historischen Gebundenheit« Rechnung getragen werden.[134] Und weiter:

> Prinzipiell scheint uns eine Ausweitung der gedanklichen Disputation über weitere, neue moralische, politische, historische Gegenstände nicht nur aus Längegründen überaus prob-

---

129 Dieter Wolf, Stellungnahme zum Szenarium, 22. November 1973, Bundesarchiv, Berlin-Lichterfelde.
130 Bd. 9.2, S. 156.
131 Wolf, Stellungnahme zum Szenarium.
132 Albert Wilkening, Brief vom 10. März 1975, Bundesarchiv, Berlin-Lichterfelde.
133 Wolf, Stellungnahme zum Szenarium.
134 Wolf, Stellungnahme zum Szenarium.

lematisch (beispielsweise die Diskussion des Antisemitismus und seiner Ursachen und Folgen).[135]

Neben dem Antisemitismus und den im Ministerium besonders interessierenden Befreiungskriegen, ihrer einerseits ›antifaschistischen‹ und anderseits bürgerlich-nationalistischen Anschließbarkeit, bildete den internen Akten zufolge auch die Darstellung der Kosaken eine größere Herausforderung. Im Roman wird mehrfach auf deren, gelinde gesagt, ungehobeltes Benehmen angespielt. Nach der Weisung des Hauptdramaturgen war die Romanvorlage hier zu ajustieren: »Es« sei »aber auch in der notwendigen Skizzierung der Zeitumstände« ein gewisser »Eindruck« zu vermeiden; der Eindruck nämlich, dass nach »der napoleonischen Besetzung« ein »barbarische[r] Rückfall in Kriegsgreuel und Besatzungsterror« erfolgt sei.[136] Hier drohte eine ungewollte ›Aktualisierung‹. Denn die Präsenz russischer Soldaten und die einheimischen Ressentiments gegen sie gehörte ja zu einer in Teilen der DDR beinahe alltäglichen Erfahrung. Solche Ressentiments werden im Film sogar ein Stück weit noch über das im Roman Angedeutete hinaus bedient.[137] Die Kosaken werden gezeigt, wie sie die Bevölkerung Weimars offenbar ausplündern, zum Beispiel ein fliehendes Ferkel einfangen, während ein anderes, schon gepacktes, herzergreifend quiekt[138] (aber andererseits ein Weimarer ohne erkennbaren Zwang den Soldaten Brotscheiben austeilt[139]).

Man könnte sogar vermuten, dass die Kosaken durch die Art der Schnitte und Parallelmontagen mit Schweinen assoziiert werden sollen. Aber auch dann noch müsste man zugestehen, dass die Kosaken-Szenen, gerade wegen ihrem Nachdruck auf Nahrungsbeschaffung und -zubereitung, einen eher friedlichen Charakter haben. Ausagiert werden die Aggressionen gegen die requirierenden Truppen nicht an den »zuweilen etwas rauh und übermütig sich gebärdende[n] [...] Kosaken, Baschkiren und Husaren des Ostens«;[140] sondern dafür herhalten müssen Franzosen. Das hielt Günther schon im Szenarium so fest: »Übergriffe der Bevölkerung. Eine Frau tut sich hervor. Gießt irgendeine Brühe einem [scil. franzö-

---

135 Wolf, Stellungnahme zum Szenarium.
136 Wolf, Stellungnahme zum Szenarium.
137 Vgl. Matteo Galli, Tommy in Weimar. Thomas Mann e la DEFA, in: Reinhard Mehring und Francesco Rossi (Hgg.), Thomas Mann e le arti. Nuove prospettive della ricerca — Thomas Mann und die Künste. Neue Perspektiven der Forschung, Rom: Istituto Italiano di Studi Germanici, 2014, S. 365–383, hier S. 377 f.
138 Günther, Lotte in Weimar, 01:09:48.
139 Günther, Lotte in Weimar, 01:09:57.
140 Bd. 9.1, S. 187.

sischen] Offizier ins Gesicht.«[141] Unmittelbar davor wird eine Trikolore ver-
brannt.[142] Und später im Film fällt der Blick der Kamera so auf die Leiche eines
Vergewaltigungsopfers, dass einem suggeriert wird, es seien Franzosen gewesen,
welche die Frau geschändet haben.[143] Andererseits hält das Szenarium eigens
doch auch wieder fest, ohne dass eine solche Sympathie für die zurückkehrenden
Franzosen wiederum durch Manns Roman beziehungsweise dessen Fünftes Kapitel gedeckt wäre: »Französische Patrouillen. Die Zivilbevölkerung wird nicht
belästigt.«[144]

Besonders breit ausgeführt sind in Szenarium, Drehbuch und Film die Unge-
zogenheiten eines Obersts von Geismar, des »Kosakenchef[s]«. Während im fünften Romankapitel, *Adele's Erzählung*, nur eben davon die Rede ist, dass der
Oberst »dieser hunnischen Reiter [...] mit schief übers Ohr gezogener Mütze im
Schloß vorm Bette des Herzogs« erschien,[145] sehen schon Szenarium und Drehbuch folgende, dann auch ziemlich getreu verfilmte Szene vor:

> Oberst von Geismar, der Kosakenchef, mit schief aufs Ohr gesetzter Mütze [sic!] reitet ins
> Schloß so weit er kann. Er kann weit. [...]
> Geismar, schreiend: Boschemoie Tschort [russisch für »verrückter Teufel«; im Szenarium:
> »Boschemoie ... Licht ... Tschort«]! Zum König! Hab ich befohlen [im Szenarium: »Licht hab
> ich befohlen«], ihr sächsischen Teufel!
> Eine Vase geht zu Bruch [nur im Szenarium].[146]

Nicht realisiert wurde im Film dann die Begegnung von Geismars mit dem Her-
zog, der nach Günthers Absicht dessen Deutschkenntnisse rühmen sollte.[147] Un-
realisiert blieb des Weiteren auch eine Konfrontation zweier Niveaus von Waffen-
technologien. Diese war beziehungsweise wäre vor dem Hintergrund des Kriegs-
geschehens situiert gewesen, das im Szenarium so beschrieben ist: »Fünfhundert
Kosaken in der Stadt. / Fünfhundert Kosaken in der Stadt. / Fünfhundert Kosaken in der Stadt. / Fünfhundert Kosaken in der Stadt. / Es brennt. / Es stirbt. / Es
flieht. / Es siegt.«[148]

---

141 Günther, Lotte in Weimar. Szenarium, S. 45. Vgl. ders., Lotte in Weimar, 00:58:06.
142 Günther, Lotte in Weimar, 00:57:46.
143 Günther, Lotte in Weimar, 01:00:06, 1:01:17.
144 Günther, Lotte in Weimar. Szenarium, S. 46.
145 Bd. 9.1, S. 186.
146 Günther, Lotte in Weimar. Drehbuch, S. 93; ders., Lotte in Weimar. Szenarium, S. 53. Vgl.
ders., Lotte in Weimar, 01:09:25.
147 Vgl. Günther, Lotte in Weimar. Szenarium, S. 54.
148 Günther, Lotte in Weimar. Szenarium, S. 53.

»Ein Kosak schießt mit einem Baschkirenbogen«. Ein »Preuße, Berliner«, der sich seinem Dialekt nach also keiner der beiden Hälften des nunmehr geteilten Deutschland zurechnen ließe, macht sich darüber lustig — »Ihr mit eure miese veraltete Waffentechnik« —, um dann vom Beschimpften getroffen zu werden.[149] Dass die Szene dann doch nicht verwirklicht wurde, ist vielleicht ebenso bezeichnend wie diese selbst. Auf die Gefahr hin, ihre Interpretation allzu sehr zu strapazieren, kann man sie versuchshalber abbilden auf die Spannung zwischen der propagierten Wehrhaftigkeit des Warschauer Pakts und einem Wissen um seine waffentechnische Unterlegenheit gegenüber dem NATO-Bündnis.

Jedenfalls wird auch sonst in den Akten der Filmentstehung eine gewisse Anerkennung der westlichen Überlegenheit bereits deutlich konzediert. So in einem auf Ende August 1974 datierten Rechenschaftsbericht über einen Auslandsaufenthalt, im Zusammenhang mit Dreharbeiten in Wetzlar. »Alle Mitglieder des DEFA-Kollektivs«, heißt es da,

> benahmen sich so, wie es von unseren Bürgern gefordert wird, höflich, zuvorkommend, in politischen Fragen sehr bestimmt. Es darf aber trotzdem nicht unerwähnt bleiben, daß die Fülle von Gütern des täglichen Lebens, vor allem Nahrungsmittel, außerordentlich beeindruckte.[150]

Dass die alles in allem doch sehr drastische Darstellung der Kosaken und ihres Gebarens in einem gewissen Widerspruch stand zu der offiziell proklamierten Freundschaft zur Sowjetunion, dafür und für die Oberflächlichkeit solcher Proklamationen gibt es übrigens auch rezeptionsgeschichtliche Zeugnisse, die an Explizität und Eindeutigkeit nichts zu wünschen übrig lassen. Ein solches Zeugnis ist zum Beispiel Walter Jankas »Kurzer Bericht über die Reise nach Moskau aus Anlass der Aufführung des Filmes ›Lotte in Weimar‹«. In Moskau, wo er mit anderen am Film Beteiligten sehr kühl bis abweisend empfangen wurde — auch die dürftig improvisierte, noch nicht einmal mit Untertiteln versehene, geschweige denn synchronisierte Vorführung war schlecht besucht —, gab man Janka schroff zu verstehen: »Die Kosakenszene sei unmöglich. Eine Beleidigung für die Russen.«[151] (Zudem — was immer und was alles mit dem Plural gemeint sein mochte, also außer der einen Szene, in welcher der Freiheitskämpfer Ferdi-

---

149 Günther, Lotte in Weimar. Drehbuch, S. 114.

150 [Erich] Albrecht, Bericht über Vorbereitung und Dreharbeiten für den Spielfilm *Lotte in Weimar* in Wetzlar, an Heinz Kuschke, Referat für Auslandsbeziehungen, vom 29. August 1974, Bundesarchiv, Berlin-Lichterfelde.

151 Walter Janka, Kurzer Bericht über die Reise nach Moskau aus Anlass der Aufführung des Filmes *Lotte in Weimar*, 12. Oktober 1975, Bundesarchiv, Berlin-Lichterfelde.

nand Heinke Adele Schopenhauer in den Schritt greift,[152] oder vielleicht auch den Rückblenden auf die *Werther*-Zeit[153] —: »Die Sexszenen müssten unbedingt heraus.«[154])

1.3.2 Die Umsetzung der Direktiven

Der an hoher Stelle gefasste Vorsatz, den Vierten Stand im Sinn einer »eindeutig marxistisch-leninistischen« Sichtweise wenigstens »in sparsamen Andeutungen« mit in den Blick zu nehmen, ist dem Film *Lotte in Weimar* ohne Weiteres anzusehen. Denn besonders sparsam sind die Andeutungen nicht ausgefallen. Die Direktive wurde gehorsamst übererfüllt.

Schon in der Vorsequenz und dann wieder mehrfach, wenn auch nicht ganz so ausführlich wie im Drehbuch noch vorgesehen, kommt die sich abmühende Landbevölkerung ins Bild, von deren harter Arbeit sich die anderen Stände nähren.[155] Mehrere Naheinstellungen auf den schwer beladenen und enervierten Hausknecht[156] des Gasthofs Zum Elephanten führen vor Augen, auf wessen Buckel die hehren Aspirationen der Geistesmenschen ausgelebt oder sozusagen ausgetragen werden. Ein Angehöriger des Vierten Stands, im Schweiße seines Angesichts Brennholz hackend, fragt den anderen, Livrierten, wie lange der schon »beim großen Bescheidwisser von Weimar« sei — worauf dieser in breitem Dialekt mit der militärgeschichtlichen und weltpolitischen Nachricht vom vorderhand endgültigen Sieg der reaktionären Mächte, man kann schlecht sagen, antwortet: »Wenn die Gerüchte stimmen, ist Paris erobert und der Feldzug beendet.«[157]

Ein Dienstmädchen sieht man in gebückter Haltung den Abraum zusammenkehren, den die schmarotzerischen Schöngeister aus Goethes Entourage bei ihrem Gelage hinterlassen wie die ärgsten Vandalen.[158] Sie ist in den Farben der Trikolore gekleidet, während die Färbung der Dienstbotengewänder im Roman erwartungsgemäß unter die Unbestimmtheitsstellen des Texts fällt. Dennoch ist

---

152 Günther, Lotte in Weimar, 01:05:10.
153 Günther, Lotte in Weimar, 00:01:02.
154 Janka, Kurzer Bericht über die Reise nach Moskau aus Anlass der Aufführung des Filmes *Lotte in Weimar*.
155 Günther, Lotte in Weimar, 00:00:43, 00:02:35.
156 Günther, Lotte in Weimar, 00:06:01, 00:09:05, 00:09:59.
157 Günther, Lotte in Weimar, 01:11:37.
158 Günther, Lotte in Weimar, 01:44:32.

solch ein Einsatz von Farbensymbolik diesem grundsätzlich durchaus angemessen.

Der Film lässt hier nämlich schon eine gewisse Sensibilität für eine Eigenheit des Romans erkennen, der erst die allerjüngste Thomas-Mann-Forschung auf die Spur kommen sollte.[159] Gemeint ist, um es mit Eckart Goebels hübscher Anspielung auf die *Wahlverwandtschaften* zu sagen, der rote Faden, der *Lotte in Weimar* durchzieht. Denn darin wird mit wenigstens ein, zwei Farben der Trikolore erheblicher Aufwand betrieben — wenngleich ohne Bezug auf diese oder gar auf die darin symbolisierten Werte von liberté, égalité, fraternité —, mit Weiß und ganz besonders mit Rot oder Rosa: vom Backenbart des Kellners Mager[160] und der Frisur der *Rose* Cuzzle[161] über den von dieser portraitierten Räuber »Boccarossa«,[162] den »Tinto rosso«[163] und das Himbeermotiv[164] bis hin zu Theodor Körners *Rosamunde*,[165] dem Futter von Goethes Mantel[166] und natürlich den Schleifen an Charlottes Kleid, die Goethe und Thomas Mann im Lauf der Zeit mit verschiedenen Farbadjektiven belegten (»rosa«,[167] »blaßrosa«[168] oder aber, in Goethes ältestem und besonders deftigen Textzeugen,[169] »fleischfarben[]«[170]).

Der Farbgebung und Farbsymbolik des Romans sind das Maskenbild, die Kostüme und die Requisiten des Films immer wieder gerecht geworden, mit oft wünschenswerter, aber noch längst nicht erwartbarer Akkuratesse — unerwartet wie gesagt angesichts des seinerzeitigen Forschungsstands —; nur dass die Symbolhaltigkeit einer bestimmten Farbkombination an mindestens einer Stelle eben in einer Weise politisch kodiert wird, wie es dem Vortext fern steht. Im Interesse seiner ideologischen Vereinnahmung und einer klassenkämpferischen Parteinahme wertet die Verfilmung denn auch konsequent den Stand der Dienstboten auf, dessen eine Angehörige so dreist als wandelnde Trikolore gewandet er-

---

159 Eckart Goebel, Pink Ink. Zur Funktion der Farbe Rosa in Thomas Manns Roman *Lotte in Weimar*, in: Publications of the English Goethe Society 86.1, 2017, S. 55–66.
160 Vgl. Bd. 9.1, S. 12.
161 Vgl. Bd. 9.1, S. 42.
162 Bd. 9.1, S. 46.
163 Bd. 9.1, S. 420.
164 Vgl. Bd. 9.1, S. 34, 315 f., 417, 441.
165 Vgl. Bd. 9.1, S. 432.
166 Vgl. Bd. 9.1, S. 436.
167 Bd. 9.1, S. 374, 377, 382.
168 Bd. 9.1, S. 381.
169 Vgl. Goebel, Pink Ink, S. 60 f.
170 Goethe, Werke, Abt. I, Bd. 19, S. 311.

scheint; mag diese strenggenommen auch nur für die bürgerliche Revolution des Dritten Stands stehen.

Die Mentalität des Vierten Stands erscheint als positives Gegenbild dessen, was in *Lotte in Weimar* beziehungsweise in den *Leiden des jungen Werther* verhandelt wird. Der Film suggeriert, dass zerquälte und verknorzte Liebesgeschichten, wie sie der *Werther* oder eben *Lotte in Weimar* bearbeiten, standes- oder klassenspezifische Dekadenzsymptome sind, Luxusphänomene eines saturierten Bürgertums, das nichts Besseres mehr mit sich und seiner Lebenszeit anzufangen weiß als sich in sentimentalem Selbstgefühl und Selbstmitleid zu suhlen. Entgegengehalten wird dem die unbeschwerte Sinnlichkeit des Vierten Standes. So war schon immer zu zeigen beabsichtigt und ist denn auch bereits am Anfang des eigentlichen Films zu sehen — also nach den Rückblenden in die *Werther*-Zeit —, wie ungezwungen sich Lottes Dienstmädchen, »Klärchen« mit Namen, mit dem Kutscher amüsiert und vice versa: »Neben dem Schwager die Kammerkatze Klärchen. Unterhält sich gut. Er auch.«[171]

Auch die Direktive »gegen ein Elite- und Geniebild«, wie es Thomas Mann natürlich gar nicht fern lag, ist in Günthers Film sehr augenfällig realisiert. Goethes »Beziehung zum Volk« wird in dem Sinn stark gemacht, dass er, der »stilistischen Intention« gemäß, tatsächlich »[v]olkstümlicher« erscheint als im Roman. Deutlich wird die Umsetzung dieser Direktive etwa an den zwei, drei Sätzen, welche von dem halben Hundert Seiten stehen geblieben sind, in denen der Roman-Goethe über die Deutschen wettert. Diese wenigen Sätze wurden mit einer im Roman viel früheren Stelle kontaminiert, in der es um die schlechte Aufnahme der Farbenlehre ging: »Aber warum sollen sie nicht meine Forschung bescheisen [sic!], da sie meine Dichtung beschissen haben, was ihre Bäuche hergaben?«[172]

Sinn und Zweck der Stellenkontamination sind leicht zu erraten. Diese, eine Kontamination auch in der ursprünglichen, hygienischen Bedeutung des Begriffs, hat natürlich mit der Skatologie zu tun. Ausschlaggebend ist das dadurch herabgedrückte Niveau einer Rede, wie man sie von Thomas Mann sonst nicht kennt, in dessen Gesamtwerk sich keine weiteren Belege für solch ein *verbum defaecandi* finden. An seinem Gustav von Aschenbach hielt er im Gegenteil schon in den Entwurfsnotizen zum *Tod in Venedig* fest,[173] dass dieses sein Alter Ego »aus seiner Sprachweise [sic!] jedes gemeine« oder »unedle[] Wort« »verbannte«.[174] Und er für sein Teil pflegte nicht allein in seiner eigenen höchstdeutschen

---

171 Günther, Lotte in Weimar. Szenarium, S. 1. Vgl. ders., Lotte in Weimar, 00:05:17.
172 Bd. 9.1, S. 290.
173 Vgl. Bd. 2.2, S. 496.
174 Bd. 2.1, S. 515.

Sprachweise alles Anale peinlichst zu meiden; sondern selbst bei direkten oder indirekten Reden noch so ordinärer Figuren wusste er es aus dem Deutschen herauszuhalten. (In dem Stil: »›Darf man eintreten?‹ [...] worauf es antwortete, daß man vielmehr etwas anderes, in diesen Blättern nicht Wiederzugebendes tun dürfe.«[175] Oder: »Sie sagten ›Merde!‹ und, da auch Deutsche dabei waren: ›Verflucht nochmal!‹ und ›Hol's der Geier!‹«[176])

Die hier jedoch besonders deftige Wortwahl, eine in ihrer Krudität zwar nicht für Goethe, aber eben für Thomas Mann und dessen überpflegte »Bügelfaltenprosa«[177] ganz und gar untypische Stillage, bot sich dazu an, den Weimarer Klassiker an der textgetreu verfilmten Stelle zu vervolkstümeln. Seine Diktion wurde so auf das Sprachniveau des intendierten Publikums von Arbeitern und Bauern abgesenkt. Das war nicht ungeeignet, ein nationales Gemeinschaftsgefühl zu erzeugen, und zwar, wie befohlen: »Über den Roman hinaus«, weit hinaus. Denn in *dessen* Monologen wie in *diesem* überhaupt geht es doch ganz im Gegenteil gerade darum, wie einsam Goethe unter den Weimarern war und unter den Deutschen zeit seines Lebens blieb. Er führt ein »auch durch Instinkt schon isolierte[s] Leben« unter ihnen.[178] Er lebt in »Distanz vom«, ja in »Antipathie gegen das Sackermentsvolk« dahin.[179] Volkstümlich ist hier nicht er, sondern allenfalls seine Genealogie;[180] wobei Thomas Mann durchaus nicht immun war gegen die Ansätze der völkisch-erbbiologistisch orientierten Literaturgeschichtsschreibung und -›wissenschaft‹ à la Josef Nadler.[181] (Bei seiner Arbeit an *Lotte in Weimar* muss es ihm hier ganz besonders eine wiederum geflissentlich verschwiegene Quelle angetan haben,[182] ein rassenbiologisch interessierter Vortrag, den ein österreichischer, in die USA emigrierter Germanist — und damals Korrespondenzpartner Thomas Manns[183] — 1933 gehalten hatte: Joseph A. von Bradish, *Goethe als Erbe seiner Ahnen*.[184])

---

175 Bd. 12.1, S. 37.

176 Bd. 12.1, S. 160.

177 Alfred Döblin, Zum Verschwinden von Thomas Mann, in: ders., Autobiographische Schriften und letzte Aufzeichnungen, hg. v. Edgar Päßler, Olten und Freiburg i. Br.: Walter, 1980 (Ausgewählte Werke in Einzelbänden), S. 575–577, S. 576.

178 Bd. 9.1, S. 326.

179 Bd. 9.1, S. 326.

180 Vgl. Bd. 9.1, S. 323–328.

181 Vgl. Gisela Brude-Firnau, Thomas Mann und Josef Nadler: drei Dezennien Literaturgeschichte, in: Seminar 31.3, 1995, S. 203–216; Elsaghe, Die imaginäre Nation, S. 157.

182 Vgl. Elsaghe, Thomas Mann und die kleinen Unterschiede, S. 316, 333, Anm. 172.

183 Vgl. Tagebucheintrag vom 4. März 1935, in: Mann, Tagebücher 1935–1936, S. 49.

184 Vgl. Joseph A. von Bradish, Goethe als Erbe seiner Ahnen, Berlin und New York: Westermann, 1933 (Vortragsreihe, Gemeinverständliche Folge, Bd. 2).

Zum Vergleich erst der Film-, dann noch einmal der entsprechende Teil des Romanmonologs. Die im Film gestrichenen Partien desselben sind kursiviert:

> So traun sie deinem Deutschtum nicht, spürens wie einen Mißbrauch, und Ruhm ist unter ihnen wie Haß und Pein. Gebärdet euch, wie ihr wollt, das Meine abzuwehren, — ich stehe doch für euch. Auch wenn ihr meine Dichtung beschissen habt, was die Bäuche hergaben.[185]

> So traun sie deinem Deutschtum nicht, spürens wie einen Mißbrauch, und der Ruhm ist unter ihnen wie Haß und Pein. *Leidig Dasein, im Ringen und Widerstreit mit einem Volktum, das doch auch wieder den Schwimmer trägt. Soll wohl so sein, wehleidig bin ich nicht. Aber daß sie die Klarheit hassen, ist nicht recht. Daß sie den Reiz der Wahrheit nicht kennen, ist zu beklagen, — daß ihnen Dunst und Rausch und all berserkerisches Unmaß so teuer, ist widerwärtig, — daß sie sich jedem verzückten Schurken gläubig hingeben, der ihr Niedrigstes aufruft, sie in ihren Lastern bestärkt und sie lehrt, Nationalität als Isolierung und Roheit zu begreifen, — daß sie sich immer erst groß und herrlich vorkommen, wenn all ihre Würde gründlich verspielt, und mit so hämischer Galle auf Die [sic!] blicken, in denen die Fremden Deutschland sehn und ehren, ist miserabel. Ich will sie garnicht versöhnen. Sie mögen mich nicht — recht so, ich mag sie auch nicht, so sind wir quitt. Ich hab mein Deutschtum für mich — mag sie mitsamt der boshaften Philisterei, die sie so nennen, der Teufel holen. Sie meinen, sie sind Deutschland, aber ich bins, und gings zu Grunde mit Stumpf und Stiel, es dauerte in mir.* Gebärdet euch, wie ihr wollt, das Meine abzuwehren, — ich stehe doch für euch.[186]

Was also der Solidaritätserklärung Goethes im Roman unmittelbar vorangeht, fiel mit allen anderen hierfür einschlägigen Stellen einer unzimperlichen Streichungsaktion zum Opfer. Insbesondere entfielen im Film auch jene notorischen, bei den Nürnberger Prozessen zitierten Worte vom verzückten Schurken, obgleich oder wohl eben gerade weil sie so deutlich gegen den Nationalsozialismus und »den hochseligen Adolf«[187] Stellung bezogen. Auch sie blieben den Bewohnern oder Insassen des neuen oder sich als neues ausgebenden Deutschlands erspart. Und wie nun gleich zu zeigen, blieben dieselben erst recht von dem wiederum sehr deutlich zeitbezogenen Vergleich weitgehend verschont, mit dem Thomas Manns Goethe die Deutschen vor den Folgen ihres Gebarens warnt, indem er sie eben mit dem »Volk« ihrer Opfer auf eine Stufe stellt; ein Vergleich, der, bei all seiner Durchsichtigkeit auf die zeitgeschichtliche Aktualität der späten Dreißigerjahre, durchaus nicht frei erfunden war. Denn wie bereits angedeutet muss dergleichen schon der historische Goethe geäußert haben.[188]

---

185 Günther, Lotte in Weimar, 01:25:25. Vgl. ders., Lotte in Weimar. Szenarium, S. 69; ders., Lotte in Weimar. Drehbuch, S. 142.

186 Bd. 9.1, S. 327.

187 Brief vom 4. Oktober 1946 an Viktor Mann, in: Selbstkommentare: *Lotte in Weimar*, S. 80.

188 Vgl. Teweles, Goethe und die Juden, S. 28.

1.3.3 Judentum und Antisemitismus

In Günthers Film entfallen ausnahmslos alle Stellen, an denen der Roman, nach den Nürnberger Gesetzesbeschlüssen und kurz nach der sogenannten Reichskristallnacht entstanden, ungute Erinnerungen an die ›Judenfrage‹ und deren ›Endlösung‹ hätte wachrufen oder auch nur hätte vor Augen führen können, dass der antisemitische Rassismus sich in deutschen Landen einer längeren Vorgeschichte erfreute und dass folglich auch die sogenannte Dimitroff-These von der Wesensidentität des Faschismus und des Finanzkapitalismus vielleicht doch nicht so ganz stimmte. Dieser Vermeidungsstrategie entsprechend fehlt in Goethes Tischgesprächen nun beispielsweise die Erzählung von einem spätmittelalterlichen Pogrom.

Man könnte solchen wie anderen Streichungen natürlich zugutehalten, dass die gespielte Zeit der Romanverfilmung die Erzählzeit des Romans notgedrungen stark raffen müsse, »komprimieren« und »selektieren«; und um hinter solchen zwangsläufigen Kürzungen gleich Methode und System auszuwittern, müsse einer zu paranoiden Konspirationstheorien neigen oder zumindest von einer militanten Herabsetzungslust getrieben sein — ein bequemer Einwand, der sich aber in diesem besonderen Fall hieb- und stichfest widerlegen lässt. Die Unterdrückungen der Stellen, die an die finsterste Episode der deutsch-jüdischen Geschichte erinnern, erfolgten nachweislich nicht einfach aus zeitökonomischen Gründen, sondern von allem Anfang an ganz bewusst, gezielt und kalkuliert. Die Methode, die Systematik und die Einmütigkeit, die dahinter steht, sind, wie bereits gesehen, wortwörtlich dokumentiert. So schrieb der Hauptdramaturg der ›Gruppe Babelsberg‹ ja schon in seiner Stellungnahme zum Szenarium des geplanten Films, indem er von einer »Ausweitung der gedanklichen Disputation« abriet und dafür zwischen Klammern »beispielsweise« einzig und allein nur dieses eine Beispiel anführte: »die Diskussion des Antisemitismus und seiner Ursachen und Folgen«, die er in Günthers gebilligtem Szenarium demnach durchaus nicht vermisste, sei »nicht nur aus Längegründen überaus problematisch«.[189]

Zu einer Diskussion des Antisemitismus und seiner Ursachen und Folgen hätte der Roman an den gar nicht seltenen Stellen Anlass geben müssen, die man unter der Überschrift *Goethe und die Juden* rubrizieren könnte. So lautete der Titel eines »schönen, warmen und klugen Buches«[190] von 1925, das Thomas Mann in

---

189 Wolf, Stellungnahme zum Szenarium.
190 Mann, Brief vom 1. Februar 1925 an Heinrich Teweles, Thomas-Mann-Archiv der ETH-Bibliothek, Zürich.

Lotte in Weimar[191] wie auch wieder in seinen späten Goethe-Reden[192] weidlich aus-schlachtete und das ihm der Verfasser, Heinrich Teweles aus Prag, in einer hand-schriftlichen Dedikation »verehrungsvoll« gewidmet hatte.

Zu den hier einschlägigen Romanstellen zählt beispielsweise die eben schon erwähnte Passage, in der Thomas Manns Goethe erzählt, wie es beim Pogrom von Eger, Mitte des vierzehnten Jahrhunderts, zu- und hergegangen sei — wobei diese Erzählung hier ausführlicher und einlässlicher, auch sarkastischer[193] gehalten bleibt als in der bei Teweles[194] zitierten Quelle, einer Konversation Goethes mit einem Egerländer Lokalhistoriker[195] —:

> Dann, mit [...] einem Unheilsausdruck, der doch auch wieder etwas episch Scherzhaftes hatte, wie wenn man Kindern Schauriges erzählt, berichtete er von einer Blutnacht, die jene merkwürdige Stadt in einem Jahrhundert der späteren Mittelzeit gesehen, einem Judenmor-den, zu dem sich die Einwohnerschaft jäh und wie im Krampf habe hinreißen lassen [...]. [...] [U]nd ein Plündern und Morden begann in den Judengassen, unerhört: die unseligen Bewohner seien in ein gewisses schmales Gäßchen zwischen zweien ihrer Hauptstraßen geschleppt und dort gemetzelt worden, dergestalt, daß aus dem Gäßchen, welches noch heute die Mordgasse heiße, das Blut wie ein Bach herabgeflossen sei. Entkommen sei die-sem Würgen nur ein einziger Jude [...]. Ihn habe nach hergestellter Ruhe die reuige Stadt [...] feierlich als Bürger von Eger anerkannt.[196]

Hierher gehören des Weiteren nicht wenige Aperçus, auf die Thomas Mann eben-falls in *Goethe und die Juden* gestoßen war. So zitiert Teweles dort etwa Goethes Notiz: »Judensprache hat etwas Pathetisches«,[197] die sich Thomas Mann anstrich und aus der er seinen Goethe eine größere Einlage spinnen lässt, indem er dem Pathetischen freilich seine etymologische, die Bedeutung des griechischen Worts für Leid und Leiden abgewinnt oder zurückgibt; wobei diese etymologisch her-gestellte Assoziation von Judentum und Leiden seinerzeit natürlich mit Blick auf

---

191 Vgl. Brief vom 31. August 1946 an H. D. Isaac, Thomas-Mann-Archiv der ETH-Bibliothek, Zürich.

192 Vgl. Elsaghe, Einleitung, in: Mann, Goethe, S. 51–58; ders., »Weistu was so schweig«.

193 Vgl. Bd. 9.2, S. 731 f.

194 Vgl. Teweles, Goethe und die Juden, S. 47 f.

195 Vgl. Johann Wolfgang von Goethe, Gespräch vom 30. August 1821 mit Joseph Sebastian Grü-ner, in: Woldemar Freiherr von Biedermann (Hg.), Goethes Gespräche, Leipzig: Biedermann, 1889–1896, Bd. 4: 1819–1823, S. 106–115; in Thomas Manns Handexemplar unter- und ange-strichen.

196 Bd. 9.1, S. 404 f.

197 Teweles, Goethe und die Juden, S. 29. Vgl. Bd. 9.2, S. 733; Johann Wolfgang von Goethe, Maximen und Reflexionen. Vorarbeiten und Bruchstücke, in: ders., Werke, hg. i. A. der Großher-zogin Sophie von Sachsen, Abt. I, Bd. 42.2, Weimar: Böhlau, 1907, S. 517–528, hier S. 523.

die Zustände in Deutschland eine beklemmende Aktualität hatte. »Die Juden [...] seien pathetisch« und von »entschiedener Neigung zum Pathos«:

> Dies Wort aber sei hier genau zu verstehen, nämlich im Sinne des Leidens, und das jüdische Pathos eine Leidensemphase, die auf uns andere oft grotesk und recht eigentlich befremdend, ja abstoßend wirke, – wie denn ja auch der edlere Mensch vor dem Stigma und der Gebärde der Gottgeschlagenheit Regungen des Widerwillens und selbst eines natürlichen Hasses immer in sich zu unterdrücken habe. Sehr schwer seien die aus Gelächter und heimlicher Ehrfurcht ganz einmalig gemischten Gefühle eines guten Deutschen zu bestimmen, der einen wegen Zudringlichkeit von derber Bedientenhand an die Luft beförderten jüdischen Hausirer die Arme zum Himmel recken und ihn ausrufen höre: »Der Knecht hat mich gemartert und gestäupt!« Jenem Durchschnitts-Autochthonen stünden solche starken, dem älteren und höheren Sprachschatz entstammenden Worte garnicht zu Gebote, während das Kind des Alten Bundes unmittelbare Beziehungen zu dieser Sphäre des Pathos unterhalte und nicht anstehe, ihre Vokabeln auf seine platte Erfahrung großartig anzuwenden.[198]

Hierher gehört insbesondere auch ein von Teweles referiertes Gespräch mit einem Juristen am Weimarer Hof, Friedrich von Müller. Darin soll Goethe gesagt haben:

> Verpflanzt und zerstreut wie die Juden in alle Welt müssen die Deutschen werden, um die Masse des Guten, die in ihnen liegt, ganz und zum Heile aller Nationen zu entwickeln [oder nach dem Originalwortlaut des von Teweles ungenau zitierten Gesprächs, das Thomas Mann nach Ausweis seiner Lesespuren ebenfalls gelesen haben muss:[199] »um die Masse des Guten ganz und zum Heile aller Nationen zu entwickeln, die in ihnen liegt«].[200]

Auch hier gab Thomas Mann dem überlieferten Zitat eine besondere Wendung, indem er es, wie gleich noch zu zeigen, unter der Hand auf eine den Deutschen unmittelbar drohende Zukunft ummünzte. Vor allem aber hielt er in Gestalt seines Goethe dem deutschen Rassenwahn jene im Zusammenhang mit Breloers *Buddenbrooks* schon referierte Position entgegen, die so oder ähnlich beim historischen Goethe beziehungsweise bei Teweles ebenfalls zu finden wäre.[201] Sie zählte aber auch zu den sei es ureigenen oder sei es angeeigneten Überzeugungen des späten Thomas Mann, die Vorstellung nämlich von einer tiefen Wesens- und Schicksalsverwandtschaft des deutschen und des jüdischen »Samens«[202]

---

198 Bd. 9.1, S. 406 f.
199 Johann Wolfgang von Goethe, Gespräch vom 14. Dezember 1808 mit Friedrich von Müller, in: Woldemar Freiherr von Biedermann (Hg.), Goethes Gespräche, Leipzig: Biedermann, 1889–1896, Bd. 2: 1805–1810, S. 231 f., hier S. 232.
200 Teweles, Goethe und die Juden, S. 28. Vgl. Bd. 9.2, S. 629 f.
201 Vgl. Bd. 9.2, S. 734 f.
202 Bd. 9.2, S. 735; Bd. 9.1, S. 410.

oder »Geblütes«[203] (auf dieses Wort, ›Geblüt‹, wich Thomas Mann aus, seitdem der Begriff ›Rasse‹ mehr und mehr kompromittiert wurde):

> »Unsere lieben Deutschen sind ein vertracktes Volk, das seinen Propheten allzeit soviel zu schaffen macht, wie die Juden den ihren, allein ihre Weine sind nun einmal das Edelste, was der Gott zu bieten hat.«[204]
>
> Goethe rühmte die höheren Spezialbegabungen dieses merkwürdigen Samens, den Sinn für Musik und seine medizinische Kapazität [...]. Ferner sei da die Literatur, zu der dies Geblüt, hierin den Franzosen ähnlich, besondere Beziehungen unterhalte: man möge nur wahrnehmen, daß selbst Durchschnittsjuden meist einen reineren und genaueren Styl als der National-Deutsche schrieben, der zum Unterschiede von südlichen Völkern der Liebe zu seiner Sprache, der Ehrfurcht davor und der genießenden Sorgfalt im Umgange mit ihr in der Regel entbehre. Die Juden seien eben das Volk des Buches, und da sehe man, daß man die menschlichen Eigenschaften und sittlichen Überzeugungen als säkularisierte Formen des Religiösen zu betrachten habe. Die Religiosität der Juden aber sei charakteristischer Weise auf das Diesseitige verpflichtet und daran gebunden, und eben ihre Neigung und Fähigkeit, irdischen Angelegenheiten den Dynamismus des Religiösen zu verleihen, lasse darauf schließen, daß sie berufen seien, an der Gestaltung irdischer Zukunft noch einen bedeutenden Anteil zu nehmen. Höchst merkwürdig nun und schwer zu ergründen sei angesichts des so erheblichen Beitrags, den sie der allgemeinen Gesittung geleistet, die uralte Antipathie, die in den Völkern gegen das jüdische Menschenbild schwäle und jeden Augenblick bereit sei, in tätlichen Haß aufzuflammen, wie jene Egerer Unordnung zur Genüge zeige. Es sei diese Antipathie, in der die Hochachtung den Widerwillen vermehre, eigentlich nur mit einer anderen noch zu vergleichen: mit derjenigen gegen die Deutschen, deren Schicksalsrolle und innere wie äußere Stellung unter den Völkern die allerwunderlichste Verwandtschaft mit der jüdischen aufweise. Er wolle sich hierüber nicht verbreiten und sich den Mund nicht verbrennen, allein er gestehe, daß ihn zuweilen eine den Atem stocken lassende Angst überkomme, es möchte eines Tages der gebundene Welthaß gegen das andere Salz der Erde, das Deutschtum, in einem historischen Aufstande freiwerden, zu dem jene mittelalterliche Mordnacht nur ein Miniatur-Vor- und Abbild sei ...[205]

Die These von der inneren Verwandtschaft von Deutschen und Juden, ja einer Bestimmung sozusagen der einen für die anderen, wie sie eben auch im *Doktor Faustus* in der erwähnten Suada Saul Fitelbergs wieder ihren Ausdruck finden sollte,[206] — die These also einer jüdisch-deutschen Zwangsverwandtschaft kehrt in dieser Tischrede nur eben als Reprise wieder. Zuerst erscheint sie in Form eines Selbstgesprächs, das der Exulant Thomas Mann nicht ohne eine gewisse Selbstgefälligkeit seinem Goethe in den Mund legte, indem er die deutsche Zeitge-

---

203 Bd. 9.2, S. 735.
204 Bd. 9.1, S. 397.
205 Bd. 9.1, S. 410 f.
206 Bd. 10.1, S. 579–592.

schichte und nahe Zukunft mit dem jüdischen Schicksal verglich und dabei besonders auf die Auszeichnung sozusagen des Exils abhob:

> Unseliges Volk, es wird nicht gut ausgehen mit ihm, denn es will sich selber nicht verstehen, und jedes Mißverständnis seiner selbst erregt nicht das Gelächter allein, erregt den Haß der Welt und bringt es in äußerste Gefahr. Was gilts, das Schicksal wird sie schlagen, weil sie sich selbst verrieten und nicht sein wollten, was sie sind; es wird sie über die Erde zerstreuen wie die Juden, — zu Recht, denn ihre Besten lebten immer bei ihnen im Exil, und im Exil erst, in der Zerstreuung werden sie die Masse des Guten, die in ihnen liegt, zum Heile der Nationen entwickeln und das Salz der Erde sein ...[207]

Von alledem nun ist in Günthers Verfilmung der Tischreden und Selbstgespräche denkbar wenig stehen geblieben. Stehen blieb nur gerade das Wort von dem vertrackten Volk, das es seinen Propheten so schwer mache wie die Juden den ihren — eine ebenfalls aus Teweles bezogene Stelle[208] —, mitsamt dem Eigenlob der deutschen Weine.[209] Weiter wird der bei Thomas Mann ja sehr viel breiter angelegte Vergleich der Deutschen mit den Juden nicht ausgezogen. Alles andere fällt förmlich unter den Tisch. Und erst recht kein Wort mehr von Pogromen und dergleichen schlimmen Dingen.

Solche Kürzungen und Verkürzungen des Romantexts, um es nochmals und vielleicht ad nauseam zu wiederholen, ergaben sich durchaus nicht einfach aus äußeren Zwängen, aus einer Notwendigkeit, die Erzählzeit des Hunderte von Seiten starken Romans auf die Spielzeit eines Kinofilms zu verjüngen oder herunterzubrechen und diesen immer mehr zu straffen. Vielmehr finden sie sich eben schon im ersten hierfür relevanten Zeugnis, dem sogenannten Szenarium, und werden in dessen Begutachtung eigens ratifiziert. Sie entsprechen dem, was puncto Judentum und Antisemitismus schon in den bundesrepublikanischen Thomas-Mann-Verfilmungen geleistet beziehungsweise versäumt worden war. Und sie haben auch in *Lotte in Weimar* System. Sie gehorchen einem hier sogar aktenkundigen Programm, so offen formuliert wie die entsprechende Klausel im Vertrag, der die Verfilmungsrechte an *Wälsungenblut* regelte, oder wie Jochen Huths Absicht, die Leichen im Keller des deutschen Unterbewusstseins nicht ohne Not aufzuscheuchen.

In der Absicht, das Thema Judentum und Antisemitismus zu vertuschen, unterscheidet sich der Film also gar nicht von der Thomas-Mann-Industrie des bun-

---

207 Bd. 9.1, S. 335.
208 Vgl. Teweles, Goethe und die Juden, S. 29 f.; in Thomas Manns Handexemplar unterstrichen.
209 Günther, Lotte in Weimar, 01:40:01.

desdeutschen Klassenfeinds. Und die Vertuschungsabsicht ist hier mindestens ebenso deutlich belegbar wie bei diesem. Auch hier verraten die vorgenommenen Streichungen ein Beschönigungsbedürfnis, wie es die westdeutschen Verfilmungen bisher freilich in höherem Maße, man darf schwerlich sagen: auszeichnete.

Ein gewisses Bemühen, das Publikum oder »das nationale Unterbewusstsein« zu schonen, lässt sich in der Verfilmung von *Lotte in Weimar* auch in Hinblick auf den Nationalsozialismus als Ganzes ausmachen. Dieser, sehr anders als im Roman, wirft im Film keineswegs seine Schatten auf die Goethezeit zurück. Das legendär gewordene Wort vom »verzückten« oder »verrückten Schurken«, dem die Deutschen hinterherzulaufen sich nur zu leicht bereitfinden, blieb dem Publikum ja doch erspart. Erspart blieb ihm auch die Gegenüberstellung mit einem typischen deutschen Mitläufer und Wendehals, wie ihn im Roman der Schreiber John verkörpert; Ernst Carl John, der zwar, was Thomas Mann nach der Evidenz seiner Vorarbeiten sehr wohl wusste, zur erzählten Zeit eigentlich gar nicht mehr für Goethe arbeitete, von dem aber ein sinniger und zu den ›mythischen‹ Verwechslungen[210] des Romans hübsch passender Zufall wollte, dass er denselben Geschlechtsnamen trug wie sein Nachfolger, der zu dieser Zeit tatsächlich bei Goethe in Diensten stand, Johann August Friedrich John.

Ernst Carl John, dessen Auftritt im famosen siebenten Romankapitel sehr bezeichnenderweise Goethes »›Gemurmel‹«[211] über den Selbstverrat der Deutschen unterbricht, bringt in seiner Person und Gestalt all das mit, was Goethe an diesen Deutschen soeben verflucht hat. Zu dem Zweck werden auf John etliche, historisch nur einenteils belegbare und anderenteils sogar *wider*legbare Merkmale versammelt, die Goethes Unwillen hervorrufen: Tabak- und Schnapskonsum; Kränklichkeit und Langschläferei; Stubenhockerei und die schlechte Haltung eines ohnedies disproportionierten Körpers; eine Brille im blatternarbigen Gesicht und nicht zuletzt »revolutionäre[] Grillen«.[212] Hingegen fängt die Partie von *Dichtung und Wahrheit*, die Goethe seinem John gleich diktieren wird, im Gegenteil mit dem selbstgefälligen Hinweis darauf an, dass seine, Goethes, »Stellung gegen die oberen Stände — sehr günstig« war.[213] Dabei geht der »verunnaturende[] Drang[]« des Roman-John »nach Weltverbesserung«[214] vermutlich auf ein Missverständnis zurück, welches indessen schon in Thomas Manns Quellen so vorge-

---

210 Vgl. Yahya Elsaghe, *Lotte in Weimar*, in: Ritchie Robertson (Hg.), The Cambridge Companion to Thomas Mann, Cambridge: Cambridge University Press, 2002, S. 185–198, hier S. 190 f.

211 Brief vom 29. Januar 1940 an Jonas Lesser, in: Mann, Selbstkommentare: *Lotte in Weimar*, S. 46 f., hier S. 47.

212 Bd. 9.1, S. 339.

213 Bd. 9.1, S. 347. Vgl. Goethe, Werke, Abt. I, Bd. 29, S. 71.

214 Bd. 9.1, S. 339.

geben war. (Denn eine pseudoliberale Schrift, deren Verfasserschaft Ernst Carl John zu Recht nachgesagt wurde, scheint dieser entweder als Denunziant[215] geschrieben zu haben oder als agent provocateur, um illoyale Staatsbeamte zu ködern.[216])

Johns also wohl nur angeblicher »Widersprechungsgeist[]«[217] steht jedenfalls in einem peinlichen Gegensatz zu seinem historisch bezeugten Wunsch, den ihm Goethe im Roman zu erfüllen verspricht,[218] wie er ihn wirklich erfüllen sollte,[219] nämlich bei einer »Censur-Behörde«[220] empfohlen zu werden. Hiermit erscheint John nicht mehr einfach nur als der willige Vollstrecker staatlicher Repression, der er offenbar in der Tat war. Sondern ihre besondere zeitgeschichtliche Brisanz bekommt die Figur über ebenjenes Missverständnis, durch ihren vermeintlichen Verrat an den revolutionären Idealen ihrer Jugend, so dass sie im Roman eben zum Typus eines politischen Opportunisten wird, wie er zu dessen Entstehungszeit die Situation in Deutschland mit ermöglicht und mit zu verantworten hatte, um sich auch hernach noch hüben und drüben seiner Selektionsvorteile zu erfreuen.

Nichts von alledem wie gesagt in Günthers Film. Mit einem und demselben Streich, nämlich mit der nonchalanten Streichung der Schreiber-Rolle, schenkte Günther es sich und dem Publikum auch, sich mit Goethes entschieden antirevolutionärer Gesinnung auseinanderzusetzen. Die Abscheu des nobilitierten Patriziers vor der Ideologie oder vor den Vorläufern und Wegbereitern der Ideologie, auf die sich die DDR berief, vertrug sich nun einmal nicht mit dem dokumentierten Vorsatz, ihn »gegen ein Elite- und Geniebild« auszuspielen.

1.3.4 Subversive Tendenzen

Mit anderen Worten: Günther, Jahrgang 1927, hat alles bereinigt, was irgendwie geeignet gewesen wäre, auch von noch so fern an das infame Intervall der deutschen Geschichte zu erinnern, das er und eine allerdings nurmehr kleine Mehr-

---

215 Vgl. Bd. 9.2, S. 634.
216 Vgl. Walter Grupe, Goethes Sekretär Ernst Carl John. Sein Bild in der Forschung und bei Thomas Mann, in: Goethe, Neue Folge des Jahrbuchs der Goethe-Gesellschaft 24, 1962, S. 202–223, hier S. 213.
217 Bd. 9.1, S. 339.
218 Vgl. Bd. 9.1, S. 344.
219 Vgl. Goethe, Briefkonzept vom 29. Juli 1817 an J[ulius] E[duard] Hitzig, in: ders., Werke, Abt. IV, Bd. 28, S. 202 f.
220 Bd. 9.1, S. 344.

heit des Kinopublikums noch mit durchmachen mussten. In Hinblick auf die Konfrontation mit dem Nationalsozialismus oder auf die Adressierung »des Antisemitismus und seiner Ursachen und Folgen« hat Günthers Film den westdeutschen Thomas-Mann-Verfilmungen gar nichts voraus: weder der Verfilmung des anderen Exilromans, in welcher der Nationalsozialismus kaum und der Antisemitismus gar nicht erst vorkommen sollte; noch den Verfilmungen des Frühwerks, in denen dessen Antisemitismen konsequent retuschiert sind. Während in diesen Verfilmungen Manns frühe Affirmationen antisemitischer Vorurteile säuberlich eskamotiert sind, ist es hier, bei Günther, sogar noch der kritische Abstand, den der spätere Thomas Mann zu solchen Vorurteilen und ihrer politischen Ausbeutung gewann.

Ansonsten aber darf man Günther summa summarum gleichwohl attestieren, dass ihm mit *Lotte in Weimar* eine Alternative zu den Filmen der bundesdeutschen Thomas-Mann-Industrie durchaus geglückt ist. Er hat das Programm einer »liebevoll-kritische[n]« Annäherung an Goethe und an *diesen* Teil der deutschen Vergangenheit sehr wohl wahrgemacht. Dabei mussten, um der Liebenswürdigkeit Goethes willen und um die ideologische Positionalität des Films zu wahren, ein paar Kürzungen schon in Kauf genommen werden. Diesen fiel zum Beispiel eben jener Schreiber John zum Opfer und in eins damit Goethes antirevolutionäre Allergie gegen ihn.

Trotz der gutsozialistischen Akzeptabilität seiner Person und unbeschadet seiner volkstümlicheren Züge bleiben die dunklen, auch tragischen Seiten Goethes im Film erhalten, wenigstens teilweise. Der »große[] Bescheidwisser von Weimar« ist auch hier nicht einfach nur ein Haus- und Dorftyrann, dem »Menschenopfer«[221] dargebracht werden. (Während der ersten Einstellung auf seine Residenz am Frauenplan führt ein Leichenzug an deren Frontfassade entlang.[222]) Vielmehr erscheint er wie bei Thomas Mann, wenn nicht als »unnahbare[r] Dichterfürst« im Sinn eines verpönten »Elite- und Geniebild[s]«, so doch auch als eine seltsam erratische, letztlich unzugängliche und innerlich vereinsamte Figur, von seiner Umwelt nicht wirklich verstanden und im Grunde zu gewaltig für sie. Daher vielleicht die extremen close-ups seines Profils oder überhaupt seines Gesichts, das für die Kadrierung eben allzu mächtig dimensioniert zu sein scheint.[223] Und daher jedenfalls ein Leitmotiv, das in der eher spärlichen Literatur zum Film immer wieder von neuem an der Ausstaffierung des Gasthofs Zum Elephanten

---

221 Bd. 9.1, S. 444. Vgl. Günther, Lotte in Weimar, 01:53:53.
222 Günther, Lotte in Weimar, 00:25:49.
223 S. Abb. 58 f.

bemerkt und gelobt wurde:[224] Gemeint ist ein großer, übergroßer Goldfisch, der sich in einem für ihn viel zu kleinen Gefäß eher windet, als dass er wirklich schwömme (ein Zitat möglicherweise aus einem seinerzeit berühmten Remake — in der Erstverfilmung von 1931 hatte übrigens Erika Mann mitgespielt —, *Mädchen in Uniform*, 1958, in dem Lilli Palmer ebenfalls, neben keiner Geringeren als Therese Giese, eine Hauptrolle gespielt hatte).

Ungeachtet solcher Konzessionen an den Elitarismus des Mann'schen oder wohl auch des wahren Goethe und trotz des kritischen Verhältnisses, das sich darin gegenüber dem egalitären Ideal der eigenen Gesellschaftsordnung artikulieren mag, fehlt es nicht an ein oder der anderen selbstgratulatorischen Reverenz vor dem Arbeiter- und Bauernstaat. So, wenn jener rotbärtige Kellner (der die ihm Untergebenen trotz all seiner zur Schau getragenen Schöngeistigkeit nach Strich und Faden kujoniert) mit einem Vertreter des staatlichen Gewaltmonopols ein Bier ›auf ex‹ in sich hineinstürzt und danach anachronistischerweise den Namen einer in der DDR gebrauten Marke genüsslich hervorstößt — eines Produkts, das ausnahmsweise den Vergleich mit dem Westen nicht gar so sehr zu scheuen brauchte: »Radeberger«.[225] Daneben scheint Günthers Verfilmung aber doch auch zu erkennen zu geben, dass sie einer geschrieben und gedreht hat, der einmal in offene Opposition zur DDR treten sollte:

Wo man ihn in seiner, so eine amerikanische Germanistin und Kalte Kriegerin, »ideologische[n] Engstirnigkeit«[226] nicht auf sich beruhen ließ, hat man den Film schon früh, selbstverständlich nur in der westlichen Öffentlichkeit, auf subversive Widerhaken abzusuchen begonnen. Am nächsten lag und am häufigsten formuliert wurde der Gedanke, dass hier in der tyrannischen Gestalt Goethes mit dem stalinistischen Personenkult abgerechnet wurde.[227] Jahrzehnte nach Stalins Tod hatte eine solche Abrechnung gerade in der DDR doch einen hohen Aktualitätswert. Denn während der Film entstand, konnten deren Bürger dabei zusehen, wie der Kult um einen bis vor kurzem noch starken Mann im Staate sukzessive

---

224 Vgl. z. B. Dennis F. Mahoney, Goethe Seen Anew. Egon Günther's Film *Lotte in Weimar*, in: Goethe Yearbook 2, 1984, S. 105–116, hier S. 112; ders., A Recast Goethe, S. 255, vs. Hildeburg Herbst, Goethe, überlebensklein. Die Zerstörung eines Mythos durch das Massenmedium Film. Der Fall *Lotte in Weimar*, in: Wolfgang Wittkowski (Hg.), Verlorene Klassik? Ein Symposium, Tübingen: Niemeyer, 1986, S. 288–408, hier S. 400.
225 Günther, Lotte in Weimar, 00:46:14.
226 Herbst, Goethe, überlebensklein, S. 404, Anm. 49.
227 Vgl. z. B. Hans Günther Pflaum, Egon Günther. Bekenntnis zu Gefühlen, in: Heiko Robert Blum et al., Film in der DDR, München und Wien: Hanser, 1977 (Reihe Film, Bd. 13), S. 115–134, hier S. 131; Berghahn, Hollywood behind the Wall, S. 115; dies., The Re-Evaluation of Goethe, S. 228 f.

zurückgebaut wurde. Das Walter-Ulbricht-Stadion in Berlin-Mitte wurde noch zu Lebzeiten des Namensspenders in Stadion der Deutschen Jugend umbenannt. Die SED-Parteihochschule, »Akademie für Staats- und Rechtswissenschaft der DDR Walter Ulbricht«, ging ihres Personennamenszusatzes von einem Tag auf den anderen verlustig. Die Briefmarken der Dauerserie »Staatsratsvorsitzender Walter Ulbricht« mit dem Konterfei desselben schieden nach einem Jahrzehnt aus dem Postverkehr aus. Und so weiter.

Zur gegebenen Zeit und am gegebenen Ort waren Personenkulte oder vielmehr deren Verächtlichkeit und Obsoleszenz also ein gewissermaßen alltägliches Thema. Es fragt sich allerdings, ob noch besonderer Mut dazu gehörte, dieses Thema kritisch aufzugreifen — kritisch im Sinne einer Subversion oder Rebellion —, oder ob dergleichen nicht ganz im Gegenteil bereits eine konformistische, wenn nicht opportunistische Geste bedeutete und auf eine devote Konzession an die im Moment gerade vorherrschende Strömung der Staatsideologie hinauslief, flogging a dead horse. Etwas weiter und eindeutiger in Richtung Subversion führte da schon die Interpretation des Films, die diesen im Rahmen eines bestimmten Generationenkonflikts kontextualisierte.

Ein solcher wird schon in Manns Roman auch auf dem literarischen und ästhetischen Feld ausgetragen, ganz besonders in den filmisch denn ausführlich umgesetzten Ressentiments, die die jüngere Generation in der Gestalt Adele Schopenhauers gegen Goethe hegt.[228] Dass der Goethe auch des Films in seiner despotischen Art die Romantik in Bausch und Bogen ablehnt, lässt sich plausibel in Beziehung zu der Faszination setzen, die mehr oder weniger dissidente DDR-Autoren gerade zur romantischen und sonstwie post- oder antiklassischen Literatur hinzog:[229] Christa Wolf zum Beispiel zu Heinrich von Kleist oder zu Karoline von Günderode, Wolf Biermann zu Friedrich Hölderlin. Günthers respektlose Darstellung der ehedem sakrosankten Autorität Goethes enthielte so gesehen die Offerte an die jüngere Generation zumal der Intellektuellen, sich für ihr eigenes Unbehagen gegenüber dem Kulturestablishment der DDR schadlos zu halten. Denn in der Folge des offiziellen Aufwands, der in der DDR mit den Klassikern betrieben wurde, konnten diese als der Sack dienen, den man anstelle des Esels schlagen durfte.

Aber auch so verstanden wäre *Lotte in Weimar* ein vergleichsweise harmloser Film, verglichen etwa mit Günthers übernächster Literaturverfilmung (nach den *Leiden des jungen Werthers*, 1976). Es sollte das letzte Mal sein, dass Günther im

---

228 Vgl. Zander, Thomas Mann im Kino, S. 211 f.
229 Vgl. Berghahn, Hollywood behind the Wall, S. 114–116; dies., The Re-Evaluation of Goethe, S. 227–229.

Namen und Auftrag der DDR drehte, die er danach verlassen würde. Gemeint ist die schwer skandalisierte Verfilmung von Gottfried Kellers letzter Züricher Novelle, *Ursula*, eine — die einzige — Koproduktion des Deutschschweizer und des DDR-Fernsehens, deren Anfänge in das Premierenjahr von *Lotte in Weimar* zurückreichen und die 1978 hüben wie drüben ins Fernsehen kam.

Ursula war wieder ein Stoff aus der hier sogar besonders tiefen Vergangenheit. Dessen ungeachtet verspottete Günther in seiner Verfilmung ziemlich unverhohlen das Zentralkomitee der SED.[230] Auf die unteren Tragflächen eines wieder anachronistischerweise ins Bild kommenden Drachenseglers ließ er »ZETKA« pinseln, eine phonetische Ausschreibung des Akronyms für das Zentralkommittee und die allmächtigste Institution des DDR-Staatsapparats, dessen allgegenwärtiger Überwachungseifer hier scheint's bis in die Schweiz hinüber- und in die Zeit der Reformationskriege zurückreichte.

Die nur drei Jahre, welche die relativ linientreue Thomas-Mann- und diese viel aggressivere Gottfried-Keller-Verfilmung voneinander trennen, umfassen ein für die Kultur- und Gesellschaftsgeschichte der DDR einschneidendes Datum. In diesem Intervall liegt natürlich *das* Ereignis, das wie wohl kein zweites die Solidarität etlicher auch unter den zuvor loyalen ›Kulturschaffenden‹ mit ihrem Staat erschütterte oder unterhöhlte. Ein Jahr nachdem *Lotte in Weimar* ins Kino gekommen war, wurde Wolf Biermann ausgebürgert und zwangsexiliert.

Dabei hatte man Günther, was dieser nicht wissen konnte, aus politischem Kalkül sehr gezielt gerade mit *Lotte in Weimar* betraut. Man versuchte so nämlich, seine sich schon in den Sechzigerjahren[231] abzeichnende Aufmüpfigkeit im Zaum zu halten. Die Aufgabe, gerade diesen Roman zu verfilmen, sollte Günther sozusagen beschäftigungstherapeutisch stillstellen[232] und den Unmut gewissermaßen ableiten, den er und seinesgleichen dem Staat gegenüber hegten. Denn ein historischer und als solcher relativ unverfänglicher Stoff wie dieser schien eben wenig Ansatzpunkte zu bieten, das System direkt herauszufordern.[233]

Wie kritisch und skeptisch Künstler, Künstlerinnen und Intellektuelle vom Schlage Günthers oder Biermanns der DDR zusehends gegenüberstanden, zeigt erst recht die andere der beiden in dieser DDR projektierten Thomas-Mann-Ver-

---

230 Franziska Widmer, Der Film *Ursula* von Egon Günther, in: dies. und Thomas Beutelschmidt, Zwischen den Stühlen. Die Geschichte der Literaturverfilmung *Ursula* von Egon Günther — eine Koproduktion des Fernsehens der DDR und der Schweiz, Leipzig: Universitätsverlag, 2005, S. 34–79, hier S. 40–42.

231 Vgl. Sebastian Heiduschke, East German Cinema. DEFA and Film History, New York: Palgrave Macmillan, 2013, S. 14.

232 Vgl. Widmer, Der Film *Ursula* von Egon Günther, S. 64.

233 Vgl. Berghahn, Re-Evaluation of Goethe, S. 225 f.

filmungen, die Günthers Film bis in ihr Casting inspiriert haben könnte. Wie schon gezeigt, zitiert auch sie Viscontis *Morte a Venezia*. Und auch in ihr wieder hält die deutsche Romantik sozusagen einen Fundus der Subversion bereit. Dabei bekommt die Romantik ihre subversive Funktion hier sogar gegen den verfilmten Text, der hierfür keine, aber auch wirklich gar keine Handhabe bietet. Im Rück- oder Vorgriff aber auf die Essayistik eines viel späteren Thomas Mann dienen die Verse eines Spätromantikers dazu oder als Vorwand dafür, die in der DDR herrschenden Unterdrückungsverhältnisse aufs Korn zu nehmen.

2 Peter Vogels *Kleiner Herr Friedemann*

2.1 Präliminarien

2.1.1 Raum und Zeit

Das innerdeutsche Doppelmonopol auf Thomas Mann, das die bundesdeutsche Filmindustrie über zwei Jahrzehnte behauptete, wurde also zuerst im Kino durchbrochen; in eins mit der filmischen Aussparung des Exilwerks. Das geschah, um es zu wiederholen, »zum 100. Geburtstag des Dichters«,[1] den die DDR mit nicht weniger, ja teilweise sogar mit noch mehr Aufwand zelebrierte als die offizielle Bundesrepublik, ganz genau so übrigens, wie die Schweizerische Eidgenossenschaft *ihren* Nationalschriftsteller zu *dessen* hundertstem Geburtstag ehren sollte:[2] Auch hier, in der DDR, wurde eine nationale Gedenkmünze geprägt[3] — hüben ›nur‹ eine der Heimatstadt Lübeck[4] —; und auch hier begann ad festum eine Gedenkmarke zu zirkulieren, schon die zweite, nachdem eine erste bereits zum ersten Todestag des ›Dichters‹ in Umlauf gekommen war.[5] War die Bundespost dazumal, 1956, mit einer (nominell) gleichwertigen Thomas-Mann-Briefmarke gleichgezogen, ja der DDR um ganze zwei Tage zuvorgekommen[6] — das eine Zwanzig-Pfennig-Postwertzeichen wurde schon einen Tag *vor*, das andere erst einen Tag *nach* dem exakten Sterbedatum ausgegeben —, so sollte es nunmehr noch ein paar Jahre dauern, bis in Westdeutschland eine zweite Marke zu Thomas Manns Ehren erschien.[7]

Dafür wurde der runde Geburtstag des Autors dortzulande in den öffentlichrechtlichen Medien mit Verfilmungen gleich zweier Frühwerke begangen, *Tristan* und *Gefallen*. Was also die Massenrezeption durch das Fernsehen betraf, blieb es noch ziemlich lange bei dem bundesrepublikanischen Monopol. Daran begann sich erst zu einer Zeit etwas zu ändern, als die westdeutschen Fernsehsender die Freude an Thomas Mann verloren zu haben schienen. Sozusagen in letzter Minute wagte sich das Fernsehen der DDR an eine Verfilmung des *Kleinen Herrn Friedemann*, das heißt wieder einer sehr frühen Novelle, älter als jeder andere Tho-

---

1 Wolf, Stellungnahme zum Szenarium.
2 Vgl. Elsaghe, Max Frisch und das zweite Gebot, S. 13 f.
3 S. Abb. 60.
4 S. Abb. 61.
5 S. Abb. 62.
6 Vgl. Abb. 1 f.
7 S. Abb. 63.

https://doi.org/10.1515/9783110638509-012

mas-Mann-Text, der je verfilmt wurde, oder, genauer, dessen Verfilmung erhalten blieb. Denn der Film *Gefallen*, wie erwähnt, scheint leider verschollen zu sein.

Die Novelle vom kleinen Johannes Friedemann, den die femme fatale Gerda von Rinnlingen gnadenlos zugrunde richtet, vollendete Thomas Mann, vermutlich erst in einem zweiten Anlauf,[8] 1896. Der Erstdruck, der so eine lebenslange Verbundenheit mit dem Hause S. Fischer etablierte,[9] erschien im Jahr darauf in der *Neuen deutschen Rundschau*. Mitte der Neunzigerjahre scheint die Handlung der Novelle auch zu spielen. Das zumindest insinuieren Details wie eine beiläufige Erwähnung einer damals modernen Beleuchtungstechnologie,[10] der gegebenen Orts (einer Vorstadt mutmaßlich von Lübeck) überhaupt modernsten.

Dabei nahm man es bei der Verfilmung mit der zeitlichen Vorgabe und, zumindest vordergründig, überhaupt mit der Chronotopik der Novelle ziemlich genau. »Alle« als Requisiten angeforderten »Gegenstände stamm[t]en aus der Zeit von 1890 bis 1908«; die Zeitungen, Zeitschriften, Schulhefte und Bücher sogar noch akkurater aus den Jahren »1894« bis »1898«.[11]

Auch was den Ort der Handlung angeht, folgt der Film dem Novellentext beziehungsweise dessen Suggestionen. Dem Wortlaut des Texts zufolge spielt die Handlung in einer »alten, kaum mittelgroßen Handelsstadt«,[12] deren Identität dieser Text aber — wie so mancher nach ihm — trotz Anonymisierung und mit allenfalls indirekten Referenzialisierungen[13] so unmissverständlich suggeriert wie die *Buddenbrooks* oder die betreffenden Kapitel des *Tonio Kröger*. So wird in *dessen* Verfilmung »Lübeck« denn ebenso beim Namen genannt wie schon in Wirths und noch in Breloers *Buddenbrooks*. Und in allen drei Filmen dient das Buddenbrookhaus als Kulisse, in zweien davon, wie auch in der *Buddenbrooks*-Verfilmung von Weidenmann,[14] als das Elternhaus des beziehungsweise der Protagonisten.[15] (Bei Wirth dagegen wohnen die Buddenbrooks in einem bräunlichen Backsteingebäude[16] — mit dem Interieur allerdings doch wieder des Bud-

---

8 Vgl. Bd. 2.2, S. 45 f.

9 Vgl. Bd. 2.2, S. 45.

10 Vgl. Bd. 2.1, S. 113.

11 Peter Vogel [»Film- u. Fernsehwirtschaftler / Ausstatter«], Mietrechnung vom 8. Juni 1990, Bundesarchiv, Berlin-Lichterfelde.

12 Bd. 2.1, S. 88.

13 Vgl. Barbara Piatti, Mit Karten lesen. Plädoyer für eine visualisierte Geographie der Literatur, in: Brigitte Boothe et al. (Hgg.), Textwelt — Lebenswelt, Würzburg: Königshausen & Neumann, 2012 (Interpretation interdisziplinär, Bd. 10), S. 261–288, hier S. 271 f., 276, 282.

14 S. Abb. 64.

15 S. Abb. 65 f.

16 S. Abb. 67.

denbrookhauses[17] —, also ohne oder dann mit einer nur sehr vagen Anspielung auf die »rote Villa«, in der die Gerda und der Hanno Buddenbrook des Romans enden.[18])

Soweit die Drehorte der verfilmten *Friedemann*-Szenen topographisch jedenfalls eindeutig zuweisbar sind (gedreht wurde auch in der ehemaligen Hansestadt Wismar, in Ratzeburg, in Tangermünde, in Schwerin, in Berlin und Umgebung), spielt die Handlung auch des Films in Lübeck. Darin erscheint auch wieder die obligate Kulisse des Holstentors einmal,[19] neben Rathaus und Petrikirche. Und während im Hintergrund Kirchenglocken zu hören sind, zitiert Gerda von Rinnlingen, von ihrem Mann gefragt, wie ihr »die Stadt« gefalle, aus Emanuel Geibels Loblied auf »mein Lübeck / Geliebte Vaterstadt!«

> Und über die Giebel und Wälle
> Und über den Fluß dahin
> Wogt festlich das Geläute
> Der Glocken von Sankt Marien.[20]

2.1.2 Zur Forschungsgeschichte

Mit dem besonderen Lokalbezug und der schon damit gegebenen Affinität zu *dem* Lübeck-Roman schlechthin hat es vielleicht auch zu tun, wenn unter den frühesten Erzählungen des Autors *Der kleine Herr Friedemann* die bekannteste und am besten beforschte ist. Der Mainstream der Forschung folgte einer Fährte, die Thomas Mann selber gelegt hatte, als er die Protagonisten seines Frühwerks holus bolus miteinander identifizierte — wie es im Übrigen auch der Film tut, wenn er dem kleinen Herrn Friedemann widerfahren lässt, was bei Thomas Mann nicht diesem, sondern seinem Tobias Mindernickel zustößt.[21]

Von den »Männerchen« seines Frühwerks behauptete Mann samt und sonders, ihre »Umrisse[] [...] stell[t]en« rein »gar niemanden [...] vor« als ihn »selber«.[22] Und im Frühjahr 1897, kurz nach Vollendung und kurz vor Veröffentli-

---

17 S. Abb. 68.
18 Bd. 1.1, S. 777; vgl. S. 823.
19 S. Abb. 69.
20 Vogel, Der kleine Herr Friedemann, 00:46:56. Vgl. Emanuel Geibel, Nun kehrt zurück die Schwalbe, in: ders., Gesammelte Werke in acht Bänden, Bd. 4: Spätherbstblätter — Heroldsrufe, Stuttgart: Cotta, ³1893, S. 97 f., hier S. 97.
21 Vgl. Vogel, Der kleine Herr Friedemann, 00:50:33, mit Bd. 2.1, S. 182–184, 186.
22 Bd. 14.1, S. 111.

chung des *Kleinen Herrn Friedemann*, schrieb er seinem Vertrauten Otto Grautoff in einem oft und gern zitierten Brief: Mit just dieser Novelle habe er »diskrete[] Formen und Masken« gefunden, um »mit [s]einen Erlebnissen unter die Leute gehen« zu können.[23]

Auf der Trajektorie solcher Selbstkommentare wurde die Novelle wieder und wieder autobiographisch gelesen, ganz besonders in der Westgermanistik, wo »biographisch-verfasserorientierte«[24] Ansätze die Thomas-Mann-Forschung leider sehr viel länger vexierten als die übrige Literaturwissenschaft. *Der kleine Herr Friedemann* wurde als Ausdruck der Nöte interpretiert, mit denen sich der junge Autor abquälte.[25] Dieser Tradition folgt auch der Film. Darin, wie ja soeben gesehen, wird der im Text namenlose Ort der Handlung immer wieder mit Thomas Manns Vaterstadt gleichgesetzt, wenn eben deren typischste landmarks ins Blickfeld der Kamera rücken oder wenn auf der Tonspur von einem »Lübecker General-Anzeiger« zu hören ist[26] (wie die späteren *Lübecker Nachrichten* seinerzeit tatsächlich noch hießen — und nicht »Lübeckische Anzeigen« wie bei Wirth[27]).

Die Novelle vom kleinen, buckligen Johannes Friedemann und der ihm so weit überlegenen, ihn unbarmherzig vernichtenden Gerda von Rinnlingen galt in der Forschung hüben und drüben als Thomas Manns eigentlicher Durchbruchstext und »Markstein«,[28] in dem die wesentlichen Themen und Techniken des späteren Œuvre schon vorgegeben seien.[29] Technisch ist hier, vor allem für die westliche Forschung und seit der Öffnung der Tagebücher, das Verfahren einschlägig, in verdeckter Gestalt, gleichsam incognito mit den eigenen, verschwiegenen Problemen »unter die Leute [zu] gehen«. Dabei erhielt Manns Masken-Metapher oder -Allegorie besonderes Gewicht.

---

23 Brief vom 6. April 1897 an Otto Grautoff, in: Bd. 21, S. 87–90, hier S. 89.

24 Wysling, *Buddenbrooks*, S. 366.

25 Vgl. z. B. Manfred Dierks, *Der Tod in Venedig* als leiblich-seelische Strukturphantasie, in: Ortrud Gutjahr (Hg.), Thomas Mann, Würzburg: Königshausen & Neumann, 2012 (Freiburger literaturpsychologische Gespräche. Jahrbuch für Literatur und Psychoanalyse, Bd. 31), S. 81–100, hier S. 88; ders., Thomas Mann und die Tiefenpsychologie. Von Janet bis Kohut, in: Dietrich von Engelhardt und Hans Wißkirchen (Hgg.), Thomas Mann und die Wissenschaften, Lübeck: Dräger, 1999 (Literatur und Wissenschaft im Dialog, Bd. 1), S. 141–159, hier S. 148.

26 Vogel, Der kleine Herr Friedemann, 00:18:43. Vgl. Stephan Wessendorf, Thomas Mann verfilmt. *Der kleine Herr Friedemann*, *Tristan* und *Mario und der Zauberer* im medialen Wechsel, Frankfurt a. M. et al.: Lang, 1998 (Schriften zur Europa- und Deutschlandforschung, Bd. 5), S. 113.

27 Wirth, Buddenbrooks (1979), Teil 1, 01:06:37.

28 Mann, Gesammelte Werke, Bd. 13, S. 135.

29 Vgl. z. B. Heftrich, »In my beginning is my end«, S. 638.

Friedemanns Buckel kann man vor diesem Hintergrund und von der zeitgenössischen dänischen Literatur her als Chiffre lesen. Denn Herman Bang, ein vom
frühen Thomas Mann intensiv rezipierter Autor, dessen literarische und essayis-
tische Verhandlungen seiner eigenen sexuellen Orientierung ihrerseits ganz im
Zeichen einer Masken- und Maskeradenmetaphorik standen, — Bang also hatte
Homosexualiät einmal mit Buckligkeit verglichen.[30] Dazu passt im Übrigen, dass
Tonio Kröger — seinerseits homosexuell orientiert oder jedenfalls stärker homo-
denn heterosexuell — seinen ausgefallenen und als auffälliger ausgewiesenen
Vornamen vermutlich[31] aus einer Oper hat, nach der Mann eine weitere seiner
Novellen und den Protagonisten derselben benannte, aus Ruggero Leoncavallos
Bajazzo. Der dort Tonio Heißende nämlich hat für sein Teil einen Buckel: »Tonio
der Krüppel« (»Tonio il gobbo«, eigentlich ›der Bucklige‹),[32] der »bucklige[] Ko-
mödiant«,[33] »an Seele und an Leib verwachsen«.[34]

Thematisch gehört das eigentliche, »durchgehende«, das »Gesamtwerk gewissermaßen zusammenhaltende Grund-Motiv« hierher — so Thomas Mann selber, allerdings aus einem Abstand von fast einem halben Jahrhundert —: »die
Idee der *Heimsuchung,* des Einbruchs trunken zerstörender und vernichtender
Mächte in ein gefaßtes und mit allen seinen Hoffnungen auf Würde und ein be-
dingtes Glück der Fassung verschworenes Leben.«[35] Die in solcher Weise integ-
rale, vereinheitlichende Sicht auch der Forschung auf die Novelle und auf deren
organisch scheinbar so stimmiges Verhältnis zum Gesamtwerk war also zweifelsohne vom späteren Mann souffliert. Dieser, wie schon einmal gesagt, mochte
seine besonderen Gründe haben, die Konstanzen seines Œuvres so stark in den
Vordergrund zu rücken — um nämlich von den Brüchen und Gesinnungswech-
seln zumal in seiner erst ›unpolitischen‹, dann jedoch demokratisch engagierten
Essayistik abzulenken. Entsprechend gereizt konnten seine Reaktionen ad homi-
nem ausfallen, wenn einer ihn auf diese Brüche anzusprechen wagte, dem nie-

---

30 Vgl. Astrid Lange-Kirchheim, Maskerade und Performanz — vom Stigma zur Provokation der
Geschlechterordnung. Thomas Manns *Der kleine Herr Friedemann* und *Luischen,* in: Stefan Börnchen und Claudia Liebrand (Hgg.), Apokrypher Avantgardismus. Thomas Mann und die Klassische Moderne, München: Fink, 2008, S. 187–224, hier S. 190.
31 Vgl. Bd. 2.2, S. 137.
32 Ruggero Leoncavallo, Pagliacci. Komödianten (Der Bajazzo). Drama in zwei Akten und einem Prolog. Text vom Komponisten. Klavierauszug mit deutschem und italienischem Text, hg. v.
Joachim-Dietrich Link, Leipzig: Peters, 1970, S. 99.
33 Leoncavallo, Pagliacci, o. P. [dramatis personae].
34 Leoncavallo, Pagliacci, S. 97.
35 Mann, Gesammelte Werke, Bd. 13, S. 135 f; Hervorhebung des Originals.

mand dazu »eine[n] ›Verlaub‹ [...] erteilt« habe, »vor allem die geistige und persönliche Rangordnung nicht«.[36]

Indessen übernahm die Germanistik der DDR solch eine harmonisierende
Sicht nicht ohne eine gewisse Erweiterung und Modifikation, mit einer Akzentu-
ierung, wie sie so in Manns Selbstdarstellungen durchaus nicht zu finden wäre.
Das »Grund-Motiv« wurde hier, in der Spezialforschung der DDR, zur wirtschafts-
geschichtlichen Basis der Zeit in Beziehung gesetzt, in der *Der kleine Herr Friedemann* und die ihm verwandten Texte entstanden: zum »Verlust einer bisher
scheinbar gesicherten bürgerlichen Ordnung« und zu

> einer Gesellschaft, deren geistige, moralische und auch ästhetische Normen durch den ra-
> schen Kapitalisierungsprozeß in Deutschland und der [sic!] damit verbundenen Entfrem-
> dung des Menschen, besonders des Künstlers, gänzlich in Frage gestellt waren. So leben
> denn auch die meisten Gestalten der frühen Erzählungen in einer nur nach innen gerichte-
> ten Welt. [...] Wo sie sich jedoch wie der kleine Herr Friedemann eine wenigstens nach au-
> ßen gefestigt erscheinende bürgerliche Existenz aufgebaut haben, bricht das wirkliche Le-
> ben, hier in Gestalt einer verführerischen Frau, zerstörend ein.[37]

Wie die DDR-Germanistik den *Kleinen Herrn Friedemann* und Thomas Manns
Frühwerk überhaupt also stark aus dessen historisch-konkretem Kontext heraus
verstand, so nahm es die Verfilmung, wie in Hinblick auf die Ausstattung schon
einmal gesehen, mit diesem Kontext ihrerseits sehr genau. Die spätesten termini
post quos, die ein übermäßig gewitzter Zuschauer dem Film entnehmen könnte,
fallen denn auch nur knapp hinter die Publikationszeit der Novelle und jedenfalls in den tiefsten Wilhelmismus: ein Ballett, »Pas de deux nach Schönberg«,[38]
worin dem kleinen Herrn Friedemann sein Schicksal vorgetanzt wird. Es ist die
getanzte Geschichte von einem Geschlechterkampf, eines Mannes und einer
Frau, die diesen zurückstößt, worauf er sich umzubringen »beginnt«, sic: »Tanz
— und der Mann beginnt sich das Leben zu nehmen, sie hat gesiegt.«[39] Nur ganz
leicht anachronistisch ist die Musik dazu, Arnold Schönbergs Streichersextett
Verklärte Nacht. (Richard Dehmels Gedicht dieses Titels handelt zynischerweise
von einer ›against the odds‹ *glücklichen* Liebe.) Denn Schönbergs Komposition
wurde erst 1902 uraufgeführt und erst im Jahr 1899 fertig. In dasselbe Jahr sollte

---

36 Briefkonzept vom Dezember 1949 an G. W. Zimmermann, in: Mann, Briefe, Bd. 3, S. 116–118,
hier S. 118.
37 Harry Matter, Die Erzählungen, in: Peter Fix et al., Das erzählerische Werk Thomas Manns.
Entstehungsgeschichte; Quellen; Wirkung, Berlin und Weimar: Aufbau, 1976, S. 431–537, hier
S. 432 f.
38 Vogel und Haubold, Der kleine Herr Friedemann. Drehbuch, S. 35.
39 Vogel und Haubold, Der kleine Herr Friedemann. Drehbuch, S. 36.

auch eine gleich noch zu erwähnende Legislatur fallen, die in den Dialogen des Szenariums und des Drehbuchs erwähnt ist, aber im Film nicht mehr vorkommt. Ob der betreffende Dialog nun nie realisiert oder nachträglich herausgeschnitten wurde: Seine Kürzung scheint so oder so mit der besonderen Chronologie der Produktion zu tun haben und nichts mit seinem ja ebenfalls nur sehr geringfügigen Anachronismus.

2.1.3 Zur Chronologie der Produktion

Die Idee, die Durchbruchserzählung von der Zerstörung einer bürgerlichen Existenz durch das wirkliche Leben fürs Fernsehen zu verfilmen, war von Eberhard Görner gekommen. Görner hatte mit Golo Mann Kontakt aufgenommen. Dieser hatte ihm zunächst freilich zwei ganz andere Texte beliebt zu machen versucht, *Der Kleiderschrank* oder *Mario und der Zauberer*[40] — vergeblich. Die Verfilmung weder des einen noch des anderen sollte Golo Mann noch erleben. Die eine, als wie gesehen vorderhand allerletzte, würde erst anderthalb Jahrzehnte nach seinem Tod zustandekommen, sozusagen aus der Ex-DDR heraus. Die andere wurde unter Görners Mitwirkung immerhin noch in seinem, Golo Manns, Todesjahr fertig, als es die DDR aber auch schon nicht mehr gab, in der *Mario und der Zauberer* nota bene der am weitaus stärksten kanonisierte Text des Autors oder ›Dichters‹ gewesen war.[41] Umso dringlicher muss sich einem die Frage stellen, warum gerade diese Offerte des Erben vorderhand auf keinerlei Resonanz stieß und warum Görner gegen die Präferenzen desselben unbeirrbar auf dem *Kleinen Herrn Friedemann* beharrte. Doch dazu später. —

Einen hieb- und stichfesten terminus ante quem für Görners Initiative liefert ein Schreiben vom August 1988. Darin bedankt sich Golo Mann für ein »durchaus großzügig[es]« »Optionsangebot«.[42] Unter den Akten des Deutschen Rundfunkarchivs, Babelsberg, gibt es aber übereinstimmende Vermerke, die darauf hinweisen, dass Görner und Mann bereits im Februar desselben Jahrs ein Gespräch in der Sache geführt hatten.

---

40 Vgl. Golo Mann, Brief vom 27. August 1988 an Eberhard Görner, in: Alfried Nehring und Deutscher Fernsehfunk Fernsehdramatik / Presse- und Öffentlichkeitsarbeit (Hgg.), *Der kleine Herr Friedemann*. Film des deutschen Fernsehfunks, o. O. u. J., o. P., Deutsches Rundfunkarchiv, Potsdam-Babelsberg.

41 Vgl. Holger Pils, Bürger Thomas Mann und Halbproletarier Mario. Zur politischen Lesart der Novelle *Mario und der Zauberer* in der DDR, in: ders. und Christina Ulrich (Hgg.), Thomas Manns *Mario und der Zauberer*, Lübeck: Kulturstiftung Hansestadt Lübeck, 2010, S. 136–161.

42 Golo Mann, Brief vom 27. August 1988 an Eberhard Görner.

Nachdem sich Görner erfolgreich darum bemüht hatte, dass die Rechte dem Fernsehen der DDR zu kulanten Bedingungen abgetreten,[43] ja vielleicht sogar geschenkt[44] wurden, verfasste er ein Szenarium für den Film. Dieses hatte laut Vertrag bis zum 30. Juni 1989 vorzuliegen; eine Frist, die Görner denn auch pünktlich einhielt. Das belegt die Datierung der betreffenden Honorartranche (28. Juni).

Auf der Basis des Szenariums verfassten der Regisseur Peter Vogel und der Kameramann Günter Haubold das Drehbuch. Keines der drei heute zugänglichen Exemplare trägt ein Datum — leider. Produziert wurde der Film dann jedenfalls 1990, unter der Regie Vogels (alias IM Heinz), dessen Honorar ausnahmsweise um ein Drittel erhöht wurde: »wegen des besonders großen Schwierigkeitsgrades in der inszenatorischen Ausdeutung des philosophischen Inhalts des Stoffes«. So Ingrid Sander, »Künstl. Leiter« »Dramatische Kunst«.[45]

Die Dreharbeiten wurden im Mai aufgenommen. Im September waren sie abgeschlossen.[46] Noch in demselben September 1990 begann der Schnitt. Am 9. Januar 1991 folgte die Abnahme. Ende Januar sollte die Sendekopie ausgeliefert werden.[47] Die Erstausstrahlung erfolgte Ende März 1991, am Karfreitag und zur besten Sendezeit des Norddeutschen Rundfunks, also unter dem Dach der ARD, aber als »Film des Deutschen Fernsehfunks« oder »DFF«. So stand es im Vor- beziehungsweise im Abspann; eine Notlösung oder Verlegenheitsbenennung, mit der man während der Übergangsphase zum älteren Namen des erst seit 1972 so heißenden Fernsehens der DDR zurückkehrte.

Vorausgegangen waren west-östliche Querelen. Deren Gegenstand waren Zeitpunkt und Zeitfenster der Erstausstrahlung. Zunächst hatte man bei der ARD »beabsichtigt«, »die Ausstrahlung auf eine Sendezeit um 23.00 einzusetzen«,[48]

---

43 Optionsvereinbarung vom 4. bzw. 21. Juli 1988 zwischen dem S. Fischer-Verlag und dem Fernsehen der DDR; Vertrag vom 5. bzw. 24 Januar 1990 zwischen dem S. Fischer-Verlag und dem Fernsehen der DDR; beides Deutsches Rundfunkarchiv, Potsdam-Babelsberg. Vgl. die Briefe von Rosmarie Lösch (S. Fischer-Verlag) an Reinhold Lehne (Fernsehen der DDR) vom 8. August 1989; von Lehne an Lösch vom 27. April 1988, 30. Oktober 1989 und 8. März 1990; von Wolfgang Mertz (S. Fischer-Verlag) an Thomas Steinke (Deutscher Fernsehfunk) vom 15. Januar 1991; von [Alfried] Nehring an Lehne vom 11. März 1988, ebd.

44 Eberhard Görner, E-Mail vom 4. April 2014 an den Verfasser.

45 [Ingrid] Sander, Mitteilung vom 22. November 1989, Deutsches Rundfunkarchiv, Potsdam-Babelsberg.

46 Filmlieferungsvertrag zwischen dem VEB DEFA Studio für Spielfilme und dem Deutschen Fernsehfunk vom 19. Juni 1990, Deutsches Rundfunkarchiv, Potsdam-Babelsberg.

47 Endfertigungsplan vom 5. September 1990, Deutsches Rundfunkarchiv, Potsdam-Babelsberg.

48 [Albert] Staamann, Mitteilung vom 31. Januar 1991, Deutsches Rundfunkarchiv, Potsdam-Babelsberg.

am Gründonnerstag, nachdem erst noch der Ostersonntag vorgesehen war.[49] Im Gegenzug war seitens des DFF damit gedroht worden, die »Ausstrahlungsrechte [...] für die Alt-Bundesländer zu stoppen«.[50]

Das Presseecho fiel, mit einzelnen Ausreißern,[51] mäßig bis schlecht aus.[52] Das vielleicht nicht ganz zu Unrecht. Vielleicht stand einer angemessenen Würdigung des Films aber auch ein Mangel an Verständnis für eine am epischen Theater und seinen Verfremdungseffekten geschulte, mal »unterkühlte[]«, dann wieder allzu »expressive Spielweise« im Weg:[53] »stilistisch angestrengt[]«,[54] »überpointiert und überspannt«.[55]

Wie dem auch sei: Schon allein wegen der Einzigartigkeit seiner Entstehungsdaten verdient der Film eine genauere Analyse, insbesondere in Hinsicht auf seine zeitgeschichtlichen Verstrickungen. Denn diese Entstehungsdaten — und deshalb lohnt es sich, es mit ihnen so pedantisch genau zu nehmen — umfassen ja sowohl die letzten Jahre oder Monate der DDR als auch den rapiden Prozess ihrer Desintegration und die deutsche Wiedervereinigung.

Idee und Szenarium stammen aus einer Zeit, da niemand etwas vom schon so nahen Ende der DDR geahnt haben dürfte, wo auch immer im Jahr 1989 man das Fanal dazu ansetzt: bei den Botschaftsfluchten ab August, bei der Ausreisewelle ab September, bei den Jubiläumsfeierlichkeiten vom Oktober oder bei der Absetzung des Generalsekretärs Honecker kurz danach. Die Niederschrift des wie gesagt nicht genau datierbaren Drehbuchs oder doch dessen Abschluss und Endredaktion dürfte dann aber bereits in die Zeit solcher Auflösungserscheinungen gefallen sein. Auf jeden Fall fanden die Dreharbeiten allesamt schon nach den ersten freien Wahlen im März 1990 statt. Diese Arbeiten gingen im immer sichereren Wissen darum oder im Vertrauen darauf vor sich, dass eine Vereinigung der

---

49 Vgl. Eckart Kroneberg, Gebogen und gebrochen. *Der kleine Herr Friedemann*, eine Novelle Thomas Manns, wurde vom Deutschen Fernsehfunk verfilmt, in: Der Tagesspiegel, 9. Februar 1991, S. 23; Katharina von Boxberg, Verbannung zurückgenommen. DFF-Projekt *Der kleine Herr Friedemann* am Karfreitag, in: Stuttgarter Zeitung, 28. März 1991, S. 31.

50 Staamann, Mitteilung vom 31. Januar 1991.

51 Vgl. Kroneberg, Gebogen und gebrochen; Martin Ahrends, Der Frühlingsmann, in: Die Zeit, 29. März 1991, http://www.zeit.de/1991/14/der-fruehlingsmann [Zugriff: 8. Juli 2016].

52 Vgl. z. B. Peter Hoff, Verlorene Botschaft, in: Neues Deutschland, 2. April 1991, S. 6; Boxberg, Verbannung zurückgenommen, S. 31; Anonymus [Bo], Kritisch gesehen. *Der kleine Herr Friedemann*, in: Stuttgarter Zeitung, 2. April 1991, S. 7.

53 Kroneberg, Gebogen und gebrochen.

54 Irma Zimm, Zwickmühle für Mühe, in: FF dabei 16, 1991, S. 71.

55 Karl Prümm, Etüde und Paraderolle, in: Kirche und Fernsehen 27, 10. April 1991 [Seitenzahl anhand des im Deutschen Rundfunkarchiv, Berlin-Babelsberg, eingesehenen Exemplars nicht eruierbar].

beiden deutschen Staaten beziehungsweise die Annexion des einen durch den anderen unmittelbar bevorstand. Ihr Abschluss geriet dann zusehends in Schwierigkeiten. Die Finanzierung des Projekts war seit der Währungsunion nicht mehr gesichert.[56] Und die definitive Fertigstellung des Films konnte erst erfolgen, nachdem die ehemalige DDR der Bundesrepublik beigetreten war.

Wegen solcher entstehungschronologischer Eckdaten eignet sich der Film wie kaum eine andere Literaturverfilmung für eine Fallstudie zu gleich drei Fragen, die freilich miteinander kommunizieren: Wie weit, erstens, kommt der Film staatlichen Ansprüchen der DDR und mehr oder weniger unausgesprochenen Auflagen seitens der Staatsmacht entgegen? Oder, zweitens, unterläuft er sie auch? Und drittens schließlich: Reagiert er auch noch auf den Vereinigungsprozess? Alle drei Problemstellungen konvergieren in der einen Frage nach dem besonderen Bedeutungspotential der verfilmten Novelle: Weshalb die Wahl, nota bene gegen den anfänglichen Willen des Rechteinhabers, ausgerechnet auf diesen einen Text fiel und warum seine Verfilmung unter völlig veränderten, auch ökonomisch schwierig gewordenen Bedingungen dennoch fertiggestellt wurde.

Auch hier und hier ganz besonders kann die Analyse nicht einfach so erfolgen, dass man den Film oder zumal auch seine intertextuellen Reminiszenzen einem close reading unterzieht. Vielmehr muss auch und gerade dieser Film in seinen sich schnell und stark wandelnden Produktionsbedingungen kontextualisiert werden. Anders gesagt sind hier die verschiedenen Etappen von besonderem Interesse, die der Film im Lauf seiner turbulenten Entstehungsgeschichte durchmachte und deren Disparität man ihm an gewissen Inkohärenzen zum Teil auch noch ansehen kann.

Dem entsprechend werden die etwas umständlichen Antworten auf die gestellten Fragen differenziert, ja selbst paradox ausfallen. Sie lassen sich vorerst etwa so zusammenfassen: Ähnlich, wie es schon in *Lotte in Weimar* den Anschein machte, wird die Staatsideologie der DDR im Film sowohl affirmiert als auch subvertiert. Dabei wurden die affirmativen Elemente im Verlauf der Produktion gegenläufig zur Verstärkung der subversiven nach und nach abgeschwächt. Eine vergleichbare Dynamik zeichnet sich an den Momenten des Films ab, die auf die deutsche Wiedervereinigung anzuspielen geeignet sind. Solche Anspielungen lassen sich naturgemäß erst an den jüngeren und jüngsten Schichten des Films aufzeigen. Sie beruhen letztlich auf der Aktualisierung eines innenpolitischen Sinnpotenzials, das im verfilmten Novellentext bereits angelegt ist. Dieses Potenzial, von der damals zeitgenössischen Thomas-Mann-Forschung noch längst nicht wahrgenommen, wird sich indessen erst sekundär erschlossen haben. An-

---

56 Eberhard Görner, mündliche Mitteilung vom 9. Mai 2014.

bieten und aufdrängen konnte es sich erst in der letzten Realisationsphase des Films, nachdem die Wahl der Novelle zunächst durch eine traditionelle, nämlich individualpsychologische Interpretation der Friedemann-Figur geleitet war, deren filmische Konkretisation allerdings immer auch schon als politische Allegorie auf die DDR angelegt gewesen zu sein scheint. Aber schön der Reihe nach.

2.2 Reverenzen vor der sozialistischen Staatsideologie

2.2.1 Die Systemreverenzen im produktionsgeschichtlichen Aufriss

Eine Antwort auf die erste der drei gestellten Fragen — ob man dem Film eben seine Herkunft aus dem Staatsfernsehen der DDR und seine Bestimmung für deren Publikum noch ansieht, und wenn ja, wie und woran genau —, eine Antwort darauf impliziert vielleicht immer auch schon eine solche auf die dritte, auf die Frage nämlich nach den Reflexen des Umstands, dass seinerzeit die Auflösung dieser DDR unmittelbar bevorstand beziehungsweise sich schon zu vollziehen begann. Denn die Huldigungen in Richtung Staatsideologie und die expliziten Anleihen bei deren Standardvokabular sind im Lauf der Entstehung Schritt für Schritt dezimiert worden.

Stark zusammengekürzt wurde zum Beispiel eine Unterhaltung »über Politik«, die der Erzähler des Novellentexts nur eben als solche und ohne weitere Inhaltsangabe erwähnt; geschweige denn, dass er in direkten oder auch nur indirekten Reden daraus zitierte.[57] Aus dieser dürren Erwähnung eines beliebigen Gesprächs über Politik wird im Film eine in ihrer gutbürgerlichen Saturiertheit parodistisch breitgewalzte Unterhaltung über das in Szenarium, Drehbuch und Dialogliste immer wieder so genannte Proletariat — eine Vokabel, die in Thomas Manns sämtlichen Erzählungen erwartungsgemäß in solcher Form nirgends auftaucht.[58] Die damit verbundene »Soziale Frage«, mit der er aus der Technischen Universität München, von seinem ›wilden‹ Studium der Nationalökonomie daselbst, einigermaßen vertraut war,[59] interessierte ihn nun einmal nicht sonder-

---

57 Vgl. Bd. 2.1, S. 96.

58 Vgl. Mann, Gesammelte Werke, Bd. 8, S. 621 (»Villenproletarier«), S. 896 (»Proletarierpfoten«).

59 Mann, Collegheft, S. 37–39; vgl. S. 44, 61–63, 102, 106 f., 129 zu »Existenzminimum«, »Armut«, »Elend«, »Massenarmut«, »Proletariat«, »Unterschied von Arm & Reich«, »Arbeitskontrolle«, »Einigungsämter: Besondere Behörden für die Einigung zwischen Arbeiter & Arbeitgebern«, »Sozialismus«.

lich; ein mit Sicherheit nicht einfach individuelles, sondern klassengebundenes Desinteresse, das die Verfilmung eben kompensiert.

Der ganz und gar frei erfundene Dialog, den Herr Friedemann im Film also gegen die Vorgaben des Novellentexts und alles beim frühen Mann Erwartbare mit einem Großkaufmann Stephens »über Politik« führt — unmittelbar bevor ihm Gerda von Rinnlingen erstmals zu Gesicht kommt —, handelt von der »Entstehung eines Proletariats«.[60] »Bei immer mehr steigender Fabriktätigkeit, wie wir sie auch in unserer Stadt wünschen«, sei sie »ein unvermeidliches Übel«.[61] So Friedemann. Indessen sei es »eine bekannte [im Film: ›unumstrittene‹] Tatsache, [...] dass der nie [im Film: ›niemals‹] völlig zum Proletariat herabsinkt [im Film: ›hinabsinkt‹], der einen eig'nen Herd hat, einen Fußbreit Boden, den er sein eigen nennt.«[62] »Und diese gewisse Anhänglichkeit macht es [...] unmöglich, zum eigentlichen Proletariat herabzusinken.«[63] Von alledem ist nun aber im fertiggeschnittenen Film nur mehr wenig zu hören. Auch das Keyword »Proletariat«, im politischen Diskurs der offiziellen DDR allgegenwärtig, fällt kaum mehr. Gerade ein einziges Mal, an der soeben zitierten Dialogstelle von der Unmöglichkeit eines Abstiegs ins Proletariat, ist es noch zu hören.

Ein anderes Beispiel für die rein quantitative Zurücknahme solcher Reverenzen vor der Staatsideologie wären die Veränderungen, die der Part einer zu diesem Zweck komplett neu hinzuerfundenen Figur durchmachte. Es handelt sich dabei um die Idealfigur eines schon im Szenarium ausdrücklich jungen Sozialdemokraten, der als solcher, als unmittelbarer Vorkämpfer der in der DDR propagierten Staatslehre, die Gesellschaft der Zukunft vertritt. Seine Rolle sollte denn auch mit einem Schauspieler besetzt werden, Torsten Michaelis (Jahrgang 1961), der seinerzeit noch keine dreißig Jahre alt war und also, von der Zeit der Handlung aus gerechnet, durchaus noch zu den Gründungsvätern der DDR hätte zählen können.

Der junge Sozialdemokrat ist eine Figur, wie sie so allenfalls bei *Heinrich* Mann vorkommen könnte, etwa im *Untertan* und in der Gestalt eines Napoleon Fischer, bei *Thomas* Mann aber nirgends zu finden wäre. Diese Idealfigur und

---

60 Görner, Der kleine Herr Friedemann. Filmszenarium, S. 53; Vogel und Haubold, Der kleine Herr Friedemann. Drehbuch, S. 66.

61 Görner, Der kleine Herr Friedemann. Filmszenarium, S. 53; Vogel und Haubold, Der kleine Herr Friedemann. Drehbuch, S. 66.

62 Görner, Der kleine Herr Friedemann. Filmszenarium, S. 53; Vogel und Haubold, Der kleine Herr Friedemann. Drehbuch, S. 66; Vogel, Der kleine Herr Friedemann, 00:39:27.

63 Vogel und Haubold, Der kleine Herr Friedemann. Drehbuch, S. 66.

Lichtgestalt, ein »Kontorist«[64] oder »Buchhalter«,[65] heißt Fries alias, an ein paar Stellen des Szenariums, »Frieß«. Einen prominenten Sozialdemokraten dieses Namens scheint es nie gegeben zu haben;[66] abgesehen allenfalls von Philipp Fries, Jahrgang 1882, seit 1900 SPD-, vorübergehend auch KPD-Mitglied, der immerhin im »[b]iographische[n] Handbuch« *Deutsche Kommunisten* geführt wird.[67] Und das Lexikon *Wer war wer in der DDR?* verzeichnet unter dem entsprechenden Lemma nur gerade den Romancier Fritz Rudolf Fries.[68] Fritz Rudolf Fries (alias Pedro Hagen) war damals immerhin noch, bis zu seiner Enttarnung als informeller Mitarbeiter des Ministeriums für Staatssicherheit, eine einigermaßen eminente Persönlichkeit des Kulturbetriebs, zum Beispiel Präsident des nationalen PEN-Zentrums.[69]

»Herr Fries will andauernd«, weiß sein Chef auch noch im fertiggestellten Film, »die wirtschaftliche Lage für« seine, des Chefs, »Arbeiter verbessern. Deshalb forder[e] er sie auf, sich gegen« ihn »zusammenzuschließen, damit sie stark sind«.[70] Im Szenarium aber wurde Fries darüber weit hinaus noch explizit mit *dem* Referenztext der marxistischen Lehre schlechthin in Verbindung gebracht. Und zwar geschah das in den Reden eines ignoranten und stereotyp übergewichtigen Bourgeois, eben des Chefs, Schlievogt mit Namen, gespielt von Dietrich Körner, der den Zuschauern und Zuschauerinnen des DDR-Fernsehens von einer aufwendigen Miniserie her als Darsteller des seinerseits adipösen August II. von Sachsen in damals noch frischer Erinnerung sein musste. Kraft dieser Konnota-

---

64 Görner, Der kleine Herr Friedemann. Filmszenarium, o. P. [dramatis personae].
65 Görner, Der kleine Herr Friedemann. Filmszenarium, S. 36 f.; Vogel und Haubold, Der kleine Herr Friedemann. Drehbuch, S. 50.
66 Vgl. z. B. Wilhelm Kosch, Biographisches Staatshandbuch. Lexikon der Politik, Presse und Publizistik. Bd. 1, Bern und München: Francke, 1963; Thomas Meyer et al. (Hgg.), Lexikon des Sozialismus, Köln: Bund, 1986; Mario Niemann und Andreas Herbst (Hgg.), SED-Kader. Die mittlere Ebene. Biographisches Lexikon der Sekretäre der Landes- und Bezirksleitungen, der Ministerpräsidenten und der Vorsitzenden der Räte der Bezirke 1946 bis 1989, Paderborn et al.: Schöningh, 2010 (Sammlung Schöningh zur Geschichte und Gegenwart); Eckhard Hansen und Florian Tennstedt (Hgg.), Biographisches Lexikon zur Geschichte der deutschen Sozialpolitik 1871 bis 1945. Bd. 1: Sozialpolitiker im Deutschen Kaiserreich 1871 bis 1918, Kassel: Kassel University Press, 2010.
67 Vgl. Hermann Weber und Andreas Herbst, Deutsche Kommunisten. Biographisches Handbuch 1918 bis 1945, Berlin: Dietz, 2004, S. 221, s. v. Fries, Philipp.
68 Vgl. Bernd-Rainer Barth, Fries, Fritz Rudolf, in: Helmut Müller-Enbergs et al. (Hgg.), Wer war wer in der DDR? Ein Lexikon ostdeutscher Biographien, Berlin: Links, ⁵2010, Bd. 1, S. 351.
69 Vgl. Michael Opitz, Fries, Fritz Rudolf, in: ders. und Michael Hofmann (Hgg.), Metzler Lexikon DDR-Literatur. Autoren – Institutionen – Debatten, Stuttgart und Weimar: Metzler, 2009, S. 100–103.
70 Vogel, Der kleine Herr Friedemann, 00:37:29.

tion mit August dem Starken personifizierte er als Schlievogt die Äquivalenz oder Kontinuität von absolutistischer Feudalherrschaft und ökonomischer Ausbeutung durch das Bürgertum gewissermaßen leibhaftig; wozu auch noch sein repurposing des Schiller-Verses vom Starken passt, der am mächtigsten allein sei.[71]

Auf Kosten dieses dickwanstigen Schlievogt hätte ein es besser wissendes Publikum einmal tüchtig lachen dürfen. Über seinen Buchhalter oder Kontoristen sagt Schlievogt im Szenarium zu Friedemann, der auch schon in der Novelle an der Börse »ein Wörtchen« mitzureden pflegt:[72] »Der [scil. Fries] hat so'n Buch gelesen von — äh — Marx, hat mit Kapital zu tun, könnt ihr gebrauchen wegen der Börse.«[73]

Im Drehbuch fielen die beiden Shibboloth »Marx« und »Kapital« bereits weg. Aber auch hier noch, genau wie schon im Szenarium, gab der ansonsten »mit einem sarkastischen Zug« und »Mephistoblick«[74] ausgestattete Fries eine enthusiasmierte Antwort auf Schlievogts als Stichelei gemeinte Frage: warum er »*eigentlich* Sozialdemokrat geworden« sei.[75] Fries antwortete, indem er, wie schon einmal angedeutet, auf die Legislatur des Deutschen Reichstags Bezug nahm, namentlich auf einen berüchtigten Gesetzesentwurf »zum Schutz der gewerblichen Arbeitsverhältnisse«. Dieser Gesetzesentwurf sollte das Streikrecht unter Androhung von Zuchthausstrafen faktisch beseitigen. Oder vielmehr *hätte* er es beseitigt. Denn der vom Kaiser 1898 angekündigte und 1899 im Reichstag eingebrachte Entwurf fand keine Mehrheit. Unter deshalb etwas inakkuraten Voraussetzungen — und indem er sich also einen leichten Anachronismus zu Schulden kommen ließ von der Art des Schönberg'schen Pas de deux — antwortete Fries auf die süffisante Frage Schlievogts so:

> Als das infame Zuchthausgesetz aufkam [eine wie gezeigt irrige Präsupposition, weil ein solches Gesetz ja nie in Kraft trat] und die Verfolgungen Unschuldiger begannen, da sagte ich zu mir: du gehörst an die Seite der Armen und Verfolgten, und damit sie erkennen, daß du zu ihnen hältst in Not und Tod, wirst du ihr Bruder![76]

Die ergreifende Ernsthaftigkeit dieser Antwort, deren Pathos bis zum poetischen Mittel des Schlagreims reicht (»Not und Tod«), fand in den Regieanweisungen

---

71 Vogel, Der kleine Herr Friedemann, 00:37:48.
72 Bd. 2.1, S. 96.
73 Görner, Der kleine Herr Friedemann. Filmszenarium, S. 37.
74 Görner, Der kleine Herr Friedemann. Filmszenarium, S. 36.
75 Görner, Der kleine Herr Friedemann. Filmszenarium, S. 37; im Original keine Hervorhebung.
76 Görner, Der kleine Herr Friedemann. Filmszenarium, S. 37; Vogel und Haubold, Der kleine Herr Friedemann. Drehbuch, S. 51.

eigens noch ihre Bekräftigung: »Der sarkastische Zug in seinem [scil. Fries'] Mephistogesicht ist verschwunden. Sein Auge leuchtet. Schlievogt sieht es und senkt den Kopf.«[77]

Von der erhabenen und erhebenden Rede des in Not und Tod mit den Armen verbrüderten Sozialdemokraten ist im Film nichts und wieder nichts übrig geblieben. Statt so das letzte Wort zu behalten und den Kapitalisten dazu zu zwingen, klein beizugeben, ja sich vor seiner Aufrichtigkeit und seinem Edelmut förmlich zu verneigen, beantwortet Fries im Film die provokative Frage seines Chefs gar nicht erst oder, das wird nicht recht deutlich, nur mit einer vielleicht gleichgültig, vielleicht auch verächtlich intonierten Interjektion: »Ah!«;[78] eine Undeutlichkeit, die man auch schwerlich damit erklären könnte, dass die Cutterinnen hier ›unsauber‹ geschnitten hätten. An der betreffenden Stelle scheint es keinen Schnitt zu geben.[79]

2.2.2 Die Schuld der Amme

Gleichgültig aber, ob die heroische Suada des Sozialdemokraten erst nachträglich herausgeschnitten oder ob sie filmisch gar nie realisiert wurde: Streichungen oder Schnitte solcher Art änderten nichts oder nur sehr wenig daran, dass der Film grundsätzlich einen bestimmten Klassenstandpunkt einnimmt. Dieser ist ihm nach wie vor überdeutlich anzusehen. Wie auch schon in *Lotte in Weimar* oder dann wieder in Blumes *Heiligendamm* — in Gestalt eines Heizers, der die Dampfmaschine der Lokomotive mit Kohle beschickt,[80] oder eines Bierfahrers, der vor der Letzten Instanz Metallfässer entlädt[81] — fällt der Blick der Kamera mit geradezu leitmotivischer Regelmäßigkeit auf die körperlich hart arbeitende Bevölkerung. Diese repräsentieren zum Beispiel ein, zwei Leichenbestatter, vor allem aber drei Fischersfrauen. Die drei sind bereits im Szenarium für das allererste und das allerletzte »Bild« festgehalten. »Eine von ihnen [...] fängt an zu stricken«, steht dann im Drehbuch geschrieben.[82] Sie könnten daher eine Anspielung auf die Parzen oder Nornen sein, nachdem man diese in der Forschungsliteratur, die Görner nachweislich konsultiert hat — hiervon später —, schon verschiedentlich

---

77 Görner, Der kleine Herr Friedemann. Filmszenarium, S. 37; Vogel und Haubold, Der kleine Herr Friedemann. Drehbuch, S. 51.
78 Vogel, Der kleine Herr Friedemann, 00:38:08.
79 Freundlicher Hinweis von Lena Stölzl, Wien und Berlin, vom 22. Dezember 2017.
80 Blume, Heiligendamm, 00:02:04.
81 Blume, Heiligendamm, 00:08:05.
82 Vogel und Haubold, Der kleine Herr Friedemann. Drehbuch, S. 3.

hinter den drei Schwestern Henriette, Friederike und Pfiffi vermutet hat, oder sei es auch nur hinter den drei Schwestern Buddenbrook-Stüwing, den unverkennbaren Wiedergängerinnen der drei Friedemann-Schwestern.[83] Oder vielleicht sind die drei Fischersfrauen auch als Reminiszenz an die legendären Poissarden der Französischen Revolution gedacht, wie sie dann in Schillers reaktionärem *Lied von der Glocke* zu »Hyänen«[84] mutierten (matriarchal organisiert und schon seit der antiken Zoologie[85] die patriarchale Ordnung des Tierreichs störend; eine Rolle, die im Film wie in der Novelle der adligen Gerda vorbehalten bleibt. Auch davon und von der hierfür aufgebotenen Raubtierisotopie später mehr.)

Wie Günther mit seinen Fokalisierungen des Vierten Stands in *Lotte in Weimar* den ideologischen Direktiven genügte, so versuchten Görner und Vogel mit dergleichen Einstellungen, Motiven oder auch Reminiszenzen ganz offensichtlich jene zumal für den frühen Thomas Mann wie gesagt sehr typische, sicherlich auch klassentypische Indifferenz gegenüber der sozialen Frage zu korrigieren. Insbesondere kompensierten sie so Manns mangelndes Interesse an den Optionen, die damit umschriebenen Probleme zu lösen. Solche Indifferenz und solches Desinteresse verrät der Text der *Friedemann*-Novelle buchstäblich vom ersten Wort oder Nomen an, seinem mittlerweile notorisch gewordenen[86] Einstieg in medias res: »Die Amme hatte die Schuld.«[87]

Die res media und res prima besteht hier in einer Schuldzuweisung seitens des, wie es scheint, zuverlässigen Erzählers. Darin kolludieren Klassendünkel und Misogynie auf prachtbeispielhafte Weise.[88] Schuld an allem hat bei Thomas Mann eine Frau und Proletarierin. Sie trägt die hier noch volle und ganze Schuld für die lebenslangen Gebresten des bürgerlichen Protagonisten; mag der Leser diese späterhin doch auch wieder intrinsisch, nämlich anhand der damals modischen Degenerationstheorie zu verstehen lernen (und angesichts dieses Wider-

---

83 Vgl. Richard Sheppard, Realism plus Mythology. A Reconsideration of the Problem of »Verfall« in Thomas Mann's *Buddenbrooks*, in: Modern Language Review 89.4, 1994, S. 916–941, hier S. 921 f.; Max, Niedergangsdiagnostik, S. 262.

84 Friedrich Schiller, Das Lied von der Glocke, in: ders., Werke. Nationalausgabe, hg. v. Julius Petersen et al., Bd. 2.1: Gedichte, hg. v. Norbert Oellers, Weimar: Böhlau, 1983, S. 227–239, hier S. 237. Vgl. Charlotte von Lengefeld, verh. Schiller, Brief vom 12. und 13. November 1798 an Friedrich Schiller, in: Friedrich Schiller, Werke, Bd. 33.1: Briefwechsel. Briefe an Schiller, hg. v. Siegfried Seidel, 1781 – 28. Februar 1790, S. 409–411, hier S. 410 f.

85 Vgl. Plinius, Natural History, Bd. 3: Libri VIII–XI, hg. v. H. Rackham, Cambridge et al.: Harvard University Press, ²1983 (Loeb Classical Library, Bd. 353), S. 77 (VIII, V.44).

86 Vgl. z. B. Bettina Kirberger und Günther Opitz (Hgg.), »Die Amme hatte die Schuld.« Ein literarischer Staffellauf mit dem kleinen Herrn Friedemann, Frankfurt a. M.: Fischer, 1997.

87 Bd. 2.1, S. 87.

88 Vgl. z. B. Silvia Federici, Caliban and the Witch, New York: Autonomedia, 2014, S. 89.

spruchs scheint es mit der Zuverlässigkeit des Erzählers doch auch wieder nicht gar so weit her zu sein). Denn Johannes Friedemanns gesundheitliche Schwächen sind zugleich ein Indiz dafür, dass die Familie des »*nieder*ländische[n] Konsul[s]«,[89] der die Geburt seines Sohnes nicht mehr erleben durfte, sich in weit fortgeschrittenem Verfall oder sozusagen in freiem Fall befindet, genau wie die Buddenbrooks, unter denen gleich drei diesen Konsulstitel mit seiner verfänglich-vertikalistischen Hintersinnigkeit verliehen bekommen und auf die im *Friedemann*-Film mehrfach angespielt wird — so etwa mit der schon im Szenarium frei zitierten Maxime:»Ein Kaufmann muß solche Geschäfte machen, daß man nachts gut schlafen kann«;[90] oder mit der (erst im Drehbuch) von Stephens dagegen gehaltenen Art genuin kapitalistischer Risikoinvestition, bei der man »auf dem Halm« kauft.[91]

Die Friedemanns also sind dabei zu verfallen, nicht anders eben als die Buddenbrooks. Zu einem dergestalt sozialdarwinistischen Verständnis ihrer Familiengeschichte nötigt einen der dem Incipit von der Schuld der Amme folgende Text der Novelle nachgerade Seite für Seite: Der Vater früh gestorben; die Mutter an »langem Leiden« laborierend;[92] das ererbte Vermögen nur mehr gering; die Schwestern hässlich und nicht zu verheiraten; der Nachname des übrigens nicht nur buckligen, sondern auch asthmatischen Protagonisten wie bereits einmal gesagt eine Reminiszenz an Wilhelm Friedemann Bach und somit an den Niedergang der berühmtesten aller deutschen Künstler-Dynastien, an den schulbeispielhaften Verfall derselben und dessen fast buchstäblich himmelweite Fallhöhe.[93] Denn während Johann Sebastian Bach in Deutschland seit Mitte des neunzehnten Jahrhunderts quasi heiliggesprochen und mit der Gloriole eines fünften Evangelisten oder dreizehnten Apostels versehen war,[94] gehörte es in Thomas Manns oder Hermann Hesses Generation zum Allgemeinwissen der musikalisch Gebildeteren, dass der Erstgeborene des »große[n] Bach«[95] diesem nicht das Wasser reichen konnte. Diese schlechte Figur scheint er zum Beispiel noch

---

89 Bd. 2.1, S. 87; im Original keine Hervorhebung.
90 Görner, Der kleine Herr Friedemann. Filmszenarium, S. 52; Vogel und Haubold, Der kleine Herr Friedemann. Drehbuch, S. 65. Vgl. Bd. 1.1, S. 62, 190, 530.
91 Görner und Haubold, Der kleine Herr Friedemann. Drehbuch, S. 75. Vgl. Vogel, Der kleine Herr Friedemann, 00:42:14; Bd. 1.1, S. 454, 457, 470, 473.
92 Bd. 2.1, S. 91.
93 Vgl. Elsaghe, Krankheit und Matriarchat, S. 16 f.
94 Vgl. Wolfgang Fuhrmann, Die Heiligsprechung Johann Sebastian Bachs, in: Musik und Ästhetik 69, 2014, S. 12–33.
95 Hermann Hesse, Sämtliche Werke, hg. v. Volker Michels, Bd. 5: Das Glasperlenspiel, Frankfurt a. M.: Suhrkamp, 2001, S. 40.

im Kollateralroman sozusagen zum *Leben des Tonsetzers Adrian Leverkühn* zu machen, *Das Glasperlenspiel*[96] (dessen Ähnlichkeit mit seiner eigenen »fingierten Biographie« einen »erschrocken[en]« Thomas Mann »unangenehm« berührte[97]). Ja, sogar am geistigen Eigentum seines Vaters sollte sich der »Sohn[] Friedemann!«[98] vergriffen haben. So wollte es eine wirkmächtige Anekdote,[99] die freilich etliche Jahrzehnte jünger ist als das ihm daher vermutlich zu Unrecht angelastete Delikt.[100] Dabei passt das demnach ziemlich stabile Konnotat künstlerischer Sterilität oder Mittelmäßigkeit, das Johannes Friedemanns Geschlechtsname einst unweigerlich mit sich führte, nicht übel zu einem Detail nicht der Novelle, wohl aber ihrer Verfilmung. Denn dort aspiriert Friedemann auf eine Musikerkarriere, um damit kläglich zu scheitern.[101]

Unbeschadet aber der bei Thomas Mann also durchaus gegebenen Option, Friedemanns verkümmerte Leiblichkeit auch sekundär zu motivieren, nämlich über den Entartungsdiskurs à la Nordau, bleibt die Schuld der namenlosen Amme das A und in gewissem Sinn auch das O der in der Novelle erzählten Leidensgeschichte. Denn die vor dem Hintergrund der Degenerationstheorie so nahe liegende Vermutung, sein »Gebrechen« könnte angeboren sein, hat der kleine Herr Friedemann auch ganz zuletzt wieder ausdrücklich zu negieren. Er stellt den angeblich einzig wahren Sachverhalt richtig, freilich ohne nochmals eine einzelne Schuldige beim Namen zu nennen: »Als kleines Kind« habe »man« ihn »zu Boden fallen« lassen; »daher stamm[e] es«.[102]

Die vorerst jedoch noch ungeteilte, quasi totale Schuld der anonymen Amme hat ihren Grund in deren schwerem Alkoholismus. Vom Brennspiritus betrun-

---

96 Vgl. Hesse, Sämtliche Werke, Bd. 5, S. 21.

97 Tagebucheintrag vom 9. März 1944, in: Mann, Tagebücher 1944–1.4.1946, S. 31 f. Zur »immer unangenehm[en]« »Erinnerung, daß man nicht allein auf der Welt« sei, vgl. Goethe, Werke, Abt. I, Bd. 6, S. 97, mit Mann, Gesammelte Werke, Bd. 9, S. 348.

98 Hesse, Sämtliche Werke, Bd. 5, S. 21.

99 Vgl. Simeon Metaphrastes d. J. [Wilhelm Friedrich Marpurg], Legende einiger Musikheiligen. Ein Nachtrag zu den musikalischen Almanachen und Taschenbüchern jetziger Zeit, Köln: Peter Hammer [Breslau: J. F. Korn], 1786, S. 60–62, mit S. 320.

100 Vgl. z. B. Hans-Joachim Schulze, Johann Sebastian Bachs Passionsvertonungen, in: Ulrich Prinz (Hg.), Johann Sebastian Bach. Matthäus-Passion. BWV 244. Vorträge der Sommerakademie J. S. Bach 1985, Kassel et al.: Bärenreiter, 1990 (Schriftenreihe der internationalen Bachakademie Stuttgart, Bd. 2), S. 24–49, hier S. 42 f.; Hansjörg Pohlmann, Die Frühgeschichte des musikalischen Urheberrechts (ca. 1400–1800). Neue Materialien zur Entwicklung des Urheberrechtsbewusstseins der Komponisten, Kassel et al.: Bärenreiter, 1962 (Musikwissenschaftliche Arbeiten, Bd. 20), S. 49.

101 Vgl. Vogel, Der kleine Herr Friedemann, 00:30:36.

102 Bd. 2.1, S. 117; im Original keine Hervorhebung.

ken, »der für den Kochapparat verwendet werden sollte«, hat sie den Säugling »vom Wickeltische« fallen lassen.[103] So die anfängliche Auskunft des Erzählers, dessen Worte Friedemann zuletzt in direkter Rede sinngemäß wiederholen wird. Und »daher« allein eben — so die erste und letzte, aber nicht einzige Erklärung des Textes — Friedemanns Entstellung, seine bucklige Verwachsenheit; mochten Fachleute bei Blickdiagnose auch zur gegebenen Zeit schon dazu neigen, sie als Folge keiner mechanischen Einwirkung zu interpretieren, sondern viel eher als Symptom einer Knochentuberkulose.[104] Eine solche Infektionskrankheit entzöge sich indessen einer einfachen Schuldzuweisung vom Typus ›die und die hatte die Schuld‹. Einer einzelpersönlichen Verantwortung entzöge sie sich ebenso wie das Asthma, an dem Friedemann wie gesagt, und sei es auch nur »ein wenig« leidet[105] und das übrigens nach der zeitgenössischen Lehrmeinung »rein nervöse«[106] Ursachen haben wird, also für sein Teil, als Symptom eben einer Neurasthenie, besonders leicht in den Degenerationsdiskurs einlesbar ist.

Für Thomas Manns Erzähler jedoch bleibt es vorderhand bei der eindeutig personalisierbaren Schuld der Amme. Über diese ultima ratio geht er zunächst nicht hinaus; oder vielmehr gelangt er nicht hinter sie zurück. Nicht so der Film, der in diesem Fall konform mit der marxistisch-germanistischen Auffassung verfuhr, dass es hier wie in den frühen Erzählungen überhaupt um gesamtgesellschaftliche Entfremdungserscheinungen gehe. Er wollte Friedemann immer schon als Opfer nicht einer einzelnen Person, sondern einer gesellschaftlichen Verfasstheit oder Entwicklung, als »Opfer u. Sinnbild d. bürgerl.-kapita[.] Humanismusverfalls« paradieren.[107] Zum Zeichen dieses kollektiv-sozialen Verfalls vollzieht sich denn beispielsweise auch das traurige Ende Friedemanns nicht im Verborgenen — im Unterschied zur Novelle und übrigens auch noch zum Szenarium —; sondern Friedemann stirbt, wie erst im Drehbuch festgelegt, unter den Augen einer völlig teilnahmslosen Gesellschaft: »Die Leute sehen zu.«[108]

Dieser gesellschaftskritischen Sinngebung entsprechend rückt der Film im Übrigen auch von der Geltung des *biologistischen* Verfallstheorems etwas ab. Oder jedenfalls vermeidet er es, dieses Theorem klipp und klar zu beglaubigen. Zwar heißt es in einer seiner wiederholten Anspielungen auf die *Buddenbrooks*,

---

103 Bd. 2.1, S. 87.

104 Vgl. Meyers Konversations-Lexikon. Ein Nachschlagewerk des allgemeinen Wissens, Leipzig und Wien: Bibliographisches Institut, ⁵1893–1901, Bd. 14, S. 135, s. v. ›Pottsches Übel‹.

105 Bd. 2.1, S. 93.

106 Meyers Konversations-Lexikon, Bd. 2, S. 26, s. v. ›Asthma‹.

107 Szenariumsvertrag zwischen Eberhard Görner und dem Fernsehen der DDR vom 1. Dezember 1988, Deutsches Rundfunkarchiv, Potsdam-Babelsberg.

108 Vogel und Haubold, Der kleine Herr Friedemann. Drehbuch, S. 150.

die Friedemanns seien eine »zum [sic!] Tode geweihte Familie«.[109] So die sterbende Konsulin, indem sie »ihre häßlichen Töchter« ansieht und »ihren verwachsenen Sohn«.[110] Aber diese Artikulation des Verfallstheorems erscheint unter dem Vorbehalt einer mehrfachen Relativierung. Die These vom Verfall erscheint in einer direkten Rede zweiten Grades, in Gestalt eines der Konsulin hinterbrachten und von dieser in Frageform referierten Gerüchts, das ihr Sohn eigens zu dementieren hat:

> KONSULIN: »Stimmt es, [im Szenarium und im Drehbuch: ›Johannes,‹] daß die Leute draußen sagen [im Szenarium und im Drehbuch: ›erzählen‹], wir wären eine zum Tode geweihte Familie?«
>
> *Johannes schüttelt den Kopf.*
>
> FRIEDEMANN: »Aber, nein, Mutter, das bringst du durcheinander. Sie meinen jemand anderes.«
>
> KONSULIN: »Wen?«
>
> FRIEDEMANN: »Das weiß ich nicht.«[111]

Was indessen die persönliche Schuld einer Amme angeht, so ist der sie festschreibende Satz im Film allerdings Wort für Wort zitiert, sogar dreimal hintereinander. Doch wird er gerade durch seine Repetition auch entwertet. Noch einmal entwertet und ins Lächerliche oder Zweifelhafte gezogen wird er durch die Figuren, denen er in den Mund gelegt ist. »Die Amme hatte die Schuld« sagt nämlich nicht etwa eine Erzählinstanz aus dem Off. (Eine solche, wie sie auch in Günthers *Lotte in Weimar* nur noch auf einer Schwundstufe vorkommt, gäbe es hier gar nicht.) Sondern den Satz spricht erst eine von Friedemanns albernen Schwestern aus, bevor ihn seine Mutter, die nach dem Drehbuch und dem Szenarium obendrein nur »plötzlich« und als »Vision« auftaucht,[112] gleich zweimal wiederholt. In den Einstellungen des Films wurde dieses Visionär-Irreale dann so umgesetzt, dass die Sprecherin, erst gar nicht vorhanden, jeweils »plötzlich« wechselnde Sitzplätze einnimmt[113] — so dass man den Eindruck gewinnen kann, sie sei schon gestorben oder eine Untote. (Eine solche Suggestion deckt sich zwar mit den Vorgaben des Novellentexts, wonach Friedemanns Mutter zur Zeit der Handlung schon

---

109 Vogel, Der kleine Herr Friedemann, 00:23:33; bzw. Görner, Der kleine Herr Friedemann. Filmszenarium, S. 28; Vogel und Haubold, Der kleine Herr Friedemann. Drehbuch, S. 37.

110 Görner, Der kleine Herr Friedemann. Filmszenarium, S. 28; Vogel und Haubold, Der kleine Herr Friedemann. Drehbuch, S. 37.

111 Görner, Der kleine Herr Friedemann. Filmszenarium S. 28; Vogel und Haubold, Der kleine Herr Friedemann. Drehbuch, S. 37; Vogel, Der kleine Herr Friedemann, 00:23:32.

112 Görner, Der kleine Herr Friedemann. Filmszenarium, S. 10.

113 S. Abb. 70–72.

seit fast einem Jahrzehnt tot sein müsste.[114] Sie steht aber zu jener erst noch *folgenden* Sterbeszene in einem Widerspruch, der sich allenfalls mit Hilfe der Annahme glätten ließe, dass es sich hierbei um eine Rückblende und eine Erinnerung des Protagonisten handelt.)

Nachdem der lapidare Satz von der Amme und ihrer Schuld dreimal heruntergebetet worden ist — in Drehbuch und Szenarium heißt es: »wie eine Beschwörungsformel«,[115] also wie oder als etwas Un- oder Widervernünftiges —, stellt ihn das Opfer der angeblich Schuldigen eigens noch in Frage. Denn in einer Frage wiederum besteht das letzte Wort, das in dem betreffenden »Bild« Johannes Friedemann hat: »Die Amme?«[116] (Wobei der Schauspieler allerdings bei seiner Realisation der Stelle darauf verzichtete, den Satz als Frage zu intonieren.[117]) Ansonsten bleibt es in Szenarium und Film bei der unpersönlichen Formulierung des Novellenendes, »man« habe ihn fallen lassen.[118]

Kommt vielleicht noch dazu, dass die Amme anlässlich einer schon im Szenarium hinzugefügten Untersuchung neben anderen Fragen des Arztes (die Syphilis, Schwindsucht »oder geschlechtliche[] Ausschweifungen« betreffen) auch die eine ausdrücklich verneint, ob sie »dem Alkohol« ergeben sei;[119] eine Antwort allerdings, deren Abschlägigkeit im Film endlich cum grano salis zu nehmen sein wird. Was nämlich die eigentliche Unglücksszene betrifft und die Ratifizierung oder Objektivierung der angeblichen Ammenschuld durch die Kamera, so ergibt eine neuerliche Abgleichung des Szenariums mit dem Drehbuch und des Drehbuchs mit dem Film, dass sich Vogel im Einzelnen sukzessive doch auch wieder an Thomas Manns Version angenähert hat. Dabei ist die Sukzessivität seiner Wiederannäherung von fern vergleichbar mit der Art, wie er die Frequenz jener Vokabel »Proletariat« drastisch herabsetzte.

Vogels Film hält die Schuld der Amme oder den Grad dieser Schuld endlich zum mindesten in der Schwebe. Zunächst, in Görners Szenarium, fehlte die in der Novelle vorgegebene Wickeltischszene noch zur Gänze. Die Schuld der Amme blieb damit eine bloße, eine leere und unbeglaubigte Behauptung, die wie gese-

---

114 Vgl. Bd. 2.1, S. 91.

115 Görner, Der kleine Herr Friedemann. Filmszenarium, S. 10; Vogel und Haubold, Der kleine Herr Friedemann. Drehbuch, S. 12.

116 Görner, Der kleine Herr Friedemann. Filmszenarium, S. 10; Vogel und Haubold, Der kleine Herr Friedemann. Drehbuch, S. 13.

117 Vgl. Vogel, Der kleine Herr Friedemann, 00:07:09.

118 Görner, Der kleine Herr Friedemann. Filmszenarium, S. 121. Vgl. Vogel, Der kleine Herr Friedemann, 01:28:07.

119 Görner, Der kleine Herr Friedemann. Filmszenarium, S. 6; Vogel und Haubold, Der kleine Herr Friedemann. Drehbuch, S. 7; Vogel, Der kleine Herr Friedemann, 00:04:35.

hen explizit und ganz buchstäblich in Frage gestellt und in Zweifel gezogen wurde (und wird): »Die Amme?« Vogels und Haubolds Drehbuch sah eine entsprechende oder auch gerade nicht entsprechende Szene dann zwar schon vor: »Das Baby fällt vom Tisch. / Die Amme erschrickt«; ohne dass aber der leiseste Hinweis auf ein Alkoholproblem der erschreckten, entweder unschuldigen oder schlimmstenfalls fahrlässigen Amme gegeben worden wäre. Im Film dagegen sieht man sie in einer, wenn auch nur sehr kurzen Einstellung in der Tat verstohlen etwas aus einer Tafelkaraffe trinken,[120] das folglich kein Brennspiritus sein wird. Doch fällt das Kind woanders und sozusagen selbsttätig zu Boden. (Für ein »etwa einen Monat alte[s]«[121] Baby, wie es der Novellentext vorgibt, wäre das nicht sehr wahrscheinlich. Doch scheint der Säugling im Film schon älter zu sein.) Dabei kann übrigens auffallen, dass die erschrockene Amme dem Kind unverzüglich zu Hilfe eilt, während die biologische Mutter, hier im Unterschied zur Novelle[122] durchaus zugegen, in ihrer Schockstarre untätig bleibt — eine subtile Kritik möglicherweise an der bürgerlichen Kinderbetreuung oder vielmehr am Outsourcing derselben.[123]

Mit alledem ist Friedemanns am Schluss ja wieder getreulich beibehaltene Antwort, man habe ihn fallen *lassen,* durch das zuvor Gezeigte eigentlich noch immer nicht beglaubigt oder nur um den Preis, dass man die passivische Bedeutung des Modalverbs übergebührlich strapazieren müsste. Die Schuld der Amme könnte nun allerhöchstens noch darin bestehen, das ihr anvertraute Baby unbeaufsichtigt ›gelassen‹ zu haben. Darüber hinaus wird der Zusammenhang zwischen ihrem Trinken, ihrer Trunksucht oder ihrer Unachtsamkeit und dem, was sie in der Folge einfach geschehen ›lässt‹, zusätzlich verunklärt durch eine irritierende, in dieser Aufwendigkeit in diesem Film einmalige technische Montage. Der Sturz des Säuglings nämlich wird mehr als ein Dutzend Mal mit der Nahaufnahme einer dritten Ereignisfolge parallel montiert, mit der eines umkippenden Wasserkrugs.[124]

Wenngleich also ihre Schuld ansatzweise wiederhergestellt worden ist, erscheint die bei Thomas Mann namenlose Amme auch im Film immer noch ganz anders als in der Novelle. Die Amme, nun auch eines Eigennamens gewürdigt, erscheint ihrerseits als Opfer. »Trinchen« ist das Opfer, versteht sich, der herr-

---

120 Vgl. Vogel, Der kleine Herr Friedemann, 00:06:02.
121 Bd. 2.1, S. 87. Zu den neonatologischen Wissenslücken auch des frühen Thomas Mann vgl. z. B. Bd. 1.1, S. 63 (vier Stunden nach Clara Buddenbrooks Geburt): »Blitzschwarze Augen«; »sie hat stupende zugenommen«.
122 Vgl. Bd. 2.1, S. 87.
123 Freundlicher Hinweis von Lena Stölzl, Wien und Berlin, vom 22. Januar 2018.
124 Vgl. Vogel, Der kleine Herr Friedemann, 00:06:04. S. Abb. 73.

schenden Besitz- und Klassenverhältnisse. Man muss mit ansehen, wie skrupellose Besitz- und hartherzige Bildungsbürger sie auf die Fungibilität ihres Körpers reduzieren. Sie erniedrigen sie zum bloßen Milchtier. Trinchen wird zur Gebrauchsware oder Säugmaschine herabgewürdigt und als solche ausgebeutet, ja leibhaftig ausgesogen.

So hat sie später denn auch bei dem Gewerbe zu enden, in dem die Merkantilisierbarkeit des weiblichen Körpers am allerhandgreiflichsten materialisiert ist. Denn in einem der hinzuphantasierten ›Bilder‹ fällt später ein Streiflicht auf den weiteren Verlauf ihres Lebens (wobei sich freilich die Make-up-Artisten keine besondere Mühe gegeben haben, die inzwischen über das Frauengesicht hergezogene Jahrzehnte erkenn- oder auch nur erahnbar zu machen). Dort, also drei Jahrzehnte später, bietet sie sich dem erwachsenen Friedemann als Prostituierte an, ohne dass es zu einer Anagnorisis kommt — was angesichts des Säuglingsalters von damals zwar kaum anders zu erwarten wäre, was Görner aber doch eigens noch mit der mittlerweile vergangenen Zeit ausführen zu sollen meinte: »Keiner kennt nach dreißig Jahren noch den anderen.«[125]

Als Amme entdeckt oder ausgesucht wird Trinchen von jenem ignoranten, vierschrötig-ungehobelten und dazu stereotypisch fettleibigen Vertreter der Bourgeoisie, der einem in der Novelle bloß statistenhaft skizzierten Figurenskelett nachempfunden ist, von jenem »Herrn Schlievogt«,[126] Friedemanns zeitweiligem Geschäftspatron, Besitzer eines Holzgeschäfts. Schlievogts Geschäft allerdings erhält in der Verfilmung buchstäblich vom ersten bis zum letzten Bild eine ›untergründig‹ makabre Symbolik. Diese bekommt es durch diverse Anspielungen auf Sargproduktion und Bestattungswesen, die freilich im fertiggestellten Film weniger drastisch ausfallen als im Drehbuch und erst recht im Szenarium.[127] Tod und Bestattung sind schon ganz am Anfang wie dann auch wieder am Ende des Films förmlich ins Bild gesetzt. Am Anfang wird ein Feld in leichter Aufsicht gezeigt, wie es hinter Rauchschwaden oder Nebelwolken sich abzeichnet. Am Horizont durchkreuzt ein Leichenwagen von links nach rechts das Bild, während im Vordergrund jene drei Fischersfrauen vorbeischreiten.[128] Dieselbe Einstellung gibt den Hintergrund für den Abspann ab. Der Leichenwagen, wie auch die Grup-

---

125 Görner, Der kleine Herr Friedemann. Filmszenarium, S. 89. S. Abb. 74.
126 Bd. 2.1, S. 91.
127 Vgl. z. B. Görner, Der kleine Herr Friedemann. Filmszenarium, S. 31, das Gespräch der Totenkutscher nach dem Tod der Konsulin: »Ich gehe nicht vorn.« »Wieso?« »Na, bei der Dicken mit den dünnen Beinen.« Dafür im Drehbuch: »Die beiden Kutscher sitzen teilnahmslos auf ihrem Bock und fahren durch die Straße. [...] Der eine summt ein Lied, der andere isst kleine Häppchen [...].« (Vogel und Haubold, Der kleine Herr Friedemann. Drehbuch, S. 41 f.)
128 Vgl. Vogel, Der kleine Herr Friedemann, 00:01:09.

pe der Fischersfrauen, durchkreuzt das Bild jetzt in entgegengesetzter Richtung, von rechts nach links, bevor das Feld wieder im Nebel verschwindet. Im Verlauf des so eingerahmten Films wird der schwarze Wagen immer wieder eingeblendet, häufiger noch als die Fischersfrauen, um dergestalt natürlich die Funktion eines Leitmotivs zu übernehmen; eine Technik, die Thomas Mann selber ja von Anfang an lieb und geläufig war.

In den Regieanweisungen des Szenariums und des Drehbuchs ist auch explizit von den »bösen Buchstaben« der »Totenzahlen« die Rede, um die sich Schlievogts makabre Geschäfte drehen;[129] zum nachgerade emblematisch konzisen Zeichen dafür, dass die Formen kapitalistischen Wirtschaftens dem Tod zuarbeiten und ihre Akteure, Schlievogt und Konsorten, buchstäblich über Leichen gehen.[130] Dergestalt zu einem Agenten des Todes umstilisiert, geht der Holzhändler und Kapitalist die potenzielle Milchproduzentin Trinchen sinnigerweise auf einem Warenumschlagplatz an. Er behelligt sie am Hafen, nachdem sie ihrem eigenen Säugling soeben eine »fliegende« Kuh gezeigt hat,[131] die mit einem Kran »in den großen Bauch des Dampfers« verladen wurde.[132] (In Szenarium und Drehbuch war es noch kein Melkvieh, sondern eine Reihe exotischer Tiere gewesen, Eisbär, Königstiger, Papagei:[133] dieser möglicherweise eine Anspielung auf den unheimlichen Vogel Josephus in den *Buddenbrooks*, die ersten beiden mit Sicherheit Reminiszenzen an die Erzählung — nicht den Film — *Tonio Kröger*, wo Eisbär und Königstiger auf dem Dampfer im Großhafen Hamburg nicht anders als in Tonios Lübecker Kindheit für die Fahrt über die Nordsee verschifft werden;[134] wie die Nordseeschifffahrt selbst ein Zeichen des sozusagen übererfüllten Gebots, sich die Erde untertan zu machen.[135])

Schlievogt behandelt Trinchen nicht viel besser, als die am Hafen beobachteten Menschen die ihnen ausgelieferten Nutztiere traktieren.[136] Anstandslos duzt er die ihm offenbar ganz Unbekannte. Unzimperlich fasst er sie gleich an ver-

---

129 Görner, Der kleine Herr Friedemann. Filmszenarium, S. 34; Vogel und Haubold, Der kleine Herr Friedemann. Drehbuch, S. 45.

130 S. Abb. 75–79.

131 S. Abb. 80.

132 Vogel, Der kleine Herr Friedemann, 00:02:11. Vgl. Vogel und Haubold, Der kleine Herr Friedemann. Drehbuch, S. 4.

133 Vgl. Görner, Der kleine Herr Friedemann. Filmszenarium, S. 3; Vogel und Haubold, Der kleine Herr Friedemann. Drehbuch, S. 3.

134 Vgl. Bd. 2.1, S. 296.

135 Vgl. Elisabeth Boa, Global Intimations. Cultural Geography in *Buddenbrooks, Tonio Kröger* and *Der Tod in Venedig*, in: Oxford German Studies 35.1, 2006, S. 21–33, hier S. 25 f.

136 S. Abb. 80.

schiedenen Stellen ihres Körpers an. Wie ein Stück Vieh führt er sie einer medizinischen Prüfung zu. Gegen das Gebot, das Ordinationszimmer des Arztes zu verlassen und die Intimsphäre der Patientin zu respektieren, beobachtet er durch eine von ihm nur halbwegs geschlossene Türe jene Untersuchung, während derer Trinchen eben unter anderen auch die Frage verneint, ob sie alkoholkrank sei. Dabei behandelt sie der trottelige Arzt kaum weniger derb und herablassend als Schlievogt: »Zeig deine Brüste!« Und um sie regelrecht zu melken, quetscht er an ihren entblößten Brustwarzen herum.[137]

2.2.3 Die Rede des Sozialdemokraten

Für all die Demütigungen der Proletarierin und des Proletariats darf sich das mit diesem solidarische Publikum an ein, zwei Figuren schadlos halten. Diese immerhin wachsen über die Opferposition hinaus, auf der Trinchen zeitlebens verharren muss, ob erst als Amme oder dann als Prostituierte. Als Alternative dazu wird einem neben jenem Fries eine weitere Lichtgestalt von jugendlichem Klassenkämpfer präsentiert.

Derselbe darf auch im fertiggeschnittenen Film wenigstens noch eine Rede halten. Seine Rede kommt in die erste Viertelstunde des Films zu liegen. Dort wird der kleine Herr Friedemann von oben hinab — die Vertikalchoreographie der Sequenz ist im Drehbuch genau vorgegeben — zum Zeugen einer konspirativen Versammlung. An einem Tag einer warmen Jahreszeit belauscht er den anderen, wie gesagt ebenfalls jungen Sozialdemokraten beim Geschäft der politischen Erziehung.[138] Dabei spricht der sozialdemokratische Agitator allerdings nicht etwa zu den »Arbeiter[n]«, deren »wirtschaftliche Lage« Fries »andauernd« zu »verbessern« versucht und die er, Fries, deshalb dazu auffordern soll, »sich gegen« ihren und seinen Chef »zusammenzuschließen, damit sie stark sind«. Vielmehr ist es hier eine Gruppe von Schülern — in Szenarium und Drehbuch noch »Schüler und Schülerinnen«, »[m]anche« davon ineinander »verliebt«[139] —, die *dieser* Sozialdemokrat gleichsam katechetisch indoktriniert, mit verschwörerisch verhaltener Stimme und in dem Stil:

> Wer hat denn am meisten unter den deutschen Zuständen gelitten? Wir doch! Wir sagen, dass die Freiheit ein geläutertes Volk über den Pöbel emporhebt. Wer hat immer wieder

---

137 S. Abb. 81.
138 S. Abb. 82.
139 Vogel und Haubold, Der kleine Herr Friedemann. Drehbuch, S. 14. Vgl. Görner, Der kleine Herr Friedemann. Filmszenarium, S. 11.

betont, dass Pöbel und Zwingherrschaft zusammengehören? Das Sozialwerden ist die Politisierung des Schönen bis hin zur Menschenwürde. Die Liebe zur Freiheit wird uns befreien! Schreib auf! [...] schreib's auf: Die Liebe ... zur Freiheit ... wird uns befreien.[140]

Die Rede des Sozialdemokraten, deren Ende Friedemann dermaßen zu beschäftigen oder zu betreffen scheint, dass er es selber wortwörtlich wiederholen wird — dazu gleich noch mehr —, diese Rede ist offenbar durchaus nicht als Parodie gemeint. Jedenfalls setzt auch ihre filmische Realisierung keinerlei ironische oder sonstwie distanzierende Signale. Oder hat man als solche die Aufnahme eines Hörers a tergo zu verstehen, der sich die Unterwäsche aus seiner Gesäßspalte zieht? Oder soll das vielmehr ein Hinweis auf eine homosexuelle Neigung des buckligen Beobachters sein?[141]

Die einzelnen Teile der Rede nähern sich dem an, was man als Nullsatz bezeichnen kann, mit einem Wort, das Hans Joachim Schädlich einmal auf einen bestimmten DDR-Jargon gemünzt hat.[142] Die Rede ist so ziemlich sinnleer. Man kann schwer bestimmen, was eigentlich die Frage sein soll, auf die sie eine Antwort geben will. Abrupt springt sie von einem Thema zum anderen, um zu guter Letzt mit der etwas tautologischen Prophezeiung einer Befreiung durch Freiheitsliebe zu enden. Dieses Ende nimmt sie freilich nach einer wiederum völlig unvermittelten Reflexion noch über das »Sozialwerden« und die »Politisierung des Schönen bis hin zur Menschenwürde«, oder nach Szenarium und Drehbuch zitiert: »Das Sozialwerden, das ist die Politisierung des Schönen hin zum Menschenwürdigen.« (Die Variabilität des Wortmaterials ist natürlich für ihr Teil schon charakteristisch für die Abgedroschenheit des hier rezyklierten Jargons.)

Teilweise mag das wohl ungewollt Komische dieser Sätze oder Nullsätze auch einem Umstand geschuldet sein, den erst ein Vergleich mit Drehbuch und Szenarium an den Tag bringt. Die Reihenfolge der getätigten Aussagen muss hier nämlich durcheinandergeraten sein. Dabei entstand diese Konfusion nicht erst beim Schnitt. Eine entsprechende Erklärungsoption ist aufgrund der Schnittstellen beziehungsweise angesichts des Fehlens von solchen so gut wie ausgeschlossen. Vielmehr unterlief die Konfusion bereits dem Schauspieler, der den Agitator darstellte; gab dieser Schauspieler doch offensichtlich, wie eben schon gesehen (an der Transformation der Sentenz von der Menschenwürde beziehungsweise dem Menschenwürdigen), seinen Part auch sonst ungenau oder improvisierend wieder, ohne dass freilich die Regie daran Anstoß genommen hätte.

---

140 Vogel, Der kleine Herr Friedemann, 00:14:02.
141 Freundliche Hinweise von Hanspeter Affolter, Bern, vom 16. April 2019.
142 Hans Joachim Schädlich, »Catt« oder Vom Scheitern an der Zensur, Vortrag, gehalten am 7. Mai 2014 an der Freien Universität Berlin.

Dass hier etwas verrutscht sein muss, kann einem stilistisch vielleicht schon die jetzt gestörte Anaphorik der beiden rhetorischen Fragen verraten: »Wer hat denn am meisten unter den deutschen Zuständen gelitten [in Szenarium und Drehbuch: ›wie keiner‹]?« »Wer hat immer wieder betont, dass Pöbel und Zwingherrschaft zusammengehören?« (In Szenarium und Drehbuch: »Wer hat denn immer erklärt: Pöbel und Zwingherrschaft sind innig verschwistert — wir!«)[143] Zwischen diese beiden ursprünglich einmal unmittelbar anaphorischen Fragen nach den Opfern der deutschen Zustände und nach dem Junctim von »Pöbel« und »Zwingherrschaft« tritt nun eben ein hier sonderbar erratischer Satz. Dieser rückt dadurch noch weiter vom letzten, mit ihm zumindest assoziativ kommunizierenden Thema weg — »Freiheit« oder »Liebe zur Freiheit« —: »Wir sagen, dass die Freiheit ein geläutertes Volk über den Pöbel emporhebt.«

Die erste Thematisierung der Freiheit sollte ursprünglich auf die beiden anaphorischen Fragen erst *folgen*. Hierbei nahm sie allerdings eine etwas andere Form an, die endlich in einen (im folgenden kursivierten) Pentameter-Vers mündete:

> »Wer hat denn am meisten unter den deutschen Zuständen gelitten, wie keiner? Wir! Wer hat denn immer erklärt: Pöbel und Zwingherrschaft sind innig verschwistert — wir! Aber wir sagen auch: Die Freiheit *hebt ein geläutertes Volk über den Pöbel empor!* [...] Das Sozialwerden, das ist die Politisierung des Schönen hin zum Menschenwürdigen. Die Liebe zur Freiheit wird uns befreien!« Ein anderer: »Schreib auf!«[144]

Wenn solche Vertauschungen dem Schauspieler überhaupt passieren *konnten*, unbemerkt oder jedenfalls ohne irgendjemanden weiter zu stören, dann ist das selbstverständlich seinerseits und einmal mehr symptomatisch für die Phrasenhaftigkeit auch schon des in Szenarium und Drehbuch vorgeschriebenen Redetexts. Ganz konkret scheint die erwiesene Beliebigkeit der Satzreihenfolge jedoch damit zu tun zu haben, dass die Agitationsrede, worauf ja schon die ursprünglich metrische Form des hochgerutschten Satzes deutet, aus Zitaten zusammengesetzt ist. Und diese sind weder ihrem Kontext fugenlos eingepasst noch sorgfältig genug aufeinander angestimmt.

Der Sozialdemokrat also bedient sich hier fremder Worte. Wider Erwarten spricht er hier jedoch weder Marx noch Engels, weder Bebel noch Lenin noch sonst einem der usual suspects nach. Nicht an seines*gleichen* also hält er sich.

---

143 Görner, Der kleine Herr Friedemann. Filmszenarium, S. 11; Vogel und Haubold, Der kleine Herr Friedemann. Drehbuch, S. 14.
144 Görner, Der kleine Herr Friedemann. Filmszenarium, S. 11; Vogel und Haubold, Der kleine Herr Friedemann. Drehbuch, S. 14 f.; im Original keine Hervorhebung.

Sondern statt einen der üblichen Verdächtigen zitiert er im Film beinahe wörtlich, in Szenarium und Drehbuch sogar verbis ipsissimis einen Spätromantiker,
den Thomas Mann »von jung auf geliebt« hat,[145] sehr sogar — August von Platen.
Oder aber er zitiert aus Thomas Manns Aussagen über diesen, den »Ritter vom
heiligen Arsch«, wie ihn *Heinrich* Mann einmal verachtungsvoll nannte, indem
er sich im Stolze seiner vor sich hergetragenen Heteronormativität über die Wert-
schätzung seines Bruders und deren unter- oder hintergründige Motive mo-
kierte.[146]

Es handelt sich bei Platen wahrscheinlich nicht bloß um einen, sondern um
den Lieblingslyriker Thomas Manns. Schon den *Buddenbrooks* gedachte dieser
einmal etliche Platen-Verse als Motto voranzustellen;[147] und ein Menschenalter
nach den *Buddenbrooks* und der Novelle vom *Kleinen Herrn Friedemann* widmete
er Platen einen mehrfach distribuierten Text.[148] Erst hielt er 1930 an einer Tagung
der August-von-Platen-Gesellschaft in Ansbach[149] eine als *Bekenntnis zu Platen*
angekündigte Rede.[150] Diese publizierte er dann im Jahr darauf sowohl in der
Schriftenreihe der Platen-Gesellschaft[151] als auch in der *Neuen Rundschau*,[152]
beide Male unter einem Titel, der vielleicht auf jene hämische Reminiszenz an
den Ritter von der traurigen Gestalt replizierte: *Platen — Tristan — Don Quichotte.*
Aus dem Exil nahm er den Text hernach wieder in zwei Sammlungen seiner Re-

---

145 Mann, Gesammelte Werke, Bd. 10, S. 887.

146 Heinrich Mann, Brief vom 27. März 1890 an Ludwig Ewers, in: ders., Briefe an Ludwig Ewers.
1889–1913, hg. v. Ulrich Dietzel und Rosemarie Eggert, Berlin und Weimar: Aufbau, 1980, S. 102–
109, hier S. 106.

147 Vgl. Bd. 1.2, S. 29; Mann, Notizbücher, Bd. 1, S. 163.

148 Vgl. Frank Busch, August Graf von Platen — Thomas Mann. Zeichen und Gefühle, München:
Fink, 1987, S. 126–140.

149 Vgl. Thomas Mann, [Ü]ber: Platen — Tristan — Don Quichote, in: Fränkischer Kurier 277,
1930, o. P.

150 Brief vom 29. August 1930 an Hans von Hülsen, in: Dichter über ihre Dichtungen, Bd. 14/II:
1918–1943, S. 378. Vgl. auch Gunnar Och, August von Platen, Hans von Hülsen, Thomas Mann.
Eine Dokumentation mit bisher unveröffentlichten Briefen aus dem Archiv der Platen-Gesellschaft, in: ders. (Hg.), »Was er wünscht, das ist ihm nie geworden«. August Graf von Platen 1796–
1835. Eine Ausstellung im 200. Geburtsjahr des Dichters. 22. Mai – 16. Juni 1996, Erlangen:
Universitätsbibliothek, 1996 (Schriften der Universitätsbibliothek Erlangen-Nürnberg, Bd. 29),
S. 150–165, hier S. 151.

151 Vgl. Thomas Mann, Platen — Tristan — Don Quichotte, in: Fünf Jahre Platen-Gesellschaft,
Ansbach: C. Brügel & Sohn, 1931 (Schriften der Platen-Gesellschaft, 9. Stück), S. 17–27.

152 Thomas Mann, Platen — Tristan — Don Quichotte, in: Die Neue Rundschau 42.1, 1931, S. 83–
94.

den und Essays auf: *Leiden und Größe der Meister. Neun Aufsätze*, 1935;[153] und *Adel des Geistes. Sechzehn Versuche zum Problem der Humanität*, 1945.[154] Hier wie dort erschien der ehedem *Platen — Tristan — Don Quichotte* betitelte Beitrag jeweils unter der lapidaren Überschrift *August von Platen* — vermutlich, weil der Name *Don Quichotte* unter den Titeln der hier wie dort zusammengestellten ›Aufsätze‹ oder ›Versuche‹ je schon an die *Meerfahrt mit Don Quijote* gewissermaßen bereits vergeben war.

Aus Manns Platen-Essay, dem die Aufnahme in den Band *Adel des Geistes* eine gewisse Prominenz sicherte, hatten sich im Übrigen schon Ballmann und Patzschke bei ihrer Verfilmung der Novelle *Tristan* bedient, um mit seinen Worten das Ästhetentum Detlev Spinells zu unterlegen. Dieser hat dort sinnigerweise in extenso Platens Gedicht *Tristan* zu rezitieren[155] — ein Fragment aus dem Umkreis des Projekts, den Mythos von Tristan und Isolde zu dramatisieren[156] — und es mit den Worten Thomas Manns zu kommentieren, der es seinerseits, als längstes Zitat seines Essays, im vollen Umfang wiedergibt.[157] Sinnig ist das Zitat auch deshalb, weil Spinell wie seinerzeit sein Autor in ziemlich genau dem Alter steht[158] beziehungsweise stand,[159] das Platen hatte, als er das Gedicht schrieb: »29jährig«, notierte sich Mann an den Rand des Gedichts, das er in einer seiner nicht weniger als vier Ausgaben obendrein eigens noch markierte.[160]

Aber ob sich Görner nun von Ballmann und Patzschke inspirieren ließ oder ob seine eigenen Zitate daraus nur aufs Neue die Kanonizität der Sammlung *Adel des Geistes* belegen und die leichte Verfügbarkeit der hierin zusammengestellten Texte bezeugen: Jedenfalls war der Platen-Essay offensichtlich auch seine Quelle für Zitate aus Platens Lyrik. Sämtliche Stellen aus Platens Œuvre, die Görner in die Filmdia- und -monologe inserierte, stehen so schon in Manns Essay. Neben solchen Platen-Zitaten aus zweiter Hand, wie sich gleich zeigen wird, schöpfte

---

153 Thomas Mann, August von Platen, in: ders., Leiden und Größe der Meister. Neue Aufsätze, Berlin: Fischer, 1935 (Gesammelte Werke), S. 163–180.

154 Thomas Mann, August von Platen, in: ders., Adel des Geistes. Sechzehn Versuche zum Problem der Humanität, Stockholm: Bermann-Fischer, 1945 (Stockholmer Gesamtausgabe der Werke von Thomas Mann), S. 503–517.

155 Vgl. Ballmann, Tristan, 00:43:20.

156 Vgl. Yahya Elsaghe, Thomas Mann und der Tristan-Mythos, in: Robert Schöller und Andrea Schindler (Hgg.), tristan mythos maschine. 20. jh. ff., Würzburg: Königshausen & Neumann (Rezeptionskulturen in Literatur- und Mediengeschichte) [im Druck].

157 Vgl. Mann, Gesammelte Werke, Bd. 9, S. 269 f.

158 Vgl. Bd. 2.1, S. 327.

159 Zur Beziehung zwischen dem realen Autor und dem fiktiven Schriftsteller vgl. Bd. 14.1, S. 102 f.

160 Vgl. Busch, August Graf von Platen — Thomas Mann, S. 240, Anm. 22.

Görner daraus, ähnlich wie Ballmann und Patzschke, auch noch *auf* Platen ge-
münzte Formulierungen, die Mann also dazu dienten, sich zu Platen zu ›beken-
nen‹ und diesen zu charakterisieren.

Görners Anleihen bei Platen beziehungsweise beim Platen-Essay sind ungleich erklärungsbedürftiger als diejenigen Ballmanns und Patzschkes. Es ist erwartbar und keine schlechte Erfindung, dass der dekadente Ästhet Detlev Spinell
Platen liest und schätzt. Dass aber ausgerechnet auch ein Sozialrevolutionär in
Platen'schen Versen redet, kann einem zunächst schon etwas befremdlich vorkommen. Denn August von Platens sozialemanzipatorische credentials werden
gemeinhin nicht besonders hoch veranschlagt — wenigstens im Gefolge einer
meist nur noch indirekten, über Heinrich Heines bitterböse Invektiven vermittel-
ten Rezeption.[161] Für dergleichen Lyrik möchte man daher eine Schwäche zunächst keinem Sozialdemokraten, sondern wohl eher einem Schöngeist vom Typus eben eines Detlev Spinell, Tonio Kröger und Gustav von Aschenbach oder,
wenn schon, eines Johannes Friedemann zutrauen. In der Tat wird Friedemann,
gespielt von einem Schauspieler, den das Publikum wenige Jahre zuvor in der
Rolle Hölderlins hatte sehen können,[162] zum Zeichen eines Faibles für die Tonlage
der hohen Lyrik denn wenig später im Film auch selber noch eine Strophe Platens
rezitieren. Und darüber hinaus charakterisiert einer seiner Mitbürger, jener Steffens, dem grobschlächtigen Schlievogt gegenüber den kleinen Herrn Friedemann
hier dann genau so, wie Thomas Mann in seinem Essay den Ästhetizismus Platens »mit schon selbstverständlichem Freimut« umschrieb, als er nämlich auf
dessen »homoerotische[] Anlage« anspielte — »die Grundtatsache«, um welche
»die Literarhistorie« lange genug »recht albern herumzureden gesucht« habe —:[163]
»Für ihn«, so der Film-Steffens zu Schlievogt über Friedemann, dessen Buckligkeit so einmal mehr und zumindest von fern à la Bang mit Homosexualität assoziiert wird, »zählt nur das Schöne, das Jünglingsknie, auf dem Pindar im Theater
zu den Göttern entschlief.«[164] Dabei kann man nur staunen über das Anspruchsniveau, das Görner und Vogel dem Fernsehpublikum hier dreist zutrauten. Oder
man darf sich auch fragen, ob auch nur einer darunter die so hochgestochenen
Bildungsreminiszenzen an die altgriechische Chorlyrik zu goutieren, geschweige
denn richtig zuzuordnen wusste, statt dadurch einfach irritiert und verstört wor-

---

161 Heinrich Heine, Die Bäder von Lukka, in: ders., Reisebilder. Dritter Theil. Italien 1828, hg. v.
Alfred Opitz, Hamburg: Hoffmann und Campe, 1986 (Historisch-kritische Gesamtausgabe der
Werke, Bd. 7.1), S. 81–152, hier S. 134–152.

162 Vgl. Hälfte des Lebens (R: Herrmann Zschoche, DDR 1985).

163 Mann, Gesammelte Werke, Bd. 9, S. 273 f.

164 Vogel, Der kleine Herr Friedemann, 00:17:32.

den zu sein — auch dadurch, dass ausgerechnet ein Grobian wie Schlievogt der Adressat solcher Feingeistigkeiten sein soll.

Es handelt sich hier also wiederum um ein Zitat aus Thomas Manns Platen-Essay. Dort ist Platens »Schönheitsidee«[165] mit denselben Worten umschrieben oder vielmehr in Frage gestellt: »Das Schöne — ist es das Jünglingsknie, auf dem Pindar im Theater zu den Göttern entschlief?«[166]

Mit dem Wortlaut der hier gestellten Frage, von der unklar bleibt, ob sie rhetorisch gemeint oder ad litteram aufzufassen sei, spielt Mann seinerseits wieder auf ein Sonett Platens an. Dieses, in Manns Handexemplar erwartungsgemäß mit Lesespuren versehen,[167] bezieht sich wiederum auf eine Legende von Pindars plötzlichem Tod. Pindar soll nämlich die Gnade vergönnt gewesen sein, im Haus und auf dem Schoß eines von ihm geliebten Theoxenos zu sterben:[168]

> Erliegen möcht' ich einst des Todes Streichen,
> Wie Sagen uns vom Pindaros berichten.
> [...]
> [...] ermüdet [...], die Wangen
> Auf seines Lieblings schönes Knie gelegt [...].[169]

2.2.4 Die Zitate der Agitationsrede und das Platen-Bild der DDR-Germanistik

Dass sich Verse August von Platens aus Thomas Manns Essay überhaupt in die Räsonnements des jungen Fortschrittlers verirren konnten, ist indessen nicht so abstrus, wie es einem nur so lange vorkommt, als man blind auf Heines Karikatur seines tödlich gehassten Rivalen vertraut. Die Platen-Zitate des Sozialdemokraten entsprechen der besonderen Bewertung, die Platen in der DDR erfuhr, nachdem er Mitte der Achtzigerjahre, aus Anlass seines hundertfünfzigsten Todestags im Dezember 1985, wieder etwas ins Blickfeld der literarisch Interessierten gerückt sein mochte. Denn als einem, »der sich mit Reaktion und Feudalverhältnissen nicht abfinden konnte« — so das *Neue Deutschland* zu jenem hundertfünf-

---

165 Mann, Gesammelte Werke, Bd. 9, S. 273.

166 Mann, Gesammelte Werke, Bd. 9, S. 272 f.

167 Vgl. August von Platen, Sonette, in: ders., Gesammelte Werke in fünf Bänden, Bd. 2, Stuttgart und Tübingen: Cotta, 1853, S. 85–147, hier S. 135 f.

168 Vgl. Dieter Bremer, Zur Deutung. Nachwort, in: Pindar, Siegeslieder. Griechisch — Deutsch, hg. v. Dieter Bremer, Düsseldorf und Zürich: Patmos, ²2003 (Sammlung Tusculum), S. 359–412, hier S. 360 f.

169 Platen, Sonette, S. 135.

zigsten Jubiläum —,[170] wusste die DDR-Germanistik dem Spätromantiker durchaus seine »progressiven Züge« abzugewinnen oder zuzuerkennen, während »die bürgerliche Literaturgeschichtsschreibung« diese systematisch »unterschlug«.[171] Einer solchen, durch die *Reisebilder* gründlich verstellten Sicht auf den Dichter, dem Heine so nachdrücklich absprach, ein solcher überhaupt zu sein, hatte freilich der prachtexemplarisch »bürgerliche« Thomas Mann schon 1930 in seinem Essay die Bahn gebrochen, aus dem denn, um es zu wiederholen, sämtliche Platen-Zitate in den Film gelangt zu sein scheinen.

In der Zwischenkriegszeit muss sich Thomas Manns Platen-Bild von Grund auf gewandelt haben. Ursprünglich erscheint Platen bei Mann als ein durch und durch apolitischer Autor. So in den Versen, die einst zum Motto der *Buddenbrooks* bestimmt waren, sowohl in den in der Handschrift einmal gewählten als auch in etlichen weiteren, die dafür nur in Betracht gezogen wurden.[172] Noch der Unpolitische in seinen notorischen *Betrachtungen* bekräftigte die Wahl gerade solch eines Mottos. Er wisse nicht »zu sagen, warum« er »den Wahlspruch zuletzt unterdrückte«.[173]

In dem Wahlspruch leidet das lyrische Ich allein an sich, seinem »Herz[en]« und dessen »Begier«.[174] Mit sich selbst und seinem Dichterberuf beschäftigt, ohne »Vertraun« »in das Leben«, »möcht'« es die »Welt« nur noch »von ferne schaun«.[175] Als solch ein »schwermütig-enthusiastische[r] Dichter[]« wird Platen dann etwa auch im *Tod in Venedig* aufgerufen,[176] wohin er natürlich sehr hübsch passt. Denn dort dient er ante festum als Identifikationsfigur einem Päderasten oder Ephebophilen in the closet, der für seine Person bis auf den Tod unter seiner sexuellen Orientierung zu leiden hat — seinerseits ein Adliger, dessen Nobilitierung von einem so guten Einvernehmen mit herrschenden Mächten herrührt, wie es Heine *seinem* Platen nachsagte.

Nach dem Krieg aber, mittlerweile zum Demokraten und Festredner *Deutscher Republik* mutiert, reklamierte Mann den ihm so lieben Platen unversehens

---

170 Anonymus, Meister der Form und des Wohllauts. Vor 150 Jahren starb der Dichter August Graf von Platen, in: Neues Deutschland, 5. Dezember 1985, S. 4

171 Kurt Böttcher et al. (Hgg.), Lexikon deutschsprachiger Schriftsteller. Von den Anfängen bis zur Gegenwart, Bd. 1: Von den Anfängen bis zum Ausgang des 19. Jahrhunderts, Leipzig: Bibliographisches Institut, 1987, S. 460–462, hier S. 461, s. v. ›Platen, August Graf von‹.

172 Vgl. Elsaghe, Entstehung und Überlieferung, S. 36.

173 Bd. 13.1, S. 209.

174 Bd. 1.2, S. 29.

175 Bd. 1.2, S. 29.

176 Bd. 2.1, S. 521.

als »politische[n] Dichter«.[177] Als solchen nahm er ihn gegen Heine und dessen »reine Demagogie« in Schutz.[178] Auch Platen habe »die Freiheit gekündet, ihren Märtyrern gehuldigt, unter den deutschen Zuständen seiner Zeit gelitten wie einer«.[179]

Was Mann nun aus Platens Lyrik aufbot, um dessen »politische[] Haltung«[180] zu belegen, hat auch der Agitator des Films zu zitieren, nachdem er für sein Teil sich und seinesgleichen mit Manns auf Platen gemünzten Worten zu denjenigen gerechnet hat, die »unter den deutschen Zuständen gelitten« haben (in Szenarium und Drehbuch, noch näher am Wortlaut des Mann'schen Essays: »gelitten wie keiner«). Er zitiert mehr oder weniger wörtlich ein elegisches Distichon aus einem Platen'schen Epigramm, *Die wahre Pöbelherrschaft*, beziehungsweise eben Manns Wiedergabe desselben, die als solche allerdings nicht ganz eindeutig ausgewiesen, geschweige denn kolometrisch oder interpunktorisch markiert ist. Es lässt sich also nicht mit allerletzter Sicherheit entscheiden, ob das Platen-Zitat hier auch wirklich als solches oder nicht bloß als eine Reverenz vor Manns Essay intendiert war: »Pöbel und Zwingherrschaft« seien »innig verschwistert« — so hochgestochen sollte es auch der Agitator des Drehbuchs und des Szenariums formulieren, bevor der Schauspieler bei seiner Realisation der Rolle dafür kurzum das schlichte Verb »zusammengehören« verwandte —; und »die Freiheit« hebe »ein geläutertes Volk über den Pöbel empor«.[181] Im Original und im Kontext freilich ist das Epigramm, in einem von Manns Handexemplaren wie wieder zu erwarten eine Lesespur aufweisend, längst nicht so eindeutig politisch, wie es dieser in seiner Platen-Rede hinstellt:

> Nicht wo Sophokles einst trug Kränze, regierte der Pöbel;
> Doch wo Stümper den Kranz ernten, regiert er gewiß!
> Pöbel und Zwingherrschaft sind innig verschwistert, die Freiheit
> Hebt ein geläutertes Volk über den Pöbel empor.[182]

Im Kontext gelesen, ruft Platen hier, 1831, keineswegs oder jedenfalls nicht geradewegs zur Revolution auf. Sein Epigramm handelt letztlich von Kulturpolitik, von der institutionellen Verteilung symbolischen oder auch ökonomischen Kapi-

---

177 Mann, Gesammelte Werke, Bd. 9, S. 279.
178 Mann, Gesammelte Werke, Bd. 9, S. 279.
179 Mann, Gesammelte Werke, Bd. 9, S. 279.
180 Mann, Gesammelte Werke, Bd. 9, S. 279.
181 Mann, Gesammelte Werke, Bd. 9, S. 279 f.
182 August von Platen, Die wahre Pöbelherrschaft, in: ders., Gesammelte Werke in fünf Bänden, Bd. 2, S. 271.

tals an Dramatiker und wohl Schriftsteller oder Dichter überhaupt. Es ist lediglich seine Klage oder eben ›Elegie‹ über die Kollusionen von »Pöbelherrschaft« und schlechtem Geschmack. Als einem Verkannten oder sich verkannt Fühlenden geht es ihm allein darum, wessen literarische Meriten geehrt werden: die eines Sophokles oder die der »Stümper«; und es geht ihm um den Rückschluss, den die eine oder die andere Art Literaturförderung auf die Artung einer Gesellschaft zu ziehen erlaubt.

Doch diesen Kontext blendet Thomas Mann geflissentlich ab, um *seinen* Platen eben nur desto souveräner gegen »das Bild« auszuspielen, das Heine in den *Bädern von Lucca* von seinem »Gegner[]« malte, indem er es »ins Junkerlich-Pfäffische zu stilisieren suchte«.[183] Platens so vindiziertes Sozialengagement vermittelt Mann sodann psychologisch an das bekannte Normalnarrativ von Platen als einem Frühvollendeten und zutiefst Unglücklichen. Das geschieht in Form einer »wohl« rhetorischen Frage: »Hoffte er wohl, daß das Sozialwerden, die Politisierung des Schönen zum Menschenwürdigen ihn über sich selbst emporheben, die Liebe zur Freiheit ihn selbst befreien werde? Umsonst [...].«[184]

Die Formulierungen dieser Frage nach Platens umsonst gehegten Hoffnungen kehren in der Schwadronade des sozialdemokratischen Agitators nahezu wortwörtlich und in derselben Reihenfolge wieder, »Sozialwerden«, »Politisierung des Schönen bis hin zur Menschenwürde« (versus »zum Menschenwürdigen«), »Liebe zur Freiheit« und dass sie »uns befreien« werde. Nur ist die von Manns Platen »wohl«, aber umsonst erhoffte Befreiung hier eben mit prophetischer Sicherheit in Aussicht gestellt. Und vor allem wird sie von dem hypothetischen Zusammenhang abgelöst, in den sie Mann einmal rückte. Mann, der natürlich wusste, wovon und von wem er *auch* sprach, spekulierte ja damit, dass Platen sich erhofft habe, die Liebe zur Freiheit werde ihn, Platen, »über sich selbst emporheben« und »ihn selbst befreien«. Befreien sollte sie ihn von einem ganz persönlichen und sehr privaten Leiden, vom Leiden an einer Schwäche für »Jünglingsknie«, will sagen einer sexuell unbefriedigten Liebe zum Schönen in der versagten Gestalt gut gebauter Jungenkörper. Aus diesem Argumentationszusammenhang herausgenommen und vor ursprünglich sogar explizit heteronormativ »verliebt[en]« Jugendlichen zum Besten gegeben, verlieren die Zitatfetzen aus Manns Platen-Rede ihren ursprünglichen und wohl überhaupt jeden unmittelbar anschließbaren Sinn, »Sozialwerden« oder »Politisierung des Schönen« und all dergleichen.

---

183 Mann, Gesammelte Werke, Bd. 9, S. 279.
184 Mann, Gesammelte Werke, Bd. 9, S. 280.

Der Nachdruck indessen, den die den Schülern aus heiterem Himmel verabreichte Lehre hier gerade durch ihre Überständigkeit bekommen kann, lässt sich zunächst doch wohl auf die bucklige Figur des kleinen Herrn Friedemann selbst hin auslegen. Nicht von ungefähr kann dieser mit den Worten des Mann'schen Platen-Essays charakterisiert werden. Friedemann liegt in einem ähnlichen Spital krank wie Platen, der, seinerseits von »arme[r], hypochondrische[r] und kränkelnde[r] Leiblichkeit«,[185] an seiner unerfüllten Sexualität gewissermaßen so zerbrach, wie Johannes Friedemann an der seinen zerbrechen wird – allerdings, wenn man den Suggestionen der Essay-Zitate folgt, durchaus nicht unabwendbarerweise. Denn diese Suggestionen des Films scheinen ja insinuieren zu wollen, dass Friedemann seine sexuellen Frustrationen nur in politisches Engagement zu sublimieren hätte, um ihnen zu entkommen; ein hier nicht ganz »[u]msonst« aufgezeigter Ausweg.

2.2.5 »Politisierung des Schönen«

Johannes Friedemann hält das Leben generell auf Abstand. Das wird in der Verfilmung versinnbildlicht etwa durch das Motiv seines fast »lebensgroßen Holzpferd[s]«,[186] auf dem man allerdings nur Schlievogt reiten[187] und an dem man nur die Schwestern Friedemann hantieren sieht,[188] respektive durch den Kontrast dieses Spielzeugs zu den emphatisierten Zeitlupen der in natura ausgelassen reitenden Gerda von Rinnlingen. Wie sich Friedemann also das ›wahre‹ Leben vom Leibe hält, so gibt er sich dem Kunstschönen gleichsam gewissenlos hin. Er sondert sich dadurch ab und vermag gerade nicht sozial zu werden.

Auf diese fatale Selbstverstrickung ins rein Ästhetische zielt möglicherweise auch ein in Szenarium und Drehbuch frei hinzugefügtes »Bild« ab. Darin erscheint Friedemanns Double »in einer vollkommenen Ritterrüstung aus eisenfarbener Pappe mit Visierhelm« beziehungsweise, im Film, Friedemann selber einfach noch in einem (echt aussehenden) Helm,[189] einer »Maske[]« gleichsam.[190] Diesen oder diese setzt er im Film ab, bevor er die Verse eines weiteren, nun ganz

---

185 Mann, Gesammelte Werke, Bd. 9, S. 273.
186 Görner, Der kleine Herr Friedemann. Filmszenarium, S. 72; Vogel und Haubold, Der kleine Herr Friedemann. Drehbuch, S. 88.
187 Vgl. Vogel, Der kleine Herr Friedemann, 00:08:05.
188 Vgl. Vogel, Der kleine Herr Friedemann, 00:10:11.
189 S. Abb. 83.
190 Görner, Der kleine Herr Friedemann. Filmszenarium, S. 59 f.; Vogel und Haubold, Der kleine Herr Friedemann. Drehbuch, S. 73 f.; Vogel, Der kleine Herr Friedemann, 01:05:02.

und gar vergessenen Lyrikers deklamiert, den der junge Thomas Mann einst rezensiert hatte.[191] Er rezitiert nämlich ein Liebesgedicht aus den *Ostmarkklängen* Theodor Hutters:

> Ich fühle Deiner Nähe Segen,
> Und ruh' in Deiner Liebe Bann,
> Wenn ich die Hand in Deine legen
> Und in Dein Auge schauen kann.[192]

Dass Friedemann hier seine eigene Lebensrealität mit einer literarisch fingierten gleichsetzt und gewissermaßen verwechselt, passt nicht schlecht zu dem Kostüm, in dem er diese Verse deklamiert. Aber ob das alles nun an Don Quixote erinnern soll oder nicht — immerhin hatte Mann in seiner von Görner wie gezeigt weidlich ausgeschlachteten Platen-Rede, zuerst bekanntlich unter dem später offenbar nur aus äußeren Gründen aufgegebenen Titel *Platen — Tristan — Don Quichotte*, den unglücklichen Dichter ausdrücklich und ausführlich mit dem Ritter von der traurigen Gestalt verglichen[193] —: Jedenfalls repräsentiert Friedemanns Ästhetizismus einen Extrem- oder Paradefall bürgerlichen Kulturkonsums. Er partizipiert an dem, was der gerne so titulierte Staatsdichter der DDR als »Zweig des bourgeoisen Rauschgifthandels« denunzierte,[194] weil solcher Kunstgenuss von den Bedingungen entfremdeter Arbeit entlastet, die ihn notwendig machen und die er durch solche Entlastungen zugleich zu konsolidieren hilft. So deutlich wird der Film anderwärts sogar selbst. Den Anlass dafür bildet ein Opernbesuch, eine Vorstellung des *Tristan*, nicht des *Lohengrin* wie in der Novelle und noch im Szenarium — eine filmmusikalisch begründete Änderung[195] —, und schon gar nicht von »Mozarts — ›Requiem‹« wie im Drehbuch.[196]

Hier nun hat Görner, unter etlichen Anleihen wieder bei Thomas Manns Essayistik, ein deshalb vielleicht gar gestelzt wirkendes ›Kunstgespräch‹ hinzuerfunden. In dessen Verlauf tauscht sich das in der Novelle so gut wie kommunikationslose Ehepaar von Rinnlingen vor der *Tristan*-Aufführung aus. Oder vielmehr, was die Frau angeht, befehdet es sich einmal mehr. In diesem Kunstgespräch sind verschiedentlich Thomas Manns eigene Aussagen über Richard

---

191 Vgl. Bd. 14.1, S. 29–32.

192 Vogel, Der kleine Herr Friedemann, 01:05:30. Vgl. Bd. 14.1, S. 32.

193 Mann, Gesammelte Werke, Bd. 9, S. 271 f., 276–278.

194 Bertolt Brecht, Kleines Organon für das Theater, in: ders., Schriften 3: Schriften 1942–1956, hg. v. Werner Hecht et al., Berlin und Weimar: Aufbau, Frankfurt a. M.: Suhrkamp, 1993 (Werke. Große kommentierte Berliner und Frankfurter Ausgabe, Bd. 23), S. 65–97, hier S. 65.

195 Bernd Wefelmeyer, mündliche Mitteilung vom 28. Mai 2014.

196 Vogel und Haubold, Der kleine Herr Friedemann. Drehbuch, S. 100.

Wagner zitiert,[197] auch im Drehbuch, obwohl das Paar dort weder eine Wagner- noch sonst eine Oper besuchen sollte, sondern eben Mozarts *Requiem*. (Die Mann'schen Aussagen über die Bedenklichkeit des Komponisten Wagner als »Geist« und »Charakter« wären somit zwischenzeitlich irrwitzigerweise auf Mo- zart gemünzt gewesen, auf dessen landläufig sanguinisches Bild sie denkbar schlecht passten, bevor sie im Film wieder in ihren ursprünglichen Referenzrah- men des Wagnerianismus und Antiwagnerianismus gerückt wurden.)

Das Gespräch beginnt mit einem erstaunlich selbstkritischen Geständnis des Kommandanten, das seine Frau freilich gleich wieder entwertet: »An einem sol- chen Abend« falle »alles Militärische« von ihm ab; und es werde ihm »bewusst, wie sinnlos alles sei, was« er »tue«.[198] Darauf sie (indem sie ihn wie in der Novel- le[199] mit einer Anrede adressiert, die ihr Verhältnis zu ihm desexualisiert): »Was nützt dir so ein Abend, lieber Freund, wenn du sonst ohne Empfindung bist ...«[200]

Zu einem Eskapismus, wie ihn der Militär praktiziert, indem er sich in der Oper von seinem Beruf erholt und befreit, nimmt der Film eine dezidierte Gegen- position ein. Diese bezieht er zum Beispiel auch dort, wo er auf das berühmte Kunstgespräch Tonio Krögers und Lisaweta Iwanownas anspielt,[201] wie es erwar- tungsgemäß in Thieles *Tonio Kröger*-Film affirmatorisch und — abgesehen vom auto- oder familienbiographisch hübschen Motiv jenes Pierrettekostüms — werk- treu umgesetzt wurde.[202] Tonio Krögers hochtrabende Worte sind dabei dem Sohn Johannes in den Mund gelegt, einem hier wie gesehen gescheiterten Künstler, dem währenddessen die eigene Mutter buchstäblich unter der Hand wegstirbt:

Doch, doch es ist nötig, dass man etwas Außermenschliches und Unmenschliches ist. Dass man zum Menschlichen in einem seltsamen fernen und unbefangenen Verhältnis steht.

---

197 Vgl. Vogel, Der kleine Herr Friedemann, 00:57:01, mit Mann, Gesammelte Werke, Bd. 9, S. 502; Bd. 10, S. 840 f.
198 Vogel, Der kleine Herr Friedemann, 00:56:29. Vgl. Görner, Der kleine Herr Friedemann. Filmszenarium, S. 84; Vogel und Haubold, Der kleine Herr Friedemann. Drehbuch, S. 97.
199 Vgl. Bd. 2.1, S. 96.
200 Görner, Der kleine Herr Friedemann. Filmszenarium, S. 84; Vogel und Haubold, Der kleine Herr Friedemann. Drehbuch, S. 98; Vogel, Der kleine Herr Friedemann, 00:56:35.
201 Bd. 2.1, S. 266–281, hier v. a. S. 274: »ein so morbides und tief zweideutiges Werk wie ›Tris- tan und Isolde‹«; vgl. z. B. *Der Bajazzo*, Bd. 2.1, S. 120–159, hier S. 139 f. Brief vom 13. Juni 1915 an Paul Amann, in: Bd. 22, S. 80.
202 Thiele, Tonio Kröger, 00:34:37.

> Denn das gesunde und starke Gefühl, Mutter, dabei bleibt es, es hat keinen Geschmack. Es ist aus mit dem Künstler, sobald er Mensch wird und zu empfinden beginnt.[203]

Als Alternative zu so einer asozial-privatistischen Kunstidolaterie à la Tonio Kröger und Thomas Mann aufgefasst, lässt sich der aufgeschnappte Lehrsatz von der Politisierung des Schönen mittelbar als Kritik an Mann selber lesen, der ja auch im Kunstgespräch derer von Rinnlingen wortwörtlich zitiert wird. Nicht umsonst gab er bekanntlich einmal zu Protokoll, er habe sich in den »Männerchen« seines Frühwerks samt und sonders selber portraitiert;[204] dergestalt, dass man also in dem asozialen Ästheten Johannes Friede*mann* geradeso ein Alter Ego des Autors sehen darf wie etwa in *Tobias Mindernickel*, mit dem Friedemann im Film denn wie gesagt prompt identifiziert wird (wenn ihn die Gassengören mit ihrem Gegröle verhöhnen[205]). Die Rede, die der Sozialdemokrat ziemlich bald einmal hält, indem er freilich ausgiebig aus Manns Essays zitiert, geriete so, nämlich — unbeschadet solcher Zitatanleihen — als leise Kritik auch am Autor und als verhaltene Distanznahme gegenüber den blinden Stellen seines Texts verstanden, zu einer autoreflexiven Beschreibung dessen, was hier, bei der filmischen Aktualisierung, mit diesem Text geschieht.

Für eine solche Rede, wie sie Friedemann im Film eines hellen und warmen Tages — ursprünglich unter dem Anblick auch erstverliebter Jugendlicher — zu belauschen und hernach teilweise zu zitieren hat, fände sich im Novellentext naturgemäß keine äquivalente Partie; es sei denn die eine, so nicht verfilmte: An einem »Sommernachmittag[]«, also zur ungefähr gleichen Tages- und Jahreszeit, wird der pubertierende, in ein bestimmtes Mädchen verliebte Johannes in der Novelle zum Zeugen einer heteronormativen Sexualität, mit der seine Altersgenossen und -genossinnen, darunter ausgerechnet dieses Mädchen, ihre ersten Versuche wagen, während er davon ausgeschlossen bleibt:

> Als er eines Sommernachmittags einsam vor der Stadt auf dem Walle spazieren ging, vernahm er hinter einem Jasminstrauch ein Flüstern und lauschte vorsichtig zwischen den

---

203 Vogel, Der kleine Herr Friedemann, 00:25:57. Vgl. Bd. 2.1, S. 270 f.: »Es ist nötig, daß man irgend etwas Außermenschliches und Unmenschliches sei, daß man zum Menschlichen in einem seltsam fernen und unbeteiligten Verhältnis stehe, um imstande und überhaupt versucht zu sein, es zu spielen, damit zu spielen, es wirksam und geschmackvoll darzustellen. Die Begabung für Stil, Form und Ausdruck setzt bereits dies kühle und wählerische Verhältnis zum Menschlichen, ja, eine gewisse menschliche Verarmung und Verödung voraus. Denn das gesunde und starke Gefühl, dabei bleibt es, hat keinen Geschmack. Es ist aus mit dem Künstler, sobald er Mensch wird und zu empfinden beginnt.«
204 Bd. 14.1, S. 111.
205 Vgl. Vogel, Der kleine Herr Friedemann, 00:50:32, mit Bd. 2.1, S. 182–184, 186.

Zweigen hindurch. Auf der Bank, die dort stand, saß jenes Mädchen neben einem langen, rotköpfigen Jungen, den er sehr wohl kannte; er hatte den Arm um sie gelegt und drückte einen Kuß auf ihre Lippen, den sie kichernd erwiderte. Als Johannes Friedemann dies gesehen hatte, machte er kehrt und ging leise von dannen.

Sein Kopf saß tiefer als je zwischen den Schultern, seine Hände zitterten, und ein scharfer, drängender Schmerz stieg ihm aus der Brust in den Hals hinauf. Aber er würgte ihn hinunter und richtete sich entschlossen auf, so gut er das vermochte. »Gut«, sagte er zu sich, »das ist zu Ende. [...]«[206]

An die Stelle dieser tief verletzenden Exklusionserfahrung scheint im Film nun eine Konfrontation mit dem *politisch* Anderen zu treten. Nicht zufällig kommen unmittelbar nach der belauschten Agitation Repräsentanten der Staatsmacht ins Bild, »zwei berittene Polizisten«, die »in die Richtung« »traben«, »aus der Friedemann gerannt kam«.[207] An die so nicht verfilmte Novellenstelle oder an die Seite eines rein persönlich-sexualbiographischen Entwicklungstraumas rückt im Film offenbar eine Stockung der politischen Bewusstseinsbildung. Die Problematik »einer nur nach innen gerichteten Welt« erhielte so gesehen jene Facette, die man in der DDR-Germanistik an den »meisten Gestalten der frühen Erzählungen« ausmachen zu dürfen glaubte. Das Problem einer Vereinsamung durch körperliche Behinderung käme unversehens mit einer klassengesellschaftlichen Isolation zusammen, mit Friedemanns Einpuppung gleichsam in eine bestimmte Klassenidentität, »eine wenigstens nach außen gefestigt erscheinende bürgerliche Existenz«.

Damit wiederum wird nun vielleicht doch ein klein wenig begreiflicher, was der erratische Lehrsatz vom »Sozialwerden« besagen soll. Was Thomas Mann seinem Platen vermutenderweise und nur als eine umsonst gehegte Hoffnung unterstellte, nämlich durch politisches Engagement versucht zu haben, über seine unerfüllte Sexualität hinwegzukommen, sich über sein persönliches Leiden daran »empor[zu]heben«, sich von seiner Verstrickung ins oder seiner Fixierung aufs Private und kurz von »sich selbst« zu »befreien«, – genau das wird dem kleinen Herrn Friedemann des Films in der Rede des sozialdemokratischen Redners nun mit aller Bestimmtheit als offenbar sichere Remedur seines Lebensproblems serviert.

So betrachtet scheint die Lehre oder der Schlachtruf von der Politisierung des Schönen eine Selbstbeschreibung der Verfilmung zu enthalten. Sie lässt sich als Legitimation der Erweiterung verstehen, die der Novellentext, wie gesagt ein

---

206 Bd. 2.1, S. 90 f.

207 Görner, Der kleine Herr Friedemann. Filmszenarium, S. 12; Vogel und Haubold, Der kleine Herr Friedemann. Drehbuch, S. 15. Vgl. Vogel, Der kleine Herr Friedemann, 00:14:48.

Vierteljahrhundert vor Thomas Manns eigenem »Sozialwerden« und seiner demokratischen »Politisierung« geschrieben, gerade auch hier erfährt. Den Vorgaben des von einem noch ganz und gar »Unpolitischen« verfassten Texts wird mit der Rede des Sozialdemokraten etwas hinzugefügt oder gegenübergestellt, das die Botschaft der *verfilmten* Handlung gewissermaßen sozial und unmittelbar politisch werden lässt.

Die Spuren dieses Transformationsvorgangs sind dem Film noch anzusehen, nämlich an einer merkwürdigen Inkohärenz. Nachdem er zum heimlichen Zeugen der sozialdemokratischen Agitation geworden ist, gerät Friedemann in Aufregung. Auf seinen exaltierten Zustand spricht ihn einer seiner Bekannten an, jener in der Novelle wiederum fast nur dem Namen nach vorgegebene Herr Stephens alias »Steffens« (mit dem Friedemann ja auch das Gespräch »über Politik« beziehungsweise im Film namentlich über das Proletariat führt). »Was ist los?«, fragt ihn Steffens erst. Friedemann antwortet, indem er sich nun aber seltsamerweise durchaus nicht auf die eben belauschte Verschwörungsszene bezieht: »Erinnerungen, du weißt nicht«; beziehungsweise, in der Realisation des Drehbuchs und seines Rollentexts durch den Schauspieler: »*du* weißt nicht«.[208] Und zur Füllung der Ellipse dessen, was Steffens nicht weiß, folgt, wie im Drehbuch vorgeschrieben, »für Sekunden«[209] eine Rückblende. Darin küsst der junge Steffens »das blonde Mädchen«;[210] eine Szene übrigens, die ursprünglich unter den »Bilder[n]« wiederkehren sollte, die Friedemann während der Opernaufführung – im Szenarium ja noch des *Lohengrin* – »an seinem geistigen Auge vorüber[ziehen]« sieht, bevor Gerda, simultan mit dem »Verbotsmotiv«, ihren verhängnisvollen Fächer fallen lässt: »Der kleine Johannes, wie er hinter dem Jasminbusch steht und sieht, wie sein Freund Stephens mit dem [sic!] Mädchen küßt.«[211] Wie schon die bestimmten Artikel des Drehbuchs und des Szenariums anzeigen, soll »das« weder in Szenarium noch Drehbuch schon eingeführte Mädchen ganz offensichtlich identisch sein mit »jene[m] Mädchen« der Erzählung, welches der adoleszente Johannes in der Novelle »hinter einem Jasminstrauch« mit einem »langen« Burschen ertappt.[212]

Mit der Rückblende auf die frühe Erinnerung Friedemanns kehrt der Film unvermittelt zur Version der Novellenhandlung zurück. An dieser Stelle, wie schon

---

208 Vogel, Der kleine Herr Friedemann, 00:15:26.
209 Görner, Der kleine Herr Friedemann. Filmszenarium, S. 12; Vogel und Haubold, Der kleine Herr Friedemann. Drehbuch, S. 16.
210 Görner, Der kleine Herr Friedemann. Filmszenarium, S. 12; Vogel und Haubold, Der kleine Herr Friedemann. Drehbuch, S. 16; Vogel, Der kleine Herr Friedemann, 00:15:31.
211 Görner, Der kleine Herr Friedemann. Filmszenarium, S. 85.
212 S. Abb. 84.

Stephan Wessendorf bemerkte, muss er für »den Zuschauer, der die Erzählung nicht kennt«, in der Tat völlig »unverständlich« werden.[213] Dabei scheint das Abrupte dieser Rückkehr aus einer offenbar etwas unüberlegten Modifikation des in Szenarium und Drehbuch Vorgesehenen resultiert zu haben. Denn die ideologische Belehrung der Jugendlichen, noch beiderlei Geschlechts — »Schüler und Schülerinnen«, »Jungen in engen Hosen«[214] —, hätte ja ursprünglich mit Momenten jugendlicher Sexualität zusammengezogen werden sollen, wie sie Friedemann nicht ganz so, aber so ähnlich in der Novelle belauscht. So heißt es im Szenarium: »Manche halten sich an den Händen und sehen sich verliebt an.«[215]

Das von der Novelle vorgegebene Motiv eines rein persönlichen Leidens an einer frustrierten Sexualität also sollte im Film zwar immer schon eine »Politisierung« erfahren, ohne als solches indessen gänzlich zu entfallen; so in etwa, wie es der viel spätere Thomas Mann, zum Festredner *Deutscher Republik* geworden, für seinen Platen postulierte, für dessen soziales Engagement aus privater Verzweiflung. An den schwankenden Realisationen aber einer solchen Engführung des Sexuellen mit dem Politischen oder auch daran, dass diese Art Engführung offensichtlich nicht nahtlos glückte, zeigt sich ein weiteres Mal, was sich bereits im Fall der schrittweise, doch unvollständig restituierten Schuld der Amme beobachten ließ. Der Film wankt hier neuerlich zwischen einer linientreu-sozialistischen Umdeutung des Novellentexts und einer Werktreue, die in der Konsequenz notgedrungen auf eine Solidarität mit dessen durchaus nicht marxistischer Botschaft hinausliefe. Umso nachdrücklicher stellt sich deshalb die zweite Frage: ob der Film neben seinen wie gezeigt sukzessive ausgedünnten Huldigungen vor der staatstragenden Ideologie auch Tendenzen aufweist, die das politische System der DDR subvertieren.

2.3 Subversive Tendenzen

2.3.1 Die Umdeutung der Platen-Zitate

Die Antwort darauf ist schnell gegeben: Ja, der Film hat sehr wohl auch seine systemkritischen Widerhaken. Sie ließen sich schon nur an den Auslassungen des fortschrittlich gesinnten Agitators herauspräparieren, die frei nach Thomas Manns Platen-Essay kompiliert sind. Einschlägig ist hierfür besonders der letzte

---

213 Wessendorf, Thomas Mann verfilmt, S. 125.
214 Görner, Der kleine Herr Friedemann. Filmszenarium, S. 14.
215 Görner, Der kleine Herr Friedemann. Filmszenarium, S. 14.

Satz der Agitationsrede. Aus dem ursprünglichen, psychologisch-biographischen Fragezusammenhang des Mann'schen Essays herausgebrochen, scheint er nun eben auf eine hohle Prognose einer Befreiung durch Freiheitsliebe hinauszulaufen. So abgedroschen sie ist, wird die Prognose gleich mehrfach wiederholt: im Film schon einmal als Diktat (»schreib's auf: Die Liebe …«); in Szenarium und Drehbuch immerhin von Friedemann selber. Friedemann repetiert den Satz unmittelbar bevor er, wie schon angedeutet, seinerseits Platen zu zitieren beginnt, offenbar mit angetrunkenem Mut und unter alkoholischer Enthemmung. (Jedenfalls nimmt er zwischen den Versen hektisch-gierige Schlucke aus einem Weinglas.) Dabei scheint er wiederum aus zweiter Hand zu rezitieren, vermittelt wieder über *Platen — Tristan — Don Quichotte*:

> Die Liebe zur Freiheit wird uns befreien.
>
> Wir haben Jahre zugebracht,
> Im eignen Gram uns zu versenken;
> Nun wird uns erst der Wunsch entfacht,
> Mit klarem Geiste das zu denken,
> Was dunkel nur die Zeit gedacht.[216]

Was Friedemann nach der wiederholten Prophezeiung ›unserer‹ Befreiung rezitiert, ist die erste Strophe eines dreistrophigen Platen-Gedichts aus dem Jahr 1822, das in den Editionen in der Regel ohne Titel unter *Lieder und Romanzen* abgedruckt ist und das, man errät es, in einem von Thomas Manns Handexemplaren wiederum Lesespuren aufweist.[217] Thomas Mann führte in *Platen — Tristan — Don Quichotte* dieselbe erste Strophe an, um Platen sozusagen für die Republik zu vereinnahmen, zu deren Repräsentanten der ehedem Unpolitische nunmehr für seine Person geworden war. Die Strophe soll im Kontext des Essays die These von einer »politische[n] Haltung« untermauern, wie sie sich »Heine […] nur wünschen konnte« und wie sie August von Platen in Wahrheit zu einem »Bundesgenossen Heine's« machte respektive hätte machen können.[218]

Sehr ähnlich wie schon bei jenem Epigramm von der *Wahren Pöbelherrschaft*, dessen Zitat in *Platen — Tristan — Don Quichotte* demjenigen der Strophe von 1822 unmittelbar vorangeht, hat Manns politische Lektüre Platen'scher Verse hier ihren Preis. Wie dort oder womöglich noch unverfrorener als dort ist sie erkauft mit einer nach philologischen Standards sträflichen Verkürzung des anzi-

---

216 Vogel, Der kleine Herr Friedemann, 00:16:05.
217 Vgl. August von Platen, Lieder und Romanzen, in: ders., Gesammelte Werke in fünf Bänden, Bd. 1, Stuttgart und Tübingen: Cotta, 1853, S. 1–126, hier S. 113 f.
218 Mann, Gesammelte Werke, Bd. 9, S. 279.

tierten Gedichts. Als ein Ganzes und im Original gelesen, ist oder wäre dieses Gedicht harmlos und politisch unverdächtig wie nur eines. Nichts, aber auch gar nichts prädestinierte es zu der politischen Instrumentalisierung, die es in Manns Essay erfährt. Eigentlich geht oder ginge es darin lediglich, metapoetisch, um so etwas wie eine Selbstgewinnung des Texts. Das Gedicht als ganzes, indem es mit allen gewaltigen Mitteln der Platen'schen Verskunst zu beglaubigen versucht, was es sagt, benennt hier die unmittelbaren Ermöglichungsbedingungen seiner selbst. Es handelt im Grunde einfach nur davon, wie nach langer Depressionsphase die dichterische Produktivität wieder durchbricht, zuletzt nicht ohne gehöriges Selbstbewusstsein und unter einigermaßen deutlicher Anlehnung an eine berühmte Stelle aus dem vierten Odenbuch des Horaz.[219] Dort charakterisiert Horaz den Chorlyriker Pindar als reißendes Gewässer; wobei Pindar in der poetologischen Tradition, spätestens seit dem Traktat des Pseudo-Longinos,[220] als der am höchsten bewertete Lyriker rangiert. Er ist der »große[] Unerreichliche[]«, dem auch Platen in jenem Sonett »nur im Tode [zu] gleichen«[221] sich erdreisten darf, mit dem er aber eine von Thomas Mann ja ebenfalls angedeutete Schwäche für Epheben teilt.[222] — In seinem vollen Umfang lautet das Platen-Gedicht, aus dem Mann und Friedemann nur den Anfang zitieren:

> Wir haben Jahre zugebracht,
> Im eignen Gram uns zu versenken;
> Nun hat sich erst der Wunsch entfacht,
> Mit klarem Geiste das zu denken,
> Was dunkel nur die Zeit gedacht.
>
> Und mehr und mehr, und fort und fort
> Erweitert sich der Kreis der Lieder,
> Den Himmel stürmt ein heitres Wort,
> Zur Erde zwingt es ihn hernieder,
> Und macht zum Hier das schöne Dort.
>
> Es stürzt sich frei von steiler Wand
> Ein Strom von wirbelnden Gesängen,
> Er müht sich, was die Welt empfand

---

219 Vgl. Q[uintus] Horatius Flaccus, Oden und Epoden. Lateinisch und Deutsch. Übersetzt von Christian Friedrich, Karl Herzlieb und Johannes Peter, hg. v. Walther Killy und Ernst A. Schmidt, Zürich und München: Artemis, 1981 (Die Bibliothek der Alten Welt, Römische Reihe), S. 268–275 (IV, 2, V. 5–12).

220 Vgl. Longinus, Vom Erhabenen. Griechisch / Deutsch. Übersetzt und hg. v. Otto Schönberger, Stuttgart: Reclam, 1988, S. 82 (33.5).

221 Platen, Sonette, S. 135.

222 Vgl. Mann, Gesammelte Werke, Bd. 9, S. 274–276.

Ins enge Bett des Lieds zu drängen,
Und dann zu ziehn von Land zu Land.[223]

Die Ausdrücke, die den ›transzendentalpoetischen‹ Selbstbezug des Texts denotieren, »Lieder«, »Gesänge[]« und »ein heitres Wort«, stehen erst in der zweiten und der dritten Strophe des Gedichts. Weil diese beiden Strophen in Manns und folglich in Friedemanns Zitat nicht mit aufgenommen sind, geht die ursprüngliche Referenz auf ein rein persönliches Leiden eines lyrischen Ich darin jeweils notwendig verloren. Diese Notwendigkeit hat sich bei der Übernahme des Mann'schen Platen-Zitats in den Film noch erheblich verschärft. Während bei Mann zuvor und danach immerhin noch von dem einen Dichter Platen die Rede gewesen und deshalb offen geblieben war, worauf genau die Pronomina »Wir« und »uns« referierten, ob auf diesen allein oder auf eine ganze Gesellschaftsgruppe, in deren Namen er sprach, ließ der Film seinem Publikum hier keine solche Wahlmöglichkeit mehr. Dass die erste Person Plural bei Platen gewissermaßen nicht ernst gemeint war, konnte man nunmehr aus den für sich allein zitierten Versen unmöglich erschließen. Nichts an diesen konnte noch darauf verweisen, dass sich das Pronomen, im Kontext gelesen, als pluralis modestiae oder auch als pluralis maiestatis nur auf die eine Person eines einzelnen Ich bezog, das hier eben nach offenbar jahrelanger Schreibblockade wieder Worte findet und aufs Neue seine »Lieder« und »Gesänge[]« hervorzubringen vermag.

Wer sich den Film im Fernsehen anschaute, *konnte* die aus ihrem Kontext herausgelöste Anfangsstrophe demnach gar nicht richtig, soll bloß heißen nicht in dem Sinn verstehen, den sie in diesem ihrem ursprünglichen Kontext einmal hatte. Er hatte keine andere Wahl, als die erste Person Plural sozusagen beim Wort zu nehmen; geht im Film doch der rezitierten Platen-Strophe ein Satz unmittelbar voran, der eine in dieser Weise ernstgemeinte erste Person Plural zum Objekt hat — »uns befreien« —, im Unterschied nota bene zum hier anzitierten Fragesatz aus *Platen — Tristan — Don Quichotte.* Dort war es nicht um ›uns‹, sondern allein um »ihn selbst« und keinen anderen gegangen, August von Platen: »Hoffte er wohl, daß [...] die Liebe zur Freiheit ihn selbst befreien werde?«

Daraus wird in der Rede des Sozialdemokraten nun eben: »Die Liebe zur Freiheit wird *uns* befreien.« Und dieses Pronominalobjekt der ersten Person Plural kehrt so in der hernach rezitierten Strophe wieder: »Nun wird *uns* erst der Wunsch entfacht«.

Die Wiederkehr des Pronomens »uns« verdient umso mehr Beachtung, als sie hier um den Preis einer Ungenauigkeit erfolgt. Die Wiederholung des Prono-

---

223 Platen, Lieder und Romanzen, S. 113 f.

minalobjekts scheint nämlich, um etwas vorzugreifen, einer freudschen Fehlleistung des Schauspielers geschuldet zu sein, oder sei es auch nur einer Modifikation, die dieser bewusst vornahm oder ausführte. Jedenfalls findet sich an der betreffenden Versstelle sowohl in Platens Originaltext als auch in Manns Wiedergabe desselben, sowohl im Szenarium als auch im Drehbuch statt des Passivs mit dativus commodi (»wird uns [...] entfacht«) eine reflexiv-unpersönliche Formulierung, ohne Dativobjekt: »Nun *hat sich* erst der Wunsch entfacht«.[224]

In der isoliert zitierten Platen-Strophe also, und zuletzt eben selbst gegen deren vorgeschriebenen Originalwortlaut, wurde eine individuelle Erfahrung ins Kollektive hochkopiert. Dadurch wurde sie disponibel für neue, und zwar für politische, politisch subversive Sinngebungen. Wer alles und wer genau mit dem gleichsam wiederverwörtlichten »Wir« oder »uns« gemeint sein sollte, gemeint sein *wollte*, blieb vorderhand zwar unbestimmt. Grundsätzlich aber durfte sich ein jeder Zuschauer angesprochen fühlen. Wer die potenziell gegebene Offerte annahm, sich in die erste Person Plural mit einzuschließen, konnte sich durchaus fragen, was er mit der Person des kleinen Herrn Friedemann gemeinsam habe, der dann ja auch in seinem, des Zuschauers, Namen zu sprechen schien. Und sodann auch noch weiter: Was unter dem »Gram« zu verstehen sei, in den ›wir uns‹ jahrelang versenkt haben sollen; was unter dem »Wunsch«, bisher Ungedachtes »zu denken«; und was unter diesem Ungedachten selbst?

2.3.2 *Der kleine Herr Friedemann* als politische Parabel

Um hier über allzu vage Spekulationen hinauszugelangen, braucht man sich nur nochmals die entstehungsgeschichtlichen Eckdaten des Films zu vergegenwärtigen. Dieser, um es zu wiederholen, war zu einer Zeit projektiert worden, da die DDR noch bestand und ihre Auflösung noch kaum abzusehen war. Angesichts ihrer damals scheinbar noch gesicherten Existenz lässt sich zunächst einmal leicht nachvollziehen, wie und weshalb es seinerzeit und am gegebenen Ort überhaupt zu einer Verfilmung ausgerechnet dieser einen Novelle kommen konnte; eine durchaus nicht müßige Frage. Denn die Wahl gerade dieser Novelle erfolgte ja ausdrücklich gegen den anfänglich erklärten Wunsch des Rechteinhabers. Und *Der kleine Herr Friedemann* war auch beileibe nicht die einzige Novelle, die als »Sinnbild d. bürgerl.-kapita. Humanismusverfalls« taugte. Ein Beispiel allererster Güte für die Obsoleszenz des bildungsbürgerlichen Humanismus wäre ge-

---

224 Görner, Der kleine Herr Friedemann. Filmszenarium, S. 13; Vogel und Haubold, Der kleine Herr Friedemann. Drehbuch, S. 17.

rade auch die eine der beiden Erzählungen gewesen, die Golo Mann zur Verfilmung vorgeschlagen hatte, *Mario und der Zauberer*.[225] Kam obendrein noch dazu, wie bereits gesagt, dass ausgemacht diese Erzählung Thomas Manns in der offiziellen DDR besonders hoch im Kurs stand, sehr viel höher als jedes, aber auch jedes andere Werk des ›Dichters‹. Von der Ostgermanistik einhellig für vorbildlich und fortschrittlich befunden,[226] war *Mario und der Zauberer* dortzulande Pflichtlektüre. Als überhaupt einziges Element des staatlich definierten Literaturkanons war just diese eine Novelle unbedingt obligatorischer Unterrichtsstoff; unbedingt in dem Sinn, dass sie sich unter gar keinen Umständen abwählen oder durch eine alternative Wahl ersetzen ließ.[227]

Warum also fiel die Wahl ausgerechnet auf den *Kleinen Herrn Friedemann*? Der Erzählung von einem, der bis zu seinem dreißigsten Altersjahr abgesondert vor sich hinlebt, um sein Begehren endlich auf ein verzweifelt falsches Objekt zu lenken, — einer solchen Erzählung ließ sich unter den gegebenen Umständen und mit einem bisschen Phantasie leicht ein gleichsam parabolischer Mehrwert verleihen. Knapp dreißig Jahre nach dem Bau einer Mauer, die eine bestimmte Abschottung der DDR förmlich verkörperte, konnte eine solche Erzählung ohne viel Weiteres zur Allegorie mutieren. Es konnte sich beinahe von selbst verstehen, wen genau oder wen alles Friedemann mit seinem »Wir« meint, was mit den Jahren des Grams, was mit dem Wunsch nach dem ganz Anderen, bisher Ungedachten, Undenkbaren.

Verständlich wird oder jedenfalls desto sinniger erscheint vor solchem Hintergrund auch jene Modifikation oder die Fehlleistung, die dem Schauspieler bei exakt dieser Gelegenheit unterlief, als er öfter noch denn in der deklamierten Platen-Strophe eigentlich vorgesehen im Namen einer Mehrzahl sprach; zumal dieser Schauspieler sich zur Zeit der Dreharbeiten bereits öffentlich für das Andere im Sinn politischer und gesellschaftlicher Alternativen eingesetzt hatte. Bei dem Schauspieler nämlich, der den kleinen Herrn Friedemann darstellte (und wenig zuvor wie gesagt einen Hölderlin), handelte es sich um keinen Geringeren als Ulrich Mühe. Diesen aber hatte die Hauptabteilung XX.7 der Staatssicherheit schon am 7. Oktober 1989 als einen der »Initiatoren« der sich anbahnenden Revolution identifiziert.[228] Und Anfang November hatte sich der Initiator Mühe denn nament-

225 Vgl. Elsaghe, Krankheit und Matriarchat, S. 250–263; ders., Die »Principe[ssa] X.« und »diese Frauen —!« Zur Bachofen-Rezeption in *Mario und der Zauberer*, in: Thomas Mann Jahrbuch 22, 2009, S. 175–193, hier S. 186–193.
226 Vgl. Pils, Bürger Thomas Mann und Halbproletarier Mario, S. 141–157.
227 Vgl. Pils, Bürger Thomas Mann und Halbproletarier Mario, S. 138–141.
228 Dagmar Schittly, Zwischen Regie und Regime. Die Filmpolitik der SED im Spiegel der DEFA-Produktionen, Berlin: Links, 2002, S. 256.

lich für eine Änderung der DDR-Verfassung engagiert respektive deren Einhaltung eingefordert.

Wenn man dieser Interpretationslinie entlang etwas weiterspekuliert, kann man nun jener erst einmal ziemlich nichtssagenden Agitprop durchaus etwas abgewinnen, die der von Mühe gespielte Friedemann eines schönen Tages aufschnappt, statt wie in der Novelle einer individualpsychologisch traumatischen, hier im Film aber nur phantasmatisch eingeblendeten ›Urszene‹ pubertärer Sexualität beizuwohnen. Die Agitationsrede scheint den Film-Friedemann ja dermaßen aufzuwühlen, dass er ihre letzten Worte gleich nachsprechen muss: »Die Liebe zur Freiheit wird uns befreien.«

Gerade angesichts solcher Betroffenheit und der Emphase, die durch die im Film sogar mehrfache Wiederholung auf diese letzten Worte zu liegen kommt, darf man wohl der ganzen, zunächst so truistischen Rede jetzt gleichsam einen doppelten Boden einziehen. Der Anspielungsreichtum der Rede geht dann sehr weit hinaus über die ihr vorhin abgewonnene Selbstbeschreibung oder -rechtfertigung der Verfilmung und der darin am verfilmten Text vorgenommenen Korrekturen. Er erschöpft sich nicht in einer ästhetischen Autoreferenzialität der kulturideologischen Einschlüsse von der Politisierung des Schönen und vom geläuterten, über den »Pöbel« emporgehobenen Volk; ein Wort, »Pöbel«, das sich aus dem Munde eines Sozialdemokraten vom Ende des neunzehnten Jahrhunderts erst recht befremdlich anhören musste.

Mit der *akut* politischen Doppelbödigkeit der zunächst nur *kultur*politisch aufgefassten Rede ließe sich erklären oder auch entschuldigen, was an dieser hinzuerfundenen Rede auf den ersten Blick so peinlich anmutet. Ihre scheinbare Neigung zu Floskel, Phrase und Plattitüde wäre dann die Kehr- oder vielmehr die sichtbarere Deckseite einer subversiven Taktik. Diese bestünde darin, vorsätzlich Leerstellen zu schaffen, die so oder auch anders gefüllt werden dürfen.

Je nachdem, wer die Szene rezipierte und innerhalb welchen Erwartungshorizonts er sie im rezeptionsästhetisch-technischen Sinn des Verbs ›konkretisierte‹, konnte das Leiden »unter den deutschen Zuständen« und der »Zwingherrschaft« sehr Verschiedenes meinen. Dasselbe gilt vor allen anderen für den eigens wiederholten Satz von Befreiung und Liebe zur Freiheit. Der Satz kann nunmehr eine ganz andere Bedeutung annehmen als diejenige, die man ihm aufgrund der vorgestellten Szene und von der erzählten respektive gespielten Zeit her zu geben hätte (vom Platen'schen Epigramm und seinem Zitat in Manns Essay ganz zu schweigen). Er muss sich nicht unbedingt nur eben auf die »deutsche[n] Zustände[]« des ausgehenden neunzehnten Jahrhunderts beziehen (geschweige denn der Restaurationszeit). Er kann sehr viel mehr ins Visier nehmen als das, worauf die Germanistik der DDR ehedem an Thomas Manns Novelle abhob. Je nach Konkretisation geht es jetzt um mehr und anderes als den »Verlust einer bisher scheinbar gesicherten bürgerlichen Ordnung« und eine »Gesellschaft, deren [...] Normen durch den raschen Kapitalisierungsprozeß [...] gänzlich in Frage gestellt waren«. Die Liebe zur Freiheit braucht sich nicht mehr einfach oder nicht nur gegen *diese* Art »Entfremdung des Menschen« zu richten.

Potenziell meint »Freiheit« in der gegebenen Situation viel mehr oder ganz anderes als nur eben die Befreiung der Arbeiterschaft von ihrer Ausbeutung durch die Bourgeoisie. Von alledem ist in der aufgeschnappten Agitation ja denn mit keiner Silbe die Rede. Die einzige Vokabel, deren Denotat sich in die Nähe entsprechender Wortfelder rücken ließe, wäre das aus Platen beziehungsweise nach Mann zitierte Schimpfwort »Pöbel«, das sich im Mund eines angeblichen Sozialdemokraten wie gesagt sehr seltsam ausnimmt und dessen stark negative Ladung eine solche Assoziation mit klassenkämpferischen Lehren strikt verböte. Auch bezieht sich der Sozialdemokrat weder hier noch anderwärts auf konkret datierbare Repressalien, Entrechtungsmaßnahmen oder dergleichen — jedenfalls im fertiggestellten Film nicht, seitdem die ungenaue Anspielung auf das »Zuchthausgesetz« entfallen war. Desto leichter ließ sich die renitente Freiheitsliebe, nicht anders eben als jener im folgenden Platen-Zitat entfesselte »Wunsch«, das Neue zu denken, auch auf sehr viel spätere deutsche Zustände münzen. Das Wort von der Liebe zur Freiheit, die »uns« befreien wird, ließ sich ummünzen auf die DDR, auf das interne Spannungspotenzial zumal ihrer letzten Jahre und auf die »*damit* verbundene[] Entfremdung des Menschen, besonders des Künstlers«.

Das Leiden »unter den deutschen Zuständen«, nachdem es erst schon einmal von Platen und »*seiner* Zeit«, der Restauration, auf Friedemann und den Wilhelminismus übertagen worden war, erhielt so eine neue, zusätzliche Referenzialisierungsoption. In eins damit begann auch wieder die Bedeutung der Personalpronomina zu oszillieren, die der Agitator in seiner rhetorischen Antwort und beim Vollzug seines Belehrungsakts doppelt und dreifach verwendet: »*Wir* doch!« »*Wir* sagen«, »wir!« Das Pronomen der ersten Person Plural geriet hier wieder genau so ins Schillern, wie es Bertolt Brecht mit seiner Verfremdungstechnik vorgemacht hatte. Es stand nicht mehr oder nicht einfach nur für die fiktional dargestellte Rolle und ihresgleichen, sei es die Arbeiterklasse des deutschen Kaiserreichs oder die Sozialdemokratie, die deren Interessen vertrat. Mit eingeschlossen war vielmehr *auch* die faktische Person des *Schauspielers;* und angesprochen war auch das *faktische* Publikum, anstatt einiger Halbwüchsiger, zu denen der Sozialdemokrat innerhalb der filmischen Fiktion spricht. Der Sozialdemokrat beziehungsweise der ihn darstellende Schauspieler wandte sich also auch an die Fernsehzuschauer, an die Bürger und ganz besonders die jungen In-

sassen des Staats, der sich pikanterweise gerade durch den Anspruch legiti-
mierte, die hier *vordergründig* prognostizierte Befreiung herbeigeführt zu haben,
nämlich den Proletarier alias »Pöbel« von der Bourgeoisie befreit zu haben. »Die
Liebe zur Freiheit«, wenn man sie in Brecht'scher Manier auch mit auf den Schauspieler und seinesgleichen bezog, richtete sich dann gegen das Unterdrückungs-
system der DDR, die so mit dem wilhelminischen Obrigkeitsstaat gewissermaßen
zusammenfiele.

Wenn der Widerstand gegen dieses System zusehends auch die Gestalt eines
Generationenkonflikts annahm, dann passt das natürlich sehr genau zur auffälligen, schon im Szenarium festgeschriebenen Jugendlichkeit der ganzen Szene.
Ein junger Erwachsener ist einerseits der, der die Freiheit propagiert. Und ju-
gendlich sind andererseits die »Jungen«, »Schüler und Schülerinnen«, die er damit adressiert beziehungsweise einmal hätte adressieren sollen.

Zu dem hier implizierbaren Generationenkonflikt passt nun besonders
hübsch auch die konkrete Besetzung der Agitatorenrolle. Gespielt hat den jungen
Agitator Bernd Michael Lade.[229] Lade, Jahrgang 1964 (also damals nur einige
zwanzig Jahre alt und noch etwas jünger als Torsten Michaelis, der den anderen
Sozialdemokraten spielte), war Ende der Achtzigerjahre ein im Fernsehen der
DDR einigermaßen bekannter Schauspieler. Indessen hatte sein kulturelles Engagement im Arbeiter- und Bauernstaat — oder auch gegen diesen — einen ganz
anderen Anfang genommen. Begonnen hatte sein Engagement als Teil und Ausdruck einer Jugendrevolte gegen ein vergreisendes Establishment. *Anfang* der
Achtzigerjahre war Lade als Sänger und Schlagzeuger einer Punkband in Erscheinung getreten, deren Name, *Planlos*, in einer Planwirtschaft an und für sich
schon einen Affront enthalten mochte. Staatlichen Repressalien ausgesetzt, löste
sich *Planlos* jedenfalls bald einmal auf.[230]

Ursprünglich also kam Lade aus einer Subkultur, die das Regime und die offiziellen Doktrinen insbesondere seiner Kulturpolitik im Namen einer revoltieren-
den Jugend herausgefordert hatte. Die seiner Filmrolle in den Mund gelegte Lo-
sung von Freiheit und Befreiung dürfte ihm daher ebenso aus dem Herzen
gesprochen haben wie dem Bürgerrechtler Mühe der Wunsch nach dem Neuen,
den er in seinem Part als Johannes Friedemann artikulierte. Mit den Pronomina
der ersten Person, deren eines sich ja vielleicht obendrein noch einer desto sin-
nigeren und stimmigeren Fehlleistung verdankt, werden beide mehr als nur die

---

229 S. Abb. 85.
230 Vgl. Bodo Mrozek, Planlos. Irgendwann muß was geschehen. Interview mit der Ost-Berliner
Band Planlos, in: Michael Boehlke und Henryk Gericke (Hgg.), Too much Future. Punk in der
DDR, Berlin: Verbrecher, 2007, S. 47–62.

von ihnen gespielten Rollen gemeint haben; und mit dem Plural dieser Pronomina konnten sie jeweils beide ihre unmittelbaren Nächsten ansprechen.

Solcherlei subtile Spitzen gegen die DDR wurden indessen bald einmal obsolet. Im Wortsinn gegenstandslos mussten sie unter den Bedingungen sein, unter
denen der Film ausgestrahlt werden sollte und die sich zur Zeit seiner eigentlichen Produktion entweder abzuzeichnen begannen oder sogar schon vollendete
Tatsachen geworden waren. Stellt sich also drittens endlich noch die Frage, ob
der Film auch diese Zeit und diese Bedingungen noch reflektiert und worin gegebenenfalls die entsprechenden Interpretationsangebote bestehen: in einer Affir-
mation — von der Art etwa, dass der Beitritt der bald einmal so genannten neuen
Bundesländer zur Bunderepublik als die verheißene Befreiung erschiene und die
Liebe zur Freiheit darin ihre Erfüllung gefunden hätte? Oder kommuniziert der
Film im Gegenteil Widerstände gegen diesen Beitritt? Und appelliert er an gewisse Ängste, die damit verbunden waren?

2.4 Reflexe der Wiedervereinigung

2.4.1 Die rezeptionsgeschichtliche Ausblendung innerdeutscher Animositäten in Thomas Manns Frühwerk

Solche Fragen liegen umso näher, als auch Thomas Manns Novellentext selbst
schon gewisse Reaktionen auf und Ressentiments gegen eine entscheidende
Phase der deutschen Einigungsgeschichte artikuliert. Das gehört allerdings nicht
zu den Gemeinplätzen der Forschung — aus gutem Grund. Denn wenn man in der
umfangreichen Forschungsliteratur zur Novelle wie etwa auch in der noch viel
umfangreicheren zu den *Buddenbrooks* auf entsprechende Resonanzen im
Mann'schen Frühwerk bisher so gar nicht aufmerksam wurde, dann zeigt sich
hieran einmal mehr die integrative Bedeutung, die Thomas Mann als einer Galionsfigur der gesamtdeutschen Identität zukommt. Als solche hat er immer schon
die Einheit und Homogenität der Nation zu garantieren. Und vor oder vielmehr
hinter diesem Erwartungshorizont muss notgedrungen alles übersehen bleiben,
was zumal seine frühen Texte an lokalpatriotisch-partikularen Widerständen gegen das geeinte Reich mobilisieren.

Auch für solche Ausblendungen innerdeutscher Animositäten gäben Breloers *Buddenbrooks*, noch zwei Jahrzehnte nach Vogels und Görners *Kleinem
Herrn Friedemann*, etliche Prachtbeispiele her. Mit diesen verglichen, lässt sich
die Leistung des älteren und mit sehr viel bescheideneren Mitteln gedrehten
Films desto besser veranschaulichen. Breloer nämlich hat mit genau einschlägi-

gen Kürzungen und völlig eigenmächtigen Erweiterungen den Irritationen konsequent vorgebaut, die Thomas Manns erster Roman auslösen kann und die er bei seinen patriotisch gesinnten Zeitgenossen in der Tat auslöste.[231]

Die kleindeutsche Reichsgründung wird im *Roman* auf eigentlich geradezu brüskierende Weise ausgelassen. Sie und ihre militärische Vorgeschichte sind darin sozusagen beschwiegen. Kaum je finden sie überhaupt Erwähnung oder wenn, dann in regelmäßig desaströsen Kollokationen. Und auch schon vor der Gründung des Reichs kommen aus dessen künftiger Hauptstadt durchweg schlechte Nachrichten und dubiose Figuren, ein verheerendes Telegramm, ein jüdisch-gerissener Rechtsverdreher oder ein bigotter, so verprasster wie schlüpfriger Pfaffe — unter einem Namen, »Trieschke«, der an Heinrich von Treitschke, den »Lakaien des Prussianismus«[232] erinnert und eigens einen noch nicht so penetrant preußisch klingenden ersetzt hat. In den Notizen zum Roman stand noch: »Pastor Petersen (Huren und Saufen)«.[233]

Im Zuge der Einigungskriege gelangt ein preußischer Galan ins Haus des Firmenchefs, um dessen Ehe zu gefährden oder doch nachhaltig zu zerrütten. Das Geschäft fährt einen schweren Kapitalverlust ein, als in Frankfurt, wo man während des Deutschen Kriegs neutral blieb, ein Handelspartner Konkurs erleidet; ein Verhängniszusammenhang, der dem Autor besonders wichtig gewesen sein muss. Denn er hatte ihn sich so oder so ähnlich schon in einem frühen Entwurfsstadium wiederholt vorgemerkt — »1866 Concurse auf österreichischer Seite«,[234] »Verlust in Frankfurt 20 000 Thaler«[235] —; und unter der vollen Wucht der Emphase, die dem Ende einer großen Texteinheit zukommt, beschloss er damit den Siebenten Teil seines Romans, in dessen erzählte Zeit die ersten beiden der drei Einigungskriege fallen:

> Bei dem Falissement einer Frankfurter Großfirma aber, im Juli, unmittelbar vor Eintritt des Waffenstillstandes, verlor das Haus Johann Buddenbrook mit einem Schlage die runde Summe von zwanzigtausend Thalern Courant.[236]

Der Sieg im dritten Einigungskrieg und die eigentliche Reichsgründung sodann fallen zeitlich ziemlich genau mit einem Tiefpunkt der familiären Verfallsge-

---

231 Vgl. z. B. Max Lorenz, [Rezension zu:] *Buddenbrooks. Verfall einer Familie.* Roman von Thomas Mann. Berlin 1901, in: Preußische Jahrbücher 110, 1902, S. 149–152, hier S. 149 f.
232 Mann, Gesammelte Werke, Bd. 12, S. 907.
233 Bd. 1.2, S. 462.
234 Bd. 1.2, S. 427.
235 Bd. 1.2, S. 455.
236 Bd. 1.1, S. 480.

schichte zusammen. Zur betreffenden Zeit haben die Buddenbrooks ihren allerschwersten Reputationsschaden hinzunehmen. Tony Buddenbrooks »dritte Ehe« mündet in ein weit schlimmeres Debakel als die ersten beiden. Ihr Schwiegersohn, wegen fortgesetzten Versicherungsbetrugs verurteilt, muss ins Zuchthaus. Ihre Mutter und die letzte Matriarchin der Familie, Bethsy Buddenbrook, stirbt dieser weg. Und so fort.

Die Bände sprechende Gegenläufigkeit von nationaler Aufstiegs- und familiärer Verfallsgeschichte, von kollektiver Euphorie und privater Depression, hat Breloer nun in seinem Film retuschiert. Er begradigte das Wider- und Überständige im Sinne der Erwartungen, die man in einen nationaldeutschen Autor (zumal eines später als solches gehandelten deutschen Hausbuchs) setzen kann und zu seiner Zeit wie gesagt tatsächlich in ihn setzte.

Zum einen ließ Breloer die im Roman gegebenen Hinweise auf jene für die Firma und Familie der Protagonisten fatalen Zusammenhänge ziemlich konsequent weg; von den zweifelhaften Berliner Juristen und Geistlichen ganz zu schweigen. Nur ganz am Ende, zu jener wie gezeigt stark beschönigten Szene, als Hermann Hagenström das Haus der Buddenbrooks zu übernehmen im Begriff steht, legt ihm Breloer selbstbewusste und siegesstolze Erwähnungen zweier zeithistorischer Fakten in den Mund, um dadurch, wie ebenfalls schon einmal gezeigt, jene Gegenläufigkeit der Familien- und der Nationalgeschichte ganz zuletzt immerhin doch noch anzudeuten.

Die betreffende Handänderung (wie solche Immobiliengeschäfte in der Schweiz heißen) lässt sich vom Roman her ausgerechnet ins Jahr 1871 datieren. Sie fällt also auf einen Moment, da die Begeisterung der Gründerzeit in full swing war, »Geld im Lande ...«[237] (nämlich wegen der Milliarden von Francs an Reparationszahlungen[238]). Der Profit der guten Geschäfte indessen, die man gerade auch schon während und wegen des Krieges machen konnte, etwa durch »Armee-Lieferung[en]« an »Getreide«, »habe sich sehr ungleich verteilt ...«[239] Dabei versteht es sich natürlich von selbst, wie man die durch die Interpunktion scheinbar offengehaltene Leerstelle zu schließen hat und wer zu den Kriegsgewinnlern in großem Stil gehörte oder wer nicht.

In ausgemacht diesem historischen Augenblick also erringt Hermann Hagenström auch seinen nun endgültigen Sieg über die jetzt definitiv ruinierten Rivalen. Während er als Käufer in spe den Stammsitz der Buddenbrooks zu besichtigen beginnt, fixiert der Film-Hagenström im Gespräch mit dem Immobilienmak-

---

237 Bd. 1.1, S. 614.
238 Vgl. Bd. 1.2, S. 374.
239 Bd. 1.1, S. 614.

ler Gosch zwei Etappen der deutschen Einigung. In dieser Reihenfolge, also mit einem etwas seltsamen hysteron proteron, das eine allzu gediegene Beschlagenheit in deutscher Geschichte weder erkennen lässt noch beim Publikum vorauszusetzen scheint, erwähnt er erst den »Sieg über Frankreich« und dann auch noch »die Zollunion«[240] ── eine vielleicht durch die allerjüngste Einigungsgeschichte motivierte Fehlleistung und gegebenenfalls eine Verschleppung sozusagen der deutsch-deutschen oder gar der europäischen Währungsunion. »Zollunion«, das soll wohl so viel meinen wie der Zoll*verein*, über den schon im Ersten Teil des Romans, 1835,[241] gestritten wird und dem Lübeck erst kurz vor dem Deutsch-Französischen Krieg beitreten sollte, 1868.[242]

Zum anderen schloss Breloer die im Roman um die Reichsgründung herum so provokativ klaffende Lücke dadurch, dass er wenigstens in der Fernsehfassung kurzerhand ergänzte, was patriotisch Gesinnte gegebenen Orts erwarten durften und in der Tat nachweislich vermissten. Die nonchalante Aussparung der Reichseinigung ist in der Fernsehfassung seines Films wett- oder sozusagen wiedergutgemacht. Denn die nationale Einigung und ihre unmittelbare Vorgeschichte sind Thomas Buddenbrook hier, an der gehörigen Stelle der erzählten Zeit, eine Eintragung in die Familienpapiere wert. Diese wird sowohl im Bild festgehalten als auch auf der Tonspur verlesen:

> Um wieviel größer war die Begeisterung der Lübecker, als es 1870 gegen Frankreich ging. Der Sieg über den Hochmuth dieses [im Bild: »unseres«] Feindes einhergehend mit der lange ersehnten Einigung unseres geliebten Vaterlands [nur im Bild: »unter dem deutschen Kaiser«] erfüllte uns alle mit Triumph und unaussprechlicher Genugtuung [sic, also ohne Rücksicht auf die zeitgenössische Orthographie, in der die Schreibung ›thuung‹ zu erwarten wäre, wie sie im Romantext[243] denn auch mehrfach belegt ist].[244]

Dadurch wird einem unbefangenen Fernsehpublikum suggeriert, dass die Familie Buddenbrook ── oder auch der Autor und jedenfalls der mit dieser solidarische Erzähler ── in den Hurra-Patriotismus der deutschen Nationalisten einstimmen;

---

240 Breloer, Buddenbrooks (2008), 02:16:04; ders., Buddenbrooks (2010), Teil 2, 01:22:55.
241 Vgl. Bd. 1.1, S. 43–45.
242 Vgl. Gerhard Ahrens, Von der Franzosenzeit bis zum Ersten Weltkrieg 1806–1914. Anpassung an Forderungen der neuen Zeit, in: Antjekathrin Graßmann (Hg.), Lübeckische Geschichte, Lübeck: Schmidt-Römhild, ⁴2008, S. 539–685, hier S. 639–641; ders., Zollverein, in: Antjekathrin Graßmann (Hg.), Lübeck-Lexikon. Die Hansestadt von A bis Z, Lübeck: Schmidt-Röhmild, 2006, S. 391 f.
243 Vgl. Bd. 1.1, S. 167, 169, 188, 212, 238, 257, 259, 261, 294, 395, 432, 463, 480, 557, 560, 580, 650, 682, 692, 717, 721, 731.
244 Breloer, Buddenbrooks (2010), Teil 2, 00:38:56.

eine, um es zu wiederholen, grundfalsche Suggestion. Erklär-, wenn auch nicht entschuldbar ist sie allein mit der besonderen Rezeptionsgeschichte des Romans als eines integral-deutschen Hausbuchs und seines Autors als eines per definitionem gemeindeutschen Nationalschriftstellers. — Hingegen bewiesen Görner und Vogel nun aber schon Jahrzehnte früher ein erstaunlich feines Gespür für die partikularistische Widerständigkeit des Thomas Mann'schen Frühwerks.

2.4.2 Die Artikulation innerdeutscher Spannungen im *Kleinen Herrn Friedemann* und seiner Verfilmung

Auf Widerstände gegen die kleindeutsche Einigung deuten in der Novelle vom *Kleinen Herrn Friedemann* bereits die beiläufigen, doch präzisen Angaben, die der Text zum Alter des Protagonisten und der Antagonistin macht: Der Protagonist ist nicht nur eben ungefähr so alt wie Platen zu der Zeit, als er jenes berühmte Gedicht *Tristan* schrieb (oder wie Detlev Spinell zur Zeit, da er dieses in der Verfilmung der Mann'schen *Tristan*-Novelle rezitiert und mit Worten aus Manns Platen-Essay kommentiert). Sondern Johannes Friedemann ist, das wird mehrfach wiederholt, soeben exakt dreißig geworden, als er seiner Antagonistin begegnet.[245] Und deren exaktes Alter wiederum erfährt man aus den Medisancen einer kleinstädtischen Neiderin, die wörtlich aus dem Novellentext ins Szenarium, ins Drehbuch und in den Film übernommen sind. Friedemanns Antagonistin ist zur Zeit der Handlung ihrerseits aufs Jahr genau »vierundzwanzig«[246] (im Film dargestellt von einer zwar erkennbar älteren, einer Frau von gut dreißig Jahren, die aber, Jahrgang 1959, ihrerseits exakt sechs Jahre jünger war als der den Friedemann spielende Mühe).

Mit den beiden Altersangaben sind ein terminus ante quem für die Geburt des Protagonisten und ein ungefährer terminus post quem für die Geburt der Antagonistin festgelegt. Die Signifikanz dieser beiden termini ergibt sich aus ihrem Verhältnis zum Datum der Reichsgründung vom Januar 1871. Da die Novelle bekanntlich schon 1896 fertig wurde und im Jahr darauf erschien, muss der dreißigjährige Johannes Friedemann noch vor 1867, also noch deutlich vor 1871 geboren sein — wie alle Friede*manns*, die zur autochthon, aber abgehalfterten Elite einer »alten [...] Handelsstadt«[247] von der Sorte Lübecks gehören. Und weil die Entstehungs- oder Publikationszeit der Novelle mit deren erzählter Zeit ziemlich genau

---

245 Vgl. Bd. 2.1, S. 94, 111, 117.
246 Bd. 2.1, S. 95.
247 Bd. 2.1, S. 88.

zusammenfallen muss — das wie gesagt legen Aperçus von der Art des »Gasglüh-
licht[s]« in der Vorstadtvilla derer von Rinnlingen nahe,[248] in den Lübecker Vor-
städten damals noch state of the art[249] —, wegen dieser Koinzidenz also von erzählter und Publikationszeit lässt sich auch das Geburtsjahr der für Friedemann
fatalen Frau hinlänglich genau ermitteln. Sie wird um das Jahr 1872 herum und
jedenfalls ziemlich bald nach dem Gründungsdatum von 1871 zur Welt gekommen sein.

Gerda von Rinnlingen ist also förmlich eine Tochter des neu geeinten Reichs.
Als solche verschlägt es sie ausgerechnet aus der Hauptstadt in die Nähe ihres
Opfers.[250] Und zwar gelangt sie in direkter Konsequenz eines reichsbürokrati-
schen Verwaltungsakts hierher. Dieser betrifft eine lokale Kaderposition in der
Militärverwaltung. Er hat mit der Armee zu tun; und das heißt zwar noch nicht
ganz: mit einer reichsweit aufgezogenen Institution, noch nicht mit *der* zentralen
Reichsinstitution schlechthin; aber doch mit einer Einrichtung, durch die sich die
neu etablierte Zentralmacht etwa in den Hansestädten sehr handfest als solche
durchsetzen konnte. So machte sie sich im Falle Lübecks, nachdem dessen eigenes Infanteriebataillon aufgelöst worden war, in Gestalt einer königlich-preußi-
schen Einheit breit, die hier garnisonierte.[251] Es war das Zweite Hanseatische Infanterie-Regiment Nr. 76.[252] So sein halb irreführender Titel. Und wenn die Offi-
ziersuniformen just dieses »2. hanseatischen Infanterieregiments Nr. 76« bereits
im Szenarium für die Verfilmung des *Kleinen Herrn Friedemann* vorgesehen waren,[253] dann lässt das doch wohl darauf schließen, dass man sich in Babelsberg
solche historischen Zusammenhänge durchaus zu vergegenwärtigen wusste.

Kommt dazu, dass die Tochter des neuen Reichs als Gattin eines schulbei-
spielhaft preußischen Militärs »hierher« gelangt:[254] »korrekt, stramm, ritterlich«,
»ein glänzender Offizier!«[255] Solch ein schneidiger Ausbund allen Preußentums

---

248 Bd. 2.1, S. 113.
249 Vgl. Wolfgang Muth, Stromversorgung, in: Antjekathrin Graßmann (Hg.), Lübeck-Lexikon.
Die Hansestadt von A bis Z, Lübeck: Schmidt-Römhild, 2006, S. 338 f.; Stadtwerke Lübeck (Hg.),
100 Jahre Strom für die Hansestadt Lübeck. 1887–1987, Lübeck: o. V., 1987, S. 18.
250 Vgl. Yahya Elsaghe, Zentrum und Peripherie in Thomas Manns Novelle vom *Kleinen Herrn
Friedemann*, in: Germanistik in der Schweiz 10, 2013, S. 329–336.
251 Vgl. Ahrens, Von der Franzosenzeit bis zum ersten Weltkrieg 1806–1914, S. 618 f.
252 Vgl. Wilfried Niemann, Geschichte des 2. hanseatischen Infanterie-Regiments Nr. 76, Hamburg: Mauke, 1876; Theodor Schrader, Das 2. hanseatische Infanterie-Regiment Nr. 76, in: ders.,
Führer durch die Sammlung Hamburgischer Alterthümer, Hamburg: Lütcke & Wulff, 1903,
S. 70–72.
253 Görner, Der kleine Herr Friedemann. Filmszenarium, S. 78.
254 Bd. 2.1, S. 94.
255 Bd. 2.1, S. 96.

löst einen vor Ort ausdrücklich beliebten Bezirkskommandanten nach »lange[n] Jahre[n]« ab, weil dieser aus ungenannten Gründen und zum eigens notierten Missbehagen der ortsansässigen Bevölkerung abgedankt hat.[256]

Thomas Manns Erzählung vom kleinen, gutmütigen, friedfertigen Johannes und der übermächtigen Sadistin, die seine bescheiden-selbstgenügsame Existenz mutwillig vernichtet, erhält mit alledem ein politisches Deutungspotential. Sie wird lesbar als innenpolitische Parabel auf die *damals* jüngste Geschichte. Solcherlei Weiterungen, obwohl selbst von den wissenschaftlichen Rezipienten seinerzeit noch längst nicht bemerkt, scheinen Görner und Vogel nicht ganz entgangen zu sein. Darauf, auf ein Sensorium für die politische Aktualität oder Aktualisierbarkeit der Erzählung, deutet ja vielleicht schon die Wahl jener Regimentsuniformen. Einschlägig ist hier aber vor allem ein in Film, Drehbuch und Szenarium eigens hinzuerfundenes »Bild«, das im Zusammenhang mit der Wiederkehr des Verdrängen oben schon einmal herangezogen wurde, »Markt am Rathaus — Lübeck«:

Als die von Rinnlingen vor Ort ankommen und ihr Umzugswagen durch die Stadt fährt, hört man »das Getuschel der Bürger«:[257] »Ich seh' den alten Bezirkskommandanten [im Film: ›Bezirksrat‹] ungern scheiden. Ja, er war [im Film: ›ist‹] sehr beliebt. Ist der Neue verheiratet?«[258] Da verliert ein Wagen ein Rad, Gepäck stürzt zu Boden. »Neugierig werfen die Passanten ihre Blicke auf die ... ... Intimsphäre der von Rinnlingen.«[259] Neben und vor der hauptstädtisch »frivol[en]« Damenwäsche »fällt« ein Gemälde »auf die Straße«, »das Kaiser Wilhelm II. zeigt«[260] (oder, pedantisch genau genommen, denn so steht es auf dem Leihvertrag, ›nur‹ den noch ungekrönten »Prinz[en] von Preußen«[261]).

Diese Regieanweisung haben Vogel und sein Kameramann in zwei Einstellungen von drei beziehungsweise sechs Sekunden getreulich realisiert. Ihre gleich doppelte Realisation der Anweisung dient unübersehbar dem Zweck, den Blick auf das betreffende Requisit zu lenken — und sei es auch um den Preis eines

---

256 Bd. 2.1, S. 94.

257 Görner, Der kleine Herr Friedemann. Filmszenarium, S. 41; Vogel und Haubold, Der kleine Herr Friedemann. Drehbuch, S. 55.

258 Görner, Der kleine Herr Friedemann. Filmszenarium, S. 41; Vogel und Haubold, Der kleine Herr Friedemann. Drehbuch, S. 55; Vogel, Der kleine Herr Friedemann, 00:29:23.

259 Görner, Der kleine Herr Friedemann. Filmszenarium, S. 42; Vogel und Haubold, Der kleine Herr Friedemann. Drehbuch, S. 56.

260 Görner, Der kleine Herr Friedemann. Filmszenarium, S. 42; Vogel und Haubold, Der kleine Herr Friedemann. Drehbuch, S. 56.

261 Leihvertrag mit dem DEFA-Studio für Spielfilme vom 12. Juni 1990, Bundesarchiv, Berlin-Lichterfelde.

kleinen Anschlussfehlers.[262] Denn in der ersten, kürzeren Kameraeinstellung liegt das hochformatige Gemälde noch auf einer seiner Längsseiten; auf der nächsten, doppelt so langen Einstellung aber steht es so, wie es gehängt werden müsste, also so, dass man die Identität der darauf portraitierten Persönlichkeit desto unweigerlicher erkennen muss.[263]

Dass diese Persönlichkeit solcherweise mit der Unterwäsche der Hauptstädterin nahezu buchstäblich in Berührung kommt, verdient in Anbetracht der anderweitigen Rezeptionsgeschichte Respekt und Anerkennung. Es zeugt von einer beachtlichen Hellhörigkeit sowohl des Regisseurs als vor allem auch schon des Szenaristen. Das diskret-indiskrete Detail setzt jene im Novellentext nebenher gegebenen Informationen um, welche Gerda von Rinnlingen in eine enge Beziehung zum Reich und seiner Gründung rücken. Durch dieses Detail und seine Realisation wird das hier im Wortsinn intime Verhältnis der femme fatale zur Zentralmacht und Machtzentrale nunmehr förmlich ausgestellt.

Vor diesem Hintergrund erscheint es umso bedeutsamer, wenn die Übermächtigkeit der Frau im Film noch weit stärker ausgeprägt ist als in der Novelle. Dort ist sie nur eben eine Wieder- oder Vorgängerin ihrer Vornamensvetterin aus den *Buddenbrooks*, der »ein wenig morbide[n]«[264] Gerda Buddenbrook-Arnoldsen. Die Verwandtschaft der einen mit der anderen Gerda im Übrigen entging den Verfilmern sowohl der *Buddenbrooks* als auch des *Kleinen Herrn Friedemann* durchaus nicht. Bei ihrer filmischen Realisation ließ sich Breloer vielleicht sogar durch Vogel und Görner inspirieren; gegebenenfalls ein wohl singuläres Zeugnis für die Wirksamkeit des ansonsten kaum wahrgenommenen *Friedemann*-Films.

Zum einen hat Görner die Charakterisierung Gerda Buddenbrook-Arnoldsens als einer »ein wenig morbide[n]« Frau wortwörtlich ins *Friedemann*-Szenarium übernommen, aus dem sie dann talis qualis in den Nebentext des Drehbuchs gelangte.[265] Und zum anderen, wie schon einmal erwähnt, sagt Julchen Hagenström in der Breloer'schen Romanverfilmung (aber seltsamerweise nur in der — kürzeren — Kinofassung), während Thomas und Gerda Buddenbrook miteinander tanzen: »Aber vier Jahre verheiratet und noch immer kein Kind.«[266] Das ist zwar nicht falsch. (Hanno, Jahrgang 1861, kommt erst im vierten Jahr der 1857 geschlossenen Ehe zu Welt.) Aber im *Roman* wird es so nirgends ausbuchstabiert oder ausge-

262 Freundlicher Hinweis von Hanspeter Affolter, Bern, vom 27. November 2017.

263 Vogel, Der kleine Herr Friedemann, 00:29:53. S. Abb. 86 f.

264 Bd. 1.1, S. 376.

265 Görner, Der kleine Herr Friedemann. Filmszenarium, S. 69; Vogel und Haubold, Der kleine Herr Friedemann. Drehbuch, S. 84.

266 Breloer, Buddenbrooks (2008), 01:21:28; freundlicher Hinweis von Martina Schönbächler, Zürich, vom 19. Juli 2016.

zählt. Wirklich ausbuchstabiert wird dergleichen auch nicht in der *Friedemann*-Novelle. In den Medisancen, in denen eine verklatschte Kleinstädterin, namens Hagenström nota bene, sich dort über Gerda von Rinnlingen auslässt, heißt es nur: »Vier Jahre sind sie verheiratet ... Liebste ...«[267] Die Emphase, welche die Auslassungspunkte dieser Aussage verleihen, kommuniziert dabei allerdings sehr wohl mit einer Information, die der Erzähler kurz zuvor über die von Rinnlingens hat einfließen lassen: »der neue Oberstlieutnant, der verheiratet aber kinderlos war«.[268] Die mutmaßlich intime, sozusagen sexualanamnetische Bedeutsamkeit der auch hier schon vier Ehejahre, die im Novellentext also allein durch die Interpunktion der direkten Kleinstädterinnenrede angedeutet ist, wird in der *Verfilmung* der Novelle jedoch geradeso ausformuliert wie dann bei Breloer. Erst und allein in dieser Verfilmung sagt Frau Hagenström über die von Rinnlingens: »Vier Jahre sind sie nun verheiratet, meine Lieben! Vier Jahre und noch immer kinderlos!«[269]

2.4.3 Die filmische Profilierung der Gerda von Rinnlingen

Ob Görner und Vogel mit ihrer Verdeutlichung des in Manns Text dezent Angedeuteten nun das unmittelbare Modell lieferten für Breloers analoges Verfahren oder ob sich diese Analogie spontan ergab: Jedenfalls bleibt es nicht bei dem Quäntchen Morbidität, das sie Gerda von Rinnlingen als Teil einer Familienähnlichkeit mit ihrer berühmteren Vornamensschwester ließen. Denn »verführerische[] Frau«, die sie in der Verfilmung so entschieden ist oder wird, erscheint Gerda von Rinnlingen hier, im Film, jetzt leibhaftig als die Personifikation des »wirkliche[n] Leben[s]«, als die man ihre »Gestalt« in der DDR-Germanistik simplizistisch interpretierte. Im Merkmalssatz dieser dadurch nunmehr brüchig und widersprüchlich geratenen Gestalt sind die Elemente ziemlich weit zurückgenommen, durch die sie in der Novelle noch eine gewisse Wesensverwandtschaft mit der männlichen Hauptfigur aufwies: »*Auch* ich bin viel krank [...]. Ich bin nervös und kenne die merkwürdigsten Zustände.«[270] »Ich verstehe mich ein wenig auf das Unglück, [...] Sommernächte am Wasser sind das Beste dafür.«[271]

---

267 Bd. 2.1, S. 96.
268 Bd. 2.1, S. 94.
269 Vogel, Der kleine Herr Friedemann, 00:45:34.
270 Bd. 2.1, S. 107 f.; im Original keine Hervorhebung.
271 Bd. 2.1, S. 117.

Dergleichen sagt Gerda so zwar auch im Film. Dennoch ist sie hier keine reine Patientin von der Sorte der »nervöse[n]«[272] und »ein wenig morbide[n]« Gerda Buddenbrook-Arnoldsen.[273] Gerda von Rinnlingens »*ein wenig* morbid[e]« Züge, wie sie allenfalls an ihrer überweißten, blutleer wirkenden Maske zutage treten, werden im Film konterkariert durch ungleich vitalere, animalische, ja geradezu raubtierhafte und jedenfalls ›vampig‹ bedrohliche — maskenbildnerisch wiederum umgesetzt durch ihre satt-roten Lippen —, die schwerlich mit ihrer jeweils behaupteten Morbidität kompatibel sind; mag diese auch noch so »wenig« ausgeprägt sein.

In den Regieanweisungen des Szenariums und des Drehbuchs wird Gerda einmal mit einer Haus-, ein andermal sogar mit einer Großkatze verglichen: »Gerda von Rinnlingen blinzelt ihn [scil. ihren Gatten] an wie eine Katze [...].«[274] »Sie schüttelt sich wie eine Löwin.«[275] Die entsprechende Realisation der Rolle bereitete denn auch solchen Kritikern schweres »Unbehagen«,[276] die den Film nach dem Kriterium seiner Werktreue beurteilten und das »Fragile, Verletzliche dieser Figur«[277] vermissten, da dieselbe nunmehr zur »Furie« mutiert, zu einem »Monster von Frau mit roter Mähne«[278] (während ihre Haare in der Novelle nur rotblond und nur ausnahmsweise hexenhaft rot sind[279]).

Gerda von Rinnlingen erscheint so als rote Bestie und ins Un-, ja selbst Übermenschliche hinab- respektive emporstilisiert. Im Szenarium nämlich und teilweise auch im Drehbuch ist sie sogar mit zwei heidnischen Göttinnen verglichen, mit Aphrodite und Diana; eine zur zweiten Hälfte vermutlich von der damals rezenten Forschung mit soufflierte Interpretationsweise.[280] Von der im Jagdwagen erstmals ›Auftretenden‹ heißt es im Szenarium: »Die Jagdgöttin Diana könnte

---

272 Bd. 1.1, S. 709.

273 Bd. 1.1, S. 376.

274 Görner, Der kleine Herr Friedemann. Filmszenarium, S. 84; Vogel und Haubold, Der kleine Herr Friedemann. Drehbuch, S. 97.

275 Görner, Der kleine Herr Friedemann. Filmszenarium, S. 74; Vogel und Haubold, Der kleine Herr Friedemann. Drehbuch, S. 91.

276 Heike und René Römer, Eine Furie verfolgte Friedemann, in: Leipziger Volkszeitung, 3. April 1991, S. 12.

277 Zimm, Zwickmühle für Mühe.

278 Heike und René Römer, Eine Furie verfolgte Friedemann.

279 Vgl. Bd. 2.1, S. 97, 100, 107.

280 Vgl. Werner Frizen, Zaubertrank der Metaphysik. Quellenkritische Überlegungen im Umkreis der Schopenhauer-Rezeption Thomas Manns, Frankfurt a. M., Bern und Cirencester: Lang, 1980 (Europäische Hochschulschriften, Reihe 1, Bd. 342), S. 58; freundlicher Hinweis von Hanspeter Affolter, Bern, vom 15. Juni 2015.

nicht schöner sein.«[281] Und auf diesen Vergleich, obwohl er nur im Szenarium angestellt wird, bezieht sich auch das Drehbuch zurück. Denn die Badende »gleicht« hier wie dort »nun weniger Diana als Aphrodite [...], ein wenig morbide und von rätselhafter Schönheit«[282] — wie auch immer Görner und Vogel glaubten, Morbidität mit der Anadyomene, einer unsterblichen Olympierin und Fruchtbarkeitsgöttin zusammenbringen zu können.

Mit alledem — und eben immer auf Kosten der Kohärenz in der Zeichnung der weiblichen Figur — wird das Gefälle zwischen den beiden Hauptrollen erheblich vergrößert. Die Unterlegenheit des schwächlichen und deformierten Herrn Friedemann und die Aussichtslosigkeit seines Begehrens tritt im Film noch viel deutlicher hervor als im Novellentext. Dessen Sexismen sind hier sozusagen klassenspezifisch dosiert. Seine Misogynie oder Gynophobie wird entweder bereinigt oder aber eben noch erheblich verschärft; je nachdem, welcher Klasse oder welchem Stand eine Frau angehört. So kann die Logik von adliger Täterin und bürgerlichem Opfer, sehr im Unterschied zur so oder so minimierten Schuld der Amme und Proletarierin, eine entschiedene Zuspitzung erfahren. Profiliert oder vereindeutigt wird die Bösartigkeit dieser Täterin bis zum bitteren Ende. Denn während das »Lachen«, das nach Friedemanns Suizid zynischerweise das allerletzte Wort des Novellentexts bleibt,[283] dort niemandem eindeutig zugeordnet werden kann, legen Szenarium und Drehbuch unmissverständlich fest, dass es Gerda von Rinnlingen zu sein hat, die sich in derart hartherziger Weise am Elend ihres wehrlosen Opfers weidet.

Die Vereindeutigung der in der Novelle noch ambivalenteren, das heißt in der Tat und ernsthaft auch leidenden Frauenfigur vollzog sich indessen erst nach und nach. Die Zurücknahme ihrer eigenen Versehrtheit und Dünnhäutigkeit zugunsten einer hemmungslosen, ja als ›monströs‹ wahrgenommenen Vitalität ergab sich in dieser Entschiedenheit, zum Teil wenigstens, ihrerseits wieder aus einer längeren Entwicklung. Diese lässt sich an den dokumentierten Entstehungsstadien des Filmprojekts ablesen. Sie betrifft vor allem die Sexualität der weiblichen Hauptfigur. Diese nämlich nahm im Lauf des Verfilmungsprozesses zusehends energischere Formen an.

---

281 Görner, Der kleine Herr Friedemann. Filmszenarium, S. 54.
282 Görner, Der kleine Herr Friedemann. Filmszenarium, S. 69; Vogel und Haubold, Der kleine Herr Friedemann. Drehbuch, S. 84.
283 Bd. 2.1, S. 119.

Während der Novellentext selbst und seine Reminiszenzen an Hans Christian Andersens Märchen von der Schneekönigin und der Eisjungfrau[284] insinuieren, dass das »Unglück« auch dieser weiblichen Hauptfigur mit deren Sexualleben zu tun hat oder mit einem Mangel eines solchen, wurde ihre mutmaßliche Frigidität, die sie wiederum samt ihrer märchenhaften Stilisierung mit ihrer Namensschwester in den *Buddenbrooks* teilt, schon im Szenarium und im Drehbuch gewissermaßen kuriert. Und zwar wurde sie durch allerdings nur flüchtige Andeutungen einer gleichgeschlechtlichen Libido ersetzt. Ein »Fräulein Stephens« oder, im Drehbuch, ein hier bereits verlobtes »Fräulein Hagenström« — die eine wie die andere kommt in der Novelle wiederum nur als Statistin vor — das ein oder andere Fräulein also hat in einem der letzten ›Bilder‹ mit Gerda von Rinnlingen Konversation zu machen. So sieht es der Novellentext für »Fräulein Stephens« tatsächlich vor: »aufrecht [...] wie aus Holz geschnitzt [...] und [...] ängstlich lächelnd«.[285] Fällt aber der Inhalt dieses »Gespräch[s]«[286] unter Damen wie etwa auch der jenes Männergesprächs »über Politik« in der Novelle noch samt und sonders unter die Unbestimmtheitsstellen, so deuten im Szenarium wie im Drehbuch die Regieanweisungen und eine Dialogzeile schon dezent an, welche Wendung die für das betretene Fräulein offenbar unangenehme Konversation genommen hat. Fräulein Stephens beziehungsweise Fräulein Hagenström hat dort zu sagen, »während sie ihre Hand der von Gerda vorsichtig entzieht«: »Liebe als Erlösung aus der Isolation? Ich ...« Und, nach »eine[r] verlegene[n] Pause«: »Ich weiß nicht, gnädige Frau, was Sie meinen?!«[287]

Schon die Interpunktion, das Ausrufe- hinter dem Fragezeichen, weist die Frage nach dem hier Gemeinten als eine eher rhetorische aus. Was gemeint sein muss, ist jedenfalls so schwer zu erraten nicht. Und vollends deutlich wird es, wenn man berücksichtigt, dass Görner hier einmal mehr mit Zitaten arbeitet. Diese allerdings sind stark verdeckt. Sie halten dasselbe Anspruchsniveau wie jene Reminiszenzen an Pindars Theoxenos und August von Platens Homosexualität (oder auch der Anfang der *Lotte in Weimar*-Verfilmung, wo jenes salbungsvolle Motto des Romans[288] rezitiert und dabei mit dem Gestus vollkommener

---

284 Vgl. Hans Christian Andersen, Die Schneekönigin. In sieben Geschichten, in: ders., Gesammelte Märchen. Erster Theil, Leipzig: Carl B. Lorck, 1847 (Gesammelte Werke, Bd. 12), S. 69–117, hier S. 74; Maar, Geister und Kunst, S. 142 f.
285 Bd. 2.1, S. 115.
286 Bd. 2.1, S. 114 f.
287 Görner, Der kleine Herr Friedemann. Filmszenarium, S. 115; Vogel und Haubold, Der kleine Herr Friedemann. Drehbuch, S. 143. S. Abb. 88.
288 Vgl. Bd. 9.1, S. 9; Bd. 9.2, S. 179 f.

Selbstverständlichkeit vorausgesetzt wird, was oder wer die daselbst erwähnten »Transoxanen« sind[289]).

Die Formel »Liebe als Erlösung aus der Isolation«, derer sich Gerda bedient haben muss und welche die von ihr Angegangene hier offensichtlich nur wiederholend aufgreift, stammt aus einer nun wirklich esoterischen Quelle. Sie findet sich in der Sekundärliteratur zu Thomas Mann, wenn freilich auch aus einem vergleichsweise prominenten Stück derselben. Sie steht so im ersten Band der *Thomas Mann-Studien* (1967);[290] und Autor des Zitats ist kein Geringerer als Hans Wysling. Wysling, mit dem denn auch schon Janka in Kontakt getreten war, als er im Interesse des Verfilmungsprojekts *Lotte in Weimar* nach Zürich reiste,[291] galt damals als Platzhirsch und Meinungsführer der Thomas-Mann-Forschung, an deren theoretischer Unbedarftheit und methodischer Retardation er eine erhebliche Mitschuld trägt (ganz zu schweigen von seiner nicht unumstrittenen Leitung des Thomas-Mann-Archivs,[292] in dem ihn Janka seinerzeit aufgesucht hatte).

In dem Passus nun, in dem er die Formel von der Liebe als Befreiung aus der Isolation benutzte, folgte Wysling einmal mehr dem unter seinesgleichen so beliebten »autobiographischen Ansatz«.[293] Es war ihm namentlich um Homoerotik zu tun. Ganz konkret ging es um die Hoffnungen, die Thomas Mann für seine Person auf seine »Freundschaft und Liebe zu Paul Ehrenberg« gesetzt haben soll.[294] Was Mann bei und in Ehrenberg gesucht habe, sei »Natürlichkeit« gewesen, »ein einfacher Austausch zwischen Ich und Du: Liebe als Erlösung aus der Isolation.«[295]

---

289 Günther, Lotte in Weimar, 00:04:58.

290 Vgl. Hans Wysling, Zu Thomas Manns »Maja«-Projekt, in: ders. und Paul Scherrer, Quellenkritische Studien zum Werk Thomas Manns, Bern und München: Francke, 1967 (Thomas Mann-Studien, Bd. 1), S. 23–47, hier S. 28.

291 Vgl. Walter Janka, Brief vom 10. Mai 1971 an Johannes von Günther, zit. nach: Köstler (Hg.), »Irgendwann werde ich wieder verlegen«.

292 Vgl. Tilmann Lahme, Das Archiv der dreitausend vergessenen Briefe, in: Frankfurter Allgemeine Zeitung, 30. August 2013, http://www.faz.net/aktuell/feuilleton/buecher/autoren/thomas-mann-archiv-in-zuerich-das-archiv-der-dreitausend-vergessenen-briefe-12552168.html [Zugriff: 9. Januar 2018]; Roman Bucheli, Peinlich mysteriöser Fund, in: Neue Zürcher Zeitung, 30. August 2013, https://www.nzz.ch/feuilleton/peinlich-mysterioeser-fund-1.18142072 [Zugriff: 9. Januar 2018]; Jan Strobel, Chaos im Thomas Mann Archiv?, in: Tagblatt der Stadt Zürich, 30. August 2013, http://www.tagblattzuerich.ch/aktuell/news/news-detail/article/chaos-im-thomas-mann-archiv.html [Zugriff: 9. Januar 2018].

293 Wysling, Zu Thomas Manns »Maja«-Projekt, S. 27.

294 Wysling, Zu Thomas Manns »Maja«-Projekt, S. 27.

295 Wysling, Zu Thomas Manns »Maja«-Projekt, S. 28.

Die also bis ins Drehbuch noch sehr verhaltenen Hinweise auf eine homosexuelle Orientierung der Gerda von Rinnlingen und auf erotische Avancen, die
diese den jungen Frauen vor Ort zu machen scheint, hat Vogel im realisierten
Film dann entschieden verdeutlicht. Nicht nur streichelt Gerda im Film, von ihrem Dienstmädchen missgünstig, argwöhnisch oder eifersüchtig beäugt,[296] der
verlobten Hagenström sehr zärtlich die Schläfe, nachdem und obwohl das Fräulein ihre aufmischerische Offerte ausgeschlagen hat. Viel früher schon, im Bade-
zimmer ihrer »roten Villa«, aber eben erst in der filmischen Umsetzung dieses in
Szenarium und Drehbuch noch ganz harmlosen ›Bilds‹, schäkert die splitter-
nackte Gerda auf nun äußerst anzügliche Weise mit jenem — dafür durchaus
nicht so unempfänglichen — Dienstmädchen,[297] das seinerseits wieder, wie die
Amme Trinchen, eines Eigennamens gewürdigt wird, »Emma«; und dieser, Zufall
oder nicht, erweist sich auch noch als Palindrom der »Amme«.

Demnach scheint hier das alte antifeudale Stereotyp vom lasziven und per-
versen Adel abgerufen zu sein, wie es späterhin von linker Seite gegen die Deka-
denz wiederum der bourgeoisen Gesellschaft gewendet werden sollte. Die gewählte Variante der Laszivität und Perversion, dass Gerda von Rinnlingen also
eine aufsässige Lesbe zu sein hat, könnte darüber hinaus an jene spezifisch homophoben Ressentiments appellieren, die Janka in seiner Be- oder Verurteilung
des Films *Morte a Venezia* auch oder gerade bei der Bevölkerung der DDR ganz
selbstverständlich vorausgesetzt hatte. Die Homosexualität der auch schon bei
Thomas Mann als Domina bereits eingeführten Frau — »Sie raucht, sie reitet«[298] —
nahm dabei im Lauf der Herstellungszeit zusehends aggressivere Formen an.

Diese wiederum entsprechen genau der Verkehrung der Geschlechterrollen,
wie sie dem Protagonisten schon in der Novelle so schwer zusetzt: »War sie nicht
eine Frau und er ein Mann?«[299] Eine solche Inversion der Gender-›Diathesen‹, des
aktiven und des leidenden Parts, wird im Text so bald als irgend nur möglich ex-
poniert, nämlich bei der Erstbegegnung des Protagonisten und seiner Antagonistin, beim ersten Auftritt derselben. In Szene gesetzt wird sie bereits dort durch ein
sadomasochistisches Handlungsarrangement. Die Frau besetzt darin die männ-
lich-aktive, der Mann oder das Männchen hingegen die weiblich ›kastrierte‹
Rolle: Sie, mit einem Accessoire aus Leder versehen, senkt gegen ihn von der Hö-

---

296 Vogel, Der kleine Herr Friedemann, 01:34:02; freundlicher Hinweis von Hanspeter Affolter,
Bern, vom 5. Dezember 2017.
297 S. Abb. 89.
298 Vgl. Bd. 2.1, S. 95 f.
299 Bd. 2.1, S. 102.

he ihres »Jagdwagen[s]« herab eine Peitsche; er erniedrigt sich förmlich, indem er seinen handgreiflich phallischen Hut vor ihr abnimmt, einen Zylinder:[300]

> Großkaufmann Stephens grüßte außerordentlich ehrerbietig, als der Wagen herangekommen war, und auch der kleine Herr Friedemann lüftete seinen Hut, wobei er Frau von Rinnlingen groß und aufmerksam ansah. Sie senkte ihre Peitsche, nickte leicht mit dem Kopfe und fuhr langsam vorüber, indem sie rechts und links die Häuser und Schaufenster betrachtete.
> Nach ein paar Schritten sagte der Großkaufmann:
> »Sie hat eine Spazierfahrt gemacht und fährt nun nach Hause.«
> Der kleine Herr Friedemann antwortete nicht, sondern blickte vor sich nieder auf das Pflaster. Dann sah er plötzlich den Großkaufmann an und fragte:
> »Wie meinten Sie?«
> Und Herr Stephens wiederholte seine scharfsinnige Bemerkung.[301]

Das untergründig politische Narrativ, das in dieser Handlungsregie, Körperchoreographie und Sexualsymbolik der Novelle selbst immer schon mit impliziert war — dass eben ein Teil Deutschlands den anderen überwältigt —, konnte im Film durch die Lesbianisierung der Frau desto besser zur Geltung kommen; vor allem in einer homophoben Lebenswelt, wie sie Jankas abfällige Äußerungen über Visconti und dessen Thomas-Mann-Verfilmung zu bezeugen scheinen. Es konnte unversehens eine besondere Aktualität gewinnen; und umso bequemer bot es sich an, *seinerzeit* brisante Probleme darüber zu verhandeln. Jetzt konnte es dazu dienen, die innerdeutschen Spannungen der Gegenwart gewissermaßen auszutragen oder abzuleiten, die ja gerade auch wieder im Zusammenhang mit der Erstausstrahlung des Fernsehfilms offen zutage treten sollten, in Streitigkeiten um die erst geplante, sehr unvorteilhafte Sendezeit spätabends beziehungsweise in der im Gegenzug erhobenen Drohung, dem Sender die Ausstrahlungsrechte »für die Alt-Bundesländer« zu entziehen.

2.4.4 Das Casting der beiden Hauptrollen

Dazu, dass sich Thomas Manns Narrativ eines innerdeutschen Konflikts zur Zeit der Verfilmung als Projektionsschirm für die mit dem Einigungsprozess einhergehenden Befürchtungen anbot, stimmt nun bemerkenswert genau der Cast des Films, für den Vogel und Görner zusammen mit Alfried Nehring verantwortlich

---

300 Bd. 2.1, S. 96 f.
301 Bd. 2.1, S. 97.

zeichneten, dem damaligen Chefdramaturgen des DDR-Fernsehens.[302] Wann genau das Casting erfolgte, lässt sich leider, leider nicht mehr ermitteln. Es wird schon in die unmittelbare Vorgeschichte der Vereinigung gefallen sein. (Die älteste erhaltene Besetzungsliste datiert vom 3. Mai 1990. Anfragen bei der noch lebenden Hauptdarstellerin blieben unbeantwortet.)

Ähnlich wie bereits in *Lotte in Weimar* und ganz im Sinn jener gesamtdeutschen Thomas-Mann-Verfilmung, die die DEFA in den frühen Fünfzigerjahren projektiert hatte, wirkten am *Kleinen Herrn Friedemann* Schauspieler und Schauspielerinnen aus beiden Hälften Deutschlands mit. Dabei teilten sie sich auf sinnige Weise in die Hauptrollen. Und zwar verteilten sie sich nach demselben oder auch nicht ganz dem selben Gendering von Ost und West wie bei der Verfilmung von *Lotte in Weimar*. Die männliche oder, verglichen mit dem alterspotenten und »patriarchalischen«[303] Goethe, doch auch wieder nicht gar so männliche Rolle des Johannes Friedemann wurde, wie schon gesagt, an Ulrich Mühe vergeben. Mit dessen Namen beginnt der Vorspann bezeichnenderweise: »Ulrich Mühe in [...]«.

Mit dieser Besetzung waren der Figur des kleinen Herrn Friedmann zunächst einmal die gesammelten Publikumssympathien sicher. Gesichert wurden sie ihr schon durch die Konnotationen gleichsam der Rollen, die Mühe bisher und zumal vor Kurzem noch gespielt hatte, wie eben einen Friedrich Hölderlin. Denn Hölderlin, das war hüben und drüben und ist ja noch immer eine von der Germanistik quasi heiliggesprochene Gestalt, an deren sakrale Aura kein zweiter Autor der deutschen, wenn nicht gar der Weltliteratur heranreicht.

Vor allem anderen aber ging die eigentliche Hauptrolle mit Ulrich Mühe nicht eben nur an einen Sympathieträger, sondern in eins damit an einen Schauspieler, der in der DDR relativ prominent war und selbst über ihr Bestehen hinaus eng mit ihr assoziiert blieb. Zuletzt und ganz besonders kam diese Assoziiertheit bekanntlich in Florian Henckel von Donnersmarcks *Das Leben der Anderen* (2006) zum Tragen; mag der Film gerade in der Ex-DDR auch mit noch so gutem Recht umstritten sein.[304] In einem neutralen und ganz unverfänglichen, ja ehrenvollen Sinn darf man von Mühe jedenfalls wohl sagen, dass er eine für die DDR repräsentative Persönlichkeit war.

---

302 Eberhard Görner, E-Mail vom 4. April 2014 an den Verfasser.
303 Bd. 9.1, S. 403.
304 Vgl. z. B. Annette Simon, Das Leben und die Anderen. Eine Polemik, in: dies., »Bleiben will ich, wo ich nie gewesen bin«. Versuch über ostdeutsche Identitäten. Mit einem Vorwort von Joachim Gauck, Gießen: Psychosozial-Verlag, 2009, S. 125–136.

Die Rolle der sadistischen, nun auch lesbisch-übergriffigen Narzisstin hingegen, die der von solch einem schmächtigen Repräsentanten gespielte Friedemann desto aussichtsloser begehrt — wiederum sehr anders als in *Lotte in Weimar* —, ausgerechnet diese raubtierhaft-aggressive Rolle wurde mit einer Schauspielerin aus dem westlichen Teil Deutschlands besetzt. Und für die Wirtschaftsordnung, die dort eh und je herrschte, sollte wenig später, geprägt vermutlich von Helmut Kohls Amtsvorgänger, nota bene das Schlagwort vom Raubtierkapitalismus aufkommen.[305]

Die Schauspielerin aus dem Westen, die eigens zu Protokoll gab, sich mit Gerda von Rinnlingen persönlich identifizieren zu können,[306] war zwar längst nicht so bekannt wie Ulrich Mühe in und aus der DDR. Dafür jedoch hatte sie einen berühmten Vorfahren. (Mit etwas gutem oder auch bösem Willen kann man sogar physiognomische Ähnlichkeiten zwischen Ihr und diesem ausmachen; so zumindest in Hinsicht auf die Schlupflider der einen wie des anderen.[307]) Sie stammte aus einer Dynastie, deren Name mit der deutschen Einigungsgeschichte und deren Profiteuren so eng verbunden ist wie kein anderer: Maria von Bismarck.

Schon allein die Besetzung der beiden Hauptrollen war also nicht ungeeignet, gewisse Vorbehalte gegen die deutsche Wiedervereinigung zu artikulieren oder doch bestimmte Ängste anzusprechen, die notgedrungen mit ihr einhergingen und sich eben bald schon selbst bei der Programmierung des Films zu bewahrheiten drohten. In solcher Weise scheint »die Besetzung der beiden Hauptrollen mit Ulrich Mühe aus Ostberlin und Maria von Bismarck aus Bremen« tatsächlich gemeint gewesen zu sein.[308] Und jedenfalls *konnte* man den Cast erwiesenermaßen so verstehen.[309] Das erweisen insbesondere auch die zeitgenössischen Rezensionen. Schon und gerade für ein zeitgenössisches Publikum passte der »bestürzend aktuelle[] Film, obwohl seine Handlung doch im [sic!] Ende des

---

305 Vgl. Helmut Schmidt, Mit voller Kraft ins nächste Jahrhundert. Fünfzig Jahre nach dem Marshallplan, in: Die Zeit, 6. Juni 1997, S. 3; ders., Zeit, von den Pflichten zu sprechen!, in: Die Zeit, 3. Oktober 1997, S. 17 (zuvor schon einmal bei Fritz Otto Hermann Schulz, Komödie der Freiheit. Die Sozialpolitik der großen Demokratien, Wien: Frick, 1940, S. 260; freundlicher Hinweis von Elias Zimmermann, Bern, vom 21. Dezember 2018).

306 Vgl. Tanja Queling et al. (»Neh.«), Tödlich entflammt, in: FF dabei 12, 1991, S. 12 f., hier S. 12.

307 S. Abb. 90 f.

308 Alfried Nehring, Dramaturgie eines Anfangs, in: ders. und Deutscher Fernsehfunk Fernsehdramatik / Presse- und Öffentlichkeitsarbeit (Hgg.), *Der kleine Herr Friedemann*. Film des deutschen Fernsehfunks, o. O. u. J., o. P., Deutsches Rundfunkarchiv, Potsdam-Babelsberg.

309 Vgl. Wessendorf, Thomas Mann verfilmt, S. 126; Zander, Thomas Mann im Kino, S. 141 f.

vorigen Jahrhunderts angesiedelt ist«, »verblüffend« genau zu dem Prestigege-
fälle zwischen »›Ossis‹« und »›Wessis‹«[310] und zu all dem, was seinerzeit »zwischen Ost und West gesch[ah]«.[311]

Mit anderen Worten: Der Film, von dem auch der Hauptdarsteller fand, dass
er »ja nicht wenig mit unserer Zeit zu tun hat«,[312] machte die Hoffnung wahr, die
der Chefdramaturg Nehring in ihn gesetzt hatte: »sich mit Thomas Manns wun-
dervoller Erzählung und unserer Zeit zu beschäftigen«.[313] Die Voraussetzung aber
für die stattgehabte Aktualisierung der Novelle oder doch für die rezeptionsgeschichtlich erhärtete Aktualisierbarkeit ihrer Verfilmung — und das ist bedeutsam genug, um es zu wiederholen — besteht in deren zeit- und situationsbeding-
ter Sensibilität für eine unterschwellige Sinndimension des Novellentexts. Dieser
diente eben zu *seiner* Zeit bereits dazu, die Geschichte einer deutschen Einigung
aus der Perspektive der Modernisierungsverlierer zu bearbeiten.

Bedeutsam und anerkennenswert ist solche Sensibilität deswegen, weil der
Film damit einen problemgeschichtlichen Interpretationszugang zumal zum
Frühwerk eröffnete, der in der von Görner ja nachweislich konsultierten Spezial-
literatur noch vollkommen neu gewesen wäre. Er erweiterte den Erwartungshorizont der Thomas-Mann-Forschung um einen wesentlichen Aspekt. Oder jedenfalls *hätte* er ihn darum bereichern *können*. Denn wie gesagt wurde der Film
schlecht oder gar nicht wirklich rezipiert. Die Forschung begnügte sich weiterhin
mit oder gefiel sich auch in autobiographischen Ansätzen à la Wysling, bis sie
erst um die Jahrtausendwende endlich doch von sozialgeschichtlichen und kul-
turwissenschaftlichen Theoriekonzepten eingeholt werden sollte.

Auch auf die spätere deutsche Verfilmungsgeschichte hatte der Film kaum
oder keine erkennbaren Auswirkungen (je nachdem, wie man die Rede von den
vier Ehejahren in Breloers *Buddenbrooks* bewertet). Folgenlos blieb jedenfalls
seine Wahrnahme eines intranationalen Konfliktpotentials, ebenso wie seine alternative, ›epische‹ Ästhetik, sein wenn auch noch so verhaltener Bruch mit der
aristotelischen Mimesis. Wo es den Verfilmern noch um das Frühwerk zu tun war,
verharrte die populärkulturelle Thomas-Mann-Rezeption formal nach wie vor in

---

310 Kroneberg, Gebogen und gebrochen.

311 Ahrends, Der Frühlingsmann.

312 Ulrich Mühe, [in:] Der Szenarist Eberhard Görner im Gespräch mit Ulrich Mühe, am 16. September 1990, dem letzten Drehtag für den Film *Der kleine Herr Friedemann* im DEFA-Studio, in:
Alfried Nehring und Deutscher Fernsehfunk Fernsehdramatik / Presse- und Öffentlichkeitsarbeit (Hgg.), *Der kleine Herr Friedemann*. Film des deutschen Fernsehfunks, o. O. u. J., o. P., Deutsches Rundfunkarchiv, Potsdam-Babelsberg.

313 Alfried Nehring, *Der kleine Herr Friedemann*. Film des DFF nach der gleichnamigen Erzählung von Thomas Mann, in: Fernsehdienst 51, 14.–20. Dezember 1991, o. P.

einer rein mimetischen Illusionsästhetik, deren Macht man an Geißendörfers Verfilmung des *Zauberberg* exemplarisch studieren kann, an jenen zuletzt doch ganz revozierten Verfremdungen der Liebesnacht von Hans Castorp und Clawdia Chauchat. Und inhaltlich blieb es dabei, dass innerdeutsche Ressentiments vor dem breiten Publikum offenbar nicht thematisch werden durften. So, wie gezeigt, in der bisher jüngsten Großverfilmung, Breloers *Buddenbrooks*, die ja auch ganz erklärtermaßen in der Tradition der bundesdeutschen Verfilmungen aus der Zeit des Kalten Kriegs stehen und dem entsprechend eine selbstgratulatorische Rezeptionsweise begünstigen. Wenn indessen die Alternative, die die Verfilmung des *Kleinen Herrn Friedemann* dazu bereithielt, so gar keine Folgen hatte — nicht einmal Michael Blume hatte diese rezipiert[314] —, dann scheint das seinerseits wiederum symptomatisch zu sein für den Ausgang des innerdeutschen Machtkampfs, vor dessen Hintergrund um den deutschen Nationalschriftsteller einst noch gestritten wurde. Auch die Wirkungsgeschichte der Thomas-Mann-Verfilmungen hat etwas von victors' history.

Oder dann wandten sich die neuen Thomas-Mann-Verfilmungen späteren Texten des Gesamtwerks zu — jedoch nicht dem Exilwerk im oben definierten Sinn des Worts —; und in eins damit kehrten sie sich von der spezifisch deutschen Problemlage der Einigungsgeschichte ab: Jean-Claude Guiguet verlegte 1992 die Handlung der *Betrogenen* in seinem Film *Le Mirage* eigens aus Deutschland heraus in die lateinische Schweiz[315] oder — das wird aus dem Film nicht recht ersichtlich — nach Frankreich. Und *Mario und der Zauberer*, von Klaus Maria Brandauer unter Görners Mitarbeit 1994 endlich doch noch verfilmt, spielt bekanntlich ohnedies im Ausland; und zwar spielt die Handlung in einem Italien, das sich damals, in den späteren und späten Zwanzigerjahren, noch sehr gründlich vom Deutschen Reich unterschied — eine Differenz, die für den Erzählmodus der Novelle denn auch konstitutiv ist. Denn dort wundert sich ein sehr deutscher Erzähler aus dem Bildungsbürgertum über die Veränderungen oder, genauer gesagt, Regressionen der italienischen Gesellschaft.[316] Allerdings weist die Verfilmung gerade dieser Erzählung in anderer, mentalitätsgeschichtlicher, nämlich genderpolitischer Hinsicht eine gewisse Ähnlichkeit mit derjenigen des *Kleinen Herrn Friedemann* auf. Diese Ähnlichkeit besteht in einer erstaunlich engen Fühlung mit der Entstehungszeit der Novelle. Der Film *Mario und der Zauberer* gibt darin genauso wie die Verfilmung des *Kleinen Herrn Friedemann* ein Beispiel da-

---

314 Michael Blume, telephonische Auskunft vom 5. November 2015.
315 Vgl. Zander, Thomas Mann im Kino, S. 124.
316 Vgl. Elsaghe, Krankheit und Matriarchat, S. 234 f., 255.

für ab, dass die produktive Rezeption Thomas Mann'scher Texte der wissenschaftlichen Forschung mitunter um Jahre voraus sein kann.

3 Klaus Maria Brandauers *Mario und der Zauberer*

3.1 *Mario und der Zauberer* in der Geschichte der Thomas-Mann-Verfilmungen

Mario und der Zauberer, 1929 geschrieben und 1930 erschienen, sei »das Filmischste« unter den literarischen Werken Thomas Manns.[1] So befand dessen Tochter Erika, als sie bereits in den Fünfzigerjahren den Produzenten Hans Abich darauf anzusetzen versuchte. Ihr Statement könnte man zumal mit Blick auf *Lotte in Weimar* aus den genannten Gründen auch bestreiten. Jedoch in einer sehr bestimmten, ganz konkreten Hinsicht weist *Mario und der Zauberer* zu Film und Kino tatsächlich und unstreitig eine höhere Affinität auf als alle anderen Erzählungen und Romane des Gesamtwerks, einschließlich des *Zauberbergs*, obgleich ja der frühe Film dort nebenher schon zu einem Thema wird.[2] In *Mario und der Zauberer* aber spielt der entscheidende Teil der Handlung, und das durchaus nicht zufällig,[3] in einem sonst zu »Cinema-Vorführungen« genutzten Raum[4] — während das kleine Theater der Società di Mutuo Soccorso in Forte dei Marmi,[5] in dem »das Vorbild des Zauberers Cipolla«[6] vermutlich auftrat, zwar *auch*, aber durchaus nicht *nur* zu solchen Vorführungen diente.[7]

Dennoch und obwohl die Erben also schon früher versucht hatten, es den Produzenten beliebt zu machen — Erika Mann eben der Filmaufbau GmbH und Golo Mann wie gesehen ein Vierteljahrhundert danach wieder dem Fernsehen der DDR, anstelle des *Kleinen Herrn Friedemann* —, trotz alledem ist es ausgerech-

---

1 Zander, »Das Publikum versteht Thomas Mann auch im Kino!«, S. 220.

2 Vgl. Zander, Thomas Mann im Kino, S. 14–23; Friedhelm Marx, »Durchleuchtung der Probleme«. Film und Photographie in Thomas Manns *Zauberberg*, in: Thomas Mann Jahrbuch 22, 2009, S. 71–81, hier S. 71, 73.

3 Vgl. Elsaghe, Die »Principe[ssa] X.« und »diese Frauen —!«, S. 188; ders., Krankheit und Matriarchat, S. 253 f.

4 Mann, Gesammelte Werke, Bd. 8, S. 671.

5 Vgl. Simone Costagli, Cesare Gabrielli. Il modello del mago Cipolla — Cesare Gabrielli, das Vorbild des Zauberers Cipolla, in: Elisabeth Galvan (Hg.), *Mario e il mago*. Thomas Mann e Luchino Visconti raccontano l'Italia fascista — *Mario und der Zauberer*. Thomas Mann und Luchino Visconti erzählen vom faschistischen Italien, Bonn: Arbeitskreis selbständiger Kulturinstitute, und Rom: Casa di Goethe, 2015 (Katalog-Reihe der Casa di Goethe), S. 34–44, hier S. 39.

6 Costagli, Cesare Gabrielli, S. 35.

7 Elisabeth Galvan, E-Mail vom 13. November 2016 an den Verfasser.

https://doi.org/10.1515/9783110638509-013

net dieses Erzählwerk des Autors, das im deutschen Kulturraum als bisher letztes einer Erstverfilmung gewürdigt wurde. Zuvor hatten Luchino Visconti, Bernhard Wicki, Ingmar Bergman und Peter Zadek sich endlich doch nicht daran gewagt. (Immerhin war es im Ausland für das Fernsehen verfilmt worden, 1959 für die BBC[8] und 1977 in der Tschechoslowakei.[9]) Aber erst Anfang der Neunzigerjahre hat Klaus Maria Brandauer »Thomas Mann's [sic!] ›MARIO UND DER ZAUBERER‹ aus dem Exil zurückgeholt«.[10] So anschaulich formulierte es Brandauer selber, indem er darauf anspielte, dass die Rechte bis 1987 bei »dem großen italo-amerikanischen Produzenten Dino de Laurentis« [sic!] lagen.[11] Er wollte die Rückholung der Novelle im Bewusstsein gewagt haben, dass »wieder einmal die Zeit reif ist für einen Stoff, der sechzig Jahre lang nichts von seiner humanen Geisteshaltung eingebüßt hat, der heute und morgen seine Berechtigung hat, neu erlebt zu werden«.[12]

Es braucht keinen bösen Willen, um sich an diesen großsprecherischen Verlautbarungen zu stoßen. Schon die anmaßende Leichtfertigkeit des wichtigtuerischen Anspruchs, Manns Novelle aus dem Exil heimgebracht zu haben, kann einem zu denken geben. Geradezu empörend sind dabei die abstrusen, völlig irrläufigen und in ihrer Irrläufigkeit zynischen Anspielungen auf die Emigration des Autors; als ob es ernstlich ein Verdienst sein könnte, etwas von einem exilierten Exponenten der Weltliteratur »zurückgeholt« zu haben, heim ins Reich sozusagen.

Die Befürchtungen, die solch eine kulturimperialistische Allüre wachrufen kann, macht der Film dann leider nur allzu wahr. Für seine achtlose Anverwandlung oder Zurichtung des Andern und Fremden gibt es ein besonders peinliches Shibboleth. Ein solches hat man nämlich in der konsequent falschen, das heißt deutsch-germanischen Erstbetonung ausgerechnet eines prominenten Figurennamens zu sehen, des Namens Cipolla oder eben ›Cípolla‹. (Es wäre doch wohl zu weit hergeholt, wenn man hier, in dubio pro reo, mit einer Reminiszenz an E. T. A. Hoffmanns Cóppola rechnen wollte?)

Was es mit der Rückholung und mit dem Neuerlebnis des Stoffs auf sich hat, zweifelsohne einer der gelungensten Erzählungen überhaupt, darüber gingen die Meinungen nicht besonders weit auseinander. Wie schon einmal erwähnt über-

---

8 Mario (R: Anthony Pélissier, GB 1959).
9 Mário a kúzelník (R: Miloslav Luther, ČSSR 1977, TV-Film).
10 Burt Weinshanker und Klaus Maria Brandauer, Mario und der Zauberer. Nach der gleichnamigen Novelle von Thomas Mann. Drehbuch. Überarbeitete Fassung vom 25. Juli 1992, Thomas-Mann-Archiv der ETH-Bibliothek, Zürich, S. 3.
11 Weinshanker und Brandauer, Mario und der Zauberer. Drehbuch, S. 3.
12 Weinshanker und Brandauer, Mario und der Zauberer. Drehbuch, S. 3.

wogen die schlechten Kritiken bei sehr Weitem. Der Film, »kreuzbrav«[13] und »allzu plakativ«,[14] bilde »de[n] vorläufige[n] Tiefpunkt« in der Verfilmungsgeschichte Thomas Manns.[15] Er habe die »Schwerfälligkeit eines Sumo-Ringers«.[16] »[D]ie langweiligste Kamera aller Zeiten« sei hier geführt worden.[17] Eine der größeren Rollen werde »vom farblosesten Langeweiler des europäischen Films gespielt«.[18] Von »Selbstüberschätzung und Hochstapelei« ist die Rede.[19] Und in der Tat glaubte der Regisseur, Konautor und Hauptdarsteller mit der ihm eigenen Bescheidenheit die Frage auf sich beruhen lassen zu dürfen, »ob das Buch oder der Film besser sei«.[20] Dass »der Film besser sei« als die Novelle, nach einmütiger Einschätzung sowohl der wissenschaftlichen wie auch der feuilletonistischen Rezipienten eine der gelungensten des Gesamtwerks,[21] wenn nicht der deutschen Literatur überhaupt, das lag für Brandauer offenbar allen Ernstes im Bereich des Möglichen und Denkbaren. Si tacuisses!

Etwas näher besehen ist es indessen nicht ganz so leicht, Brandauers Film innerhalb der nun schon bald hundertjährigen Geschichte der Thomas-Mann-Verfilmungen zu situieren, im Sinn etwa eines »Tiefpunkt[s]« in einer konstant abwärts laufenden Entwicklung. Denn diese Geschichte ließe sich ohnehin schlecht in die Form einer Rangordnung oder Hitparade bringen. Bei jedem Versuch, sie sich oder anderen in dieser Form zu erzählen, wäre nur klar — und in der Literatur zum Thema ist unbestritten nur —, wer bei einem solchen Narrativ zuoberst rangierte: Luchino Visconti, der, wenn es nach Manns Erben gegangen wäre, vor *Morte A Venezia* auch schon den *Zauberberg* und wie erinnerlich auch den *Felix Krull* hätte verfilmen sollen. Viscontis *Morte a Venezia*, um diese etwas

---

13 Anonymus, Edle Blässe. *Mario und der Zauberer*. Spielfilm von Klaus Maria Brandauer, in: Der Spiegel, 12. Dezember 1994, S. 182 f., hier S. 183.

14 Katholisches Institut für Medieninformation (KIM) und Katholische Filmkommission für Deutschland (Hgg.), Lexikon des Internationalen Films. Völlig überarbeitete und erweiterte Neuausgabe. Das komplette Angebot in Kino, Fernsehen und auf Video, Reinbek b. H.: Rowohlt, 1995, Bd. 5, S. 3712, s. v. ›Mario und der Zauberer‹.

15 Andreas Kilb, Herr Ober, zahlen! Klaus Maria Brandauers Thomas-Mann-Verfilmung *Mario und der Zauberer*, in: Die Zeit, 16. Dezember 1994, S. 49.

16 Kilb, Herr Ober, zahlen!, S. 49.

17 Katja Nicodemus, *Mario und der Zauberer*, in: Die Tageszeitung, 15. Dezember 1994, S. 17.

18 Peter Buchka, Die Fremden sind wir. Thomas Manns *Mario und der Zauberer* von und mit Klaus Maria Brandauer, in: Süddeutsche Zeitung, 15. Dezember 1994, S. 15.

19 Buchka, Die Fremden sind wir, S. 15.

20 Monika Mattes, »Wir sind es, die Cipolla seine Macht geben«. Im Gespräch mit Klaus Maria Brandauer über seine Thomas-Mann-Adaption *Mario und der Zauberer*, in: Neues Deutschland, 15. Dezember 1994, S. 13.

21 Vgl. Vaget, Thomas Mann — Kommentar zu sämtlichen Erzählungen, S. 229–249.

boshafte, aber auch nur *etwas* boshafte Wertung zu wiederholen, ist nicht die beste, sondern die einzig gute Thomas-Mann-Verfilmung, jedenfalls, wenn man einmal von den Rändern der Industrie absieht, von für ihr Teil keineswegs über jede Kritik erhabenen Produktionen wie *Heiligendamm* oder *Fremdkörper / Transposed Bodies*, *Org* oder *La Cravate*. Und selbst *Morte a Venezia* hätte man einiges nachzusehen. Hierher gehörten namentlich die pseudoästhetischen und -kulturphilosophischen Gemeinplätze, die Visconti eine aus heiterem Himmel zusammenphantasierte Kontrastfigur in der Gegend herumbrüllen lässt.[22] Es ist ein gewisser Alfred oder Alfried mit Zügen des Teufels aus dem *Faustus*-Roman und ein hässlicher Deutscher, wie er im Buch steht oder gerade nicht im Buch steht, eben in der Novelle weit und breit nicht vorkommt. (Denn das Böse bricht dort ja ganz im Gegenteil und von allem Anfang an, schon am Münchener Nordfriedhof, aus der Fremde herein.) Kaum hat Alfried oder Alfred eines seiner nietzscheanischen, sardonisch-amoralischen Credos dahergeschrien — »evil is a necessity, it is ... it is the food of genius« — tritt denn prompt eine deutschsprachige Bedienerin auf.[23]

3.2 Die Erweiterung des in der Novelle Vorgegebenen

An beklemmenden Auslassungen à la Alfred-Alfried, ebenfalls gegen den Novellentext hinzuerfunden, fehlt es leider nun auch nicht in der Verfilmung der anderen berühmten ›italienischen‹ Novelle Thomas Manns. In Brandauers *Mario und der Zauberer* gibt es eine Rede ähnlich banaler, wenn nicht noch viel beschämenderer Art. Gehalten wird sie in Rom von jenem rekordverdächtig langweiligen Schauspieler in der Rolle eines Professor Bernhard Fuhrmann, der um dieser Rede beziehungsweise einer Preisverleihung willen seine Familie am Urlaubsörtchen Torre di Venere zurückgelassen und damit, wie gleich noch zu diskutieren,

---

22 Vgl. die Rettungsversuche bei Klaus Müller-Salget, Musik statt Literatur. Luchino Viscontis Filmversion von Thomas Manns Erzählung *Der Tod in Venedig*, in: Stefan Neuhaus (Hg.), Literatur im Film. Beispiele einer Medienbeziehung, Würzburg: Königshausen & Neumann, 2008 (Film — Medium — Diskurs, Bd. 22), S. 143–156, hier S. 144; und Eugenio Spedicato, Grandezza e miseria dell'estetismo in *Der Tod in Venedig* e *Morte a Venezia*, in: Francesco Bono, Luigi Cimmino und Giorgio Pangaro (Hgg.), *Morte a Venezia*. Thomas Mann / Luchino Visconti. Un Confronto, Soveria Mannelli: Rubbettino, 2014, S. 63–80, hier S. 75–78: Alfrieds Entgegnungen auf Gustav seien Kompensationen entweder für ein Aschenbach — im Unterschied zu Mahler — unterstelltes »klassizistisches Kunstideal« oder aber für die von Visconti weggelassenen Traumszenen.
23 Morte a Venezia (R: Luchino Visconti, I 1971), 00:34:53; freundlicher Hinweis von Hanspeter Affolter, Bern, vom 15. November 2017.

seine Frau, seine Ehe, sein Familienglück einer erheblichen Gefahr ausgesetzt hat.

Professor Fuhrmann entspricht der in Thomas Manns Novelle namen- und titellosen Erzählerfigur. Schon diese verweist überdeutlich auf den realen Autor. Ja, man kann sie von diesem gar nicht wirklich unterscheiden. Das lässt sich rezeptionsgeschichtlich bestens dokumentieren und rezeptionstheoretisch leicht nachvollziehen:

In der Rezeptionsgeschichte, deren Tendenz Brandauer mit seinem Film aufnimmt und wie gleich noch zu zeigen fortführt, hat sich die Verwechselbarkeit des Autors und seines intradiegetischen Erzählers erwartungsgemäß so niedergeschlagen, dass man die Fiktionalität des Texts bequem überspringen oder unterschlagen konnte. Dieser durfte nachgerade als »unmittelbare[] Reportage aus dem faschistischen Italien« gelesen werden.[24] Und rezeptionstheoretisch respektive narratologisch gesehen sind solche Fehllesungen oder Verkennungen gewissermaßen programmiert. Sie resultieren aus der Eigenart eines Erzählduktus, wie er so bei Thomas Mann seinesgleichen nirgends hat. In so extremer Ausgestaltung findet sich dergleichen nicht einmal in ansonsten gut vergleichbaren Texten, das heißt in solchen, in denen homo- oder auch autodiegetisch etwas erzählt wird, das sich im Leben des empirischen Autors nachweislich ereignet hat respektive so oder so ähnlich ereignet haben könnte: weder in *Das Eisenbahnunglück*[25] noch auch in *Wie Jappe und Do Escobar sich prügelten*[26] noch eben in sonst einem seiner epischen oder besser gesagt seiner prosaisch-epischen Texte (um namentlich den notorischen *Gesang von Kindchen* einmal beiseite zu lassen).

In *Mario und der Zauberer* redet uns der Erzähler mehrfach an. Und zwar tut er das nicht etwa in der literarisch habitualisierten Weise, indem er sein Wort nämlich an einen lieben, geneigten oder sonst wie intendierten Leser ›schöner‹ Literatur richtete. Vielmehr adressiert er einen in der Höflichkeitsform alltäglich-normaler Sprechakte, also nach den Regeln keiner fiktionalen, sondern einer faktualen Kommunikationssituation, als hielte er unsereinem hier und jetzt einen Vortrag: »Mögen Sie das? Mögen Sie es [...]?«[27] »Sie haben recht«,[28] »auch da ha-

---

24 Pils, Bürger Thomas Mann und Halbproletarier Mario, S. 143.
25 Vgl. Rütten, Thomas Mann und das Krankheitsstigma der Moderne.
26 Vgl. Yahya Elsaghe, Wie Jappe und Do Escobar boxen — oder sich doch nur prügeln? Sport in Thomas Manns Erzählwerk, in: Colloquium Helveticum 43, 2012, S. 18–48, hier S. 18–22.
27 Mann, Gesammelte Werke, Bd. 8, S. 664.
28 Mann, Gesammelte Werke, Bd. 8, S. 664.

ben Sie recht«,[29] »rechnen Sie hier«,[30] »geben Sie es zu«.[31] »Auch langweile ich Sie nicht«.[32] »Unfehlbar werden Sie mich fragen [...], — und ich muß Ihnen die Antwort schuldig bleiben.«[33]

Solche konsequenten Verwischungen der Differenz von realer und fiktiver Autorschaft samt der faktualen Fehllektüre, die sie immer wieder provoziert oder begünstigt haben, sind der äußere Reflex eines banalen Sachverhalts, der sich längst herumgesprochen hat. *Mario und der Zauberer*, im ursprünglichen Titel[34] wie im jetzigen Untertitel nur eben als »Reiseerlebnis« angekündigt, beruht auf einem auto- beziehungsweise familienbiographischen Substrat.[35] Der ohnedies weit ausgeprägte Autobiographismus bereits der Novelle wird nun aber, wie soeben angedeutet, in deren Verfilmung noch einmal erheblich verstärkt, angefangen schon bei der angeblich »geschickt[en]«[36] oder für manch einen vielleicht eher plumpen Namensgebung, die einem von Thomas Mann anderwärts auch selber praktizierten Kompositionsprinzip folgt: »Fuhr-Mann«.[37] (Man vergleiche dazu etwa den Paolo Hoff*mann* des *Willens zum Glück* oder den kleinen Herr Friede*mann* der eponymen Novelle, an deren etwas älterer Verfilmung ja einer aus Brandauers Mitarbeiterstab beteiligt war und durch die die Namensschöpfung *Fuhrmann* geradezu inspiriert sein könnte.)

Dieser Fuhrmann führt auch noch einen akademischen Grad im Namen, »Professor«. Er trägt damit einen Titel, den Thomas Mann, honoris causa, eben erst selber verliehen bekommen hatte, als ihm und den Seinen das in *Mario und der Zauberer* ausgeschlachtete »Reiseerlebnis« widerfuhr.[38] Und während in der Novelle Beruf wie akademischer Grad des anonymen Erzählers unter die Unbestimmtheitsstellen des Texts fallen, hat der Professor ein weltberühmter deutscher Autor zu sein.

---

29 Mann, Gesammelte Werke, Bd. 8, S. 664.
30 Mann, Gesammelte Werke, Bd. 8, S. 664.
31 Mann, Gesammelte Werke, Bd. 8, S. 665.
32 Mann, Gesammelte Werke, Bd. 8, S. 690.
33 Mann, Gesammelte Werke, Bd. 8, S. 694.
34 Thomas Mann, Tragisches Reiseerlebnis. Novelle, in: Velhagen und Klasings Monatshefte 44.8, 1930, S. 113–136.
35 Vgl. z. B. Vaget, Thomas Mann — Kommentar zu sämtlichen Erzählungen, S. 222; Elisabeth Galvan, *Mario und der Zauberer* (1930), in: Andreas Blödorn und Friedhelm Marx (Hgg.), Thomas Mann Handbuch. Leben — Werk — Wirkung, Stuttgart: Metzler, 2015, S. 137–140, hier S. 137.
36 Mörchen, *Mario und der Zauberer*, o. P.
37 Vgl. Alan Corkhill, Portrait of the Artist(e). Klaus Maria Brandauer's Screen Adaptation of Thomas Mann's *Mario und der Zauberer*, in: New Comparison 33/34, 2002, S. 176–196, hier S. 181.
38 Vgl. Heine und Schommer, Thomas Mann Chronik, S. 168, 170.

Obendrein ist der berühmte Autor und Professor Fuhrmann mit einer Frau verheiratet, die einen typisch jüdischen Vornamen trägt, »Rachel«. Sie erinnert damit unfehlbar an »Frau Thomas Mann«, wie Katia, geborene Pringsheim, später zu zeichnen pflegte. Deren jüdische Abstammung gehört denn zum gesicherten Allgemeinwissen um die Familie Mann, seit den antisemitischen Anfeindungen ihres Oberhaupts durch die völkische Literaturkritik und bis in unsere Tage. Heutzutage bildet sie ja das ceterum censeo aller Thomas-Mann-Apologeten, wann immer es darum geht, den Nationalschriftsteller vom Verdacht freizusprechen, dass er vielleicht doch am ubiquitären Antisemitismus seiner Zeit und seines Milieus teilgehabt haben könnte.

Jeder halbwegs oder noch nicht einmal *halb*wegs findige Zuschauer muss also supplieren: Bernhard Fuhrmann ist ein Alter Ego Thomas Mann-Pringsheims. Dieser durchlief in der Tat während der Zwanzigerjahre einen Zenit seiner Karriere — Ehrendoktorat, Honorarprofessur, Nobelpreis —; und er entwickelte seinerzeit auch wirklich im In- und Ausland eine besonders rege Rede- und Vortragstätigkeit. Über das Niveau auch *seiner* Reden, Vorträge und Essays kann man gewiss geteilter Ansicht sein. Und zu behaupten, dass sie vielleicht doch nicht zu den allergescheitesten Teilen des Gesamtwerks gehören, dazu bedarf es keiner sonderlichen Verwegenheit. Vielmehr kann man in ihnen eine weitere Erhärtung der Beobachtung sehen, die Platon seinen Sokrates in dessen Apologie machen lässt: dass nämlich ›die Dichter‹ das Rederecht nicht wirklich verdienen, das sie sich auch außerhalb der Literatur nehmen, in der eben gar nicht gerechtfertigten Überzeugung, ›auch in allen übrigen Dingen die klügsten Menschen zu sein‹.[39]

Dennoch grenzt oder *grenzt* nicht mehr nur an intellektuellen Rufmord, was an Torheiten die Verfasser des Drehbuchs, Burt Weinshanker und Klaus Maria Brandauer (oder Weinshanker »nach« Brandauers »Intentionen«[40]), ihrem Professor als einem Alter Ego des Autors so alles in den Mund zu legen sich nicht entblödet haben; und dass sie es offenbar bona fide taten, macht die Sache nicht besser. Im Gegenteil. Fuhrmanns hochtrabende Absonderungen sind zum Fremdschämen peinlich, an Banalität und Blasiertheit nun wirklich nicht zu überbieten, eine einzige Rufschädigung eben des hier so offensichtlich imitierten

---

39 Vgl. Platon, Apologie. Des Sokrates Verteidigung, in: ders., Sämtliche Werke in zehn Bänden. Griechisch und Deutsch, Bd. 1: Ion — Protagoras — Apologie — Kriton — Laches — Lysis — Charmides, hg. v. Karlheinz Hülser, Frankfurt a. M. und Leipzig: Insel, 1991, S. 197–261, hier S. 212 (22b–c); Eigenübersetzung.

40 Peter Zander, Respektlosigkeit gehört dazu. Im Gespräch mit dem Regisseur und Schauspieler Klaus Maria Brandauer, in: Berliner Zeitung, 15. Dezember 1994, S. 43.

oder nur ungewollt parodierten Redners Thomas Mann. Bei allen Vorbehalten, die man auch gegen *ihr* intellektuelles Niveau mit ehrenwerten Gründen anmelden darf, sinkt Thomas Manns Essayistik, selbst in halbschlauen Elaboraten wie den *Betrachtungen eines Unpolitischen* und den anderen Propagandabeiträgen zum Ersten Weltkrieg,[41] denn doch nirgends in die Niederungen solcher gespreizter Sottisen herab:

> Und darum meine ich: Wir sind jetzt an einem Punkt angelangt, wo es durchaus vorstellbar ist, dass jeder weitere Schritt sich dramatisch und nachhaltig auf unsere Zukunft auswirkt. [...]
> Gestatten Sie mir abschließend eine Frage: Worin liegt die Verantwortung des Schriftstellers in dieser Zeit? Ich meine, es ist seine Pflicht, der Welt die Stirn zu bieten, seine Erkenntnisse ungeschminkt allen anderen zu vermitteln. Er sollte warnen vor jenen, welche schon wieder die Massen aufwiegeln, was nicht vorhersehbare, verheerende Folgen für unschuldige Menschen haben könnte. Er möge sich gegen wachsenden Hedonismus wenden, gegen Brutalität, die die Unversehrtheit des Individuums bedroht, was wiederum die Fundamente der Gesellschaft erschüttert. Und das wiederum hätte letztlich das Außerkraftsetzen der Unverletzlichkeit des Lebens zur Folge. Und er muss auch im Interesse des Anstandes, zum Wohle der Liebe, im Interesse des Überlebens der menschlichen Rasse, immer dafür Sorge tragen, dass der Tod — der Tod! — niemals einen dominierenden Platz einnehmen kann in unseren Gedanken, Intentionen und Taten![42]

Solche Verismen sind womöglich noch hohler und nichtssagender als jene Banalitäten des Brüllphilosophen Alfred oder Alfried oder die Phrasen des Sozialdemokraten in der *Friedemann*-Novelle; wobei sich ihre Leere wie bei letzteren auch darin verrät, dass sie mir nichts, dir nichts durch ganz andere Worte ersetzt werden können. Denn im Drehbuch stand an ihrer Stelle noch das hier:

> Wir befinden uns am Scheideweg, und es ist denkbar, daß jeder Schritt, den wir unternehmen [sic!] dramatische und dauerhafte Folgen für die Zukunft Europas haben wird. [...]
> Worin besteht heutzutage die Verantwortung des Schriftstellers? Darin, den Tatsachen ins Auge zu blicken und sie so zu vermitteln, wie sie sich ihm darbieten; vor dem Erwecken des »gesunden Volksempfindens« zu warnen, das zu nie dagewesenen und vernichtenden Konsequenzen für die Unschuldigen führen könnte; einem wachsenden Hedonismus entgegenzutreten, einer die Unversehrtheit des Individuums bedrohenden Brutalität, einer Tendenz, die letztlich den Todestrieb repräsentiert. Und er muß — um des Anstands willen, um der

---

41 Vgl. Elsaghe, Die imaginäre Nation, S. 32 f.

42 Mario und der Zauberer. Frei nach der Erzählung von Thomas Mann (R: Klaus Maria Brandauer, AT/F/D 1994), 01:18:02.

Liebe und des Überlebens der menschlichen Rasse willen — dafür Sorge tragen, daß dem Tod keine bevorzugten Gedanken noch Taten eingeräumt werden.[43]

Um es zu wiederholen und unbeschadet aller Skepsis, die man gegenüber dem Fest- und Sonntagsredner Thomas Mann und gegen die diskursiven Texte der ›Dichter‹ überhaupt hegen darf: Einem Alter Ego Thomas Manns, eben dem Professor Fuhrmann, ohne alle Ironiesignale Derartiges in den Mund zu legen, das ist fast schon literarische Leichenschändung. Vor allem aber lässt es sehr tief in die landläufigen Vorstellungen hinabblicken, die man vom Nationalschriftsteller Mann und »seiner humanen Geisteshaltung« hegen muss, wenn man ihm solch seichtes Gewäsch zutrauen zu dürfen meint, und sei es auch »im Interesse des Überlebens der menschlichen Rasse«. Tatsächlich fänden die unerträglichen Truismen wie erst recht die Form- und Stillosigkeit des Fuhrmann'schen Geseiers in Thomas Manns Gesammelten Werken keine Entsprechungen oder dann nur sehr ungefähre und längst nicht so primitiv-simplistische, wie etwa, im *Zauberberg*, die Opposition von »Liebe« und »Tod!« oder der Entschluss, diesem gegenüber jener keinen »dominierenden Platz« einzuräumen.

Fuhrmanns römische Rede gehört zu dem Vielen, Allzuvielen, womit Brandauers Film eklatant von den Vorgaben der Erzählung abweicht, ohne dass die Abweichung hier irgendeinen erkennbaren Sinn hätte — ausgenommen selbstredend den, Thomas Manns humanistisches Engagement für die menschliche »Rasse« einmal mehr hochzuhalten; ein hier natürlich fahrlässig und zoologisch falsch verwendeter Begriff, von dem sich Thomas Mann wie bereits angedeutet zusehends distanzierte (abgesehen einmal davon, dass das »Überleben[] der menschlichen Rasse« erst seit den Atombombenabwürfen der USA zu einem politischen Redethema avancieren sollte, also Jahrzehnte nach der erzählten Zeit der Novelle beziehungsweise der gespielten Zeit des Films).

Ein weiteres Beispiel für willkürliche Erweiterungen des Novellen-Plots ist ein Wettlauf der Kellner durch Torre di Venere. Geliefert wird damit natürlich action durch und durch, wie es sich fürs Unterhaltungskino gehört, fast vier Minuten lang.[44] Diesen Wettkampf soll Mario zuvor dreimal hintereinander gewonnen haben. Nun aber verliert er ihn, weil er zuletzt über ein weißes Hündchen stolpert (nach dem Drehbuch sollte ihn dieses ins Bein beißen, der Spitz des in der Novelle nur als solcher, also auch ohne Haustier vorgegebenen Lümmels und Muttersohns Fuggièro[45]); ein Vorfall, der offensichtlich das im Film besonders böse

---

43 Weinshanker und Brandauer, Mario und der Zauberer. Drehbuch, S. 130–132.
44 Vgl. Brandauer, Mario und der Zauberer, 00:14:09.
45 Zur seltsamen Form dieses Namens vgl. Elsaghe, Krankheit und Matriarchat, S. 236, Anm. 57.

Ende des Kellners Mario antizipieren und wohl auch die in Torre di Venere neu einreißenden Verhältnisse anzeigen soll.

Der Widerstreit der alten und der neuen Verhältnisse wird auch noch dadurch verdeutlicht oder umgesetzt, dass dem »kriecherischen«,[46] nepotistisch-schmierigen Hoteldirektor der Novelle — im Film heißt er mit unsinnig sprechendem Namen Pastore — ein zweiter gegenübergestellt wird, Graziano — eine schon etwas nachvollziehbarere Namensgebung. Denn dieser Graziano ist grundanständig und der deutschen Familie Fuhrmann seit alters herzlich zugetan. Der offene Konflikt der beiden Direktoren endet damit, dass Graziano plötzlich verschwindet und seine Leiche eines Nachts bei strömendem Regen geborgen wird — unter den Augen der deutschen Mutter und ihrer Kinder, die nachts, was für ein Zufall, bei Wind und Wetter draußen zugegen sind —; wobei sein gewaltsamer Tod bis ganz zuletzt unaufgeklärt bleibt, als der Hellseher Cipolla die Frage nach der Täterschaft offenlässt: »Zauberer! Du weißt doch so genau über alles Bescheid! Dann nenne uns den Mörder von Signore Graziano!«[47] Nach dem Drehbuch allerdings sollte Rachel Fuhrmann dem Zauberer coram publico ins Gesicht sagen: »Sie haben auch Graziano auf dem Gewissen!«[48]

Man käme wirklich an kein Ende, wenn man alles und jedes auflisten wollte, was Brandauer und Weinshanker abzuändern und zusammenzuphantasieren sich erlaubten, um uns den Stoff ›neu erleben‹ zu lassen. Und es wäre sehr leicht, aber auch ein wenig billig, die Verfehltheiten einer ohnedies unrettbaren Verfilmung im Einzelnen aufzuzählen. Anstatt nochmals ins Horn seiner mehrheitlich abfälligen Kritiken zu stoßen,[49] kann man auch versuchen, dem Film doch sein Gutes oder wenigstens sein gut Gemeintes abzugewinnen. Zu diesem Zweck könnte man ihn wiederum mit Brandauers Selbstkommentaren abgleichen. »Es müssen«, so Brandauer,

---

46 Mann, Gesammelte Werke, Bd. 8, S. 663.
47 Brandauer, Mario und der Zauberer, 01:41:27.
48 Weinshanker und Brandauer, Mario und der Zauberer. Drehbuch, S. 165.
49 Vgl. z. B. Ralf Schenk, Der didaktische Diabolo. *Mario und der Zauberer* von Klaus Maria Brandauer, in: Neues Deutschland, 15. Dezember 1994, S. 13; Klaus Wienert, Wenig Gefühl für die Geschichte, in: Berliner Zeitung, 31. Mai / 1. Juni 1997, S. 29; Lothar Schmidt-Mühlisch, Der Teufel hat gar keinen Pferdefuß. Wo Zeichen zu Plakaten werden: Das Dilemma mit den Literaturverfilmungen oder Klaus Maria Brandauers *Mario und der Zauberer*, in: Die Welt, 4. Januar 1995, S. 8.

Ähnlichkeiten, heutige Varianten des Themas, in der Luft liegen, sonst interessieren wir uns nicht dafür [...]. Das heißt, es muß eine gewisse Respektlosigkeit [...] und ein gewisser Mut eintreten, daß man das interpretieren möchte, was man herausgelesen hat.[50]

Haben Brandauers ›eingetretene‹ Respektlosigkeiten gegenüber dem in der Novelle Vorgegebenen nicht doch auch, zum Teil wenigstens, System und Methode? Lassen sich seine ›Interpretationen‹ des von ihm ›Herausgelesenen‹ zu diesem Teil auf griffige gemeinsame Nenner bringen? Und wenn ja: Auf welche? Wie verhalten sich diese gegebenenfalls zum »Mut« und Ehrgeiz, den Stoff zu aktualisieren, ein Publikum von heute für ihn zu interessieren und ihm »Varianten des Themas« abzugewinnen, die *seinerzeit* schon »in der Luft« lagen? Und in welchem Verhältnis endlich stehen die Antworten auf diese Fragen zur Rezeptionsgeschichte der Novelle? Wie verhalten sie sich insbesondere zum Forschungsstand, dem damaligen sowohl wie dem heutigen?

Solche Fragen lassen sich wahrscheinlich am leichtesten beantworten, wenn man das Pferd von hinten aufzäumt und mit dem Ende des Films beginnt. Dieses nämlich setzt sich ganz besonders drastisch über den Novellentext hinweg.

3.3 Die Abwandlung des unhappy endings und die Frauenemanzipation der Neunzigerjahre

Im Drehbuch, »nach der gleichnamigen Novelle von Thomas Mann«,[51] verläuft das Ende zwar wie in dieser Novelle. Hier wie dort endet es damit, dass sich Mario für seine öffentliche Demütigung rächt, indem er Cipolla totschießt. Die Demütigung besteht hier wie dort darin, dass der hässliche Zauberer, mit einer »Art Hüft- und Gesäßbuckel« geschlagen,[52] sein hypnotisiertes Opfer dazu bringt, ihn mit einer heimlich begehrten Dorfschönen namens Silvestra zu verwechseln und ihn an ihrer Statt beinahe auf den »Mund«[53] zu küssen (ein Arrangement, für das Herman Bangs sozusagen unterleibliche Metaphorisierung des Buckels — eben als einer Chiffre für das Stigma homosexueller Orientierung — noch ungleich einschlägiger wäre als beim kleinen Herrn Friedemann).

---

50 Norbert Beilharz, Die Fuhrmänner sind wir. Im Gespräch mit Klaus Maria Brandauer, in: Jürgen Haase (Hg.), *Mario und der Zauberer*. Das Buch zum Film von Klaus Maria Brandauer, Berlin: Henschel, 1994, S. 91–99, hier S. 95.

51 Weinshanker und Brandauer, Mario und der Zauberer. Drehbuch [Titelblatt].

52 Mann, Gesammelte Werke, Bd. 8, S. 680.

53 Mann, Gesammelte Werke, Bd. 8, S. 710.

Ein solches Ende hätte die Handlung des Films nota bene noch nach der »überarbeitete[n] Fassung« des Drehbuchs genommen, datierend vom »25. Juli 1992«.[54] Es ist darin streckenweise sogar noch mit denselben Worten fixiert wie in der Novelle. Die betreffenden Handlungsanweisungen lauten, in synoptischer Gegenüberstellung mit dem Novellentext:

CIPOLLA läßt die Reitpeitsche pfeifen und MARIO erwacht aus seinem Gefühl. Er starrt auf CIPOLLA, schlägt sich mit den Händen in das Gesicht. Aus dem Zelt dringt Applaus und Gelächter. CIPOLLA lacht. MARIO wirbelt herum, reißt die Pistole vom Tischchen und zwei schmetternde Detonationen durchschlagen Beifall und Gelächter. Lautlosigkeit verbreitet sich. CIPOLLA steht mit abwehrenden, von sich gestreckten Armen da und fällt vornüber zu Boden. MARIO blickt mit leerem Blick, die Pistole noch in der Hand auf den vor ihm reglos liegenden CIPOLLA.[55]	Zugleich aber [...] ließ der oben Geliebkoste unten, neben dem Stuhlbein, die Reitpeitsche pfeifen, und Mario, geweckt, fuhr auf und zurück. Er stand und starrte, hintübergebogenen Leibes, drückte die Hände an seine mißbrauchten Lippen, eine über der anderen, schlug sich dann mit den Knöcheln beider mehrmals gegen die Schläfen, machte kehrt und stürzte, während der Saal applaudierte und Cipolla, die Hände im Schoß gefaltet, mit den Schultern lachte, die Stufen hinunter. Unten, in voller Fahrt, warf er sich mit auseinandergerissenen Beinen herum, [...] Cipolla [...] stand da mit abwehrend seitwärtsgestreckten Armen [...] und fiel [...] zu Boden [...].[56]

Die restlose Werktreue, wie sie hier im Drehbuch also noch vorgesehen war, wurde im 1994 realisierten Film aber endlich eben doch preisgegeben. In diesem ist das Ende der Handlung von Grund auf umgestaltet oder, wie die Kritik fand, »unverzeihlich«,[57] ja »barbarisch entstellt[]«.[58] Im Film hypnotisiert Cipolla nicht mehr nur Mario, sondern zugleich auch Silvestra.

Cipolla versucht Mario und Silvestra unter ihrer beider Hypnose dazu zu zwingen, sich zu küssen. Das Mädchen oder die Frau, hierin vorerst noch willensstärker als alle anderen Hypnoseopfer beiderlei Geschlechts, schafft es im letzten Moment, mit einem energischen »Nein!« zu widerstehen.[59] Danach bringt Cipolla sie aber dazu, ihn selber, Cipolla, zu küssen. Denn er, macht er ihr weis, sei der Eine, den sie allein und wie keinen anderen begehre. So vor aller Augen gedemü-

---

54 Weinshanker und Brandauer, Mario und der Zauberer. Drehbuch, S. 1.
55 Weinshanker und Brandauer, Mario und der Zauberer. Drehbuch, S. 171.
56 Mann, Gesammelte Werke, Bd. 8, S. 710 f.
57 Wienert, Wenig Gefühl für die Geschichte, S. 29.
58 Kilb, Herr Ober, zahlen!, S. 49.
59 Brandauer, Mario und der Zauberer, 01:48:30.

tigt, versucht Silvestra den Zauberer zu erschießen. Man fällt ihr in den Arm. Die Kugel trifft und tötet — Mario.

Damit nimmt die Handlung des Films jetzt eine völlig neue Wendung und ein sehr viel böseres Ende als in der Novelle. Dieses verdient umso mehr Beachtung und erzeugt einen umso höheren Erklärungsdruck, als sein so radikaler Bruch mit der Vorlage ja erst in sozusagen letzter Minute erfolgt sein muss, nachdem der Film auch noch nach der überarbeiteten Fassung des Drehbuchs wie gesehen auf dieselbe Weise hätte enden sollen wie die Novelle und sein Schluss dort beinahe mit denselben Worten notiert werden konnte wie in dieser.

Die also späte und massive Abweichung von Novelle und Drehbuch zu erklären fällt so schwer nicht. Die Novelle, zu einer Zeit geschrieben, da man noch nicht absehen konnte, welche Zukunft der Faschismus auch außerhalb Italiens haben sollte, hat trotz allem »ein befreiendes Ende«.[60] Cipolla stirbt. Getötet wird mit und in ihm die Inkarnation all dessen, was am faschistischen Italien so schrecklich zu beängstigen vermag. Die Macht *dieses* Bösen wird endlich doch noch gebrochen. Ganz anders jetzt der Film. ›Cipolla‹ überlebt. Er lässt sich selbst noch vor Marios Leiche von der Menge bejubeln. Die Gefahr, die von ihm und von dem ausgeht, wofür er als politische Personifikation steht, bleibt ungebannt.

Diese Umdeutung ist selbstverständlich jenem »Bewußtsein« geschuldet, »daß wieder einmal die Zeit reif« sei. Dabei sollte man sich vielleicht in Erinnerung rufen, dass just zur »Zeit«, als der Film anlief, in Italien der Aufstieg eines anderen, bis auf den heutigen Tag notorisch gebliebenen Cavaliere begann, dessen populistischer Stil und charismatische oder als eine charismatische medialisierte Wirkung auf die Massen nicht wenige Beobachter und Beobachterinnen an das düsterste Kapitel der italienischen Geschichte gemahnte. »Jede Ähnlichkeit mit lebenden Personen«, so Brandauer in einem Interview, sei denn auch »beabsichtigt«.[61] Der augenscheinlich weiterschwelenden Gefahr nach wie vor unausrottbarer Faschismen trägt Brandauer mit seinem eigenwilligen Filmende ganz offensichtlich Rechnung. »Für die Literaturwissenschaft« sei Cipolla »das Synonym für den Faschismus«; und wenn »dem so« sei, dann dürfe »er auch nicht sterben«.[62]

Indessen war dieses Ende gar so eigenwillig und originell nun auch wieder nicht. Brandauer befand sich mit solch einer Umdeutung und Aktualisierung des »Stoff[s]« in der aller-, allerbesten Gesellschaft. Denn schon 1956, in Viscontis

---

60 Mann, Gesammelte Werke, Bd. 8, S. 711.
61 Zander, Respektlosigkeit gehört dazu, S. 43.
62 Zander, Respektlosigkeit gehört dazu, S. 43.

Sprechballet oder seiner »azione coreografica« *Mario e il Mago*, hatte Cipolla selbst als Toter noch den hypnotisierten Mario in seinem Bann gehalten.[63]

Statt auf die schwer verkennbare, vielleicht sogar etwas plumpe Botschaft des Films, die nicht weiter erläuterungsbedürftige Warnung seines Endes, soll das Augenmerk nun aber auf eine dramaturgische Voraussetzung desselben gelenkt werden. Gemeint ist deren Gendering. Es ist ja, anders als in der Novelle oder noch bei Visconti, eine Frau, die das Ende herbeiführt. Herbei führt sie es, indem sie sich erst aus dem hypnotischen Zwang des Zauberers befreit und dann das männliche Gewaltmonopol bricht. Darin kulminiert eine lange, eng geschlossene Reihung eines und desselben Motivs. Dieses musste vielleicht deswegen übersehen bleiben, weil man sich zu sehr auf den penetrant-berühmten Hauptdarsteller und dessen vermeintliche »One-man-Show«,[64] one-*man* show kaprizierte.

Warum auch immer offenbar niemand bisher darauf geachtet hat: Die Reihenbildung ergibt sich aus konsequenten Überhöhungen der Frauen auf der einen Seite und aus ebenso konsequenten Erniedrigungen, Schwächungen oder ›Kastrationen‹ der Männer auf der anderen. Die entsprechenden Abweichungen von den Vorgaben der Novelle und die hierdurch freigewordenen »Varianten des Themas« kommunizieren zunächst selbstverständlich mit einem ganz bestimmten Zeitgeist. Sie sind Teil und Ausdruck dessen, was damals, mit Brandauers Worten, »in der Luft« lag. 1994, als der Film anlief, wurde beispielsweise das Gleichberechtigungsgebot der nun gesamtdeutschen Verfassung ergänzt: Nach dieser Ergänzung hatte der Staat die zuvor schon festgeschriebene Gleichstellung von Mann und Frau auch in der Tat durchzusetzen und bestehende Benachteiligungen zu beseitigen; was dann im selben Jahr auf Gesetzesebene konkret verwirklicht wurde im sogenannten Zweiten Gleichberechtigungsgesetz.[65]

Nun soll es jedoch, das sei nochmals klargestellt, nicht darum gehen, den Film hier schlechter zu machen, als er ohnehin schon ist. Statt ihm nachzuweisen, dass er mit den betreffenden Erweiterungen die mentalitären Befindlichkeiten seiner eigenen Zeit in die verfilmte Handlung einfach nur hineintrug — oder

---

63 Vgl. Elisabeth Galvan, Unordnung und spätes Leid. Luchino Viscontis sichtbare und unsichtbare Übertragungen von Thomas Manns Erzählwerk, in: Reinhard Mehring und Francesco Rossi (Hgg.), Thomas Mann e le arti. Nuove prospettive della ricerca — Thomas Mann und die Künste. Neue Perspektiven der Forschung, Rom: Istituto Italiano di Studi Germanici, 2014, S. 385–415, hier S. 405 f.

64 Dittmann, »Ironie ist nicht zeigbar.«, S. 52.

65 Vgl. Gesetz zur Durchsetzung der Gleichberechtigung von Frauen und Männern (Zweites Gleichberechtigungsgesetz — 2. GleiBG) vom 24. Juni 1994, in: Bundesgesetzblatt, Teil 1, Nr. 39, 30. Juni 1994, S. 1406–1415.

wieder mit Brandauers verräterischen Worten: »interpretier[t]«, was dieser »herausgelesen hat« —, kann man auch danach fragen, warum solche Verschleppungen hier überhaupt möglich wurden. Warum scheinen sie sich angeboten zu haben? Oder, anders gefragt: Waren die Entstehungszeit der Verfilmung und ihr spezifisches Reizklima besonders geeignet, Brandauer et alios hellhörig werden zu lassen, aufmerksam auf eine bisher verschüttete Sinnschicht des verfilmten Texts selbst? Steht das, was daraus »herausgelesen« wurde, vielleicht tatsächlich auch drin? Vielleicht harrte es ja bloß der Entdeckung, ganz ähnlich wie zuvor bei der Verfilmung des *Kleinen Herrn Friedemann*, unter der maßgeblichen Beteiligung Eberhard Görners, der bekanntlich auch am Film *Mario und der Zauberer* mitwirkte.

So, eben diskursgeschichtlich befragt, enthielten die genderspezifischen Ummodelungen der *Mario*-Novelle das Angebot, deren Text anders zu verstehen oder sogar besser als die zeitgenössische Literaturwissenschaft. Diese hatte zum Beispiel noch keine überzeugende Antwort auf die noch gar nicht einmal gestellte Frage parat, warum der Ort, an dem die Novellenhandlung spielt, ausgerechnet Torre di Venere heißt; ein von Mann eigens hinzuerfundener Name — der Ort des biographischen Erlebnisses war ja Forte dei Marmi —, den, um so viel schon einmal vorwegzunehmen, der Film sehr wohl auf- und ernstnimmt.

3.4 Thomas Manns Novelle in den diskursgeschichtlichen Kontexten der Zwanzigerjahre

Für die Stichhaltigkeit eines Versuchs, die Novelle und ihre Verfilmung diskursanalytisch miteinander zu konfrontieren, sprechen allein schon die Umstände, unter denen Thomas Mann diese Novelle schrieb. Denn mentalitätsgeschichtlich weisen diese Umstände in puncto Sex und Gender eine gewisse Affinität zu der Zeit der Verfilmung auf. Schon in der Zwischenkriegszeit war eine nicht unerhebliche Bewegung in den Geschlechterdiskurs geraten. Diese ging auch an Thomas Mann nicht spurlos vorüber. Ganz im Gegenteil. Es wäre nicht zu gewagt zu behaupten, dass sein gesamtes Erzählwerk seit dem Ende des Ersten Weltkriegs mit dazu diente, die Irritationen zu bewältigen, die sie mit sich brachte.

Ein gutes Beispiel für diese nunmehr lebenslängliche Betroffenheit wäre der *Doktor Faustus*, dessen Kapitelgruppen, ursprünglich einmal in sechs ›Büchern‹ zusammengefasst, nicht umsonst um den ›Ausbruch‹ dieses Weltkriegs gravitieren.[66] Nicht umsonst machen die Männer und »Männchen«[67] des Romans gerade bei dieser Gelegenheit durch die Bank so jämmerlich schlechte Figuren. Keiner von ihnen genügt dem alten, heroisch-martialischen Männlichkeitsideal. Nur einer ist kriegsdiensttauglich; und der wird noch binnen Jahresfrist wegen Lausbefalls und Typhus entlassen.[68]

Nicht von ungefähr werden in dem guten halben Jahrhundert erzählter Zeit keine Söhne gezeugt und wenn Kinder geboren, dann nur Töchter. Wenig Ehen werden vollzogen und die geschlossenen alsbald gebrochen.[69] Und nicht zufällig natürlich ist und bleibt Adrian Leverkühn ein unverbesserlicher Muttersohn — möge »die Mutter« nun Elsbeth Leverkühn heißen,[70] »Mutter Else«[71] Schweigestill oder »Mère Manardi«;[72] wobei dieser so gar nicht heldenhafte Komplex des Protagonisten in der Verfilmung des Romans ganz verloren gegangen ist, um von den Verfilmungen der *Bekenntnisse des Hochstaplers Felix Krull* ganz zu schweigen, deren Bekenner, jedenfalls in ihrer zweiten Hälfte, in einem ähnlichen Spital laboriert.[73]

Doch wie schon angedeutet lassen sich die Irritationen der traditionellen Vorstellungen von der Geschlechterdifferenz und ihrer zulässigen Kulturalisationsweisen in Thomas Manns Gesamtwerk schon Jahrzehnte vor den späten *Krull*-Kapiteln und dem *Doktor Faustus* greifen. Besonders frühe Beispiele dafür sind wie gesehen die Erzählung *Unordnung und frühes Leid*, 1925, und ihr epistolarischer Kommentar, der offene Brief *Über die Ehe* alias *Die Ehe im Übergang*. Es handelt sich hierbei um einen Beitrag zu einem *Ehe-Buch*, das der konservative Hermann Keyserling 1925 herausbrachte und das natürlich als solches schon etwas von den Verunsicherungen zu erkennen gibt, welchen die patriarchalen Institutionalisierungsformen von Liebe und Sexualität seinerzeit ausgesetzt waren.

Die Antworten auf die in *Unordnung und frühes Leid* wie im Ehe-Brief nur erst aufgeworfenen Fragen fand Thomas Mann kurz danach, vermutlich schon in den ersten Wochen oder Monaten des nächsten Jahres.[74] Wie manch anderer aus dem

---

66 Vgl. Elsaghe, Thomas Mann und die kleinen Unterschiede, S. 35–38, 63, 72–75.

67 Bd. 10.1, S. 420, 555; vgl. S. 480.

68 Bd. 10.1, S. 450, 453.

69 Vgl. Elsaghe, Thomas Mann und die kleinen Unterschiede, S. 37, 50; ders., Krankheit und Matriarchat, S. 31 f., 41, 293.

70 Bd. 10.1, S. 325, 474, 735 f.; vgl. S. 36, 38, 169, 187 f., 280, 284, 502, 518, 578, 609, 659, 670, 672, 686, 690, 699, 732–738.

71 Bd. 10.1, S. 337, 369.

72 Bd. 10.1, S. 569.

73 Vgl. Elsaghe, Hoc signo felix, S. 138, 142, 148.

74 Vgl. Elsaghe, Krankheit und Matriarchat, S. 229–231, S. 265 f.

Umkreis der sogenannten Konservativen Revolution fand er sie in einem Corpus, das ihn zeit seines Lebens zu faszinieren nicht mehr aufhören sollte. Tiefe Spuren dieser Faszination werden sich noch in den spätesten Texten finden, in den *Vertauschten Köpfen*,[75] im *Gesetz*,[76] in der *Betrogenen*,[77] im *Erwählten*[78] oder eben in den späteren Kapiteln des *Felix Krull*[79] und ganz besonders im *Doktor Faustus*.[80] Gemeint sind die Schriften des Basler Juristen und Altertumskundlers Johann Jakob Bachofen, die Mitte der Zwanzigerjahre eine Renaissance erlebten wie niemals zuvor und hernach nie wieder. In ihnen lagen die Antworten auf die Fragen immer schon bereit, die in *Unordnung und frühes Leid* oder im *Ehe-Buch* nur erst aufgeworfen worden waren.

Bachofen hatte für die Geschlechtersoziologie dasselbe geleistet wie der wenig ältere Charles Darwin für die Biologie oder wie sein Berliner Kommilitone Karl Marx für die Ökonomie. (Nicht von ungefähr datieren die entsprechenden drei Gründungstexte aus einem und demselben Jahr, 1859: *Versuch über die Gräbersymbolik der Alten*; *On the Origin of Species by Means of Natural Selection*; *Zur Kritik der politischen Ökonomie*.) Im Rahmen eines ausgefeilten Theoriesystems hatte es Bachofen als Erster gewagt, die Vorstellung von naturgegebenen oder gottgewollt stabilen Geschlechterordnungen preiszugeben und stattdessen eine *Geschichte* von Sex und Gender zu erzählen. Geschlecht und Geschlechterverhältnis wurden so erst als die historischen Variablen denkbar, die heute Grundlage und Gegenstand der Gender Studies sind.

Das erste diskursive Zeugnis dafür, dass Thomas Mann sich mit Bachofen zu beschäftigen begann, ist ein Exkurs seiner *Pariser Rechenschaft*,[81] 1926, der ihm einigermaßen wichtig gewesen sein muss. Denn er war dafür bereit, einen Anachronismus in Kauf zu nehmen. Die Bachofen-Ausgabe nämlich, auf die oder auf deren Einleitung er sich darin bezieht, erschien ihrerseits erst 1926; das aber heißt im Jahr *nach* der Pariser Reise, über die Mann in dem Großessay Rechenschaft abgelegt haben wollte.[82]

---

75 Vgl. Elsaghe, *Die vertauschten Köpfe* und Thomas Manns politische Bachofen-Rezeption, S. 221–245.

76 Elsaghe, »Hebräer?«

77 Vgl. Elsaghe, Krankheit und Matriarchat, S. 208–222, 306–311.

78 Vgl. Elsaghe, Krankheit und Matriarchat, S. 293 f.

79 Vgl. Reidy, Raum und Interieurs in Thomas Manns Erzählwerk, S. 241–277; Elsaghe, Hoc signo felix, S. 137–148.

80 Vgl. Elsaghe, Krankheit und Matriarchat, S. 270–305.

81 Vgl. Elsaghe, Krankheit und Matriarchat, S. 263–270.

82 Vgl. Elsaghe, Krankheit und Matriarchat, S. 266.

Als ihm und seiner Familie also zustieß, was er dann in *Mario und der Zauberer* bearbeitete, im Spätsommer 1926, hatte Thomas Mann vermutlich gerade begonnen, Bachofen zu studieren. Die Faszinationsgeschichte, die wie gesagt sein ganzes weiteres Leben nicht mehr abreißen sollte, hatte eben erst angefangen; und entsprechend frisch wird sein Blick auf alles gefallen sein, wovon Bachofens Texte handeln und was sich mit ihrer Hilfe neu oder besser verstehen ließ. Es ist daher vielleicht nicht ausgeschlossen oder sogar sehr wahrscheinlich, dass er das »Reiseerlebnis« von Anfang an und bereits zur Zeit, da er und die Seinen es hatten, über die von ihm und seinesgleichen wiederentdeckte Theorie prozessierte.

Die Genese dieser Theorie führt ihrerseits nach Italien. In Rom glaubte Bachofen auf einen inneren Zusammenhang zwischen der römischen Totenverehrung und dem antiken beziehungsweise vorantiken Mutterkult gestoßen zu sein.[83] Von hier aus, im Rückgriff auf das alte Dreierschema von Wildheit, Barbarei und Hochzivilisation,[84] begann er damit zu spekulieren, dass dem abendländischen Patriarchat andere Kulturalisationen der Geschlechterdifferenz vorausgegangen sein mussten, wie sie sich zumal im Orient länger zu halten vermochten. Am Anfang sei der sogenannte Hetärismus gewesen, ein Zustand totaler Promiskuität und absoluter Gleichheit. Dem Hetärismus sei die Gynaikokratie, das »Weiber«- oder »Mutterrecht« gefolgt (im Unterschied zu den beiden anderen Termini ein Neologismus, dessen Notwendigkeit Bachofen eigens begründet[85]). Auf der Stufe des Mutterrechts habe die Frau die monogame Ehe durchgesetzt. Über ihren gebärenden Körper sei die Identität der geborenen und gleichsam ungezeugten Kinder definiert geblieben. Und zu guter Letzt habe sich dann endlich unter dem

---

83 Vgl. Johann Jakob Bachofen, Gesammelte Werke, hg. v. Karl Meuli et al., Basel: Schwabe, 1943 ff., Bd. 4, S. 7 f.

84 Vgl. James Macpherson, A Dissertation, in: Howard Gaskill (Hg.), The Poems of Ossian and Related Works, Edinburgh: Edinburgh University Press, 1996, S. 205–224, 475–479, hier S. 211; Wolf Gerhard Schmidt, ›Homer des Nordens‹ und ›Mutter der Romantik‹. James Macphersons *Ossian* und seine Rezeption in der deutschsprachigen Literatur, Bd. 1: James Macphersons *Ossian*, zeitgenössische Diskurse und die Frühphase der deutschen Rezeption, Berlin und New York: de Gruyter, 2003, S. 186–188; Werner Petermann, Die Geschichte der Ethnologie, Wuppertal: Hammer, 2004, S. 458 f.; Wilfried Nippel, Griechen, Barbaren und »Wilde«. Alte Geschichte und Sozialanthropologie, Frankfurt a. M.: Fischer, 1990 (Fischer Geschichte); Christian Moser, Liminal Barbarism. Renegotiations of an Ancient Concept in (Post-)Enlightenment Social Theory and Literature, in: ders. und Maria Boletsi (Hgg.), Barbarism Revisited. New Perspectives on an Old Concept, Leiden und Boston: Rodopi, 2015 (Thamyris / Intersecting. Place, Sex and Race, Bd. 29), S. 167–182.

85 Vgl. Bachofen, Gesammelte Werke, Bd. 2, S. 9.

Vaterrecht der sehr viel abstraktere Begriff der Vaterschaft oder ›Paternität‹ etabliert, ohne den kein Patriarchat auch nur denkbar wäre.

Die Reihenfolge seiner drei Makroepochen verstand Bachofen als eine Aufwärtsbewegung. Insofern sah er die Geschichte als Fortschritt vom je weniger Guten zum immer Besseren. Dennoch war Bachofen kein ungebrochener Fortschrittsoptimist. Sein Fortschrittsmodell erfuhr namentlich zwei wesentliche Einschränkungen.

Zum einen sah er die Möglichkeit von Rückschritten vor oder, mit seinem bevorzugten Wort dafür, das bei Thomas Mann in entsprechenden Zusammenhängen tale quale wiederkehren wird,[86] von Rückschlägen.[87] Wie Mann ebenfalls zur Kenntnis genommen haben muss — denn er hat sich die entsprechenden Stellen in seinen Bachofen-Ausgaben eigens angestrichen[88] —, sollen solche setbacks besonders gerne im Zeichen des Dionysos erfolgt sein. Dionysos, den man in der Forschungsliteratur auch schon zu Cipollas exzessivem Spirituosenkonsum in Bezug zu setzen sich bemüht hat,[89] ist für Bachofen denn ein Frauengott, »im vollsten Sinne des Worts der Frauen Gott«.[90]

Zum anderen verfällt Bachofen zu guter Letzt doch wieder einer zyklischen Vorstellung von Geschichte, wie er sie schon bei seinem Kronzeugen finden konnte, Herodot. Das ist vermutlich bezeichnend für einen Kippmoment zwischen traditionellen und modernen Geschichtskonzeptionen, für den Übergang von zyklischen zu linearen und endlich zukunftsoffenen Vorstellungen.[91] Jedenfalls ging Bachofen davon aus, dass am Ende der geschichtlichen Entwicklung alles da capo ins chaos antiquum zurückfällt im »Kreislauf der menschlichen

---

86 Vgl. z. B. Bd. 10.1, S. 251, 259, 344, 465, 534, 700; Mann, Gesammelte Werke, Bd. 8, S. 668.

87 Vgl. Johann Jakob Bachofen, Der Mythus von Orient und Occident. Eine Metaphysik der Alten Welt. Aus den Werken von Johann Jakob Bachofen. Mit einer Einleitung von Alfred Baeumler, hg. v. Manfred Schröter, München: Beck, 1926, S. 37.

88 Bachofen, Der Mythus von Orient und Occident, S. 37; ders., Urreligion und antike Symbole. Systematisch angeordnete Auswahl aus seinen Werken in drei Bänden, hg. v. Carl Albrecht Bernoulli, Bd. 1, Leipzig: Reclam, 1926, S. 100.

89 Vgl. Klaus Müller-Salget, Der Tod in Torre di Venere. Spiegelung und Deutung des italienischen Faschismus in Thomas Manns *Mario und der Zauberer*, in: Arcadia 18.1, 1983, S. 50–65, hier S. 61 [= ders., Literatur ist Widerstand. Aufsätze aus drei Jahrzenten, Innsbruck: Institut für Sprache, Literatur und Literaturkritik, 2005 (Innsbrucker Beiträge zur Kulturwissenschaft, Germanistische Reihe, Bd. 69), S. 89–104, hier S. 100].

90 Bachofen, Urreligion und antike Symbole, Bd. 1, S. 102; mit Lesespuren in Thomas Manns Handexemplar.

91 Vgl. Alexander Demandt, Metaphern für Geschichte. Sprachbilder und Gleichnisse im historisch-politischen Denken, München: Beck, 1978, S. 235–257.

Dinge«[92] (eine wörtliche Übersetzung aus Herodots Historien: »κύκλος τῶν ἀνθρωπηίων [...] πρηγμάτων«[93]).

Die Motive, die Bachofen von einem planen Fortschrittsoptimismus Abstand halten ließen, sind unschwer zu benennen. Dieser Abstand war eine notwendige Konsequenz der reaktionären Implikationen, die seine Theorie zwar immer schon hatte, die aber bei ihrer Wiederentdeckung durch die sogenannte Konservative Revolution der Zwanzigerjahre vermutlich entscheidende Wichtigkeit erlangen sollten. Bachofen nämlich assoziierte die von ihm stipulierten Zivilisationsstufen, vermutlich nach dem Vorbild des hellenistischen Historikers Polybios, mit bestimmten Verfassungstypen.[94] Das Vaterrecht zum Beispiel ordnete er dem Kaisertum zu, den Hetärismus, als Gleichheit aller, der Demokratie.[95]

Den Kommunismus oder Sozialismus hingegen scheint Bachofen nicht mehr wahrgenommen zu haben. Dieser kaum glaubliche Befund ergibt sich sowohl aus dem publizierten Gesamtwerk als auch aus dem Nachlass. Weder hier noch dort finden sich Erwähnungen des einen oder des anderen Begriffs; ein als solches zwar prinzipiell problematisches, hier aber ausnahmsweise einmal griffiges argumentum ex silentio. Denn Kommunismus und Sozialismus hätten sich ja durch den radikalen Gleichheitsanspruch, den sie erheben, viel zu genau in jene Assoziationsschematik integrieren lassen, um einfach übergangen zu werden. — Es sei denn, Bachofen habe Sozialismus, Kommunismus und all dergleichen unter »Demokratie« mit subsumiert, um diesem Wort in Anlehnung an seinen altgriechischen Gebrauch eine breitere Bedeutung zu verleihen.

Was auch immer Bachofen unter »Demokratie« verstanden haben mag: Seine Widerstände dagegen hinderten die Exponenten der Linken nicht daran, seine Theoreme bald einmal dankbar aufzugreifen. So August Bebel in den späteren Auflagen von *Die Frau und der Sozialismus*,[96] zuvor, noch zu Bachofens Leb-

92 Bachofen, Der Mythus von Orient und Occident, S. 247 f.

93 Herodotus, The Persian Wars, hg. v. A. D. Godley, Bd. 1: Books I–II, Cambridge (Massachusetts): Harvard University Press, und London: Heinemann, ⁵1966 (Loeb Classical Library, Bd. 117), S. 260 (I, 207.2).

94 Zu Bachofens Polybios-Rezeption vgl. Bachofen, Gesammelte Werke, Bd. 2, S. 450, 500; Bd. 3, S. 745–748, 764, 769, 779 f., 782, 789, 856, 859, 984; Bd. 4, S. 18.

95 Vgl. Yahya Elsaghe, Einleitung, in: Johann Jakob Bachofen, Mutterrecht und Urreligion. Eine Sammlung der einflussreichsten Schriften, hg. v. Yahya Elsaghe, Stuttgart: Kröner, ⁷2015 (Kröners Taschenausgabe, Bd. 52), S. IX–LXV, hier S. XLI–XLVI.

96 August Bebel, Die Frau und der Sozialismus, Bonn: Dietz, ³1994 (Internationale Bibliothek, Bd. 9) [Neusatz der Jubiläums-Ausgabe 1929], S. 54–82. Vgl. Peter Davies, Myth, Matriarchy and Modernity. Johann Jakob Bachofen in German Culture 1860–1945, Berlin und New York: de Gruyter, 2010 (Interdisciplinary German Culture Studies, Bd. 7), S. 66; Ulrich Boss, Yahya Elsaghe und Florian Heiniger, Einleitung, in: dies. (Hgg.), Matriarchatsfiktionen. Johann Jakob

zeiten, Friedrich Engels im *Ursprung der Familie, des Privateigentums und des Staats.*[97] Indessen geht dieses Projekt auf Karl Marx selber zurück. Auf dessen Notizen konnte Engels denn zurückgreifen. Dabei hatte Marxens Affinität zu Bachofen ihre besonderen bildungsbiographischen oder vielleicht sogar persönlichen Gründe. Denn Marx und Bachofen, fast aufs Jahr gleich alt, müssen zusammen in denselben Berliner Vorlesungen Friedrich Carl von Savignys gesessen haben,[98] eines prominenten Vertreters der historischen Rechtsschule, deren Preisgabe universalisierbarer Konzepte es dem einen wie dem anderen der beiden Kommilitonen desto leichter machte, sich Alternativen zu den hier und jetzt herrschenden Besitz- oder Geschlechterverhältnissen auszudenken.

Auch wenn Bachofen im Basel seiner Zeit Sozialismus, Kommunismus oder auch Feminismus also vielleicht noch komplett oder doch weitgehend ignorieren konnte — immerhin korrespondierte er mit dem französischen Anarchisten Elie Reclus[99] —, wurde er zum Zeitzeugen gewisser Demokratisierungsschübe. Dazu gehörten beispielsweise die Gründung des schweizerischen Bundesstaats von 1848 oder die schweizerische Verfassungsrevision von 1874, in deren Gefolge sich denn auch in der Schweiz eine Frauenbewegung zu organisieren begann. Schwerreicher Patrizier und Profiteur der vorderhand noch herrschenden Verhältnisse, der er war, konnte Bachofen insofern unmöglich noch an einem einsinnig-linearen Fortschrittskonzept festhalten. Der Prinzipat der Patriarchen und Patrizier schien offensichtlich nicht das letzte Wort der Geschichte zu sein.

Wie in der jüngsten Forschung zur Ideengeschichte der Zwischenkriegszeit deutlich zu werden beginnt, war es just die fatalistisch-resignative Volte, die Bachofen seinerzeit für Thomas Mann und andere Autoren der Zeit so leicht anschließbar machte. Wo immer starke Frauen nun schwachen Männern gegen-

---

Bachofen und die deutsche Literatur des 20. Jahrhunderts, Basel: Schwabe, 2018 (Schwabe interdisziplinär, Bd. 11), S. 7–35, hier S. 15 mit Anm. 47–51.

97 Vgl. Friedrich Engels, Der Ursprung der Familie [sic!] des Privateigentums und des Staats. Text, hg. v. Institut für Geschichte der Arbeiterbewegung Berlin und vom Institut für Marxismus-Leninismus beim Zentralkomitee der Kommunistischen Partei der Sowjetunion, Berlin: Dietz, 1990 (Marx-Engels-Gesamtausgabe [MEGA], Abt. I, Bd. 29).

98 Vgl. Lionel Gossman, Basel in der Zeit Jacob Burckhardts. Eine Stadt und vier unzeitgemässe [sic!] Denker, Basel: Schwabe, 2005, S. 160.

99 Vgl. z. B. Johann Jakob Bachofen, Briefe vom 27. Dezember 1879 und 29. Oktober 1880 an Elie Reclus, in: ders., Gesammelte Werke, Bd. 10, S. 496 f., 503 f.

überstanden — etwa bei Gerhart Hauptmann,[100] Hugo von Hofmannsthal[101] und Arthur Schnitzler,[102] bei Hermann Hesse[103] und Hermann Broch,[104] bei Robert Musil,[105] Elias Canetti[106] oder Franz Kafka:[107] In jedem einzelnen Fall führen die quel-

---

100 Vgl. Ulrich Boss, Eine »Bachofensche Vision«. Gerhart Hauptmanns *Insel der Großen Mutter*, in: ders., Yahya Elsaghe und Florian Heiniger (Hgg.), Matriarchatsfiktionen. Johann Jakob Bachofen und die deutsche Literatur des 20. Jahrhunderts, Basel: Schwabe, 2018 (Schwabe interdisziplinär, Bd. 11), S. 113–142.

101 Hugo von Hofmannsthal, An den Verleger Eugen Rentsch, in: ders., Reden und Aufsätze III: 1925–1929. Buch der Freunde. Aufzeichnungen 1889–1929, hg. v. Bernd Schoeller und Ingeborg Beyer-Ahlert, Frankfurt a. M.: Fischer, 1980 (Gesammelte Werke in zehn Einzelbänden), S. 136 f. Vgl. Antonia Eder, Chthonischer Ernst und dionysisches Spiel. Hofmannsthals Bachofen-Rezeption als poetische Re-Mythisierung, in: Ulrich Boss, Yahya Elsaghe und Florian Heiniger (Hgg.), Matriarchatsfiktionen. Johann Jakob Bachofen und die deutsche Literatur des 20. Jahrhunderts, Basel: Schwabe, 2018 (Schwabe interdisziplinär, Bd. 11), S. 63–86, hier S. 66–68, 73–79.

102 Vgl. Franziska Schößler, Die Gouvernante als Hetäre. Bachofen in Schnitzlers Roman *Therese. Chronik eines Frauenlebens*, ebd., S. 143–162.

103 Vgl. Frederick Alfred Lubich, Bachofens *Mutterrecht*, Hesses *Demian* und der Verfall der Vatermacht, in: Germanic Review 65.4, 1990, S. 150–158; Serena Failla, Matriarchatsphantasien in Hermann Hesses Prosa. Zur Bachofen-Rezeption in *Der Inseltraum, Peter Camenzind, Demian* und *Siddhartha*, Bern: hep, 2014; Peter Huber, »Goldmunds Weg zu den Müttern«. Hermann Hesses Erzählung *Narziß und Goldmund* vor dem Hintergrund der Mutterrezeption im frühen 20. Jahrhundert, in: Hermann-Hesse-Jahrbuch 9, 2017, S. 85–120; Yahya Elsaghe, Vom neokainitischen Matriarchat der Frau Eva zur kastalischen Wiederherstellung der Androkratie. Hermann Hesse und Johann Jakob Bachofen, in: Barbara Mahlmann-Bauer und Paul Michael Lützeler (Hgg.), Aussteigen und Aussteiger — eine Vision der Jahrhundertwende und im Schaffen Hermann Brochs, Göttingen: Wallstein [im Druck].

104 Vgl. Barbara Mahlmann-Bauer, Euripides' *Bakchen*, ein Prätext für Brochs Bergroman *Die Verzauberung*, in: Recherches germaniques 2008: Hermann Broch: Religion, Mythos, Utopie — zur ethischen Perspektive seines Werks (Hors série, Bd. 5), S. 75–118; Julian Reidy, »Weiberzeit«: ›Mutterrecht‹, ›Hetärismus‹ und Faschismusanalyse in Hermann Brochs *Verzauberung*, in: Ulrich Boss, Yahya Elsaghe und Florian Heiniger (Hgg.), Matriarchatsfiktionen. Johann Jakob Bachofen und die deutsche Literatur des 20. Jahrhunderts, Basel: Schwabe, 2018 (Schwabe interdisziplinär, Bd. 11), S. 185–220.

105 Vgl. Ulrich Boss, Männlichkeit als Eigenschaft. Geschlechterkonstellationen in Robert Musils *Der Mann ohne Eigenschaften*, Berlin und Boston: de Gruyter, 2013 (Studien und Texte zur Sozialgeschichte der Literatur, Bd. 134), S. 80–103.

106 Vgl. Florian Heiniger, »Groß & Mutter«. Bachofen in Elias Canettis *Die Blendung*, in: ders., Ulrich Boss und Yahya Elsaghe (Hgg.), Matriarchatsfiktionen. Johann Jakob Bachofen und die deutsche Literatur des 20. Jahrhunderts, Basel: Schwabe, 2018 (Schwabe interdisziplinär, Bd. 11), S. 163–184.

107 Vgl. Joanna Nowotny, »Sumpfgeschöpfe« und »dunkle« »Mädchenzimmer«. Geschlechtermythen bei Bachofen und Kafka, ebd., S. 87–111.

lenphilologisch oder sozusagen mentalitätsatmosphärisch rekonstruierbaren Wege nach Basel.

Anschlussfähig und aktuell konnte Bachofen unversehens überall dort werden, wo es darum ging, die diversen Phänomene einer verstörenden Gegenwart wenigstens intellektuell zu verarbeiten. Dazu gehörten längst nicht nur Erscheinungen wie das Frauenstimm- und -wahlrecht, sondern insbesondere auch Massenbewegungen wie der Faschismus; hatte Bachofen doch im Zusammenhang mit der dionysischen Religion und den unter ihrem Einfluss erfolgenden backlashes darauf hingewiesen, dass diese eh und je »von Tyrannen [...] im Interesse ihrer auf die demokratische Entwicklung gegründeten Herrschaft besonders begünstigt« werde.[108] Und ein laienhafter Leser wie Thomas Mann konnte diese von ihm angestrichene und in seiner Ausgabe nicht kommentierte Stelle umso leichter auf autoritäre Regimes von der Art des italienischen Faschismus beziehen, als ihm die technische Spezialbedeutung von »Tyrann[]« entgangen sein wird. (Denn bloß in dieser Bedeutung scheint Bachofen das Wort hier gebraucht zu haben — wie etwa im Tragödientitel *Oidípous Tyránnos*, »Oedipus *rex*« —; gemeint war also lediglich ein genealogisch nicht legitimierter Herrscher, ohne Charakterisierung oder Bewertung seiner Herrschaftsweise.)

Vor dem Hintergrund der Bachofen'schen Lehre und insbesondere der Rolle, die darin Tyrannen und Demokratie spielen — im Sinne von Ochlokratie, Pöbelherrschaft —, lässt sich *Mario und der Zauberer* nunmehr neu und anders lesen.[109] Das gilt mutatis mutandis, um es nochmals zu sagen, auch für ausnahmslos alle späteren Erzählungen des Autors wie für zwei Romane, die ihrerseits Teil der deutschen Verfilmungsgeschichte sind, den *Doktor Faustus*[110] und die zweite Hälfte des *Felix Krull*-Fragments.[111]

Was in *Mario und der Zauberer* erzählt wird, lässt sich verstehen als eine kollektive Regression auf einen vorpatriarchalen Zustand: Daher das »Cinema« als ein Raum egalitärer Standeslosigkeit, wo denn auch »keine Logen vorhanden«

---

108 Bachofen, Urreligion und antike Symbole, Bd. 1, S. 104.

109 Vgl. Elisabeth Galvan, Introduzione. *Mario e il mago*. Il racconto italiano di Thomas Mann — Zur Einführung. *Mario und der Zauberer*. Thomas Manns italienische Erzählung, in: dies. (Hg.), *Mario e il mago*. Thomas Mann e Luchino Visconti raccontano l'Italia fascista — *Mario und der Zauberer*. Thomas Mann und Luchino Visconti erzählen vom faschistischen Italien, Bonn: Arbeitskreis selbständiger Kulturinstitute, und Rom: Casa di Goethe, 2015 (Katalog-Reihe der Casa di Goethe), S. 4–33, hier S. 5 f.; Elsaghe, Die »Principe[ssa] X.« und »diese Frauen —!«, S. 186–193; ders., Krankheit und Matriarchat, S. 223–263.

110 Vgl. Elsaghe, Krankheit und Matriarchat, S. 270–305.

111 Vgl. Reidy, Raum und Interieurs in Thomas Manns Erzählwerk, S. 228–282; Elsaghe, Hoc signo felix; ders., Herrenzimmer versus Frauen-Zimmer.

sind.[112] Daher der Name des Orts, der *die* Göttin des Hetärismus buchstäblich im Schild führt, Venus, und sie in eins damit zur ›phallischen Mutter‹ ermächtigt, *Torre di Venere*. Daher auch die Personennamen, die fast alle aus Boccaccios *Decamerone* stammen, und zwar aus Geschichten, in denen Männer ausnehmend lamentable Figuren machen, Typus »Angiolieri«, und von Frauen übervorteilt werden, Typus »Sofronia«.[113] Daher die tyrannische Macht einer Hotelpotentatin, der Principessa X., die es im Vollgefühl ihres Muttertums, aus Sorge um ihre Kleinen und in einem Akt schreienden Un-, aber auch konsequent praktizierten Mutterrechts schafft, eine deutsche Familie aus dem Grandhotel zu vergraulen mit dem irrational-volksmedizinischen Argument und im festen, vermutlich auf einem Missverständnis gründenden[114] Glauben, dass Keuchhusten akustisch ansteckend sei. Und daher auch die orientalisierenden Verfremdungen Italiens und die ›Verkafferung‹ der Italiener: die »nubische[]«[115] Modefrisur der Faschisten; Marios negroide, »primitive« Physiognomie;[116] die bis fast zuletzt ungebrochene »Schreckensherrschaft« — ›Tyrannis‹ — einer »afrikanisch«[117] unerbittlichen Hitze und so weiter.

Denn Vaterrecht und Patriarchat waren für Bachofen genuin abendländische Errungenschaften. Überhaupt hatte dieser eine extrem eurozentrische Sicht der Dinge, seine eigene Gegenwart (die sogenannte Osmanische Frage) miteingeschlossen. Bachofens Gesammelte Werke sind eine einzige Fundgrube für den zeitgenössischen ›Orientalismus‹ in dem kulturkritischen Sinn nicht mehr einer Wissenschaft, sondern einer Ideologie, den Edward Said dem Wort gegeben hat. Und wenn Said sich dieses gefundene Fressen entgehen ließ, dann sicherlich deswegen, weil er den Fokus seiner Untersuchungen exklusiv auf die eigentlichen Kolonialmächte richtete und die Mitwirkung des germanophonen Raums oder erst recht der Schweiz dabei allzu leicht übergehen konnte.[118]

---

112 Mann, Gesammelte Werke, Bd. 8, S. 671 f.

113 Vgl. Elsaghe, Die »Principe[ssa] X.« und »diese Frauen —!«, S. 180–183.

114 Vgl. Carl Hennig, Lehrbuch der Krankheiten des Kindes in seinen verschiedenen Altersstufen. Zunächst als Leitfaden für academische Vorlesungen, Leipzig und Heidelberg: C. F. Winter, ³1864, S. 277.

115 Mann, Gesammelte Werke, Bd. 8, S. 683.

116 Mann, Gesammelte Werke, Bd. 8, S. 705. Zur rassistischen Semiotik der Zähne vgl. Melanie Rohner, Farbbekenntnisse. Postkoloniale Perspektiven auf Max Frischs *Stiller* und *Homo faber*, Bielefeld: Aisthesis, 2015 (Postkoloniale Studien in der Germanistik, Bd. 8), S. 140, 145.

117 Mann, Gesammelte Werke, Bd. 8, S. 664.

118 Vgl. Nina Berman, Orientalismus, Kolonialismus und Moderne. Zum Bild des Orients in der deutschsprachigen Kultur um 1900, Stuttgart: M & P, 1996, S. 17–36.

3.5 Die filmischen Reminiszenzen an die römische Religion und Mythologie

3.5.1 Die antikische Stilisierung der Silvestra und ihre diskursgeschichtlichen Voraussetzungen

Manche ›orientalische‹ Verfremdungen scheinen Brandauer und Weinshanker an Manns Novelle durchaus wahr- und aufgenommen zu haben, wenngleich längst nicht alle. So etwa ist ihnen offenbar das Motiv der tyrannischen »Sonne« vollkommen entgangen.[119] Denn bei der Bergung jener Leiche eines guten Patrons darf es ja in Strömen regnen.

Hingegen kommen im Film ein-, zweimal afrikanische oder jedenfalls schwarze Hotelgäste ins Bild;[120] keine Selbstverständlichkeit für die gespielte Zeit. Deren einer, jeweils vom Personal als »Exzellenz« angeredet,[121] spricht schwer verständlich, aber vermutlich Swahili. Er sagt etwas wie »kaka jambo«, was so viel hieße wie ›Hallo, Bruder!‹[122] Und einige der Frauen am Strand, als eine sich zusammenrottende Menge die unschuldig-nackte[123] Tochter der deutschen Familie bedrohlich umstellt, tragen quasi-orientalische Kopfbedeckungen.[124]

Aber die filmischen Adaptionen oder Erweiterungen solcher Motive erfolgten zwangsläufig außerhalb des ideengeschichtlichen Rahmens, aus dem diese in Manns Erzählung gelangten. Sie stehen mit Sicherheit in keiner, jedenfalls in keiner direkten Beziehung zu Bachofens Zivilisationstheorie und ihren auch kulturgeographischen Implikationen. Denn von deren Relevanz für Thomas Mann im Allgemeinen und für seine Zeitromane und -novellen im Besonderen, weil Resultat erst der jüngsten Spezialforschung, können Brandauer und seine Equipe ja schwerlich gewusst haben. Dennoch kann man die Eigenarten des Films und zumal seines Endes versuchsweise eben doch einmal vor diesem neusten Inter-

---

119 Mann, Gesammelte Werke, Bd. 8, S. 659, 664, 670, 672.

120 Brandauer, Mario und der Zauberer, 00:20:04, 00:39:12. S. Abb. 92 f.

121 Brandauer, Mario und der Zauberer, 00:20:08.

122 Brandauer, Mario und der Zauberer, 00:39:12; freundliche Auskunft von Kheir Abdallah, Bern, vom 8. Dezember 2015.

123 Vgl. Egon Schwarz, Faschismus und Gesellschaft. Bemerkungen zu Thomas Manns Novelle *Mario und der Zauberer*, in: ders., Dichtung, Kritik, Geschichte. Essays zur Literatur 1900–1930, Göttingen: Vandenhoeck & Ruprecht, 1983, S. 212–230, hier S. 222 [= ders., Thomas Manns *Mario und der Zauberer*, in: Italo Michele Battafarano (Hg.), Italienische Reise. Reisen nach Italien, Gardolo di Trento: Reverdito, 1988 (Apollo. Studi e testi di germanistica e di comparatistica, Bd. 2), S. 349–376, hier S. 364].

124 Vgl. Brandauer, Mario und der Zauberer, 00:59:34. S. Abb. 94.

pretationshorizont betrachten. Nur darf das eben nicht im Sinn der retardiert-positivistischen, gerade unter Thomas-Mann-Forschern nach wie vor überaus beliebten Einflussstudien, sondern muss es im Rahmen einer diskursgeschichtlich informierten Rekontextualisierung geschehen.

Um wiederum mit dem Ende der Verfilmung zu beginnen: Die filmdramaturgische Voraussetzung dieses einigermaßen eigenwilligen Endes, das ihr buchstäblich in die Hand gelegt ist, besteht in den Modi- und Amplifikationen der Silvestra-Figur. In der Novelle erscheint diese ja sozusagen nur als *amata ex machina*. Entsprechend schmal ist ihr Merkmalssatz. Im Film und schon im Drehbuch dagegen wird dieser stark angereichert. So zum Beispiel erhält Silvestra einen Geschlechtsnamen und mit ihm eine Familie. Sie heißt nun mit Nachnamen Angiolieri. Silvestra Angiolieri ist mit dem Ehepaar Angiolieri verwandt, bei dem die deutsche Familie in der Novelle wie im Film logiert, nachdem sie aus dem Hotel hinausgeekelt wurde. Und zwar soll Silvestra, vielleicht etwas absonderlicherweise, eine »Nichte« der Angiolieris,[125] also nicht etwa allein des Mannes sein, dessen Nachnamen das Ehepaar trägt; was beckmesserisch genau genommen ja nur unter der sicherlich unbeabsichtigten Voraussetzung stimmen könnte, dass das Paar Angiolieri eine illegale, im höchsten Grad inzestuöse Ehe führte. In der Konsequenz dieser geringfügigen Fehlleistung aber — wenn man es denn überhaupt so nennen darf — rückt die Nichte eigentlich nur des Mannes nun in ein quasi blutverwandtschaftliches Verhältnis auch zu dessen Frau, die, wie gleich noch zu zeigen, im Film mit nicht weniger matriarchalen Zügen versehen ist als in der Novelle.

Die Nichte der Angiolieris nimmt im Film denn ungleich mehr Raum ein als die Silvestra der Novelle. Während diese erst ganz zuletzt erwähnt wird und davor nie in den Blick des Erzählers rückt, tritt die Silvestra Angiolieri des gut zweistündigen Films bereits in dessen erster Viertelstunde auf. Schon bei diesem ersten Auftritt in persona erscheint die also ziemlich bald eingeführte Figur mit demselben Attribut wie zuletzt wieder, nämlich mit einer Feuerwaffe in der Hand. Sie gibt den Startschuss zu jenem Kellnerwettrennen ab, das für Mario so übel ausgehen wird.

Meistens in weißen Kleidern oder dann im wieder weißen Tennisdress oder auch ganz nackt, wird sie als »die Vestalin des Jahres« eingeführt,[126] als »die«, so das Drehbuch: »im [sic!] diesem Jahr zur Vesta erkorene Silvestra Angiolieri«.[127]

---

125 Brandauer, Mario und der Zauberer, 00:19:27; ders. und Weinshanker, Mario und der Zauberer. Drehbuch, S. 54.

126 Brandauer, Mario und der Zauberer, 00:13:15.

127 Weinshanker und Brandauer, Mario und der Zauberer. Drehbuch, S. 48.

Bei einem Ball, den sie als Vestalin des Jahres eröffnet, scheinen sie und andere junge Frauen als Vestalinnen auch kostümiert zu sein. Mit Vesta wird sie dann noch einmal in den Filmdialogen[128] in Beziehung gesetzt, auch schon im Drehbuch.[129]

Ihre mehrfache Identifikation mit Vesta oder einer Vestalin soll die Figur selbstverständlich einmal mehr mit einer klassisch-antiken, römisch-mythologischen Aura umgeben. Diese heidnisch-mythische Auratisierung hatte ihren Preis. Denn wie bei den Pindar-Reminiszenzen in den Filmdialogen des *Kleinen Herrn Friedemann* oder dem *Divan*-Zitat am Anfang von *Lotte in Weimar* darf man sich auch hier über das Bildungsniveau wundern, das Brandauer und Weinshanker ihrem Publikum zumuten zu dürfen glaubten. Die Vergleiche mit der altrömischen Gottheit Vesta oder mit einer Priesterin derselben sind dermaßen ausgefallen, abgelegen und erlesen, dass selbst manch ein humanistisch gebildeter Rezipient seine liebe Not und Mühe hätte, sie zu verstehen.

Aber gerade weil sie der Rezipierbarkeit des Films eher schaden, erzeugen die wiederholten Hinweise auf Vesta und den Vestakult einen gewissen Interpretationsdruck. Dem erhöhten Druck kann man dadurch begegnen, dass man diese Hinweise ihrerseits wieder, und sei es auch nur mittelbar, auf das Vorstellungsarsenal Johann Jakob Bachofens zurückführt. Bei Bachofen, wie nachgerade zu erwarten, taucht der Name der Vesta und ihrer Priesterinnen gleich mehrmals auf. In seinem berühmten *Mutterrecht* von 1861 kommt er zwar nur nebenher vor;[130] aber in seinem ersten hier einschlägigen Buch erscheint er einigermaßen prominent, jenem wenig älteren *Versuch über die Gräbersymbolik der Alten*. In der *Gräbersymbolik* figuriert die Vesta als »Muttergöttin«, »von welcher alle Fülle und alles Glück [...] ausgeht«.[131] Sie sei die »Urmutter«, von der das ganze Römervolk »all sein Gedeihn ableitet«.[132] Und »die Vestalin« fungiert »als das sterbliche Bild der unsterblichen Urmutter Vesta«.[133]

Wenn also die Silvestra Angiolieri des Films wiederholt mit der Muttergöttin und Urmutter Vesta oder dann mit einem sterblichen Bild derselben gleichgesetzt wird, dann sind damit zentrale Nomina der Bachofen'sche Theorie aufgerufen. Diese verweisen als solche auf eine prä- oder auch postpatriarchale Mächtigkeit ›der‹ Frau. Wie genau solche Verweise auch immer in die Figurenkonstellationen

---

128 Vgl. Brandauer, Mario und der Zauberer, 00:21:31.
129 Vgl. Weinshanker und Brandauer, Mario und der Zauberer. Drehbuch, S. 54, 57.
130 Bachofen, Gesammelte Werke, Bd. 2, S. 375; vgl. S. 382, 397; Bd. 3, S. 846, 858.
131 Bachofen, Gesammelte Werke, Bd. 4, S. 445.
132 Bachofen, Gesammelte Werke, Bd. 4, S. 235.
133 Bachofen, Gesammelte Werke, Bd. 4, S. 235.

des Films oder bereits schon der Novelle passen mögen, so fragt es sich doch, auf welchen Wegen dergleichen relativ arkanes Gedankengut zu Brandauer und Weinshanker gelangen konnte.

Die Frage lässt sich einigermaßen plausibel beantworten. Sehr wahrscheinlich sind die Erwähnungen der Vesta und ihrer Priesterschaft direkt oder doch mittelbar durch ein Buch angeregt, das zu den Zeiten Brandauers (Jahrgang 1943) und Weinshankers (Studienabschluss 1981) ein Bestseller des Fischer-Verlags war. Verfasst hatte es jener Chef in spe des Adenauer-Fernsehens: Ernst Bornemann alias Ernest Borneman, *Das Patriarchat*, 1975; ein Buch, auf das sein Verfasser großen Wert legte. Denn der berühmt-berüchtigte Sexologe, ehemals bekannt auch für sein Lexikon oder seine Kompilation *Sex im Volksmund*,[134] die er selber freilich mit einem hoffnungslosen Overstatement als »philologische[] Studie«[135] zu bezeichnen nicht anstand, — »Ernest Borneman« also titulierte *Das Patriarchat* als sein »opus magnum«,[136] als Hauptwerk seines bewegten oder umtriebigen Lebens. Entsprechend prätentiös datierte er denn das Vorwort dazu, wenn auch seltsam disparat — mit nicht weniger als acht Städte- beziehungsweise Dorfnamen, aber nur einer einzigen Institution —: »London, Edinburgh, Cambridge, Ottawa, / Paris, Frankfurt, Scharten 1933 bis 1973. Psychologisches Institut der Universität Salzburg 1974 bis 1975.«[137]

Durch dieses sein opus magnum verwirklichte der damals Sechzigjährige »ein Lebensziel«,[138] als er, obwohl ohne Abitur, an der Reformuniversität Bremen damit die Doktorwürde erlangte. Deshalb und weil es infolgedessen im seriösrenommierten Fischer-Verlag erscheinen durfte, konnte oder musste es dazu kommen, dass *Das Patriarchat* nicht etwa im Ruch der Populärwissenschaft und des Halbwissens stand, in den es unter anderen Umständen schon hätte geraten können. Es war von Anfang an mit den Weihen akademischer Seriosität und Solidität ausgestattet — mochte es sie verdient haben oder nicht.[139] (Hand aufs Herz: Eher nicht.)

Dem Eindruck oder Anschein wissenschaftlicher Kompetenz und zur institutionellen Beglaubigung derselben hatte auch der Paratext zu dienen. Hierzu gehörte nicht nur die Datierung des Vorworts, nämlich das darin aufgebotene Uni-

134 Vgl. Ernest Borneman, Sex im Volksmund. Die sexuelle Umgangssprache des deutschen Volkes. Wörterbuch und Thesaurus, Reinbek b. H.: Rowohlt, 1971.
135 Ernest Borneman, Das Patriarchat. Ursprung und Zukunft unseres Gesellschaftssystems, Frankfurt a. M.: Fischer, 1975, S. 12.
136 Siegfried, Moderne Lüste, S. 297.
137 Borneman, Das Patriarchat, S. 21.
138 Siegfried, Moderne Lüste, S. 298.
139 Vgl. Siegfried, Moderne Lüste, S. 298–300.

versitätsinstitut, um dessentwillen wie gesehen das lange Datum an seinem Ende sonderbar ausschert; sondern einschlägig war hier schon das Motto, das Bornemann seinem Buch voranzustellen beliebte. Er zitierte es in unübersetztem Latein und versah es mit einer Fundstellenangabe, die den arglosen Laien doppelt einzuschüchtern geeignet war, sowohl mit dem darunter gesetzten Autornamen als vor allem auch durch den womöglich noch unverständlicheren, nämlich auch noch fachmännisch abgekürzten Titel des Korpus, aus dem das lateinische Motto stammt: »Mater semper certa est, / etiamsi vulgo conceperit. / Pater vero is est quem nuptiae demonstrant. / Paulus, Dig. 2, 4, 5.«[140] (Gemeint sind die mit einem juristischen terminus technicus so genannten Digesten, *Digesta Iustiniani* — ein Teil des *Corpus Iuris Civilis* —, in denen hier wie auch sonst gerne ein römischer Rechtsgelehrter namens Julius Paulus ›Prudentissimus‹ zitiert wird: ›Wer die Mutter eines Kinds ist, steht immer und selbstverständlich fest, auch wenn sie es außerehelich empfangen hat. Wer aber der Kinds*vater* ist, darüber entscheiden Heirat und Ehe.‹[141])

Worum es Bornemann unter dem Schutzschirm solcher legitimatorischer Anleihen bei den akademischen Gepflogenheiten und den Absicherungsritualen fachwissenschaftlicher Diskurse zu tun war, geht buchstäblich aus den allerersten Worten seines opus maximum hervor. Es steht bereits in der Dedikation, die dem gelehrten Motto vorangeht: *Das Patriarchat* sei »den Frauen gewidmet«.[142] Es solle »der Frauenbewegung dienen, wie *Das Kapital* der Arbeiterbewegung gedient« habe etc. pp.[143]

Bornemann ging es also um nichts Geringeres als darum, für die Emanzipation der Frau das zu leisten, was Karl Marx für die Arbeiterklasse vollbracht hatte. Er erhob den Anspruch, ein, nein *das* wissenschaftliche Standardwerk der Frauenemanzipation geschrieben zu haben. Nicht umsonst wollte ein angeblich sowjetischer Raubdruck eines Zarah-Leander-Verlags, Nischni-Nowgorod, unter die indirekte Protektion des damaligen Generalsekretärs und Staatschefs gestellt sein: »Ernest BorneMann [sic!] / Das Patriarchat«, herausgegeben »vom ZK der

---

140 Borneman, Das Patriarchat, S. 8. Vgl. Iulius Paulus in: Okko Behrends et al. (Hgg.), Corpus Iuris Civilis. Text und Übersetzung, Bd. 2: Digesten 1–10, Heidelberg: C. F. Müller, 1995, S. 182 (4.5).

141 Eigenübersetzung.

142 Borneman, Das Patriarchat, S. 7. Vgl. Heide Göttner-Abendroth, Das Matriarchat, Bd. I: Geschichte seiner Erforschung, Stuttgart, Berlin und Köln: Kohlhammer, ³1995, S. 171 f.

143 Borneman, Das Patriarchat, S. 7.

KPdSU, Institut für Feminismus, unter der Schirmherrschaft von Frau Präsident Leonida Breschnewa«.[144] (Das Institut genauso fingiert wie der Verlag.)

Den Entschluss zu seinem epochalen Vorhaben, wie er ja schon in jener umständlichen Datierung seines Vorworts zu verstehen gab (»1933 [...] bis 1975«), wollte der Verfasser des *Patriarchts* bereits ein Menschenalter vor der endlichen Publikation des Buchs gefasst haben.[145] Was auch immer es mit diesem Anspruch auf sich haben mag — sind Bornemanns Aussagen über sich selbst doch notorisch unzuverlässig und, man darf sagen, hochstaplerisch[146] —: Dass die Anfänge des Projekts just in die Dreißigerjahre zurückreichen sollen, ist entweder sehr bezeichnend oder dann extrem gut erfunden.

Denn in den Dreißigerjahren wurde Bachofen noch vergleichsweise intensiv gelesen und diskutiert, bevor seine Schriften und die darin ausgehandelten Fragen nach einer jahrzehntelangen Latenzzeit dann erst im Zuge der sogenannten Zweiten oder Neuen Frauenbewegung wieder ins Gespräch kamen, ob nun aus erster Hand rezipiert oder vermittelt durch Bornemann and the like. So konnte gleichzeitig mit Bornemanns Monographie, wiederum in einem Publikumsverlag und sogar als Taschenbuch, eine gekürzte Ausgabe des *Mutterrechts* auf den Markt kommen.[147] Wenig später erschien eine großangelegt-literarische Fiktionalisierung des Geschlechterverhältnisses und seines Wandels, *Der Butt*, 1977. Und deren Verfasser gab für sein Teil zu Protokoll, Bachofen rezipiert zu haben;[148] mögen seine ungenauen oder falschen Verwendungen des — von Bornemann zwar eigens problematisierten[149] — Worts »Mutterrecht«[150] auch dagegen sprechen und weit eher dafür, dass die Bachofen-Rezeption hier aus zweiter oder dritter Hand erfolgte.

Wie also vielleicht schon *Der Butt* zeigt, spielte Bornemanns *Patriarchat* eine wohl unüberschätzbar wichtige Rolle bei der Ventilation Bachofen'scher Vorstel-

144 Ernest Borneman [Titelblatt] alias BorneMann [Cover], Das Patriarchat. Ursprung und Zukunft unseres Gesellschaftssystems, hg. v. ZK der KPdSU, Nischni Nowgorod: Zarah Leander, 1975; alle folgenden Nachweise wieder nach der autorisierten Ausgabe Frankfurt a. M. 1975.

145 Vgl. Siegfried, Moderne Lüste, S. 295.

146 Vgl. Siegfried, Moderne Lüste, S. 23–29.

147 Johann Jakob Bachofen, Das Mutterrecht. Eine Untersuchung über die Gynaikokratie der alten Welt nach ihrer religiösen und rechtlichen Natur, hg. v. Hans-Jürgen Heinrichs, Frankfurt a. M.: Suhrkamp, 1975 (suhrkamp taschenbuch wissenschaft, Bd. 135).

148 Zu seiner eigenen Bachofen- und Mutterrechts-Rezeption hat sich Grass mündlich offenbar verschiedentlich geäußert; freundliche Auskunft von Irmgard Hunt, Fort Collins, vom 19. April 2007.

149 Borneman, Das Patriarchat, S. 13 f.

150 Günter Grass, Der Butt. Roman, Darmstadt und Neuwied: Luchterhand, 1977, S. 17 u. ö.

lungen und Begrifflichkeiten. Zwar sollte es »als Waffe im täglichen Kampf der Gegenwart« dienen oder gar »als Schlüssel zur Zukunft«,[151] das hieß mit marxistischem Impetus und ganz auf der Linie der Engels'schen Bachofen-Rezeption die Anliegen aufnehmen, die der französische und der US-amerikanische Feminismus seit Jahren und Jahrzehnten formulierte. Aber obgleich er so in unmittelbare Gegenwart zu intervenieren vorhatte, griff Bornemann vor allem anderen auf Bachofen zurück. Der jedoch hatte sich im Wesentlichen den längst untergegangenen Kulturen des Altertums gewidmet. Das tat demzufolge zur »Analyse der Vergangenheit«[152] auch Bornemann; was die mit Bachofen ihrerseits nicht Vertrauten unter seinen Rezipienten und Rezipientinnen nach wie vor befremdet.[153]

Deswegen ist im *Patriarchat* nun eben auch vom »Mutterkult[]« der »Feuergöttin« Vesta und von ihren Priesterinnen die Rede, die das »heilige Feuer« dieser »Staatsgottheit« hüteten.[154] Bornemann deutet diese religionsgeschichtlichen Phänomene ganz im Sinne Bachofens als Relikte einer älteren Kulturform, einer präpatriarchalen oder, mit seiner eigenen Begriffsprägung, die er gleichermaßen gegen Bachofens ›Mutterrecht‹ wie gegen den etwa zur selben Zeit aufgekommenen[155] Internationalismus ›Matriarchat‹ ausgespielt, einer ›matristischen‹.[156] Sie dienen ihm als Beweis dafür, dass »zumindest *eine* Gruppe römischer Frauen den vorpatriarchalischen Status der Frau aufrecht« zu erhalten vermochte.[157] Die »Macht der Obervestalin« insbesondere war für Bornemann »das Bindeglied zwischen der Mutterreligion des alten Matriarchats« — wie gesagt ein von Bornemann anderwärts explizit inkriminierter, nun aber aus unerfindlichen Gründen doch aufgegriffener Ausdruck[158] — »und der weltlichen Emanzipation der Frau«.[159]

151 Borneman, Das Patriarchat, S. 7.

152 Borneman, Das Patriarchat, S. 7.

153 Vgl. Siegfried, Moderne Lüste, S. 296 f.

154 Borneman, Das Patriarchat, S. 485.

155 Vgl. Beate Wagner-Hasel, Matriarchat, in: Kurt Ranke und Rolf Wilhelm Brednich (Hgg.), Enzyklopädie des Märchens. Handwörterbuch zur historischen und vergleichenden Erzählforschung, Berlin und New York: de Gruyter, 1977–2015, Bd. 9, Sp. 407–415, hier Sp. 407; J. A. Simpson und E. S. C. Weiner (Hgg.), The Oxford English Dictionary, Oxford: Clarendon Press, ²1989, Bd. 9, S. 473, s. v. ›matriarchy‹.

156 Vgl. Borneman, Das Patriarchat, S. 13.

157 Borneman, Das Patriarchat, S. 485; Hervorhebung des Originals.

158 Vgl. Borneman, Das Patriarchat, S. 485.

159 Borneman, Das Patriarchat, S. 485.

3.5.2 ›Cípollas‹ mythische Identität

Was auch immer es aber damit auf sich hat und woher die Vergleiche der Silvestra mit Vesta und den Vestalinnen nun herkommen mochten — vielleicht ja auch nur aus einer phonetischen Assoziation ihres Namens, »Sil*vestra*«? —: In wenigstens einer Hinsicht sind solche Vergleiche sehr befremdlich. Nicht umsonst bleiben sie auch im Film nicht unwidersprochen. Eine Verwandte der so Verglichenen, ihre Quasi-Tante Sofronia Angiolieri, findet es »völlig falsch«, ihre Quasi-Nichte so zu identifizieren.[160]

Die Vestalinnen nämlich waren von einer geradezu sprichwörtlichen Keuschheit. Brachen sie deren Gebot, drohte ihnen, lebendig begraben oder vom Tarpejischen Felsen gestürzt zu werden. Von solch einer drakonisch gesicherten Keuschheit scheint Silvestra Angiolieri nicht gerade sehr viel zu haben. Sie zieht sich auf offener Straße um und aus. Einmal paradiert sie ihren Körper aufreizend vor Fuhrmann und versucht, wieder splitternackt, ziemlich offensiv den deutschen Familienvater zu verführen, dessen eheliches Liebesleben zuvor übrigens vom italienischen Hotelpersonal mehrfach gestört wird.

Aber auch auf der anderen, der weiblichen Seite, ist die Ehe der Fuhrmanns gefährdet. Der ›Cípolla‹ des Films nämlich, der seinerseits schon viel früher als in der Novelle, man kann nicht wirklich sagen: auftritt — er erscheint bald einmal und dann wiederholt auf einem explosiv knatternden Motorrad mit Sozius —, dieser ›Cípolla‹ stellt der Frau des deutschen paterfamilias nach. Rachel Fuhrmann kann ihm offensichtlich nur mit Mühe widerstehen, so dass die Institution der patriarchal-monogamen Ehe, q. e. d., von *beiden* Fronten her als eine bedrohte erscheint.

Die Anfechtung auch der Gatt*innen*treue, wie schon flüchtig einmal angedeutet, fällt zeitlich in Fuhrmanns reise- und vortragsbedingte Abwesenheit. Räumlich wird sie ausgerechnet an die Stelle situiert, die dem Ort der Handlung seinen hier anzüglich zum Sprechen gebrachten Namen gegeben haben soll, Torre di Venere. Genau dort, wo angeblich der eponyme Turm der Venus ehedem stand, überrascht ›Cípolla‹ die deutsche Ehefrau mit schlüpfrigem Gerede vom leidenschaftlichen Koitus der Elemente, während der Gatte derselben zu Rom seine klugen Reden über die »Liebe«, den »Tod — de[n] Tod! —« und die Zukunft der menschlichen Rasse hält:

> Cɪᴘᴏʟʟᴀ: Waren sie schon einmal während eines Sturmes hier?
> Rᴀᴄʜᴇʟ: Ah!

---

160 Brandauer, Mario und der Zauberer, 00:21:31.

CIPOLLA: Es ist überwältigend! Leidenschaftlich vermählen sich Wasser und Luft ... Ich hab'
   Sie erschreckt? Ich bitte um Verzeihung! Ich komme oft hierher. Aber Sie möchten
   vielleicht lieber allein hier sein?
RACHEL: Ich glaubte nur, hier oben sei niemand ...
CIPOLLA: Ja, ich verstehe. Man hat mir erzählt, dass hier früher einmal der Turm der Venus
   gestanden hat.
RACHEL: Ja, das sagte mein Mann mir, als wir zum ersten Mal hier oben waren.
CIPOLLA: Der gebildete, geachtete professore ... Was hat er Ihnen vom Turm erzählt?
RACHEL: Nur, dass er hier oben gestanden hat.
CIPOLLA: Tja, viel mehr gibt's darüber auch nicht zu sagen ... Er war nicht so eindrucksvoll
   wie der Kölner Dom, nicht so berühmt wie der Eiffelturm, nicht so geheimnisum-
   woben wie der Turm in Pisa. Ein bescheidener Turm. Aber nichtsdestoweniger ein
   Monument zu Ehren der Venus.
RACHEL: Meine Kinder machen eine Bootstour.
CIPOLLA: Es passiert ihnen nichts! Haben Sie sich in Torre di Venere bisher wohlgefühlt?
   Hat der berühmte professore auch von dem Mann der Venus gesprochen?
RACHEL: Nein.
CIPOLLA: Interessiert Sie das?
RACHEL: Ja.
CIPOLLA: Sein Name war Vulcanus. Im Kreise der bewundernswerten, makellos bewun-
   dernswerten Unsterblichen war er als einziger hässlich. Und auf einem Bein
   hinkte er. In seiner ... In seiner Werkstatt gab es Dienerinnen und Mägde, die er
   selbst aus Gold geschmiedet hatte. Ha! Vulcanus war der Gott des Feuers. Beson-
   ders in seinem zerstörerischen Element. Und was seine Frau betrifft, die verehrte
   Göttin der Liebe ... Sie war eine Hure![161]

Auch in diesem Dialog also, wie schon bei jenem Vergleich der Silvestra mit Vesta
oder den Vesta-Priesterinnen, wird die römische Religion aufgeboten. Es beginnt
mit ›Cipollas‹ Stichelei gegen den abwesenden Ehemann, der seiner Frau nichts
vom »Mann der Venus« erzählt hat. Und es endet damit, dass er, ›Cipolla‹, Venus
verächtlich macht. Sie sei nichts gewesen als »eine Hure!«

  Das hat man wohl als Anspielung auf den homerischen Schwank vom Ehe-
bruch des Ares und der Aphrodite zu verstehen. Die mythologische Anspielung
wiederum gibt etwas von einer mythischen Identität auch ›Cipollas‹ zu erkennen.
Nicht umsonst hinkt dieser in der Szene wie auch sonst ein wenig, wenn er nicht
gerade auf jenem Motorrad fährt. (Die ersten Motorräder des Retrodesign-Typs
»Vulcan« waren übrigens schon Mitte der Achtzigerjahre auf die deutschen Straßen gelangt.[162]) Oder immerhin geht er auffallend ungelenk — wie ein Schauspieler eben, der einen Hinker darzustellen sich abmüht —, wo doch der Zauberer in

---

161 Brandauer, Mario und der Zauberer, 01:14:03; vgl. ders. und Weinshanker, Mario und der
Zauberer. Drehbuch, S. 133–135.
162 Freundlicher Hinweis von Elias Zimmermann, Bern, vom 21. Dezember 2018.

Manns Novelle im »Geschwindschritt« auftritt.[163] Die Abschätzigkeit und die Aggressivität seiner, des Film-›Cipolla‹, Erwähnung von Ares und Aphrodite, verraten etwas von seiner Selbstidentifikation mit dem einen, ausnahmsweise hässlichen und seinerseits hinkenden Gott, Hephaistos. ›Cipolla‹ identifiziert sich ganz offensichtlich mit dem geschädigten Dritten, den seine Gattin in der Odyssee auf so demütigende Weise mit einem anderen betrügt.

Damit erhält ›Cipolla‹ eine mythische Identität, wie sie bei Thomas Mann zugegebenermaßen durchaus vorkommen *könnte*. Man denke nur an seine diversen Unterweltsgestalten (Charon,[164] Rhadamanthys[165]), an die Stilisierung Clawdia Chauchats zur »Kirke«,[166] an Hermes-Figuren wie Tadzio[167] oder Felix Krull,[168] an die amorhaften Züge eines Rudi Schwerdtfeger[169] oder Ken Keaton,[170] an die Anspielungen auf Psyche in den Josephsromanen[171] oder in der *Betrogenen*,[172] vielleicht auch an Gerda von Rinnlingen, in der, wie erinnerlich, zumindest die wissenschaftlichen und die filmisch-produktiven Rezipienten eine Figuration der Jagdgöttin Diana gesehen haben. Aber für eine solche mythologische Unterlegung auch des Zauberers Cipolla — geschweige denn der Silvestra — fände man im Text der *Mario*-Novelle dennoch keinerlei Hinweis, noch nicht einmal in der Forschungsliteratur dazu (abgesehen allenfalls von jenem verkrampften Versuch, den Zauberer als verhunzten Dionysos zu interpretieren).

Die mythische Identität des Zauberers, dessen Identität mit Hephaistos-Vulcanus, die also völlig frei erfunden ist, wenn eben auch ganz im Sinne Thomas Manns und zumal eines gymnasialbildungskanonischen Texts wie des *Tods in Venedig* — diese ›mythopoetische‹ Identität wird in einer dicht bestückten Motivebene entfaltet, die dem Film eigens eingezogen wurde. Deren Elemente, mit anderen Worten, sind samt und sonders hinzuphantasiert, ohne dass es im Novellentext den geringsten Anhaltspunkt dafür gäbe. Das wichtigste derselben ist

---

163 Mann, Gesammelte Werke, Bd. 8, S. 674.

164 Vgl. Elsaghe, Krankheit und Matriarchat, S. 179; ders., Die imaginäre Nation, S. 228.

165 Vgl. Elsaghe, Krankheit und Matriarchat, S. 60.

166 Bd. 5.1, S. 375.

167 Vgl. z. B. Manfred Dierks, Studien zu Mythos und Psychologie bei Thomas Mann. An seinem Nachlass orientierte Untersuchungen zum *Tod in Venedig*, zum *Zauberberg* und zur *Joseph*-Tetralogie, Bern und München: Francke, 1972 (Thomas-Mann-Studien, Bd. 2), S. 43, 236 f.; Terence James Reed, Thomas Mann. The Uses of Tradition, Oxford: Clarendon Press, 1974, S. 162.

168 Vgl. Elsaghe, Die imaginäre Nation, S. 220, 257 f.

169 Vgl. Elsaghe, Thomas Mann und die kleinen Unterschiede, S. 65; ders., Krankheit und Matriarchat, S. 179.

170 Vgl. Elsaghe, Krankheit und Matriarchat, S. 175–181.

171 Vgl. Dierks, Studien zu Mythos und Psychologie bei Thomas Mann, S. 204.

172 Vgl. Elsaghe, Krankheit und Matriarchat, S. 175–187.

ein Element in dem Spezialsinn, in dem der Film-›Cípolla‹ das Wort verwendet. Er belehrt die deutsche Touristin ja eigens darüber, welches besonders gefährliche »Element« dem Gott der Schmiede zugeordnet ist: »Vulcanus war der Gott des Feuers.«

Einmal abgesehen davon, dass Feuer und Flamme ja auch in Silvestras Vergleich mit Vesta und den Vestalinnen schon impliziert sind – im Motiv der Vestalischen Flamme, »Vesta-Hestias ewig brennendes Feuer«[173] –: Am Anfang des Films, der (gegen die Vorgabe des Drehbuchs) mit einer Zugs-, der Heimreise der Fuhrmanns enden wird, steigt der Rauch einer Eisenbahn auf, mit der diese soeben angekommen sind. Nachdem es indexikalisch somit von Anfang an eingespielt ist, erscheint das »Element« dann in ähnlicher Weise mittelbar wieder: im laut dröhnenden Verbrennungsmotor des Vehikels, das der Zauberer und seine Adlaten fahren; und in gänzlich unverstellter Form endlich bei ›Cípollas‹ eigentlichen Auftritten. Deren erster freilich, gegen den Novellentext und übrigens in dieser, sozusagen pyrophilen Form auch gegen das Drehbuch eingeführt, ist im genauen Sinn des Worts neuerlich doch auch wieder kein wirklicher ›Auftritt‹. Denn ›Cípolla‹ sitzt erst auf einer Bockleiter, von der er dann zum Gespött der Beisteher herunterrutscht. Dabei aber umgeben und beleuchten ihn lichterloh brennende Fackeln.[174]

Bei seiner letzten Vorstellung wiederum leuchtet die Bühne von einem wahren Kerzenmeer.[175] Diese Vorstellung, als einziger Auftritt des Zauberers in der Novelle vorgegeben, wurde bei der Umsetzung des Drehbuchs ihrerseits stark verändert. Ihre Veränderungen betreffen längst nicht nur ihren Schluss oder auch die besondere Illumination. Sie wurde wieder so modifiziert, dass sich das Feuermotiv gleichsam weiter und weiter ausbreitet.

Anders nämlich als in Novelle und Drehbuch und entgegen jenem kritischen Presseverdikt von der »One-man-show« bestreitet ›Cípolla‹ seine Vorführung nicht mehr allein. Hinzu kommt erst seine Assistentin Christiana, eine Scharfschützin mit zwei ›Faust*feuer*waffen‹: »eine *feurige* Schönheit«,[176] steht im Rollenverzeichnis des Drehbuchs. Dann aber folgt der Auftritt eines – Feuerspeiers. Dessen Nummer kündigt der Zauberer wiederum mit einer, wenngleich vagen bis

---

173 Bachofen, Gesammelte Werke, Bd. 4, S. 125.
174 Vgl. Brandauer, Mario und der Zauberer, 00:45:05.
175 Vgl. Brandauer, Mario und der Zauberer, 01:27:27.
176 Weinshanker und Brandauer, Mario und der Zauberer. Drehbuch, S. 15; im Original keine Hervorhebung.

kreuzfalschen mythologischen Referenz an: »Feuer war ein Geschenk der Götter. Und heute Abend werden wir es *Ihnen* schenken.«[177]

Genaugenommen wurde das Feuer nach der klassischen Mythologie den Göttern gestohlen; oder dann, wenn schon, hat es nur deren einer, der Titanide Prometheus, den Menschen geschenkt. Wie quer die bildungsbürgerliche Anspielung aber auch sein mag und mag auch das Benzinfeuerzeug, mit dem der kettenrauchende Novellen-Cipolla seine Zigaretten anzündet,[178] durch etwas harmlosere Streichhölzer ersetzt sein: Jedenfalls stellt sich ›Cipolla‹ hier einmal mehr auf die Position einer antiken Gottheit.

3.5.3 Das Motiv des Feuers

Das hinzuerfundene Motiv des potenziell immer »zerstörerischen« Feuers, indem es wieder und wieder mit ›Cipolla‹ und seiner Entourage assoziiert wird, steht auch für das, was der Zauberer als eine politische Allegorie personifiziert. Das machen weitere frei erfundene Sequenzen besonders deutlich. Darin spielt jeweils der vor Ort ranghöchste Repräsentant des neuen Systems eine mehr oder minder zentrale Rolle. Dieser Repräsentant ist ein Präfekt namens Angiolieri, Onkel der Silvestra und Logisgeber der deutschen Touristenfamilie. Zum Zeichen der inneren Beziehung solcher tatsächlicher Vollstrecker der faschistischen Ideologie zur allegorischen Figur des Zauberers, die diese versinnbildlicht, steht auf dem Schreibtisch des Präfekten das Modell eines Motorrads, wie ›Cipolla‹ und die Seinen eines benutzen; und zwar fahren sie es wie gesagt so, dass man wiederholt Explosionen des Verbrennungsmotors zu hören bekommt.

Mit seinem Modell eines solchen ›Feuerstuhls‹ spielt der sichtlich vertrottelte Amtsinhaber einmal, um den deutschen Touristen mit solchem Infantilismus förmlich anzustecken;[179] ein Detail, das selbstverständlich demselben aufklärerischen Zweck dient wie das jetzige Ende des Films. Es dient seinerseits als Warnung vor der im Wortsinn übergriffigen Natur des Faschismus. Diesen »erklär[]en« die Eltern den Kindern schon in der Novelle als »so einen Zustand«, den die »Leute« wohl oder übel ›durchzumachen‹ hätten, »etwas wie eine Krankheit

---

177 Brandauer, Mario und der Zauberer, 01:40:51; Hervorhebung des Originals.

178 Vgl. Stefan Börnchen, Der Zauberer raucht. Zu einer Medientheorie des Rauchens (Thomas Mann: *Mario und der Zauberer*), in: Ortrud Gutjahr (Hg.), Thomas Mann, Würzburg: Königshausen & Neumann, 2012 (Freiburger literaturpsychologische Gespräche. Jahrbuch für Literatur und Psychoanalyse, Bd. 31), S. 183–212, hier S. 193–196.

179 Brandauer, Mario und der Zauberer, 01:03:38. S. Abb. 95.

[...], nicht sehr angenehm, aber wohl notwendig«.[180] Tatsächlich hat der faschistische Irrsinn dort etwas von einer Infektion. So vermerkt der Erzähler eigens, dass er gleich zu Beginn von Cipollas Vorstellung unwillkürlich einem Imitationszwang erlag: »[I]ch erinnere mich, daß ich unwillkürlich mit den Lippen das Geräusch nachahmte, mit dem Cipolla seine Reitpeitsche hatte durch die Luft fahren lassen.«[181] (Das Motiv kann *so* im Film gar nicht vorkommen, weil dort — wie sich gleich zeigen wird: bezeichnenderweise — das Requisit der Peitsche fehlt.)

Dem entsprechend wird der Faschismus auch in den Filmdialogen wie schon im Drehbuch quasi medikalisiert, mit teils sogar denselben Worten (»etwas wie eine Krankheit«). Die »Phase«, die »die Italiener gegenwärtig [...] durchmachen«,[182] erklärt der Vater seiner Tochter Sophie damit, dass er sie mit einer — allerdings eben nur leichten — Krankheit oder Unpässlichkeit vergleicht — und so auch verharmlost —, mit Hautproblemen oder Verdauungsbeschwerden:

> SOPHIE: Und was für eine Phase ist das?
> FUHRMANN: Sagen wir mal, das ist so etwas wie eine Krankheit. Nicht unbedingt angenehm, aber auch nicht unbedingt etwas Ernstes.
> SOPHIE: So was wie Blähungen? [Im Drehbuch: »Wie Ausschlag?«]
> FUHRMANN: Ja, mehr oder weniger.[183]

Um den Präfekten Angiolieri rituell zu installieren, eine also sehr fragwürdige Lokalautorität, und um seinen Amtsantritt zeremoniell zu begehen, wird ein Feuerwerk abgebrannt (zuletzt, so macht es den Anschein, mit Maschinengewehrsalven unterlegt).[184] Dieses exorbitant-üppige, immer wilder tobende Feuerwerk[185] lässt den so gefeierten Präfekten dermaßen außer sich geraten, dass er darunter umhertanzt wie oder vielmehr *als* einer, der den Verstand vollständig verloren

---

180 Mann, Gesammelte Werke, Bd. 8, S. 666 f. Vgl. Regine Zeller, Cipolla und die Masse. Zu Thomas Manns Novelle *Mario und der Zauberer*, St. Ingbert: Röhrig, 2006 (Mannheimer Studien zur Literatur- und Kulturwissenschaft, Bd. 40), S. 62 f., 100.

181 Mann, Gesammelte Werke, Bd. 8, S. 677 f. Vgl. Eva Geulen, Resistance and Representation. A Case Study of Thomas Mann's *Mario and the Magician*, in: New German Critique 68, 1996, S. 3–29, hier S. 17.

182 Brandauer, Mario und der Zauberer, 01:05:02. Vgl. Manfred Dierks, Die Aktualität der positivistischen Methode am Beispiel Thomas Mann, in: Orbis Litterarum 33.1, 1978, S. 158–182, hier S. 167 f.

183 Brandauer, Mario und der Zauberer, 01:05:04; ders. und Weinshanker, Mario und der Zauberer. Drehbuch, S. 122.

184 Vgl. Brandauer, Mario und der Zauberer, 01:10:01.

185 Vgl. Melanie Letschnig, Explosion, in: Marius Böttcher et al. (Hgg.), Wörterbuch kinematografischer Objekte, Berlin: August, 2014, S. 35 f., hier S. 35.

hat. Dabei ist diese Verbindung des Feuers mit der faschistischen Bürokratie und des neu eingesetzten Bürokraten mit Kontrollverlust oder Irrationalität nachweislich gesucht und gewollt. Denn im Drehbuch war lediglich ein sozusagen noch zweckfreies Feuerwerk vorgesehen, weder zu Ehren des Präfekten noch unter dessen irgendwie bemerkenswerter Beteiligung. Er ist nur eben anwesend.[186] Und in der Novelle gibt es ohnehin kein Feuerwerk, während das Motiv des selbstvergessenen Tanzens, ein ›Motiv‹ im wahrsten Sinne des Wortes, dort sehr wohl, doch in einem ganz anderen Zusammenhang vorkommt, nämlich in Cipollas Vorstellung − nicht dagegen in deren Verfilmung. Der tranceartige Tanz als Ausdruck eines Selbst- oder Kontrollverlusts wurde darin also verschoben, von einer im Novellentext vorgegebenen Stelle in eine im Film hinzugefügte Szene, in welcher der Zauberer in persona wohlgemerkt gar nicht zugegen ist. Er selber fehlt bei der Feier des Präfekten, aber sein Element, das Feuer, wird auch ohne ihn zelebriert und bringt den vor Ort höchsten Repräsentanten der Staatsmacht um seinen Verstand; was man alles zusammen natürlich mit einigem guten Willen schon zu einer einigermaßen bedeutungsvollen Interpretation zusammenziehen kann. Die Bedeutung entspricht selbstverständlich aufs Neue jenem Credo, »daß die Zeit wieder einmal reif ist für einen Stoff, der [...] nichts von seiner [...] Geisteshaltung eingebüßt hat, der heute und morgen seine Berechtigung hat, neu erlebt zu werden«. Faschismus ist ansteckend − wie ja auch, um es zu wiederholen, eine Isotopie der Infektion schon Thomas Manns Novelle durchzieht.[187]

3.6 Die gender troubles der Verfilmung

Gegenüber dem Novellentext nicht ebenso frei erfunden wie die ganze Motivreihe des Feuers, samt ihrer Verbindung mit der Macht des Tanzes und mit der Figur des Präfekten Angiolieri, ist diese Figur selbst. In ihr sind zwei in der Novelle verschiedene Figuren zusammengelegt. Da ist einerseits natürlich, mit demselben Nachnamen, der Mann der Wirtin, bei der die deutsche Familie endlich unterkommt. Andererseits gibt es in der Novelle einen anonymen »höhere[n] Beamte[n]«, bei dem, nach den »landläufigen didaktischen Redewendungen«, die Buße für eine sittliche »Provokation« seitens des deutschen Mädchens so bezahlt werden muss[188] wie beim Präfekten Angiolieri des Films. Dabei allerdings versucht dieser Filmpräfekt den Vater des Mädchens nicht in derselben Art und Wei-

---

186 Vgl. Weinshanker und Brandauer, Mario und der Zauberer. Drehbuch, S. 123–126.
187 Vgl. Geulen, Resistance and Representation, S. 24–28.
188 Mann, Gesammelte Werke, Bd. 8, S. 668.

se abzufertigen und zu belehren. Vielmehr, wie gezeigt, hängt er ihm vorüberge-hend seine eigene infantil-regressive Verblödung an.

In der Novelle ist der Gatte der Wirtin Angiolieri nur eben »ein sorgfältig ge-kleideter, stiller und kahler Mann«.[189] Die Wirtschaft überlässt er seiner Frau, So-fronia Angiolieri, die bei dieser Gelegenheit die Züge einer Großen Mutter à la Peronella Manardi annimmt.[190] Seine Bestimmung erschöpft sich darin, »ihr Gat-te« zu sein;[191] eine sozusagen schwundstufige Funktion, die der Zauberer dann endlich noch in Zweifel zieht oder in Gefahr bringt, als er ihm seine Frau abspens-tig zu machen droht, in der Novelle nicht anders als im Film.

Im Film aber wird die Figur des Gatten noch viel tiefer herabgewürdigt. Ihre Unterwerfung unter die Frau ist schon im Personenverzeichnis des Drehbuchs festgehalten, namentlich durch eine Differenz der Lebensalter, wie sie im No-vellentext zur Hälfte unter die Unbestimmtheitsstellen fallen. Mehr oder weniger fixiert wird in der Novelle lediglich das Alter der Frau Angiolieri, »wohl anfangs der Dreißiger«.[192] Und da das Alter ihres schon kahlen Mannes keiner eigenen Er-wähnung gewürdigt wird, hat man zu supplieren, dass er etwas oder sogar viel älter ist als seine Frau. Ganz anders Brandauers und Weinshankers Personenver-zeichnis. Angiolieri, ebenfalls still oder »ruhig«, hat dort »Mitte 30« zu sein,[193] das heißt ungefähr so alt wie die Frau Angiolieri der Novelle — und immerhin ein bis anderthalb Jahrzehnte jünger als diejenige des Films. Denn das Alter seiner Frau wird im Personenverzeichnis auf »Mitte 40 bis Anfang 50« veranschlagt.[194] Oben-drein »scheint« er dieser also gegen alle Erwartbarkeit deutlich älteren Frau dem Verzeichnis zufolge schlechterdings »verfallen« zu sein.[195]

Ursprünglich war denn ein damals noch keine Vierzig alter Schauspieler für die Rolle des Angiolieri vorgesehen,[196] Ulrich Mühe (Jahrgang 1953), dem und ver-mutlich auch weil ihm von der Verfilmungsgeschichte Thomas Mann'scher Texte her gewissermaßen ein hierzu genau stimmiges Konnotat eignete. Dieses rührte von jenem nur wenig älteren Film her, *Der kleine Herr Friedemann*, an dem und zumal an dessen Casting ein Mitarbeiter Brandauers federführend beteiligt gewe-sen war, eben Eberhard Görner. Im *Kleinen Herrn Friedemann* hatte Mühe be-kanntlich die Hauptrolle gespielt, also wieder beziehungsweise schon einen

---

189 Mann, Gesammelte Werke, Bd. 8, S. 662.

190 Vgl. Elsaghe, Krankheit und Matriarchat, S. 236–238, 261.

191 Mann, Gesammelte Werke, Bd. 8, S. 662.

192 Mann, Gesammelte Werke, Bd. 8, S. 662.

193 Weinshanker und Brandauer, Mario und der Zauberer. Drehbuch, S. 15.

194 Weinshanker und Brandauer, Mario und der Zauberer. Drehbuch, S. 15.

195 Weinshanker und Brandauer, Mario und der Zauberer. Drehbuch, S. 15.

196 Vgl. Weinshanker und Brandauer, Mario und der Zauberer. Drehbuch, S. 15A.

Mann, der, verkrüppelt wie Cipolla, seinerseits einer (allerdings etwas jüngeren) Frau hoffnungslos »verfallen« und unterlegen ist.

Zuletzt freilich wurde die Rolle des Angiolieri nicht mit Ulrich Mühe besetzt, sondern mit Rolf Hoppe. Hoppe kam seinerseits aus der ehemaligen DDR. Ein gutes Jahrzehnt zuvor, 1981, hatte er in István Szabós Verfilmung von Klaus Manns *Mephisto* mitgespielt, einer west-östlichen Gemeinschaftsproduktion; und zwar spielte er neben und mit Klaus Maria Brandauer. Brandauer spielte darin die Hauptrolle des Hendrik Höfgen. Wie die Rolle dieses Theatermanns, Blenders und Opportunisten mit derjenigen des Cipolla einiges gemeinsam hat, die Brandauer hernach übernehmen würde, so trat Hoppe auch in *Mephisto* schon als Repräsentant und Funktionsträger einer rechtsextremen Diktatur auf, als Ministerpräsident alias Hermann Göring. Insofern haftete ihm in der Rolle des Angiolieri eine in ihrer Weise hier genau einschlägige Konnotation an.

Hoppe, damals schon über sechzig Jahre alt, passte zwar weniger gut als Mühe auf den Steckbrief, den das Personenverzeichnis des Drehbuchs für die Rolle vorgab — möglicherweise immer schon in Hinblick auf eine ursprünglich von Görner anvisierte Besetzung mit diesem Ulrich Mühe —; dafür aber entsprach er umso exakter dem Portrait der Figur, die im Novellentext »Angiolieri« heißt. *Dieser* Film-Angiolieri, ebenfalls sorgfältig gekleidet, wirkt nun wirklich alt oder ältlich, anders als der ja früh verstorbene Mühe in allen seinen bekannten Rollen. Anders als dieser, der nur eben gelichtetes Haar hatte, ist er ganz kahl, wie in der Novelle vorgegeben, so dass ihn seine Frau denn schnippisch-herablassend auf die Vollglatze küssen darf.

In der Novelle soll sie Faktotum, »ja Freundin der Duse« gewesen sein,[197] einer »Herrin«,[198] die der Pension ihren Namen gab und mit deren Devotionalien der Salon der Casa Eleonora ausstaffiert ist. An die Stelle dieser frauenbündlerischen Gefolgstreue rückt im Film ein ganz anderes Vorleben im show business der jüngsten Vergangenheit. Die Sofronia Angiolieri des Films soll ein Verhältnis mit Giacomo Puccini gehabt haben. Davon weiß ihr Mann offenbar. Aber es macht ihm, wie das deutsche Touristenpaar mit sichtlichem Befremden anerkennt, »überhaupt nichts« aus.[199]

Augen- und ohrenfällig wird die Indolenz des Ehegatten hier besonders durch die deutlich als solche markierte source music der Szene, an deren Beginn nämlich die Kamera eigens auf der Quelle der diegetischen Musik verweilt. Es ist

---

197 Mann, Gesammelte Werke, Bd. 8, S. 662.
198 Mann, Gesammelte Werke, Bd. 8, S. 663.
199 Brandauer, Mario und der Zauberer, 00:44:05.

ein im Hause Angiolieri laufendes Grammophon.[200] Zu der Grammophonmusik dirigiert der ›Herr‹ des Hauses, insipide, wie er ist, ein Luftorchester.[201] Sein Scheindirigat nun aber dient einem Werk ausgerechnet seines Neben- oder Vorbuhlers. Denn was er sich zu dirigieren einbildet, sind Takte aus dem ersten Akt der *Tosca*, dem ersten Duett des Liebespaars, noch genauer gesagt aus dem Liebesarioso,[202] das die Sängerin Floria Tosca an ihren geliebten Maler Cavaradossi adressiert: »Mario, Mario, Mario« …[203] Zum größeren Teil werden diese Takte hier nota bene bereits zum wiederholten Mal technisch reproduziert. Denn schon zuvor, in einem Zusammenhang, in dem Mario Cavaradossis Vorname in seiner Doppelbödigkeit desto besser zu Tragen kommt, gaben sie die — ebenfalls diegetische — Hintergrundmusik ab (wobei die Quelle derselben, ein Radioempfänger, dort am Szenen*ende* ins Bild rückte[204]). Sie erklangen während einer zufälligen Kaffeehausbegegnung, die unter den Augen des Kellners Mario zwischen Silvestra und dem durch deren Weiblichkeit irritierten Familienvater stattfand.

Der Statthalter des Faschismus erscheint also in der Verfilmung auf ähnliche Weise düpiert wie die mythologische Figur des Hephaistos-Vulcanus, mit der sich ›Cipolla‹ identifiziert. Wenn der glatzköpfige Hahnrei des Films auch noch ein hohes Amt bekleidet, dann infiziert seine Schwäche gewissermaßen das ganze Gemeinwesen, dessen ziviler Repräsentant er ist. Eine miserable Figur machen aber auch die abgehalfterten Repräsentanten der militärisch-heroischen Männlichkeit. Die Stelle des Ares, um die Anspielung auf jenen homerischen Schwank aufzugreifen und durchzuhalten, bleibt gewissermaßen vakant.

Der »Cavaliere«,[205] im Film womöglich noch schwächlicher als in der Novelle,[206] ist nur dem Namen nach ein Ritter. Reiten kann er nur gerade auf einem schadhaften Motorrad, das erst noch durch einen Beiwagen stabilisiert ist. Im Novellentext ausdrücklich untauglich zum Militärdienst,[207] fehlt ihm im Film oben-

---

200 Vgl. Brandauer, Mario und der Zauberer, 00:41:41.
201 Vgl. Brandauer, Mario und der Zauberer, 00:44:40.
202 Vgl. Michael Horst, Puccini. *Tosca*, Kassel: Bärenreiter, und Leipzig: Henschel, 2012 (Opernführer kompakt), S. 76; Gerd Uecker, Puccinis Opern. Ein musikalischer Werkführer, München: Beck, 2016 (C. H. Beck Wissen), S. 54 f.; Hans-Jürgen Winterhoff, Analytische Untersuchungen zu Puccinis *Tosca*, Regensburg: Bosse, 1973 (Kölner Beiträge zur Musikforschung, Bd. 72), S. 81.
203 Giacomo Puccini, Tosca. Textbuch (Italienisch — Deutsch), hg. v. Kurt Pahlen, Mainz: Schott Musik International, ³1984 (Serie Musik Atlantis Schott, Bd. 8014), S. 33–41.
204 Vgl. Brandauer, Mario und der Zauberer, 00:31:18.
205 Mann, Gesammelte Werke, Bd. 8, z. B. S. 670, 676, 684–689, 694 f., 698–705, 707 f.
206 Vgl. Wessendorf, Thomas Mann verfilmt, S. 157, 170.
207 Vgl. Mann, Gesammelte Werke, Bd. 8, S. 678.

drein, anders als im Text und noch im Drehbuch,[208] das martialische Attribut einer Peitsche.

Das männliche Gewaltmonopol ist gebrochen. Nur noch als wehmütige Erinnerung kommt es in den Blick, in der kläglichen Gestalt seiner *ehemaligen* Inhaber. Das sind Greise und Kriegsveteranen. Deren einer wird gleich in den ersten Minuten des Films halbnah ins Auge gefasst und dann noch etwas herausgezoomt. Er ist vom Anblick der deutschen Familie dermaßen perplex, dass ihm, während er sich erhebt, sein offenbar zuvor eingetunktes, eingeweichtes und eingespeicheltes Brot aus dem zahnlosen Mund zurück in die Tasse glitscht; gefilmt in einer leichten Untersicht, die unweigerlich Ekelgefühle auslösen muss.[209]

Ekelhaft, zahnlos und kahl, wie sie daherkommen, sind die Männer von Torre di Venere keine Herren mehr. Sie sind ›kastriert‹. Dem entsprechend fehlen ihnen alle phallischen Attribute. Weder knallen sie mit Peitschen wie Manns Cipolla; noch auch schießen sie aus Waffenläufen wie sein Mario (und sei es auch mit einer spielzeughaft winzigen Pistole, die der Schütze auch noch mit gespreizten Beinen abfeuert). Dem Dirigierstab, den einer, ein besonders erbärmliches Exemplar von Mannsbild, immerhin führen darf, folgt kein Orchester. Das Stöckchen in Angiolieris Hand bleibt ein bloßer Scherzartikel. Es ist eine Attrappe, Requisit einer kindischen und umso erniedrigenderen Größenphantasie, in der er sich auch noch dem Notendiktat seines Rivalen unterwirft.

Gegenläufig dazu wechseln die wirklichen Symbole der Macht und die echten Instrumente der Gewalt zu den Frauen hinüber. Das passiert bereits in der fiktionalen Binnenhandlung der Oper, die als source music den Soundtrack jener Kaffeehaus-Begegnung Silvestras mit Fuhrmann abgibt und die der immer schon gehörnte Präfekt gerade *nicht* dirigiert, zu dirigieren sich nur einbildet. Die panoptisch-omnipotente Stelle eines Dirigenten vermag er ja nur eben phantasmatisch einzunehmen, um dadurch seine tatsächliche Ohnmacht bloß desto deutlicher preiszugeben; zumal die zum Schein dirigierte Partitur, um es nochmals zu wiederholen, von seinem unerreichten Konkurrenten stammt, dem er sich selbst noch als deren Möchtegern-Interpret zu subordinieren hat.

Die abgespielte Oper führt für ihr Teil verkehrte Geschlechterverhältnisse vor, nicht anders als Victorien Sardous Drama *La Tosca*, auf dessen Grundlage Giuseppe Giacosa und Luigi Illich das Libretto der Oper einrichteten. Die eponyme Heldin dieser Oper wie schon des Dramas ist eine phallische Frau par excellence. Mit einem Dolch penetriert Tosca den Körper des Manns, der sie sexuell

---

208 Vgl. Weinshanker und Brandauer, Mario und der Zauberer. Drehbuch, S. 87 f., 148 f., 152, 162, 166–168, 171.
209 Vgl. Brandauer, Mario und der Zauberer, 00:04:56. S. Abb. 96.

anzugehen wagt. Nicht umsonst dürfte dieselbe Oper bereits in Robert Musils *Drei Frauen*, nämlich in der Novelle *Grigia*,[210] im auch reproduktionstechnischen Sinn des Verbs eingespielt werden — auf einem Grammophon —, wie er wiederum in Manns spätem Erzählwerk mit einer Dürftigkeit männlicher performance einhergeht;[211] könnte *Grigia* doch die erste Publikation sein,[212] in der Musils eigene Rezeption Bachofen'scher Theoreme[213] literarisch zu Buche geschlagen hat.[214]

Wie in der fiktionalen Binnenhandlung der wiederholt als diegetische Musik eingespielten Oper, so machen auch in der *eigentlichen* Handlung des Films solche phallischen Frauen dem Namen des Orts alle Ehre, an dem diese Handlung stattfindet. Sie verkörpern leibhaftig das sexualsemantische Konnotat dieses von Thomas Mann aus der Luft gegriffenen Ortsnamens, *Torre* di Venere. Bewaffnet treten im Film immer nur Figuren *weiblichen* Geschlechts auf.

Zuerst feuert Silvestra wie gesehen den Startschuss zu jenem Wettlauf der Kellner ab.[215] Die Kellner tanzen also so gut wie buchstäblich nach ihrer Pfeife; und deren einer kommt dabei so schmählich zu Fall. Diesen einen, ausdrücklich nach einem antiken Helden benannt,[216] Marius, wird die von ihr zuletzt abgefeuerte Kugel dann ihrerseits penetrieren und töten.[217]

Unmittelbar zuvor, die fatal endende Vorführung des Film-Zauberers eröffnend, schießt eine Frau mit gleich zwei Faustfeuerwaffen um sich, jene ›feurige‹ Scharfschützin Christiana.[218] Und im weiteren Fortgang des Films sieht man einmal jene fürstliche Grandhoteltyrannin aus einem langen und schweren Lauf auf

---

210 Robert Musil, Grigia, in: ders., Gesammelte Werke, hg. v. Adolf Frisé, Bd. 1: Prosa und Stücke. Kleine Prosa. Aphorismen. Autobiographisches, Reinbek b. H.: Rowohlt, 1983, S. 234–252, hier S. 244. Zur anderweitigen Interpretierbarkeit der Stelle vgl. Hermann Bernauer, »Mühelose Seligkeit des Vorbesitzes« vs. »Spannung des Unerreichten«. Zu den Konjunktionen in Musils *Grigia* und *Tonka*, in: Weimarer Beiträge 60.2, 2014, S. 165–202, hier S. 177 mit S. 196 f., Anm. 56.
211 Vgl. Elsaghe, Das Grammophon des Fabrikanten Bullinger im Kontext des Gesamtwerks, S. 182–192.
212 Vgl. Helmut Arntzen, Musil-Kommentar, München: Winkler, 1980–1982, Bd. 1: Musil-Kommentar sämtlicher zu Lebzeiten erschienener Werke außer dem Roman *Der Mann ohne Eigenschaften*, S. 126; Bd. 2: Musil-Kommentar zu dem Roman *Der Mann ohne Eigenschaften*, S. 21.
213 Vgl. Boss, Männlichkeit als Eigenschaft, S. 83.
214 Zur grundsätzlichen Integrierbarkeit der Novelle in den Kontext der zeitgenössischen Bachofen-Rezeption vgl. Boss, Männlichkeit als Eigenschaft, S. 33 f., wo indessen ein direkter Rezeptionszusammenhang angesichts der daraus resultierenden Datierungsprobleme gerade nicht stipuliert wird.
215 Vgl. Brandauer, Mario und der Zauberer, 00:14:01.
216 Vgl. Mann, Gesammelte Werke, Bd. 8, S. 706.
217 Vgl. Brandauer, Mario und der Zauberer, 01:51:30.
218 Vgl. Brandauer, Mario und der Zauberer, 01:28:21.

Tontauben zielen.[219] Da muss ein dabeistehender Mann eigens noch ›bemerken‹, ausdeutschen und anerkennen, was man ohnedies zu sehen bekommt, dass »die Frau« nämlich wirklich immer trifft: »Sie trifft wirklich immer, die Frau. Bemerkenswert!«[220]

Die so bemerkenswerte Ermächtigung der Frauen und Herrinnen zeigt sich bis in deren Rollen- und Sexualverhalten. Zum sublimierten Sexualspiel des Paartanzes, wie es so in der Novelle außerhalb von Cipollas Abendvorstellung nirgends vorkommt, geht die Initiative jeweils vom weiblichen Geschlecht aus. Die Tochter des deutschen Paars nimmt Mario das Versprechen ab, mit ihr zu tanzen (eine Verkehrung des Alters- und Geschlechtercodes, die zumindest von fern an *Unordnung und frühes Leid* erinnert). Den Vater dieser vorwitzigen Tochter fordert Silvestra zum Tanz auf,[221] bevor sie ihn später dann offensiv zu verführen versucht. Beim Tanz der beiden wird auch sinnfällig, was die Tochter kurz zuvor ihrerseits bemerkt und ausgesprochen hat: »Alle Frauen sind hier größer als die Männer.«[222]

Die Verfilmung, obwohl Brandauer ausgerechnet und pikanterweise auch in einem notorischen Herrenmagazin darüber Red' und Antwort stand,[223] das als solches natürlich ›die‹ Frau mit zwanghafter Regelmäßigkeit zum machtlosen und frei verfügbaren Objekt erniedrigt, lässt durch die exemplarisch aufgeführten Details der Dialoge und des Castings ein erstaunliches Sensorium für die Implikationen des Novellentexts erkennen — trotz allem, was man ihr und ihren anderweitigen Abweichungen von diesem Text mit gutem Recht vorwerfen muss. Geschuldet ist ihr Sensorium in Sachen Sex und Gender ihrem eigenen Zeitgeist, wie er einem etwa bei Bornemann und in der feministischen Bornemann- oder Bachofen-Rezeption entgegentritt. Oder besser gesagt ist sie dem Zufall geschuldet, dass sich dieser Zeitgeist in der einen Hinsicht mit demjenigen der Zwanzigerjahre berührt. So konnte Klaus Maria Brandauer, buchstäblich im Namen der Mutter — denn der Künstlername Klaus Stengs besteht zu zwei Dritteln aus den Namen seiner eigenen Mutter, Maria Brandauer —, Brandauer also konnte mit seiner »heutige[n]« Variation »des Themas« wirklich etwas aufgreifen oder zum Vorschein bringen, was zur Entstehungszeit sowohl der Novelle als auch ihrer Verfilmung »in der Luft« lag. Der »Mut« und die »Respektlosigkeit« seiner Verfil-

---

219 Vgl. Brandauer, Mario und der Zauberer, 00:23:54.
220 Brandauer, Mario und der Zauberer, 00:24:27.
221 Vgl. Brandauer, Mario und der Zauberer, 00:21:10.
222 Brandauer, Mario und der Zauberer, 00:18:30.
223 Vgl. Nadine Barth, Interview. Klaus Maria Brandauer, in: Playboy, Dezember 1994, S. 18–26.

mung sind daher geeignet oder *wären* besser gesagt geeignet *gewesen*, einen auf die Dynamik zu sensibilisieren, die auch schon im Novellentext in die Geschlechterordnung gefahren ist. Ein volles Jahrzehnt bevor die Forschung diesem Text via Bachofen auf die Schliche kommen sollte, erschloss ihr der Film oder hätte er ihr dieses Neuland bereits erschließen können — nur dass sie eben die damit eröffneten Möglichkeiten nicht wahrnahm.

Bei allen Vorbehalten also, die man gegen Brandauers Film schon auch anmelden kann, und bei aller Berechtigung der Kritik, welche die Rezensenten an ihm übten, darf man ihm doch nicht absprechen, was so für nur sehr wenige Thomas-Mann-Verfilmungen gilt, etwa für Vogels *Kleinen Herrn Friedemann* oder auch für Viscontis *Tod in Venedig*: dass er nämlich den Interpretationshorizont des verfilmten Texts erweitert hat. Er offeriert den Zuschauern und Leserinnen eine Sinndimension, die selbst die professionellen Rezipienten dieses Texts seinerzeit noch nicht zu sehen in der Lage waren. Wie Visconti mit der Verwendung von ein paar flüchtigen Anspielungen auf den *Doktor Faustus* den Blick für sehr weitgehende Strukturanalogien zwischen diesem mehr als drei Jahrzehnte jüngeren Roman und der verfilmten Novelle zu schärfen vermochte oder wie Vogel und Görner realisiert haben, dass im *Kleinen Herrn Friedemann* auch ein Konflikt von Zentrum und Provinz ausgetragen wird, so hätte Brandauers Film auf die gender troubles aufmerksam machen können, die in *Mario und der Zauberer* ihr Wesen und Unwesen treiben.

Résumé

Die Geschichte der deutschen Thomas-Mann-Verfilmungen, obgleich sich diese mehrheitlich, ja zunächst ausschließlich des Frühwerks annahmen und sich die längste Zeit nicht an das eigentliche Exilwerk wagten, ist Teil und Ausdruck der Rolle, zu der der Autor erst spät, vor allem seit dem Exil und in der Nachkriegszeit fand. Als Galionsfigur eines anderen, besseren, guten Deutschlands und weil er sich auf keines der beiden ideologischen Lager eindeutig festlegen ließ, die sich nach dem Zweiten Weltkrieg auch in Wissenschaft und Populärkultur gegenüberstanden, bot sich Thomas Mann vorzüglich dazu an, ihn zu vereinnahmen und den Verfilmungen seiner Texte die vor Ort je vorherrschenden Befindlichkeiten einzuschreiben.

Solche Vereinnahmungen hatten ihren Preis. Zunächst musste Thomas Mann hüben und drüben von der jüngsten Vergangenheit auch dort dissoziiert werden, wo seine Texte, namentlich die frühen, deren Voraussetzungen, wenn auch von noch so fern, so eben doch widerspiegelten. Was die unmittelbare Folge dieser Vergangenheit betrifft, die Teilung Deutschlands entlang der Konfliktlinie des Kalten Kriegs, wurde drüben den verfilmten Texten eine sozialistisch-progressive Botschaft unterlegt; unbekümmert darum, ob sie eine solche nun wirklich hergaben oder nicht. Dagegen begann die Verfilmungsgeschichte in den Nachkriegsjahren hüben gerade mit politisch besonders unverdächtigen Texten — *Königliche Hoheit* im Kino, *Herr und Hund* im Fernsehen —; und bei den anderen, soweit sich politisch potenziell anstößige Motive darin fanden, wurden diese fürs Erste einmal geflissentlich saniert.

Die Verfilmungen der Adenauer-Zeit unterliegen also hinsichtlich ihrer eigenen Produktionsbedingungen einem gewissen Hang, diese zum Verschwinden zu bringen. Weitergehend noch als die verfilmten Texte, die hin und wieder Kritik am oder Skepsis gegenüber dem Kapitalismus durchaus mit einschließen, meiden sie jede Thematisierung oder gar Problematisierung der im Westen etablierten Wirtschaftsordnung; von deren hässlichen Kehrseiten ganz zu schweigen. Schon gar keine Rede darf von den Alternativen zu dieser Ordnung sein, mit denen sich Thomas Mann und seine Figuren je später, desto mehr anfreunden konnten. (Um von seinen späten Reden und Essays ganz zu schweigen,[1] ließ er den Erzähler seines letzten großen Romans, einen grundgütigen Vertreter besten deutschen Bildungsbürgertums, ausdrücklich mit dem Kommunismus sympathi-

---

1 Vgl. z. B. Elsaghe, Einleitung, in: Mann, Goethe, S. 27 f.

https://doi.org/10.1515/9783110638509-014

sieren[2] — im Unterschied, versteht sich, zum Erzähler der signifikanterweise erst ziemlich spät realisierten Verfilmung.)

Hinsichtlich der Zeitgeschichte eliminierten die Nachkriegsverfilmungen systematisch alles, was an die jüngste Vergangenheit erinnern konnte. Dazu gehörten vor allem anderen Erinnerungen an das europäische Judentum und sein entsetzliches Schicksal. Deutsch-jüdische Figuren und erst recht antisemitische Motive, wie sie einem unbefangenen Leser zumal des Frühwerks auf Schritt und Tritt begegnen, wurden beseitigt, und zwar, um es zu wiederholen, systematisch, mit Vorsatz und Methode. Das — wie auch jene gezielte Tilgung von Reminiszenzen an die beiden im Kalten Krieg konkurrierenden Wirtschaftssysteme — lässt sich anhand der Entstehungszeugnisse im Einzelnen hieb- und stichfest nachweisen.

Während sich, mit dem Abflauen des Kalten Kriegs, die späteren bundesrepublikanischen Verfilmungen bei der Repräsentation von Klassenkonflikten und -kämpfen zusehends entspannter geben und die in der DDR entstandenen oder wenigstens projektierten Filme solche Repräsentationen erwartungsgemäß selbst dann forcieren, wenn die verfilmten Texte dafür gar keine Anhaltspunkte bieten, erstreckt sich jene bedenkliche Tendenz zur Vergangenheitsverleugnung gleichmäßig und ungebrochen auf die gesamte deutsche Verfilmungskarriere des Autors. Dessen Verstrickungen in die Vorvorgeschichte der Shoah, seine eigenen, nur *vergleichsweise* moderaten Partizipationen am Antisemitismus seiner Generation und seines Milieus, obwohl oder gerade weil sie vor allem im besonders gern verfilmten Frühwerk schwer zu übersehen sind, wurden auch in den jüngeren und jüngsten unter den bundesrepublikanischen Verfilmungen säuberlich retuschiert. Und eben sogar in der DDR, bei aller anderwärts gesuchten Kontrastbetonung, hielt man es für geradeso ratsam, jede »Diskussion des Antisemitismus und seiner Ursachen und Folgen« im Verfilmungsprozess tunlichst zu vermeiden. Eine solche Diskussion unterblieb selbst bei der — bezeichnenderweise preisgekrönten — Verfilmung des einen Romans, *Doktor Faustus*, der den Nationalsozialismus und zuletzt auch die Konzentrationslager ausdrücklich zum Thema macht. Das »Gegenwartsgeschehen« wird im Film auf den Zweiten Weltkrieg begrenzt; und dieser erscheint im Film als ein unabänderlich verhängtes Schicksal, Jahrzehnte vor seinem ›Ausbruch‹, ja noch lange Jahre vor der Gründung der NSDAP divinierbar.

Ausnahmen von solcher Geschichtsverdrängung gibt es so gut wie keine oder doch nur eine einzige. Der diese bildende Film aber, am äußersten Rand der deutschen Kulturindustrie entstanden, markiert Thomas Manns jüdische Figuren

---

2 Vgl. Bd. 10.1, S. 494 f.

nicht etwa als solche, geschweige denn, dass er sie den antisemitischen Energien aussetzte, die insbesondere im Frühwerk wie gesagt sehr wohl zirkulieren. Sondern er lässt das sonst Verdrängte an versetzter Stelle wiederkehren. Er führt die Trauer um die deutschen Juden und das Gedenken an deren Ermordung in die Aktualisierung eines Frühwerks ein, in dem, fast muss man sagen: ausnahmsweise, auch beim besten oder bösesten Willen sich weder Antisemitismen finden noch auch nur eine einzige jüdische Gestalt vorkommt.

Die Wiederkehr des Verdrängten beschränkt sich indessen nicht auf diesen einen, zumindest gut *gemeinten* Fall. Sehr viel unheimlicher noch erscheint sie dann, wenn in den jüngeren Verfilmungen Klischeejuden an Orten auftreten, wo sie vom Œuvre her gar nicht vorgesehen wären. Sie reflektieren durchaus nicht die jüdische Katastrophe oder eine Trauerarbeit daran. Ganz im Gegenteil sind sie gegen die Vorgaben dieses Œuvres ausstaffiert mit altbekannten Versatzstücken aus dem antisemitischen Stereotypenarsenal; zum untrüglichen Zeichen natürlich dafür, wie hartnäckig sich dieses zu halten vermag und wie bequem die Ressentiments abrufbar bleiben, an die es appelliert und aus denen sich sein Beharrungsvermögen bis in die Gegenwart speist.

Die Sogwirkungen, die von der jeweiligen Gegenwart und ihrem Zeitgeist auf die filmischen Adaptionen Thomas Manns ausgehen, erschließen sich selbstverständlich auch außerhalb solcher Besorgnis erregenden Zusammenhänge. Sie können durchaus auch ihr Gutes haben. Das vermutlich beste Beispiel dafür ist ein Film, der, noch in der DDR projektiert, just während der sogenannten Wende gedreht wurde und der solche Zeitgenossenschaft bei näherem Hinsehen akkurat abbildet: mit seinen — nach und nach ausgedünnten — Reverenzen vor der kommunistischen Lehre; mit seinen subversiven Spitzen gegen die Gerontokratie des Zentralkomitees; aber auch durch kritische Reflexe auf die bevorstehende respektive drohende Vereinigung der beiden deutschen Staaten.

Wenn ein viel älterer Text derart auf die allerjüngste Geschichte hin aktualisiert werden konnte, dann hat diese Anschließbarkeit damit zu tun, dass Thomas Mann in seinem Œuvre eine frühere, ebenfalls epochale Phase der deutschen Einigungsgeschichte für seinen Teil mit widerspiegelte. Und zwar bearbeitete er die Gründung des nachträglich so nummerierten Zweiten Reichs unter der Perspektive eines Patriziersohns aus einer ehemals Freien Stadt — das jedoch hieß seinerseits: aus der Sicht der Modernisierungs*verlierer*; eine Dimension, die hernach übersehen bleiben musste, ganz besonders nach dem Zusammenbruch des ›Dritten‹ Reichs und im Zuge einer selbstgratulatorischen Rezeption des Autors als eines gesamtdeutschen Nationalschriftstellers, wie sie gerade in der Verfilmungsgeschichte ihren deutlichsten und vielleicht wirkmächtigsten Ausdruck fand und findet.

Auf solche Art und Weise können Verfilmungen, wenn sie ihn ihrem eigenen Zeitgeist angleichen oder ihm diesen gewissermaßen aufzwingen, einen Text doch nicht nur im landläufig-negativen, sondern eben auch in einem eigentlichen Sinn des Verbs entstellen. Sie sind geeignet, eine zuvor verschüttete Bedeutungsschicht des Texts freizulegen. Der wissenschaftlichen Erforschung desselben manchmal beschämend weit voraus, halten sie ein — in der Regel ungenutztes — Angebot bereit, den rezeptionsgeschichtlich verfestigten Erwartungshorizont auszudehnen und zu überschreiten.

Ein anders gelagertes Beispiel hierfür liefert ein — im Übrigen sicherlich zu Recht kritisierter — Film der Neunzigerjahre. Vor dem Hintergrund der sogar juristisch greifbaren Bewegung, die damals die Gleichstellungspolitik erfasste, erlaubt sich dieser Film in Hinblick auf das Verhältnis der Geschlechter massive Veränderungen und Erweiterungen des im Text Vorgegebenen. Diese laufen im Wesentlichen alle auf eine Ermächtigung ›der‹ Frau hinaus. Sie nehmen damit ihrerseits etwas auf, was im verfilmten Text wie in Thomas Manns späterem und spätem Werk überhaupt angelegt ist, aber wiederum von der Fachwissenschaft erst lange Jahre nach der Verfilmung verstanden werden sollte — auf ganz anderem, diskurshistorischem Weg, nämlich über Manns An- und Einverwandlung einer in den Neunzigerjahren kaum noch gelesenen Matriarchatstheorie. Über deren Theoreme versuchten Thomas Mann und seinesgleichen die Krise zu konzeptualisieren, in die tradierte Männlichkeitsvorstellungen spätestens nach dem Ersten Weltkrieg geraten waren; wobei seine Bewältigungsversuche so subtil ausfielen, dass die professionell-wissenschaftlichen Leser ihnen eben erst auf die Spur kamen, nachdem die filmisch-produktive Rezeption das in ihnen verhandelte Problem schon vor geraumer Zeit aufgespürt hatte.

Anhang

Abbildungen

Abb. 1: Briefmarke (BRD), 11. August 1956 (https://www.suche-briefmarken.de/marken/brd/d1956011.html [Zugriff: 15. Januar 2019])

Abb. 4: Wartburg 353, Baujahr 1973 (https://i.ebayimg.com/00/s/OTAwWDE2-MDA=/z/A~oAAOSwOztcZt68/$_20.jpg [Zugriff: 20. Februar 2019])

Abb. 2: Briefmarke (DDR), 13. August 1956 (https://www.suche-briefmarken.de/marken/ddr/ddr56025.html [Zugriff: 15. Januar 2019])

Abb. 5: Anaid Iplicjian als Consuelo Kröger (Thiele, Tonio Kröger, 01:00:26)

Abb. 3: Wartburg 312, 1965–1967 (Günther, Lotte in Weimar, 00:04:56)

Abb. 6: Elisabeth Klettenhauer als Prostituierte (ebd., 00:15:22)

https://doi.org/10.1515/9783110638509-015

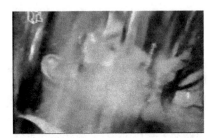

Abb. 7: Siegmund und Sieglinde von Arnstatt unter dem Wasserfall (Thiele, Wälsungenblut, 00:39:28)

Abb. 10: Horst Buchholz als Felix Krull
(Hoffmann, Bekenntnisse des Hochstaplers Felix Krull [1957], 00:15:54)

Abb. 8: Affe im Smoking (Thomas Mann,
Wälsungenblut. Mit Steindrucken von Th.
Th. Heine, München: Phantasus, 1921,
S. 24)

Abb. 11: Poststempel Bad Tölz (Holger
Ritthaler, Briefmarkenfreunde Bad
Tölz – Hausham – Holzkirchen)

Abb. 9: Michael Maien als Siegmund von
Arnstatt (Thiele, Wälsungenblut, 01:17:26)

Abb. 12: Hakenkreuz auf der Uniform eines
gefallenen Wehrmachtssoldaten (Seitz,
Doktor Faustus, 01:04:53)

Abb. 13: Hakenkreuz, unter Blumen versteckt (ebd., 01:52:33)

Abb. 16: Deutsche Kinder, gehätschelt (ebd., 00:03:10)

Abb. 14: Serenus Zeitblom blickt durch die Zugsscheibe (ebd., 01:52:15)

Abb. 17: Portrait eines – jüdischen? – Greises (Geißendörfer, Der Zauberberg, 01:12:58)

Abb. 15: Kampfbinde, weggedreht (ebd., 01:52:31, Ausschnitt)

Abb. 18: Portrait eines jüdischen Jungen (ebd., 01:12:45)

Abb. 19: Gemälde einer Episode aus dem Exodus? (Ebd., 01:13:08)

Abb. 22: Gerda Buddenbrook-Arnoldsen mit kronenähnlichem Diadem (Weidenmann, Buddenbrooks [1959], Teil 2, 00:24:44)

Abb. 20: Ehepaar Mann vor dem Buddenbrookhaus (Breloer, Buddenbrooks [2010, TV-Fassung], Teil 2, 01:26:13)

Abb. 23: Dito (ebd., 00:25:03)

Abb. 21: Ariella Hirshfeld, links, als Julchen Hagenström (Breloer, Buddenbrooks [2008], 01:20:12)

Abb. 24: Filmplakat zur Buddenbrooks-Verfilmung von 1959 (Filminstitut Hannover, Signatur A1-0112)

Abb. 25: DVD-Hülle *Buddenbrooks* (Arthaus-Edition 2009)

Abb. 28: Hermann Hagenström grüßt Tony Grünlich-Buddenbrook (ebd., 01:10:26)

Abb. 26: Tony Buddenbrook mit Blumenkranz (Breloer, Buddenbrooks [2008], 00:07:58)

Abb. 29: Christian Buddenbrook mit Stockknauf (ebd., 01:17:36)

Abb. 27: Hermann Hagenström mit Familie (ebd., 01:10:24)

Abb. 30: Stockknäufe (Jüdisches Museum Berlin und Jüdisches Museum Wien [Hgg.], typisch!, S. 101)

Abb. 31: Ein – jüdischer? – Statist (Vogel, Der kleine Herr Friedemann, 00:29:49)

Abb. 34: Mikrophon hängt ins Bild (Blume, Heiligendamm, 00:09:13)

Abb. 32: Jean-Pierre Blumenberg alias Pierre Jean-Pierre (Sinkel, Bekenntnisse des Hochstaplers Felix Krull [1982], Teil 3, 00:28:06)

Abb. 35: Titelkarte (ebd., 00:01:23)

Abb. 33: Sally Meerschaum, Mitte (ebd., Teil 2, 00:05:29)

Abb. 36: Zugfahrt in Coupé erster Klasse (Suspicion [R: Alfred Hitchcock, US 1941], 00:01:09)

Abb. 37: Taschenbuchausgabe von
Thomas Manns *Erzählungen* (Blume,
Heiligendamm, 00:00:39)

Abb. 40: Dito (ebd., 00:12:00)

Abb. 38: Pentagramm-Ring (ebd.,
00:00:53)

Abb. 41: Dito (ebd., 00:12:10)

Abb. 39: Dito (ebd., 00:08:39)

Abb. 42: Dito (ebd., 00:11:58)

Abb. 43: Dito (ebd., 00:14:12)

Abb. 46: Else Neuländer alias Yva, Anfang der Dreißigerjahre (Marion Beckers und Elisabeth Moortgat [Hgg.], Yva. Photographien 1925–1938, Tübingen: Wasmuth, 2001, S. 2)

Abb. 44: Abspann mit Pentagramm (Seitz, Doktor Faustus, 01:55:10)

Abb. 47: Zoe Hutmacher als Schrankgespenst (Blume, Heiligendamm, 00:11:24)

Abb. 45: Verhextes Burggespenst im Hexagramm (Susanne Göhlich, 10 kleine Burggespenster gingen auf die Reise, Orell Füssli Kinderbuch Verlag, www.ofv.ch © 2016 Orell Füssli Sicherheitsdruck AG, Zürich, [o. P.], Ausschnitt)

Abb. 48: Johannes Friedemann beobachtet Gerda von Rinnlingen (Vogel, Der kleine Herr Friedemann, 00:53:21)

Abb. 49: Gerda von Rinnlingen, beobachtet (ebd., 00:53:45)

Abb. 52: Gerda von Rinnlingen (Vogel, Der kleine Herr Friedemann, 01:02:35)

Abb. 50: Tadzio leicht seitlich (Visconti, Morte a Venezia, 01:52:45)

Abb. 53: Dito (ebd., 01:03:49)

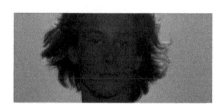

Abb. 51: Tadzio frontal (ebd., 01:52:47)

Abb. 54: Lilli Palmer als Charlotte Kestner-Buff (Günther, Lotte in Weimar, 00:27:47)

Abb. 55: Katharina Thalbach als Ottilie von Pogwisch (ebd., 01:18:16)

Abb. 58: Goethe beim Aufwachen (Günther, Lotte in Weimar, 01:24:14)

Abb. 56: Martin Hellberg als Goethe (ebd., 01:42:10, Ausschnitt)

Abb. 59: Großaufnahme Goethes (ebd., 01:36:41)

Abb. 57: Goethe-Portrait von Joseph Karl Stieler, 1828 (*Johann Wolfgang von Goethe im 80. Lebensjahr*, https://de.wikipedia.org/wiki/Datei: Goethe_(Stieler_1828).jpg#file [Zugriff: 15. Januar 2019], Ausschnitt)

Abb. 60: Gedenkmünze, 1975, 29mm Ø (Muenzen.eu: *5 Mark Münze »100. Geburtstag Thomas Mann«*, https://www. muenzen.eu/ddr/5-mark-thomas-mann-1975.html [Zugriff: 23. Januar 2019])

Abb. 61: Silbermedaille, 1975, 45mm Ø (Emporium Hamburg, Münzhandelsgesellschaft: *Medaille 1975, Deutschland: Lübeck, 100. Geburtstag von Thomas Mann, 1875–1955, l.ber. PP,* https://www.ma-shops.de/emporium/item.php?id=25198 [Zugriff: 21. Januar 2019])

Abb. 64: Buddenbrookhaus in Alfred Weidenmanns *Buddenbrooks* (Weidenmann, Buddenbrooks [1959], Teil 1, 00:03:23)

Abb. 62: Gedenkmarke der DDR, 18. März 1975 (https://www.suche-briefmarken.de/marken/ddr/ddr75017.html [Zugriff: 18. Januar 2019])

Abb. 65: Buddenbrookhaus in *Tonio Kröger* (Thiele, Tonio Kröger, 00:08:13)

Abb. 63: Briefmarke Nobelpreisträger deutschsprachiger Literatur (BRD), 16. Februar 1978 (https://www.suche-briefmarken.de/marken/brd/d1978006.html [Zugriff: 22. Januar 2019])

Abb. 66: Buddenbrookhaus in Heinrich Breloers *Buddenbrooks* (Breloer, Buddenbrooks [2008], 00:01:23)

Abb. 67: Wohnhaus der Buddenbrooks von außen (Wirth, Buddenbrooks [1979], Teil 1, 00:00:08)

Abb. 70: Friedemanns Schwestern (ebd., 00:06:36)

Abb. 68: Interieur des Buddenbrookhauses (ebd., 00:02:58)

Abb. 71: Friedemanns Mutter, oben links (ebd., 00:06:46)

Abb. 69: Holstentor im *Kleinen Herrn Friedemann* (Vogel, Der kleine Herr Friedemann, 01:11:13)

Abb. 72: Friedemanns Mutter, oben rechts (ebd., 00:07:00)

Abb. 73: Sturz des Säuglings Johannes und umkippender Wasserkrug (ebd., 00:06:06)

Abb. 76: Dito (ebd., 00:01:51)

Abb. 74: Friedemanns Wiederbegegnung mit seiner Amme (ebd., 01:04:48)

Abb. 77: Dito (ebd., 00:27:24)

Abb. 75: Leichenwagen als Leitmotiv (ebd., 00:01:11)

Abb. 78: Dito (ebd., 01:31:13)

Abb. 79: Dito (ebd., 01:31:24)

Abb. 82: Politische Erziehung (ebd., 00:14:12)

Abb. 80: ›Fliegende‹ Kuh (ebd., 00:02:16)

Abb. 83: Friedemann mit Helm (ebd., 01:05:12)

Abb. 81: Brustuntersuchung (ebd., 00:04:48)

Abb. 84: Stephens küsst »das Mädchen« (ebd., 00:15:43)

Abb. 85: Bernd Michael Lade, um 1990
(https://www.superillu.de/beruehmte-
absolventen-der-busch-schule [Zugriff:
26. Januar 2019])

Abb. 88: Fräulein Hagenström entzieht
Gerda von Rinnlingen ihre Hand (ebd.,
01:25:24)

Abb. 86: Prinz von Preußen, gestürzt
(Vogel, Der kleine Herr Friedemann,
00:29:54)

Abb. 89: Gerda von Rinnlingen schäkert
mit ihrem Dienstmädchen Emma (ebd.,
00:48:47)

Abb. 87: Prinz von Preußen, Hochformat
(ebd., 00:30:04)

Abb. 90: Maria von Bismarck als Gerda
von Rinnlingen (ebd., 00:57:12)

Abb. 91: Otto von Bismarck (https://commons.wikimedia.org/wiki/File:Bundesarchiv_Bild_183-R29818,_Otto_von_Bismarck.jpg?uselang=de [Zugriff: 15. Januar 2019], Ausschnitt)

Abb. 94: Gaffende Menge (ebd., 01:01:03)

Abb. 92: Erster Auftritt eines schwarzen Hotelgasts (Brandauer, Mario und der Zauberer, 00:20:12)

Abb. 95: Präfekt Angiolieri mit Spielzeug-motorrad (ebd., 01:03:50)

Abb. 93: Zweiter Auftritt eines schwarzen Hotelgasts (ebd., 00:39:12)

Abb. 96: Kriegsveteran (ebd., 00:04:56)

Biblio-, Filmo- und Audiographie

Quellen

Ahrends, Martin, Der Frühlingsmann, in: Die Zeit, 29. März 1991, http://www.zeit.de/1991/14/der-fruehlingsmann [Zugriff: 8. Juli 2016]

Albrecht, [Erich], Brief vom 16. November 1973 an Anonymus (»Genossen«) Kunz, Bundesarchiv, Berlin-Lichterfelde

Albrecht, [Erich], Brief vom 20. Dezember 1973 an Anonymus (»Gen.«) Hellmunth, Bundesarchiv, Berlin-Lichterfelde

Albrecht, [Erich], Vorbereitung des Spielfilms *Lotte in Weimar* vom 29. Januar 1974 an Anonymus (»Gen.«) Golde, Bundesarchiv, Berlin-Lichterfelde

Albrecht, [Erich], Brief vom 29. April 1974 an Hanns Anselm Pertson, Bundesarchiv, Berlin-Lichterfelde

Albrecht, [Erich], Brief vom 7. Juni 1974 an Anonymus (»Kollegen«) Mertins, Bundesarchiv, Berlin-Lichterfelde

Albrecht, [Erich], Brief vom 24. Juni 1974 an Anonymus (»Direktor«) Sudan, Bundesarchiv, Berlin-Lichterfelde

Albrecht, [Erich], Brief vom 3. Juli 1974 an Anonymi (»Genossen«) Bethke und (»Genossin«) Dörmann, Bundesarchiv, Berlin-Lichterfelde

Albrecht, [Erich], Brief vom 5. Juli 1974 an Anonymus Garitz, Bundesarchiv, Berlin-Lichterfelde

Albrecht, [Erich], Brief vom 5. Juli 1974 an Anonymus (»Genossen«) Brettschneider, Bundesarchiv, Berlin-Lichterfelde

Albrecht, [Erich], Brief vom 5. Juli 1974 an Anonymus (»Direktor«) Borowski, Bundesarchiv, Berlin-Lichterfelde

Albrecht, [Erich], Brief vom 30. Juli 1974 an Anonymus (»Major«) Schmidt, Bundesarchiv, Berlin-Lichterfelde

Albrecht, [Erich], Brief vom 30. Juli 1974 an Anonymus Seigert, Bundesarchiv, Berlin-Lichterfelde

Albrecht, [Erich], Brief vom 20. August 1974 an Anonymus (»Oberst.lnt.«) Biedermann, Bundesarchiv, Berlin-Lichterfelde

Albrecht, [Erich], Bericht über Vorbereitung und Dreharbeiten für den Spielfilm *Lotte in Weimar* in Wetzlar, an Heinz Kuschke, Referat für Auslandsbeziehungen, vom 29. August 1974, Bundesarchiv, Berlin-Lichterfelde

Albrecht, [Erich], Brief vom 10. September 1974 an Anonymus (»Genossen«) Nacke, Bundesarchiv, Berlin-Lichterfelde

Albrecht, [Erich], Brief vom 24. Oktober 1974 an Jaecki Schwarz, Bundesarchiv, Berlin-Lichterfelde

Albrecht, [Erich], Brief vom 25. Oktober 1974 an Anonyma (»Frau Dr.«) Jensch, Bundesarchiv, Berlin-Lichterfelde

Albrecht, [Erich], Brief vom 28. Oktober 1974 an VEB Deutsche Schallplatten, Bundesarchiv, Berlin-Lichterfelde

Albrecht, [Erich], Mitteilung vom 21. November 1973 an die Endfertigung, Bundesarchiv, Berlin-Lichterfelde

https://doi.org/10.1515/9783110638509-016

Albrecht, [Erich], Brief vom 3. Dezember 1974 an Anonyma (»Oberreferentin AWA Anstalt zur Wahrung der Aufführungsrechte auf dem Gebiete der Musik«) Thies, Bundesarchiv, Berlin-Lichterfelde

Albrecht, [Erich], Brief vom 3. Dezember 1974 an Albert Wilkening, Bundesarchiv, Berlin-Lichterfelde

Albrecht, [Erich], Schlußbericht *Lotte in Weimar*, o. D., Bundesarchiv, Berlin-Lichterfelde

Anonyma [Schwarzkopf, Margarete von], Die Preisträger, in: Bayerisches Staatsministerium für Unterricht und Kultus (Hg.), Der Bayerische Filmpreis '82, '83, '84, München: Olzog, 1985, S. 8–13

Anonyma [Schwarzkopf, Margarete von], Franz Seitz. Produzentenpreis: *Doktor Faustus* und *Der Zauberberg*, ebd., S. 26–33

Anonymus, *Buddenbrooks*. Ein Exposé nach dem Roman von Thomas Mann, Filminstitut Hannover, Signatur FAB 170 Buddenbrooks. Exposé

Anonymus, *Königliche Hoheit* — Besetzung, Filminstitut Hannover, Signatur FAB 98 Königliche Hoheit. Verträge 1, Kostümauszug, Dispositionen

Anonymus, Eine amtliche Denkschrift über den Mädchenhandel, in: Mittheilungen aus dem Verein zur Abwehr des Antisemitismus 7.14, 1897, S. 106–108

Anonymus, Rechenschafts-Bericht für das Jahr 1906 über die Tätigkeit des Gisela-Kinderspital-Vereins (E. V.) und des Kinderspitals München, München: o. V. u. J.

Anonymus, Rechenschaftsbericht für das Jahr 1907 über die Tätigkeit des Gisela-Kinderspital-Vereins (E. V.) und des Kinderspitals München, München: o. V. u. J.

Anonymus [F. O.], *Buddenbrooks*. Nach dem gleichnamigen Roman von Thomas Mann, in: Neue Illustrierte Filmwoche 10, 1923, S. 148 f.

Anonymus [Th.], *Die Buddenbrooks*, in: Der Film 36–37, 1923, S. 23

Anonymus, Aktennotiz vom 12. Mai 1954, Filminstitut Hannover, Signatur FAB 99 Königliche Hoheit. Verträge 2

Anonymus, Aktennotiz der Filmaufbau GmbH vom 4. Januar 1958, Filminstitut Hannover, Signatur FAB 160 Buddenbrooks. Aktennotizen

Anonymus, Vertrag mit Wolfgang Wahl vom 5. Juni 1959, Filminstitut Hannover, Signatur FAB 165 Buddenbrooks. Verträge 3

Anonymus, *Buddenbrooks*. 2. Teil (Kürzungen) vom 25. Juni 1959, Filminstitut Hannover, Signatur FAB 196 Presse

Anonymus, Bonner Bedenken, in: Der Spiegel, 5. August 1959, S. 46–48

Anonymus, Aktennotiz [betr.] DEFA Außenhandelsstelle vom 5. Juni 1972, Bundesarchiv, Berlin-Lichterfelde

Anonymus, Tagesbericht Nr. 24 vom 17. September 1974, Bundesarchiv, Berlin-Lichterfelde

Anonymus, Lieferschein vom 19. November 1974, Bundesarchiv, Berlin-Lichterfelde

Anonymus [unleserliche Unterschrift], Brief vom 18. März 1975, Bundesarchiv, Berlin-Lichterfelde

Anonymus, DDR-Film. Personenkult mit Popanz-Goethe, in: Der Spiegel, 3. November 1975, S. 172–175

Anonymus, Meister der Form und des Wohllauts. Vor 150 Jahren starb der Dichter August Graf von Platen, in: Neues Deutschland, 5. Dezember 1985, S. 4

Anonymus, Diese Woche im Fernsehen. *Dr. Faustus*, in: Der Spiegel, 13. April 1987, S. 274

Anonymus, Optionsvereinbarung vom 4. bzw. 21. Juli 1988 zwischen dem S. Fischer-Verlag und dem Fernsehen der DDR, Deutsches Rundfunkarchiv, Potsdam-Babelsberg

Anonymus, Szenariumsvertrag zwischen Eberhard Görner und dem Fernsehen der DDR vom 1. Dezember 1988, Deutsches Rundfunkarchiv, Potsdam-Babelsberg

Anonymus, Vertrag vom 5. bzw. 24 Januar 1990 zwischen dem S. Fischer-Verlag und dem Fernsehen der DDR, Deutsches Rundfunkarchiv, Potsdam-Babelsberg

Anonymus, Leihvertrag mit dem DEFA-Studio für Spielfilme vom 12. Juni 1990, Bundesarchiv, Berlin-Lichterfelde

Anonymus, Filmlieferungsvertrag zwischen dem VEB DEFA Studio für Spielfilme und dem Deutschen Fernsehfunk vom 19. Juni 1990, Deutsches Rundfunkarchiv, Potsdam-Babelsberg

Anonymus, Endfertigungsplan vom 5. September 1990, Deutsches Rundfunkarchiv, Potsdam-Babelsberg

Anonymus [Bo], Kritisch gesehen. *Der kleine Herr Friedemann*, in: Stuttgarter Zeitung, 2. April 1991, S. 7

Anonymus, Edle Blässe. *Mario und der Zauberer*. Spielfilm von Klaus Maria Brandauer, in: Der Spiegel, 12. Dezember 1994, S. 182 f.

Anonymus, Frankreich erhebt Stopfleber zum nationalen Kulturerbe, in: Der Spiegel, 18. Oktober 2005, http://www.spiegel.de/wirtschaft/lebensmittelindustrie-frankreich-erhebt-stopfleber-zum-nationalen-kulturerbe-a-380376.html [Zugriff: 6. Juli 2018]

Anonymus, Stiftung Zurückgeben fördert jüdische Künstlerinnen, http://www.hagalil.com/archiv/2006/03/stiftung-zurueckgeben.htm [Zugriff: 13. März 2018]

Anonymus, Quotenflop für die *Buddenbrooks. Bauer sucht Frau* liegt weiter vorn, in: Der Spiegel online, 28. Dezember 2008, http://www.spiegel.de/kultur/tv/quotenflop-fuer-die-buddenbrooks-bauer-sucht-frau-liegt-weiter-vorn-a-736856.html [Zugriff: 1. Juli 2016]

Anonymus, Vor dem Abriss gerettet. Bundesrepublik kauft Thomas Manns Exilvilla, in: Frankfurter Allgemeine Zeitung, 18. November 2016, http://www.faz.net/aktuell/feuilleton/buecher/themen/vor-dem-abriss-gerettet-bundesrepublik-kauft-thomas-manns-exilvilla-1 4533515.html [Zugriff: 3. Februar 2017]

Anonymus, Stätte des Dialogs. Deutschland kauft Thomas-Mann-Villa in Kalifornien, in: Die Zeit online, 18. November 2016, http://www.zeit.de/news/2016-11/18/literatur-deutschland-kauft-thomas-mann-villa-in-kalifornien-18123005 [Zugriff: 3. Februar 2017]

Bachmann, St., Fluch des Geldes. Der wundersame Reichtum der CDU in Hessen — Eine Chronik des Finanzskandals, in: Die Zeit online, 20. Januar 2000, http://www.zeit.de/2000/04/200004.chronik.hessen_.xml [Zugriff: 11. Januar 2018]

Bachofen, Johann Jakob, Versuch über die Gräbersymbolik der Alten, Basel: Bahnmaier, 1859

Bachofen, Johann Jakob, Der Mythus von Orient und Occident. Eine Metaphysik der Alten Welt. Aus den Werken von Johann Jakob Bachofen. Mit einer Einleitung von Alfred Baeumler, hg. v. Manfred Schröter, München: Beck, 1926

Bachofen, Johann Jakob, Urreligion und antike Symbole. Systematisch angeordnete Auswahl aus seinen Werken in drei Bänden, hg. v. Carl Albrecht Bernoulli, Leipzig: Reclam, 1926

Bachofen, Johann Jakob, Gesammelte Werke, hg. v. Karl Meuli et al., Basel: Schwabe, 1943 ff.

Bachofen, Johann Jakob, Das Mutterrecht. Eine Untersuchung über die Gynaikokratie der alten Welt nach ihrer religiösen und rechtlichen Natur, hg. v. Hans-Jürgen Heinrichs, Frankfurt a. M.: Suhrkamp, 1975 (suhrkamp taschenbuch wissenschaft, Bd. 135)

Baer, Volker, Thomas Mann verfilmt — verfehlt, in: Der Tagesspiegel, 15. November 1975, S. 4

Barth, Nadine, Interview. Klaus Maria Brandauer, in: Playboy, Dezember 1994, S. 18–26

Bebel, August, Die Frau und der Sozialismus, Bonn: Dietz, ³1994 (Internationale Bibliothek, Bd. 9) [Neusatz der Jubiläums-Ausgabe 1929]

Becker, Rolf, Moribunde Gesellschaft. *Der Zauberberg*. Spielfilm von Hans W. Geißendörfer nach dem Roman von Thomas Mann, in: Der Spiegel, 22. Februar 1982, S. 201, 204 f.

Becker, Rolf, Auf Teufel komm raus. *Doktor Faustus*. Spielfilm nach Thomas Mann von Franz Seitz, in: Der Spiegel, 13. September 1982, S. 213, 215

Beckers, Marion und Elisabeth Moortgat (Hgg.), Yva. Photographien 1925–1938, Tübingen: Wasmuth, 2001

Behrend, Peter und Hanno Pittner, Lilli Palmer, der getäuschte Star, in: Welt am Sonntag, 15. Juni 1975, S. 6

Behrends, Okko et al. (Hgg.), Corpus Iuris Civilis. Text und Übersetzung, Bd. 2: Digesten 1–10, Heidelberg: C. F. Müller, 1995

Beilharz, Nobert, Die Fuhrmänner sind wir. Im Gespräch mit Klaus Maria Brandauer, in: Jürgen Haase (Hg.), *Mario und der Zauberer*. Das Buch zum Film von Klaus Maria Brandauer, Berlin: Henschel, 1994, S. 91–99

Belach, Helga et al. (Hgg.), Das Kino und Thomas Mann. Eine Dokumentation, Berlin: Stiftung Deutsche Kinemathek, 1975

Benz, Richard, Die Stunde der deutschen Musik. Erstes Buch: Die Stunde des Gesanges, Jena: Diederichs, 1923

Bertram, Ernst, Johann Sebastian Bach, in: ders., Deutsche Gestalten. Fest- und Gedenkreden, Leipzig: Insel, 1934, S. 9–42

Binding, Karl und Joh. Nagler, Das Strafgesetzbuch für das Deutsche Reich. Vom 26. Februar 1876. Mit seinen Abänderungen. Ausgabe zum akademischen Gebrauche, Leipzig: Engelmann, 1905

Bittighöfer, Bernd, Aktennotiz vom 21. Januar 1974 über das Gespräch beim Stellvertreter des Ministeriums und Leiter der HV Film, (»Gen.«) Günter Klein, Bundesarchiv, Berlin-Lichterfelde

Blume, Michael, Heiligendamm. Nach Thomas Manns Erzählung *Der Kleiderschrank*. Drehbuch. Fassung vom 2. August 2009, Firmenarchiv

Borneman, Ernest, Sex im Volksmund. Die sexuelle Umgangssprache des deutschen Volkes. Wörterbuch und Thesaurus, Reinbek b. H.: Rowohlt, 1971

Borneman, Ernest, Das Patriarchat. Ursprung und Zukunft unseres Gesellschaftssystems, Frankfurt a. M.: Fischer, 1975

Borneman, Ernest, Das Patriarchat. Ursprung und Zukunft unseres Gesellschaftssystems, hg. v. ZK der KPdSU, Nischni Nowgorod: Zarah Leander, 1975

Boxberg, Katharina von, Verbannung zurückgenommen. DFF-Projekt *Der kleine Herr Friedemann* am Karfreitag, in: Stuttgarter Zeitung, 28. März 1991, S. 31

Bradish, Joseph A. von, Goethe als Erbe seiner Ahnen, Berlin und New York: Westermann, 1933 (Vortragsreihe, Gemeinverständliche Folge, Bd. 2)

Breloer, Heinrich, Thomas Manns *Buddenbrooks*. Ein Filmbuch von Heinrich Breloer. Mit Auszügen aus dem Drehbuch von Heinrich Breloer und Horst Königstein. Mit Standfotografien von Stefan Falke, Frankfurt a. M.: Fischer, 2008

Breloer, Heinrich, Mit dem Kopf in den Wolken. Interview, in: Newsletter. Brancheninformationsdienst der Filmstiftung Nordrhein-Westfalen 7, 2008, S. 16 f.

Breloer, Heinrich, Antisemitismus in den *Buddenbrooks*, in: Neue Zürcher Zeitung, 6. Dezember 2013, S. 20 [Leserbrief zu: Yahya Elsaghe, Thomas Mann im Nachkriegskino. Wie dem deutschen Publikum unliebsame Erinnerungen erspart blieben, in: Neue Zürcher Zeitung, 30. November / 1. Dezember 2013, S. 61 f.]

Breloer, Heinrich und Horst Königstein, Die Manns. Ein Jahrhundertroman, Frankfurt a. M.: Fischer, 2001

Brug, Manuel, »Ich umarme dieses Orchester«, in: Die Welt, 23. Juni 2015, http://www.welt.de/print/welt_kompakt/kultur/article142898610/Ich-umarme-dieses-Orchester.html [Zugriff: 11. Januar 2018]

Bucheli, Roman, Peinlich mysteriöser Fund, in: Neue Zürcher Zeitung, 30. August 2013, https://www.nzz.ch/feuilleton/peinlich-mysterioeser-fund-1.18142072 [Zugriff: 9. Januar 2018]

Buchka, Peter, Die Fremden sind wir. Thomas Manns *Mario und der Zauberer* von und mit Klaus Maria Brandauer, in: Süddeutsche Zeitung, 15. Dezember 1994, S. 15

Büning, Eleonore, Antisemiten live, in: Frankfurter Allgemeine Zeitung, 26. Juni 2015, http://www.faz.net/aktuell/feuilleton/medien/was-ndr-und-welt-ueber-chefdirigent-kirill-petrenko-sagen-13668140.html [Zugriff: 18. Dezember 2015]

Darwin, Charles, On the Origin of Species by Means of Natural Selection, or the Preservation of Favoured Races in the Struggle for Life, London: Murray, 1859

Deréger, Albert von, Die Thätigkeit der Antisemiten im Landtage, in: Freies Blatt 26, 1892, S. 2 f.

Diller, [Helmut], Brief vom 26. April 1974 an [Hans-Joachim] Hoffmann, Bundesarchiv, Berlin-Lichterfelde

Dingelstedt, Franz, Eine Faust-Trilogie. Dramaturgische Studie. Teil II, in: Deutsche Rundschau 2.7, 1876, S. 382–399

Donner, Wolf, Deutsch-deutscher Personenkult, in: Die Zeit, 31. Oktober 1975, S. 44

Ebel, Martin, Aufstieg und Zerfall der Buddenbrooks, in: Tages-Anzeiger, 20. Dezember 2008, S. 45

Eisenträger, Kurt, Geschichte des Seekriegsrechts, in: Karl Strupp (Hg.), Wörterbuch des Völkerrechts und der Diplomatie, Bd. 2, Berlin und Leipzig: de Gruyter, 1925, S. 508–513

Engels, Friedrich, Der Ursprung der Familie [sic!] des Privateigentums und des Staats. Text, hg. v. Institut für Geschichte der Arbeiterbewegung Berlin und vom Institut für Marxismus-Leninismus beim Zentralkomitee der Kommunistischen Partei der Sowjetunion, Berlin: Dietz, 1990 (Marx-Engels-Gesamtausgabe [MEGA], Abt. I, Bd. 29)

Fest, Joachim, Begegnungen. Über nahe und ferne Freunde, Reinbek b. H.: Rowohlt, [4]2004

Festenberg, Nikolaus von, Es bleibt in der Familie. Heinrich Breloers *Buddenbrooks* ist die vierte Verfilmung von Thomas Manns deutschem Jahrhundertroman, in: Der Spiegel, 15. Dezember 2008, S. 148–150

FFA-Filmförderungsanstalt, FFA-info. Aktuelle Informationen aus der Filmwirtschaft, Ausgabe 1/10, 11. Februar 2010, S. 12, http://www.ffa.de/index.php?page=-filmhitli-sten&language=&typ=7&jahr=2009&&st=80 [Zugriff: 31. März 2014]

Film- und Fernsehmuseum Hamburg, Filmstadt Hamburg. Dreharbeiten *Buddenbrooks*, http://www.filmmuseum-hamburg.de/filmstadt-hamburg/ereignisse/ereignisse-071959.html [Zugriff: 8. März 2018]

Finsterbusch, Stephan, Ein Mann von Welt und Geld, in: Frankfurter Allgemeine Zeitung, 3. Juli 2013, Beilage: Die 100 größten Unternehmen, S. U10

Fischer, Samuel und Hedwig Fischer, Briefwechsel mit Autoren, hg. v. Dierk Rodewald und Corinna Fiedler, Frankfurt a. M.: Fischer, 1989

Frank, Reinhard (Hg.), Das Strafgesetzbuch für das Deutsche Reich nebst dem Einführungsgesetze, Tübingen: Mohr, [8–10]1912

Franz Seitz Filmproduktion, Spielfilme, http://www.franzseitz.de/filme.html [Zugriff: 1. Juni 2017]

Frazer, James George, The Golden Bough. A Study in Magic and Religion, New York: Macmillan, 1922

Freud, Sigmund, Gesammelte Werke. Chronologisch geordnet, hg. v. Anna Freud et al., London: Imago, und Frankfurt a. M.: Fischer, 1940–1987 [Nachdruck Frankfurt a. M.: Fischer, 1999]

Fründt, Bodo, Goethe und die Alte. DDR-Produktion zum Thomas-Mann-Jahr, in: Kölner Stadt-Anzeiger, 1. November 1975, S. 38

Geißendörfer, Hans W., Der Zauberberg. Drehbuch zu einem Spielfilm. Nach dem gleichnamigen Roman von Thomas Mann [o. J.], Thomas-Mann-Archiv der ETH-Bibliothek, Zürich

Geißendörfer, Hans W., Der Zauberberg. Lesefassung des Drehbuchs, in: Gabriele Seitz (Hg.), *Der Zauberberg*. Ein Film von Hans W. Geißendörfer nach dem Roman von Thomas Mann, Frankfurt a. M.: Fischer, 1982, S. 33–157

Gesetz zur Durchsetzung der Gleichberechtigung von Frauen und Männern (Zweites Gleichberechtigungsgesetz — 2. GleiBG) vom 24. Juni 1994, in: Bundesgesetzblatt, Teil 1, Nr. 39, 30. Juni 1994, S. 1406–1415

Goebbels, Joseph, Tagebücher, hg. v. Ralf Georg Reuth, Bd. 5: 1943–1945, München: Piper, ³2003

Göhlich, Susanne, 10 kleine Burggespenster gingen auf die Reise, Zürich: Orell Füssli, 2016 (Orell Füssli Kinderbuch)

Görner, Eberhard, Der kleine Herr Friedemann. Filmszenarium [o. J.], Bundesarchiv, Berlin-Lichterfelde

Granzow, Dagmar, Millionen für einen Mann. Mit bisher nicht gekanntem Aufwand ließ das ZDF Thomas Manns *Bekenntnisse des Hochstaplers Felix Krull* verfilmen, in: Der Stern, 21. Januar 1982, S. 134–137

Grobmann, Ralph, Etappen eines Scheiterns. Neue Dokumente zur Inhaftierung Walter Jankas, in: Neue Deutsche Literatur 44.2, 1996, S. 61–67

Gr[oß]mann], St[efan], Der Buddenbrook-Film, in: Das Tage-Buch 4.36, 8. September 1923, S. 1279

Günther, Egon, Lotte in Weimar. Szenarium nach dem gleichnamigen Roman von Thomas Mann. Fassung vom 30. Oktober 1973, Thomas-Mann-Archiv der ETH-Bibliothek, Zürich

Günther, Egon, Lotte in Weimar. Drehbuch. Fassung vom 18. April 1974, Bundesarchiv, Berlin-Lichterfelde

Günther, Egon, Brief vom 22. April 1974 an Hans-Joachim »Jochen« Hoffmann, Bundesarchiv, Berlin-Lichterfelde

Günther, Egon, Drehbuchbesprechung vom 18. Juni 1974, Bundesarchiv, Berlin-Lichterfelde

Günther, Egon, Brief vom 18. Juni 1974 an Anonymus (»Koll.«) Kuschke (»Leiter der Abt. für Auslandsbeziehungen«), Bundesarchiv, Berlin-Lichterfelde

Günther, Egon, Mitteilung an Anonymus Kuschke, o. D., Bundesarchiv, Berlin-Lichterfelde

Günther, Egon, Brief vom 26. Juni 1974 an Manfred Krug, Bundesarchiv, Berlin-Lichterfelde

Hager, Kurt, Zu Fragen der Kulturpolitik der SED. Referat auf der 6. Tagung des ZK der SED. 6. Juli 1972, in: ders., Beiträge zur Kulturpolitik. Reden und Aufsätze, Bd. 1: 1972 bis 1981, Berlin: Dietz, 1987, S. 7–77

Hasse, Karl, Johann Sebastian Bach (Dezember 1933), in: ders., Zur Neugestaltung unseres Musiklebens im neuen Deutschland. Ausgewählte Aufsätze, Bd. 2: Von deutschen Meistern, Regensburg: Bosse, 1934 (Von deutscher Musik, Bd. 44), S. 20–45

Hasse, Karl, Zu Bachs Matthäuspassion, in: Zeitschrift für Musik 104.6, 1937, S. 672–674

Hellenkemper, Benedikt, *Mario und der Zauberer*. Arbeitshilfe, Frankfurt a. M.: Katholisches Filmwerk, 2012

Hennig, Carl, Lehrbuch der Krankheiten des Kindes in seinen verschiedenen Altersstufen. Zunächst als Leitfaden für academische Vorlesungen, Leipzig und Heidelberg: C. F. Winter, ³1864

Herlinghaus, Hermann, Brief vom 12. November 1975 an Hans Starke, Bundesarchiv, Berlin-Lichterfelde

Hieronymus, Commentariorum in Matheum Libri IV, hg. v. Damien Hurst und Marcus Adriaen, Turnhout: Brepols, 1969 (Corpus Christianorum, Series Latina, Bd. 77)

Hindenburg, [Paul] von, Aus meinem Leben, Leipzig: Hirzel, 1920

Hirschmann, Otto, Das internationale Prisenrecht nach den Beschlüssen der II. Haager Friedens- und der Londoner Seekriegsrechts-Konferenz, München und Berlin: Schweitzer, 1912

Hoff, Peter, Verlorene Botschaft, in: Neues Deutschland, 2. April 1991, S. 6

Hold von Ferneck, Alexander Freiherr, Die Reform des Seekriegsrechts durch die Londoner Konferenz 1908/09, Berlin, Stuttgart und Leipzig: Kohlhammer, 1914 (Handbuch des Völkerrechts, Bd. 4, Abt. 3)

Hömberg, Hans und Georg Hurdalek, Königliche Hoheit. Ein Film nach dem gleichnamigen Roman von Thomas Mann [Drehbuch, o. J.], Münchner Stadtbibliothek / Monacensia, Signatur EM M 217

Honecker, Erich, Zu aktuellen Fragen bei der Verwirklichung der Beschlüsse des VIII. Parteitages. Aus dem Schlußwort auf der 4. Tagung des Zentralkomitees der SED. 17. Dezember 1971, in: ders., Reden und Aufsätze, Berlin: Dietz, 1975, Bd. 1, S. 393–430

Huth, Jochen, Brief vom 20. Dezember 1952 an Thomas Mann, Filminstitut Hannover, Signatur FAB 101 Königliche Hoheit. Treatment von Jochen Huth

Huth, Jochen, Blueprint *Königliche Hoheit* I vom 25. Dezember 1952, Filminstitut Hannover, Signatur FAB 101 Königliche Hoheit. Treatment von Jochen Huth

Huth, Jochen, Anmerkungen zum Blueprint *Königliche Hoheit* VI. Seiten 44–56 vom 24. Januar 1953, Filminstitut Hannover, Signatur FAB 101 Königliche Hoheit. Treatment von Jochen Huth

Internet Movie Database, *Königliche Hoheit*, http://www.imdb.com/title/tt0045980/ [Zugriff: 18. November 2013; archiviert unter: https://web.archive.org/web/20140701094159/http://www.imdb.com/title/tt0045980/]

Internet Movie Database, *Der Zauberberg*, http://www.imdb.com/title/tt0084946/fullcredits?ref_=tt_cl_sm#cast [Zugriff: 1. August 2017]

Internet Movie Database, *Wälsungenblut*, https://www.imdb.com/title/tt0058757/ [Zugriff: 19. Juni 2018]

Janka, Walter, Bericht über die Reise nach Zürich, 3. Juni 1971, Bundesarchiv, Berlin-Lichterfelde

Janka, Walter, Kurzer Bericht über die Reise nach Moskau aus Anlass der Aufführung des Filmes *Lotte in Weimar*, 12. Oktober 1975, Bundesarchiv, Berlin-Lichterfelde

Jansen, Peter, Thomas Mann und der Film. Der Film und Thomas Mann, in: Neue Zürcher Zeitung, 13. Juni 1975, S. 77

Jenny, Urs und Hellmuth Karasek, »Wem wird man schon fehlen?« *Homo Faber*-Regisseur Volker Schlöndorff über seinen Film und seine Begegnungen mit Max Frisch, in: Der Spiegel, 18. März 1991, S. 236–251

Jovanovic, Stefanija, Brief vom 18. August 1971 an Albert Wilkening, Bundesarchiv, Berlin-Lichterfelde

Jung, C[arl] G[ustav], Gesammelte Werke, Bd. 5: Symbole der Wandlung. Analyse des Vorspiels zu einer Schizophrenie, hg. v. Lilly Jung-Merker und Elisabeth Rüf, Solothurn und Düsseldorf: Walter, 1995

Kaiser, Gunnar, Thomas Mann im Exil. Von zögerlichem Taktieren zu beherztem Engagement — die Entwicklung von Thomas Manns Einstellung zum Nationalsozialismus, http://www.exil-club.de/dyn/411.asp?Aid=65&Avalidate=494915187&cache=48313 [Zugriff: 17. November 2015]

Kamnitzer, Heinz, Konzeption von Thomas Mann: *Buddenbrooks. Verfall einer Familie* vom 15. August 1956, Filminstitut Hannover, Signatur FAB 168 Buddenbrooks. Konzeption von Heinz Kamnitzer

Kilb, Andreas, Herr Ober, zahlen! Klaus Maria Brandauers Thomas-Mann-Verfilmung *Mario und der Zauberer*, in: Die Zeit, 16. Dezember 1994, S. 49

Klimitschek, Lotte, Das Spiel der Ebenen, in: Gabriele Seitz (Hg.), *Doktor Faustus*. Ein Film von Franz Seitz nach dem Roman von Thomas Mann, Frankfurt a. M.: Fischer, 1982, S. 152–157

Knietzsch, Horst, Buchenswerter Besuch im Haus am Frauenplan, in: Neues Deutschland, 9. Juni 1975, S. 4

Knodel, Hans, Linder Biologie. Lehrbuch für die Oberstufe, Stuttgart: Metzler, [18]1977

Köhler, Horst, Grußwort [...] anlässlich der Welturaufführung des Filmes *Buddenbrooks*. Essen, 16. Dezember 2008, http://www.bundes-praesident.-de/SharedDocs/Reden/DE/Horst-Koehler/Reden/2008/12/20081216_Rede2.html [Zugriff: 10. September 2018]

Köstler, Eberhard (Hg.), »Irgendwann werde ich wieder verlegen«. Walter Janka an Johannes von Günther. Eine kleine Geschichte der DDR in Briefen (Katalog 164A), https://www.autographen.org/fileadmin/user_upload/3_Kataloge/Katalog164A_Janka.pdf [Zugriff: 15. August 2018]

Kocian, Erich, »Wir bleiben literarisch«. Rolf Thiele dreht Thomas Manns *Wälsungenblut*, in: Stuttgarter Zeitung, 1. September 1964, S. 22

Krause, Konrad, Die jüdische Namenswelt, Essen: Essener Verlagsanstalt, 1943

Kroneberg, Eckart, Gebogen und gebrochen. *Der kleine Herr Friedemann*, eine Novelle Thomas Manns, wurde vom Deutschen Fernsehfunk verfilmt, in: Der Tagesspiegel, 9. Februar 1991, S. 23

Lahme, Tilmann, Das Archiv der dreitausend vergessenen Briefe, in: Frankfurter Allgemeine Zeitung, 30. August 2013, http://www.faz.net/aktuell/feuilleton/buecher/au-toren/thomas-mann-archiv-in-zuerich-das-archiv-der-dreitausend-vergessenen-briefe-125521-68.html [Zugriff: 9. Januar 2018]

Lehne, Reinhold, Brief vom 27. April 1988 an Rosmarie Lösch, Deutsches Rundfunkarchiv, Potsdam-Babelsberg

Lehne, Reinhold, Brief vom 30. Oktober 1989 an Rosmarie Lösch, Deutsches Rundfunkarchiv, Potsdam-Babelsberg

Lehne, Reinhold, Brief vom 8. März 1990 an Rosmarie Lösch, Deutsches Rundfunkarchiv, Potsdam-Babelsberg

Leppmann, Franz, Der neue Thomas Mann, in: Vossische Zeitung, 1. Mai 1921, 4. Beilage: Literarische Umschau, o. P.

Lessing, Theodor, Der jüdische Selbsthaß, Berlin: Jüdischer Verlag, 1930

Lorenz, Max, [Rezension zu:] *Buddenbrooks. Verfall einer Familie*. Roman von Thomas Mann. Berlin 1901, in: Preußische Jahrbücher 110, 1902, S. 149–152

Lösch, Rosmarie, Brief vom 8. August 1989 an Reinhold Lehne, Deutsches Rundfunkarchiv, Potsdam-Babelsberg

Lübeckisches Adreß-Buch 1879, Lübeck: Schmidt & Erdtmann, 1879

Ludwig, Emil, Goethe. Geschichte eines Menschen, Stuttgart und Berlin: Cotta'sche Buchhandlung Nachfolger, 1920

Ludwig, Emil, Historie und Dichtung, in: Die Neue Rundschau 40.1, 1929, S. 358–381

Luther, Martin, Briefe, hg. v. Reinhard Buchwald, Leipzig: Insel, 1909, Bd. 2

Mackensen, Lutz, Die Dichter und das Reich, Brüssel: Steenlandt, 1941

Macpherson, James, A Dissertation, in: Howard Gaskill (Hg.), The Poems of Ossian and Related Works, Edinburgh: Edinburgh University Press, 1996, S. 205–224

Mahler, Alma, Gustav Mahler. Erinnerungen und Briefe, Amsterdam: de Lange, 1940

Mann, Erika, Herr und Hund [Drehbuch für einen Fernsehfilm nach der Novelle von Thomas Mann, o. J.], Münchner Stadtbibliothek / Monacensia, Signatur EM M 212

Mann, Erika, Brief vom 17. Mai 1953 an Jochen Huth, Münchner Stadtbibliothek / Monacensia, Signatur EM B 789

Mann, Erika, Brief vom 23. Juni 1955 an Jacob Geis, Münchner Stadtbibliothek / Monacensia, Signatur EM B 616

Mann, Erika, Brief vom 6. September 1955 an Hans Abich, Münchner Stadtbibliothek / Monacensia, Signatur EM B 233

Mann, Erika, Brief vom 12. September 1955 an Hans Abich, Münchner Stadtbibliothek / Monacensia, Signatur EM B 233

Mann, Erika, Brief vom 4. Oktober 1955 an Hans Abich, Münchner Stadtbibliothek / Monacensia, Signatur EM B 233

Mann, Erika, Brief vom 12. November 1955 an Hans Abich, Münchner Stadtbibliothek / Monacensia, Signatur EM B 233

Mann, Erika, Brief vom 16. November 1955 an Hans Abich, Münchner Stadtbibliothek / Monacensia, Signatur EM B 233

Mann, Erika, Brief vom 6. Dezember 1955 an Hans Abich, Münchner Stadtbibliothek / Monacensia, Signatur EM B 233

Mann, Erika, Brief vom 24. Februar 1956 an Hans Abich, Münchner Stadtbibliothek / Monacensia, Signatur EM B 233

Mann, Erika, Brief vom 1. März 1956 an Hans Abich, Münchner Stadtbibliothek / Monacensia, Signatur EM B 233

Mann, Erika, Brief vom 1. März 1956 an Robert Thoeren, Münchner Stadtbibliothek / Monacensia, Signatur EM B 1436

Mann, Erika, Brief vom 12. März 1956 an Hans Abich, Münchner Stadtbibliothek / Monacensia, Signatur EM B 233

Mann, Erika, Brief vom 30. März 1956 an Hans Abich, Münchner Stadtbibliothek / Monacensia, Signatur EM B 233

Mann, Erika, Brief vom 30. März 1956 an Jacob Geis, Münchner Stadtbibliothek / Monacensia, Signatur EM B 616

Mann, Erika, Brief vom 2. Mai 1956 an Hans Abich, Münchner Stadtbibliothek / Monacensia, Signatur EM B 233

Mann, Erika, Brief vom 9. Mai 1956 an Hans Abich, Münchner Stadtbibliothek / Monacensia, Signatur EM B 233

Mann, Erika, Brief vom 14. Mai 1956 an Hans Abich, Münchner Stadtbibliothek / Monacensia, Signatur EM B 233

Mann, Erika, Brief vom 22. Mai 1956 an Hans Abich, Münchner Stadtbibliothek / Monacensia, Signatur EM B 233

Mann, Erika, Brief vom 28. Mai 1956 an Robert Thoeren, Münchner Stadtbibliothek / Monacensia, Signatur EM B 1436

Mann, Erika, Brief vom 2. Juli 1956 an Hans Abich, Münchner Stadtbibliothek / Monacensia, Signatur EM B 233

Mann, Erika, Brief vom 14. Juli 1956 an Hans Abich und Albert Wilkening, Münchner Stadtbibliothek / Monacensia, Signatur EM B 1529

Mann, Erika, Brief vom 3. Oktober 1956 an Hans Abich, Münchner Stadtbibliothek / Monacensia, Signatur EM B 233

Mann, Erika, Brief vom 21. Oktober 1956 an Hans Abich, Münchner Stadtbibliothek / Monacensia, Signatur EM B 233

Mann, Erika, Brief vom 28. Dezember 1956 an Jacob Geis, Münchner Stadtbibliothek / Monacensia, Signatur EM B 616

Mann, Erika, Brief vom 31. Dezember 1956 an Hans Abich, Münchner Stadtbibliothek / Monacensia, Signatur EM B 233

Mann, Erika, Brief vom 7. Januar 1957 an Hans Abich, Münchner Stadtbibliothek / Monacensia, Signatur EM B 233

Mann, Erika, Brief vom 22. Januar 1957 an Hans Abich, Münchner Stadtbibliothek / Monacensia, Signatur EM B 233

Mann, Erika, Brief vom 8. März 1957 an Hans Abich, Münchner Stadtbibliothek / Monacensia, Signatur EM B 233

Mann, Erika, Brief vom 31. März 1957 an Kurt Hoffmann, Münchner Stadtbibliothek / Monacensia, Signatur EM B 757

Mann, Erika, Brief vom 4. April 1957 an Hans Abich, Münchner Stadtbibliothek / Monacensia, Signatur EM B 233

Mann, Erika, Brief vom 16. April 1957 an Hans Abich, Münchner Stadtbibliothek / Monacensia, Signatur EM B 233

Mann, Erika, Brief vom 28. Juni 1957 an Hans Abich, Münchner Stadtbibliothek / Monacensia, Signatur EM B 233

Mann, Erika, Brief vom 8. Juli 1957 an Hans Abich, Münchner Stadtbibliothek / Monacensia, Signatur EM B 233

Mann, Erika, Brief vom 25. Juli 1957 an Jacob Geis, Münchner Stadtbibliothek / Monacensia, Signatur EM B 616

Mann, Erika, Brief vom 19. November 1957 an Jacob Geis, Münchner Stadtbibliothek / Monacensia, Signatur EM B 616

Mann, Erika, Brief vom 21. November 1957 an Jacob Geis, Münchner Stadtbibliothek / Monacensia, Signatur EM B 616

Mann, Erika, Brief vom 28. Januar 1958 an Hans Abich, Münchner Stadtbibliothek / Monacensia, Signatur EM B 233

Mann, Erika, Brief vom 13. April 1958 an Hans Abich, Münchner Stadtbibliothek / Monacensia, Signatur EM B 233

Mann, Erika, Brief vom 1. Mai 1958 an Hans Abich, Münchner Stadtbibliothek / Monacensia, Signatur EM B 233

Mann, Erika, Brief vom 14. Juni 1958 an Hans Abich, Münchner Stadtbibliothek / Monacensia, Signatur EM B 233

Mann, Erika, Brief vom 19. Juni 1958 an Jacob Geis, Münchner Stadtbibliothek / Monacensia, Signatur EM B 616

Mann, Erika, Brief vom 16. September 1958 an Jacob Geis, Münchner Stadtbibliothek / Monacensia, Signatur EM B 616

Mann, Erika, Brief vom 14. Oktober 1958 an Hans Abich, Münchner Stadtbibliothek / Monacensia, Signatur EM B 233

Mann, Erika, Brief vom 14. Oktober 1958 an Jacob Geis, Münchner Stadtbibliothek / Monacensia, Signatur EM B 616

Mann, Erika, Brief vom 29. Oktober 1958 an Jacob Geis, Münchner Stadtbibliothek / Monacensia, Signatur EM B 616

Mann, Erika, Brief vom 23. November 1958 an Jacob Geis, Münchner Stadtbibliothek / Monacensia, Signatur EM B 616

Mann, Erika, Brief vom 12. Dezember 1958 an Jacob Geis, Münchner Stadtbibliothek / Monacensia, Signatur EM B 616

Mann, Erika, Brief vom 26. Mai 1959 an Hans Abich, Münchner Stadtbibliothek / Monacensia, Signatur EM B 233

Mann, Erika, Brief vom 24. Juni 1959 an die Filmaufbau GmbH, Münchner Stadtbibliothek / Monacensia, Signatur EM B 895

Mann, Erika, Brief vom 25. August 1959 an Alfred Weidenmann, Münchner Stadtbibliothek / Monacensia, Signatur EM B 1506

Mann, Erika, Brief vom 30. September 1959 an Eberhard Krause, Münchner Stadtbibliothek / Monacensia, Signatur EM B 895

Mann, Erika, Brief vom 11. Oktober 1959 an Hans Abich, Münchner Stadtbibliothek / Monacensia, Signatur EM B 233

Mann, Erika, Brief vom 21. Oktober 1959 an Alfred Weidenmann, Münchner Stadtbibliothek / Monacensia, Signatur EM B 1506

Mann, Erika, Brief vom 26. Oktober 1959 an Hans Abich, Münchner Stadtbibliothek / Monacensia, Signatur EM B 233

Mann, Erika, Brief vom 7. Januar 1960 an Hans Abich, Münchner Stadtbibliothek / Monacensia, Signatur EM B 233

Mann, Erika, Brief vom 15. Januar 1960 an Eberhard Krause, Münchner Stadtbibliothek / Monacensia, Signatur EM B 895

Mann, Erika, Brief vom 13. Februar 1960 an Eberhard Krause, Münchner Stadtbibliothek / Monacensia, Signatur EM B 895

Mann, Erika, Brief vom 25. Mai 1960 an Alfred Weidenmann, Münchner Stadtbibliothek / Monacensia, Signatur EM B 1506

Mann, Erika, Versuch einer Besetzung für den Film *Der Zauberberg*. Anlage eines Briefs vom 9. Januar 1961 an Eberhard Krause, Münchner Stadtbibliothek / Monacensia, Signatur EM B 895

Mann, Erika, Telegramm vom 24. November 1963 an Eberhard Krause, Münchner Stadtbibliothek / Monacensia, Signatur EM B 895

Mann, Erika, Brief vom 16. Mai 1964 an Franz Seitz, Münchner Stadtbibliothek / Monacensia, Signatur EM B 1320

Mann, Erika, Brief vom 15. Juli 1964 an Franz Seitz, Münchner Stadtbibliothek / Monacensia, Signatur EM B 1320

Mann, Erika, Brief vom 30. August 1964 an Rolf Thiele, Münchner Stadtbibliothek / Monacensia, Signatur EM B 1431

Mann, Erika, Brief vom 14. November 1964 an Franz Seitz, Firmenarchiv Seitz GmbH Filmproduktion, München

Mann, Erika, Brief vom 18. Februar 1965 an Franz Seitz, Firmenarchiv Seitz GmbH Filmproduktion, München

Mann, Erika, Brief vom 11. September 1967 an Hans Abich, Münchner Stadtbibliothek / Monacensia, Signatur EM B 233

Mann, Erika, Brief vom 12. Dezember 1967 an Franz Seitz, Münchner Stadtbibliothek / Monacensia, Signatur EM B 1320

Mann, Erika, Anmerkungen zu dem Rohdrehbuch *Wälsungenblut*. Anlage eines Briefs vom 29. September 1968 an Franz Seitz, Münchner Stadtbibliothek / Monacensia, Signatur EM B 1320

Mann, Erika, Brief vom 3. November 1968 an Alfred Weidenmann, Münchner Stadtbibliothek / Monacensia, Signatur EM B 1506

Mann, Erika und Jacob Geis, Buddenbrooks. Erster Teil. Ein Film nach Motiven des Romans von Thomas Mann. Drehbuch [o. J.], Filminstitut Hannover, Signatur FAB 172 Buddenbrooks. Erster Teil. Drehbuch von Erika Mann und Jacob Geis

Mann, Erika und Jacob Geis, Buddenbrooks. Zweiter Teil. Ein Film nach Motiven des Romans von Thomas Mann. Drehbuch, 1959, Filminstitut Hannover, Signatur FAB 173 Buddenbrooks. Zweiter Teil. Drehbuch von Erika Mann und Jacob Geis

Mann, Golo, Brief vom 27. August 1988 an Eberhard Görner, in: Alfried Nehring und Deutscher Fernsehfunk Fernsehdramatik / Presse- und Öffentlichkeitsarbeit (Hgg.), *Der kleine Herr Friedemann*. Film des deutschen Fernsehfunks, o. O. u. J., o. P., Deutsches Rundfunkarchiv, Potsdam-Babelsberg

Mann, Katia, Brief vom 15. Mai 1958 an die Filmaufbau GmbH, Filminstitut Hannover [Signatur nicht mehr eruierbar]

Mann, Katia, Briefentwurf vom Juni 1958 an DEFA Studio für Spielfilme z. Hd. Prof. Albert Wilkening, Filminstitut Hannover, Signatur FAB 165 Buddenbrooks. Verträge 3

Mann, Katia, Brief vom 19. Juni 1958 an Albert Wilkening, Filminstitut Hannover, Signatur FAB 196 Buddenbrooks. Presse

Mann, Katia und Erika Mann, Brief vom 19. Juni 1958 an Albert Wilkening, Münchner Stadtbibliothek / Monacensia, Signatur EM B 1529

Mann, Katia und Leonhard Frank, »Wir sind um Janka sehr besorgt ...« Briefe von Katia Mann und Leonhard Frank, in: Neue Deutsche Literatur 44.2, 1996, S. 42–61

Mann, Thomas, Brief vom 1. Februar 1925 an Heinrich Teweles, Thomas-Mann-Archiv der ETH-Bibliothek, Zürich

Mann, Thomas, Brief vom 24. Juni 1942 an Margarete Woelfel, Thomas-Mann-Archiv der ETH-Bibliothek, Zürich

Mann, Thomas, Brief vom 31. August 1946 an H. D. Isaac, Thomas-Mann-Archiv der ETH-Bibliothek, Zürich

Mann, Thomas, Brief vom 16. Januar 1948 an Ida Herz, Thomas-Mann-Archiv der ETH-Bibliothek, Zürich

Mann, Viktor, Wir waren fünf. Bildnis der Familie Mann, Konstanz: Südverlag, [2]1964

Marx, Karl, Zur Kritik der politischen Ökonomie, Berlin: Duncker, 1859

Marx, Karl und Friedrich Engels, Werke, hg. v. Institut für Marxismus-Leninismus beim ZK der SED, Berlin: Dietz, 1959, Bd. 4

Mattes, Monika, »Wir sind es, die Cipolla seine Macht geben«. Im Gespräch mit Klaus Maria Brandauer über seine Thomas-Mann-Adaption *Mario und der Zauberer*, in: Neues Deutschland, 15. Dezember 1994, S. 13

Meinecke, Friedrich, Die deutsche Katastrophe. Betrachtungen und Erinnerungen, Zürich: Aero, und Wiesbaden: Brockhaus, 1946

Mertz, Wolfgang, Brief vom 15. Januar 1991 an Thomas Steinke, Deutsches Rundfunkarchiv, Potsdam-Babelsberg

Metaphrastes, Simeon d. J. [Marpurg, Wilhelm Friedrich], Legende einiger Musikheiligen. Ein Nachtrag zu den musikalischen Almanachen und Taschenbüchern jetziger Zeit, Köln: Peter Hammer [Breslau: J. F. Korn], 1786

Meyer, Richard M., Goethe, Berlin: Hofmann, 1895 (Geisteshelden, Bd. 13–15)

Michel, Gabriele, »Ich bleibe, wie ich bin«. Interview mit Armin Mueller-Stahl, in: epd Film 12, 2008, S. 18–23

Mörchen, Roland, *Mario und der Zauberer*. Das Booklet zum Film, Walluf: Filmjuwelen, 2018

Mrozek, Bodo, Planlos. Irgendwann muß was geschehen. Interview mit der Ost-Berliner Band Planlos, in: Michael Boehlke und Henryk Gericke (Hgg.), Too much Future. Punk in der DDR, Berlin: Verbrecher, 2007, S. 47–62

Mühe, Ulrich, [in:] Der Szenarist Eberhard Görner im Gespräch mit Ulrich Mühe, am 16. September 1990, dem letzten Drehtag für den Film *Der kleine Herr Friedemann* im DEFA-Studio, in: Alfried Nehring und Deutscher Fernsehfunk Fernsehdramatik / Presse- und Öffentlichkeitsarbeit (Hgg.), *Der kleine Herr Friedemann*. Film des deutschen Fernsehfunks, o. O. u. J., o. P., Deutsches Rundfunkarchiv, Potsdam-Babelsberg

Müller-Blattau, Josef, Johann Sebastian Bach. Leben und Schaffen, Leipzig: Reclam, o. J. [1935] (Musiker-Biographien, Bd. 15)

Müller-Blattau, Josef, Die Sippe Bach. Ein Beitrag zur Vererbung, in: Guido Waldmann (Hg.), Rasse und Musik, Berlin: Vieweg, 1939 (Musikalische Volksforschung, Bd. 3), S. 49–67

Nehring, Alfried, Dramaturgie eines Anfangs, in: ders. und Deutscher Fernsehfunk Fernsehdramatik / Presse- und Öffentlichkeitsarbeit (Hgg.), *Der kleine Herr Friedemann*. Film des deutschen Fernsehfunks, o. O. u. J., o. P., Deutsches Rundfunkarchiv, Potsdam-Babelsberg

Nehring, [Alfried], Brief vom 11. März 1988 an Reinhold Lehne, Deutsches Rundfunkarchiv, Potsdam-Babelsberg

Nehring, Alfried, *Der kleine Herr Friedemann*. Film des DFF nach der gleichnamigen Erzählung von Thomas Mann, in: Fernsehdienst 51, 14.–20. Dezember 1991, o. P.

Nicodemus, Katja, *Mario und der Zauberer*, in: Die Tageszeitung, 15. Dezember 1994, S. 17

Niehoff, Karena, Geschmackvoll, zuweilen spannend. Franz Seitz' Film *Doktor Faustus* nach dem Roman von Thomas Mann, in: Der Tagesspiegel, 6. Oktober 1982, S. 4

Niekisch, Ernst, Deutsche Daseinsverfehlung, Berlin: Aufbau, 1946

Niemann, Wilfried, Geschichte des 2. hanseatischen Infanterie-Regiments Nr. 76, Hamburg: Mauke, 1876

Otto, Rainer, Brief vom 24. April 1974 an Kurt Löffler, Bundesarchiv, Berlin-Lichterfelde

Palmer, Lilli, Brief vom 10. April 1975 an Albert Wilkening, Bundesarchiv, Berlin-Lichterfelde

Pratschke, Katja und Gusztáv Hámos, Fremdkörper. Ein Photoroman / Transposed Bodies. A Photo Novel, Berlin: Vice Versa, 2003

Pringsheim, Klaus, Ein Nachtrag zu *Wälsungenblut*, in: Neue Zürcher Zeitung, 17. Dezember 1961, Bl. 4 [2 S.]

Pröhl, Walter und H. C. Schöndienst, Brief vom 5. August 1974 an Albert Wilkening, Bundesarchiv, Berlin-Lichterfelde

Prümm, Karl, Etüde und Paraderolle, in: Kirche und Fernsehen 27, 10. April 1991, o. P.

Queling, Tanja et al. (»Neh.«), Tödlich entflammt, in: FF dabei 12, 1991, S. 12 f.

Reck-Malleczewen, Friedrich, Tagebuch eines Verzweifelten, Frankfurt a. M.: Eichborn, 1994 (Die Andere Bibliothek)

Reich-Ranicki, Marcel, Thomas Mann. Ein nationales Ereignis. Heinrich Breloers Fernsehfilm bedeutet Thomas Manns endgültige Heimkehr, in: Frankfurter Allgemeine Zeitung, 10. Dezember 2001, S. 43

Richter, Peter und Andrian Kreye, Bundesrepublik kauft Thomas-Mann-Villa in Los Angeles, in: Süddeutsche Zeitung, 18. November 2016, http://www.sueddeutsche.de/kultur/thomas-mann-bundesrepublik-kauft-thomas-mann-villa-in-los-angeles-1.3254025 [Zugriff: 3. Februar 2017]

Roell, Frank, Tagebuch. Der deutsche Nachkriegsfilm wird kreativ, in: Jürgen Haase (Hg.), *Mario und der Zauberer*. Das Buch zum Film von Klaus Maria Brandauer, Berlin: Henschel, 1994, S. 109–114

Römer, Heike und René Römer, Eine Furie verfolgte Friedemann, in: Leipziger Volkszeitung, 3. April 1991, S. 12

Rüdorff, Hans, Strafgesetzbuch für das Deutsche Reich, Berlin: Guttentag, ^{22}1907

Sander, [Ingrid], Mitteilung vom 22. November 1989, Deutsches Rundfunkarchiv, Potsdam-Babelsberg

Scheffler, Axel und Julia Donaldson, Zogg, Weinheim: Beltz & Gelberg, ^{9}2018 [engl. Original 2010]

Schenk, Ralf, Der didaktische Diabolo. *Mario und der Zauberer* von Klaus Maria Brandauer, in: Neues Deutschland, 15. Dezember 1994, S. 13

Schirrmacher, Frank, *Gesang vom Kindchen*. Um einen Thomas Mann von innen bittend: Breloers Film, in: Frankfurter Allgemeine Zeitung, 17. Dezember 2001, S. 41

Schlöndorff, Volker, »Das ist der Sinn der Elegie«. Wie die Verfilmung des *Homo Faber* entstand. Gespräche mit Max Frisch — bis zum Tod des Dichters, in: Theater 1991. Das Jahrbuch der Zeitschrift »Theater heute«, 1991, S. 10–23

Schmid, Karl, Zur kulturellen Lage der deutschen Schweiz. Antrittsvorlesung, Eidgenössische Technische Hochschule, vom 28. Oktober 1944, in: Kultur- und Staatswissenschaftliche Schriften 44, 1945, S. 5–18

Schmidt, Helmut, Mit voller Kraft ins nächste Jahrhundert. Fünfzig Jahre nach dem Marshallplan, in: Die Zeit, 6. Juni 1997, S. 3

Schmidt, Helmut, Zeit, von den Pflichten zu sprechen!, in: Die Zeit, 3. Oktober 1997, S. 17

Schmidt-Mühlisch, Lothar, Der Teufel hat gar keinen Pferdefuß. Wo Zeichen zu Plakaten werden: Das Dilemma mit den Literaturverfilmungen oder Klaus Maria Brandauers *Mario und der Zauberer*, in: Die Welt, 4. Januar 1995, S. 8

Schmitter, Elke, Die blauen Schatten der Depression, in: Der Spiegel, 17. Dezember 2001, S. 184 f.

Schrader, Theodor, Das 2. hanseatische Infanterie-Regiment Nr. 76, in: ders., Führer durch die Sammlung Hamburgischer Alterthümer, Hamburg: Lütcke & Wulff, 1903, S. 70–72

Schramm, Georg, Das Prisenrecht in seiner neuesten Gestalt, Berlin: Mittler, 1913

Schulz, Fritz Otto Hermann, Komödie der Freiheit. Die Sozialpolitik der großen Demokratien, Wien: Frick, 1940

Schütte, Wolfram, Dr. Fäustchen. Franz Seitz richtet Thomas Manns späten Roman zu, in: Frankfurter Rundschau, 23. September 1982, S. 20

Seibt, Gustav, Seine Zeit. Selig deutsche Stimme: Der Hörbuch-Verlag präsentiert in einer umfassenden Edition Thomas Manns Schallplatten- und Tonbandaufnahmen, Rundfunklesungen und Radioansprachen, in: Süddeutsche Zeitung, 18. Mai 2015, S. 12

Seitz, Franz, Unordnung und frühes Leid. Nach der Erzählung von Thomas Mann. Drehbuch [o. J.], Thomas-Mann-Archiv der ETH-Bibliothek, Zürich

Seitz, Franz, Doktor Faustus. Lesefassung des Drehbuches, in: Gabriele Seitz (Hg.), *Doktor Faustus*. Ein Film von Franz Seitz nach dem Roman von Thomas Mann, Frankfurt a. M.: Fischer, 1982, S. 31–112

Seitz, Franz, Teufelslachen löst Lawinen aus, ebd., S. 113–131

Shawcross, Hartley, Plädoyer vom Samstag, 27. Juli 1946, in: Internationaler Militärgerichtshof Nürnberg (Hg.), Der Prozess gegen die Hauptkriegsverbrecher vor dem internationalen Militärgerichtshof. Nürnberg 14. November 1945–1. Oktober 1946, Bd. 19: Verhandlungsniederschriften 19. Juli 1946–29. Juli 1946, Nürnberg: o. V., 1948 [Nachdruck: o. O.: Reichenbach, 1994], S. 534–594

Skasa-Weiß, Ruprecht, Verbildert, entgeistert. Frank [sic!] Seitz macht einen Film »nach« Thomas Manns Roman *Doktor Faustus*, in: Stuttgarter Zeitung, 18. September 1982, S. 37

Spengler, Oswald, Briefe 1913–1936, hg. v. Anton M. Koktanek, München: Beck, 1963

Staamann, [Albert], Mitteilung vom 31. Januar 1991, Deutsches Rundfunkarchiv, Potsdam-Babelsberg

Stadtwerke Lübeck (Hg.), 100 Jahre Strom für die Hansestadt Lübeck. 1887–1987, Lübeck: o. V., 1987

Staiger, Emil, Othmar Schoeck. Ansprache bei der Verleihung des Musikpreises der Stadt Zürich (21. November 1943), in: Schweizerische Musikzeitung 84.1, 1944, S. 1–4 [= ders., Musik und Dichtung, Zürich: Atlantis, 1947 (Atlantis-Musikbücherei), S. 99–108]

Statistisches Jahrbuch der Deutschen Demokratischen Republik 20, Berlin: Staatsverlag der Deutschen Demokratischen Republik, 1975

Statistisches Jahrbuch für die Bundesrepublik Deutschland 1964, Stuttgart und Mainz: Kohlhammer, 1964

Statistisches Jahrbuch 1981 für die Bundesrepublik Deutschland, Stuttgart und Mainz: Kohlhammer, 1981

Statistisches Jahrbuch 1982 für die Bundesrepublik Deutschland, Stuttgart und Mainz: Kohlhammer, 1982

Steinitz, David, Grrr und Zohommm. Terence Hill trifft Thomas Mann. Der Experimentalfilm *Org*, in: Süddeutsche Zeitung, 19. März 2017, S. 11

Stepken, Angelika, Vorwort, in: Katja Pratschke und Gusztáv Hámos, Fremdkörper. Ein Photoroman / Transposed Bodies. A Photo Novel, Berlin: Vice Versa, 2003, o. P.

Stibbe, Matthew, Enemy Aliens and Internment, in: Ute Daniel et al. (Hgg.), 1914–1918 online. International Encyclopedia of the First World War, Berlin: Freie Universität Berlin, 2014, https://encyclopedia.1914-1918-online.net/article/enemy_aliens_and_internment [Zugriff: 13. Dezember 2017]

Stöckmann, Jochen, Ernest Borneman. Sexualität als Motor einer besseren Gesellschaft, in: Deutschlandfunk, 12. April 2015, https://www.youtube.com/watch?v=Bq-QMsxkblg [Zugriff: 15. Dezember 2016]

Strauß, Franz Josef, Plädoyer für die Zukunft des deutschen Films. Auszüge aus dem Grundsatzreferat vom 19. Januar 1985, in: Bayerisches Staatsministerium für Unterricht und Kultus (Hg.), Der Bayerische Filmpreis '82 '83 '84, München: Olzog, 1985, S. 22 f.

Strobel, Jan, Chaos im Thomas Mann Archiv?, in: Tagblatt der Stadt Zürich, 30. August 2013, http://www.tagblattzuerich.ch/aktuell/news/news-detail/article/chaos-im-thomas-mann-archiv.html [Zugriff: 9. Januar 2018]

Suchsland, Rüdiger, »Die Firma wird zu einer dritten Person, die in einem Zimmer haust«. Interview mit Heinrich Breloer, artechock, http://www.artechock.de/film/text/interview/b/breloer_heinrich_2008.htm [Zugriff: 15. Dezember 2017]

Tempest, Matthew, Bogota Hotel. Final Checkout at Berlin's Historic Hotel, in: The Telegraph, 29. November 2013, https://www.telegraph.co.uk/news/worldnews/europe/germany/104 84531/Bogota-Hotel-final-checkout-at-Berlins-historic-hotel.html [Zugriff: 2. Februar 2018]

Teweles, Heinrich, Goethe und die Juden, Hamburg: Gente, 1925

Thedieck, Franz, Interview im Fernsehen des Norddeutschen Rundfunks vom 30. Juli 1959, Bundesarchiv, Koblenz, Signatur N1174

Theilhaber, Felix A., Goethe. Sexus und Eros, Berlin-Grunewald: Horen, 1929

Thies, Anonyma, Brief vom 9. Dezember 1974 an [Erich] Albrecht, Bundesarchiv, Berlin-Lichterfelde

Thoeren, Robert, Die Bekenntnisse des Hochstaplers Felix Krull nach dem gleichnamigen Roman von Thomas Mann. Drehbuch [o. J.; ältere Fsg.], Filminstitut Hannover, Signatur FAB 134 Bekenntnisse des Hochstaplers Felix Krull. Drehbuch von Robert Thoeren

Thoeren, Robert, Die Bekenntnisse des Hochstaplers Felix Krull nach dem gleichnamigen Roman von Thomas Mann. Drehbuch [o. J.; jüngere Fsg.], Filminstitut Hannover, Signatur FAB 135 Bekenntnisse des Hochstaplers Felix Krull. Drehbuch von Robert Thoeren

Umbach, Klaus, Sippe auf der Kriechspur, in: Der Spiegel, 15. Oktober 1979, S. 255, 258

Vogel, Peter und Günter Haubold, Der kleine Herr Friedemann. Nach der gleichnamigen Erzählung von Thomas Mann. Drehbuch [o. J.], Thomas-Mann-Archiv der ETH-Bibliothek, Zürich

Vogel, Peter, Mietrechnung vom 8. Juni 1990, Bundesarchiv, Berlin-Lichterfelde

Vogler, Jörg, Breloers *Buddenbrooks* uraufgeführt, in: Der Tagesspiegel, 16. Dezember 2008, https://www.tagesspiegel.de/kino-breloers-buddenbrooks-uraufgefuehrt/1397816.html [Zugriff: 10. September 2018]

Weinshanker, Burt und Klaus Maria Brandauer, Mario und der Zauberer. Nach der gleichnamigen Novelle von Thomas Mann. Drehbuch. Überarbeitete Fassung vom 25. Juli 1992, Thomas-Mann-Archiv der ETH-Bibliothek, Zürich

Wienert, Klaus, Wenig Gefühl für die Geschichte, in: Berliner Zeitung, 31. Mai / 1. Juni 1997, S. 29

Wilhelm, Rolf, Musik von Kaisersaschern, in: Gabriele Seitz (Hg.), *Doktor Faustus*. Ein Film von Franz Seitz nach dem Roman von Thomas Mann, Frankfurt a. M.: Fischer, 1982, S. 132–147

Wilkening, Albert, Brief vom 16. September 1971 an H. Hetterle (Intendant), Bundesarchiv, Berlin-Lichterfelde

Wilkening, Albert, Brief vom 4. Oktober 1971 an Stefanija Jovanovic, Bundesarchiv, Berlin-Lichterfelde

Wilkening, Albert, Direktive vom 8. Januar 1973, Bundesarchiv, Berlin-Lichterfelde

Wilkening, Albert, Direktive vom 6. Februar 1974, Bundesarchiv, Berlin-Lichterfelde

Wilkening, Albert, Direktive vom 14. März 1974, Bundesarchiv, Berlin-Lichterfelde

Wilkening, Albert, Direktive vom 21. März 1974, Bundesarchiv, Berlin-Lichterfelde

Wilkening, Albert, Direktive vom 29. April 1974, Bundesarchiv, Berlin-Lichterfelde

Wilkening, Albert, Notiz für die Sicherheitsorgane vom 20. Mai 1974, Bundesarchiv, Berlin-Lichterfelde

Wilkening, Albert, Brief vom 27. Juni 1974 an Rudolf Panka, Bundesarchiv, Berlin-Lichterfelde

Wilkening, Albert, Brief vom 30. Juli 1974 an Anonymus Seigert, Bundesarchiv, Berlin-Lichterfelde

Wilkening, Albert, Direktive vom 18. September 1974, Bundesarchiv, Berlin-Lichterfelde

Wilkening, Albert, Brief vom 4. Dezember 1974 an Hans Starke, Bundesarchiv, Berlin-Lichterfelde

Wilkening, Albert, Brief vom 10. März 1975, Bundesarchiv, Berlin-Lichterfelde

Wilkening, Albert, Brief vom 9. April 1975 an Lilli Palmer, Bundesarchiv, Berlin-Lichterfelde

Wilkening, Albert, Brief vom 8. August 1975 an Lilli Palmer, Bundesarchiv, Berlin-Lichterfelde

Wilkening, Albert, Brief vom 21. Oktober 1975 an Hans Starke, Bundesarchiv, Berlin-Lichterfelde

Wolf, Dieter, Stellungnahme zum Szenarium, 22. November 1973, Bundesarchiv Berlin-Lichterfelde

Wolf, Dieter, Aktennotiz im Auftrag des Stellvertreters des Ministers für Kultur und Leiters der HV Film, Genosse Günter Klein, über ein Gespräch am 16.1.74 über die Regiekonzeption *Lotte in Weimar*, 28. Januar 1974, Bundesarchiv, Berlin-Lichterfelde

Wolff, Hans M., Goethe in der Periode der *Wahlverwandtschaften* (1802–1809), Bern: Francke, 1952

Zähringer, Gerhard (Antiquariat, Zürich), Wälsungenblut. Mit Steindrucken von Th. Th. Heine. Angebot zum Preis von 7'322 Euro, https://www.zvab.com/servlet/BookDetailsPL?bi=1187 133350&searchurl=hl%3Don%26fe%3Don%26pics%3Don%26sortby%3D1%26an%3DThomas-%2BMann [Zugriff: 10. Januar 2019]

Zander, Anonymus, [Besetzungsliste für] Probeaufnahmen vom 14. Januar 1974, Bundesarchiv, Berlin-Lichterfelde

Zander, Peter, Respektlosigkeit gehört dazu. Im Gespräch mit dem Regisseur und Schauspieler Klaus Maria Brandauer, in: Berliner Zeitung, 15. Dezember 1994, S. 43

Zander, Peter, »Das Publikum versteht Thomas Mann auch im Kino!« Ein Gespräch mit Hans Abich, in: ders., Thomas Mann im Kino, Berlin: Bertz + Fischer, 2005, S. 217–226

Zander, Peter, »Man muss sich auch dem Autor nähern, nicht nur dem Werk«. Ein Gespräch mit Franz Seitz, ebd., S. 226–235

Zander, Peter, »Das Werk ins Leben zurückbringen«. Ein Gespräch mit Heinrich Breloer, ebd., S. 236–245

Zander, Peter, Den *Buddenbrooks* kommt die Finanzkrise recht, in: Die Welt online, https://www.welt.de/kultur/article2892665/Den-Buddenbrooks-kommt-die-Finanzkrise-recht.html [Zugriff: 10. November 2016]

Zimm, Irma, Zwickmühle für Mühe, in: FF dabei 16, 1991, S. 71

Zimmermann, Friedrich, Brief vom 2. Mai 1958 an den Minister Ernst Lemmer, Filminstitut Hannover, Signatur FAB 164 Buddenbrooks. Verträge 2

Zweite Verordnung zur Durchführung des Gesetzes über die Änderung von Familiennamen und Vornamen, vom 17. August 1938, in: Reichsgesetzblatt, Teil I, 1938, S. 1044

Primärliteratur

Andersen, Hans Christian, Gesammelte Werke. Vom Verfasser selbst besorgte Auflage, Leipzig: Carl. B. Lorck, 1847–1853

Biller, Maxim, Der gebrauchte Jude. Selbstporträt, Frankfurt a. M.: Fischer, 2011

Brecht, Bertolt, Werke. Große kommentierte Berliner und Frankfurter Ausgabe, hg. v. Werner Hecht et al., Bd. 23: Schriften 3: Schriften 1942–1956, Frankfurt a. M.: Suhrkamp, 1993

Brown, Dan, The Da Vinci Code, New York: Doubleday, 2003

Döblin, Alfred, Autobiographische Schriften und letzte Aufzeichnungen, hg. v. Edgar Päßler, Olten und Freiburg i. Br.: Walter, 1980 (Ausgewählte Werke in Einzelbänden)

Fontane, Theodor, Der Krieg gegen Frankreich 1870–1871, Zürich: Manesse, 1985 (Manesse Bibliothek der Weltgeschichte)

Fontane, Theodor, Große Brandenburger Ausgabe, hg. v. Gotthard Erler, Berlin: Aufbau, 1994 ff.

Geibel, Emanuel, Gesammelte Werke in acht Bänden, Bd. 4: Spätherbstblätter — Heroldsrufe, Stuttgart: Cotta, ³1893

Goethe, Johann Wolfgang von, Werke, hg. i. A. der Großherzogin Sophie von Sachsen, Weimar: Böhlau, 1887–1919

Goethe, Johann Wolfgang von, Gespräche, hg. v. Woldemar Freiherrn von Biedermann, Leipzig: Biedermann, 1889–1896

Grass, Günter, Der Butt. Roman, Darmstadt und Neuwied: Luchterhand, 1977

Heine, Heinrich, Historisch-kritische Gesamtausgabe, hg. v. Manfred Windfuhr, Bd. 7.1: Reisebilder. Dritter Theil. Italien 1828, hg. v. Alfred Opitz, Hamburg: Hoffmann und Campe, 1986

Herodotus, The Persian Wars, hg. v. A. D. Godley, Bd. 1: Books I–II, Cambridge (Massachusetts): Harvard University Press, und London: Heinemann, ⁵1966 (Loeb Classical Library, Bd. 117)

Hesse, Hermann, Sämtliche Werke, hg. v. Volker Michels, Frankfurt a. M.: Suhrkamp, 2001–2007

Hofmannsthal, Hugo von, Reden und Aufsätze III: 1925–1929. Buch der Freunde. Aufzeichnungen 1889–1929, hg. v. Bernd Schoeller und Ingeborg Beyer-Ahlert, Frankfurt a. M.: Fischer, 1980 (Gesammelte Werke in zehn Einzelbänden)

Horatius Flaccus, Q[uintus], Oden und Epoden. Lateinisch und Deutsch. Übersetzt von Christian Friedrich, Karl Herzlieb und Johannes Peter, hg. v. Walther Killy und Ernst A. Schmidt, Zürich und München: Artemis, 1981 (Die Bibliothek der Alten Welt, Römische Reihe)

Kafka, Franz, Schriften — Tagebücher — Briefe. Kritische Ausgabe, hg. v. Gerhard Neumann, Malcom Pasley und Jost Schillemeit, Frankfurt a. M.: Fischer, 1982 ff.

Kirberger, Bettina und Günther Opitz (Hgg.), »Die Amme hatte die Schuld.« Ein literarischer Staffellauf mit dem kleinen Herrn Friedemann, Frankfurt a. M.: Fischer, 1997

Leoncavallo, Ruggero, Pagliacci. Komödianten (Der Bajazzo). Drama in zwei Akten und einem Prolog. Text vom Komponisten. Klavierauszug mit deutschem und italienischem Text, hg. v. Joachim-Dietrich Link, Leipzig: Peters, 1970

Longinus, Vom Erhabenen. Griechisch / Deutsch. Übersetzt und hg. v. Otto Schönberger, Stuttgart: Reclam, 1988

Macrobius, Saturnalia, hg. v. Robert A. Kaster, Bd. 1: Books 1–2, Cambridge (Massachusetts) und London: Harvard University Press, 2011 (Loeb Classical Library, Bd. 510)

Mann, Heinrich, Ausgewählte Werke in Einzelausgaben, hg. v. Alfred Kantorowicz, Berlin: Aufbau, 1951–1962

Mann, Heinrich, Briefe an Ludwig Ewers. 1889–1913, hg. v. Ulrich Dietzel und Rosemarie Eggert, Berlin und Weimar: Aufbau, 1980

Mann, Klaus, Der Wendepunkt. Ein Lebensbericht, [Frankfurt a. M.:] Fischer, 1952

Mann, Thomas, Der Kleiderschrank. Eine Geschichte voller Räthsel, in: Neue Deutsche Rundschau (Freie Bühne) 10.6, 1899, S. 660–665

Mann, Thomas, Royal Highness. Translated [...] by A. Cecil Curtis, London: Sidgwick & Jackson, 1916

Mann, Thomas, The Magic Mountain. Translated [...] by H[elen] T. Lowe-Porter, London: Secker and Warburg, 1927

Mann, Thomas, Tragisches Reiseerlebnis. Novelle, in: Velhagen und Klasings Monatshefte 44.8, 1930, S. 113–136

Mann, Thomas, [Ü]ber: Platen — Tristan — Don Quichote, in: Fränkischer Kurier 277, 1930, o. P.

Mann, Thomas, Platen — Tristan — Don Quichotte, in: Fünf Jahre Platen-Gesellschaft, Ansbach: C. Brügel & Sohn, 1931 (Schriften der Platen-Gesellschaft, 9. Stück), S. 17–27

Mann, Thomas, Platen — Tristan — Don Quichotte, in: Die Neue Rundschau 42.1, 1931, S. 83–94

Mann, Thomas, Sang réservé, Paris: Grasset, 1931

Mann, Thomas, August von Platen, in: ders., Leiden und Größe der Meister. Neue Aufsätze, Berlin: Fischer, 1935 (Gesammelte Werke), S. 163–180

Mann, Thomas, August von Platen, in: ders., Adel des Geistes. Sechzehn Versuche zum Problem der Humanität, Stockholm: Bermann-Fischer, 1945 (Stockholmer Gesamtausgabe der Werke von Thomas Mann), S. 503–517

Mann, Thomas, The Blood of the Walsungs, in: ders., *Death in Venice* and Seven Other Stories. Translated […] by H[elen] T. Lowe-Porter, New York: Vintage Books, 1954, S. 292–319

Mann, Thomas, Confessions of Felix Krull. Confidence Man. Memoirs Part I. Translated […] by Denver Lindley, London: Secker & Warburg, 1955

Mann, Thomas, Briefe, hg. v. Erika Mann, Frankfurt a. M.: Fischer, 1961–1965

Mann, Thomas, Zum Litteratur-Essay, in: Hans Wysling und Paul Scherrer, Quellenkritische Studien zum Werk Thomas Manns, Bern und München: Francke, 1967 (Thomas-Mann-Studien, Bd. 1), S. 152–223

Mann, Thomas, Gesammelte Werke in dreizehn Bänden, Frankfurt a. M.: Fischer, ²1974

Mann, Thomas, Tagebücher, hg. v. Peter de Mendelssohn und Inge Jens, Frankfurt a. M.: Fischer, 1977–1995

Mann, Thomas, Sangue Velsungo, hg. v. Anna Maria Carpi, Venedig: Marsilio, 1989

Mann, Thomas, Selbstkommentare: *Königliche Hoheit* und *Bekenntnisse des Hochstaplers Felix Krull*, hg. v. Hans Wysling, Frankfurt a. M.: Fischer, 1989 (Informationen und Materialien zur Literatur)

Mann, Thomas, Notizbücher, hg. v. Hans Wysling und Yvonne Schmidlin, Frankfurt a. M.: Fischer, 1991 f.

Mann, Thomas, Essays, hg. v. Hermann Kurzke und Stephan Stachorski, Frankfurt a. M.: Fischer, 1993–1997

Mann, Thomas, Selbstkommentare: *Lotte in Weimar*, hg. v. Hans Wysling, Frankfurt a. M.: Fischer, 1996 (Informationen und Materialien zur Literatur)

Mann, Thomas, Collegheft 1894–1895, hg. v. Yvonne Schmidlin und Thomas Sprecher, Frankfurt a. M.: Klostermann, 2001 (Thomas-Mann-Studien, Bd. 24)

Mann, Thomas, Große kommentierte Frankfurter Ausgabe. Werke — Briefe — Tagebücher, hg. v. Heinrich Detering et al., Frankfurt a. M.: Fischer, 2002 ff.

Mann, Thomas, Goethe, hg. v. Yahya Elsaghe und Hanspeter Affolter, Frankfurt a. M.: Fischer, 2019 (Fischer Klassik)

Mann, Thomas und Heinrich Mann, Briefwechsel. 1900–1949, hg. v. Hans Wysling, Frankfurt a. M.: Fischer, 1984

Mann, Thomas und Agnes E. Meyer, Briefwechsel 1937–1955, hg. v. Hans Rudolf Vaget, Frankfurt a. M.: Fischer, 1992

Musil, Robert, Gesammelte Werke, hg. v. Adolf Frisé, Bd. 1: Prosa und Stücke. Kleine Prosa. Aphorismen. Autobiographisches, Reinbek b. H.: Rowohlt, 1983

Nietzsche, Friedrich, Werke, Abt. 1, Bd. 5: Die fröhliche Wissenschaft, Leipzig: Naumann, ²1899

Platen, August von, Gesammelte Werke in fünf Bänden, Stuttgart und Tübingen: Cotta, 1853 f.

Platon, Sämtliche Werke in zehn Bänden. Griechisch und Deutsch. Nach der Übersetzung Friedrich Schleiermachers, ergänzt durch Übersetzungen von Franz Susemihl und anderen, hg. v. Karlheinz Hülser, Bd. 1: Ion — Protagoras — Apologie — Kriton — Laches — Lysis — Charmides, Frankfurt a. M. und Leipzig: Insel, 1991 (insel taschenbuch)

Pleschinski, Hans, Königsallee, München: Beck, 2013

Plinius, Natural History, Bd. 3: Libri VIII–XI, hg. v. H. Rackham, Cambridge (Massachusetts) et al.: Harvard University Press, ²1983 (Loeb Classical Library, Bd. 353)

Plutarch, Fünf Doppelbiographien. Griechisch und deutsch. Übersetzt von Konrat Ziegler und Walter Wuhrmann, hg. v. Manfred Fuhrmann und Konrat Ziegler, Zürich: Artemis, und München: Winkler, 1994 (Sammlung Tusculum)

Puccini, Giacomo, Tosca. Textbuch (Italienisch — Deutsch), hg. v. Kurt Pahlen, Mainz: Schott Musik International, ³1984 (Serie Musik Atlantis Schott, Bd. 8014)

Schiller, Friedrich, Werke. Nationalausgabe, hg. v. Julius Petersen et al., Weimar: Böhlau, 1943 ff.

Schopenhauer, Arthur, Sämmtliche Werke, hg. v. Julius Frauenstädt, Bd. 3: Die Welt als Wille und Vorstellung. Zweiter Band, Leipzig: Brockhaus, ²1916

Wagner, Richard, Sämtliche Schriften und Dichtungen. Volks-Ausgabe, Leipzig: Breitkopf & Härtel und Siegel, ⁶o. J., Bd. 6

Wagner, Richard, Das braune Buch. Tagebuchaufzeichnungen 1865 bis 1882, Zürich und Freiburg i. Br.: Atlantis, 1975

Wysling, Hans (Hg.), Thomas Mann, München: Heimeran, und Frankfurt a. M.: Fischer, 1975–1981 (Dichter über ihre Dichtungen, Bd. 14/I–III)

Forschungsliteratur

Ahrens, Gerhard, Von der Franzosenzeit bis zum Ersten Weltkrieg 1806–1914. Anpassung an Forderungen der neuen Zeit, in: Antjekathrin Graßmann (Hg.), Lübeckische Geschichte, Lübeck: Schmidt-Römhild, ³1997, S. 529–676

Ahrens, Gerhard, Zollverein, in: Antjekathrin Graßmann (Hg.), Lübeck-Lexikon. Die Hansestadt von A bis Z, Lübeck: Schmidt-Röhmhild, 2006, S. 391 f.

Albrecht, Richard, »Wer redet heute noch von der Vernichtung der Armenier?« Kommentierte Wiederveröffentlichung der Erstpublikation von Adolf Hitlers Geheimrede am 22. August 1939, in: Zeitschrift für Weltgeschichte 9.2, 2008, S. 115–132

Althusser, Louis, Ideologie und ideologische Staatsapparate. Anmerkungen für eine Untersuchung, in: ders., Ideologie und ideologische Staatsapparate. Aufsätze zur marxistischen Theorie, Hamburg: VSA, 1977 (Positionen), S. 108–153

Améry, Jean, Thomas Mann und das bewegte Bild, in: ders., Werke, hg. v. Irene Heidelberger-Leonard, Bd. 5: Aufsätze zur Literatur und zum Film, Stuttgart: Klett-Cotta, 2003, S. 551–567

Amrein, Ursula, »Los von Berlin!« Die Literatur- und Theaterpolitik der Schweiz und das »Dritte Reich«, Zürich: Chronos, 2004

Amrein, Ursula, Phantasma Moderne. Die literarische Schweiz 1880 bis 1950, Zürich: Chronos, 2007

Angress [nachmals Klüger], Ruth K., A »Jewish Problem« in German Postwar Fiction, in: Modern Judaism 5, 1985, S. 215–233

Arendt, Hannah, Elemente und Ursprünge totaler Herrschaft. Antisemitismus, Imperialismus, Totalitarismus, München und Zürich: Piper, ⁶1998

Arntzen, Helmut, Musil-Kommentar, München: Winkler, 1980–1982

Aurich, Rolf und Wolfgang Jacobsen, Theo Lingen. Das Spiel mit der Maske. Biographie, Berlin: Aufbau, 2008

Barth, Bernd-Rainer, Fries, Fritz Rudolf, in: Helmut Müller-Enbergs et al. (Hgg.), Wer war wer in der DDR? Ein Lexikon ostdeutscher Biographien, Berlin: Links, ⁵2010, Bd. 1, S. 351

Behringer, Wolfgang und Constance Ott-Koptschalijski, Der Traum vom Fliegen. Zwischen Mythos und Technik, Frankfurt a. M.: Fischer, 1991

Bellinghausen, Iris, Umsetzung eines intellektuellen Diskurses in Bilder am Beispiel des Naphta-Komplexes in Hans W. Geißendörfers Film Der Zauberberg nach dem gleichnamigen Roman von Thomas Mann, München, 1985 [Manuskript], Thomas-Mann-Archiv der ETH-Bibliothek, Zürich

Benzendörfer, Udo, Freimaurerei und Alchemie in Thomas Manns Der Zauberberg — ein Quellenfund, in: Archiv für das Studium der neueren Sprachen und Literaturen 222, 1985, S. 112–120

Berghahn, Daniela, The Re-Evaluation of Goethe and the Classical Tradition in the Films of Egon Günther and Siegfried Kühn, in: Seán Allan und John Sandford (Hgg.), DEFA. East German Cinema 1946–1992, New York und Oxford: Berghahn, 1999, S. 222–244

Berghahn, Daniela, Hollywood behind the Wall. The Cinema of East Germany, Manchester: Manchester University Press, 2005

Bergmann, Franziska, Poetik der Unbestimmtheit. Eine queer-theoretische Lektüre von Thomas Manns Erzählung Der Kleiderschrank. Eine Geschichte voller Rätsel, in: Stefan Börnchen, Georg Mein und Gary Schmidt (Hgg.), Thomas Mann. Neue kulturwissenschaftliche Lektüren, München: Fink, 2012, S. 81–93

Bering, Dietz, Der Name als Stigma. Antisemitismus im deutschen Alltag 1812–1933, Stuttgart: Klett-Cotta, 1987

Bering, Dietz, War Luther Antisemit? Das deutsch-jüdische Verhältnis als Tragödie der Nähe, Berlin: Berlin University Press, 2014

Berman, Nina, Orientalismus, Kolonialismus und Moderne. Zum Bild des Orients in der deutschsprachigen Kultur um 1900, Stuttgart: M & P, 1996

Berman, Nina, German Literature on the Middle East. Discourses and Practices, 1000–1989, Ann Arbor: Michigan University Press, 2011 (Social History, Popular Culture, and Politics in Germany)

Bernauer, Hermann, »Mühelose Seligkeit des Vorbesitzes« vs. »Spannung des Unerreichten«. Zu den Konjunktionen in Musils Grigia und Tonka, in: Weimarer Beiträge 60.2, 2014, S. 165–202

Bertin-Maghit, Jean-Pierre, Le cinéma sous l'occupation. Le monde du cinéma français de 1940 à 1946, Paris: Orban, 1989

Blödorn, Andreas, Buddenbrooks (1901), in: ders. und Friedhelm Marx (Hgg.), Thomas Mann Handbuch. Leben — Werk — Wirkung, Stuttgart: Metzler, 2015, S. 13–25

Bloom, Harold, The Anxiety of Influence. A Theory of Poetry, London et al.: Oxford University Press, 1975

Boa, Elisabeth, Global Intimations. Cultural Geography in Buddenbrooks, Tonio Kröger and Der Tod in Venedig, in: Oxford German Studies 35.1, 2006, S. 21–33

Boog, Horst, Der anglo-amerikanische strategische Luftkrieg über Europa und die deutsche Luftverteidigung, in: Militärgeschichtliches Forschungsamt (Hg.), Das Deutsche Reich und der Zweite Weltkrieg, Bd. 6: Der globale Krieg. Die Ausweitung zum Weltkrieg und der Wechsel der Initiative 1931–1943, Stuttgart: Deutsche Verlagsanstalt, 1990, S. 429–565

Böök, Fredrik, 1929 Nobel Prize in Literature Presentation Speech, in: Matthew J. Bruccoli und Richard Layman (Hgg.), Nobel Prize Laureates in Literature, Part 3: Lagerkvist–Pontoppidan, Detroit et al.: Thomson Gale, 2007 (Dictionary of Literary Biography, Bd. 331), S. 143 f.

Börnchen, Stefan, Der Zauberer raucht. Zu einer Medientheorie des Rauchens (Thomas Mann: *Mario und der Zauberer*), in: Ortrud Gutjahr (Hg.), Thomas Mann, Würzburg: Königshausen & Neumann, 2012 (Freiburger literaturpsychologische Gespräche. Jahrbuch für Literatur und Psychoanalyse, Bd. 31), S. 183–212

Boss, Ulrich, Männlichkeit als Eigenschaft. Geschlechterkonstellationen in Robert Musils *Der Mann ohne Eigenschaften,* Berlin und Boston: de Gruyter, 2013 (Studien und Texte zur Sozialgeschichte der Literatur, Bd. 134)

Boss, Ulrich, Eine »Bachofensche Vision«. Gerhart Hauptmanns *Insel der Großen Mutter,* in: ders., Yahya Elsaghe und Florian Heiniger (Hgg.), Matriarchatsfiktionen. Johann Jakob Bachofen und die deutsche Literatur des 20. Jahrhunderts, Basel: Schwabe, 2018 (Schwabe interdisziplinär, Bd. 11), S. 113–142

Boyle, Nicholas, Goethe. Der Dichter in seiner Zeit, München: Beck, 1995–1999

Braun, Christina von, Die Blutschande. Wandlungen eines Begriffs. Vom Inzesttabu zu den Rassengesetzen, in: dies., Die schamlose Schönheit des Vergangenen. Zum Verhältnis von Geschlecht und Geschichte, Frankfurt a. M.: Neue Kritik, 1989, S. 81–111

Braun, Christina von, Zur Bedeutung der Sexualbilder im rassistischen Antisemitismus, in: Inge Stephan, Sabine Schilling und Sigrid Weigel (Hgg.), Jüdische Kultur und Weiblichkeit in der Moderne, Köln, Weimar und Wien: Böhlau, 1994 (Literatur — Kultur — Geschlecht, Große Reihe, Bd. 2), S. 23–49

Braun, Christina von, »Blut und Blutschande«. Zur Bedeutung des Blutes in der antisemitischen Denkwelt, in: Julius H. Schoeps und Joachim Schlör (Hgg.), Antisemitismus. Vorurteile und Mythen, München und Zürich: Piper, 1995, S. 1–95

Bremer, Dieter, Zur Deutung. Nachwort, in: Pindar, Siegeslieder. Griechisch — Deutsch, hg. v. Dieter Bremer, Düsseldorf und Zürich: Patmos, [2]2003 (Sammlung Tusculum), S. 359–412

Brude-Firnau, Gisela, Thomas Mann und Josef Nadler: drei Dezennien Literaturgeschichte, in: Seminar 31.3, 1995, S. 203–216

Brüstle, Christa, Bach-Rezeption im Nationalsozialismus. Aspekte und Stationen, in: Michael Heinemann und Hans-Joachim Hinrichsen (Hgg.), Bach und die Nachwelt, Bd. 3: 1900–1950, Laaber: Laaber, 2000, S. 115–156

Buck, Timothy, Thomas Mann 1875–1955. German Novelist, Novella Writer and Essayist, in: Olive Classe (Hg.), Encyclopedia of Literary Translation into English, London und Chicago: Fitzroy Dearborn, 2000, Bd. 2, S. 901–904

Busch, Frank, August Graf von Platen — Thomas Mann. Zeichen und Gefühle, München: Fink, 1987

Caillois, Roger, Les jeux et les hommes. Le masque et le vertige. Édition revue et augmentée 1967, Paris: Gallimard, 1991 (Collection Folio / Essais)

Cambi, Fabrizio, La *Morte a Venezia* di Thomas Mann e Luchino Visconti, in: Francesco Bono, Luigi Cimmino und Giorgio Pangaro (Hgg.), *Morte a Venezia.* Thomas Mann / Luchino Visconti. Un Confronto, Soveria Mannelli: Rubbettino, 2014, S. 53–61

Casey, Robert Pierce, Armenien. Im Altertum, in: Kurt Galling et al. (Hgg.), Die Religion in Geschichte und Gegenwart. Handwörterbuch für Theologie und Religionswissenschaft, Tübingen: Mohr, [3]1957 (UTB für Wissenschaft, Große Reihe), Bd. 1, S. 610 f.

Catani, Stephanie, *Das Gesetz* (1943), in: Andreas Blödorn und Friedhelm Marx (Hgg.), Thomas Mann Handbuch. Leben — Werk — Wirkung, Stuttgart: Metzler, 2015, S. 142–145

Choe, Steve, Redemption of Revenge. Die Nibelungen, in: Joe McElhaney (Hg.), A Companion to Fritz Lang, Chichester: Wiley Blackwell, 2015 (Wiley Blackwell Companions to Film Directors, Bd. 12), S. 195–218

Corkhill, Alan, Portrait of the Artist(e). Klaus Maria Brandauer's Screen Adaptation of Thomas Mann's *Mario und der Zauberer*, in: New Comparison 33/34, 2002, S. 176–196

Costagli, Simone, Cesare Gabrielli. Il modello del mago Cipolla — Cesare Gabrielli, das Vorbild des Zauberers Cipolla, in: Elisabeth Galvan (Hg.), *Mario e il mago*. Thomas Mann e Luchino Visconti raccontano l'Italia fascista — *Mario und der Zauberer*. Thomas Mann und Luchino Visconti erzählen vom faschistischen Italien, Bonn: Arbeitskreis selbständiger Kulturinstitute, und Rom: Casa di Goethe, 2015 (Katalog-Reihe der Casa di Goethe), S. 34–44

Costagli, Simone, Piccolo schermo antico. Il teleromanzo *I Buddenbrook*, in: ders. und Matteo Galli (Hgg.), Un'affinità elettiva. Le trasposizioni cinematografiche tra Germania e Italia, Roma: Istituto Italiano di Studi Germanici, 2016, S. 97–106

Dahlke, Hans, Geschichtsroman und Literaturkritik im Exil, Berlin und Weimar: Aufbau, 1976

Darmaun, Jacques, Thomas Mann et les Juifs, Bern et al.: Lang, 1995 (Collection Contacts, Série III, Etudes et documents, Bd. 27)

Darmaun, Jacques, Thomas Mann, Deutschland und die Juden, Tübingen: Niemeyer, 2003 (Conditio Judaica. Studien und Quellen zur deutsch-jüdischen Literatur- und Kulturgeschichte, Bd. 40)

Davies, Peter, Myth, Matriarchy and Modernity. Johann Jakob Bachofen in German Culture 1860–1945, Berlin und New York: de Gruyter, 2010 (Interdisciplinary German Culture Studies, Bd. 7)

Demandt, Alexander, Metaphern für Geschichte. Sprachbilder und Gleichnisse im historisch-politischen Denken, München: Beck, 1978

Dierks, Manfred, Studien zu Mythos und Psychologie bei Thomas Mann. An seinem Nachlass orientierte Untersuchungen zum *Tod in Venedig*, zum *Zauberberg* und zur *Joseph*-Tetralogie, Bern und München: Francke, 1972 (Thomas-Mann-Studien, Bd. 2)

Dierks, Manfred, Die Aktualität der positivistischen Methode am Beispiel Thomas Mann, in: Orbis Litterarum 33.1, 1978, S. 158–182

Dierks, Manfred, Thomas Mann und die Tiefenpsychologie. Von Janet bis Kohut, in: Dietrich von Engelhardt und Hans Wißkirchen (Hgg.), Thomas Mann und die Wissenschaften, Lübeck: Dräger, 1999 (Literatur und Wissenschaft im Dialog, Bd. 1), S. 141–159

Dierks, Manfred, *Der Tod in Venedig* als leiblich-seelische Strukturphantasie, in: Ortrud Gutjahr (Hg.), Thomas Mann, Würzburg: Königshausen & Neumann, 2012 (Freiburger literaturpsychologische Gespräche. Jahrbuch für Literatur und Psychoanalyse, Bd. 31), S. 81–100

Dittmann, Britta, »Ironie ist nicht zeigbar«. Über die Schwierigkeit, Thomas Manns Werke zu verfilmen, in: Buddenbrookhaus (Hg.), Das zweite Leben. Thomas Mann 1955–2005. Das Magazin zur Ausstellung, Lübeck: Schöning, 2005, S. 48–53

Dittmann, Britta, *Buddenbrooks* heute, in: Hans Wißkirchen (Hg.), Die Welt der Buddenbrooks, Frankfurt a. M.: Fischer, 2008, S. 187–249

Dittrich, Lutz, Dem Schwert folgt die Zeitung, in: ders. (Hg.), Zwischen den Fronten. Der Glasperlenspieler Hermann Hesse, Berlin: Literaturhaus Berlin, 2017 (Texte aus dem Literaturhaus Berlin, Bd. 18), S. 70–82

Dlugosch, Michael, Die mediale Rezeption des Romans *Königliche Hoheit* von Thomas Mann, Berlin: epubli, 2015

Dorrmann, Michael, Eduard Arnhold (1840–1925). Eine biographische Studie zu Unternehmer- und Mäzenatentum im Deutschen Kaiserreich, Berlin: Akademie Verlag, 2002

Eder, Antonia, Chthonischer Ernst und dionysisches Spiel. Hofmannsthals Bachofen-Rezeption als poetische Re-Mythisierung, in: Ulrich Boss, Yahya Elsaghe und Florian Heiniger (Hgg.),

Matriarchatsfiktionen. Johann Jakob Bachofen und die deutsche Literatur des 20. Jahrhunderts, Basel: Schwabe, 2018 (Schwabe interdisziplinär, Bd. 11), S. 63–86

Eickhölter, Manfred, Thomas Mann und die Freimaurerei, in: Quator Coronati [Jahrbuch] 37, 2000, S. 127–134

Eissler, Kurt R., Goethe. A Psychoanalytic Study. 1775–1786, Detroit: Wayne State University Press, 1963 [= ders., Goethe. Eine psychoanalytische Studie. 1775–1786, Basel: Stroemfeld, und Frankfurt a. M.: Roter Stern, 1983–1985]

Elsaesser, Thomas, Der Neue Deutsche Film. Von den Anfängen bis zu den Neunziger Jahren, München: Heyne, 1994

Elsaghe, Yahya, Zur Sexualisierung des Fremden im *Tod in Venedig*, in: Archiv für das Studium der neueren Sprachen und Literaturen 234, 1997, S. 19–32

Elsaghe, Yahya, »Herr und Frau X. Beliebig«? Zur Funktion der Vornamensinitiale bei Thomas Mann, in: German Life and Letters. New Series 52.1, 1999, S. 58–67

Elsaghe, Yahya, Die imaginäre Nation. Thomas Mann und das ›Deutsche‹, München: Fink, 2000

Elsaghe, Yahya, Die »kaufmännischen Und-Zeichen« der »Geschäftsmaschine«. Zur Überwindung rassenbiologischer Antisemitismen in Thomas Manns Spätwerk, in: Colloquia Germanica 33.4, 2000, S. 349–365

Elsaghe, Yahya, »Gute Augen, [...] gute Rasse«. Zur Aufwertung des Schweizer-Stereotyps in Thomas Manns Spätwerk, in: German Quarterly 74.3, 2001, S. 278–293

Elsaghe, Yahya, Thomas Manns Katholiken, in: Zeitschrift für Religions- und Geistesgeschichte 53.2, 2001, S. 145–169

Elsaghe, Yahya, *Lotte in Weimar*, in: Ritchie Robertson (Hg.), The Cambridge Companion to Thomas Mann, Cambridge: Cambridge University Press, 2002, S. 185–198

Elsaghe, Yahya, Thomas Mann und die kleinen Unterschiede. Zur erzählerischen Imagination des ›Anderen‹, Köln, Weimar und Wien: Böhlau, 2004 (Literatur — Kultur — Geschlecht, Große Reihe, Bd. 27)

Elsaghe, Yahya, »Donnersmarck« und »Blumenberg«. Verschwinden und Wiederkehr jüdischer Charaktere in der Geschichte der Thomas Mann-Verfilmungen, in: KulturPoetik 5.1, 2005, S. 65–80

Elsaghe, Yahya, Racial Discourse and Graphology around 1900. Thomas Mann's *Tristan*, in: Germanic Review 80.3, 2005, S. 213–227

Elsaghe, Yahya, German Film Adaptations of Jewish Characters in Thomas Mann, in: Christiane Schönfeld (Hg.), Processes of Transposition. German Literature and Film, Amsterdam: Rodopi, 2007 (Amsterdamer Beiträge zur neueren Germanistik, Bd. 63), S. 132–140

Elsaghe, Yahya, »Wie soll man sie nennen?« Thomas Manns Erzählwerk ›nach Auschwitz‹, in: Klaus-Michael Bogdal, Klaus Holz und Matthias N. Lorenz (Hgg.), Literarischer Antisemitismus nach Auschwitz, Stuttgart und Weimar: Metzler, 2007, S. 111–129

Elsaghe, Yahya, Apokryphe Juden und apokryphe Antisemitismen in Thomas Manns späterem und spätestem Erzählwerk, in: Stefan Börnchen und Claudia Liebrand (Hgg.), Apokrypher Avantgardismus. Thomas Mann und die Klassische Moderne, München: Fink, 2008, S. 225–242

Elsaghe, Yahya, Die »Principe[ssa] X.« und »diese Frauen —!« Zur Bachofen-Rezeption in *Mario und der Zauberer*, in: Thomas Mann Jahrbuch 22, 2009, S. 175–193

Elsaghe, Yahya, »Edhin Krokowski aus Linde bei Pinne, Provinz Posen«. Judentum und Antisemitismus im *Zauberberg* und seiner Vorgeschichte, in: Monatshefte für deutschsprachige Literatur und Kultur 101.1, 2009, S. 56–72

Elsaghe, Yahya, Exil und Stereotypen. Thomas Manns Schweizer vor und nach der Emigration, in: Thomas Sprecher (Hg.), Thomas Mann und das »Herzasthma des Exils«. (Über-)Lebensformen in der Fremde. Die Davoser Literatur- und Kulturtage 2008, Frankfurt a. M.: Klostermann, 2010 (Thomas-Mann-Studien, Bd. 41), S. 111–132

Elsaghe, Yahya, »Mutter Manardi«. Zur Boccaccio- und Bachofen-Rezeption in Thomas Manns *Doktor Faustus*, in: Germanisch-Romanische Monatsschrift, Neue Folge 60.3, 2010, S. 323–338

Elsaghe, Yahya, Krankheit und Matriarchat. Thomas Manns *Betrogene* im Kontext, Berlin und New York: de Gruyter, 2010 (Quellen und Forschungen zur Literatur- und Kulturgeschichte, Bd. 53 [287])

Elsaghe, Yahya, ›La Rosenstiel‹ and her Ilk: Jewish Names in Thomas Mann, in: Publications of the English Goethe Society 80.1, 2011, S. 53–63

Elsaghe, Yahya, »Moritz Ausspuckseles«. Zur rechts- und sozialgeschichtlichen Interpretierbarkeit ›jüdischer‹ Namen in Thomas Manns Frühwerk, in: Deutsche Vierteljahrsschrift für Literaturwissenschaft und Geistesgeschichte 85.3, 2011, S. 411–432

Elsaghe, Yahya, Domi et foris. Provinz und Hauptstadt in Thomas Manns Frühwerk, in: Jahrbuch des Freien Deutschen Hochstifts 2012, S. 239–278

Elsaghe, Yahya, Hoc signo felix. Religion und ›Urreligion‹ in den *Bekenntnissen des Hochstaplers Felix Krull*, in: Niklaus Peter und Thomas Sprecher (Hgg.), Der ungläubige Thomas. Zur Religion in Thomas Manns Romanen, Frankfurt a. M.: Klostermann, 2012 (Thomas-Mann-Studien, Bd. 45), S. 117–148

Elsaghe, Yahya, *Königliche Hoheit* als Familienroman, in: Ortrud Gutjahr (Hg.), Thomas Mann, Würzburg: Königshausen & Neumann, 2012 (Freiburger literaturpsychologische Gespräche. Jahrbuch für Literatur und Psychoanalyse, Bd. 31), S. 45–79

Elsaghe, Yahya, [Rezension zu:] Todd Kontje, Thomas Mann's World. Empire, Race and the Jewish Question, in: Monatshefte für deutschsprachige Literatur und Kultur 104.1, 2012, S. 142–144

Elsaghe, Yahya, Wie Jappe und Do Escobar boxen — oder sich doch nur prügeln? Sport in Thomas Manns Erzählwerk, in: Colloquium Helveticum 43, 2012, S. 18–48

Elsaghe, Yahya, Das Grammophon des Fabrikanten Bullinger im Kontext des Gesamtwerks, in: Heinrich Detering et al. (Hgg.), Thomas Manns *Doktor Faustus* — Neue Ansichten, neue Einsichten, Frankfurt a. M.: Klostermann, 2013 (Thomas-Mann-Studien, Bd. 46), S. 167–192

Elsaghe, Yahya, Thomas Mann im Nachkriegskino. Wie dem deutschen Publikum unliebsame Erinnerungen erspart blieben, in: Neue Zürcher Zeitung, 30. November / 1. Dezember 2013, S. 61 f.

Elsaghe, Yahya, Zentrum und Peripherie in Thomas Manns Novelle vom *Kleinen Herrn Friedemann*, in: Germanistik in der Schweiz 10, 2013, S. 329–336

Elsaghe, Yahya, Max Frisch und das zweite Gebot. Relektüren von *Andorra* und *Homo faber*, Bielefeld: Aisthesis, 2014 (Figurationen des Anderen, Bd. 3)

Elsaghe, Yahya, Lübeck versus Berlin in Thomas Manns *Buddenbrooks*, in: Monatshefte für deutschsprachige Literatur und Kultur 106.1, 2014, S. 17–36

Elsaghe, Yahya, Vergangenheitspolitik im Kino. Zur bundesrepublikanischen Verfilmungsgeschichte Thomas Manns, in: Thomas Mann Jahrbuch 27, 2014, S. 47–60

Elsaghe, Yahya, Einleitung, in: Johann Jakob Bachofen, Mutterrecht und Urreligion. Eine Sammlung der einflussreichsten Schriften, hg. v. Yahya Elsaghe, Stuttgart: Kröner, [7]2015 (Kröners Taschenausgabe, Bd. 52), S. IX–LXV

Elsaghe, Yahya, Hagenströms & Co. Judentum und Antisemitismus in Thomas Manns *Buddenbrooks*, in: Der Deutschunterricht 67.2, 2015, S. 40–50

Elsaghe, Yahya, *Wälsungenblut* (1921), in: Andreas Blödorn und Friedhelm Marx (Hgg.), Thomas Mann Handbuch. Leben — Werk — Wirkung, Stuttgart: Metzler, 2015, S. 132–135

Elsaghe, Yahya, Judentum, ebd., S. 246–248

Elsaghe, Yahya, *Felix Krull* im Kino und im Fernsehen. Zu den mentalitätsgeschichtlichen Implikationen der bundesdeutschen Thomas Mann-Verfilmungen, in: Wirkendes Wort 66.1, 2016, S. 25–41

Elsaghe, Yahya, Thomas Mann im Fernsehen der DDR. Peter Vogels Verfilmung des *Kleinen Herrn Friedemann*, in: Seminar 52.3, 2016, S. 273–293

Elsaghe, Yahya, Die Wiederkehr des Verdrängten *out of the closet*. Michael Blumes *Heiligendamm* und die Tradition der deutschen Thomas Mann-Verfilmungen, in: Weimarer Beiträge 63.1, 2017, S. 27–43

Elsaghe, Yahya, [Rezension zu:] Tilmann Lahme, Die Manns. Geschichte einer Familie; und Manfred Flügge, Das Jahrhundert der Manns, in: Arbitrium 35.1, 2017, S. 128–134

Elsaghe, Yahya, »Alle Frauen sind hier größer als die Männer«. Klaus Maria Brandauers Verfilmung von *Mario und der Zauberer* vor dem Hintergrund der gendertheoretisch informierten Thomas Mann-Forschung, in: Monatshefte für deutschsprachige Literatur und Kultur 110.1, 2018, S. 28–43

Elsaghe, Yahya, *Die vertauschten Köpfe* und Thomas Manns politische Bachofen-Rezeption, in: ders., Ulrich Boss und Florian Heiniger (Hgg.), Matriarchatsfiktionen. Johann Jakob Bachofen und die deutsche Literatur des 20. Jahrhunderts, Basel: Schwabe, 2018 (Schwabe interdisziplinär, Bd. 11), S. 221–245

Elsaghe, Yahya, Der Roman im Kontext von Leben und Werk, in: Nicole Mattern und Stefan Neuhaus (Hgg.), Buddenbrooks-Handbuch, Stuttgart: Metzler, 2018, S. 15–27

Elsaghe, Yahya, Entstehung und Überlieferung, ebd., S. 28–38

Elsaghe, Yahya, Einleitung, in: Thomas Mann, Goethe, hg. v. Yahya Elsaghe und Hanspeter Affolter, Frankfurt a. M.: Fischer, 2019 (Fischer Klassik), S. 7–58

Elsaghe, Yahya, Herrenzimmer versus Frauen-Zimmer. Felix Krulls Schaufensterstudium und das Schmuckkästchen der Diane Houpflé, in: Andrea Bartl und Franziska Bergmann (Hgg.), Dinge im Werk Thomas Manns, Paderborn: Fink, 2019 (inter|media, Bd. 11), S. 283–306

Elsaghe, Yahya, Thomas Mann und der Tristan-Mythos, in: Robert Schöller und Andrea Schindler (Hgg.), tristan mythos maschine. 20. jh. ff., Würzburg: Königshausen & Neumann (Rezeptionskulturen in Literatur- und Mediengeschichte) [im Druck]

Elsaghe, Yahya, »Hebräer?« *Das Gesetz* im Kontext von Thomas Manns Bachofen-Rezeption, in: Thomas Mann Jahrbuch [im Druck]

Elsaghe, Yahya, A Map of Misreading. Rasse und Klasse in der Thomas Mann-Rezeption, in: Julian Reidy und Ariane Totzke (Hgg.), Mann_lichkeiten. Kulturelle Repräsentationen und Wissensformen in Texten Thomas Manns, Würzburg: Königshausen & Neumann [im Druck]

Elsaghe, Yahya, »Weistu was so schweig.« Thomas Manns Verwertung seiner Lesespuren in Heinrich Teweles' *Goethe und die Juden*, in: Anke Jaspers und Andreas Kilcher (Hgg.), Randkulturen. Lese- und Gebrauchsspuren in Autorenbibliotheken des 19. und 20. Jahrhunderts, Göttingen: Wallstein [im Druck]

Elsaghe, Yahya, Vom neokainitischen Matriarchat der Frau Eva zur kastalischen Wiederherstellung der Androkratie. Hermann Hesse und Johann Jakob Bachofen, in: Barbara Mahlmann-Bauer und Paul Michael Lützeler (Hgg.), Aussteigen und Aussteiger — eine Vision der Jahrhundertwende und im Schaffen Hermann Brochs, Göttingen: Wallstein [im Druck]

Elsaghe, Yahya, Thomas Mann, *Wälsungenblut*, in: Hartmut Grimm und Melanie Wald-Fuhrmann (Hgg.), Lexikon Schriften über Musik [im Druck]

Elsaghe, Yahya, Thomas Manns Goethe-Essays, in: Düsseldorfer Beiträge zur Thomas Mann-Forschung [im Druck]

Elsaghe, Yahya, Ulrich Boss und Florian Heiniger, Einleitung, in: dies. (Hgg.), Matriarchatsfiktionen. Johann Jakob Bachofen und die deutsche Literatur des 20. Jahrhunderts, Basel: Schwabe, 2018 (Schwabe interdisziplinär, Bd. 11), S. 7–35

Engel, Kathrin, Deutsche Kulturpolitik im besetzten Paris 1940–1944. Film und Theater, München: Oldenbourg, 2003 (Pariser Historische Studien, Bd. 63)

Estermann, Aaron und Maximilian Rück, Das Haus der Familie Mann. Ein Rundgang zwischen Literatur und Wirklichkeit, Würzburg: Königshausen & Neumann, 2016

Failla, Serena, Matriarchatsphantasien in Hermann Hesses Prosa. Zur Bachofen-Rezeption in *Der Inseltraum*, *Peter Camenzind*, *Demian* und *Siddhartha*, Bern: hep, 2014

Faubert, Patrick, The Role and Presence of Authorship in *Suspicion*, in: Mark Osteen (Hg.), Hitchcock and Adaptation. On the Page and Screen, Lanham: Rowan & Littlefield, 2014, S. 41–57

Federici, Silvia, Caliban and the Witch, New York: Autonomedia, 2014

Fiedler, Anke, Medienlenkung in der DDR, Köln, Weimar und Wien: Böhlau, 2014 (Zeithistorische Studien, Bd. 52)

Finke, Klaus, Politik und Film in der DDR, Oldenburg: BIS-Verlag der Carl von Ossietzky Universität, 2007 (Oldenburger Beiträge zur DDR- und DEFA-Forschung, Bd. 8), Bd. 1

Fischer-Homberger, Esther, Die Büchse der Pandora. Der mythische Hintergrund der Eisenbahnkrankheiten des 19. Jahrhunderts, in: Sudhoffs Archiv 56, 1972, S. 297–317

Flügge, Manfred, Das Jahrhundert der Manns, Berlin: Aufbau, 2015

Franke, Dieter, Studentenfutter. Fontanesöhne Thomas Mann und Kafka zur Textefolge angestiftet, Noderstedt: Books on Demand, 2009

Frei, Norbert, Vergangenheitspolitik. Die Anfänge der Bundesrepublik und die NS-Vergangenheit, München: Beck, ²1997

Frizen, Werner, Zaubertrank der Metaphysik. Quellenkritische Überlegungen im Umkreis der Schopenhauer-Rezeption Thomas Manns, Frankfurt a. M., Bern und Cirencester: Lang, 1980 (Europäische Hochschulschriften, Reihe 1, Bd. 342)

Frizen, Werner, *Lotte in Weimar*, in: Herbert Lehnert und Eva Wessel (Hgg.), A Companion to the Works of Thomas Mann, Rochester: Camden, 2004 (Studies in German Literature, Linguistics, and Culture), S. 181–202

Frühwald, Wolfgang, Eine Kindheit in München. Die Familie Mann und das Genre der Inflationsliteratur, in: Andreas Kablitz und Ulrich Schulz-Buschhaus (Hgg.), Literarhistorische Begegnungen. Festschrift für Bernhard König, Tübingen: Narr, 1993, S. 43–56

Fuhrmann, Wolfgang, Die Heiligsprechung Johann Sebastian Bachs, in: Musik und Ästhetik 69, 2014, S. 12–33

Galli, Matteo, Tommy in Weimar. Thomas Mann e la DEFA, in: Reinhard Mehring und Francesco Rossi (Hgg.), Thomas Mann e le arti. Nuove prospettive della ricerca — Thomas Mann und die Künste. Neue Perspektiven der Forschung, Rom: Istituto Italiano di Studi Germanici, 2014, S. 365–383

Galvan, Elisabeth, Unordnung und spätes Leid. Luchino Viscontis sichtbare und unsichtbare Übertragungen von Thomas Manns Erzählwerk, in: Reinhard Mehring und Francesco Rossi (Hgg.), Thomas Mann e le arti. Nuove prospettive della ricerca — Thomas Mann und die

Künste. Neue Perspektiven der Forschung, Rom: Istituto Italiano di Studi Germanici, 2014, S. 385–415

Galvan, Elisabeth, Introduzione. *Mario e il mago*. Il racconto italiano di Thomas Mann – Zur Einführung. *Mario und der Zauberer*. Thomas Manns italienische Erzählung, in: dies. (Hg.), *Mario e il mago*. Thomas Mann e Luchino Visconti raccontano l'Italia fascista – *Mario und der Zauberer*. Thomas Mann und Luchino Visconti erzählen vom faschistischen Italien, Bonn: Arbeitskreis selbständiger Kulturinstitute, und Rom: Casa di Goethe, 2015 (Katalog-Reihe der Casa di Goethe), S. 4–33

Galvan, Elisabeth, *Mario und der Zauberer* (1930), in: Andreas Blödorn und Friedhelm Marx (Hgg.), Thomas Mann Handbuch. Leben – Werk – Wirkung, Stuttgart: Metzler, 2015, S. 137–140

Geck, Martin, »Von deutscher Art und Kunst«? Mit Bachs ›nordischem‹ Kontrapunkt gegen drohenden Kulturverfall, in: ders., B – A – C – H. Essays zu Werk und Wirkung, hg. v. Reinmar Emans, Hildesheim, Zürich und New York: Olms, 2016 (Studien und Materialien zur Musikwissenschaft, Bd. 91), S. 229–253

Gelber, Mark H., Das Judendeutsch in der deutschen Literatur. Einige Beispiele von den frühesten Lexika bis Gustav Freytag und Thomas Mann, in: Stéphane Moses und Albrecht Schöne (Hgg.), Juden in der deutschen Literatur. Ein deutsch-israelisches Symposium, Frankfurt a. M.: Suhrkamp, 1986 (suhrkamp taschenbuch materialien), S. 162–178

Geulen, Eva, Resistance and Representation. A Case Study of Thomas Mann's *Mario and the Magician*, in: New German Critique 68, 1996, S. 3–29

Gilman, Sander L., Rasse, Sexualität und Seuche. Stereotype aus der Innenwelt der westlichen Kultur, Reinbek b. H.: Rowohlt, 1992 (rowohlts enzyklopädie)

Gilman, Sander L., Jüdischer Selbsthaß. Antisemitismus und die verborgene Sprache der Juden, Frankfurt a. M.: Jüdischer Verlag, 1993

Gilman, Sander L., Der jüdische Körper. Gedanken zum physischen Anderssein der Juden, in: Jüdisches Museum der Stadt Wien (Hg.), Die Macht der Bilder. Antisemitische Vorurteile und Mythen, Wien: Picus, 1995, S. 168–179

Glasner, Peter, Entgleisungen im deutschen Kaiserreich. *Das Eisenbahnunglück* von Thomas Mann, in: Christian Kassung (Hg.), Die Unordnung der Dinge. Eine Wissens- und Mediengeschichte des Unfalls, Bielefeld: transcript, 2009, S. 185–220

Goebel, Eckart, Jenseits des Unbehagens. »Sublimierung« von Goethe bis Lacan, Bielefeld: transcript, 2009 (Literalität und Liminalität, Bd. 2)

Goebel, Eckart, Pink Ink. Zur Funktion der Farbe Rosa in Thomas Manns Roman *Lotte in Weimar*, in: Publications of the English Goethe Society 86.1, 2017, S. 55–66

Goffman, Erving, Stigma. Über Techniken der Bewältigung beschädigter Identität, Frankfurt a. M.: Suhrkamp, ⁹1990 (suhrkamp taschenbuch wissenschaft, Bd. 140)

Gossman, Lionel, Basel in der Zeit Jacob Burckhardts. Eine Stadt und vier unzeitgemässe [sic!] Denker, Basel: Schwabe, 2005

Göttler, Fritz, Westdeutscher Nachkriegsfilm. Land der Väter, in: Wolfgang Jacobsen, Anton Kaes und Hans Helmut Prinzler (Hgg.), Geschichte des deutschen Films, Stuttgart: Metzler, ²2004, S. 167–206

Göttner-Abendroth, Heide, Das Matriarchat, Bd. I: Geschichte seiner Erforschung, Stuttgart, Berlin und Köln: Kohlhammer, ³1995

Grätz, Katharina, »Ach Mutter, warum bist du keine geborene Bleichröder«. Das Jüdische in Fontanes Romanen *L'Adultera* und *Die Poggenpuhls*, in: Philipp Theisohn und Georg Braungart

(Hgg.), Philosemitismus. Rhetorik, Poetik, Diskursgeschichte, Paderborn: Fink, 2017, S. 245–265

Grupe, Walter, Goethes Sekretär Ernst Carl John. Sein Bild in der Forschung und bei Thomas Mann, in: Goethe. Neue Folge des Jahrbuchs der Goethe-Gesellschaft 24, 1962, S. 202–223

Gubser, Martin, Literarischer Antisemitismus. Untersuchungen zu Gustav Freytag und anderen bürgerlichen Schriftstellern des 19. Jahrhunderts, Göttingen: Wallstein, 1998

Gülke, Peter, VI. Symphonie in A-Moll (Tragische), in: Renate Ulm (Hg.), Gustav Mahlers Symphonien. Entstehung — Deutung — Wirkung, Kassel: Bärenreiter, o. J. [2004], S. 174–203

Gutjahr, Ortrud, Doppelte Buchhaltung in der Familien-Firma. Thomas Manns *Buddenbrooks* in der Bühnenfassung John von Düffels mit einem Blick auf Heinrich Breloers Verfilmung, in: Franziska Schößler und Christine Bähr (Hgg.), Ökonomie im Theater der Gegenwart. Ästhetik, Produktion, Institution, Bielefeld: transcript, 2009, S. 279–297

Hamacher, Bernd, Einführung in das Werk Johann Wolfgang von Goethes, Darmstadt: Wissenschaftliche Buchgesellschaft, 2013 (Einführungen Germanistik)

Hamacher, Bernd, *Die vertauschten Köpfe* (1940), in: Andreas Blödorn und Friedhelm Marx (Hgg.), Thomas Mann Handbuch. Leben — Werk — Wirkung, Stuttgart: Metzler, 2015, S. 140–142

Härd, John Evert, Das Nibelungenepos. Wertung und Wirkung von der Romantik bis zur Gegenwart, Tübingen und Basel: Francke, 1996

Harrington, Ralph, The Neuroses of the Railway, in: History Today 44.7, 1994, S. 15–21

Hecht, Cornelia, Deutsche Juden und Antisemitismus in der Weimarer Republik, Bonn: Dietz, 2003 (Politik- und Gesellschaftsgeschichte, Bd. 62)

Heftrich, Eckhard, »In my beginning is my end«. Vom *Kleinen Herrn Friedemann* und *Buddenbrooks* zum *Doktor Faustus*, in: Thomas Mann Jahrbuch 11, 1998, S. 203–215

Heftrich, Eckhard, *Buddenbrooks* — der Jahrhundertroman, in: Manfred Eickhölter und Hans Wißkirchen (Hgg.), *Buddenbrooks*. Neue Blicke in ein altes Buch. Begleitband zur neuen ständigen Ausstellung »Die *Buddenbrooks* — ein Jahrhundertroman« im Buddenbrookhaus, Lübeck: Dräger, 2000, S. 10–21

Heiduschke, Sebastian, East German Cinema. DEFA and Film History, New York: Palgrave Macmillan, 2013

Heine, Gert und Paul Schommer, Thomas Mann Chronik, Frankfurt a. M.: Klostermann, 2004

Heinemann, Michael, Im Mittelpunkt. Der Thomaskantor. Zum Bach-Bild der zweiten Hälfte des 19. Jahrhunderts, in: ders. und Hans-Joachim Hinrichsen (Hgg.), Bach und die Nachwelt, Bd. 2: 1850–1900, Laaber: Laaber, 1999, S. 393–459

Heiniger, Florian, »Groß & Mutter«. Bachofen in Elias Canettis *Die Blendung*, in: ders., Ulrich Boss und Yahya Elsaghe (Hgg.), Matriarchatsfiktionen. Johann Jakob Bachofen und die deutsche Literatur des 20. Jahrhunderts, Basel: Schwabe, 2018 (Schwabe interdisziplinär, Bd. 11), S. 163–184

Herbst, Hildeburg, Goethe, überlebensklein. Die Zerstörung eines Mythos durch das Massenmedium Film. Der Fall *Lotte in Weimar*, in: Wolfgang Wittkowski (Hg.), Verlorene Klassik? Ein Symposium, Tübingen: Niemeyer, 1986, S. 288–408

Hermand, Jost, Peter Spinell, in: Modern Language Notes 79.4, 1964, S. 439–447

Hess, Walter, Geschichte des Rektifizierten Schottischen Ritus, Würzburg: Halbig, 2002 (Schriftenreihe der Forschungsloge Quatuor Coronati Bayreuth, Bd. 41)

Hickethier, Knut, Literatur und Film, in: Ludwig Fischer (Hg.), Literatur in der Bundesrepublik Deutschland bis 1967, München und Wien: Hanser, 1986 (Hansers Sozialgeschichte der deutschen Literatur vom 16. Jahrhundert bis zur Gegenwart, Bd. 10), S. 598–610

Hödl, Klaus, Die Pathologisierung des jüdischen Körpers. Antisemitismus, Geschlecht und Medizin im Fin de Siècle, Wien: Picus, 1997

Höfig, Willi, Der deutsche Heimatfilm 1947–1960, Stuttgart: Enke, 1973

Honold, Alexander, Vorkriegs-Nachlese mit *Herr und Hund*. Eine Dekonstruktion, in: ders. und Niels Werber (Hgg.), Deconstructing Thomas Mann, Heidelberg: Winter, 2012, S. 43–63

Horst, Michael, Puccini. *Tosca*, Kassel: Bärenreiter, und Leipzig: Henschel, 2012 (Opernführer kompakt)

Huber, Peter, »Goldmunds Weg zu den Müttern«. Hermann Hesses Erzählung *Narziß und Goldmund* vor dem Hintergrund der Mutterrezeption im frühen 20. Jahrhundert, in: Hermann-Hesse-Jahrbuch 9, 2017, S. 85–120

Hübscher, Arthur, Metamorphosen … Die *Betrachtungen eines Unpolitischen* einst und jetzt, in: Klaus Schröter (Hg.), Thomas Mann im Urteil seiner Zeit. Dokumente 1891–1955, Frankfurt a. M.: Klostermann, [2]2000 (Thomas-Mann-Studien, Bd. 22), S. 155–158

Hurst, Matthias, Erzählsituationen in Literatur und Film. Ein Modell zur vergleichenden Analyse von literarischen Texten und filmischen Adaptionen, Tübingen: Niemeyer, 1996 (Medien in Forschung + Unterricht, Serie A, Bd. 40)

Jacobsen, Wolfgang, Frühgeschichte des deutschen Films. Licht am Ende des Tunnels, in: ders., Anton Kaes und Hans Helmut Prinzler (Hgg.), Geschichte des deutschen Films, Stuttgart: Metzler, [2]2004, S. 13–37

Jens, Inge und Walter Jens, Frau Thomas Mann. Das Leben der Katharina Pringsheim, Reinbek b. H.: Rowohlt, [3]2003

Jüdisches Museum Berlin und Jüdisches Museum Wien (Hgg.), typisch! Klischees von Juden und Anderen, Berlin: Nicolai, 2008

Jurgensen, Manfred, Die Erzählperspektive, in: Ken Moulden und Gero von Wilpert (Hgg.), Buddenbrooks-Handbuch, Stuttgart: Kröner, 1988, S. 109–127

Kaes, Anton, Deutschlandbilder. Die Wiederkehr der Geschichte als Film, München: edition text + kritik, 1987

Kaes, Anton, Film in der Weimarer Republik. Motor der Moderne, in: ders., Wolfgang Jacobsen und Hans Helmut Prinzler (Hgg.), Geschichte des deutschen Films, Stuttgart: Metzler, [2]2004, S. 39–98

Kaes, Anton, Shell Shock Cinema. Weimar Culture and the Wounds of War, Princeton und Oxford: Princeton University Press, 2009

Kaiser, Gerhard, Thomas Manns *Wälsungenblut* und Richard Wagners *Ring*. Erzählen als kritische Interpretation, in: Thomas Mann Jahrbuch 12, 1999, S. 239–258 [= ders., Spätlese. Beiträge zur Theologie, Literaturwissenschaft und Geistesgeschichte, Tübingen und Basel: Francke, 2008, S. 338–356]

Kapczynski, Jennifer, The German Patient. Crisis and Recovery in Postwar Culture, Ann Arbor: University of Michigan Press, 2008

Keller, Ernst, Der unpolitische Deutsche. Eine Studie zu den *Betrachtungen eines Unpolitischen* von Thomas Mann, Bern und München: Francke, 1965

Keppler-Tasaki, Stefan, Thomas Manns Auftritte in deutschen und internationalen Wochenschauen. Zur Filmkarriere eines Schriftstellers, in: Deutsche Vierteljahrsschrift für Literaturwissenschaft und Geistesgeschichte 88.4, 2014, S. 551–574

Kinder, Anna, Geldströme. Ökonomie im Romanwerk Thomas Manns, Berlin und Boston: de Gruyter, 2013 (Quellen und Forschungen zur Literatur- und Kulturgeschichte, Bd. 76 [310])

Klüger, Ruth [vormals Angress], Thomas Manns jüdische Gestalten, in: dies., Katastrophen. Über deutsche Literatur, Göttingen: Wallstein, 1994, S. 39–58

Koch, Gertrud, Nachstellungen — Film und historischer Moment, in: Eva Hohenberger und Judith Keilbach (Hgg.), Die Gegenwart der Vergangenheit. Dokumentarfilm, Fernsehen und Geschichte, Berlin: Vorwerk 8, 2003 (Texte zum Dokumentarfilm, Bd. 9), S. 216–229

Kohlbauer-Fritz, Gabriele, »La belle juive« und die »schöne Schickse«, in: dies., Sander L. Gilman und Robert Jütte (Hgg.), »Der scheine Jid«. Das Bild des »jüdischen Körpers« in Mythos und Ritual, Wien: Picus, 1998, S. 109–121

Kontje, Todd Curtis, Thomas Mann's World. Empire, Race and the Jewish Question, Ann Arbor: University of Michigan Press, 2011

Kracauer, Siegfried, Von Caligari zu Hitler. Eine psychologische Geschichte des deutschen Films, Frankfurt a. M.: Suhrkamp, 1984 (suhrkamp taschenbuch wissenschaft, Bd. 479)

Kraske, Bernd M., Thomas Manns *Wälsungenblut*. Eine antisemitische Novelle?, in: Rudolf Wolff (Hg.), Thomas Mann. Erzählungen und Novellen, Bonn: Bouvier, 1984, S. 42–66 [= ders., Nachdenken über Thomas Mann. Sechs Vorträge, Glinde: Böckel, 1997, S. 47–75]

Kreimeier, Klaus, Die Ökonomie der Gefühle. Aspekte des westdeutschen Nachkriegsfilms, in: Hilmar Hoffmann und Walter Schobert (Hgg.), Zwischen Gestern und Morgen. Westdeutscher Nachkriegsfilm 1946–1962, Frankfurt a. M.: Deutsches Filmmuseum, 1989, S. 8–28

Kreuzer, Helmut, Arten der Literaturadaption, in: Wolfgang Gast (Hg.), Literaturverfilmung, Bamberg: Buchner, 1993 (Themen — Texte — Interpretationen, Bd. 11), S. 27–31

Krobb, Florian, Die schöne Jüdin. Jüdische Frauengestalten in der deutschsprachigen Erzählliteratur vom 17. Jahrhundert bis zum Ersten Weltkrieg, Tübingen: Niemeyer, 1993 (Conditio Judaica, Bd. 4)

Kroll, Fredric und Klaus Täubert, 1906–1927. Unordnung und früher Ruhm, Hamburg: Männerschwarm, 2006 (Klaus-Mann-Schriftenreihe, Bd. 2)

Kruft, Hanno-Walter, Alfred Pringsheim, Hans Thoma, Thomas Mann. Eine Münchner Konstellation, München: Verlag der Bayerischen Akademie der Wissenschaften, 1993 (Bayerische Akademie der Wissenschaften. Philosophisch-historische Klasse. Abhandlungen, Neue Folge, Heft 107)

Krüger-Fürhoff, Irmela Marei, Verpflanzungsgebiete. Wissenskulturen und Poetik der Transplantation, München: Fink, 2012 (Trajekte)

Kurwinkel, Tobias, Apollinisches Außenseitertum. Konfigurationen von Thomas Manns »Grundmotiv« in Erzähltexten und Filmadaptionen des Frühwerks, Würzburg: Königshausen & Neumann, 2011 (Epistemata. Würzburger wissenschaftliche Schriften, Reihe Literaturwissenschaft, Bd. 732)

Kurzke, Hermann, Thomas Mann. Das Leben als Kunstwerk, München: Beck, 1999

Lahme, Tilmann, Golo Mann. Biographie, Frankfurt a. M.: Fischer, [3]2009

Lahme, Tilmann, Die Manns. Geschichte einer Familie, Frankfurt a. M.: Fischer, 2015

Lange-Kirchheim, Astrid, Maskerade und Performanz — vom Stigma zur Provokation der Geschlechterordnung. Thomas Manns *Der kleine Herr Friedemann* und *Luischen*, in: Stefan Börnchen und Claudia Liebrand (Hgg.), Apokrypher Avantgardismus. Thomas Mann und die Klassische Moderne, München: Fink, 2008, S. 187–224

Latta, Alan D., The Reception of Thomas Mann's *Die Betrogene*. Tabus, Prejudices, and Tricks of the Trade, in: Internationales Archiv für Sozialgeschichte der deutschen Literatur 12, 1987, S. 237–272

Latta, Alan D., The Reception of Thomas Mann's *Die Betrogene*. Part 2: The Scholarly Reception, in: Internationales Archiv für Sozialgeschichte der deutschen Literatur 18.1, 1993, S. 123–156

Leitgeb, Hanna, Der ausgezeichnete Autor. Städtische Literaturpreise und Kulturpolitik in Deutschland 1926–1971, Berlin und New York: de Gruyter, 1994 (European Cultures. Studies in Literature and the Arts, Bd. 4)

Lepsius, Mario Rainer, Das Erbe des Nationalsozialismus und die politische Kultur der Nachfolgestaaten des ›Großdeutschen Reichs‹, in: ders., Demokratie in Deutschland. Soziologisch-historische Konstellationsanalysen. Ausgewählte Aufsätze, Göttingen: Vandenhoeck und Ruprecht, 1993 (Kritische Studien zur Geschichtswissenschaft, Bd. 100), S. 229–245

Letschnig, Melanie, Explosion, in: Marius Böttcher et al. (Hgg.), Wörterbuch kinematografischer Objekte, Berlin: August, 2014, S. 35 f.

Levin, David J., Richard Wagner, Fritz Lang and the Nibelungen. The Dramaturgy of Disavowal, Princeton: Princeton University Press, 1998

Lichtmann, Tamás, Thesen zu Thomas Manns Roman *Lotte in Weimar*, in: Germanistisches Jahrbuch DDR-UVR, 1986, S. 89–101

Lieb, Claudia, *Der Kleiderschrank* (1899), in: Andreas Blödorn und Friedhelm Marx (Hgg.), Thomas Mann Handbuch. Leben — Werk — Wirkung, Stuttgart: Metzler, 2015, S. 99–101

Lieb, Claudia und Arno Meteling, E. T. A. Hoffmann und Thomas Mann. Das Vermächtnis des *Don Juan*, in: E. T. A. Hoffmann-Jahrbuch 11, 2013, S. 34–59

Link, Manfred, Namen im Werk Thomas Manns. Deutung, Bedeutung, Funktion, Tokio: University of Tokyo Press, 1966 (The Proceedings of the Department of Foreign Languages and Literatures. College of General Education. University of Tokyo, Bd. 14.1)

Longerich, Peter, Joseph Goebbels. Biografie, München: Siedler, 2010

Lorenz, Matthias N., Distant Kinship — Entfernte Verwandtschaft. Joseph Conrads *Heart of Darkness* in der deutschen Literatur von Kafka bis Kracht, Stuttgart: Metzler, 2017 (Schriften zur Weltliteratur / Studies on World Literature, Bd. 5)

Lubich, Frederick Alfred, Bachofens *Mutterrecht*, Hesses *Demian* und der Verfall der Vatermacht, in: Germanic Review 65.4, 1990, S. 150–158

Lüdecke, Heinz, Thomas Manns dialektisches Goethe-Bild, in: Aufbau 10, 1952, S. 941–945

Lühe, Irmela von der, Die Familie Mann, in: Etienne François und Hagen Schulze (Hgg.), Deutsche Erinnerungsorte, München: Beck, 2001, Bd. 1, S. 254–271

Lurker, Manfred, Pentagramm, in: ders. (Hg.), Wörterbuch der Symbolik, Stuttgart: Kröner, [5]1991 (Kröners Taschenausgabe, Bd. 464), S. 560 f.

Luz, Ulrich, Das Evangelium nach Matthäus. 3. Teilband. Mt. 18–25, Zürich und Düsseldorf: Benziger, und Neukirchen-Vluyn: Neukirchener Verlag, 1997

Maar, Michael, Geister und Kunst. Neuigkeiten aus dem Zauberberg, München und Wien: Hanser, 1995

Mahlmann-Bauer, Barbara, Euripides' *Bakchen*, ein Prätext für Brochs Bergroman *Die Verzauberung*, in: Recherches germaniques 2008: Hermann Broch: Religion, Mythos, Utopie — zur ethischen Perspektive seines Werks (Hors série, Bd. 5), S. 75–118

Mahoney, Dennis F., Goethe Seen Anew. Egon Günther's Film *Lotte in Weimar*, in: Goethe Yearbook 2, 1984, S. 105–116

Mahoney, Dennis F., A Recast Goethe. Günther's *Lotte in Weimar* (1975), in: Eric Rentschler (Hg.), German Film and Literature. Adaptations and Transformations, New York und London: Methuen, 1986, S. 246–259

Mandelkow, Karl Robert, Goethe in Deutschland. Rezeptionsgeschichte eines Klassikers, Bd. 2, München: Beck, 1989

Marquardt, Franka, Judentum und Jesuitenorden in Thomas Manns *Zauberberg*. Zur Funktion der ›Fehler‹ in der Darstellung des jüdischen Jesuiten Leib-Leo Naphta, in: Deutsche Vierteljahrsschrift für Literaturwissenschaft und Geistesgeschichte 81.2, 2007, S. 257–281

Martin, Dieter, Literatur, in: Carsten Rohde, Thorsten Valk und Mathias Mayer (Hgg.), Faust-Handbuch. Konstellationen — Diskurse — Medien, Stuttgart: Metzler, 2018, S. 62–71

Marx, Friedhelm, »Durchleuchtung der Probleme«. Film und Photographie in Thomas Manns *Zauberberg*, in: Thomas Mann Jahrbuch 22, 2009, S. 71–81

Matt, Peter von, Zur Psychologie des deutschen Nationalschriftstellers. Die paradigmatische Bedeutung der Hinrichtung und Verklärung Goethes durch Thomas Mann, in: Sebastian Goeppert (Hg.), Perspektiven psychoanalytischer Literaturkritik, Freiburg i. Br.: Rombach, 1978 (Rombach Hochschul Paperback, Bd. 92), S. 82–100

Matter, Harry, Die Erzählungen, in: Peter Fix et al., Das erzählerische Werk Thomas Manns. Entstehungsgeschichte; Quellen; Wirkung, Berlin und Weimar: Aufbau, 1976, S. 431–537

Max, Katrin, Niedergangsdiagnostik. Zur Funktion von Krankheitsmotiven in *Buddenbrooks*, Frankfurt a. M.: Klostermann, 2008 (Thomas-Mann-Studien, Bd. 40)

Mendelssohn, Peter de, Vorbemerkungen des Herausgebers, in: Thomas Mann, Tagebücher 1933–1934, hg. v. Peter de Mendelssohn, Frankfurt a. M.: Fischer, 1977, S. V–XXII

Meyer, Heinz-Hermann, Amphibischer Film, in: Hans Jürgen Wulff (Hg.), Lexikon der Filmbegriffe, Kiel: Christian-Albrechts-Universität, 16. Juli 2011, http://filmlexikon.uni-kiel.de/index.php?action=lexikon&tag=det&id=2341 [Zugriff: 28. Januar 2018]

Middell, Eike, Ein Goetheroman, ein Deutschlandroman. Thomas Mann: *Lotte in Weimar*, in: Sigrid Bock und Manfred Hahn (Hgg.), Erfahrung Exil. Antifaschistische Romane 1933–1945. Analysen, Berlin und Weimar: Aufbau, ²1981, S. 178–203

Möbus, Frank, Friederike Schmidt-Möbus und Gerd Unverfehrt (Hgg.), Faust. Annäherungen an einen Mythos, Göttingen: Wallstein, 1995

Moser, Christian, Liminal Barbarism. Renegotiations of an Ancient Concept in (Post-)Enlightenment Social Theory and Literature, in: ders. und Maria Boletsi (Hgg.), Barbarism Revisited. New Perspectives on an Old Concept, Leiden und Boston: Rodopi, 2015 (Thamyris / Intersecting. Place, Sex and Race, Bd. 29), S. 167–182

Mosse, George Lachmann, Nationalism and Sexuality. Middle-Class Morality and Sexual Norms in Modern Europe, Madison: University of Wisconsin Press, 1985

Müller, Corinna, Frühe deutsche Kinematographie. Formale, wirtschaftliche und kulturelle Entwicklungen. 1907–1912, Stuttgart und Weimar: Metzler, 1994

Müller-Salget, Klaus, Der Tod in Torre di Venere. Spiegelung und Deutung des italienischen Faschismus in Thomas Manns *Mario und der Zauberer*, in: Arcadia 18.1, 1983, S. 50–65 [= ders., Literatur ist Widerstand. Aufsätze aus drei Jahrzenten, Innsbruck: Institut für Sprache, Literatur und Literaturkritik, 2005 (Innsbrucker Beiträge zur Kulturwissenschaft, Germanistische Reihe, Bd. 69), S. 89–104]

Müller-Salget, Klaus, Musik statt Literatur. Luchino Viscontis Filmversion von Thomas Manns Erzählung *Der Tod in Venedig*, in: Stefan Neuhaus (Hg.), Literatur im Film. Beispiele einer Medienbeziehung, Würzburg: Königshausen & Neumann, 2008 (Film — Medium — Diskurs, Bd. 22), S. 143–156

Münkler, Herfried, Die Deutschen und ihre Mythen, Berlin: Rowohlt, 2009

Münkler, Herfried und Wolfgang Storch, Siegfrieden. Politik mit einem deutschen Mythos, Berlin: Rotbuch, 1988

Musial, David, Wiedergutmachungs- und Entschädigungsgesetz, in: Torben Fischer und Matthias N. Lorenz (Hgg.), Lexikon der »Vergangenheitsbewältigung« in Deutschland. Debat-
ten- und Diskursgeschichte des Nationalsozialismus nach 1945, Bielefeld: transcript, 2007,
S. 58–60

Muth, Wolfgang, Stromversorgung, in: Antjekathrin Graßmann (Hg.), Lübeck-Lexikon. Die Hansestadt von A bis Z, Lübeck: Schmidt-Römhild, 2006, S. 338 f.

Mutschelknauss, Eduard, Bach-Interpretationen — Nationalsozialismus. Perspektivenwandel in
der Rezeption Johann Sebastian Bachs, Frankfurt a. M. et al.: Lang, 2011

Nieschmidt, Hans-Werner, Die Eigennamen, in: Ken Moulden und Gero von Wilpert (Hgg.), Buddenbrooks-Handbuch, Stuttgart: Kröner, 1988, S. 57–61

Nippel, Wilfried, Griechen, Barbaren und »Wilde«. Alte Geschichte und Sozialanthropologie,
Frankfurt a. M.: Fischer, 1990 (Fischer Geschichte)

Nipperdey, Thomas, Deutsche Geschichte 1866–1918, Bd. 1: Arbeitswelt und Bürgergeist, München: Beck, 1998

Nowotny, Joanna, »Sumpfgeschöpfe« und »dunkle« »Mädchenzimmer«. Geschlechtermythen
bei Bachofen und Kafka, in: Ulrich Boss, Yahya Elsaghe und Florian Heiniger (Hgg.), Matriarchatsfiktionen. Johann Jakob Bachofen und die deutsche Literatur des 20. Jahrhunderts,
Basel: Schwabe, 2018 (Schwabe interdisziplinär, Bd. 11), S. 87–111

Nunes, Maria Manuela, Die Freimaurerei. Untersuchungen zu einem literarischen Motiv bei Heinrich und Thomas Mann, Bonn und Berlin: Bouvier, 1992 (Studien zur Literatur der Moderne,
Bd. 19)

Och, Gunnar, August von Platen, Hans von Hülsen, Thomas Mann. Eine Dokumentation mit bisher unveröffentlichten Briefen aus dem Archiv der Platen-Gesellschaft, in: ders. (Hg.), »Was
er wünscht, das ist ihm nie geworden«. August Graf von Platen 1796–1835. Eine Ausstellung
im 200. Geburtsjahr des Dichters. 22. Mai – 16. Juni 1996, Erlangen: Universitätsbibliothek, 1996 (Schriften der Universitätsbibliothek Erlangen-Nürnberg, Bd. 29), S. 150–165

Opitz, Michael, Fries, Fritz Rudolf, in: ders. und Michael Hofmann (Hgg.), Metzler Lexikon DDR-
Literatur. Autoren — Institutionen — Debatten, Stuttgart und Weimar: Metzler, 2009,
S. 100–103

Otto, Marline, Jewish Identities in German Popular Entertainment, Cambridge et al.: Cambridge
University Press, 2006

Pabst, Reinhard, Thomas Mann im Hotel. Kleines ABC literarischer Adressen, in: Cordula Seger
et al. (Hgg.), Grand Hotel. Bühne der Literatur, München: Dölling und Galitz, 2007, S. 71–
87

Petermann, Werner, Die Geschichte der Ethnologie, Wuppertal: Hammer, 2004

Pfeiffer, Julius Ludwig, Das Tierschutzgesetz vom 24. Juli 1972. Die Geschichte des deutschen
Tierschutzrechts von 1950 bis 1972, Frankfurt a. M.: Lang, 2004 (Rechtshistorische Reihe,
Bd. 294)

Pflaum, Hans Günther, Egon Günther. Bekenntnis zu Gefühlen, in: Heiko Robert Blum et al., Film
in der DDR, München und Wien: Hanser, 1977 (Reihe Film, Bd. 13), S. 115–134

Piatti, Barbara, Mit Karten lesen. Plädoyer für eine visualisierte Geographie der Literatur, in: Brigitte Boothe et al. (Hgg.), Textwelt — Lebenswelt, Würzburg: Königshausen & Neumann,
2012 (Interpretation interdisziplinär, Bd. 10), S. 261–288

Pils, Holger, Bürger Thomas Mann und Halbproletarier Mario. Zur politischen Lesart der Novelle
Mario und der Zauberer in der DDR, in: ders. und Christina Ulrich (Hgg.), Thomas Manns
Mario und der Zauberer, Lübeck: Kulturstiftung Hansestadt Lübeck, 2010, S. 136–161

Pils, Holger, Thomas Manns »geneigte Leser«. Die Publikationsgeschichte und populäre Rezeption der *Bekenntnisse des Hochstaplers Felix Krull*. 1911–1955, Heidelberg: Winter, 2012

Pohlmann, Hansjörg, Die Frühgeschichte des musikalischen Urheberrechts (ca. 1400–1800). Neue Materialien zur Entwicklung des Urheberrechtsbewusstseins der Komponisten, Kassel et al.: Bärenreiter, 1962 (Musikwissenschaftliche Arbeiten, Bd. 20)

Prinzler, Hans Helmut, Eine bewundernswerte Frau, in: Peter Mänz und Nils Warnecke (Hgg.), Die ideale Frau. Ruth Leuwerik und das Kino der fünfziger Jahre, Berlin: Henschel, 2004, S. 7 f.

Radkau, Joachim, Das Zeitalter der Nervosität. Deutschland zwischen Bismarck und Hitler, München und Wien: Hanser, 1998

Rasch, Wolfdietrich, Thomas Manns Erzählung *Tristan*, in: William Foerste und Karl Heinz Borck (Hgg.), Festschrift für Josef Trier, Köln und Graz: Böhlau, 1964, S. 430–465

Reed, Terence James, Thomas Mann. The Uses of Tradition, Oxford: Clarendon Press, 1974

Reents, Friederike, *Unordnung und frühes Leid* (1925), in: Andreas Blödorn und Friedhelm Marx (Hgg.), Thomas Mann Handbuch. Leben — Werk — Wirkung, Stuttgart: Metzler, 2015, S. 135 f.

Reidy, Julian, Raum und Interieurs in Thomas Manns Erzählwerk. Materielle Kultur zwischen ›Welthäusern‹ und ›Urdingen‹, Berlin und Boston: de Gruyter, 2018

Reidy, Julian, »Weiberzeit«: ›Mutterrecht‹, ›Hetärismus‹ und Faschismusanalyse in Hermann Brochs *Verzauberung*, in: Ulrich Boss, Yahya Elsaghe und Florian Heiniger (Hgg.), Matriarchatsfiktionen. Johann Jakob Bachofen und die deutsche Literatur des 20. Jahrhunderts, Basel: Schwabe, 2018 (Schwabe interdisziplinär, Bd. 11), S. 185–220

Renner, Rolf G., Verfilmungen der Werke von Thomas Mann. Erste Filmische Umsetzungen. *Buddenbrooks, Königliche Hoheit, Tonio Kröger* und *Wälsungenblut*, in: Helmut Koopmann (Hg.), Thomas-Mann-Handbuch, Stuttgart: Kröner, [2]1995, S. 799–822

Richebächer, Sabine, Regression, Konflikt und Angst in Thomas Manns Erzählung *Wälsungenblut*, in: Thomas Sprecher (Hg.), Liebe und Tod — in Venedig und anderswo. Die Davoser Literaturtage 2004, Frankfurt a. M.: Klostermann, 2005 (Thomas-Mann-Studien, Bd. 33), S. 67–80

Riess, Erwin, Zum Antisemitismus kein Talent?, in: Konkret 12, 1998, S. 64 f.

Robertson, Ritchie, Goethe. A Very Short Introduction, Oxford: Oxford University Press, 2016 (Very Short Introductions)

Robertson, Ritchie, [Rezension zu:] Andreas Blödorn und Friedhelm Marx (Hgg.), Thomas Mann Handbuch. Leben — Werk — Wirkung, in: German Quarterly 89.3, 2016, S. 375–377

Rohner, Melanie, Farbbekenntnisse. Postkoloniale Perspektiven auf Max Frischs *Stiller* und *Homo faber*, Bielefeld: Aisthesis, 2015 (Postkoloniale Studien in der Germanistik, Bd. 8)

Rouget, Timo, Die Rezeption im Tonfilm und in anderen Medien, in: Nicole Mattern und Stefan Neuhaus (Hgg.), Buddenbrooks-Handbuch, Stuttgart: Metzler, 2018, S. 63–70

Rupp, Hans Karl, »wo es aufwärts geht, aber nicht vorwärts ...« Politische Kultur, Staatsapparat, Opposition, in: Dieter Bänsch (Hg.), Die fünfziger Jahre. Beiträge zu Politik und Kultur, Tübingen: Narr, 1985 (Deutsche Text-Bibliothek, Bd. 5), S. 27–36

Rütten, Thomas, Die Cholera und Thomas Manns *Der Tod in Venedig*, in: Thomas Sprecher (Hg.), Liebe und Tod — in Venedig und anderswo. Die Davoser Literaturtage 2004, Frankfurt a. M.: Klostermann, 2005 (Thomas-Mann-Studien, Bd. 33), S. 125–170

Rütten, Thomas, Thomas Mann und das Krankheitsstigma der Moderne. Das Eisenbahnunglück von 1906 und *Das Eisenbahnunglück* von 1909, Düsseldorf: Böttger, 2013 (Schriften des Ortsvereins BonnKöln der Deutschen Thomas Mann-Gesellschaft e. V., Bd. 8)

Sabean, David Warren, Kinship and Class Dynamics in Nineteenth-Century Europe, in: ders., Simon Teuscher und Jon Mathieu (Hgg.), Kinship in Europe. Approaches to Long-Term Development (1300–1900), New York und Oxford: Berghahn, 2007, S. 301–313

Sagave, Pierre-Paul, Réalité sociale et idéologie religieuse dans les romans de Thomas Mann. *Les Buddenbrook — La Montagne magique — Le Docteur Faustus*, Paris: Les Belles Lettres, 1954 (Publications de la Faculté des Lettres de l'Université de Strasbourg, Bd. 124)

Scheer, Rainer und Andrea Seppi, Etikettenschwindel? Die Rolle der Freimaurerei in Thomas Manns *Zauberberg*, in: Hans Wißkirchen (Hg.), »Die Beleuchtung, die auf mich fällt, hat … oft gewechselt.« Neue Studien zum Werk Thomas Manns, Würzburg: Königshausen & Neumann, 1991, S. 54–84

Schenk, Ralf, Mitten im Kalten Krieg. 1950 bis 1960, in: Filmmuseum Potsdam (Hg.), Das zweite Leben der Filmstadt Babelsberg. DEFA-Spielfilme 1946–1992, Berlin: Henschel, 1994, S. 51–157

Scherrer, Paul, Aus Thomas Manns Vorarbeiten zu den *Buddenbrooks*. Zur Chronologie des Romans, in: ders. und Hans Wysling, Quellenkritische Studien zum Werk Thomas Manns, Bern und München: Francke, 1967 (Thomas-Mann-Studien, Bd. 1), S. 7–22

Schiller, Theo, Parteienentwicklung. Die Einebnung der politischen Milieus, in: Dieter Bänsch (Hg.), Die fünfziger Jahre. Beiträge zu Politik und Kultur, Tübingen: Narr, 1985 (Deutsche Text-Bibliothek, Bd. 5), S. 37–48

Schittly, Dagmar, Zwischen Regie und Regime. Die Filmpolitik der SED im Spiegel der DEFA-Produktionen, Berlin: Links, 2002

Schivelbusch, Wolfgang, Geschichte der Eisenbahnreise. Zur Industrialisierung von Raum und Zeit im 19. Jahrhundert, München und Wien: Hanser, 1977 (Hanser Anthropologie)

Schmidt, Wolf Gerhard, ›Homer des Nordens‹ und ›Mutter der Romantik‹. James Macphersons *Ossian* und seine Rezeption in der deutschsprachigen Literatur, Bd. 1: James Macphersons *Ossian*, zeitgenössische Diskurse und die Frühphase der deutschen Rezeption, Berlin und New York: de Gruyter, 2003

Schmitt, Christian, Deutsches Waidwerk. Jägermeister und Jagdgemeinschaft im Heimatfilm der 1950er Jahre, in: Katharina Grabbe, Sigrid G. Köhler und Martina Wagner-Egelhaaf (Hgg.), Das Imaginäre der Nation. Zur Persistenz einer politischen Kategorie in Literatur und Film, Bielefeld: transcript, 2012, S. 131–162

Scholem, Gershom, Das Davidschild. Geschichte eines Symbols, Berlin: Jüdischer Verlag, 2010

Schöll, Julia, Einführung in das Werk Thomas Manns, Darmstadt: Wissenschaftliche Buchgesellschaft, 2012

Schönfeld, Christiane, Die Rezeption im Stummfilm, in: Nicole Mattern und Stefan Neuhaus (Hgg.), Buddenbrooks-Handbuch, Stuttgart: Metzler, 2018, S. 58–63

Schößler, Franziska, Judentum, in: Nicole Mattern und Stefan Neuhaus (Hgg.), Buddenbrooks-Handbuch, Stuttgart: Metzler, 2018, S. 203–208

Schößler, Franziska, Die Gouvernante als Hetäre. Bachofen in Schnitzlers Roman *Therese. Chronik eines Frauenlebens*, in: Ulrich Boss, Yahya Elsaghe und Florian Heiniger (Hgg.), Matriarchatsfiktionen. Johann Jakob Bachofen und die deutsche Literatur des 20. Jahrhunderts, Basel: Schwabe, 2018 (Schwabe interdisziplinär, Bd. 11), S. 143–162

Schulze, Hans-Joachim, Johann Sebastian Bachs Passionsvertonungen, in: Ulrich Prinz (Hg.), Johann Sebastian Bach. Matthäus-Passion. BWV 244. Vorträge der Sommerakademie J. S. Bach 1985, Kassel et al.: Bärenreiter, 1990 (Schriftenreihe der internationalen Bachakademie Stuttgart, Bd. 2), S. 24–49

Schwarberg, Günther, Es war einmal ein Zauberberg. Thomas Mann in Davos — Eine Spurensuche, Göttingen: Steidl, 2001

Schwarz, Egon, Faschismus und Gesellschaft. Bemerkungen zu Thomas Manns Novelle *Mario und der Zauberer*, in: ders., Dichtung, Kritik, Geschichte. Essays zur Literatur 1900–1930, Göttingen: Vandenhoeck & Ruprecht, 1983, S. 212–230 [= ders., Thomas Manns *Mario und der Zauberer*, in: Italo Michele Battafarano (Hg.), Italienische Reise. Reisen nach Italien, Gardolo di Trento: Reverdito, 1988 (Apollo. Studi e testi di germanistica e di comparatistica, Bd. 2), S. 349–376]

Schwarz, Egon, Die jüdischen Gestalten in *Doktor Faustus*, in: Thomas Mann Jahrbuch 2, 1989, S. 79–101

See, Klaus von, Das Nibelungenlied — ein Nationalepos?, in: Joachim Heinzle und Anneliese Waldschmidt (Hgg.), Die Nibelungen. Ein deutscher Wahn, ein deutscher Alptraum. Studien und Dokumente zur Rezeption des Nibelungenstoffs im 19. und 20. Jahrhundert, Frankfurt a. M.: Suhrkamp, 1991 (suhrkamp taschenbuch materialien), S. 43–110

Seeßlen, Georg, Durch die Heimat und so weiter. Heimatfilme, Schlagerfilme und Ferienfilme der fünfziger Jahre, in: Hilmar Hoffmann und Walter Schobert (Hgg.), Zwischen Gestern und Morgen. Westdeutscher Nachkriegsfilm 1946–1962, Frankfurt a. M.: Deutsches Filmmuseum, 1989, S. 136–161

Seitz, Gabriele, Film als Rezeptionsform von Literatur. Zum Problem der Verfilmung von Thomas Manns Erzählungen *Tonio Kröger*, *Wälsungenblut* und *Der Tod in Venedig*, München: Tuduv, 1979 (Tuduv-Studien, Sprach- und Literaturwissenschaften, Bd. 12)

Sheppard, Richard, Realism plus Mythology. A Reconsideration of the Problem of »Verfall« in Thomas Mann's *Buddenbrooks*, in: Modern Language Review 89.4, 1994, S. 916–941

Siefken, Hinrich, Thomas Mann. Goethe — »Ideal der Deutschheit«. Wiederholte Spiegelungen 1893–1949, München: Fink, 1981

Siegfried, Detlef, Moderne Lüste. Ernest Borneman. Jazzkritiker, Filmemacher, Sexforscher, Göttingen: Wallstein, 2015

Simon, Annette, Das Leben und die Anderen. Eine Polemik, in: dies., »Bleiben will ich, wo ich nie gewesen bin«. Versuch über ostdeutsche Identitäten. Mit einem Vorwort von Joachim Gauck, Gießen: Psychosozial-Verlag, 2009, S. 125–136

Spedicato, Eugenio, Grandezza e miseria dell'estetismo in *Der Tod in Venedig* e *Morte a Venezia*, in: Francesco Bono, Luigi Cimmino und Giorgio Pangaro (Hgg.), *Morte a Venezia*. Thomas Mann / Luchino Visconti. Un Confronto, Soveria Mannelli: Rubbettino, 2014, S. 63–80

Sprecher, Thomas, Felix Krull und Goethe. Thomas Manns *Bekenntnisse* als Parodie auf *Dichtung und Wahrheit*, Bern, Frankfurt a. M. und New York: Lang, 1985 (Europäische Hochschulschriften, Reihe 1, Bd. 841)

Stögner, Karin, Antisemitismus und Sexismus. Historisch-gesellschaftliche Konstellationen, Baden-Baden: Nomos, 2014 (Interdisziplinäre Antisemitismusforschung, Bd. 3)

Thiede, Rolf, Stereotypen vom Juden. Die frühen Schriften von Heinrich und Thomas Mann. Zum antisemitischen Diskurs der Moderne und dem Versuch seiner Überwindung, Berlin: Metropol, 1998 (Dokumente — Texte — Materialien, Bd. 23)

Uecker, Gerd, Puccinis Opern. Ein musikalischer Werkführer, München: Beck, 2016 (C. H. Beck Wissen)

Ulrich, Bernd, Stalingrad, in: Etienne François und Hagen Schulze (Hgg.), Deutsche Erinnerungsorte, München: Beck, 2001, Bd. 2, S. 332–348

Vaget, Hans Rudolf, Thomas Mann — Kommentar zu sämtlichen Erzählungen, München: Winkler, 1984

Vaget, Hans Rudolf, »Von hoffnungslos anderer Art.« Thomas Manns *Wälsungenblut* im Lichte unserer Erfahrung, in: Manfred Dierks und Ruprecht Wimmer (Hgg.), Thomas Mann und das Judentum. Die Vorträge des Berliner Kolloquiums der Deutschen Thomas Mann-Gesellschaft, Frankfurt a. M.: Klostermann, 2004 (Thomas-Mann-Studien, Bd. 30), S. 35–57

Vaget, Hans Rudolf, Thomas Mann, der Amerikaner. Leben und Werk im amerikanischen Exil 1938–1952, Frankfurt a. M.: Fischer, 2011

Vaget, Hans Rudolf, »Wehvolles Erbe«. Richard Wagner in Deutschland. Hitler, Knappertsbusch, Mann, Frankfurt a. M.: Fischer, 2017

Wåghäll Nivre, Elisabeth, Historizität, Legende, Mythos. Die Faust-Figur zwischen Faktualität und Fiktionalität, in: Carsten Rohde, Thorsten Valk und Mathias Mayer (Hgg.), Faust-Handbuch. Konstellationen — Diskurse — Medien, Stuttgart: Metzler, 2018, S. 2–11

Wagner-Hasel, Beate, Matriarchat, in: Kurt Ranke und Rolf Wilhelm Brednich (Hgg.), Enzyklopädie des Märchens. Handwörterbuch zur historischen und vergleichenden Erzählforschung, Berlin und New York: de Gruyter, 1977–2015, Bd. 9, Sp. 407–415

Wellingsbach, Rudolf, Wagner und der Antisemitismus, in: Laurenz Lütteken (Hg.), Wagner Handbuch, Stuttgart und Weimar: Metzler, und Kassel: Bärenreiter, 2012, S. 96–101

Wessendorf, Stephan, Thomas Mann verfilmt. *Der kleine Herr Friedemann*, *Tristan* und *Mario und der Zauberer* im medialen Wechsel, Frankfurt a. M. et al.: Lang, 1998 (Schriften zur Europa- und Deutschlandforschung, Bd. 5)

White, Hayden, Introduction, in: Thomas Mann, Lotte in Weimar. The Beloved Returns, Berkeley: University of California Press, 1990, S. v–xi

Widmer, Franziska, Der Film *Ursula* von Egon Günther, in: dies. und Thomas Beutelschmidt, Zwischen den Stühlen. Die Geschichte der Literaturverfilmung *Ursula* von Egon Günther — eine Koproduktion des Fernsehens der DDR und der Schweiz, Leipzig: Universitätsverlag, 2005, S. 34–79

Wimmer, Ruprecht, [Rezension zu:] Ken Moulden und Gero von Wilpert (Hgg.), Buddenbrooks-Handbuch, in: Thomas Mann Jahrbuch 2, 1989, S. 183–187

Winterhoff, Hans-Jürgen, Analytische Untersuchungen zu Puccinis *Tosca*, Regensburg: Bosse, 1973 (Kölner Beiträge zur Musikforschung, Bd. 72)

Wißkirchen, Hans, »Er wird wachsen mit der Zeit ...« Zur Aktualität des *Buddenbrooks*-Romans, in: Thomas Mann Jahrbuch 21, 2008, S. 101–112

Wolf, Dieter, *Lotte in Weimar*. Einführung, in: ders. und Klaus-Detlef Haas (Hgg.), Sozialistische Filmkunst. Eine Dokumentation, Berlin: Dietz, 2011 (Rosa-Luxemburg-Stiftung, Manuskripte, Bd. 90), S. 105–108

Wolf, Dieter, *Der Untertan*. Einführung, in: ders. und Klaus-Detlef Haas (Hgg.), Sozialistische Filmkunst. Eine Dokumentation, Berlin: Dietz, 2011 (Rosa-Luxemburg-Stiftung, Manuskripte, Bd. 90), S. 275–277

Worland, Rick, Before and after the Fact. Writing and Reading Hitchcock's *Suspicion*, in: Cinema Journal 41.4, 2002, S. 3–26

Wysling, Hans, Zu Thomas Manns »Maja«-Projekt, in: ders. und Paul Scherrer, Quellenkritische Studien zum Werk Thomas Manns, Bern und München: Francke, 1967 (Thomas-Mann-Studien, Bd. 1), S. 23–47

Wysling, Hans, Narzißmus und illusionäre Existenzform. Zu den *Bekenntnissen des Hochstaplers Felix Krull*, Bern und München: Francke, 1982 (Thomas-Mann-Studien, Bd. 5)

Wysling, Hans, *Buddenbrooks*, in: Helmut Koopmann (Hg.), Thomas-Mann-Handbuch, Stuttgart: Kröner, ²1995, S. 363–384 [= ders., Ausgewählte Aufsätze 1963–1995, hg. v. Thomas Sprecher und Cornelia Bernini, Frankfurt a. M.: Klostermann, 1996, S. 197–217]

Wysling, Hans, *Königliche Hoheit*, ebd., S. 385–396 [= ders., Ausgewählte Aufsätze 1963–1995, hg. v. Thomas Sprecher und Cornelia Bernini, Frankfurt a. M.: Klostermann, 1996, S. 219–230]

Wysling, Hans, Zur Einführung, in: Thomas Mann und Heinrich Mann, Briefwechsel. 1900–1949, hg. v. Hans Wysling, Frankfurt a. M.: Fischer, 1984, S. V–LXII [= ders., Die Brüder Mann. Einführung in den Briefwechsel, in: ders., Ausgewählte Aufsätze 1963–1995, hg. v. Thomas Sprecher und Cornelia Bernini, Frankfurt a. M.: Klostermann, 1996, S. 127–170]

Zander, Peter, Thomas Mann im Kino, Berlin: Bertz + Fischer, 2005

Zander, Peter, Geschaute Erzählung — Thomas Mann im Kino. Von *Buddenbrooks* (1923) bis *Buddenbrooks* (2008), in: Thomas Mann Jahrbuch 23, 2010, S. 105–117

Zeller, Regine, Cipolla und die Masse. Zu Thomas Manns Novelle *Mario und der Zauberer*, St. Ingbert: Röhrig, 2006 (Mannheimer Studien zur Literatur- und Kulturwissenschaft, Bd. 40)

Zischler, Hanns, Kafka geht ins Kino, Reinbek b. H.: Rowohlt, 1996

Lexika, Regesten, Bibliographien, Hand- und Wörterbücher

Akademie der Wissenschaften der DDR, Akademie der Wissenschaften in Göttingen und Heidelberger Akademie der Wissenschaften (Hgg.), Goethe-Wörterbuch, Stuttgart et al.: Kohlhammer, 1978 ff.

Bächtold-Stäubli, Hanns (Hg.), Handwörterbuch des deutschen Aberglaubens, Berlin und Leipzig: de Gruyter, 1927–1942 [Nachdruck: Berlin und New York: de Gruyter, 1987]

Blödorn, Andreas und Friedhelm Marx (Hgg.), Thomas Mann Handbuch. Leben — Werk — Wirkung, Stuttgart: Metzler, 2015

Böttcher, Kurt et al. (Hgg.), Lexikon deutschsprachiger Schriftsteller. Von den Anfängen bis zur Gegenwart, Leipzig: Bibliographisches Institut, 1987, und Hildesheim, New York und Zürich: Olms, 1993

Böttcher, Marius et al. (Hgg.), Wörterbuch kinematografischer Objekte, Berlin: August, 2014

Bürgin, Hans und Hans-Otto Mayer (Hgg.), Die Briefe Thomas Manns. Regesten und Register, Frankfurt a. M.: Fischer, 1977–1987

Classe, Olive (Hg.), Encyclopedia of Literary Translation into English, London und Chicago: Fitzroy Dearborn, 2000

Fischer, Torben und Matthias N. Lorenz (Hgg.), Lexikon der »Vergangenheitsbewältigung« in Deutschland. Debatten- und Diskursgeschichte des Nationalsozialismus nach 1945, Bielefeld: transcript, 2007

Galling, Kurt et al. (Hgg.), Die Religion in Geschichte und Gegenwart. Handwörterbuch für Theologie und Religionswissenschaft, Tübingen: Mohr, [3]1957–1965 (UTB für Wissenschaft, Große Reihe)

Graßmann, Antjekathrin (Hg.), Lübeck-Lexikon. Die Hansestadt von A bis Z, Lübeck: Schmidt-Röhmhild, 2006

Grimm, Hartmut und Melanie Wald-Fuhrmann (Hgg.), Lexikon Schriften über Musik [im Druck]

Grimm, Jacob und Wilhelm Grimm et al., Deutsches Wörterbuch, Leipzig: Hirzel, 1854–1971

Hansen, Eckhard und Florian Tennstedt (Hgg.), Biographisches Lexikon zur Geschichte der deutschen Sozialpolitik 1871 bis 1945, Kassel: Kassel University Press, 2010 ff.

Katholisches Institut für Medieninformation (KIM) und Katholische Filmkommission für Deutschland (Hgg.), Lexikon des Internationalen Films. Völlig überarbeitete und erweiterte Neuausgabe. Das komplette Angebot in Kino, Fernsehen und auf Video, Reinbek b. H.: Rowohlt, 1995

Koopmann, Helmut (Hg.), Thomas-Mann-Handbuch, Stuttgart: Kröner, [2]1995

Kosch, Wilhelm, Biographisches Staatshandbuch. Lexikon der Politik, Presse und Publizistik, Bern und München: Francke, 1963

Lurker, Manfred (Hg.), Wörterbuch der Symbolik, Stuttgart: Kröner, [5]1991 (Kröners Taschenausgabe, Bd. 464)

Lütteken, Laurenz (Hg.), Wagner Handbuch, Stuttgart und Weimar: Metzler, und Kassel: Bärenreiter, 2012

Mattern, Nicole und Stefan Neuhaus (Hgg.), Buddenbrooks-Handbuch, Stuttgart: Metzler, 2018

Meyer, Thomas et al. (Hgg.), Lexikon des Sozialismus, Köln: Bund, 1986

Meyers Konversations-Lexikon. Ein Nachschlagewerk des allgemeinen Wissens, Leipzig und Wien: Bibliographisches Institut, [5]1893–1901

Moulden, Ken und Gero von Wilpert (Hgg.), Buddenbrooks-Handbuch, Stuttgart: Kröner, 1988

Müller-Enbergs, Helmut et al. (Hgg.), Wer war wer in der DDR? Ein Lexikon ostdeutscher Biographien, Berlin: Links, [5]2010

Niemann, Mario und Andreas Herbst (Hgg.), SED-Kader. Die mittlere Ebene. Biographisches Lexikon der Sekretäre der Landes- und Bezirksleitungen, der Ministerpräsidenten und der Vorsitzenden der Räte der Bezirke 1946 bis 1989, Paderborn et al.: Schöningh, 2010 (Sammlung Schöningh zur Geschichte und Gegenwart)

Opitz, Michael und Michael Hofmann (Hgg.), Metzler Lexikon DDR-Literatur. Autoren — Institutionen — Debatten, Stuttgart und Weimar: Metzler, 2009

Potempa, Georg, Thomas Mann-Bibliographie. Das Werk, Morsum: Cicero, 1992

Potempa, Georg, Thomas Mann-Bibliographie. Übersetzungen — Interviews, Morsum: Cicero, 1997

Ranke, Kurt und Rolf Wilhelm Brednich (Hgg.), Enzyklopädie des Märchens. Handwörterbuch zur historischen und vergleichenden Erzählforschung, Berlin und New York: de Gruyter, 1977–2015

Rohde, Carsten, Thorsten Valk und Mathias Mayer (Hgg.), Faust-Handbuch. Konstellationen — Diskurse — Medien, Stuttgart: Metzler, 2018

Simpson, J. A. und E. S. C. Weiner (Hgg.), The Oxford English Dictionary, Oxford: Clarendon Press, [2]1989

Stier-Somlo, Fritz und später Gustav Adolf Walz (Hgg.), Handbuch des Völkerrechts, Stuttgart, Berlin und Leipzig: Kohlhammer, 1912–1938

Strupp, Karl (Hg.), Wörterbuch des Völkerrechts und der Diplomatie, Berlin und Leipzig: de Gruyter, 1924–1929

Weber, Hermann und Andreas Herbst, Deutsche Kommunisten. Biographisches Handbuch 1918 bis 1945, Berlin: Dietz, 2004

Filme, Hörspiele und Hörbücher

Afgrunden (R: Urban Gad, DK 1910)

Armin Mueller-Stahl. Das Leben ist kein Film (R: Eberhard Goerner, D 2001)

Begegnung mit Werther (R: Karl Heinz Stroux, BRD 1949)

Bekenntnisse des Hochstaplers Felix Krull (R: Kurt Hoffmann, BRD 1957)

Bekenntnisse des Hochstaplers Felix Krull (R: Bernhard Sinkel, BRD/A 1982, fünfteiliger TV-Film)

Die Blechtrommel (R: Volker Schlöndorff, BRD/F 1979)

Die Buddenbrooks (R: Gerhard Lamprecht, D 1923)

Buddenbrooks (R: Alfred Weidenmann, BRD 1959, 2 Teile)

I Buddenbrook (R: Edmo Fenoglio, I 1971)

Buddenbroki (R: Aleksandr Orlov, UdSSR 1972)

Buddenbrooks (R: Franz Peter Wirth, BRD 1979, elfteiliger TV-Film; nachgewiesen nach der dreiteiligen DVD-Fassung, Arthaus-Edition 2007)

Buddenbrooks (R: Heinrich Breloer, D 2008)

Buddenbrooks (R: Heinrich Breloer, D 2010, zweiteilige TV-Fassung)

La Cravate (R: Alejandro Jodorowsky, I/ARG 1979)

Crede-mi (R: Bia Lessa und Dany Roland, BRA 1996)

The Da Vinci Code (R: Ron Howard, USA 2006)

Death in Venice, CA (R: P. David Ebersole, USA 1994)

Die Deutsche Wochenschau Nr. 651 (24. Februar 1943)

Doktor Faustus (R: Franz Seitz, BRD 1982)

Effi Briest (R: Wolfgang Luderer, DDR 1970)

Effi Briest (R: Hermine Huntgeburth, D 2009)

Faust — eine deutsche Volkssage (R: Friedrich Wilhelm Murnau, D 1926)

Fontane Effi Briest […] (R: Rainer Werner Fassbinder, BRD 1974)

Fremdkörper / Transposed Bodies (R: Katja Pratschke, D 2002)

Das gefährliche Alter (R: Eugen Illés, D 1927)

Hälfte des Lebens (R: Herrmann Zschoche, DDR 1985)

Heiligendamm (R: Michael Blume, D 2009)

Herr und Hund (R: Cas van den Berg, BRD 1963, TV-Film)

Hiob (R: Michael Kehlmann, BRD/AT 1978, TV-Film)

Ich klage an (R: Wolfgang Liebeneiner, D 1941)

Im Schlaraffenland (R: Kurt Jung-Alsen, DDR 1975)

Inglourious Basterds (R: Quentin Tarantino, USA/D 2009)

Der kleine Herr Friedemann (R: Peter Vogel, D 1991, TV-Film)

Königliche Hoheit (R: Harald Braun, BRD 1953)

Königliche Hoheit. Hörspiel (R: Ulrich Lauterbach, Hessischer Rundfunk / Südwestfunk /
Schweizer Radio DRS 1954), München: Hörverlag, 2002

Königliche Hoheit. Hörspiel (R: Werner Hausmann, Südwestfunk / Schweizer Radio DRS 1954),
Basel: Merian, 2012

Das Leben der Anderen (R: Florian Henckel von Donnersmarck, D 2006)

Die Leiden des jungen Werthers (R: Egon Günther, DDR 1976)

Die Leiden des jungen Werther (R: Michael Blume, D 2016)

Die Leidenschaftlichen. Goethes Werther: Dichtung und Wahrheit (R: Thomas Koerfer, BRD/A/CH
1981)

Das Literarische Quartett (ZDF), 6. November 2015

Lotte in Weimar (R: Egon Günther, DDR 1975)

Mädchen in Uniform (R: Géza von Radványi, BRD/F 1958)

Die Manns. Ein Jahrhundertroman (R: Heinrich Breloer, D 2001, dreiteiliger TV-Film)

Mario (R: Anthony Pélissier, GB 1959)

Mário a kúzelník (R: Miloslav Luther, ČSSR 1977, TV-Film)

Mario und der Zauberer. Frei nach der Erzählung von Thomas Mann (R: Klaus Maria Brandauer, AT/F/D 1994; Filmjuwelen-Edition 2018)

Le Mirage (R: Jean-Claude Guiguet, F 1992)

Mitte Ende August (R: Sebastian Schipper, D 2010)

Morte a Venezia (R: Luchino Visconti, I 1971)

Murphy's War (R: Peter Yates, GB/USA 1971)

Die Nibelungen. Teil 1: Siegfried (R: Fritz Lang, D 1924)

Die Nibelungen. Teil 2: Kriemhilds Rache (R: Fritz Lang, D 1924)

Org (R: Fernando Birri, I/ARG 1979)

Reminiscences of a Journey to Lithuania (R: Jonas Mekas, USA 1972)

Rosen im Herbst (R: Rudolf Jugert, BRD 1955)

S. A. Mann Brand (R: Franz Seitz senior, D 1933)

Der Schritt vom Wege (R: Gustaf Gründgens, D 1939)

Suspicion (R: Alfred Hitchcock, USA 1941)

Suturp — eine Liebesgeschichte (R: Gerd Keil, DDR 1981)

Tagebuch (R: Rudolf Thome, BRD 1975)

Tarot (R: Rudolf Thome, BRD 1985)

Tonio Kröger (R: Rolf Thiele, BRD 1964)

Die traurige Geschichte von Friedrich dem Großen (R: Alexander Lang, DDR 1983)

Tristan (R: Herbert Ballmann, BRD 1975, TV-Film)

Trisztán (R: Miklós Szinetár, H 1975) [offenbar verschollen]

Unordnung und frühes Leid (R: Franz Seitz, BRD 1977)

Varieté (R: Martin Eckermann, DDR 1985)

Die Verführbaren (R: Helmut Schiemann, DDR 1977)

Die Wahlverwandtschaften (R: Siegfried Kühn, DDR 1974)

Die Wahlverwandtschaften (R: Claude Chabrol, BRD/F/ČSSR 1981)

Wälsungenblut (R: Rolf Thiele, BRD 1965)

Die Wehrmacht — Eine Bilanz (R: Ingo Helm et al., D 2007, fünfteiliger TV-Film)

Werther (R: Max Ophüls, D 1938)

Werther (R: Uwe Janson, D 2008)

Der Zauberberg (R: Hans W. Geißendörfer, BRD 1982)

Der Zauberberg (R: Hans W. Geißendörfer, BRD 1984, dreiteilige TV-Fassung)

Der Zauberberg. Hörbuch. Gelesen von Gert Westphal (R: Hanjo Kesting, Norddeutscher Rundfunk 1983/1995), Berlin: Universal, 1996

Der Zauberberg. Hörspiel (R: Ulrich Lampen, Bayerischer Rundfunk / Hörspiel und Medienkunst 2000), München: Hörspielverlag, 2003

Register

Namen

https://doi.org/10.1515/9783110638509-017

Werke Thomas Manns

Thomas-Mann-Verfilmungen

Dank

Ramin Abbassi, Sofie Aeschlimann, Hanspeter Affolter, Manuela Bamert, Sabine Barben, Rina Beck, Michael Boog, Ulrich Boss, Jessica Brunner, Katja Eisenschmidt, Jörg-Uwe Fischer, Selina Gartmann, Oliver Krabichler, Sarah Kündig, Carla Münzel, Joanna Nowotny, Nina Peter, Damiana Salm, Lena Stölzl, Elias Zimmermann.

Vorarbeiten und Vorstufen zu einzelnen Kapiteln sind erschienen in: *KulturPoetik*; *Processes of Transposition*, hg. v. Christiane Schönfeld; *Neue Zürcher Zeitung*; *Thomas Mann Jahrbuch*; *Wirkendes Wort*; *Seminar*; *Weimarer Beiträge*; *Monatshefte für deutschsprachige Literatur und Kultur*.

https://doi.org/10.1515/9783110638509-018